环境法学

（第四版）

Environmental
Law

金瑞林　主编

北京大学出版社
PEKING UNIVERSITY PRESS

图书在版编目(CIP)数据

环境法学/金瑞林主编. —4版. —北京：北京大学出版社，2016.2
(21世纪法学规划教材)
ISBN 978-7-301-26818-6

Ⅰ.①环… Ⅱ.①金… Ⅲ.①环境法学—中国—高等学校—教材 Ⅳ.①D922.681

中国版本图书馆CIP数据核字(2016)第022065号

书　　名	环境法学（第四版）
	Huanjing Faxue
著作责任者	金瑞林　主编
责 任 编 辑	郭瑞洁
标 准 书 号	ISBN 978-7-301-26818-6
出 版 发 行	北京大学出版社
地　　址	北京市海淀区成府路205号　100871
网　　址	http://www.pup.cn
电 子 邮 箱	编辑部 law@pup.cn　总编室 zpup@pup.cn
新 浪 微 博	@北京大学出版社　@北大出版社法律图书
电　　话	邮购部 62752015　发行部 62750672　编辑部 62752027
印 刷 者	天津和萱印刷有限公司
经 销 者	新华书店
	787毫米×1092毫米　16开本　24印张　584千字
	1997年7月第1版　2007年8月第2版
	2013年5月第3版
	2016年2月第4版　2025年7月第9次印刷
定　　价	48.00元

未经许可，不得以任何方式复制或抄袭本书之部分或全部内容。
版权所有，侵权必究
举报电话：010-62752024　电子邮箱：fd@pup.cn
图书如有印装质量问题，请与出版部联系，电话：010-62756370

丛书出版前言

秉承"学术的尊严，精神的魅力"的理念，北京大学出版社多年来在文史、社科、法律、经管等领域出版了不同层次、不同品种的大学教材，获得了广大读者好评。

但一些院校和读者面对多种教材时出现选择上的困惑，因此北京大学出版社对全社教材进行了整合优化。集全社之力，推出一套统一的精品教材。

"21世纪法学规划教材"即是本套精品教材的法律部分。本系列教材在全社法律教材中选取了精品之作，均由我国法学领域颇具影响力和潜力的专家学者编写而成，力求结合教学实践，推动我国法律教育的发展。

"21世纪法学规划教材"面向各高等院校法学专业学生，内容不仅包括了16门核心课教材，还包括多门传统专业课教材，以及新兴课程教材；在注重系统性和全面性的同时，强调与司法实践、研究生教育接轨，培养学生的法律思维和法学素质，帮助学生打下扎实的专业基础和掌握最新的学科前沿知识。

本系列教材在保持相对一致的风格和体例的基础上，以精品课程建设的标准严格要求各教材的编写；汲取同类教材特别是国外优秀教材的经验和精华，同时具有中国当下的问题意识；增加支持先进教学手段和多元化教学方法的内容，努力配备丰富、多元的教辅材料，如电子课件、配套案例等。

为了使本系列教材具有持续的生命力，我们将积极与作者沟通，结合立法和司法实践，对教材不断进行修订。

无论您是教师还是学生，在适用本系列教材的过程中，如果发现任何问题或有任何意见、建议，欢迎及时与我们联系（发送邮件至bjdxcbs1979@163.com）。我们会将您的意见或建议及时反馈给作者，供作者在修订再版时进行参考，从而进一步完善教材内容。

最后，感谢所有参与编写和为我们出谋划策提供帮助的专家学者，以及广大使用本系列教材的师生，希望本系列教材能够为我国高等院校法学专业教育和我国的法治建设贡献绵薄之力。

北京大学出版社

2012年3月

作者简介

金瑞林，主编，男，1931年生于河北。1959年毕业于北京大学法律学系并留系任教，任北大法学院教授、环境与资源保护法专业博士生导师。曾任北大法律学系副系主任、北大环境科学中心副主任以及国务院环境保护委员会科学顾问，兼任中国环境管理、经济与法学学会副理事长、国家环境保护总局法律顾问、全国高教自学考试委员会法律专业委员会主任等职。

20世纪70年代末以来，主要致力于环境法的教学与研究工作，在中国高校法学院最早开设《环境法学》课程和招收环境法专业硕士、博士研究生。曾参加《环境保护法》《水污染防治法》《大气污染防治法》等所有重要环境法律的起草、修订或审定工作。曾多次主持中日、中美环境法学术交流会并分别出版了中、日、英文版环境法学术论文集。在国内外发表论文数十篇。主要著作有：《环境法——大自然的护卫者》《环境法学》（主编）、《中国环境保护法教程》（英文版主编）、《环境与资源保护法学》（主编）以及《中国环境法》《中国环境与自然资源立法若干问题研究》等。

汪　劲，副主编，男，1960年生，法学博士，北京大学法学院教授、环境与资源保护法专业博士生导师，现任北京大学资源、能源与环境法研究中心主任、北京大学核政策与法律研究中心主任，兼任中国环境与发展国际合作委员会中方委员，中国环境科学学会环境法学分会副会长。曾赴日本法政大学大学院留学，任瑞典乌普萨拉大学法学院访问学者。主要研究领域：环境法、自然资源法。多次主持和参加国家和地方环境与资源保护法律、法规的起草、修改和审定工作，在国内外发表论文数十篇。主要著有《环境法律的理念与价值追求——环境立法目的论》《环境法学》（普通高等教育"十五"国家级法学规划教材）、《日本环境法概论》《环境法治的中国路径：反思与探索》《环保法治三十年：我们成功了吗——中国环保法治蓝皮书（1979—2010）》等著作。

王灿发，男，1958年生，法学硕士，中国政法大学教授、环境与资源保护法专业博士生导师，现任中国政法大学环境资源法研究所所长、中国政法大学环境资源法研究和服务中心主任、中国环境资源法学研究会副会长，中国环境科学学会常务理事，中国环境科学学会环境法专业委员会主任委员，北京市法学会环境资源法研究会副会长，曾任哈佛大学高级访问学者。主要研究领域：环境法、国际环境法。多次参加国家环境法律、法规的起草、修改和审定工作，发表论文数十篇。主要著有《生物安全国际法导论》《环境法基本问题新探》《环境法学教程》《环境保护四法一条例诠释》等。

宋　英，女，1960年生，法学博士，北京大学法学院副教授，联合国环境规划署环境法项目专家，曾任伦敦大学、纽约大学、意大利欧洲大学研究院、新加坡国立大学访问学者。主要研究领域：国际环境法、欧洲联盟法。曾参加全国人大环境立法工作，在《中国国际法年刊》等刊物上发表论文数篇。

王社坤，男，1979年生，法学博士，北京大学法学院副教授。曾在清华大学法学院环境资源能源法研究中心从事博士后研究。主要研究领域：环境法、自然资源法。多次参加国家和地方环境与资源保护法律、法规的起草、论证或修改工作。在《法学评论》《比较法研究》《环境保护》《人民日报》《光明日报》等刊物公开发表论文和评论三十余篇。出版学术专著（含合著）三部、参编教材五部、译著（合译）一部。

严厚福，男，1982年生，法学博士，北京师范大学法学院讲师。主要研究领域：环境法。多次参加国家和地方环境与资源保护法律、法规的起草、论证或修改工作。在《北大法律评论》《法学》等刊物公开发表论文十余篇。出版学术专著（合著）和教材各一部、译著（合译）两部。

裴敬伟，男，1979年生，法学博士，华中农业大学文法学院讲师，国家建设高水平大学公派研究生项目中日联合培养博士生，曾赴日本早稻田大学、国士馆大学留学。主要研究领域：环境法。多次参加国家和地方环境与资源保护法律、法规的起草、论证或修改工作。在《法学评论》等刊物公开发表论文十余篇。出版译著一部、合作出版学术专著、教材各一部。

舒　旻，女，1980年生，法学博士，昆明理工大学法学院副教授，曾任加拿大北不列颠哥伦比亚大学、荷兰蒂尔堡大学访问学者。主要研究领域：环境法、国际环境法。多次参加国家和地方环境与资源保护法律、法规的起草、论证或修改工作。在《环境保护》等刊物公开发表论文十余篇。出版学术专著（含合著）六部、参编教材四部。

第四版前言

2014年4月全国人大常委会通过了修改的《环境保护法》并于2015年1月1日起施行。与此同时,党中央、国务院和有关部门在生态文明制度建设领域颁发了大量政策文件和法规规章。2015年8月全国人大常委会又修改通过了新的《大气污染防治法》并将于2016年1月1日起施行。

为在教学中及时全面反映党和国家有关环境与资源保护政策和法律法规的重大变化,我们决定从2015年5月启动《环境法学》(第四版)的修订工作。

《环境法学》(第四版)经原《环境法学》(第三版)作者修改完善,由舒旻副教授统稿并整理修改后,由汪劲教授最终修改定稿。

特此说明。

编 者

2015年9月8日

第三版前言

《环境法学》(第三版)的修订工作于2010年初启动,本书主编金瑞林教授抱病制定了第三版的修订大纲。2011年2月25日,金瑞林教授不幸逝世,第三版的修订工作由此耽搁了一段时间。2012年5月,汪劲教授主持重启本书修订工作,至2012年12月正式完成。在充分回顾、讨论和总结金瑞林教授的学术思想和观点的基础上,《环境法学》(第三版)在结构体例上保留了原第二版各编布局形式,并在内容上对原第二版进行了较大的修订和调整,尽可能地反映了环境法学基础理论、环境污染防治法、自然资源保护法和国际环境法的最新发展和研究成果。新版共分四编三十三章。

参加本书各章的编写人员以及编写分工如下(以编写章节先后为序):

金瑞林、王社坤:第一、二、七、十章;

金瑞林、舒旻:第三、四、五、八、九章;

汪 劲、王社坤:第六章;

汪 劲、严厚福:第十一、十二、十三、十四、十五、十六、十七章;

严厚福:第十八章;

王灿发、裴敬伟:第十九、二十、二十一、二十四、二十五、二十六、二十八、二十九、三十章;

裴敬伟:第二十二、二十三、二十七章

宋 英、舒旻:第三十一、三十二、三十三章。

《环境法学》(第三版)经舒旻博士统稿并整理修改后,由副主编汪劲教授最终修改定稿。

编 者

2012年12月10日

第 二 版 序

为了适应高等学校法学教育发展的需要,我们于1999年编写《环境法学》的第一版教材,供各高等法学院校法律专业选用。

进入21世纪以后,我国有关环境与资源保护的立法有了长足的发展。截止到2006年底,全国人大常委会已经制定(含修订)实施了近三十部环境与资源保护法律,立法总量约占全国人大及其常委会立法的1/10,内容涉及综合性环境保护、环境影响评价、环境污染防治、自然资源保护以及循环经济等领域,全国人大常委会与中国政府还批准、签署和参加了许多重要的国际环境保护条约与协定。此外,由国务院各部门制定的有关环境与资源保护规章更是多达数百部之巨。有鉴于此,结合国家环境与资源保护立法的进展和环境法学理论的发展,我们对《环境法学》第一版教材进行了修订,形成了《环境法学》第二版教材。

1997年原国家教育委员会在对法学学科进行调整时,将"环境法学"学科与有关自然资源法等学科合并成立了新的"环境与资源保护法学"学科,其主要改变在于加强了对自然资源保护法律理论与实践的论述。为此,一些学校和出版社也分别编写出版了有关新的环境与资源保护法学的教材。与原来诸多的环境法学教材相比,这些教材除增加了有关自然资源保护法律制度的论述外,无论是在体系还是在内容诸方面并无大的改变,并且这种新的环境与资源保护法学教材在有关概念、内容的编辑或者提法等方面还可能给原来学术体系已经基本成型的环境法学带来混乱,并出现了一些新的问题。

我们认为,新成立的环境与资源保护法学是在对法学学科进行调整时所作的学科归(分)类,这并不意味着原"环境法学"的称谓及其概念、内容不合理。考虑到原"环境法学"在体系和内容上实际已经涵盖了环境污染防治、自然资源的合理开发利用与保护以及生态保护等内容,并且考虑到外国和国际上已经基本统一了"环境法"的名称,因此我们仍然沿用了环境法学的称谓,并将本教材定名为《环境法学》。

环境法学是法学的一门新兴的边缘性学科,它不仅涉及国内法、国际法以及法理学、行政法、民法、经济法和刑法等法学学科,而且还涉及环境科学(生态学)、环境社会学、环境经济学等其他自然科学和社会科学学科。但它主要还是一门具有特定内容的独立的法学学科。环境法学是系统概述环境法基本理论和基本知识的课程,涵盖了环境法整个学科领域各主要门类或分支学科的主要内容。

《环境法学》具有如下特点:

第一,它是一门在理论上具有综合性和探索性的课程。学习本课程,既要具备充实的法学基本理论知识、又要具备一定的自然科学知识。通过对本课程的学习,应当全面掌握环境法的基本内容、环境法的基本法学体系,从而为继续学习各部门环境法奠定坚实的基础。

第二,它也是一门应用性很强的课程。随着环境问题的不断加剧和对人类行为的不断反思,传统的思维方式和经济发展模式正在悄然地发生改变。因此,环境法学可以直接服务于我国可持续发展战略的实施,并对我国环境与资源方针政策的制定与实施、对我国参与国际环境合作以及对有关环境与资源纠纷的处理等具有直接的运用价值。所以,在学习过程中应当注意培养将所学的环境法知识运用于实践的能力;同时也应当通过实践,进一步加深对所学环境法知识的理解。

  环境问题是影响人类发展的热门的全球性问题,也是目前制约我国社会经济全面发展的一个重要因素。因此对于法律专业的学生来说,学习和掌握环境法学知识将会越来越重要。

金瑞林
2007 年 2 月 28 日

目 录

第一编 环境法学总论

第一章 绪论 …… 3

 第一节 环境的概念 …… 3
 第二节 生态学基本知识 …… 7
 第三节 环境问题 …… 10
 第四节 环境科学和环境法学 …… 14

第二章 环境法的概念 …… 16

 第一节 环境法的定义与特征 …… 16
 第二节 环境法的任务和目的 …… 18
 第三节 环境法律关系 …… 20

第三章 环境法的产生和发展 …… 23

 第一节 环境法产生和发展的总体历程 …… 23
 第二节 中国环境法的产生和发展 …… 26

第四章 环境法的基本原则 …… 33

 第一节 环境法基本原则的含义和确定依据 …… 33
 第二节 经济社会发展与环境保护相协调原则 …… 33
 第三节 预防原则 …… 38
 第四节 公众参与原则 …… 41
 第五节 损害者(受益者)负担原则 …… 43

第五章 环境法的体系 …… 48

 第一节 环境法体系的概念 …… 48

48	第二节 宪法关于环境保护的规定
49	第三节 环境基本法
50	第四节 环境保护单行法规
53	第五节 环境标准
54	第六节 其他部门法中关于环境保护的法律规范

57 第六章 环境立法

| 57 | 第一节 环境立法体制与立法规划 |
| 59 | 第二节 环境立法的指导原则 |

66 第七章 国家环境管理

66	第一节 环境管理概述
67	第二节 国家环境管理的历史发展
69	第三节 环境管理是国家的一项基本职责
71	第四节 环境管理机构

76 第八章 环境标准

76	第一节 环境标准的概念和性质
76	第二节 环境标准的作用
77	第三节 环境标准体系及其制定
80	第四节 环境标准的法律意义

82 第九章 环境法的基本制度

82	第一节 环境与资源保护规划制度
87	第二节 环境影响评价制度
95	第三节 环境许可制度
100	第四节 环境调查与监测制度
103	第五节 环境税费制度
112	第六节 治理、恢复与补救制度

120 第十章 环境法律责任

| 120 | 第一节 环境法律责任概述 |
| 122 | 第二节 环境行政责任 |

127 | 第三节 环境民事责任
137 | 第四节 环境刑事责任

第二编 环境污染防治法

145 第十一章 环境污染防治法概述
    145 | 第一节 环境污染防治及其立法
    150 | 第二节 我国环境污染防治法的体系

152 第十二章 大气污染防治法
    152 | 第一节 大气污染防治法概述
    155 | 第二节 大气污染防治的法律规定

165 第十三章 水污染防治法
    165 | 第一节 水污染防治法概述
    166 | 第二节 水污染防治的法律规定

172 第十四章 海洋污染防治法
    172 | 第一节 海洋污染防治法概述
    173 | 第二节 海洋污染防治的法律规定

181 第十五章 固体废物污染环境防治法
    181 | 第一节 固体废物污染环境防治法概述
    182 | 第二节 防治固体废物污染环境的主要法律规定

190 第十六章 环境噪声污染防治法
    190 | 第一节 环境噪声污染防治法概述
    192 | 第二节 环境噪声污染防治的主要法律规定

198 第十七章 放射性污染防治和其他危险物质管理的规定
    198 | 第一节 放射性污染防治的法律规定
    203 | 第二节 其他危险物质的安全管理规定

210 第十八章 环境污染的源头和全过程治理
- 210 第一节 概述
- 210 第二节 清洁生产促进法
- 212 第三节 循环经济促进制度

第三编 自然资源保护法

217 第十九章 自然资源保护法概述
- 217 第一节 自然资源及其特征
- 221 第二节 自然资源保护法体系

225 第二十章 土地资源保护法
- 225 第一节 土地资源保护及其立法
- 226 第二节 土地所有权与使用权
- 226 第三节 土地用途管制和土地利用规划
- 228 第四节 耕地保护
- 230 第五节 严格控制建设用地
- 231 第六节 土地复垦
- 232 第七节 防治土地沙化

235 第二十一章 水资源保护法
- 235 第一节 水资源保护及其立法
- 236 第二节 水资源保护的主要法律规定

244 第二十二章 水土保持法
- 244 第一节 水土保持及其立法
- 244 第二节 水土保持的主要法律规定

248 第二十三章 海洋资源保护法
- 248 第一节 海洋资源保护及其立法
- 248 第二节 海洋生态保护的主要法律规定
- 250 第三节 海域使用的主要法律规定

252 　第四节　海岛保护的主要法律规定

255　第二十四章　森林资源保护法

255 　第一节　森林资源保护及其立法
257 　第二节　森林资源保护的主要法律规定

264　第二十五章　草原资源保护法

264 　第一节　草原资源及其立法
265 　第二节　草原资源保护的主要法律规定

272　第二十六章　矿产资源保护法

272 　第一节　矿产资源及其保护立法
273 　第二节　矿产资源保护的主要法律规定

278　第二十七章　节约能源与可再生能源法

278 　第一节　能源及其立法
279 　第二节　节约能源的主要法律规定
281 　第三节　可再生能源的主要法律规定

284　第二十八章　渔业资源保护法

284 　第一节　渔业资源保护及其立法
285 　第二节　渔业资源保护的主要法律规定

289　第二十九章　野生动植物资源保护法

289 　第一节　野生动植物资源及其保护立法
291 　第二节　野生动物资源保护的主要法律规定
293 　第三节　野生植物保护的主要法律规定
295 　第四节　动植物检疫的主要法律规定
298 　第五节　外来入侵物种防治的主要法律规定

300　第三十章　特殊区域环境保护法

300 　第一节　特殊区域环境保护法概述
302 　第二节　自然保护区保护的主要法律规定

306　第三节　风景名胜区保护的主要法律规定
309　第四节　文化遗迹地保护的主要法律规定

第四编　国际环境法

315　第三十一章　国际环境法概述
　　315　第一节　国际环境法的概念
　　316　第二节　国际环境法的渊源
　　319　第三节　国际环境法的主体和客体
　　321　第四节　国际环境法的历史发展

326　第三十二章　国际环境法的原则与实施
　　326　第一节　国际环境法的一般原则
　　331　第二节　国际环境法的实施
　　337　第三节　国际环境责任和争端的解决

341　第三十三章　国际环境法的主要领域
　　341　第一节　大气与外层空间保护法
　　348　第二节　海洋环境保护法
　　350　第三节　淡水资源保护法
　　352　第四节　废弃物与危险物质控制法
　　356　第五节　生物多样性保护法
　　362　第六节　两极地区环境与世界遗产保护

第一编　环境法学总论

第一章　绪论
第二章　环境法的概念
第三章　环境法的产生和发展
第四章　环境法的基本原则
第五章　环境法的体系
第六章　环境立法
第七章　国家环境管理
第八章　环境标准
第九章　环境法的基本制度
第十章　环境法律责任

第一章

绪　　论

第一节　环境的概念

"环境"是人们广泛使用的一个词汇。但是,作为环境科学研究对象的"环境"、作为法律保护对象的"环境"以及日常生活中所使用的"环境",并不完全相同,它们各有自己确定的含义和范围。学习环境法学,首先需要区别不同语境中"环境"的含义和范围,从而准确界定法律上的"环境"的内涵和外延。

一、环境的一般概念

一般意义上的环境通常是相对于某一个中心事物而言的。围绕某个中心事物的外部空间、条件和状况,便构成某一中心事物的环境。在复杂的大千世界中,有大大小小的、各式各样的具体事物,同时又有围绕着这些不同事物的各种环境。中心事物不同,则环境的范围、含义也不同。因此,一般意义上的"环境"是一个相对的、可变的概念,它因中心事物的不同而具有不同的含义和范围。我们在研究某一特定环境的概念时,必须首先明确它是哪一个中心事物的环境,这样才能准确把握这一特定的环境概念。

二、人类环境

人类环境这个概念是在1972年的联合国人类环境会议上提出的,是指以人类为中心、为主体的外部世界,即人类赖以生存和发展的天然的和人工改造过的各种自然因素的综合体。

人类环境是一个十分庞大的复杂体系,目前还没有形成一个统一的分类方法。一般按照环境的形成、环境的功能、环境的范围、环境的要素等标准对人类环境进行不同的分类。

按照环境的形成,可以把人类环境分成自然环境和人工环境两大类。自然环境是指对人类的生存和发展产生直接或间接影响的各种天然形成的物质和能量的总体,如大气、水、土壤、日光和生物等。这些环境要素构成了相互联系、相互制约的自然环境体系。人工环境也称人为环境或经人工改造的环境,是人类为了提高物质和文化生活,在自然环境的基础上,通过人类劳动改造或加工而创造出来的物质和能量的总体,如城市、乡村、水库和人文遗迹等。

按照环境的功能不同,可以把环境分为生活环境和生态环境。我国《宪法》采用了这种分类方法。按照环境范围的大小,可以把环境分为居室环境、车间环境、村镇环境、城市环境、区域环境、全球环境和宇宙环境等。按照环境的不同要素,可以把环境分为大气环境、水环境(包括海洋环境、湖泊环境、河流环境等)、土壤环境、生物环境(如森林环境、草原环境)和地质环境等。

在环境科学中最常用的分类法是第一种,即把环境分为自然环境和人工环境。

与环境概念紧密相关的一个概念是"自然资源"。自然资源是指在一定的经济和技术条件下,自然界中可以被人类利用的物质和能量,如土壤、阳光、水、空气、草原、森林、野生动植物、矿藏等等。

人类对自然资源的利用程度取决于当时的经济能力和技术水平。受经济和技术条件的限制,有些自然资源还难以利用;随着经济发展和技术进步,未被利用的无用物质,会不断成为有用资源。人们把已被利用的自然物质和能量称为"资源",把将来可能被利用的物质和能量称为"潜在资源"。

按照自然资源的分布量和被人类利用时间的长短,自然资源可分为有限资源和无限资源两大类。有限资源又包括两类:一类是可更新资源,即可以更新再被利用的,如土壤、淡水、动物、植物等。人类利用可更新资源的数量和速度,不能超过资源本身的更新速度,否则会造成资源的枯竭而不能永续利用。另一类是不可更新资源,是指数量有限又不可再生,最终会被用尽的资源,如煤、石油、各种金属与非金属矿藏等。人类对不可更新资源必须十分珍惜,尽可能合理综合利用,减少耗损和浪费,否则资源耗尽便永远从地球上消失。无限资源是指用之不竭的资源,如太阳能、风能、潮汐能、海水等。除海洋外,目前还没有把无限资源作为自然资源立法的保护对象,但是人类活动会直接或间接地影响它们,同时也影响人类对它们的有效利用。

环境要素是构成人类环境整体的各个独立的、性质各不相同而又相互联系、服从整体演化规律的基本物质组成部分。很多自然资源如土壤、阳光、水、草原、森林、野生动植物等具有两重性,既是自然资源,又是自然环境要素。因此,环境保护和自然资源保护是密不可分的,合理利用自然资源、保护自然环境,维护生态平衡就是环境保护的一个重要方面。环境保护要求把自然资源的开发利用与自然环境和自然资源的保护密切结合起来。

三、环境法关于环境的定义和范围

环境科学中的基本概念和原理是环境立法所应当遵循的自然科学理论基础。因此环境在法律上的定义必然以环境科学关于环境的定义为依据,并且二者在质的规定性方面是一致的。例如,我国《环境保护法》把环境定义为"影响人类生存和发展的各种天然的和经过人工改造的自然因素的总体"。

但是,环境法规定的环境的范围与环境科学中环境的范围并不完全相同。

第一,作为环境法保护对象的环境,其概念和范围必须明确和具体,不能使用环境科学中水圈、生物圈之类抽象、概括的概念,而必须尽可能具体、明确地列举法律保护的环境所包括的主要要素。

例如,我国《环境保护法》在规定了环境的定义后,又具体列举了"大气、水、海洋、土地、矿藏、森林、草原、湿地、野生生物、自然遗迹、人文遗迹、自然保护区、风景名胜区、城市和乡村等"环境要素。美国《国家环境政策法》把人类环境分为自然环境和人为环境两部分,又进一步具体规定环境"包括但不限于,空气和水——包括海域、港湾、河口和淡水;陆地环境——森林、干地、湿地、山脉城市、郊区和农村环境"。

列举可以使法律上环境的含义和范围更加明确和具体,但是不可能穷尽庞大复杂的人类环境的所有要素。因此一些国家的环境法中常常用"等"或"不限于"之类的词,表示环境法的保护范围并不限于环境法所列举的内容。

第二,环境法中的环境的外延小于环境科学中的环境。从环境科学的理论来说,一切与人类生存和发展有直接或间接关系的环境要素都是人类环境系统的组成部分,都是环境科学的研究对象。但是,整个自然界和无限的宇宙空间不可能都成为法律保护的客体。作为法律保护的环境,除了必须对人类的生存和发展发生影响以外,还必须是人类的行为和活动(包括利用经济和科学技术手段)所能影响、调节和支配的那些环境要素,否则法律的保护便没有实际意义。因为法律是通过规范人的行为来保护某些客体的,如果人的行为和活动对某些客体不能调节、影响或支配,法律对它的保护便没有意义。例如,太阳及其光和热是维持地球上生命的至关重要的、决定性的条件,但是人类的行为和活动无法影响太阳,我们将太阳作为法律保护的对象就没有意义。我们只能通过调整人的行为能够影响和调节的有关方面以使太阳辐射维持在适宜人类生活的程度。例如,通过保护臭氧层来防止由于太阳紫外线过强而可能对人类造成的伤害;通过规划法、建筑法来保护人们的光照权,使人们的居所获得正常需要的光照。

随着人类社会科学技术的发展,人类活动对自然界产生影响的范围会越来越大,法律保护的自然客体也会随之扩大。但是,作为法律保护的自然客体的范围,只能是那些人类活动能够影响、调节或支配的自然客体,凡是人类不能对其产生影响的自然物,即使它与人类生存有关,也不属于法律保护的范围。

第三,某种环境要素是否能够获得法律保护,取决于其在维持生态平衡和维护环境功能中的作用。将人类环境作为法律保护的客体,其最根本的目的是从整体上保护生命维持系统的功能,保护生态系统的平衡,保护和改善人类生存环境。对于某种作为环境要素的自然物,人类是以其在维持生态平衡和维护环境功能中的作用,而决定对其取舍的,并不一定在任何情况下都无条件地、绝对地加以保护。例如,一国的某种野生生物濒于灭绝时,就宣布对它严加保护,而当其数量过多影响其他动植物生存时,又可能人为地减少这些野生生物的数量。某些自然物在它存在于自然环境之中成为生态系统的有机组成部分发挥作用的时候,可能是环境法保护的自然客体,但当它脱离自然界失去环境要素的功能时,就不再属于环境法保护的客体,而可能被视为一种财产,成为民法所有权保护的客体。

四、人类与环境的关系

人类与环境的关系可以概括为两个方面:第一,人类是环境的产物,人类要依赖自然环境才能生存和发展;第二,人类又是环境的改造者,通过社会生产活动来利用和改造环境,使其更适合人类的生存和发展。

(一)人类是环境的产物

自然界在人类出现以前几十亿年就已经存在了。地球上最早本无生命,经过漫长的物理、化学变化过程,才形成了生物能够产生、延续和进化的地表环境,如水、阳光、土壤、氧气、适宜的温度等等。海洋是生命产生的温床,而生物圈的出现为人类的产生和发展提供了必要条件。

生物界的发展,经过了一个从简单到复杂、从低级到高级的漫长演化过程,而人类则是生命演化到高级阶段的产物。对人体血液成分所作的科学测定表明:人体血液含有60多种化学元素,而且其平均含量同地壳各种元素的含量在比例上惊人地近似。这是说明人是环境产物的最明显的例证。人生活于环境之中并通过呼吸、饮食等新陈代谢活动一刻不停地同周围环境进行物质和能量的交换,这样就使人体的物质组成同环境的物质组成具有高度的同一性。如果人和环境的物质平衡遭到破坏,譬如说,环境里加入了一些新的物质而被人体所摄取,或是环境里缺少了某些原有的物质,使人体得不到吸收,就有可能对人体健康造成危害。环境污染导致的"公害"病,虽然致病机理各不相同,但有一点是共同的,就是因为环境里增加了一些新的有害物质,或一些原有物质的浓度增大或减少而使人体物质组成失去平衡造成的。

因此,人类不能自以为是大自然的主人,可以主宰一切、支配一切,而应树立另一种科学的意识:人类是环境的产物,人类的生存和发展,同整个生物界一样,要完全依赖于地球的环境条件。

(二) 人类又是环境的改造者

人类出现以后,不像一般动物那样完全被动地依赖和适应自然环境而生存。人类能通过劳动,通过社会性的生产活动,使用日新月异的科学技术手段,有目的、有计划、大规模地改造自然环境,使其更适合人类的生存和发展。人类社会出现以后,自然界就进入了在人类干预、改造下发展的新阶段。

人类在依赖自然环境生存和改造自然环境的过程中,存在着一种十分复杂的人类——环境系统互相作用、相互制约的关系,其中体现着二种规律——社会经济规律与自然生态规律的交织、融合,并不以人的意志为转移地发挥着作用。

依照系统工程的观点,人类——环境系统的结构可以分为三部分:物理系统,包括生物以外的各种无生命环境因素、如大气、水、陆地、岩石日光等。生物系统,即生物圈,包括从最小的微生物到生物群落组成的大大小小的生态系统。社会经济系统,包括由人类活动控制的社会结构、经济结构和政治结构等。三大系统各有自己内部的结构和功能,同时又相互联系、相互作用、相互制约。在这些相互关系中物质和能量的交换是最本质的联系。

物质和能量的交换既要以人类的生产活动为基础,也要以自然的再生产为基础。人类社会的经济再生产和自然的再生产又是交织在一起的。正如马克思所说:"劳动首先是人和自然之间的过程,是人以自身的活动来引起、调整和控制人和自然之间的物质交换的过程。"① 人类在经济再生产过程中,一方面要以"资源"的形式从自然界中取得原料;另一方面又把生产和生活的废弃物排放到环境中去。

为了维持人类环境系统的动态的平衡,人类的经济活动和改造自然的活动必须不超过两个界限:第一,从自然界取出的各种资源,不能超过自然界的再生增殖能力;第二,排放到环境里的废弃物不能超过环境的纳污量和承载力,即环境的自净能力。如果超过了这两个界限,就会打破生态系统的正常平衡,一方面造成资源枯竭,一方面使环境质量恶化。

可见,人类的经济再生产过程同自然再生产过程是密切相关的。可以说,自然再生产过

---

① 《马克思恩格斯全集》(中文版) 第4卷,人民出版社1995年版,第275页。

程是经济再生产过程的基础,经济再生产过程是影响自然再生产过程的重要因素。特别是随着人类社会的前进,人类改造自然的规模不断扩大,向环境大规模地"取出"和"投入",其结果,一方面是通过对环境的改造使环境更适合人类的生存和发展,另一方面也容易破坏环境系统的动态平衡,出现环境问题。

第二节 生态学基本知识

环境保护应该遵循的自然规律主要是生态学的规律。因此,学习和研究环境法学,有必要了解生态学的一些基本知识。

一、生态学的概念

生态学原是生物学的一个分支,1866年德国人伊·海克尔(E. Haeckel)提出了生态学的概念,即研究动物同有机和无机环境的全部关系。后来,经过发展,生态学被定义为研究生物与其生存环境之间相互关系的科学,将主体从动物扩大到整个生物界。目前,生态学已经超出了生物学的范围,扩大到其他领域。除生物学中的植物生态学、动物生态学外,地学中也建立了海洋生态学、土壤生态学等。

20世纪50年代以后,严重的环境污染与破坏,进一步推动了生态学的研究,又出现了人类生态学、社会生态学、污染生态学、城市生态学、生态经济学等。20世纪70年代,联合国教科文组织,把"人与生物圈"的研究列为全球性课题,强调从宏观上研究人与环境的生态学规律。

生物与环境之间存在着相互联系、相互制约、相互作用的复杂关系。这种关系基本上包括两方面:一方面,环境是生物生存的物质基础,生物与环境之间不断进行着物质循环与能量流动,环境为生物提供生存和发展的条件,并且不断地影响和改变着生物,使其从简单到复杂,从低级向高级发展;另一方面,生物界在发展和变化的过程中,又给环境以反作用,特别是人类出现以后,对环境的改造所表现的反作用更为巨大。

生态学的任务就是研究生物与环境之间相互关系及其发展变化的规律与机理。

二、生态系统和生物圈

(一)生态系统的概念

生态系统,是指自然界里由生物群体和一定的空间环境共同组成的具有一定结构和功能的综合体系。自然界中的生态系统多种多样,小如一滴湖水、一块枯木、小池、花坛、草地,大到湖泊、海洋、森林、草原。地球上最大的生态系统就是生物圈,生物圈里包含了无数个大大小小、各式各样的生态系统,每个生态系统就是生物界活动的基本单元。人类便处于由各种生态系统组成的生物圈内。

(二)生态系统的组成

生产者、消费者、分解者和无生命物质组成生态系统的有机的统一体,并且沿着一定的途径不断地进行着物质循环与能量的流动。

生产者主要指绿色植物及单细胞藻类,它能够通过光合作用把太阳能转化为化学能、把无机物转化为有机物,不仅供给自身的发育生长,也为其他生物提供物质和能量,故被称为生产者。生产者决定了生态系统的生产能力的大小,构成生态系统的基础,在生态系统中居于最重要的地位。

消费者是指所有的动物。从低级动物直到人类,都是依赖生产者制造的有机物维持生存的。消费者又分为一级消费者、二级消费者等等。以植物为食的草食动物,如牛、羊、兔、蝗虫等为一级消费者;以草食动物为食的食肉动物,如狼、狐狸等为二级消费者;以二级消费者为食的食肉动物为三级消费者。有的动物包括人类是杂食者,既食植物又食动物,被称为混合消费者。消费者虽然不是有机物的直接生产者,但在生态系统的物质和能量转化过程中处于中间环节,也是生态系统的重要组成部分。

分解者主要是指有分解能力的各种微生物,也包括一些腐生性动物,如白蚁、蚯蚓等。分解者能把生态系统里的动物和植物尸体分解成简单的化合物,再提供给植物利用。分解者的作用是保证生态系统的循环,是生态系统的有机组成部分。

无生命物质包括自然界中各种有机物、无机物和自然因素,如阳光、水、土壤、空气等。无生命物质为生物提供了必需的生存条件。

三、生态系统的功能

(一) 生态系统的能量流动

生态系统中全部生命需要的能量都来源于太阳。能量在生态系统中的流动要遵循热力学定律:能量可以从一种形式转化为另一种形式,转换过程中能量不消失,也不增加;能量在流动过程中,沿着从集中到分散,从高到低的方向传递,传递过程中会有一部分能量流失。

生态系统的能量流动是通过食物链进行的。甲生物以乙生物为食,乙生物以丙生物为食等,形成一条以食物把各种生物连结起来的锁链,叫做食物链。例如,在草原上,青草→兔子→狐狸→狼;在池塘里,藻类→浮游动物→小鱼→大鱼→鱼鹰,等等。

在一个生态系统中,食物关系往往十分复杂,有的相互交错,形成一种网状关系,即所谓食物网。生态系统能量的流动就是通过食物链和食物网进行的。

食物链上的各个环节被称为营养级。在同一环节上起同样作用的一群生物,属于同一营养级。生产者为第一营养级,一级消费者为第二营养级……一个生态系统一般有4—5个营养级,达到7个营养级的生态系统很少见。

低位营养级的生物向高位营养级的生物提供物质和能量。由于低位营养级所获得的能量,通过自身新陈代谢要消耗一部分,而剩余的能量又只有约1/10被上一营养级所利用(即1/10定律),因此高位营养级生物的数量远少于低位营养级生物,这样逐级递减,形成了所谓生物链金字塔和生产率金字塔。在一个生态系统中常常看到,处于低位营养级的生物生长快,繁殖容易,数量大,而高位营养级的生物繁殖难,生长慢,数量也少。要使高位营养级的生物保持一定的数量,就要保持低位营养级生物的足够数量,否则,当低位营养级生物因自然和人为原因大量减少时,将必然导致高位营养级生物的急剧减少甚至灭绝。

从环境保护的角度来看,在食物链关系上一个值得注意的现象是"生物放大",即同一食物链上某些元素或难分解的化合物在生物体内随着营养级的提高而逐步增大的现象。例如,美国伍德威尔(Wood Well)在长岛南岸沼泽中所作的采集研究发现,当地为了控制蚊虫曾多年喷撒DDT,在沼泽海水中DDT残留含量为0.00005 ppm,而通过浮游生物→小鱼→环喙鸥,这一食物链在环喙鸥体内DDT含量高达755.5 ppm,被放大了近1500万倍。人居于食物链顶端，有毒物质通过食物链的富集对人类的威胁是十分明显的。

(二) 生态系统的物质循环

组成生物有机体的最主要的化学元素是碳、氢、氧、氮、磷、硫等。它们在自然界以水、二氧化碳、硝酸盐和磷酸等形式存在。这些物质既是自然界中的主要元素，又是生物有机体维持生命现象的主要元素。它们首先被生产者(植物)吸收，经过合成，以有机物的形式通过食物链在各营养级之间逐级传递，最后经分解者(微生物)分解为无机物返回环境中供植物利用。这些物质在生态系统中周而复始地循环，被反复利用，这就是生态系统的物质循环。

每一种物质在生态系统中的循环都有各自的循环途径和特点，构成一个复杂的循环体系。其中最主要的是水循环、碳循环和氮循环，它们与环境保护的关系非常密切。

以水循环为例，水由氢、氧组成，是生物体的重要组成成分，一切生物有机体都含有大量水分。水分子从地面经过蒸发进入大气，再经过雨、雪等降水形式降到陆地和海洋，形成周而复始的水循环。在水循环中由蒸发形成的淡水降落到地面对地球生命现象具有重要意义。如果没有淡水来源，陆地和淡水的生命系统便不能维持。水又是一种溶剂，它成为其他物质循环的介质，很多其他物质的循环都要结合水循环进行，其中也包括污染物在环境里的迁移转化。因此保护淡水资源和防止水污染是环境保护的一个重要问题。

四、生态平衡

生态平衡，是指生态系统的结构和功能包括生物种类的组成和各种种群的比例以及不断进行着的物质循环和能量流动都处于相对稳定的状态。生态平衡是整个生物圈保持正常的生命维持系统的重要条件，它为人类提供适宜的环境条件和稳定的物质资源。

生态系统能够保持相对平衡是因为内部具有自动调节的能力。一般情况下，生态系统的结构越复杂，生物种类越多，食物链也越复杂多样，物质循环的渠道也越多，这样生态系统的调节能力就越强。反之，结构简单，成分单调，调节能力越小。不管生态系统的调节能力强与弱，都是有一定限度的。当干扰因素的影响超过调节能力的极限时，调节能力就要降低甚至消失，从而引起生态失调，甚至整个系统的崩溃。

破坏生态平衡的因素有自然因素和人为因素两种。自然因素，如火山爆发、地震、海啸、台风、水旱灾害、泥石流等，都可以在短期内使生态平衡遭到破坏。人为因素，如建造大型工程，从而大规模改变环境条件，大量毁坏植被，从而改变生物的生境，向环境中大量排放有毒污染物，等等。这些人为因素都能破坏生态系统的结构和功能，引起生态失调，甚至造成生态危机。

综上，生态学所反映的一些基本规律是环境科学的基础理论，同环境保护有密切的关系。环境的污染和破坏其最终后果是生态平衡的破坏，并对人类的生产和安全带来危害。环境科学和环境保护的任务，就是要研究生态系统调节能力的范围，以及人类干扰的限度，以保持人类与环境系统之间正常的平衡关系。

第三节 环境问题

一、环境问题的概念

环境问题是指由于人类活动或自然原因使环境条件发生不利于人类的变化,以致影响人类的生产和生活,给人类带来灾害的现象。

自然原因引起的环境问题被称为原生环境问题或第一环境问题。某些自然现象如火山爆发、地震、海啸、洪水泛滥等可以在短时间内、在一定地区和范围内引起环境问题。这一类环境问题在人类社会出现以前就存在于自然界中,而且一般不能为人类所预见和预防。

人为原因引起的环境问题被称为次生环境问题或第二环境问题,有的国家称为"公害"。人类活动就其与环境的关系来说具有两重性:一方面通过改造环境使其更适合人类的生存和发展;另一方面又因利用环境不当而损害环境,产生各种环境问题。

广义的环境问题包括人为原因引起的环境问题和自然原因引起的环境问题两类。狭义的环境问题则仅指人为原因引起的环境问题。环境科学主要研究第二环境问题。

第二环境问题,即人为环境问题,又可以分为生态破坏与环境污染两类。生态破坏是指由于不合理地开发利用资源或进行工程建设,使生态和资源遭到破坏,引起一系列环境问题,如水土流失、土壤沙化、盐碱化、资源枯竭、气候变异、生态系统失衡,等等。生态破坏造成的后果往往需要很长时间才能恢复,有的甚至不可逆转。环境污染主要是指由于工农业生产和城市生活将大量污染物排入环境,使环境质量下降,以致危害人体健康,损害生物资源,影响工农业生产。生态破坏和环境污染间存在着密切联系,二者具有复合效应。生态破坏可以降低环境的自净能力,如森林减少会加重大气污染;而环境污染又会降低生物生产量,加剧生态破坏。

二、环境问题的产生与发展

人为环境问题的产生与发展大体可以分为四个阶段:

(一)人类社会早期的环境问题

人类社会早期处于原始的捕猎阶段,主要依靠采集、捕猎自然食物来取得生活资料。人类对环境的依赖性很大,而改造环境的能力却很差。

由于生产力低,人口密度小,人类向环境索取的物质和向环境排放的废弃物均未超过环境承受能力,因此人类活动对环境的干预十分有限,没有出现以后发生的各种环境问题。当时的环境问题,是因为乱采、乱捕破坏人类聚居的局部地区的生物资源而引起的生活资料缺乏甚至饥荒,或者因为用火不慎而烧毁大片森林和草地,迫使人们迁移以谋生存。

(二)以农业为主的奴隶社会和封建社会的环境问题

这一阶段出现了稳定的农业、畜牧业、手工业和一定规模的工商业城市。生产力得到发展,人口密度增加,人类对环境的干预和改造能力也随之加强。

农业和畜牧业是一种生物性生产,一方面在很大程度上要依赖自然条件,另一方面又会对自然环境造成破坏。例如在农业生产中常常因为盲目扩大耕地而砍伐森林、毁坏草原,引起地区性农业环境的破坏。例如,古代美索不达米亚、希腊、小亚西亚地区的居民,为了得到耕地,把森林砍光了,结果使这些地方成了不毛之地。中国古代的黄河流域,曾经是森林茂密、沃野千里的文明发祥地,西汉末年到东汉时期,因为搞"单打一"的农业,大规模滥伐森林,开垦农田,结果造成严重水土流失,使后来的黄土高原成为千沟万壑的贫瘠荒原。

农业生产活动向环境排放的废弃物不多,而且生产和生活排放的废物可以纳入物质生产的小循环,如庄稼的秸杆灰、人粪尿可以肥田,一般说不会超出环境的自净能力。所以环境污染表现得还不突出。只是在人口集中的城市,各种手工业作坊和居民抛弃生活垃圾,曾出现环境污染,但与后来工业生产和大规模城市化带来的环境污染相比要轻微多了。

(三)产业革命以后到20世纪60年代的环境问题

产业革命把人类社会带进了工业化的新时代。一方面,大幅度提高了社会生产力,增强了人类利用和改造环境的能力;另一方面,资源的消耗、废弃物的排放也大量增加,从而大规模地改变了环境的组成和结构,带来了种种环境问题。

首先是出现了大规模环境污染。污染的来源主要是工业生产排放的废气、污水和固体废物,以及大量环境很难降解的化学合成品,包括大量使用农药和化肥。局部地区的严重环境污染导致"公害"病和重大公害事件的出现。1873年到1892年的19年中,英国伦敦发生过五次毒雾事件。1952年又发生一起震惊世界的烟雾事件,四天内死亡人数较常年同期增加了约4000人。1930年,比利时马斯河谷烟雾事件在一周内导致60人死亡。1943年,美国洛杉矶光化学烟雾事件造成大量居民患病。1948年,美国多诺拉烟雾事件使全镇43%的人口约5911人患病,死亡17人。①

其次是生态破坏。现代化工业生产需要大量资源和能源,随之而来的是采掘业、采伐业和捕捞业三大部门的发展,以及各种大型工程建设造成对局部环境条件的改变,这些都使自然资源和生态环境难以承受,从而造成资源稀缺甚至枯竭,自然环境遭到破坏,开始出现区域性生态平衡失调现象。

(四)当前世界的环境问题

2002年5月,联合国环境规划署发布了由1000多名科学家联合撰写的2002年度《全球环境展望》,对1972年以来的全球环境状况进行了评估,并对未来30年全球环境与发展趋势进行了预测。

该报告指出,全球环境状况在过去30年里持续恶化,环境条件变得更加脆弱。环境污染出现了范围扩大、难以防范、危害严重的特点。例如,大气污染出现了全球性并直接影响整个生物圈的某些机制和平衡的三大问题即酸雨、二氧化碳的"温室效应"和臭氧层的破坏。

酸雨被称为"空中死神",可以对森林、土壤、水体等造成严重损害。受害地域已遍及美国、加拿大、北欧和西欧。我国长江以南广大地区也出现了酸雨危害,影响面积占国土面积的1/3,且有加重趋势。二氧化碳的大量排放造成全球温度升高,从而导致两极冰川融化,海平面升高,淹没沿海城市和农田,还会改变全球风向、降雨和海洋循环方式,这将对全球环境产生巨大影响。臭氧层的破坏则是因为向大气排放大量氟氯烃类化合物(如制冷剂氟利昂)造成的。因为臭氧层受到破坏,南极上空已出现空洞而且在迅速扩大。其后果将会扰乱动植物的生长,使人和牲畜的癌症发病率急剧提高。20世纪80年代为此召开了12次国际专

---

① 参见《中国大百科全书·环境科学》编委会:《中国大百科全书·环境科学》,中国大百科全书出版社2002年版,第274、59页。

门会议,制定了《保护臭氧层国际公约》和《关于消耗臭氧层物质的蒙特利尔议定书》(1990年修正)。

自然环境和自然资源难以承受高速工业化、人口剧增和城市化的巨大压力。出现了世界性农业资源基地退化现象,如土壤侵蚀、酸化和沙漠化;世界森林资源也正以惊人的速度减少,每年热带雨林消失面积达1000万公顷。森林面积的急剧缩小是人类面临的重大环境问题之一,它会带来一系列生态失调的可怕后果,如水土流失加剧、沙漠蔓延、气候变异、物种灭绝等。

20世纪70年代后,世界自然灾害显著增加。20世纪70年代遭受自然灾害的人数比60年代增加了一倍,20世纪80年代仅在非洲就有3500万人受旱灾之患。非洲的大灾荒与其说是"天灾",不如说是"人祸",是人为因素和自然因素相互作用形成恶性循环的结果。由于人口政策和农业政策的失误,人口激增,粮食短缺,导致滥伐,进而土壤贫瘠化、沙漠化,并使生物生产量下降,生活更加贫困化。在经济压力下,便形成愈穷愈垦、愈垦愈穷的恶性循环,最后终将酿成灾难。非洲的环境灾难是一面镜子。如果不切实加强自然环境的保护,处理好人口、发展与环境之间的关系,世界上其他地区也可能爆发类似的危机。

进入21世纪以来,全球气候变化成为全世界环境问题的主要议题。国际国内社会针对气候变化开展了大量研究、谈判,并实施了应对气候变化的一系列法律措施。此外,在国内法层面,环境污染和生物多样性破坏仍然是各国解决环境问题的重要课题。

三、环境、资源、人口和发展之间的关系

人类社会的发展,受到若干相互联系、相互制约的因素影响,如人口增殖、粮食需求、工业化、城市化、资源消耗、生态与环境的变化等等。这些因素形成一个环环相扣、物物相关、互为因果的网络。就环境问题而言,它不是孤立发生的,要找到环境问题的根源和解决对策,必须考察这些复杂因素之间的相互关系,其中联系和制约最为密切的是环境、资源、人口与发展这四种因素。

(一) 资源

很多自然资源具有两重性,既是人生存和发展的物质基础,又是环境要素,如土地、森林、水、动物界、植物界等。以森林为例,森林既是重要经济资源,它可以提供木材、能源和多种林副产品;同时森林也是环境要素,它具有涵养水源、防风固沙、调节气候、净化空气、消减噪声、保护野生生物、美化环境等多种功能。森林对于人类来说,其环境效益要比经济效益高出许多倍。在环境法上,常把保护环境与合理利用资源看成是一个问题的两个方面,把环境保护与资源保护并提。

自然资源是人类生存和经济发展的物质基础和必要条件。一个国家的地理条件和资源状况对社会和经济的发展起着重要作用。为了保证人类的生活和经济发展的正常需要,就必须对自然资源进行合理开发利用和养护。但是人口的激增、经济的迅速发展大大刺激了对资源的需求量。20世纪50年代以来,自然资源消耗量大约每15年到20年增加一倍。再加上不合理的开发与利用造成资源的严重浪费与破坏,导致资源缺乏甚至枯竭。

我国的人均资源占有量远远低于世界平均水平。2000年我国人均水资源为2200立方米,只有世界平均水平的22%,人均耕地资源1.12亩,只有世界平均水平的25%,人均森林面积0.126公顷,只占世界平均水平的21%。我国庞大的人口基数和快速的经济发展使有

限的资源更加紧张,已成为制约经济发展的重要因素。

(二) 人口问题

环境问题和人口问题有密切的互为因果的联系。从联合国国际经济与社会事务部发布的各年度世界人口预测报告统计分析,世界人口 1950 年时为 25 亿,到 1985 年增加到 48 亿,35 年间几乎翻了一番。而增长的 90% 集中在发展中国家,尤其是非洲和亚洲,发达国家一般维持或低于目前水平。据联合国预测,2005 年世界人口将增加到 64 亿。预计到 2025 年将达到 82 亿。

在一定社会发展阶段、一定地理环境和生产力水平的条件下,人口增殖应有一个适当比例。认为社会发展只取决于社会制度而与人口增殖无关甚至社会主义制度下不存在人口过剩问题的观点,显然是错误的。人口增长过快,会刺激需求和生产,从而破坏人类环境系统的总平衡。特别是在发展中国家,人口膨胀是面临的最大挑战之一,它引起了粮食紧张、资源破坏、能源危机、环境污染加剧等一系列问题。非洲自然环境破坏引起的大灾荒,根本原因是因为人口激增。针对这种情况,有人提出"贫穷污染"的概念。为什么把贫穷和污染联系起来?正如我们在极度贫困的国度和发展中国家常常看到的那样,贫穷与环境污染与破坏有着内在的互为因果的关系。贫穷既是环境问题的原因,又是环境问题的结果。贫穷会无法抗拒的导致对环境和资源的掠夺性、毁灭性的使用和开发,环境与资源的破坏又导致进一步的贫困化,形成一种恶性循环。因此在一个以贫困为特征的地区、国度,将很难摆脱生态失调、环境退化、资源枯竭带来的灾难。

我国的人口问题是一个短时期内很难扭转的最大社会难题之一。我国人口从新中国成立初期的 5.4 亿增加到现在的 13 亿。预计到 2020 年将达 15 亿。比合理人口承载能力多了一倍。人口过度增长对环境和资源的承载力构成巨大压力。在科学技术和经济实力不很高的情况下,为保证衣食住行的基本需要,不得不过度开发自然资源、毁坏自然环境。这种情况极大地限制了经济发展和生活改善,也是我国粮食紧张、资源破坏、环境污染严重的重要原因。

(三) 发展与环境

发展包括社会发展、经济发展两个方面,而基础是经济发展。经济发展尤其是物质资料的生产是人类生活的物质基础。保障和改善人们衣、食、住、行的生活需要是发展的主要目标。在发展中国家,要摆脱贫困、提高人们的物质生活,唯一的出路是发展经济。包括环境问题的解决,也需要通过发展经济来为其提供资金和技术。但是,经济的发展,生产的增长,意味着取自环境的资源和排向环境的废弃物都要增加,因而受到资源可供量和环境容量的限制。盲目发展生产,会造成资源、环境与发展之间的比例失调,从而导致资源枯竭,环境污染与破坏加剧。这样不仅使发展不能持续进行,还会带来灾难性后果。西方国家工业化过程中普遍走了一条重发展、轻环保,甚至牺牲环境发展经济的道路,曾经为之付出了巨大的社会和经济代价。

在人口、资源、环境与发展之间存在着相互制约关系,从生态学的原理来看实际上是人类—环境系统所进行的物质循环与能量流动的关系,又是三种再生产,即人类自身的再生产(人口增长)、自然的再生产(资源增殖)和经济再生产(经济发展)相互结合和制约的关系。不管它们之间物质与能量交换如何错综复杂,在物质和能量的输入和输出之间最终都要保持平衡。

联合国有关机构呼吁各国,要全面研究和从总体上把握人口、资源、发展与环境之间的制约关系,才能制定可持续发展的战略和提出解决环境问题的正确政策。

第四节 环境科学和环境法学

一、环境科学的产生和发展

在综合性的环境科学形成之前,有关学科如生物学、地学、化学、物理学、医学等,已经开始从本学科角度对环境问题进行探索和研究。到了20世纪50年代,许多工业发达国家环境污染加剧,引起了许多科学家的关注。他们运用本学科的理论和方法共同研究环境问题,逐渐产生了一些新的交叉性的分支学科,在这些分支学科的基础上发展形成了综合性的新兴边缘学科——环境科学。1954年,美国一批学者最早提出了"环境科学"这一名词并成立了"环境科学学会",但当时研究的主要是宇宙飞船中的人工环境问题,与现在的环境科学的研究对象并不完全相同。

国际性环境科学机构出现于20世纪60年代,1968年国际科学联合理事会设立了环境问题科学委员会。20世纪70年代出现了以环境科学为内容的专门著作,为1972年《联合国人类环境会议》而出版的《只有一个地球》就是其中最有名的一部绪论性著作。

20世纪50—60年代,环境科学侧重于研究环境污染机理和防治技术,自然科学和工程技术方面的分支学科发展很快,随后环境科学的研究范围又扩展到自然和资源保护、维护生态平衡以及协调人类活动与整个生命维持系统的关系等,也就是把人类环境视为一个整体,从人类与环境的相互关系上进行系统地综合研究,这样又扩大到社会科学各有关领域,使环境科学成为一门综合性很强的学科。

20世纪70—80年代以来,科学技术发展的一个重要特点是,学科的交叉和渗透明显加强,而科学技术、生产、环境与资源这三者的相互作用也明显加强。加之世界上许多国家面临环境问题的挑战,使环境科学在产生后得到了异常迅速地发展。

二、环境科学的分支学科

环境科学是运用多学科的理论、技术和方法来系统研究环境问题的学科,形成了相互交叉、渗透的许多分支学科。在自然科学方面有环境地学、环境生物学、环境化学、环境物理学、环境医学、环境工程学,在社会科学方面有环境经济学、环境法学、环境管理学等。

环境地学以人类—地理环境为对象,研究地理环境、地质环境的结构、演化,环境质量调查、评价和预测,环境质量变化对人类的影响,以及人类对环境的改造与利用等。

环境生物学研究生物与受人类影响的环境之间的相互关系,包括污染生态学和自然保护两个方面。

环境化学研究化学污染物在环境中存在的形态和迁移转化的规律,鉴定和测量化学污染物在环境中的含量,以及回收利用等。

环境物理学研究物理环境,如声、光、热、电磁场和射线对人类的影响,以及消除其不良影响的技术和措施。

环境医学研究环境与人群健康的关系,特别是环境污染对人体健康的有害影响及其防治措施。它包括环境流行病学、环境毒理学、环境医学监测等。

环境工程学运用工程技术和有关学科的原理和方法,防治环境污染,合理利用和保护自然资源。研究内容包括大气污染防治工程、水污染防治工程、固体废弃物的处理和利用、噪声控制等。

环境经济学运用经济学的原理研究经济发展同环境保护的关系、社会生产力的合理配置、环境保护的经济效益和运用经济手段管理环境等。

环境管理学研究如何采用多种行政管理手段协调经济发展与环境保护之间的关系,加强环境的规划管理、质量管理和技术管理。

三、环境科学的任务

环境科学是一门宏观研究与微观研究相结合的综合性学科。宏观上研究整个人类——环境系统的相互关系及其发展变化的规律;微观上研究环境中的物质特别是污染物,在机体和环境中的迁移、转化过程及其运动规律,它们对生命的影响及其作用机理,以及污染防治的工程与技术。

环境科学的主要任务包括:一是探索全球环境的演化规律,包括环境的基本特性、结构、演化机理和规律,目的在于使人类改造环境的活动符合自然界的客观规律,使其朝有利于人类的方向发展,避免向不利方向发展。二是研究人类活动同自然生态之间的关系,主要是研究人类生产、生活活动同环境的物质循环如何保持动态平衡,使人类与环境能够协调发展。三是研究环境变化对人类生存和发展的影响,包括环境退化的原因、污染物对环境质量和人体健康的影响。这些研究可以为维护环境质量、制定各种环境质量标准、污染物排放标准提供科学依据。四是研究区域环境污染和破坏的综合防治措施,包括技术的、经济的、管理的,等等。这些研究可以为国家制定环境规划、环境政策以及环境立法提供依据。

四、环境法学

环境法学是法学和环境科学相结合的一门边缘学科,具有明显的自然科学和社会科学交叉渗透的特点。

现代环境法学最先兴起于西方工业发达国家。环境问题严重化和强化国家环境管理、加强环境立法的迫切性加速了环境法学的发展。20世纪70年代,在日、美、英、法等国,环境法学已经建立,学术著作不断问世。在我国,作为一个独立的分支学科的孕育和初步发展,是在20世纪80年代初,至今不过三十几年。因此,它在我国的法学体系中,是一门正在形成和发展中的年轻的分支学科。

环境法学以环境法这一新兴部门法为其主要研究对象,包括环境法的产生和发展、环境法的目的和任务、环境法的体系、环境法的性质和特点、环境法的原则和基本法律制度、环境法基本理论等。作为一门交叉学科,环境法学还应注意研究相关学科之间的渗透和融合。它应以法学为源本、为基础,运用法学的原理,吸收生态学、环境经济学、环境管理学的科学成果和环境科学的某些原理,深入研究环境法学的特点和基本理论,以加强国家的环境法制建设,充分发挥法律机制在国家环境管理中的作用。

第二章

环境法的概念

第一节 环境法的定义与特征

一、环境法的名称

环境法的名称在各个国家不尽相同,欧洲国家多称"污染控制法",日本称"公害法",俄罗斯称"生态法",一些东欧国家称"自然保护法",美国一般称"环境法",我国在立法上称"环境保护法"。名称不同,反映了各个国家环境问题的阶段性和环境立法的侧重点有所不同,但在本质上并没有很大区别。

"公害法"和"污染控制法",容易被人理解为只限于对环境污染的防治,不能概括环境法的全部内容。因此,日本已于1993年将1967年制定的《公害对策基本法》修改为《环境基本法》。

俄罗斯和一些东欧国家的"生态法""自然保护法"的实际含义是广义的,包括了环境保护、名胜古迹保护和自然资源保护。但自然保护一词中的"自然"的含义,不很明确,"生态法"也容易被理解为保护生态系统的法律。

"环境保护法"包括污染防治法和自然与资源保护法两方面,但环境法的任务并不只限于对环境的保护,还包括提高环境质量,即建设优美、舒适的环境。因此,现在趋向于使用"环境法"这一名称。

二、环境法的定义

环境法作为一个新兴的法律部门,对其立法目的和所调整的社会关系范畴在认识上尚有歧义。因此,给环境法下一个精确的、公认的定义相当困难。结合国内外的环境立法经验、学术研究成果与我国的环境法律实践,本书认为,环境法是由国家制定或认可,并由国家强制力保证执行的关于保护与改善环境、防治污染和其他公害、合理开发利用与保护自然资源的法律规范的总称。

这个定义包含三层主要含义:

第一,环境法是由国家制定或认可并由国家强制力保证执行的法律规范。由国家制定或认可,具有国家强制力和规范性,这是构成法律属性的基本特征之一。这一特征使它同非国家机关,如社团、组织、企业等的规章区别开来;也同虽然由国家机关制定但不具有规范性,或不具有国家强制力的非法律文件区别开来。

第二,环境法的目的是通过防止自然环境破坏和环境污染来保护环境与资源,维护生态平衡,促进人类同自然和谐发展。

第三,环境法调整的是社会关系的一个特定领域,即人们(包括组织)在生产、生活或其他活动中所产生的同保护和改善环境、合理开发利用与保护自然资源有关的各种社会关系。这类社会关系包括两个主要方面:第一,同保护、合理开发和利用自然环境与资源有关的各种社会关系;第二,同防治各种废弃物对环境的污染和防治各种公害如噪声、振动、电磁辐射等有关的社会关系。环境法所调整的社会关系的特定领域,是环境法区别于其他部门法的最重要的特征。

三、环境法的特征

作为一个法律部门,环境法除了具有法的本质特征(如规范性、强制性等)外,还具有与其他部门法所不同的固有特征。这些特征主要表现在如下四个方面。

(一) 综合性

保护对象的广泛性和保护方法的多样性,决定了环境法是一个极其综合化的法律部门。环境保护的范围和对象,从空间和地域上说,是比任何法律部门都更加广泛的。它所调整的社会关系也十分复杂,涉及生产、流通、生活各个领域,并与开发、利用、保护环境和资源的广泛社会活动有关。这决定了需要多种法律规范、多种方法从各个方面对环境法律关系进行综合调整。

环境与资源保护的立法体系不仅包括大量的专门环境与资源法规,还包括宪法、民法、刑法、劳动法、行政法和经济法等多种法律部门中有关环境与资源保护的规范。环境法所采取的法律措施涉及经济、技术、行政、教育多种因素,也具有综合性。

(二) 技术性

从宏观上说,环境法不是单纯调整人与人之间的社会关系,而是通过调整一定领域的社会关系来促进对人与自然关系的协调。这决定了环境法必须尊重和体现自然规律特别是生态学规律的要求,因而具有很强的自然科学性的特征。

具体言之,环境保护需要采取各种工程的、技术的措施,环境法必须把大量的技术规范、操作规程、环境标准、控制污染的各种工艺技术要求等包括在法律体系之中。这就使环境法成为一个技术性极强的法律部门。

(三) 社会性

环境法的保护对象是人类赖以生存的自然环境,环境法的任务是保护与改善环境质量,保护人群健康。这一任务的实现,将给社会全体成员普遍带来恩惠,不论富人还是穷人,是统治阶级还是被统治阶级。因此,环境法不直接反映阶级利益的对立和冲突,而主要是解决人类同自然的矛盾。这就决定了环境法具有强烈的社会性,环境保护的利益同全社会的利益是一致的。从这个角度说,环境法具有广泛的社会性和公益性,最明显地体现了法的社会职能的一面。

(四) 共同性

人类生存的地球环境是一个整体。当代的环境问题已不是局部地区的问题,有的已经超越国界成为全球性问题。污染是没有国界限制的,一国的环境污染会给别国带来危害,因此,环境问题是人类共同面临的问题。环境问题,尤其是全球性环境问题的解决,需要各国的合作与交流。在环境法所调整的社会关系中,也较多地涉及到经济发展、生产管理、资源利用和科学技术方面的问题。同其他法律相比,各国的环境法有较多可以相互借鉴的东西。

第二节 环境法的任务和目的

对环境法基本问题的研究,应包括环境法的任务和目的问题。立法的目的,决定立法的指导思想和法律的调整方向,研究法律目的性有助于正确制定、理解和执行法律。

我国《环境保护法》第1条规定:"为保护和改善环境,防治污染和其他公害,保障公众健康,推进生态文明建设,促进经济社会可持续发展,制定本法。"

这一规定确立了我国环境法的三项任务:一是合理地利用环境与资源,防治环境污染和生态破坏;二是建设一个清洁适宜的环境,保护公众健康;三是协调环境与经济的关系,推进生态文明建设,促进经济社会可持续发展。

第一项任务即保护环境与资源是环境法的直接目的,这是不言而喻的。第二项任务保护公众健康,是环境法的根本任务,是环境立法的出发点和归宿。第三项任务,促进经济社会可持续发展,是因为环境保护与经济发展有内在的相互制约和依存关系。立法上要完成环境保护的任务,就必须协调它同经济发展的关系。这三项任务之间有着内在联系。

我们可以把人们的物质生活需要分成两大类:一类是衣、食、住、行等生活方面的基本需要;另一类是卫生、教育、环境条件等方面的需要。又可分为基本需要和提高的需要两个层次。把环境质量保持在维持人群健康的水平,就像人要吃饱、穿暖一样,是人们生活的基本需要。随着经济的发展和社会物资的丰富,人们会在要求提高物质文化生活水平的同时,要求进一步建设清洁、安静、优美、舒适的环境。当然,首先是社会生产水平决定人们的物质生活水平,并进而决定对环境质量的需求。在生存、发展、享受三个水平线上,如果生存的基本需要都不能满足,就很难顾及环境保护,当生活水平提高到一定程度时,就会需要相应的优美、舒适的环境。把发展经济同环境保护、维护人群健康三者联系起来作为环境法的三项任务,是社会发展与经济建设的客观规律的反映。

概括和比较分析世界各国环境法关于目的性的规定,可以从理论上把环境法的目的分为两种:一是基础的直接的目标,即协调人与环境的关系,保护和改善环境;二是最终的发展目标,又包括两个方面:一方面是保护人群健康,另一方面是保障经济社会可持续发展。

在保护和改善环境这一直接目的方面,世界各国并无不同;在最终的目的方面,各国规定则有差别。多数国家主张环境法的最终目的,首先是保护人的健康,其次是促进经济社会可持续发展,即"目的二元论"。也有的国家,如日本、匈牙利等法律规定,环境法的唯一目的是保护人群健康,即"目的一元论"。

其实,日本关于立法目的的规定最初也是"目的二元论"。1967年的《公害对策基本法》第一条规定,立法的目的是"保护国民健康和维护生活环境",并规定"关于前款所规定的维护生活环境的目的应与经济健全发展相协调",一般称其为"协调条款"或"平衡条款"。这部法律实施3年后,因"协调条款"受到社会的强烈反对,1970日本六十四届国会修订《公害对策基本法》时,不得不删去协调条款,确立"环境优先"原则,即保护国民健康及维护其生活环境是环境法的唯一目的。其他环境法规中关于目的性条款也都作了同样的修改。

日本对环境法目的的修改有自己的特殊历史背景。最初的环境与经济协调的原则,在实际上变成了"经济优先"原则并成为企业主抵制公害防治的借口。20世纪60年代伴随经济高速发展而来的是公害的泛滥。日本人民在遭受了深重的公害灾难后,强烈要求把保护健康与生活环境作为立法的最高原则,把"协调"条款改为"环境优先"不给污染者以损害环境的借口。

通常情况下,环境保护的直接社会效益和经济效益,对企业来说是不一致的。环境质量改善对整个社会有利,但企业都要花费巨额资金用于污染治理。因此,一般来说企业主不会是自觉自愿的环境保护者。为了不给企业主以借口就必须把污染防治规定为污染者的法定义务,把保护人群健康和生活环境规定为立法的目的,并优先于经济发展。

各国环境立法目的一元论与二元论分歧的焦点在于如何处理经济发展与环境保护的关系,对此一直存在两种互相对立的认识。

一种观点主张应强调环境保护,抑制经济发展。因为,所有工业发达国家在工业化过程中由于重发展、轻环保,都伴随着公害泛滥并为之付出了巨大代价。而今后的发展,由于人口、粮食需求和工业生产的几何级数增长,仍然会面临环境污染严重和资源的突变性枯竭的可怕前景,因此主张限制甚至停止发展。这种观点的典型代表是国际性学术组织"罗马俱乐部"于1968年在其研究报告《增长的极限》中提出的"必须把经济增长限制到零"的主张,这就是著名的"零增长"理论。

另一种观点则强调,对于经济不发达的国家来说,经济增长是实现社会目标、改变落后状态的基本手段,也是改善人民生活、满足社会需要的物质基础,因此,片面强调环境保护而限制发展的观点是不能接受的。而且,环境保护耗资巨大,对于经济落后的国家,当务之急是发展经济,而不是环境保护。甚至认为"先污染后治理"是一种客观规律,牺牲环境发展经济是理所当然的,这种观点在发展中国家很容易流行。

两种观点虽然相反,但却共同地把发展与环境看成是互不相容的对立的关系。这就是环境立法目的中的"环境优先论"或"经济优先论"片面认识的根源。

主张环境立法"目的二元论",则是基于承认这样一个重要的事实:发展与环境的关系既相互制约,又相互依存。

首先,二者有互相制约和矛盾的一面,例如,发展经济就势必会带来资源消耗和环境污染、生态破坏等问题;环境保护又需要投入一定的财力和物力,在一国财力、物力不足的情况下,这种矛盾可能表现得十分尖锐。

另外,更重要的一方面是发展与环境有相互依存、相互促进的关系。这主要表现在:环境保护的任务就是保护自然资源,保护生产力,维持生态平衡,这为经济健康发展提供了必要条件和物质基础;环境保护要求尽可能综合利用资源和能源,要求技术革新以减少污染,这促进了技术革新和资源的节约从而有利于经济发展;环境质量的改善会获得直接的经济效益并有助于现代经济特别是高科技经济的发展。

反过来,经济发展又会促进环境保护事业的发展:一方面,它可以为环境保护提供雄厚的物质基础和污染防治资金;另一方面,又可以为环境保护提供现代科学技术手段。

把发展与环境对立起来,认为非此即彼,不论强调哪一方面,在实践中都是有害的。如果以牺牲环境为代价,谋求经济发展,势必重蹈发达国家公害泛滥的覆辙,而且发展也不会持久,将来还要付出更大代价治理污染;过分强调环境保护,甚至限制经济发展的做法也是不可取的,它会削弱整个社会发展的物质基础,包括环境保护在内。

正确处理发展与环境的关系,必须衡量发展与环境互相制约的临界线,把发展带来的环境问题限制在一定限度内,在不降低环境质量的要求下使经济能够持续发展。环境立法的"目的二元论",就是建立在正确认识发展与环境的关系的基础上的。从现行《环境保护法》对立法目的的规定来看,我国环境法关于目的和任务的规定采纳了"目的二元论"的观点。

第三节 环境法律关系

一、环境法律关系的概念

环境法律关系是指环境法主体之间,在利用、保护和改善环境的活动中形成的由环境法规范所确认和调整的权利义务关系。

在现实的社会生产和生活中,人与人之间要发生多方面的联系,从而形成各种社会关系。有些社会关系需要法律进行调整并具有法律上的权利与义务的内容,这种社会关系便成为法律关系。由于各种不同的法律规范调整的社会关系具有不同的权利、义务内容而形成各种不同的法律关系,如民事法律关系、刑事法律关系、行政法律关系等。由环境法律规范所调整的人们在利用、保护、改善环境与资源活动中所产生的权利义务关系,便是环境法律关系。

环境法律关系的产生,同其他法律关系一样,首先要以现行的环境法律规范的存在为前提,没有相应的法律规定,就不会产生相应的法律关系。同时,还要有法律规范适用的条件即法律事实的出现。因为,一般来说,法律规范本身并不直接导致法律关系的产生、变更或消灭。

一切法律关系都具有权利、义务内容,并由国家强制力保证,是具有强制性的社会关系。国家把人们在利用、保护和改善环境与资源活动中形成的社会关系上升为环境法律关系,表明国家要对这个领域的活动进行法律调整,使人们的有关活动受法律的制约并产生相应法律后果,从而加强国家对环境与资源的管理。

二、环境法律关系的特征

环境法律关系具有一般法律关系的共性,但是又具有不同于一般法律关系的特征。

(一)环境法律关系是人与人之间的关系,但又通过人与人的关系体现人与自然的关系

法律是调整人的行为的,任何法律关系都直接表现为人与人的关系,是人们之间的社会关系在法律上的反映,这是一切法律关系共同具有的特征,环境法律关系也不例外。不能把环境法律关系客体所指向的对象,即环境要素或自然物,与环境法的主体相混淆,把环境法律关系视为人与物的关系、人与环境要素的关系或人与自然的关系,环境法律关系只能是人与人的关系。

但是,环境法律关系并不单纯是一种人与人之间的社会联系,而是人们在同自然环境打交道的各种过程中,即在利用、保护和改善环境的活动中形成的人与人之间的关系,是人与人之间和人与环境之间互相关系的结合。环境是中介物,离开了人与环境的关系,也就没有了环境法律关系。

调整人与人之间的关系也不是环境法的唯一目的,通过调整人与人的关系来防止人类活动造成对环境的损害,从而协调人与自然的关系,才是环境法的主要目的。例如,为了保护和合理利用环境与资源,对各种从事开发建设、企业生产、交通运输的当事人,在法律上规定各种禁止事项即法律义务;以及对各种危害环境的违法行为给予民事的、行政的或刑事的制裁,这些看来都是直接调整人的行为,表现为人与人的关系,但其最终目的却是为了保护环境,为了协调人与自然的关系。

通过人与人的关系体现人与自然的关系,是环境法律关系不同于其他仅仅表现为人与人之间关系的婚姻家庭法律关系、诉讼法律关系等的重要特征。环境法律关系主体的构成、权利义务的内容、客体所涉及的对象等都与这一特征有关。

(二) 环境法律关系是一种思想社会关系,但决定这种思想关系的除了社会经济基础外,还有自然因素

法律关系的形成和实现体现了国家意志和当事人的意志,属于上层建筑的范畴,是一种人与人之间的非物质关系,即思想社会关系。但是,不能把这种思想关系理解为是主观随意的,归根到底它要受社会物质生产关系即经济关系的制约。就环境法律关系来说,更主要的还是要受人与自然关系的制约、受自然规律的制约。

(三) 环境法律关系具有广泛性

参与环境法律关系的主体,既包括国家、国家机关,也包括各种企事业单位、其他社会组织和公民。在环境法律关系中,有依据行政法规范确立的环境法律关系,也有按民法规范确立的环境法律关系,还有按刑法规范确立的环境法律关系。由这些不同的法律规范所确立的法律关系的当事人,在法律关系中的地位也不相同,有平等的关系,也有非平等的关系。

三、环境法律关系的构成要素

环境法律关系的构成要具备主体、内容和客体三个要素。

(一) 环境法律关系的主体

环境法律关系的主体是指依法享有权利、承担义务的环境法律关系参加者,又称"权义主体"或"权利主体"。在我国,环境法律关系的主体包括国家、国家机关、企业事业单位、其他社会组织和公民等。

在国际环境法律关系中,国家是法律关系的主体。在国家的环境管理活动中,国家机关特别是环境保护的主管机关,经常以主体身份参加环境法律关系。其活动同环境保护有关的工业企业或其他组织,也是环境法律关系的主要参加者。公民个人,既有享受良好环境的权利,又有保护环境的义务,而且通常没有权利能力的限制,因此公民也是环境法律关系广泛参加者。

(二) 环境法律关系的内容

环境法律关系的内容是指法律关系的主体依法所享有的权利和所承担的义务,这些权利与义务的实现受到法律的保护和强制。

主体享有的权利,是指某种权能或利益,它表现为权利主体可以自己作出一定的行为,或相应地要求他人做出或不做出一定的行为。

国家机关作为环境法律关系的主体,特别是参与国家环境管理活动时,其所享有的权利是与"职权""职责"相同的,也就是依法从事职权范围内的活动。在这种情况下,主体享有

的权利,同时也可以看做是应尽的义务。例如,各级环保机关依据法律规定,有收缴排污费和审批环境影响报告书的权利,这实际上也是他们的义务,即履行他们的职责,否则就是失职。

主体承担的义务是指必须履行某种责任,它表现为必须作出某种行为或不能作出某种行为。例如,一切对环境有影响的建设项目的建设者,事先都要进行环境影响评价,一切超过标准向环境排放污染物者都要缴纳排污费,都是环境法律关系主体应承担的义务。在具体的环境法律关系中,义务的承担者有的是确定的,有的是不确定的。上例中的建设者和排污者都是确定的义务承担者;在保护珍稀动植物的法律关系中,如禁止捕猎大熊猫,则所有的公民都负有义务,而不是仅指某一个人,这就是不确定的义务人。

(三) 环境法律关系的客体

法律关系的客体是指主体的权利和义务所指向的对象,也称"权利客体"或"权义客体"。一般认为法律关系的客体包括物、行为、精神财富和其他权益三种。环境法律关系的客体一般只有物和行为。

1. 物。物是指可作为权利、义务对象的物品或其他物质。在环境法律关系中作为权利义务对象的物,是指表现为自然物的各种环境要素。就是说这些自然物必须是人们可以影响和控制的、具有环境功能的自然物。某些环境要素,如太阳,对人类来说至关重要,但因人的行为不能影响和控制,它就不能成为环境法律关系的客体;某些珍稀动物,在它们脱离自然界失去环境功能时,如动物园和马戏团里的熊猫、老虎,也不再是环境法律关系的客体而是民事法律关系的客体;某些可以作为财产权利对象的自然物如土地、森林、草原、山脉、矿藏、水流等,根据我国法律规定,只能由国家或集体拥有所有权,而不能成为私人财产权的客体;还有一些作为环境要素的自然物,如空气、风力、光照等,只能作为环境法律关系的客体,而不能作为具有财产权内容的法律关系如民事法律关系的客体,不能作为财产而被主体占有或处分。

2. 行为。作为法律关系客体之一的行为,是指参加法律关系的主体的行为,包括作为和不作为。作为,又称积极的行为,是指要求从事一定的行为。不作为,又称消极的行为,是指不能从事一定的行为。在环境法律关系中,主体的权利和义务,常常表现为从事一定的行为,或不得从事一定的行为。

第三章

环境法的产生和发展

第一节 环境法产生和发展的总体历程

作为一个法律部门,环境法与其他部门法一样,也经历了一个产生、发展到完善的过程。人类社会的不同发展阶段产生不同的环境问题。环境法的产生和发展同每一个社会发展阶段环境问题的性质、程度、环境保护在社会生活中的地位以及国家对环境问题采取的基本对策有密切的关系。

现代环境法产生于发达工业国家,大体经历了产生、发展、完善三个阶段。

一、环境法的产生阶段(18 世纪 60 年代至 20 世纪初)

这个阶段是公害开始形成与发生的时期,也是环境法的产生时期。产业革命标志着西方资本主义国家从农业和手工业经济向工业和制造业经济的转变。早期的工业化采用了新的原料,主要是钢铁和煤,并促进了采掘和冶炼业的发展;采用了新的动力蒸汽机和新机器,大机器生产代替了手工劳动;交通运输业使用了火车、轮船。

工业经济的发展产生了现代意义上的第一代环境污染。蒸汽机和新机器的采用消耗大量煤和水;矿冶、机器制造、制碱、纺织、造纸等工业的发展也对大气、水和土壤造成污染。工业经济造成的环境污染是人类历史上出现的空前规模的人为的环境污染。它比起农业经济造成的环境污染在范围上和程度上都要严重得多,有的已酿成公害事件。1873 年、1880 年和 1891 年,英国伦敦三次发生因燃煤造成的烟雾事件,死亡上千人。同期在日本也发生了严重的公害事件,1873 年日本爱知县别子铜矿山冶炼所因排放大量二氧化硫造成附近农业的严重损害,引起农民数次骚乱。日本足尾铜矿是明治时期 20 年代日本首屈一指的大铜矿,从 1882 年起在长达数十年的时间中向矿区周围大量堆弃含毒废矿石,排放废气、废水,使广大地区的农田严重受害,田园荒芜,几十万人流离失所。

以大气和水污染为主的大量公害事件的发生,引发了公众骚动,也震动了当时的执政者。一些工业发展较快的国家开始制定预防和治理大气污染和河流污染的单行法规。

英国制碱业很发达。为了防止制碱厂大量排放氯化氢造成大气污染,英国于 1863 年颁布了《制碱业管理法》(1906 年修订),规定必须采取技术措施防止氯化氢逸散,并规定了严格的排放标准,超过标准即构成犯罪。1876 年英国又颁布了《河流污染防治法》,禁止向河流排放污染物以保护水源。1913 年颁布了《煤烟防治法》,其控制对象是制碱业以外各种向大气排放烟尘的污染源,被视为防止大气污染的早期的主要立法。

美国于1864年颁布了《煤烟法》。1899年美国又颁布了《河流与港口法》,该法禁止将各种废弃物排入通航水域,目的是为了保护航道,但也起到了防止水污染的作用。1912年颁布的《公共卫生法案》责成卫生署研究水污染对人体健康的影响和调查水污染事故。1924年颁布了《油污染法》,禁止向水域排放任何油类物质。

日本于1896年(明治二十九年)颁布了《矿业法》和《河川法》。《河川法》使用了"公害"的概念,特指与广义的"公利"相对的障碍(如洪水)等,是在国家层面最早提出"公害"一词的立法文件。

西方国家早期的环境立法,主要的治理对象是当时的环境污染,即大气和水的污染,防治范围比较狭窄;立法措施主要是限制性的规定或采用治理技术,较少涉及国家对环境的管理。

二、环境法的发展阶段(20世纪初至60年代)

这一时期是西方工业化国家公害发展和泛滥的时期。世界上有名的公害事件大都发生在这一时期。如1930年比利时马斯河谷工业区的大气污染事件,20世纪40年代美国洛杉矶市发生的光化学烟雾事件,1948年美国宾夕法尼亚州多诺拉镇发生的光化学烟雾事件,1952年英国伦敦发生的毒雾事件,以及20世纪50年代因重金属污染发生在日本的三次公害事件,即熊本水俣病事件、新潟水俣病事件和富山骨痛病事件。20世纪60年代,日本又发生了大气污染造成的四日市哮喘病事件和多氯联苯污染造成的"米糠油"事件。

大量公害事件的发生,引起了大规模的反公害的群众运动,环境问题成为了重大社会政治问题。公害严重的国家不得不采取各种解决措施,包括大量制定环境法规,从而使环境法得到了迅速发展。

美国于1948年颁布了《联邦水污染控制法》,并于1952年至1970年间经过五次修订,现称《清洁水法》。这部法律长达十几万字,对水资源保护特别是防止水污染的控制措施,规定得异常详细。1965年颁布《固体废物处置法》,经过1968年和1970年两次修订后改称为《资源回收法》。1963年颁布《清洁空气法》,并于1965年、1969年、1970年进行了三次修订。

英国于1956年修订了原《公共卫生法(消烟法)》(1936年),改称为《1956年清洁大气法》,1960年颁布了《清洁河流法》,三年后又颁布了《水资源法》。1960年和1967年又分别颁布了《噪声控制法》和《生活环境舒适法》。

苏联截至20世纪60年代,各加盟共和国先后通过了《自然保护法》,又于1968年、1970年两年中制定了《苏联和各加盟共和国土地立法纲要》《苏联和各加盟共和国水立法纲要》,1975年制定了《苏联和各加盟共和国关于地下资源的立法纲要》和《苏联和各加盟工和国卫生立法纲要》。

联邦德国于20世纪60年代先后制定了《自然保护法》《联邦河流净化法》《空气污染控制法》《建筑噪声管理法》《公路交通法》《内河危险品运输法》《原子能法》《狩猎法》《海洋危险品运输法》《合成洗涤剂法》等三十多部环境法律和法规,把环境法扩大到工业、交通、城建和水域管理等许多部门。

综观各国立法概况,这一时期的环境立法有两个重要特点:

一是，由于环境问题的严重程度和国家加强环境管理的迫切需要，许多国家加快了环境立法的步伐，制定了大量环境保护的专门法律法规，从数量上说，立法规模远远超过其他的部门法。

二是，除水污染防治立法和大气污染防治立法外，根据各类环境问题性质和产生机制的不同，各国又制定了一些新的环境法律法规，如噪声防治立法、固体废物处置立法，以及放射性物质、农药、有毒化学品的污染防治立法等，使环境法调整的对象和范围更加广泛。

三、环境法的完备阶段（20世纪70年代至今）

进入20世纪70年代，世界很多国家以空前的规模和速度发展经济、开发资源；城市人口高度集中；农业向大型机械化、化学化方向发展；随着经济的腾飞，作为经济发展重要动力的科学技术也得到突飞猛进的发展；各种新工艺、新的合成产品不断出现。这样，一方面资源的需求量大大增加，另一方面生产与生活的废弃物也大大增加。虽然各国通过大量投资进行污染治理，明显的大气污染和水污染有所控制，但并没有根本解决环境问题。环境与发展的矛盾仍然是摆在各国面前的十分突出的矛盾。

1972年在瑞典首都斯德哥尔摩召开了由各国政府代表团及政府首脑、联合国机构和国际组织代表参加的共同讨论当代环境问题的第一次国际会议，称为"联合国人类环境会议"。会议通过了《人类环境宣言》，呼吁各国政府和人民为保护和改善人类环境，造福全体人民，造福后代而共同努力。在"环境危机"深刻化、全球化的背景下，很多国家对环境实行更加全面、严格的管理。环境立法趋向完备化并形成独立的法律部门。

这一时期的环境立法有如下特点：

一是，为了提高国家对环境管理的地位，很多国家在宪法里增加了环境保护的内容，有的国家把环境保护规定为国家的一项基本职能。

二是，不少国家和地区制定了综合性的环境保护基本法。例如日本于1967年颁布了《公害对策基本法》；美国于1969年制定了《国家环境政策法》；瑞典于同年颁布了《环境保护法》；罗马尼亚于1973年制定了《环境保护法》；英国于1974年制定了综合性的《污染控制法》，并于1995年修订为《环境法》；加拿大于1988年制定了综合性的《环境保护法》；法国于1998年制定了《法国环境法典》；中国台湾地区于2002年制定了《环境基本法》等。环境保护基本法在各国的出现反映了环境立法从局部到整体、从个别到一般的发展趋势，也反映了各国从单项环境要素的保护和单项污染治理向全面环境管理及综合防治方向发展，这是环境法向完备阶段发展的重要标志。

三是，各国环境政策和环境立法的指导思想在总结历史经验的基础上发生了根本转变，采取了预防为主、综合防治的政策和措施。1992年联合国环境与发展大会后，各国开始把"可持续发展"作为基本的环境政策和立法指导思想。在立法上引进了旨在贯彻可持续发展原则和预防为主方针的各种法律制度，例如土地利用规划、环境影响评价制度、环境许可制度等，以及鼓励采用低污染、无污染工艺设备的各种经济技术政策。

四是，把环境保护从污染防治扩大到对整个自然环境的保护，加强对自然资源与生态环境保护的立法。例如日本被称为公害立法史上里程碑的1970年六十四届国会，制定和修订了14项环境法规，把环境保护的视野从污染控制扩大到保护环境和资源，防止生态破坏，修订了《自然公园法》，制定了《农业用地土壤防污法》。1971年国会又制定了《自然环境保全法》。1993年制定的《环境基本法》把"现在及将来世代之人们,可以享受健全而恩泽丰沛之环境"作为基本法的主要宗旨规定在总则第四条里。

五是,法律"生态化"的观点在国家立法中受到重视并向其他部门法渗透。在民法、刑法、经济法、诉讼法等部门法中也制定了符合环境保护要求的新的法律规范。

六是,环境立法的逐步完备,使环境法律关系成为了一种独特的法律关系、社会关系,环境法由此从传统法律部门分离出来,形成了一个独立的法律部门。

第二节 中国环境法的产生和发展

中国古代环境保护的法律规范的产生最早可以追溯到古代殷商时期,在世界历史上可能是最早出现环境保护法律规定的国家,但是中国现代环境法的产生要比西方工业发达国家至少晚一个世纪。

一、中国古代的环境立法

中国古代奴隶制和封建制社会出现的环境问题,主要是农牧业生产活动引起的对森林、水源及动植物等自然资源和自然环境的破坏以及在人口集中的城市居民消费活动造成的局部环境污染。当时,还没有现代意义上的环境保护工作和环境立法,但已出现了一些十分可贵的保护自然环境的论述和零散的保护自然环境和生活环境的法律规范,并随着环境问题发展而有所发展。

早在公元前3世纪,杰出的先秦思想家荀况就指出,如果按照自然法则处理开发、利用、保护自然环境和资源的关系,就可以使自然资源永续利用。他在《王制》中说:"草木荣华滋硕之时,则斧斤不入山林,不夭其生,不绝其长也;鼋鼍鱼鳖鳅鳝孕别之时,罔罟毒药不入泽,不夭其生,不绝其长也;春耕、夏耘、秋收、冬藏,四者不失时,故五谷不绝,而百姓有余食也;污池渊沼川泽,谨其时禁,故鱼鳖尤多,而百姓有余用也;斩伐养长不失其时,故山林不童,而百姓有余材也。"①

为了防止农业生产活动破坏自然环境和人口集中造成的局部环境污染,中国古代曾颁布过一系列律令,并设置官吏负责实施。殷商时期有禁止在街道上倾倒生活垃圾的规定,而且视其为犯罪。《韩非子·内储说上》载:"殷之法,刑弃灰于街者。"《盐铁论注》一书里说,战国时,商鞅在秦国实行法治,也规定了"步过六尺者有罚,弃灰于道者被刑"的法律。西周时期颁布了《伐崇令》,规定:"毋坏屋,毋填井,毋伐树木,毋动六畜,有不如令者,死无赦。"②这是中国古代较早的保护水源、森林和动物的法令,极为严厉。

秦朝是中国第一个中央集权的封建王朝,农业在此时生产有了进一步发展,保护自然环境和自然资源的法律也日趋增多和严格。1956年在湖北云梦睡虎地出土的秦墓竹简记载,秦朝的《田律》规定:"春二月,毋敢伐材木山林及雍(壅)堤水。不夏月,毋敢夜草为灰,取生荔,毋□□□□□毒鱼鳖,置井罔(网),至七月而纵之。□□□□□邑之(近)皂及它禁

---

① 《荀子选注》,天津人民出版社1975年版,第135页。
② 《中国大百科全书·环境科学》编委会:《中国大百科全书·环境科学》,中国大百科全书出版社1983年版,第502页。

苑者,时毋敢将犬以之田。"①意即:春天二月,禁止到山林中砍伐木材,禁止堵塞河道,不到夏季,禁止烧草作肥料,禁止采集刚发芽的植物或捉取幼兽、鸟卵和幼鸟,禁止毒杀鱼鳖,置陷井和网罝捕捉鸟兽,到七月解除禁令。居民靠近养牛马的皂及其他禁苑的,幼兽繁殖时禁止带狗去狩猎。

中国古代比较完备的封建法典《唐律》中设有"杂律"一章,更具体、更详细地对保护自然环境和生活环境作了规定:"诸部内,有旱、涝、霜、雹、虫、蝗为害之处,主司应言而不言,及妄言者,杖七十"。"诸部内田畴荒、芜者,以十分论,一分笞三十,一分加一等,罪止徒一年。户主犯者,亦计所荒、芜,五分论,一分笞三十,一分加一等。""诸不修堤防,及修而失时者,主司杖七十。毁害人家,漂失财物者,坐赃论,减五等厎""诸失火,及非时烧田野者笞五十""诸侵巷街阡陌者,杖七十。若种植垦食者,笞五十。各令复故。""其穿垣出秽者杖六十;出水者勿论;主司不禁与同罪。""诸弃毁官私器物及毁伐树木、稼穑者,准盗论。"

《明律》《清律》,多沿唐律,也有类似保护环境的规定。

二、中华民国时期的环境立法

中华民国时期,农业经济占主要地位,沿海一带现代工业也有所发展。由于当时社会的半封建、半殖民地性质,外国人在华开办工厂,多不注意环境保护,在局部地区已出现工业生产造成的环境污染,此外自然资源破坏、水土流失等也很严重。但当时由于战乱频仍,政局不稳,执政者极不重视环境保护,因而环境立法残缺不全,几乎查不到防治污染的专门法规,仅仅颁布的几部自然保护立法如《渔业法》(1929 年)、《森林法》(1932 年)、《狩猎法》(1932 年)、《土地法》(1930 年)和《水利法》(1942 年)也没有得到认真实施。

中国共产党领导的革命根据地曾颁布并实施过许多自然保护的法规,其中有代表性的如《闽西苏区山林法令》(1930 年)、《晋察冀边区垦荒单行条例》(1938 年)、《晋察冀边区禁山办法》(1939 年)、《陕甘宁边区森林保护条例》(1941 年)、《晋察冀兴修农田水利条例》(1943 年)、《东北解放区森林保护暂行条例》(1949 年)等。

三、中华人民共和国成立后的环境立法

新中国成立以后中国的环境立法经历了比较曲折的发展过程,但环境法制建设的总趋势是日益受到国家的重视而逐步发展和完善。

(一) 环境法的产生时期

从新中国成立到 1973 年全国第一次环境保护会议的召开是中国环境保护事业兴起和中国环境法的孕育和产生时期。

新中国成立初期,中国面临着医治战争创伤、迅速发展工农业生产的紧迫任务。经过三年恢复时期和实施以工业化为主体的第一个五年计划。到 50 年代末,奠定了中国工业化的初步基础,但农业经济仍然是国民经济的主要组成部分。此阶段开始出现工业生产带来的环境污染,但并不严重。1958 年开始的"大跃进",由于盲目追求经济建设的高速度,在"大炼钢铁""以粮为纲"的口号下发动了狂热的"群众运动",使国家自然环境遭到了一次大规模的冲击,造成自然环境、矿产资源和生物资源的严重破坏。经过三年的调整,国民经济有

---

① 李学勤:《睡虎地秦墓竹简》,文物出版社 1978 年版,第 26 页。

所恢复,但又开始了"文化大革命"的动乱年代,国民经济几近崩溃,环境污染和自然环境破坏也达到了相当严重的程度。

这一时期的环境立法,较多的是关于自然资源的保护,尤其是作为农业命脉的各种环境要素保护的立法。1954年颁布的《宪法》规定:"矿藏、水流,由法律规定为国有的森林、荒地和其他资源,都属于全民所有。"第一次把重要自然资源和环境要素规定为全民所有即国家所有,从所有权方面确立了全民所有的宪法原则。

1951年颁布的《矿业暂行条例》,是中国第一部矿产资源保护法规,规定了探矿或采矿申请者经主管矿业机关审查核定后,发给探矿、采矿许可执照,或探矿采矿租用执照;探矿人或采矿人,应配合矿床构造及矿物岩石之特性,采用最适当之工程设备与探采方法,并尽力避免损害矿藏,或减低矿产收获率,同时应顾及矿区未来发展。

1953年颁布的《国家建设征用土地办法》规定:国家建设征用土地,既要根据国家建设的实际需要,又要照顾当地人民的切身利益,必须贯彻节约用地的原则。尽可能征用荒地、劣地、空地、不征用或少征用耕地、良田。

1957年颁布了《水土保持暂行纲要》,规定在国务院下成立全国水土保持委员会,有水土流失的省也要建立相应机构;要求有关部门密切配合、分工负责,根据各地区自然条件规划生产,使农、林、牧、水密切结合以全面控制水土流失。

这一时期国家开始注意对于工业生产引起的环境污染并颁布了一些与防治环境污染有关的法规和标准。1956年的《矿产资源保护试行条例》,除规定了对矿产资源的保护和合理利用,要切实贯彻执行综合勘探、综合开发和综合利用的方针外,还第一次提出了应当对地下水水源进行水文地质勘探,制定合理的开采方案,防止地下水源遭受破坏;有关部门对于排出的工业、医疗和生活污水,必须采取有效措施,防止污染地下水。

1956年颁布的《工厂安全卫生规程》,本来是以劳动保护为主要任务的,但也规定了工厂应对所产生的污水、废气、噪声、废弃物加以管理和控制;应该妥善处理各种废水和废料,不要使它危害工人和附近居民。这是中国第一个对防治工业污染作出规定的法规。

1959年颁布的《生活饮用水卫生规程》除规定了生活饮用水的水质标准外,还对水源选择和水源保护区的污染防治作了规定。

从以上主要立法可以看出:这一时期的环境立法最多的是关于自然资源的保护,其次是防止环境破坏,同时也注意到治理环境污染。但从总体上看,还没有形成完整的环境保护的概念,环境立法仍比较零散。在1966年以后,中国的法制建设受到严重破坏,已颁布的一些法律法规,也多未能得到认真实施。

(二) 环境法的发展时期

1972年联合国人类环境会议后,自1973年8月召开第一次全国环境保护会议至1978年党的十一届三中全会止,是中国环境保护工作和环境法的艰难发展阶段。

进入20世纪70年代,中国已建立了比较完整的工业体系,环境污染也随之日趋严重。当时又正值"文化大革命"的动乱年代,环境保护事业是在极不正常的政治、经济背景下艰苦进行的。在国际上,工业发达国家这时不断出现震惊世界的公害事件,这些惨痛的教训使我们认识到控制污染的重要性,特别是联合国在1972年召开的第一次人类环境会议,对中国的环境保护工作起了警戒和促进的作用。在政治动乱、困难重重的年代里,在周恩来总理的领导和关怀下,中国的环境保护工作仍然向前迈进了一步,在机构设置、环境立法、环境管理各方面打下了良好的基础。

1972年6月8日,国家计委、建委针对官厅水库及北京西郊污染情况的调查结果向国务院提出了《关于官厅水库污染情况和解决意见的报告》,建议成立官厅水源保护小组,采取各种紧急治理措施。国务院当即批转了该报告,同意报告提出的建议,并强调随着中国工业的发展,必须更加重视防止污染,特别是对于关系到人民身体健康的水源和城市空气污染问题,各地应尽快组织力量,进行检查,作出规划,认真治理。这是在周总理领导下,国务院第一次向全国发出注意环境污染的警告,并提出要对区域性的水污染和空气污染进行规划和治理。

1973年国务院召开了第一次全国环境保护会议,把环境保护提上了国家管理的议事日程。会议研究、讨论了中国的环境污染和环境破坏问题,拟定《关于保护和改善环境的若干规定(试行草案)》,并由此奠定了中国环境保护基本法的雏形。《关于保护和改善环境的若干规定(试行草案)》规定了"全面规划,合理布局,综合利用,化害为利,依靠群众,大家动手,保护环境,造福人民"的环境保护32字工作方针,并就全面规划、工业合理布局、改善老城市环境、综合利用、土壤和植物保护、水系和海域管理、植树造林、环境监测、环境科学研究和宣传教育、环境保护投资和设备等十个方面的问题,作了较为全面的规定。

1974年,国务院颁布了《防治沿海水域污染暂行规定》。这是中国第一部防治沿海水域污染的法规。该法对中国沿海水域的污染防治特别是对油船和非油船的压舱水、洗舱水、生活废弃物等的排放,作了比较详细的规定。

1978年修订的《宪法》首次规定:"国家保护环境和自然资源,防治污染和其他公害",为中国环境保护事业和环境立法工作提供了宪法基础和依据。

这一时期,中国制定和颁布了一批新的环境标准,使国家的环境管理有了定量指标。主要的有:《工业三废排放试行标准》,对工业污染源排出的废气、废水和废渣的容许排放量和排放浓度作了详细规定;《生活饮用水卫生标准》,规定了生活饮用水的水质标准,生活饮用水的水源选择原则,水源地的污染防治措施以及水质的检验方法;《食品卫生标准》,第一次对各种食品,包括粮食、油类、肉类、鱼类、乳制品、蛋类、酒类、冷饮、食品以及食品添加剂等规定了系统的卫生标准和卫生管理办法。

(三) 环境法的完善时期

自1978年党的十一届三中全会以来,中国的政治、经济形势发生了重大变化,国家的环境保护事业和法制建设也进入了一个蓬勃发展的时期并逐步建立了完整的环境法律体系:

1979年,第五届全国人大常委会原则通过《中华人民共和国环境保护法(试行)》。作为中国首部综合性环境保护法律,《环境保护法(试行)》的颁布,标志着中国的环境保护工作正式进入法制轨道,也标志着中国的环境法体系开始建立。

20世纪80年代起,环境立法发展十分迅速,成为中国法制建设中最为活跃的一个领域。在此期间,为了解决经济发展与环境保护的严重比例失调,1982年国务院发布了《关于在国民经济调整时期加强环境保护工作的决定》。这是又一个环境保护的综合性法规,也是对1979年《环境保护法(试行)》的补充和具体化。

1989年,根据环境保护工作的客观需要并结合国内外的法制建设经验,第七届全国人大常委会颁布了《环境保护法》,分为总则、环境监督管理、保护和改善环境、防治环境污染和其他公害、法律责任以及附则等六章,共47条,同时废止了《中华人民共和国环境保护法(试行)》。《环境保护法》与环境法体系中的其他单项环境与资源保护法律相比处于最高位阶,初步规定了国家的基本环境政策目标、环境法的基本原则和基本制度等,是现行环境法体系的环境基本法。

1990年《国务院关于进一步加强环境保护工作的决定》提出:"保护和改善生产环境与生态环境、防治污染和其他公害,是中国的一项基本国策"。2005年《国务院关于落实科学发展观加强环境保护的决定》强调要"按照全面落实科学发展观、构建社会主义和谐社会的要求,坚持环境保护基本国策"。2006年《国民经济和社会发展第十一个五年(2006—2010年)规划纲要》明确指出要"落实节约资源和保护环境基本国策,建设低投入、高产出,低消耗、少排放,能循环、可持续的国民经济体系和资源节约型、环境友好型社会",确立了环境保护作为国家赖以生存发展的基本准则和保障的重要地位。

这个时期,在污染防治方面颁布的一系列单行法律文件有:《海洋环境保护法》(1982通过,1999年、2013年修订)、《水污染防治法》(1984年通过,1996年修正,2008年修订)、《大气污染防治法》(1987年通过,1995年修正,2000年)、《固体废物污染环境防治法》(1995年通过,2004年修订,2013年、2015年修正)、《环境噪声污染防治法》(1996年)、《放射性污染防治法》(2003年),以及《危险化学品安全管理条例》(2002年通过,2011年修订,2013年根据《国务院关于修改部分行政法规的决定》(国务院令第645号)修改)等。进入21世纪后,中国又先后制定《清洁生产促进法》(2002年通过,2012年修正)和《循环经济促进法》(2008年)。

在保护自然环境和资源方面,颁布了《森林法》(1984年通过,1998年修正,2014年根据《国务院关于取消和调整一批行政审批项目等事项的决定》(国发〔2014〕50号)修改)、《草原法》(1985通过,2002年修订,2013年修正)、《渔业法》(1986年通过,2000年、2004年修正)、《矿产资源法》(1986年通过,1996年修正)、《土地管理法》(1986年制定,1988年修正,1998年修订,2004年修正,2014年根据《国务院关于取消和调整一批行政审批项目等事项的决定》(国发〔2014〕27号修改)、《水法》(1988通过,2002年修订)、《野生动物保护法》(1988年通过,2004年修正)、《动物防疫法》(1997年通过,2007年修订,2013年、2015年修正)《水土保持法》(1991年通过,2010年修订)、《防沙治沙法》(2001年)、《海域使用管理法》(2001年)、《海岛保护法》(2009年),以及《自然保护区条例》(1994年)和《野生植物保护条例》(1996年)等。

在保护文物和非物质文化遗产方面,颁布了《文物保护法》(1982年通过,1991年、2002年、2007年、2013年、2015年修正)和《非物质文化遗产法》(2011年)。

在合理利用能源方面,颁布了《节约能源法》(1997年通过、2007年修订)、《可再生能源法》(2005年通过,2009年修正),以及《电力法》(1995年通过,2009年、2015年修正)、《煤炭法》(1996年通过,2011年、2013年修正)、《石油天然气管道保护法》(2010年)等。

在环境管理方面,颁布了《环境影响评价法》(2002年)、《城乡规划法》(2007年通过,2015年修正)和《全国环境监测管理条例》(1983年)、《建设项目环境保护管理条例》(1998年)、《排污费征收使用管理条例》(2002年)、《全国污染源普查条例》(2007年)、《规划环境影响评价条例》(2009年),以及《环境保护产品认定管理暂行办法》(1997年发布、2001年修订)、《环境标准管理办法》(1999年)、《排污费征收标准管理办法》(2003年)、《环境保护行政许可听证暂行办法》(2004年)、《公众参与环境影响评价暂行办法》(2006年)、《环境保护违法违纪行为处分暂行规定》(2006年)等。

为了加强环境的定量管理,自20世纪80年代以来,截至2011年3月,中国已经发布了一千四百余项具有规范性的国家环境保护标准,包括环境质量标准、污染物排放(控制)标准、环境监测方法标准、环境标准样品标准以及环境基础标准等。

其他一些部门法的立法中,也注意到了环境保护的特点和管理的需要,作了相应的有关规定。例如《民法通则》侵权的民事责任中关于危险作业和污染环境造成他人损害应承担民事责任的规定;《中华人民共和国刑法》关于破坏环境资源保护罪的规定等。进入21世纪以来,环境法制建设取得了进一步的重要发展。《物权法》《侵权责任法》分别规定了与自然资源保护和环境污染侵害救济有关的内容;《刑法修正案(八)》将重大环境污染事故罪修改为污染环境罪,调整了该罪的构成要件,增强了以刑罚方法处理环境犯罪的司法适用性。

至此,中国的环境法体系已经建立起来。

四、中华人民共和国环境法治的新发展

党的十八大以来,环境法治发展进入了全新阶段。2014年4月,第十二届全国人民代表大会常务委员会第八次会议通过新修订的《中华人民共和国环境保护法》,并于2015年1月1日施行。2014年《环境保护法》分为总则、监督管理、保护和改善环境、防治污染和其他公害、信息公开和公众参与、法律责任、附则等七章,共70条。2014年《环境保护法》与1989年《环境保护法》相比,在立法理念、篇章结构和法律规范的具体内容等方面均作出了较大程度的修改,是我国环境法发展历史上的一座新的里程碑。

在新的《环境保护法》的全新立法理念指导下,第十二届全国人民代表大会常务委员会第十六次会议于2015年8月修订通过了《大气污染防治法》,确立了坚持源头治理,规划先行,转变经济发展方式,优化产业结构和布局,调整能源结构的基本理念。新的《大气污染防治法》将于2016年1月1日施行。

值得注意的是,在这一时期,党和国务院发布了一系列重要的、涉及或以环境法治建设为主要内容的文件。2013年11月中国共产党第十八届中央委员会第三次全体会议通过《中共中央关于全面深化改革若干重大问题的决定》,指出"建设生态文明,必须建立系统完整的生态文明制度体系,实行最严格的源头保护制度、损害赔偿制度、责任追究制度,完善环境治理和生态修复制度,用制度保护生态环境。"

2014年10月,《中共中央关于全面推进依法治国若干重大问题的决定》指出,要"用严格的法律制度保护生态环境,加快建立有效约束开发行为和促进绿色发展、循环发展、低碳发展的生态文明法律制度,强化生产者环境保护的法律责任,大幅度提高违法成本。建立健全自然资源产权法律制度,完善国土空间开发保护方面的法律制度,制定完善生态补偿和土壤、水、大气污染防治及海洋生态环境保护等法律法规,促进生态文明建设。"

2015年4月,中共中央、国务院发布《关于加快推进生态文明建设的意见》,提出生态文明建设是中国特色社会主义事业的重要内容。《意见》要求要求坚持把节约优先、保护优先、自然恢复为主作为基本方针,坚持把绿色发展、循环发展、低碳发展作为基本途径,坚持把深化改革和创新驱动作为基本动力,坚持把培育生态文化作为重要支撑,坚持把重点突破和整体推进作为工作方式,从优化国土空间开发格局、推动技术创新和结构调整、全面促进资源节约循环高效使用、切实改善生态环境质量、健全生态文明制度体系、加强生态文明建设统计监测和执法监督、加快形成推进生态文明建设的良好社会风尚、切实加强组织领导等九个方面提出加快推进生态文明建设的具体措施和方向。

针对大气污染防治、水污染防治问题,国务院分别于2013年9月和2015年4月发布了《大气污染防治行动计划》和《水污染防治行动计划》,简称"大气十条"和"水十条",对全面控制污染物排放、推动经济结构转型升级、资源管理、市场机制、执法监管、责任落实、公众参与和社会监督等内容提出了主要工作目标、工作重点和评价指标。

2015年8月,中共中央办公厅、国务院办公厅联合印发《党政领导干部生态环境损害责任追究办法(试行)》,强化党政领导干部生态环境和资源保护职责,规定地方各级党委和政府对本地区生态环境和资源负总责,党委和政府主要领导成员承担主要责任,其他有关领导成员在职责范围内承担相应责任。

环境司法方面,2014年12月最高人民法院审判委员会通过《最高人民法院关于审理环境民事公益诉讼案件适用法律若干问题的解释》,并于2015年1月7日施行。

环境行政方面,制定了《企业环境信用评价办法(试行)》(2013年)、《行政主管部门移送适用行政拘留环境违法案件暂行办法》(2014年)、《环境保护主管部门实施按日连续处罚办法》(2014年)、《环境保护主管部门实施查封、扣押办法》(2014年)、《环境保护主管部门实施限制生产、停产整治办法》(2014年)、《企业事业单位环境信息公开办法》(2014年)、《突发环境事件调查处理办法》(2014年)、《消耗臭氧层物质进出口管理办法》(2014年)、《突发环境事件应急管理办法》(2015年),以及《环境保护公众参与办法》(2015年)等。

这标志着中国的环境法治步入全新的全面发展建设时期。

第四章

环境法的基本原则

第一节 环境法基本原则的含义和确定依据

环境法的基本原则是指,为中国环境法所确认的、体现环境保护工作基本方针、政策,并为国家环境管理所遵循的基本准则。这就是说:第一,环境法的基本原则不是随意确定的,不是谁认为某一条重要就可以列为基本原则。它应该是由法律规范所确认的,在环境法中有所体现。第二,不能把环境保护必须遵循的基本原则同一般立法、司法原则或其他法律原则混为一谈。例如,立法原则中的实事求是、群众路线,司法原则中的以事实为根据,以法律为准绳,适用法律人人平等的原则等,这些是一般立法、司法(当然也包括环境立法和司法)所要遵循的原则,不能同环境法的基本原则混为一谈。第三,环境法的基本原则,也不同于一般法律规范,它是环境保护的基本方针、政策在法律上的体现,是贯穿于整个环境法的,具有普遍意义和指导性的规范。

保护环境是国家的基本国策。2014年《环境保护法》第4条规定:"国家采取有利于节约和循环利用资源、保护和改善环境、促进人与自然和谐的经济、技术政策和措施,使经济社会发展与环境保护相协调。"该法第5条规定:"环境保护坚持保护优先、预防为主、综合治理、公众参与、损害担责的原则。"在学理上,可以把环境法的基本原则归纳为经济社会发展与环境保护相协调原则、预防原则、公众参与原则,以及损害者(受益者)负担原则。

第二节 经济社会发展与环境保护相协调原则

一、经济社会发展与环境保护相协调原则的含义

经济社会发展与环境保护相协调原则,简称"协调发展原则",是指国家的经济建设与社会发展应当与环境和资源的承载力相适应,促进环境、经济、社会的协调可持续发展,即"满足当前需要,且不损害后代人满足其自身需要的能力"的发展方式,实现经济效益、社会效益和环境效益的统一。

首先,协调发展原则的核心理念是使经济建设、社会发展与环境保护相协调,因此在实现经济社会发展的同时促进保护和改善环境是践行协调发展原则的基本目标,要求人类社会的发展过程和发展方式要充分考虑环境资源承载力和维护生态平衡。实践经验表明,从

根本上解决环境问题的有效途径,是通过对国民经济建设和社会发展的全面规划和自然资源的合理开发利用,根据生态平衡规律、进行综合性防治,来达到保护与改善环境的目的。1972年"联合国人类环境会议"通过《人类环境宣言》指出:"人类既是他的环境的创造物,又是他的环境的塑造者,环境给予人以维持生存的东西,并给他提供了在智力、道德、社会和精神等方面获得发展的机会。"保护和改善环境是保障基本人权、开展经济建设和社会发展的重要物质保障和前提,也是全人类促进实现自身福祉的共同希望。保护和改善环境与争取和平、全世界的经济与社会发展具有内在一致性,同属人类社会的基本目标。

其次,促进经济建设、社会发展与环境保护相协调的发展方式是实现可持续发展。可持续发展,是指"满足当前需要,且不损害后代人满足其自身需要的能力"的发展方式。1992年在巴西里约热内卢召开的"联合国环境与发展会议"通过了《关于环境与发展的里约热内卢宣言》,指出:"人类处于普受关注的可持续发展问题的中心。他们应享有以与自然相和谐的方式过健康而富有生产成果的生活的权利。"协调发展原则即是要保障当代人与后代人公平享有这种生活的权利。

最后,贯彻和实施协调发展原则是各国政府、各机关团体、企事业单位和公民的共同责任。各国政府,包括中央政府和地方政府通过制定促进经济、社会与环境相协调的各类政策和决策,并实施与此相关的行为,对贯彻和实施协调发展原则、将环境与发展纳入决策过程、推动实现可持续发展承担着最大的责任。各机关团体、各企事业单位作为环境事务和环境法律关系直接参与人,对保护和改善环境负有直接义务和责任。公民,包括公民中的妇女、青年、儿童、工人、农民、科技工作者等各社会成员和各行业人士均依其价值观念、道德意识和行动,决定着国家经济、社会与环境的发展格局。

二、经济社会发展与环境保护相协调原则的提出和发展

(一)协调发展原则的提出、发展与完善

1972年联合国人类环境会议通过《人类环境宣言》指出:"为这一代和将来的世世代代保护和改善人类环境,已经成为人类一个紧迫的目标,这个目标将同争取和平和全世界的经济与社会发展这两个既定的基本目标共同和协调地实现。"

把环境保护纳入国民经济计划,正确处理经济发展与环境保护二者的关系,在20世纪70年代即作为中国环境管理的一个基本原则规定于环境法律中。1979年《环境保护法(试行)》第5条规定:"国务院和所属各部门、地方各级人民政府必须切实做好环境保护工作;在制定发展国民经济计划的时候,必须对环境的保护和改善统筹安排,并认真组织实施……"1981年在国民经济调整时期,为了解决经济发展与环境保护比例失调的问题,国务院发布了《关于在国民经济调整时期加强环境保护工作的决定》,强调要求各级人民政府在制订国民经济和社会发展计划、规划时,必须把保护环境和自然资源作为综合平衡的重要内容,把环境保护的目标、要求和措施,切实纳入计划和规划,加强计划管理。

1983年12月召开的第二次全国环境保护会议,进一步总结了中国环境保护的基本经验,并针对环境问题的严重性确定了环境保护同人口问题一样,是一项基本国策,制定了环境保护与经济建设统筹兼顾、同步发展的方针。其具体内容是经济建设、城乡建设和环境建设同步规划、同步实施、同步发展,做到经济效益、社会效益、环境效益的统一,简称之为"三项建设、三同步和三统一"。

1989 年颁布的《环境保护法》第 4 条规定:"国家制定的环境保护规划必须纳入国民经济和社会发展计划。国家采取有利于环境保护的经济技术政策和措施,使环境保护工作同经济建设和社会发展相协调。"这是《环境保护法》作为国家的环境基本法规定的最重要的基本的环境方针,但与协调发展原则的要求还是存在一定差距。"环境保护工作同经济建设和社会发展相协调"是将经济建设和社会发展置于优先于环境保护工作的地位,包含"经济发展优先论"的思想,使得实践中常常是环境保护从属于经济社会发展,尤其是经济建设和发展,甚至出现了环境保护让位于经济建设的情况;而协调发展原则要求将经济建设、社会发展、环境保护置于同等重要的地位,缺一不可。

2005 年国务院《关于落实科学发展观加强环境保护的决定》明确提出"经济社会发展必须与环境保护相协调",并第一次在国务院的文件中提出了"环境优先"。该《决定》指出,全面落实科学发展观,必须把环境保护摆在更加重要的战略位置,要坚持"协调发展,互惠共赢。正确处理环境保护与经济发展和社会进步的关系,在发展中落实保护,在保护中促进发展,坚持节约发展、安全发展、清洁发展,实现可持续的科学发展"。经济社会发展必须与环境保护相协调,就是要促进地区经济与环境协调发展,要大力发展循环经济,要积极发展环境保护产业。这绝不只是文字和语序上的一种变化,而是反映了中国环境政策正在发生历史性的转变,进而也必将引起环境法基本原则的历史性转变。

2011 年国务院发布《国务院关于加强环境保护重点工作的意见》重申要通过全面提高环境保护监督管理水平、着力解决影响科学发展和损害群众健康的突出环境问题、改革创新环境保护体制机制等方法和手段深入贯彻落实科学发展观,加快推动经济发展方式转变,提高生态文明建设水平。

2014 年《环境保护法》第 4 条第 2 款规定:"国家采取有利于节约和循环利用资源、保护和改善环境、促进人与自然和谐的经济、技术政策和措施,使经济社会发展与环境保护相协调。"其中,将 1989 年《环境保护法》第 4 条规定的"使环境保护工作同经济建设和社会发展相协调",修订为"使经济社会发展与环境保护相协调"。同时,2014 年《环境保护法》第 5 条提出了坚持保护优先的环境保护工作原则。这是协调发展原则在立法上的重要重申和完善。

(二) 协调发展与可持续发展

"协调发展"的思想和国际社会提出的可持续发展指导思想是完全一致的。1987 年,世界环境与发展委员会应联合国大会的要求,提出了一份长达 20 万字的长篇报告——《我们共同的未来》。其中为世界各国的环境政策和发展战略提出了一个基本的指导原则即"可持续发展"(Sustainable Development)。这和中国提出的"协调发展",只是文字的表述不同,其实质含义是完全一致的。"协调发展"着重从横向关系上,即制约发展基本因素的相互关系上对发展提出要求,"持续发展"则是从纵向历史发展过程即当前需要与未来需要的关系上提出要求。两者的目的都是为了保证社会的可持续发展。可持续发展战略,被认为是具有历史意义的战略转变。在这个战略转变过程中,"罗马俱乐部"的研究报告《增长的极限》起了重要作用。该报告的基本观点是:人类社会的发展由人口激增、加速发展的工业生产、农业生产、资源消耗和环境恶化五种互相制约的因素构成。这五种趋势都按一定的指数增长(指数增长是指一定数值在一定时间里按一定的百分比增长,例如一个单细胞生物 10 分钟变成 2 个,增长一倍,再过 10 分钟变成 4 个,然后 8 个、16 个)。人类社会这五种增长趋势的起动因素是人口的增长。人口增长要求提供更多的粮食和工业品,进而使耕地和工业生产量也以指数增长,工业增长使资源的消耗量越来越大,排入环境的废弃物也越来越多。它们是人口增长和工业增长的双重产物,因而其增长速度比人口和工业生产更快。通过模拟计算,这五种增长趋势到21世纪会达到极限。由于人类与环境系统存在着发展的无限性和地球的有限性这一基本矛盾,如果增长不停止而达到极限时,便会导致全球性危机及人类社会的突然瓦解。①

《增长的极限》发表后引起了广泛、热烈的讨论。持反对意见的主要观点是:其结论是悲观的,忽视了人类社会的能动性;停止发展即"零增长"的观点是不能被接受的,尤其是在发展中国家。另一种意见认为,《增长的极限》指出了人口、工农业生产、资源和环境之间有相互制约的关系,并提出增长超过极限将导致全球性危机的警告是具有科学意义的。对于解决全球面临的环境与发展的挑战具有重要参考价值。

《我们共同的未来》提出的"可持续发展",实际上既肯定和吸取了《增长的极限》中的合理论点,又修正了它的"零增长"的观点,要求把经济增长建立在生态平衡的基础上,使发展和环境得到协调,从而保持长期的、持续的发展。

1992年联合国环境与发展大会通过了被称为"世界范围内可持续发展行动计划"的《21世纪议程》,它是一份关于政府、政府间组织和非政府组织所应采取行动的广泛计划,旨在实现人类社会朝着可持续发展的方向转变。《21世纪议程》由序言、社会和经济方面、保存和管理资源以促进发展、加强各主要群组的作用、实施手段等五部分构成,从各个方面对促进实现可持续发展进行了阐述。

"可持续发展"的最终目的是既满足当代人的需要,又不对后代人的需要构成危害。这里涉及需要和限制两个重要的概念。

需要,指的是对人类需求的满足,包括满足全体人民的基本需要和改善生活的需要,这是发展主要目标。对于发展中国家,在基本需要还没有满足的情况下,经济的增长更需要优先考虑。

限制,是通过社会管理机制和科学技术,对向自然的索取和投入加以限制,以保持对环境和资源的永续利用,保持可持续发展。这里的关键因素是人口控制,人口增长是给环境和资源造成压力的根源;其次,是协调社会发展与经济发展,只有人口增长、社会与经济发展同环境与资源相协调,可持续发展才能进行下去。

中国提出的协调发展原则与"可持续发展"的基本精神是一致的,是对可持续发展的具体化和进一步细化。我们提出环境保护是中国现代化建设中一项战略任务,要把环境污染和生态破坏解决于现代化建设过程之中。对于解决环境问题来说,这是从根源上去解决,不是从病状上去解决,因而是一种治本的措施。

经济建设、城乡建设和环境建设同步规划、同步实施、同步发展,是协调发展的具体要求。其中有两个重要环节,一是同步规划,一是同步建设。同步规划主要是解决把环境保护纳入经济和社会发展计划和解决合理布局的问题。同步建设主要是在城市建设、工业建设、

---

① 参见〔美〕D.梅多斯等:《增长的极限》,于树生译,商务印书馆1984年版。"罗马俱乐部"是1968年4月间,意、日、美等10国30位专家发起成立的民间国际性学术组织,现在在40多个国家拥有近100名代表,他们写出10多个综合性研究报告。反映他们主要观点的最著名的代表作是1972年发表的《增长的极限》。

农业建设、交通建设中同时解决环境污染和破坏问题。

经济效益、社会效益、环境效益的统一,是针对过去各项建设中只重视经济效益提出的,从理论上说是正确的,但实际贯彻起来却很复杂和困难。事实上,在很多情况下,三种效益并不完全一致。单拿经济效益和环境效益来说不外有四种情况:一是经济效益好,环境效益也好;二是经济效益好,环境效益不好;三是经济效益不好,环境效益好;四是经济效益不好,环境效益也不好。从原则上来说,我们应该争取第一种情况,避免第四种情况,有区别地容忍第二、三种情况。要求在任何情况下都使三种效益统一起来,实际上是很难做到的。

三、如何贯彻经济社会发展与环境保护相协调原则

(一) 把环境保护纳入经济和社会发展计划

把环境保护纳入国民经济和社会发展计划,是使环境保护与经济建设保持一定的比例关系,实现协调发展的根本措施之一。然而,从1953年到1982年中国实行的前五个五年计划中,实际上都没有把环境保护列为国民经济和社会发展的一项内容,因而在出现的各项建设的比例失调中,环境保护是最严重的一环,也是造成中国环境污染与破坏严重的总根源。

1982年,环境保护作为一个独立的篇章(第35章),首次纳入《国民经济与社会发展第六个五年(1981—1985年)计划》,提出了政策、法规、监督管理和资金等五项措施。1986—1990年的"七五"计划,对环境保护规定了基本任务,并提出了一些重要措施。"八五"和"九五"计划也都把环境保护纳入经济和社会发展计划,成为一个有机的组成部分。

"十五"计划以来,是中国环境法制得到不断完善和强化的时期。"十五"计划提出"科学发展观",计划纲要指出"水、石油等重要资源短缺,部分地区生态环境恶化"是当时经济和社会发展中存在的突出问题,并有针对性地提出了可持续发展的主要预期目标。同时,"十五"计划在人口、资源和环境问题篇中,分两章"节约保护资源,实现永续利用"和"加强生态建设,保护和治理环境"专门规定和说明了协调发展有关内容。

"十一五"首次将"国民经济和社会发展计划"改称"国民经济和社会发展规划",在"十五"计划基础上,将环境保护工作单独列为一篇,即"建设资源节约型、环境友好型社会",分为发展循环经济、保护修复自然生态、加大环境保护力度、强化资源管理和合理利用海洋和气候资源等五章,并首次提出主体功能区划的制度构想。

"十二五"规划纲要指出要坚持把建设资源节约型、环境友好型社会作为加快转变经济发展方式的重要着力点,"促进经济社会发展与人口资源环境相协调,走可持续发展之路。"规划用两篇"优化格局 促进区域协调发展和城镇化健康发展"和"绿色发展 建设资源节约型、环境友好型社会",从区域发展、主体功能区战略、应对气候变化、加强资源节约和管理、发展循环经济、加大环境保护力度、促进生态保护和修复、加强水利和防灾救灾体系建设等方面提出了推动和实现协调发展的现实方法,并列明了有关各项经济社会发展指标。

(二) 制订环境保护规划

要把环境保护真正纳入国民经济和社会发展规划,就需要制订与国民经济总体规划相协调和衔接的全面反映环境保护的目标、任务和措施的环境保护规划。

1973年国务院召开第一次全国环境保护会议之后,国家开始着手环境保护计划的编制工作。根据经国务院批准、由国家计委发布的《关于拟定十年规划的通知》,1975年国务院环境保护领导小组编制了第一个环境保护十年计划。此后,除"六五"计划时期以外,各个五

年计划时期均制订发布了专门的国家环境保护计划。

经过多年发展,到"十一五"期间,国务院根据《国民经济和社会发展"十一五"规划纲要》和《国务院关于落实科学发展观加强环境保护的决定》,于2007年编制发布了《国家环境保护"十一五"规划》,在分析环境形势的基础上,确定了环境保护工作的规划目标、重要领域、主要任务、保障措施和考核机制等。同时,国家环境保护总局于2006年印发了《"十一五"全国环境保护法规建设规划》,并经国务院批复,与国家发展和改革委员会联合发布了《"十一五"期间全国主要污染物排放总量控制计划》。

2011年国务院印发《国家环境保护"十二五"规划》,提出要加大结构调整力度等近三十项环境保护规划发展举措。至此,环境保护规划已经成为推动实现协调发展的一项重要措施。

（三）把环境保护纳入有关部门的经济管理与企业管理中去

中国当前的环境污染和破坏,主要来自经济生产活动,尤其是工业生产活动。把环境保护纳入有关部门的经济管理与企业管理中去,是使环境保护规划得到具体落实,从而使环境保护与经济发展相协调的重要措施。

具体来说,要把环境管理和资源管理包括工业污染防治、"三废"综合利用、节约能源、节约用水、保护水域和海域环境、水土保持、扩大绿化面积、矿藏合理开发与共生矿综合利用等纳入和渗透到有关部门的经济管理与企业的生产管理中去。在制度构建和实施方面,要发展循环经济,实施清洁生产制度、环境影响评价制度和"三同时"制度。同时,要转变能源利用方式,改革经济核算体系、探索建立绿色GDP核算制度和生态补偿制度,完善考核机制和监督检查制度,推动实现国家绿色经济转型。

第三节　预防原则

一、预防原则的含义

预防原则,在国内又称为"预防为主、防治结合、综合治理原则",一般是指开发、利用环境行为和国家的环境管理应当采取预测、分析和防范性措施,防止环境损害的发生。近年来,随着风险理论和现代化研究的发展,在环境保护领域,"预防"除用于指环境损害预防以外,又逐步纳入和涵盖了环境风险预防的意涵。

预防为主,不是代替治理措施,也不是治理不重要。对于已经发生的环境污染与破坏,要采取积极的治理措施,做到防治结合、综合治理。

就中国的情况来说,在处理环境问题上,更应该注意发达国家的前车之鉴。中国是一个发展中国家,在建设过程中,由于资金、技术方面的限制,我们难以筹集巨额资金用于污染治理。采取预防原则,则可以尽量避免环境损害或者将其消除于生产过程之中,做到防患于未然;而对于不可避免的污染,则通过各种净化治理措施,达到环境目标的要求,这无疑是一种投资少、收效大,把经济建设与环境保护协调起来,把经济效益、社会效益、环境效益统一起来的卓有成效的措施。因此预防原则又是同协调发展原则相互渗透和相辅相成的。前者是从对环境问题的具体措施上保证协调发展原则的实现。

二、预防原则的提出和发展

预防原则是针对环境问题的特点和国内外环境管理的主要经验和教训提出的。

西方工业国家在经济发展过程中,大体都走了一条"先污染后治理"的道路,几乎没有例外。有些发展中国家也在步发达国家的后尘。但是,从世界环境明显恶化的20世纪70年代出现"环境危机"的情况看,经济的发展是以牺牲环境为代价的,而其后果是使社会和经济为之付出了重大的代价。从这一历史教训中,人们认识到:在处理环境问题上,采取"预防为主"的方针是极为重要的。这是因为:

首先,环境污染和破坏一旦发生,往往难以消除和恢复,甚至具有不可逆转性。例如重金属的污染、地下水的污染就很难消除;由于植被破坏造成的水土流失、土壤沙化或者物种的灭绝,也很难恢复或者根本无法恢复。这种状况将给人类健康和经济社会发展造成严重危害。

其次,对环境造成污染和破坏以后,再进行治理,从经济上来说是最不合算的,往往要耗费巨额资金。20世纪60—70年代,发达国家的环境投资一般要占到国民总产值的1%至2%。欧洲共同体作了一个估算,如果通过治理解决环境问题,总投资需占国民总产值的3%,若以正常国民经济增长率为5%的话,大部分要花到环境投资上去了,这将是一个沉重的负担。

最后,环境问题在时间和空间上的可变性很大,环境问题的产生和发展又有一种缓发性和潜在性,再加上科学技术发展的局限,人类对损害环境的活动造成的长远影响和最终后果,往往难以及时发现和认识,等到后果一旦出现,往往为时已晚,而无法救治。这种情况要求人类活动必须审慎地注意对环境的长远的、全局的影响,注意"防患于未然"。

基于环境问题的上述特点和发达国家的经验教训,1980年联合国环境规划署(UNEP)等起草的《世界自然资源保护大纲》在环境与资源保护方面,首先提出了"预期的环境政策"。这种政策要求,任何可能影响环境的重大决定,都应在其最早阶段即充分考虑到资源保护及其他的环境要求。在同一时期,经济合作与发展组织(OECD)环境委员会也提出建议:各国环境政策的核心,应该是预防为主。这样一些主张和建议,导致20世纪80年代后各国在环境政策的调整和转变过程中,预防为主的原则越来越受到重视,并成为国家环境管理和立法中的重要指导原则。

中国对预防为主的真正重视,大体也是20世纪70年代末到80年代初,而且是从中国环境问题造成的巨大损失和社会损害中认识到预防为主的极端必要性。据20世纪80年代初的不完全统计,环境污染每年造成的经济损失达690亿元,部分自然生态破坏造成的经济损失每年达265亿元,两项合计高达955亿元,占工农业生产总值的14%左右。[1] 最近几年,中国环境污染和生态破坏造成的经济损失,据国内外专家测算,仍然占到GDP的8%—13%。仅2004年一年内全国共发生环境污染与破坏事故1441起,造成的直接经济损失36365.7万元。[2] 这样巨大的经济损失,使人们认识到,不将中国的环境问题提到战略地位和采取有效措施,经济建设将难以持续顺利地进行下去,不采取预防措施,而只靠事后治理

---

[1] 参见曲格平:《中国环境政策的探索与实践》,载《中国环境报》1988年8月18日第3版。
[2] 参见《2004年全国环境统计公报》,国家环境保护总局,2005年6月5日发布。

也是根本行不通的。到 2010 年,全国当年发生突发环境事件 420 次,其中水污染事件 135 次、大气污染事件 157 次、海洋污染事件 3 次、固体废物污染事件 35 次,因污染与破坏事故导致直接经济损失人民币 2256.9 万元。[①]

预防原则,在中国的《环境保护法》以及《海洋环境保护法》《大气污染防治法》《水污染防治法》等单行法中,均有所体现。

三、如何贯彻预防原则

(一) 全面规划与合理布局

贯彻预防原则,最重要的就是全面规划和合理布局。

全面规划就是对工业和农业、城市和乡村、生产和生活、经济发展与环境保护各方面的关系作通盘考虑,进而制订国土利用规划、区域规划、城市规划与环境规划,使各项事业得以协调发展。在城市规划中,还包括合理的功能区的划分。在制订区域、城市和环境规划时,应该根据地区和城市的自然条件、经济条件,制订出一种既能有利经济和社会发展、合理布局生产,又能维持区域生态平衡、保持环境质量的最佳总体规划方案。这是从宏观上贯彻预防为主原则的十分重要而有效的措施。

环境污染和生态破坏与生产的不合理布局有重要的内在联系。其中工业生产布局与环境污染有直接关系,农业生产和资源开发的布局与自然环境破坏有直接关系。我们可以把物质生产部门基本上分为两大类:一类是直接以自然资源作为劳动对象的生产部门,如农、牧、渔、采掘业和部分化工工业。它们的布局直接受到自然条件的制约和影响,并对环境和资源产生一定的损害和消耗。另一类是以第一类生产的产品作为原料和燃料的加工生产部门,它们对自然环境依赖性不大,但大都在生产过程中不同程度地排放各种废弃物而对环境产生污染。这两类生产部门在地区上的分布,又直接影响居民点的分布和规模,从而决定着城镇的布局、人口密度的分布以及交通、文化设施的分布。由此可见,合理布局的关键是物质资料生产部门的布局的合理性。

"六五"以前中国的经济发展缺乏整体规划,在布局上较多地注意生产力布局,忽视人民生活和环境保护的要求,而工业布局又多集中东部沿海各大城市,造成污染源高度集中。工业布局不合理是造成中国环境污染的重要原因。

合理的工业布局应该注意:一是,适当利用自然环境的自净能力;二是,加强资源和能源的综合利用;三是,大型项目的分布与选址,必须事先进行环境影响评价,并尽可能减少对周围环境的不良影响;四是,严禁污染型工业建在居民稠密区、城市上风向、水源保护区、名胜古迹和风景游览区、自然保护区。体现上述要求的合理的工业布局,将会大大减少对环境的污染与损害。

为了做到合理布局,《环境保护法》规定:各级政府的发展规划,必须包含环境保护内容;新建项目的选址,应该预先进行环境影响评价,这样可以从根本上保证新建项目布局的合理性。同时还规定,禁止在污染已经比较严重的城市再建污染企业;从城市里迁走那些超标排污又无法治理的企业,或者使其关、停、并、转;对老城市的规划、建设和改造,要按照不同的功能分区(如居民区、商业区、工业区、疗养区、风景区等)使城市总体布局合理,互不干扰。

[①] 参见《2010 年全国环境统计公报》,环境保护部,2011 年 5 月 29 日发布。

(二)采用环境标准控制和减少环境污染与生态破坏

环境标准是预先控制和防止环境污染与生态破坏的直接方法。通过适用一定的环境标准,可以预先对超过环境承载力的污染排放与资源开发利用行为实施限制。目前,环境标准作为体现预防为主的法律和科学技术手段已经获得了世界许多国家的认可和采用。

(三)制定和实施具有预防性的环境管理制度

当"预防为主"方针被很多国家接受作为环境法一项重要原则时,同时也在环境立法中引进了能够贯彻这一原则具有预防性的环境管理制度,如土地利用规划制度、环境影响评价制度等。为了贯彻"防治结合"的原则,中国还确立了"三同时"制度。

第四节 公众参与原则

一、公众参与原则的含义

公众参与原则,也称环境民主原则,是指在国家的环境管理和环境与资源开发活动中,公众应当有权依法通过一定的程序或途径参与一切与公众环境权益相关的开发决策等活动、知悉与之相关的环境信息和决策信息、表达自身的环境权益诉求、监督开发决策等活动的实施,并在前述知悉、表达、参与决策和监督等权利受到侵害时得到相应的法律保护和救济。

2002年《环境影响评价法》第5条规定:"国家鼓励有关单位、专家和公众以适当方式参与环境影响评价。"这是公众参与原则首次在立法上作出的正式规定和表述。2012年修订的《民事诉讼法》第55条规定:"对污染环境、侵害众多消费者合法权益等损害社会公共利益的行为,法律规定的机关和有关组织可以向人民法院提起诉讼。"进一步确认了公众参与管理环境事务和从事环境保护的权利。

2014年《环境保护法》第5条明确将公众参与列为环境保护的一项基本原则。该法第58条规定了对污染环境、破坏生态,损害社会公共利益的行为,依法在设区的市级以上人民政府民政部门登记,并专门从事环境保护公益活动连续五年以上且无违法记录的社会组织可以向人民法院提起诉讼,从而为公众参与管理环境事务和保护环境提供了司法救济的基本途径。

2015年5月,环境保护部印发《关于推进环境保护公众参与的指导意见》。同年7月,环境保护部审议并原则通过《环境保护公众参与办法》。该办法对环境保护工作中公众参与的范围、形式、程序和保障措施等作出了规定。《环境保护公众参与办法》自2015年9月1日起施行。

二、环境权理论与环境管理的公众参与原则

加强国家对环境的管理,维护环境质量,需要公众的广泛参与。20世纪后期,在环境法学研究中,国外有的学者为了给公众参与环境管理找到理论根据,提出了"环境公共财产"论、"公共委托"论和公民"环境权"的理论。

"环境公共财产"论认为:空气、水、阳光等人类生活所必需的环境要素不能像古典经济学的观点那样被认为它是一种取之不尽、用之不竭的自然物,因而是一种"自由财产",任何

人无需支付代价即可任意占有和处置。作为人类赖以生存的基本条件的环境要素,在当今受到严重污染和破坏,以致威胁到人类的正常生活的情况下,不应再视为"自由财产",不能成为所有权的客体。环境资源就其自然属性和对人类社会的极端重要性来说,它应该是人类的"共享资源",是全人类的"公共财产",任何人不能任意对其占有、支配和损害。根据公共信托理论,为了合理支配和保护共有财产,共有人委托国家来管理。国家对环境的管理是受共有人的委托行使管理权的,因而不能滥用委托权。

以"公共财产"论、"公共委托"论为根据,又有人提出了公民享有"环境权"的理论。

1970年3月,在东京召开的一次关于公害问题的国际座谈会上,一位美国环境法教授提出了环境权理论。他认为:每一个公民都有在良好环境下生活的权利,公民的环境权是公民最基本的权利之一,应该在法律上得到确认并受法律的保护。

会议采纳了这个建议,在其发表的《东京宣言》第五项中提出:"我们请求,把每个人享有的健康和福利等不受侵害的环境权和当代人传给后代的遗产应是一种富有自然美的自然资源的权利,作为一种基本人权,在法律体系中确定下来。"

1972年《联合国人类环境会议宣言》也规定了类似的原则。宣言提出的26条原则的第一项是:人类有权在能够过尊严和福利生活的环境中,享有自由、平等和良好生活条件的基本权利。

有些国家的宪法和环境法也明确规定了公民的环境权,并由此规定引申出公众参与环境管理的各种权利。

在中国,环境保护关系到全国人民的切身利益,环境质量的好坏会影响到所有人的生活和健康。保持一个良好、清洁、舒适的环境,既是人们的愿望,也符合人民的利益。因此,个人、集体和国家在环境建设上的根本目标、利益是完全一致的。从法律上说,环境保护既是公民的一项基本权利,也是公民应尽的义务。我们应该把环境保护事业建立在更加广泛的民主基础上,把政府、企业的环境管理活动和法律的执行建立在人民群众广泛支持、参与、监督的基础上。

三、如何贯彻公众参与原则

(一) 公民的环境权

中国法律没有明确规定公民的环境权。但在《宪法》《环境保护法》《民法通则》等法律的有关规定中,体现了维护人民良好生活环境的精神。如《宪法》第26条规定:"国家保护和改善生活环境和生态环境,防治污染和其他公害。"《环境保护法》第1条关于立法的目的规定:"为保护和改善环境,防治污染和其他公害,保障公众健康……"这实际上是规定了公民应当享有环境权。《民法通则》第83条规定不动产的相邻各方正确处理相邻关系中包括有通风、采光。给相邻方造成妨碍或者损失的,应当停止侵害,排除妨碍,赔偿损失。这就保证了公民的通风、采光权。

(二) 中国公民有参与国家环境管理的权利

这项权利首先在《宪法》中作了规定:"中华人民共和国的一切权力属于人民。……人民依照法律规定,通过各种途径和形式,管理国家事务,管理经济和文化事业,管理社会事务。"根据这一规定,中国公民可以广泛参与国家的环境管理。

在《环境影响评价法》中,首次确立了环境决策的公众参与原则,鼓励有关单位、专家和公众以适当方式参与环境影响评价。该法还规定对环境可能造成不良影响和涉及公众环境权益的各种规划项目和建设项目,应当在报送审批前,举行论证会、听证会,或者采取其他形式,征求有关单位、专家和公众对环境影响报告书草案的意见。在 2004 年《环境保护行政许可听证暂行办法》中规定了听证的适用范围、听证主持人和参加人及其权利义务、听证程序等。在 2006 年《公众参与环境影响评价暂行办法》中规定了公众参与环境影响评价的具体权利和程序。在 2015 年《环境保护公众参与办法》中进一步明确规定了公民、法人和其他组织享有获取环境信息、参与和监督环境保护的权利。

(三) 公民有对污染破坏环境的行为进行监督、检举和控告的权利

中国的《环境保护法》《大气污染防治法》《水污染防治法》《海洋环境保护法》等都对公民享有监督、检举和控告的权利作了规定,充分体现了环境管理的公众参与原则。但在实践中,公民如何真正有效地参与环境管理,参与监督以及检举,还存在许多困难,如缺乏具体行使权利的形式、程序和有关具体的法律规定。

依照《行政复议法》《行政处罚法》《行政许可法》的有关规定,如果行政许可申请人或利害关系人认为行政机关的行为侵害了自己的合法权益或存在违法行为时,可以申请行政复议或者提起行政诉讼。

第五节 损害者(受益者)负担原则

一、损害者(受益者)负担原则的含义

损害者(受益者)负担原则,来源于"开发者养护、污染者治理原则"。国际上针对污染者的责任问题,曾提出"污染者负担原则"(polluter pays principle)(也有人译为"污染者付费原则")。损害者(受益者)负担原则是强制污染和破坏环境与资源者,以及从环境污染和破坏中受益者承担责任的一项环境管理的基本原则。其法理亦可通过大陆法系"原因者主义原则"进行解释。①

开发者养护,是指对环境和自然资源进行开发利用的组织或个人,有责任对其进行恢复、整治和养护。

构成生态系统的各种环境要素和自然资源相互联系相互影响。一种环境要素和资源的开发利用,会对周围的环境和生态系统构成影响。例如森林采伐、草原放牧、土地使用、矿产资源的开发等都会不同程度地对周围环境和该项资源本身产生影响。为了使资源开发对环境和生态系统的影响减少到最低限度,并维护自然资源的合理开发、永续利用,除国家加强自然资源的管理外,强调开发者有整治和养护的责任就特别重要。我国《宪法》有关自然资源保护的条文,各种环境与资源单行法规定的资源开发者的法律责任都体现了开发者养护的原则。

污染者治理,是指对环境造成污染的组织或个人,有责任对其污染源和被污染的环境进行治理。

从法律上说各种工业企业在其经营活动中有义务防止对环境造成污染,因此由污染者

---

① 参见汪劲:《环境法学》(第三版),北京大学出版社 2014 年版,第 111—115 页。

负责治理自己造成的污染就是理所当然了。在法律上确定"污染者治理"的原则,目的就在于明确污染者的责任,促进企业治理污染,保护环境。

损害者(受益者)负担原则,是在结合经济学上关于环境的"外部性理论"和法律的"公平责任原则"的基础上,对污染者负担原则所做的发展。所谓"外部性理论",主要是指个体经济单位的行为对社会或者其他部门造成了影响却没有承担相应的义务或获得回报。外部性可以分为正外部性,或称正外部经济效应,和负外部性,或称负外部经济效应。关于外部性理论在环境保护领域的运用,也可以参看"环境立法"一章对环境外部不经济性内部化的解释。由于经济单位环境与资源开发利用行为所产生的负外部性,被认为是人为环境问题的一个主要成因。

一方面,环境保护的理念已经从简单的污染防治扩大到了对整个自然生态的整体性保护,从治理废弃物扩大到了生产、分配、消费等物质经济流通领域的各个环节。对此,要求开发者养护、污染者治理无疑是防治人为环境问题的最直接手段。但是,由于经济制度自身的特殊性,即市场需求在很大程度上决定着生产、分配环节对环境与资源的利用与消耗,因此,要求从环境或资源的开发、利用中过程中获得实际利益者,而不仅仅是污染者,承担对环境和资源价值减损的负担和补偿义务,是比"污染者负担"更为科学和完善的理念,也更有利于实现环境保护。

另一方面,现实生活中,常常存在环境与资源开发利用行为人虽然依照法律规定从事开发利用行为,但仍对环境和资源造成破坏或者价值减损的情形,即行为人的行为并不存在违法性,此时,仅要求直接进行开发利用的行为人承担环境与资源价值减损的补偿义务,有违法律上的公平理念,应由概念范围更为广泛的受益人共同进行负担。

此外,从市场经济的角度来看,生产者、产品分配者等所负担的生产与流通成本,包括环境与资源的养护和治理成本最终都要转嫁给消费者,因此采用损害者(受益者)负担原则更有利于体现市场流通的本质。

二、损害者(受益者)负担原则的提出和发展

国际社会提出污染者负担原则的背景是:环境污染会直接间接地造成经济损失、人身危害和环境损害。随着环境污染的加剧,环境保护的投资越来越大。各国政府过去对环境保护投资大都实行财政援助政策。但是,政府过大的财政援助,等于把本应由污染者承担的经济责任转嫁给了全体纳税人。这样做既不合理,也不利于保护环境和资源。针对环境污染造成的经济损失应该由谁承担的问题,20世纪70年代初经济合作与发展组织理事会首先提出了"污染者负担原则",认为实行这一原则可以促进合理利用环境与资源,防止并减轻环境损害,实现社会公平。这一原则提出后,很快得到国际上的广泛承认,并被很多国家确定为环境法的一项基本原则。

关于污染者负担费用的范围,国际上有两种意见:一种意见认为污染者应支付其污染造成的全部环境费用。所谓全部环境费用,日本有观点主张包括防治公害费用、环境恢复费用、预防费用和被害者救济费用。理由是,作为损害环境和公民健康的加害者,理应承担所造成后果的全部责任。另一种意见认为,把全部环境费用都加在生产者身上,会造成污染者负担过重而不利于经济的发展,而且在实践中很难行得通。他们主张污染者应承担两项费用,即消除污染费用和损害赔偿费用。消除污染费用包括治理污染源和恢复被污染的环境

的费用;损害赔偿费用,是指赔偿环境污染受害者的人身和财产损失。后一种主张提出的负担范围为更多国家所确认。

中国参照"污染者负担原则"的精神,在《环境保护法(试行)》中曾规定"谁污染谁治理"的原则。该法第6条规定:"已经对环境造成污染和其他公害的单位,应当按照谁污染谁治理的原则,制定规划,积极治理,或者报请主管部门批准转产、搬迁。"1989年《环境保护法》对污染者的责任问题规定为:产生环境污染和其他公害的单位,必须采取有效措施防治在生产建设或者其他活动中产生的对环境的污染和危害。

这一原则的提出,当时主要是为了明确污染单位有责任对其造成的污染进行治理。在从1979年《环境保护法(试行)》至1989年《环境保护法》的修改过程中,有学者曾建议把"谁污染谁治理"作为一项原则规定在法律中,目的在于明确污染者的责任。2014年《环境保护法》综合"谁污染谁治理"和"污染者负担原则",提出了"损害担责"的环境保护原则和理念。

但是,从环境法学的理论层面来看,对"谁污染谁治理""污染者负担""损害担责"等提法和含义要考虑得更加科学和确切,防止对这一原则作简单、片面的理解。

首先,关于污染者的责任,"谁污染谁治理"或者说"污染者负担"只明确了治理责任(在实践中还容易被理解为只是治理污染源的责任),并不是污染者的全部责任,理论上,污染者(损害者)的责任除预防污染的责任、治理污染的责任外,还应包括对污染造成损失的赔偿责任。

其次,由于历史原因,有相当一批国有老企业设备陈旧、工艺落后,排污量大,原来就没有净化设备,这批企业污染的治理,需要结合技术改造进行,投资较大。如果全部治理责任都由企业承担,在某些情况下是行不通的。应该由国家通盘考虑制订治理规划,沟通投资渠道,并且要企业的上级主管部门对本系统的治理进行具体的规划、指导和资助,才能逐步解决。在这种情况下,笼统提"谁污染谁治理"或者"污染者负担"就失之简单了。

再次,由于企业公有制的性质,中国的污染治理除排污单位各自治理污染源之外,还应实行国家和地方政府在污染单位参加下的区域综合治理。例如,污水的处理,事实上不可能每一个污染排放单位都有条件或有必要建立污水处理设备,如果在适宜地区,建立综合性污水处理厂,排污单位共同分担费用,将有利于提高综合效益和处理效果。在这种情况下,对谁污染谁治理,也不能作简单理解。

最后,环境保护除要考虑环境污染者、损害者所承担的责任以外,还应考虑从污染环境、破坏生态中受益,但其自身并非环境污染或环境损害责任人的更广泛意义上的"受益者"所应承担的责任,从而实现环境保护责任的社会化,为诸如环境税费、环境责任保险、环境基金、生态补偿等财政税收制度提供理论依据。因此,在学理上将"污染者负担原则"或"损害担责原则"用"损害者(受益者)负担原则"来表述更为恰当。

三、如何贯彻损害者(受益者)负担原则

(一)通过法律规范确定对环境与资源利用行为人的各种强制性的整治与养护责任

以《环境保护法》为基本法的环境保护法律规范体系,包括各污染防治法和资源合理利用、保护法,例如《森林法》《草原法》《土地管理法》《矿产资源法》《水土保持法》等单行法规中,对于开发者的整治、护养的责任都分别地进一步作了具体规定。

(二) 实行环境保护目标责任制

环境保护目标责任制,是在第二次全国环境保护会议以后,在不少省市开展起来的一种把环境保护的任务定量化、指标化,并层层落实的管理措施。2014年《环境保护法》第6条第2款规定:"地方各级人民政府应当对本行政区域的环境质量负责。"该法第26条规定:"国家实行环境保护目标责任制和考核评价制度。县级以上人民政府应当将环境保护目标完成情况纳入对本级人民政府负有环境保护监督管理职责的部门及其负责人和下级人民政府及其负责人的考核内容,作为对其考核评价的重要依据。考核结果应当向社会公开。"该法第28条第1款规定:"地方各级人民政府应当根据环境保护目标和治理任务,采取有效措施,改善环境质量。"

环境保护目标责任制,一般是以签订责任书的形式,具体规定各级领导从省长、市长、区长(县长)直到基层企业的厂长,在任期内的环境目标和管理指标,并建立相应的定期检查、考核和奖惩办法。实行这样一种环境管理措施有许多好处:一是,有利于把环境保护的任务真正纳入各级政府的国民经济和社会发展计划、年度工作计划,使环境保护任务得以真正落实;二是,实行责任制,把各级领导的责任层层分解并落实,把环境保护的任务定量化、指标化,加强了环境管理;三是,相应地建立各种配套措施和支持系统,如定量化的监测和监督系统、定期的检查考核制度、相应的奖惩办法等,这样就促进了环境保护机构的建设,强化了环境保护部门的监督管理职能。

为了把环境保护目标责任制更好地落实到基层工矿企业,有的地区如湖北省开展了建立厂长任期责任制,推行清洁无害工厂活动。为此,在1984年颁布了《湖北省清洁无害工厂标准及验收细则(草案)》(已失效),建立了一套相应的制度,如申报制度、责任制度、检查验收制度、奖惩制度等。1988年,全省评出83家湖北省清洁无害工厂。这些做法极大地促进了企业的污染防治工作。

进入21世纪以来,环境保护目标责任制获得了进一步发展与落实。2014年《环境保护法》第13条第4款规定:"环境保护规划的内容应当包括生态保护和污染防治的目标、任务、保障措施等,并与主体功能区规划、土地利用总体规划和城乡规划等相衔接。""十一五"期间,主要污染物排放总量被作为约束性指标纳入"十一五"规划纲要,促使各级政府、各部门更加注重环境质量改善,严格落实环境保护目标责任制,加强了政府的环境保护责任和指标考核制度。2012年,国务院印发了《节能减排"十二五"规划》,确定了到2015年,全国万元国内生产总值能耗比2010年下降16%,"十二五"期间,实现节约能源6.7亿吨标准煤;全国化学需氧量和二氧化硫排放总量比2010年各减少8%;全国氨氮和氮氧化物排放总量比2010年各减少10%的总体目标。

(三) 采取污染限期治理的措施

继1978年国家安排第一批限期治理项目至1984年完成后,1989年国家环境保护委员会和国家计委又下达了第二批国家污染限期治理项目共140项。2004年完成限期治理项目22649项。[1]

此后,随着经济体制改革和市场经济的建立,企业成为独立的市场主体,国家对企业的直接管理,改变为依法监督,国家也不再同意下达限期治理项目。1995年《固体废物污染环

---

[1] 参见《2004年全国环境统计公报》,国家环境保护总局,2005年6月5日发布。

境防治法》授权县级以上人民政府依法定权限决定对污染严重企业实行限期治理。2004年修订后,改为由县级以上人民政府环境保护行政主管部门按照国务院规定行使限期治理的决定权。仅2004年一年,全国总共责令停产治理3861家、限期治理6755家,处理有关责任人155名(其中政府及有关部门81人)。①

限期治理的适用范围一般包括:(1)排放污染物超过标准的单位;(2)实行总量控制地区,排放污染物超过总量的单位;(3)未完成排污削减任务的单位;(4)造成严重污染的单位。

对污染严重的企业实行限期治理,是贯彻污染者治理原则的一种强制性的和十分有效的措施。这种措施使污染企业的治理责任更加明确并有了时间上的限制,使污染治理得以按计划进行。

2014年修订通过的《环境保护法》删除了1989年《环境保护法》中关于超标排污以及企事业单位造成环境严重污染实行限期治理的规定,但新法第28条第2款规定:"未达到国家环境质量标准的重点区域、流域的有关地方人民政府,应当制定限期达标规划,并采取措施按期达标。"从而将限期治理作为地方人民政府保障环境质量的一项手段确立下来。

(四)采用环境税费、保险、基金、生态补偿等经济手段和措施

贯彻损害者(受益者)负担原则的经济手段和措施,包括征收排污费、生态补偿金、有关环境或资源税以及实行环境与资源开发利用的其他经济补偿措施等。实施经济手段和措施的主要目的,是克服环境与资源开发利用过程中"负外部经济效应",使环境成本内部化。这是损害者(受益者)负担原则在经济领域的直接体现。

具体而言,征收排污费是向环境排放污染物的单位或个人按照其排放污染物的种类、数量或者浓度而向国家交纳一定的费用,以用于治理和恢复因污染对环境造成的损害;建立与完善生态补偿制度,本质是由生态服务功能受益者向生态服务功能提供者付费,根据生态系统服务价值、生态保护成本、发展机会成本,综合运用行政和市场手段,调整生态环境保护和建设与利用者等相关各方之间利益关系的环境经济政策和环境与资源保护法律制度;其他环境或资源税、费包括自然资源恢复和自然开发利用的税、费,如土地复垦费、草原植被恢复费、森林植被恢复费等,用以专门补偿因开发利用自然资源和自然环境导致自然环境利益损失所需花费的代价。

2015年6月,国务院法制办将财政部、税务总局、环境保护部起草的《中华人民共和国环境保护税法(征求意见稿)》及说明全文公布,征求社会各界意见。根据该《征求意见稿》的规定,大气污染物、水污染物、固体废物、建筑施工噪声和工业噪声以及其他污染物均应作为应税污染物,按照污染物排放的相应计税依据,向在中华人民共和国领域以及管辖的其他海域,直接向环境排放应税污染物的企业事业单位和其他生产经营者计算征收环境保护税。同时对依照规定征收环境保护税的,不再征收排污费。原由排污费安排的支出纳入财政预算安排。目前,该《征求意见稿》已经公开征求意见结束,进入立法的进一步修改制定工作。

---

① 参见《2004年全国环境统计公报》,国家环境保护总局,2005年6月5日发布。

第五章

环境法的体系

第一节 环境法体系的概念

在构成国家整个法律体系的各部门法中,环境法成为独立的法律部门和建立起比较完备的体系,在时间上比别的部门法要晚得多。但由于它的调整对象和社会关系十分广泛,使其立法的数量往往多于一般部门法,并且形成了一个相当庞大的居于国家法律体系的第二层次的部门法体系。

我们在研究环境法的体系时,不是把各种环境法律、法规简单地加在一起,而是从整体上,即作为一个有机联系的完整体系来把握。环境法体系,就是开发利用自然资源、保护改善环境的各种法律规范所组成的相互联系、相互补充、内部协调一致的统一整体。

中国的环境法是以宪法关于环境保护的规定为基础并由环境基本法、保护自然资源和环境、防止污染和破坏的一系列单行法规和具有规范性的环境标准等所组成的完整的体系。

对环境法体系的研究,具有实践意义和理论意义。从实践意义上说,一个国家有没有比较完备的环境法体系,是衡量该国环境法制建设和环境管理水平的标志。对环境法体系的研究,有助于制定国家的环境立法规划,分清主次、轻重,有计划地加强环境法制建设并且可以使各种环境立法相互配合、补充,建立协调一致的环境法体系。从理论意义上说,环境法体系的建立与完善是影响环境法学发展的一个重要因素。研究环境法,离不开具体的环境法律、法规和部门规章,尤其需要把各种环境法律、法规联系起来进行系统分析、综合研究,才能把环境法学基本问题的研究,建立在本国立法实践的基础上,并提高到一个较高的水平。

综合中国现行环境立法,环境法体系主要由宪法关于环境保护的规定、环境基本法、环境保护单行法规、环境标准,以及其他部门法中的环境法律规范构成。

第二节 宪法关于环境保护的规定

随着环境问题的严重化和各国对环境保护的重视,很多国家在宪法里对环境保护作出规定,把保护人类环境和维护生态平衡规定为国家的基本职责,规定为企业、团体、公民的职责和义务;把环境保护的基本政策和原则规定在宪法里,作为国家环境保护活动的宪法基础。有的国家把公民有在良好环境下生活的权利,即"环境权",作为公民基本权利之一规定在宪法里。

宪法关于环境保护的规定，是环境法的基础，是各种环境法律、法规和规章的立法依据。把环境保护作为一项国家职责和基本国策在宪法中予以确认，把环境保护的指导原则和主要任务在宪法中作出规定，就为国家和社会的环境活动奠定了宪法基础，赋予了最高的法律效力和立法依据。

我国《宪法》对环境保护作了一系列的规定。《宪法》第 26 条第 1 款规定："国家保护和改善生活环境，防治污染和其他公害。"这一规定是国家对于环境保护的总政策，说明了环境保护是国家的一项基本职责。

《宪法》第 9 条第 1 款规定："矿藏、水流、森林、山岭、草原、荒地、滩涂等自然资源，都属于国家所有，即全民所有；由法律规定属于集体所有的森林和山岭、草原、荒地、滩涂除外。"第 10 条第 1、2 款规定："城市的土地属于国家所有。农村和城市郊区的土地，除由法律规定属于国家所有的以外，属于集体所有……"。这些规定，把自然资源和某些重要的环境要素宣布为国家所有即全民所有。全民所有的公共财产是神圣不可侵犯的，这就从所有权方面为自然环境和资源的保护提供了保证。第 9 条第 2 款还规定："国家保障自然资源的合理利用，保护珍贵的动物和植物。禁止任何组织或者个人用任何手段侵占或者破坏自然资源。"第 10 条第 5 款规定："一切使用土地的组织和个人必须合理地利用土地。"这些规定强调了对自然资源的严格保护和合理利用，以防止因自然资源的不合理开发导致环境破坏。

《宪法》第 22 条第 2 款对名胜古迹、珍贵文物和其他重要历史文化遗产的保护也作了规定。

此外，《宪法》第 51 条还规定："中华人民共和国公民在行使自由和权利的时候，不得损害国家的、社会的、集体的利益和其他公民的合法的自由和权利。"该规定是对公民行使个人权利不得损害公共利益的原则规定，其中当然也包括防止个人滥用权利而造成对环境的污染与破坏。

《宪法》的上述各项规定，为中国的环境保护活动和环境立法提供了指导原则和立法依据。

第三节　环境基本法

环境基本法在环境法体系中，占有除宪法之外的核心最高地位。它是一种综合性的实体法，即对环境保护方面的重大问题，如环境保护的目的、范围、方针政策、基本原则、重要措施、管理制度、组织机构、法律责任等作出原则规定。这种立法常常成为一个国家的其他单行环境法规的立法依据，因此它是一个国家在环境保护方面的基本法。

一般说来，环境基本法是在单行环境法规的基础上发展起来的。制定环境基本法是环境立法的一个发展趋势。它的出现表明人类的环境保护活动经历了一个从局部到总体的发展过程，从对局部或单个环境要素的保护发展到把人类环境作为一个整体来加以保护。20 世纪 60 年代末和 70 年代初，苏联、日本、美国、瑞士、罗马尼亚、匈牙利等国都制定了综合性环境基本法。

1989 年颁布、2014 年修订的《环境保护法》是中国现行的环境基本法。该法的前身是 1979 年《环境保护法（试行）》。作为一部综合性的基本法，它对环境保护的重要问题作了全面的规定：

一是，规定了环境法的任务是为了保护和改善环境，防治污染和其他公害，保障公众健康，推进生态文明建设，促进经济社会可持续发展。

二是，环境保护的对象是那些直接或间接地影响人类生存和发展的各种天然的和经过人工改造的自然因素的总体，包括大气、水、海洋、土地、矿藏、森林、草原、湿地、野生生物、自然遗迹、人文遗迹、自然保护区、风景名胜区、城市和乡村等。这样的概括加列举的规定把生活环境和生态环境全部纳入了保护范围，从而确定了环境保护的完整对象。

三是，规定了中国的环境保护应采用的基本原则和制度。如确立保护环境是国家的基本国策，将环境保护工作纳入国民经济和社会发展规划，使经济社会发展与环境保护相协调；确立环境保护坚持保护优先、预防为主、综合治理、公众参与、损害担责的原则；以及实施环境监测制度、环境影响评价制度、"三同时"制度、环境保护目标责任制和考核评价制度、生态保护补偿制度、重点污染物排放总量控制制度、排污许可管理制度等。

四是，规定了保护自然环境的基本要求和开发利用环境资源者的法律义务。如规定国家在重点生态功能区、生态环境敏感区和脆弱区等区域划定生态保护红线，实行严格保护。对具有代表性的各种类型的自然生态系统区域、珍稀、濒危的野生动植物自然分布区域、重要的水源涵养区域，具有重大科学文化价值的地质构造、著名溶洞和化石分布区、冰川、火山、温泉等自然遗迹，以及人文遗迹、古树名木，要采取有效保护措施，严禁破坏。加强对农业环境的保护，防止土壤污染、沙化和水土流失等。

五是，规定了防治环境污染的基本要求和相应的义务。如排放污染物的企业事业单位，应当建立环境保护责任制度，明确单位负责人和相关人员的责任，采取有效措施，防治在生产建设或者其他活动中产生的废气、废水、废渣、医疗废物、粉尘、恶臭气体、放射性物质以及噪声、振动、光辐射、电磁辐射等对环境的污染和危害；对未达到国家环境质量标准的重点区域、流域的有关地方人民政府，应当制订限期达标规划，并采取措施按期达标；企业应当优先使用清洁能源，采用资源利用率高、污染物排放量少的工艺、设备以及废弃物综合利用技术和污染物无害化处理技术，减少污染物的产生等。

六是，规定了中央和地方环境保护主管部门对环境监督管理的权限和任务。

七是，规定了公民、法人和其他组织发现任何单位和个人有污染环境和破坏生态行为的，有权向环境保护主管部门或者其他负有环境保护监督管理职责的部门举报；公民、法人和其他组织发现地方各级人民政府、县级以上人民政府环境保护主管部门和其他负有环境保护监督管理职责的部门不依法履行职责的，有权向其上级机关或者监察机关举报。

八是，规定了违反环境法的法律责任，即行政责任、民事责任和刑事责任。

《环境保护法》的颁布和修订，对于促进中国环境法体系的完备化，加强中国的环境管理，起了重要作用。

第四节　环境保护单行法规

环境保护单行法规是针对特定的保护对象如某种环境要素或特定的环境社会关系而进行专门调整的立法。它以宪法和环境基本法为依据，又是宪法和环境基本法的具体化。因此，单行环境法规一般都比较具体详细，是进行环境管理、处理环境纠纷的直接依据。单行环境法规在环境法体系中数量最多，占有重要的地位。

由于单行环境法规名目多,内容广泛,在其归纳分类上,有的按法律、法规、行政规章分类,有的按其所调整的环境要素或环境问题分类,也有的按其所调整的社会关系分类。后者分类清楚,可以作出比较全面的归纳。大体分为如下几类:一是土地利用规划法;二是污染防治法;三是自然保护法;四是环境行政管理法等。

一、土地利用规划法

通过国土利用规划实现工业、农业、城镇和人口的合理布局与配置,是控制环境污染与破坏的根本途径,也是贯彻防重于治原则的有效措施。实现这一目的的土地利用规划法,在环境法体系中占有重要地位,是一国环境立法完备化的不可缺少的内容。土地利用规划法,包括国土整治、农业区域规划、城市规划、村镇规划等法规。

(一) 国土整治法

国土整治包括整个国土的开发、利用、治理和保护,国土整治规划是从空间和地域上对工业、农业、城镇、人口、交通、环境保护等的总体规划与部署,因此,国土整治规划与区域规划(包括农业区域规划、城市规划、村镇规划等)是整体与局部的关系,各种区域性规划的组成部分,国土规划包括了各种区域规划。国土整治法规在土地利用规划法中,居于牵头和基本法的地位。

中国目前还没有颁布国土整治法。2011年,国务院正式发布了《全国主体功能区规划》,是中国第一部国土空间开发规划。在《全国主体功能区规划》的基础上,2015年国务院又发布了《全国海洋主体功能区规划》。

(二) 农业区域规划法

农业区域规划法是一种区域性规划法规,它的任务是对各地区的农业(包括林、牧、副、渔)进行总体规划,以解决农业生产的合理布局和土地的合理利用问题。从环境保护的角度看,农、林、牧、渔的生产都是生物性生产,同自然资源与生态环境的保护关系极为密切。

中国2004年修正的《土地管理法》中专章规定了土地利用总体规划和耕地保护,对农业区域规划予以规制。

(三) 城市和村镇规划法

城乡规划法是在一定时期内城市和村镇发展规划和各项建设综合部署的法规。城乡规划包括城镇体系规划、城市规划、镇规划、乡规划和村庄规划。城乡规划法是城乡各项建设、工程设计和城市管理的依据。1989年《城市规划法》规定城市规划的任务是,确定城市的规模和发展方向,实现城市的经济和社会发展目标,合理地制订城市规划和进行城市建设。同时,随着农业生产的发展和农村商品经济和乡镇企业的发展,广大农村出现了集镇化,住宅建设和能源、交通、文化、教育等公共设施建设加速的趋势。在这种情况下,加强村镇建设规划的管理与立法工作,对于建设现代化乡村,对于国土整治、资源开发、环境保护与生态平衡都有重要意义。

1993年国务院颁布了《村庄和集镇规划建设管理条例》,规定了村庄、集镇规划建设管理,应当坚持合理布局、节约用地的原则,全面规划,正确引导,依靠群众,自力更生,因地制宜,量力而行,逐步建设,实现经济效益、社会效益和环境效益的统一。条例对村庄和集镇规划的制订和实施,村庄和集镇建设的设计、施工管理,房屋、公共设施、村容镇貌和环境卫生管理分别作出了专门规定。

2000年建设部发布了《村镇规划编制办法(试行)》,以规范村镇规划的编制,提高村镇规划的质量。

2007年,全国人大常委会通过《城乡规划法》,同时废止了1989年《城市规划法》,适用于制订和实施城乡规划,在规划区内进行建设活动。

2015年修正的《城乡规划法》规定,制订和实施城乡规划,应当遵循城乡统筹、合理布局、节约土地、集约发展和先规划后建设的原则,改善生态环境,促进资源、能源节约和综合利用,保护耕地等自然资源和历史文化遗产,保持地方特色、民族特色和传统风貌,防止污染和其他公害,并符合区域人口发展、国防建设、防灾减灾和公共卫生、公共安全的需要。

二、环境污染防治法

环境污染是环境问题中最突出、最尖锐的部分。一般说,在工业发达国家,环境法是从污染控制法发展而来的。在环境保护单行法规中,污染防治法占的比重最大。

污染防治法包括大气污染防治、水质保护、噪声控制、废物处置、农药及其他有毒物品的控制与管理,也包括其他公害如震动、恶臭、放射性、电磁辐射、热污染、地面沉降等防治法规。

重要的污染防治法中国都已经陆续颁布:如《大气污染防治法》《水污染防治法》《海洋环境保护法》《固体废物污染环境防治法》《环境噪声污染防治法》《放射性污染防治法》《危险化学品安全管理条例》《农药安全使用规定》《农药登记规定》等。

三、自然保护法

自然保护就是对人类赖以生存的自然环境和自然资源的保护。目的是为了保护自然环境,使自然资源免受破坏,以保持人类的生命维持系统,保存物种遗传的多样性,保证自然资源的合理利用。

从中国当前环境保护的情况看,自然保护立法越来越显得重要。原因在于:第一,中国的自然环境复杂多样,很多地区自然生态系统脆弱,自然破坏如水土流失、森林锐减、草原退化、土壤沙漠化等在不断加剧。第二,中国是一个以农业为基础的国家,农业生产的状况影响到国计民生和整个经济发展,农业生态环境的保护至关重要而且刻不容缓。第三,中国虽然幅员辽阔,资源丰富,但人均资源占有量远远低于世界平均水平,加之人口基数大,资源消耗不断增加,对环境的压力越来越大,这些情况都说明了加强自然保护立法的迫切性和重要性。

近几年,自然保护法的制定与修订步伐不断加快,重要的自然环境要素和资源保护立法已基本完备,如《水法》《森林法》《草原法》《土地管理法》《矿产资源法》《渔业法》《野生动物保护法》《水土保持法》《防沙治沙法》等。对此,环境法学界有观点认为:应该制定综合性的自然保护法。这种意见值得重视。

四、环境行政管理法规

国家对环境的管理,通常表现为行政管理活动,并且通过制定法规的形式对环境管理机构的设置、职权、行政管理程序、行政管理制度,以及行政处罚程序等作出规定。这些法规属于环境管理行政法规,它们多数具有行政法规范的性质。当然在环境基本法、污染防治法、自然保护法中也有涉及环境行政管理的规定。

第五节 环境标准

环境标准是对环境保护领域中各种需要规范的事项的技术属性所做的规定。在环境法体系中,环境标准是一个特殊的又是不可缺少的组成部分。根据标准的法律效力分类,环境标准分为强制性标准和推荐性标准。其中,强制性标准应当属于技术法规范畴。关于环境标准的概念、性质、作用等将在"环境标准"一章中详细介绍。经过近四十年的实践,中国的环境标准逐渐完善,已经形成了以环境质量标准、污染物排放(控制)标准为主体,以环境监测方法标准、环境标准样品标准、环境基础标准为辅助的环境标准体系。

据环境保护部统计,截至2011年3月,中国历年共制定发布国家层面的环境标准一千四百余项。其中,现行标准1263项,包括国家环境质量标准14项、国家污染物排放(控制)标准130项、环境监测规范688项、环境基础标准与标准制修订规范18项,管理规范类环境保护标准413项。"十一五"期间国家环境保护标准比"十五"末期增加了438项。

一、环境质量标准

中国环境质量标准的制定工作,开始于20世纪70年代。为控制工业集中地区出现的局部环境污染,首先制定了一些以保护人群健康为主的专业性环境质量标准,如1976年的《生活饮用水卫生标准》。20世纪80年代以后系统地加强了环境质量标准的制定与修订工作。如《环境空气质量标准》(GB 3095-2012)、《地表水环境质量标准》(GB 3838-2002)、《地下水质量标准》(GB/T 14848-93)、《海水水质标准》(GB 3097-1997)、《声环境质量标准》(GB 3096-2008)、《土壤环境质量标准》(GB 15618-1995)等。

二、污染物排放标准

中国第一个综合性的国家排放标准是1973年制定的《工业"三废"排放试行标准》,该标准对各类工业排放的气、液、渣三大类污染物分别规定了容许浓度和数量。

《工业"三废"排放试行标准》对20世纪70年代中国的污染控制起了一定作用。但这一标准有的指标规定过严,并有"一刀切"的缺陷。它实际上是一个过渡性标准,已逐步被综合性和各种专业性排放标准所取代。

20世纪80—90年代中国全面开展了综合性和行业排放标准的制定工作,综合性排放标准有《大气污染物综合排放标准》《污水综合排放标准》等,同时陆续制定了各种工业生产和产品的污染物排放标准。21世纪以来,国家大力推进行业型污染物排放标准的制定,形成了以行业标准为主、综合性标准为辅的排放标准体系。

三、基础标准、方法标准和样品标准

近年来,中国也在加紧进行基础标准、方法标准和样品标准的制定工作,已经制定和认证的这类标准是环境标准中数量最多的。

第六节 其他部门法中关于环境保护的法律规范

由于环境保护的广泛性,专门环境立法尽管数量上十分庞大,但仍然不能把涉及环境保护的社会关系全部加以调整,在其他的部门法如民法、刑法、经济法、劳动法、行政法中,也包含不少关于环境保护的法律规范,这些法律规范,也是环境法体系的组成部分。

一、民法中的有关规定

(一)《民法通则》中的有关规定

作为调整平等主体之间的财产关系和人身关系的《民法通则》,其中不少涉及环境保护规范。如第80条、第81条关于国家和集体所有的土地、森林、山岭、草原、荒地、滩涂、水面、矿藏等自然资源,一方面规定了所有权、使用权、经营权、收益权受法律的保护,同时也规定了使用单位或个人有管理、保护和合理利用的义务。

《民法通则》第83条规定,不动产的相邻各方,应当按照有利生产、方便生活、团结互助、公平合理的精神,正确处理截水、排水、通行、通风、采光等方面的相邻关系。给相邻方造成妨碍或者损失的,应当停止侵害、排除妨碍、赔偿损失。

对公民人身权利的保护方面,《民法通则》第98条规定,公民享有生命健康权。由于污染环境而危害公民生命和健康的行为,应该属于民事侵权行为。

《民法通则》第123条和124条进一步规定:从事高空、高压、易燃、易爆、剧毒、放射性、高速运输工具等对周围环境有高度危险的作业造成他人损害的,应当承担民事责任;违反国家保护环境防止污染的规定,污染环境造成他人损害的,应当依法承担民事责任。此外,第119条对侵害公民身体造成伤害,进行赔偿的范围作了规定;第135条和第137条规定,向人民法院请求保护民事权利的一般诉讼时效为2年,最长诉讼时效为20年。

(二)《物权法》的有关规定

2007年,第十届全国人大通过了《物权法》,该法适用于调整因物的归属和利用而产生的民事关系。

除各可适用于环境与资源开发利用领域的一般性条款外,针对耕地保护,该法第43条规定:"国家对耕地实行特殊保护,严格限制农用地转为建设用地,控制建设用地总量。不得违反法律规定的权限和程序征收集体所有的土地。"

针对自然资源的所有权,该法第46条规定:"矿藏、水流、海域属于国家所有。"第47条规定:"城市的土地,属于国家所有。法律规定属于国家所有的农村和城市郊区的土地,属于国家所有。"第48条规定:"森林、山岭、草原、荒地、滩涂等自然资源,属于国家所有,但法律规定属于集体所有的除外。"第49条规定:"法律规定属于国家所有的野生动植物资源,属于国家所有。"第60条规定:"对于集体所有的土地和森林、山岭、草原、荒地、滩涂等,依照下列规定行使所有权:(一)属于村农民集体所有的,由村集体经济组织或者村民委员会代表集体行使所有权;(二)分别属于村内两个以上农民集体所有的,由村内各该集体经济组织或者村民小组代表集体行使所有权;(三)属于乡镇农民集体所有的,由乡镇集体经济组织代表集体行使所有权。"

针对相邻关系,该法第86条规定:"不动产权利人应当为相邻权利人用水、排水提供必要的便利。对自然流水的利用,应当在不动产的相邻权利人之间合理分配。对自然流水的排放,应当尊重自然流向。"第 90 条规定:"不动产权利人不得违反国家规定弃置固体废物,排放大气污染物、水污染物、噪声、光、电磁波辐射等有害物质。"

针对用益物权,该法第 119 条规定:"国家实行自然资源有偿使用制度,但法律另有规定的除外。"第 120 条规定:"用益物权人行使权利,应当遵守法律有关保护和合理开发利用资源的规定。所有权人不得干涉用益物权人行使权利。"第 122 条规定:"依法取得的海域使用权受法律保护。"第 123 条规定:"依法取得的探矿权、采矿权、取水权和使用水域、滩涂从事养殖、捕捞的权利受法律保护。"此外,还对土地承包经营权、建设用地使用权、宅基地使用权、地役权等作出了规定。

(三)《侵权责任法》的有关规定

2009 年,第十一届全国人大常委会通过了《侵权责任法》,该法适用于调整侵害民事权益,依法应当承担侵权责任的情形。该法第八章环境污染责任分 4 条对污染环境的侵权责任作出了规定。其中第 65 条规定:"因污染环境造成损害的,污染者应当承担侵权责任。"第 66 条规定:"因污染环境发生纠纷,污染者应当就法律规定的不承担责任或者减轻责任的情形及其行为与损害之间不存在因果关系承担举证责任。"第 67 条规定:"两个以上污染者污染环境,污染者承担责任的大小,根据污染物的种类、排放量等因素确定。"第 68 条规定:"因第三人的过错污染环境造成损害的,被侵权人可以向污染者请求赔偿,也可以向第三人请求赔偿。污染者赔偿后,有权向第三人追偿。"

二、刑法中的有关规定

1997 年经过修订的《刑法》在第六章中,专门设立了的"破坏环境资源保护罪",对各种严重污染环境和破坏自然资源的犯罪行为规定了相应的刑事责任。21 世纪以来,新颁布的《刑法》第二、第四、第八修正案等,分别对破坏环境资源保护罪的有关规定作出修订。对此,将在"法律责任"一章展开讲述。

三、治安管理处罚法中的有关规定

2005 年由第十届全国人大常委会通过,并由第十一届全国人大常委会于 2012 年修正的《治安管理处罚法》是对扰乱社会秩序妨碍公共安全尚不构成犯罪的违法行为给予行政处罚的行政法规。其中有不少是关于环境保护的规定。

例如,第 30 条规定,违反国家规定,制造、买卖、储存、运输、邮寄、携带、使用、提供、处置爆炸性、毒害性、放射性、腐蚀性物质或者传染病病原体等危险物质的,处 10 日以上 15 日以下拘留;情节较轻的,处 5 日以上 10 日以下拘留。

第 31 条规定,爆炸性、毒害性、放射性、腐蚀性物质或者传染病病原体等危险物质被盗、被抢或者丢失,未按规定报告的,处 5 日以下拘留;故意隐瞒不报的,处 5 日以上 10 日以下拘留。

第 58 条规定,违反关于社会生活噪声污染防治的法律规定,制造噪声干扰他人正常生活的,处警告;警告后不改正的,处 200 元以上 500 元以下罚款。

第 63 条规定,刻划、涂污或者以其他方式故意损坏国家保护的文物、名胜古迹;违反国家规定,在文物保护单位附近进行爆破、挖掘等活动,危及文物安全的,处警告或者 200 以下的罚款,情节较重的,处 5 日以上 10 日以下的拘留,并处 200 元以上 500 元以下罚款。

四、经济法中的有关规定

环境问题就其主要方面来说,是在生产活动、经济活动中产生的,环境保护同经济发展有着密不可分的联系,因而环境法与经济法也有着十分密切的联系。在各种经济法规中,如工业企业法、农业法、交通运输法、涉外经济法、基本建设法中都或多或少包含环境保护的法律规范。

《全民所有制工业企业法》(1988 年颁布,2009 年修订)第 41 条规定:"企业必须贯彻安全生产制度,改善劳动条件,做好劳动保护和环境保护工作,做到安全生产和文明生产。"《对外合作开采海洋石油资源条例》(1982 颁布,2001 年、2011 年修订)和《对外合作开采陆上石油资源条例》(1993 年颁布,2001 年、2007 年、2011 年修订),都对环境保护作了专项规定,要求作业者和承包者遵守中国有关环境保护和安全方面的法律规定,并参照国际惯例进行作业,保护渔业资源、农田、森林资源和其他自然资源,防止对大气、海洋、河流、湖泊、地下水和陆地其他环境的污染和损害。

在 2004 年《对外贸易法》中还规定:国家基于保护人的健康或者安全,保护动物、植物的生命或者健康,保护环境,需要限制或者禁止进口或出口等原因,可以限制或者禁止有关货物、技术的进口或者出口。

第六章

环 境 立 法

第一节 环境立法体制与立法规划

环境立法有广义和狭义之分。广义的环境立法,是指有权的国家机关依照法定程序,制定或修改各种有关保护和改善环境、合理开发利用自然资源、防治环境污染和其他公害的规范性法律文件活动的总称。狭义的环境立法则特指国家立法机关制定或修改环境法律的活动。本书所谓环境立法是指广义上的概念。由于环境立法属于立法的范畴,因此必须依照我国《宪法》和《立法法》规定的权限、程序和方法进行。

一、环境立法体制

立法体制是国家对不同类型的立法在国家机关内部所作的立法权限划分而形成的。我国目前的立法体制是一个由宪法、法律、行政法规、地方性法规、国务院部门规章和地方政府规章等组成的二级多元体制,环境立法体制也不例外。

所谓二级是指我国专门的立法机关(人大及其常委会)分为国家和地方两级;多元则是指除了人大及其常委会立法外,有国务院及其部门、地方政府等也在职权范围内享有依法制定具有一定约束力的规范性文件的权力。

(一) 全国人大及其常委会行使国家立法权

我国的国家立法权分为全国人大立法和全国人大常委会立法两大类。

依照《立法法》规定,全国人大的立法权包括制定和修改刑事、民事、国家机构的和其他的基本法律。全国人大常委会制定和修改除应当由全国人大制定的法律以外的其他法律;在全国人大闭会期间,对全国人大制定的法律进行部分补充和修改,但是不得同该法律的基本原则相抵触。

(二) 国务院根据宪法和法律,制定行政法规

国务院是国家最高权力机关的执行机关,是国家最高行政机关(中央人民政府)。国务院有权根据《宪法》和法律的规定制定行政法规。行政法规可以就为执行法律的规定需要制定行政法规的事项以及《宪法》规定国务院行政管理职权的事项作出规定。

《立法法》规定,对于应当由全国人大及其常委会立法的事项尚未制定法律的,全国人大及其常委会可以授权国务院根据实际需要对其中的部分事项先制定行政法规,但有关犯罪和刑罚、对公民政治权利的剥夺和限制人身自由的强制措施和处罚、司法制度等事项除外。

授权决定应当明确授权的目的、事项、范围、期限以及被授权机关实施授权决定应当遵循的原则等。授权的期限不得超过5年,但是授权决定另有规定的除外。被授权机关应当严格按照授权决定行使被授予的权力。被授权机关不得将被授予的权力转授给其他机关。当授权立法事项经过实践检验、制定法律的条件成熟时,由全国人民代表大会及其常务委员会及时制定法律。法律制定后,相应立法事项的授权终止。被授权机关应当在授权期限届满的6个月以前,向授权机关报告授权决定实施的情况,并提出是否需要制定有关法律的意见;需要继续授权的,可以提出相关意见,由全国人民代表大会及其常务委员会决定。

在我国,国务院制定的环境保护行政法规涉及环境保护事务的各个领域,除了有关环境法律的实施细则或者实施条例外,还有诸如《排污费征收使用管理条例》《建设项目环境保护管理条例》《规划环境影响评价条例》《防止船舶污染海域管理条例》《自然保护区条例》以及《基本农田保护条例》《土地复垦条例》《野生植物保护条例》等行政法规。

(三)省级及设区的市级人大及其常委会可以制定地方性法规

依照《立法法》规定,省级人大及其常委会根据本行政区域的具体情况和实际需要,在不同宪法、法律、行政法规相抵触的前提下,可以制定地方性法规。设区的市的人民代表大会及其常务委员会根据本市的具体情况和实际需要,在不同宪法、法律、行政法规和本省、自治区的地方性法规相抵触的前提下,可以对城乡建设与管理、环境保护、历史文化保护等方面的事项制定地方性法规,报省、自治区的人民代表大会常务委员会批准后施行。例如,《四川省环境保护条例》《北京市水污染防治条例》等。

(四)国务院各部门可以制定部门规章,省级人民政府和较大的市的人民政府可以制定地方政府规章

依照《立法法》规定,国务院各部、委员会、中国人民银行、审计署和具有行政管理职能的直属机构,可以根据法律和国务院的行政法规、决定、命令,在本部门的权限范围内,制定规章。例如,原国家环保总局制定有《环境标准管理办法》。

部门规章规定的事项属于执行法律或者国务院的行政法规、决定、命令的事项。当涉及两个以上国务院部门职权范围的事项时,应当提请国务院制定行政法规或者由国务院有关部门联合制定规章。

省级人民政府和设区的市级人民政府可以根据法律、行政法规和本省、自治区、直辖市的地方性法规,制定规章,就执行法律、行政法规、地方性法规的事项以及本行政区域的具体行政管理事项作出规定。例如,《上海市危险废物污染防治办法》《吉林省生态草建设管理办法》等。

二、环境立法规划

立法规划是立法者对一定时期内立法的项目、议程等事项所作的安排和部署。通过立法规划,可以避免立法工作的盲目性和无序性,使立法工作在经过预测、调研、综合和整体部署的基础上更加科学化、系统化和有序化。由于立法规划具有部署、安排和规范立法活动的作用,所以无论是国家还是地方编制立法规划,都应当在国家总的立法政策指导下进行,使立法规划充分体现国家立法政策的需要。

制订立法规划的目的,是要在一定时期内明确立法的方向、目标、任务、具体的立法项目以及完成立法规划的措施和保障。因此,应当慎重、严肃、科学地编制和实施环境立法的规

划,并且注意以下几个方面的关系和问题。

首先,应当根据国家的政治、经济、文化、科学技术等各种社会关系的发展变化以及这些社会关系发展变化对立法提出的要求来制订立法规划。当前我国正处在一个社会变革时期,政治体制改革、经济体制改革、对外开放、建立社会主义的市场经济和法治国家等要求,使社会关系的各个领域都发生着巨大的变化。而现行的法律、法规很多已经不能适应急剧变化的形势。以环境立法为例,它们大多主要颁布于20世纪80年代末或90年代初。当时的立法目的、法律的基本原则、所规定的基本法律制度和措施,都是以计划经济体制为背景确立的。在市场经济体制下,这些法律、法规已经日益显示出不适应性。因此,在制订立法规划时,就必须首先考虑各种社会关系发展变化对立法提出的需求,使制定或者修改的环境法律法规取得最佳的社会效果。

其次,国家的法制建设是一项复杂的系统工程,在制定立法规划时,必须从整体上、从立法的全过程中不断建立和完善国家的法律体系。一方面要从法的制定、认可、修改、补充和废止的全过程来安排,另一方面要从各项综合性立法之间、各部门法立法之间,甚至各种法的规范之间,进行整体的安排,尽可能减少和避免各法律之间、部门法之间、各种法律规范之间,发生重叠、矛盾甚至冲突的现象。环境立法具有很强的综合性,涉及行政、民事、刑事等多种部门法和多种不同的社会关系领域。在制订环境立法规划时,既要从整体上建立和完善国家在该领域的法律体系,又要考虑该部门法与其他部门法的协调和配合,避免立法中的重叠、矛盾和冲突。

最后,在立法规划的编制方面应当由具有立法权的国家机关来进行。以国家立法为例,按照立法权限的不同可以将它们分为权力机关的立法规划和政府机关的立法规划两大类。

我国的基本法律、一般法律的立法规划由全国人大及其常委会制订。其中修订宪法、制订和修订基本法律的立法规划,由全国人大制订,或者经全国人大授权由全国人大常委会制订。基本法律以外的其他法律的立法规划由全国人大常委会制订,或者授权国务院拟定报全国人大常委会审定。环境保护的立法规划,应当由全国人大环境与资源保护委员会负责制订。

国务院行政法规、法律实施细则的立法规划应当由国务院法制办公室编制。其中涉及环境污染防治与生态保护的,可以考虑由环境保护部主要负责制订;涉及自然资源管理的,可以考虑由自然资源管理部门主要负责制订。而国务院所属各部、委的有关环境保护行政规章的立法规划应当由各部、委自行编制。

在地方立法方面,目前并没有特别具体规定,因此一般是参照国家立法的形式来进行的。

第二节 环境立法的指导原则

环境立法的指导原则,是指为实现环境保护的目标、在法律上充分体现环境的生态价值与经济价值,在起草、制定或修改环境法律草案的过程中,对立法者具有指导意义的基本原理和基本方法。

需要说明的是,与环境立法的指导原则密切相关的,还有诸如社会主义法的指导思想和基本原则、环境法的基本原则等概念。其中,社会主义法的指导思想是我国实行社会主义法治所必须共同遵循的指导思想,它们是指导我国各部门立法的政治性原则。环境法的基本原则,则是在环境法律之中必须规定或体现,并贯穿于全部法律规范的具有普遍意义的原则。而环境立法的指导原则仅适用于立法的过程中,是环境立法的方法论基础,因此它们与我国环境法的基本原则既有联系又有区别。

我国环境立法的指导原则主要包括:尊重和体现生态规律的原则;以可持续发展为导向的原则;突出和运用环境经济学方法的原则。

一、尊重和体现生态规律的原则

尊重和体现生态规律的原则,是指在进行环境立法时,应当充分考虑和尊重自然和生态演变的规律,以地球生态系统平衡的基本原理作为制定法律的理论基础。

(一) 生态学的基本规律

《中国自然保护纲要》将生态学的基本规律归纳为如下六类。[①]

1. "物物相关"律,即自然界中各种事物之间有着相互联系、相互制约、相互依存的关系,改变其中的一个事物,必然会对其他事物产生直接或间接的影响。

开发利用某一环境要素时,要考虑此种活动对其他环境要素乃至整个生态系统的影响;在开发利用某环境要素的某一项功能时,要考虑对该环境要素的其他功能的影响。因此,环境法必须注意对每一种环境要素的保护以及各环境要素之间的相互影响,因而环境法的体系必然比较复杂。此外,"物物相关"律还必然要求人们在开发利用环境时应当注意调查研究和统筹规划,这也是环境法规定"土地利用规划""环境影响评价"等的原因所在。

2. "相生相克"律,即在生态系统中,每一生物种都占据一定的位置,具有特定的作用,它们相互依赖、彼此制约、协同进化。

为了保护和改善环境,维护生态平衡,不能任意地向某生态系统引进原来没有的物种,也不能在生态系统中随意除去一物种,这两种做法都会使某物种发生种群爆发或灭绝,因而危及生态平衡。例如,长白山森林生态系统,因引进了原来没有的物种——美国白蛾,且因为没有捕食者,造成美国白蛾发生种群大爆发而威胁该森林生态系统。同样地,因为在江南的农田生态系统中人为地减少或消灭了鼠类天敌——蛇,使鼠类发生种群大爆发,当地的生态平衡受到威胁。因此,环境法必然要求人们不得向某生态系统引进原来没有的物种或在生态系统中人为地消灭某一物种。这也就是为什么在环境法中有物种保护、野生动植物保护以及动植物检疫等法律的原因。

3. "能流物复"律,即在生态系统中,能量在不断地流动,物质在不停地循环。

能量的流动是单向的,并在流动过程中递减,有一部分转化为热能逸散入环境。为了维护生态平衡,必须尽可能充分地利用能量,不使它简单地逸散入环境。因此,在环境法中有关于发展生态农业以及鼓励建立符合生态规律的生活、生产方式的规定。

某种物质一旦进入环境,便会在环境中不断地循环,有些还会在生物体内产生"生物富集"现象,发生致畸、致癌、致突变等作用。因此,在环境法中有关于防止环境污染,尤其是控制有毒有害物质的规定。

4. "负载定额"律,即任何生态系统都有一个大致的负载(承受)能力上限,包括一定的

---

① 参见《中国自然保护纲要》编写委员会编:《中国自然保护纲要》,中国环境科学出版社1987年版,第12—14页。

生物生产能力、吸收消化污染物的能力、忍受一定程度的外部冲击的能力。

当生态系统所供养的生物超过它的生物生产能力时,它就会萎缩乃至解体;当向生态系统排放的污染物超过它的自净能力时,生态系统就会被污染,进而导致生态环境恶化;当对生态系统施加的外界冲击的周期短于它的自我恢复周期时,生态系统也将因不能自我恢复而被破坏。因此,为了保护生态系统,必须一方面使它供养的生物的数量不超过它的生物生产能力,另一方面,还需确保排入生态系统的污染物量不超过它的自净能力以及使冲击周期长于生态系统的恢复周期。所以,在环境法中必然有关于以产(生物产量)定供(畜类或其他物种数量)的规定;有关于控制污染物排放量,包括浓度控制和总量控制的规定;有关于限制冲击周期,如禁止春天砍树、除草、夏时捕鱼捉鳖的规定。

5. "协调稳定"律,即只有在结构和功能相对协调时生态系统才是稳定的。

为了使生态系统的结构和功能保持协调状态,必须千方百计地保持生物物种的多样化,尽量减少外来干扰;同时鼓励人们去创造结构和功能相对协调、生物生产能力高的人工生态系统。这些要求导致了环境法中关于保护物种的多样性、保护森林、植被,保护生态系统免受干扰以及确保创设结构和功能相对协调的人工生态系统的规定的产生。

6. "时空有宜"律,即每一个地方都有其特定的自然和社会经济条件组合,构成独特的区域生态系统。

在开发利用某特定地区的生态系统时,必须充分考虑它的特性。例如,长江、黄河上游的森林生态系统与苏南的森林生态系统是不尽相同的,前者的主要功能是水土保持,而后者可能是提供木材,所以对前者应当绝对禁止采伐。因此,环境法必须充分考虑地区特点。在环境法中我们会看到与其他部门法不同的一种现象,即地方法规优先。例如,省级人民政府可以颁布严于国家标准的地方污染物排放标准,在颁布地方污染物排放标准的地区实施地方污染物排放标准。

(二) 尊重和体现生态规律原则的指导意义

对于环境问题的认识和解决,人类社会曾经历了几次大的从思想到方法上的改变与更新。实际上,不管采取何种对策和措施,都不应当只治"果"而不纠"因"。现代环境科学研究已经为人类揭示了自然界的普遍规律和生态系统平衡的基本原理,环境科学研究已经得出了这样一个结论,即人类对自然生态系统以及能量转换的所有影响都可以简单地归结为两个途径:第一,是改变能量和物质的输入或输出;第二,是制造能量和物质转移或转化的新路径或者改变现有的路径。

因此,为了保护人类生存的环境,就应当在人类活动与生态系统关系最为密切的两个基本领域——生产和消费上改变我们过去的方法。首先,生产和生活废弃物的排放量不应超过环境容量的极限,亦即生态系统自动调节能力的极限;其次,生产对资源的需要量同环境对资源的可供量之间保持平衡。

生态学的原理提示我们,人工建立的系统最后都必须与生态系统中有关物质循环和能量流动的原理相一致。对于生态系统及其规律,人类只能被动地去适应它,而不可能人为地去改变它。从开发利用资源直到排放废弃物和污染物,人类的所有活动都可以被看做是在改变自然生态系统的物质、能量的输出输入,当这种改变达到一定程度时,就有可能导致生态系统的崩溃。

所以在环境立法过程中,立法者应当时刻以生态规律衡量某项调整人类行为的法律规范,在考虑保护人类自身利益的同时,还必须考虑保护人类的生存条件——生态系统,考虑到人类近期或者长期利益的实现还需要有众多的环境条件作支撑。这样才能使人类的行为符合生态系统平衡的要求,才能保证世代人类的利益。

二、以可持续发展为导向的原则

以可持续发展为导向的原则,是指在环境立法中应当将实现人类社会、经济的可持续发展作为法律所要实现的理想目标,用新的发展观取代传统的发展观,使人类的思想和行为在法律规范的引导下发生根本性的转变。

(一) 可持续发展理念

1987年,挪威前首相布兰特朗夫人领导的世界环境与发展委员会(WCED)发布的报告《我们共同的未来》首先提出了可持续发展的概念:"既满足当代人的需要,又不对后代人满足其需要的能力构成危害的发展。"①这一概念包括两方面的重要内容:一是"需要",尤其是世界上贫困人民的基本需要,应将此放在特别优先的地位来考虑;二是"限制",即技术状况和社会组织对环境满足眼前和将来需要的能力施加的限制。

1992年,联合国环境与发展大会在《里约宣言》中对可持续发展的内涵作了进一步的阐述:"人类应享有与自然和谐的方式过健康而富有成果的生活的权利,并公平地满足今世后代在发展和环境方面的需要。"

国际上还有其他一些权威机构或学者也对可持续发展的概念作了解释。归纳起来看,可持续发展概念的解释不外乎包含以下三个方面:第一,可持续发展的前提是发展,其目的是为了增进人类的福利,改善人类的生活质量。第二,要实现发展以满足需要,但同时应当为维持生态系统的完整性而限制某些行为,不至于因为当代人类的发展而危害满足后代人类发展所需要的物质基础。第三,应当把经济发展与生态的可持续性有机地结合起来。对人类发展的基础——环境、资源与能源的开发和利用,应当维持和建立在利用效率最大化和废弃(污染)物质最小化的条件之上。并且,人类的发展和生活品质的改善,必须控制在地球生态系统的承载能力之内。

与传统的"发展"概念相比较,可持续发展在对发展概念的理解上更为强调更新人类伦理道德和价值观,从而更新人类的生产、生活方式。首先,传统的发展观认为环境与发展之间的冲突是无法调和的和对立的,因此传统观念的认识或选择要么是强调发展,要么是限制增长。其次,传统的发展观只着眼于当前和当代部分人类的利益,而忽视或者漠视未来和后代人类的利益。而可持续发展观将环境与发展统一起来,既迎合了许多国家需要发展的意愿,同时也符合环境保护这一全人类的长远利益。

(二) 可持续发展的基本要求及其对立法的指导意义

以可持续发展作为指导思想的政策要求决策者必须在制定政策时确保经济发展绝对建立在生态安全的基础上,确保这些生态基础受到保护和发展,使它可以支持经济的长期增长。而环境保护是可持续发展思想所固有的特征,它所解决的是所有环境问题的根源。因此,经济学不仅仅在于生产财富,生态学也不仅仅在于保护自然,它们两者同样都是为了人类的生存和发展。所以《我们共同的未来》认为,经济学与生态学必须完全统一到决策和立

---

① 世界环境与发展委员会:《我们共同的未来》,台湾地球日出版社1992年版,第52页。

法过程中,不仅要保护环境,而且也要保护和促进发展。①

实现可持续发展的根本目标仍然是提高人类的福利,它并不与为了人类生存而发展经济的目的相矛盾。然而,现实中存在的矛盾是每个人并不认为他人会按照社会期望的方式作出行为,从而使社会所有的人都在追求狭隘的自身利益。这时,就需要通过法律、教育、税收、补助和其他方法来纠正和弥补人类个体的各行其是的作法,国家的法律就应当对此发挥作用。在1992年联合国环境与发展大会上通过的《21世纪议程》就明确指出,各国立法的变革是实现可持续发展的基本要求。

可持续发展要求的实质是对国家和国际现行法律体制在新的发展目标指导下实行全面的变革。它不仅应当成为现代各国完善国家立法体系的长远目标,而且理应成为环境立法应当具体体现的一项指导原则。

具体而言,在环境立法时应当注意确立明确的目标、严格地执行法律可以在一定程度上预防和控制有害于环境的各种行为。而通过法律规定公众参与政府重大决策的程序,则可以在决策的过程中明确表达公众的意见,以有效地实现人类共同的愿望和利益。同时也应当如《中国21世纪议程》所指出的,"开展对现行政策和法律的全面评价,制定可持续发展的法律、政策体系,突出经济、社会和环境之间的联系与协调。通过法规约束、政策引导和调控,推进经济、社会与环境的协调发展"。

三、突出运用环境经济学方法的原则

突出运用环境经济学方法的原则,是指在进行环境立法时,应当将环境效益的损益分析方法和对法律规范的成本—效益分析方法分别运用到对开发行为的预测、评价、管理以及拟定(或既定)法律制度的设计与分析之中,作为指导(决定或修正)法律以及确立法律规范的理论基础,以真正通过立法实现社会、经济、环境三方面效益的均衡和综合决策。

(一) 环境立法运用经济学方法的目的

法学家运用得最多的概念是权利与义务、公平与正义以及过错等,所有这些法律的概念都是对法律所规范的事或物进行主观定性的分析,并规定抽象的条款。但是,经济学却可以将上述一些法的概念作出定量的分析(如最大化、均衡和效率等),并通过数学模型对法的概念作出转换。虽然经济学方法不能完全替代法学方法,但是通过经济分析可以明显地看到法律制度的不足与存在的问题,同时还可以将经济学方法和结论直接运用于法律之中。

在环境立法中运用经济学方法,主要包括两个方面:一是作为一种法律制度或措施,将环境经济学研究的成果确定于环境立法之中,即采取经济效果最佳的措施并将其制度化。二是运用经济学的分析方法,对环境法既定的制度或措施以及国家社会经济政策的环境效果进行分析和评价。

(二) 环境外部不经济性内部化

将环境经济学研究的成果确定于环境立法之中的典范是有关环境外部不经济性内部化的措施。

环境的外部不经济性是指在实际经济活动中,生产者或消费者的活动对其他消费者和生产者的超越活动主体范围的利害影响。它包括正、负两方面影响,正面的影响亦称正外部

---

① 世界环境与发展委员会:《我们共同的未来》,台湾地球日出版社1992年版,第45—50页。

性或外部经济性,负面的影响亦称负外部性或外部不经济性。例如,在一条河流内有两家企业,位于河流上游的 A 是纺织厂,位于下游的 B 是娱乐场。A 和 B 都需要利用河流水作为自己经营的自然资源,A 利用该河流是将其作为排污场所,把未处理的废水直接排入河流;而 B 利用该河流则是将其作为娱乐场所,设置游泳场和游艇供游玩。然而,当 A 和 B 的所有权人不为一人时,就会因水污染而出现对河流的非有效性利用。从而出现 A 的产量越大,河流污染就越重,而 B 的收入就越少,最后可能导致 B 关闭的现象。这种 A 的行为给 B 带来不利影响的现象即为外部性,亦称"外部不经济"。

外部性有两个明显的特征:一是它们须伴随生产或消费活动才能产生,二是它们或产生正面(积极的)影响或产生负面的(消极的)影响。就环境问题而言,外部性主要表现在生产和消费的外部不经济性上。

经济学家认为,解决环境的外部不经济性的最直接的方法是将外部的不经济性内部化,即由产生外部性影响的一方来承担消除影响的所有费用,以实现社会的公平。

美国经济学家科斯认为,适当地确定资源的财产权或使用权有利于消除外部不经济性。柯斯假定,如果外部不经济性的受害方对资源享有所有权和使用权,这样当局便可以根据受害方的请求,强制行为方将外部不经济性数量减至为零。也即受害方有免受外部不经济性的权利,并且这种权利可以在政府强制或法律规定下转让(资源所有权一方以接受补偿损失的方式将免受外部不经济性的权利转让给行为方)。这样便在行为方与受害方之间存在了交易的可能性(即"科斯定理")。

由此我们可以看出,科斯定理为解决环境保护的"市场失灵"问题提供了一个新的思想方法。实现科斯定理的前提,是要明确自然环境与资源的所有权并创造高效率的权利交易市场,只有这样才能进行权利的交易。这种方法已经为许多国家的环境立法所采纳。

就环境立法而言,经济学家提出,将环境外部不经济性内部化的方法主要包括直接管制方法和经济刺激方法两大类。

直接管制就是由国家制定环境法律,以行政控制标准的形式规定活动者产生外部不经济性的允许数量和方式。它又可分为末端管制和全程管制两类。末端管制即直接对污染物排放作出规定;全程管制即通过生产投入或消费的前端过程中可能产生的污染物数量予以规定,最终达到控制污染排放的目的。

经济刺激方式又包括市场刺激和非市场性刺激两大类。市场刺激方式即依照柯斯定理,先根据允许产生的污染物数量设定"排污权",再将"排污权"作为市场交易的标的予以流通或消费,最终达到控制污染排放的目的。非市场性刺激则是由国家通过价格、税收、标志、抵押金、补助金、保险、信贷和收费等手段迫使生产者或消费者把他们产生的外部费用纳入其经济决策之中。

(三) 对环境立法有效性的评估与分析

在环境立法中运用经济学方法的另一个问题是对现行法律进行经济学的评估和分析。一般认为,对环境法规进行经济分析是美国发明的。在第一次世界大战期间,由 F. 罗斯福在国内开展了"新政"运动时,美国环境立法理论的一大发现是将经济学原理运用到立法中。由于"新政"厉行节俭,美国国会预算办公室和拨款委员会合并办公。在工作中他们发现运用福利经济学于审批生产项目领域可以使那些比较经济的项目得以优先接受。1936 年美国运用经济分析的方法制定了《公共汽车尾气控制法》,在资源法律—成本—效益分析上作出了一项革新。后来,这种只要分析得出效益大于成本即为合理的方法又推进了联邦有关水资源利用的项目[①]。

现在,对环境立法进行经济学评估的主要范围包括:评估环境立法的经济成本,以及对法律实施的有效性进行经济的分析。

除此之外,环境经济学分析方法还经常运用于环境—经济系统的投入产出分析和资源开发建设项目的国民经济评价。所有这些都与现行环境立法和法律制度密切相关。

---

① Campbell-Mohn, Breen, Futrell, *Sustainable Environmental Law*, West Publishing Co. ,1993. p.32.

第七章

国家环境管理

第一节 环境管理概述

一、环境管理的定义

从20世纪70年代开始,随着环境问题的严重化,许多国家把环境保护提高到国家职能的地位。为了加强国家对环境的管理,相继建立和强化了环境管理的专门机构,规定了相应的职责,建立了系统的管理制度和规章。

由于环境管理的学科理论尚不成熟,对于环境管理的概念尚没有一致的认识。美国G.H.休威尔(G. H. Sewell)在《环境管理》一书中说:环境管理是对人类损害自然环境质量的活动施加的影响,管理的方法是多种多样的。联合国环境规划署前执行主席托尔巴(M. K. Tolba)在一篇关于环境管理的报告中,认为环境管理是指依据人类活动(主要是经济活动)对环境影响的原理,制定与执行环境与发展规划,并且通过经济、法律等各种手段,影响人的行为,达到经济与环境协调发展的目的。《苏联自然保护法教程》则认为:环境管理是实现国家自然保护职能的最重要的方式,其目的在于组织清查自然资源,拟定自然保护计划;从物质技术和组织上保证计划的实施;并对自然保护措施和法律的实施实行监督。

根据中国环境管理的现状和学术界对环境管理的认识,我们认为环境管理是国家采用行政、经济、法律、科学技术、教育等多种手段,对各种影响环境的活动进行的规划、调整和监督,目的在于协调经济发展与环境保护的关系,防治环境污染和破坏,维护生态平衡。

二、环境管理的原则

环境管理是国家管理职能的一个组成部分,环境管理除了遵循国家管理的一般性原则外,还要根据环境管理的特点,遵循一些特殊的原则。

(一) 综合性原则

环境保护的广泛性和综合性特点,决定了环境管理必须采取综合性措施,从管理体制到管理制度、管理措施和手段都要贯彻综合性原则。

在管理措施和手段中,需要采用行政、经济、法律、科学技术、宣传教育等多种形式,尤其是法律和经济手段的综合运用在环境管理中起着关键性的作用。现代环境管理学也是环境科学和管理科学、环境工程交叉渗透的产物,具有高度的综合性。

（二）区域性原则

环境问题具有明显的区域性，这一特点决定了环境管理必须遵循区域性原则。中国幅员辽阔，地理环境情况复杂，各地区的人口密度、经济发展水平、资源分布、管理水平等都有差别。这种状况决定了环境管理必须根据不同地区的不同情况，因地制宜地采取不同措施。

环境管理的区域性原则要求：制定环境政策和标准要尽可能考虑地区的差异性；某些环境要素的保护和污染防治，例如水的利用与保护，土地、森林、渔业资源的利用与保护等都要考虑区域差别；注意发挥地方管理机构的作用，以地方为主进行环境管理。

（三）预测性原则

国家要对环境实行有效的管理，首先必须掌握环境状况和环境变化趋势，这就需要进行经常性的科学预测。可靠的预测是科学的环境管理和决策的基础和前提。因此，调查、监测、评价、情报交流、综合研究等一系列工作，就成为环境管理不可缺少的重要内容。

（四）规划和协调性原则

各国环境管理的经验都说明，制订环境规划是环境管理的重要内容，也是实行有效的环境管理的重要方式。环境规划包括长远规划（例如五年规划）和短期规划（例如年度规划）；全国规划和地方规划、工业污染防治规划、水域污染防治规划、自然环境保护规划等。

环境管理不是环境保护专门机构能够单独完成的工作。环境管理的重要任务之一就是进行组织协调和监督，使各部门、各地区、各行业都能分工协作，互相配合，各司其职，完成各自职责内的环境管理工作。很多国家环境管理体制都是本着这一原则建立的。例如，中国海洋环境管理的主要部门涉及环境保护主管部门、海洋主管部门、海事主管部门、渔政主管部门、军队环保部门等五个方面。如果没有环境保护主管部门对海洋环境保护工作实施组织协调和其他各有关部门的分工配合，就很难进行有效的海洋环境管理。

三、环境管理的范围

由于各国环境问题的阶段性和具体情况的不同，因此环境管理的范围有狭义和广义之分。

狭义的环境管理主要指污染控制。20世纪70年代以前，美、日、联邦德国等工业发达国家环境管理的主要任务都只限于对大气、水、土壤和噪声污染的控制。当时中国的地方环保机构也统称"三废办公室"，主要工作限于对污染的防治。即使现在，还有的国家环境管理机构仍主要负责污染防治工作。

广义的环境管理将污染防治和自然保护结合了起来，包括资源、文物古迹、风景名胜、自然保护区和野生动植物的保护。

在广义环境管理的基础上，有的国家认为协调环境保护与经济发展、土地利用规划、生产力布局、清洁生产、循环经济、水土保持、森林植被管理、自然资源养护等也是环境管理的组成部分，从而形成了更大的环境管理范围。

第二节　国家环境管理的历史发展

西方工业发达国家的环境管理大致经历了四个发展阶段。每一个历史时期有相应的环境问题及其对策，其中有成功的经验，也有失败的教训。对这些不同发展阶段进行历史考察,将有助于总结历史经验,加强国家对环境的管理。

一、第一阶段:早期限制时期

从产业革命开始到 20 世纪初,西方工业发达国家经历了早期的工业化时期,同时也进入了公害发生期,当时的主要环境问题是工业生产引起的第一代污染问题。

由于对污染的机理认识不清,又缺乏完善的治理措施,当时只好采用消极、被动的限制手段,如限制燃料使用地区、使用时间和限制污染物排放数量等。例如,以烟雾污染著称的伦敦早在 14 世纪就发生煤烟污染,为了限制燃煤引起的大气污染,1306 年英王爱德华一世颁布诏书,要求在议会开会期间禁止露天炉灶使用海煤(采掘于海岸,燃烧时排放浓烟),违者第一次罚款,第二次捣毁炉灶,第三次处以极刑。据史料记载,曾有一个制造商因违反此诏令而被处死。[1]

二、第二阶段:治理时期

从 20 世纪初至 20 世纪 60 年代是公害发展与泛滥时期,环境污染和破坏空前加剧,已从局部地区发展成为社会性公害。一些工业发达国家,除了加强环境立法和建立环境管理机构以外,还投入了一切可能的技术和财力进行污染治理,主要措施包括普遍采用对污染物的净化处理(大量兴建污水处理厂、安装消烟除尘设备等)、开展工业废弃物的综合利用、采用和推广各种无害工艺技术、用水的闭路循环等以减少污染物的排放量。采用这些治理和限制措施后,效果十分显著。环境污染尤其是大气污染和水污染得到有效控制,环境质量有了明显改善。日本、美国、英国、联邦德国等情况大都如此。

治理时期虽然污染控制取得了显著效果,但也存在许多问题。治理大多是在造成污染之后进行的,因而是被动的、"头痛医头,脚痛医脚"式的。而且一般是采用"单打一"的单项治理技术,很少采用综合防治措施,这样只能着眼于解决部门性的污染源,而不能从整体上和防治结合上有效地解决环境问题。此外,单项治理要耗费巨额资金,经济上不合算。

三、第三阶段:综合防治时期

20 世纪 60—70 年代,不少国家总结了"先污染后治理"的经验教训以后,改变了单纯治理的被动政策,采取了"预防为主"、"综合防治"措施。这种政策转变的标志是 1979 年经济与发展组织第二次环境部长会议纪要提出的建议:各国环境政策的核心应该是"防重于治"。

贯彻预防为主、综合防治政策的主要措施包括:实行区域综合规划,包括土地利用规划,全面解决合理布局问题,做到防患于未然。实行预防为主的环境影响评价制度,使损害环境的工程建设在施工前通过评价得到有效制止。实行总量控制,在计算地区环境容量(限值)和当地污染物排放总量的基础上,根据环境指标限定每个排污单位的污染物排放量,使各种污染源排放的污染物总量不超过区域环境容量的限值,以保证一定地区或城市的环境质量。实行源头管理,尽可能把污染物消灭在生产过程中。这需要进一步加强管理,即从末端处理改为生产全过程的管理,以及采用无害、低害工艺和闭路循环系统,把污染物的排放量减少到最低限度后,再采用净化处理措施。

---

[1] 〔美〕劳伦特·霍奇斯:《环境污染》,王炎庠等译,商务印书馆 1981 年版,第 83 页。

实践证明,这些措施对环境保护来说是积极而有效的,是环境管理的新发展。

四、第四阶段:制定发展与环境总体战略,全面协调人类与环境的关系时期

自 20 世纪 70 年代以来,越来越多的国家在环境管理上发生了一个明显的转变,把合理开发利用自然资源、保护自然环境、维护生态平衡作为环境管理的重要内容和相互联系的组成部分,同时把环境保护的规划纳入社会经济发展的整体规划中去,制定社会经济发展与环境保护的总体战略对策,全面调整人类与环境的关系。

1992 年联合国环境与发展大会把可持续发展作为各国未来的共同发展战略,为此必须把环境保护纳入社会经济发展规划,处理好人口、资源、环境与发展之间的关系,建立符合生态规律的生产方式和生活方式,制定可持续发展的总体战略。

这些政策和指导思想越来越被各国所承认和接受的事实说明,当前各国的环境管理已经进入了一个更加科学、深化、全面、有效的新的发展阶段。

第三节　环境管理是国家的一项基本职责

环境问题一直伴随人类的社会活动主要是经济活动而存在和发展。但是,把环境管理上升为国家的一项基本职能,则是在 20 世纪 70 年代环境问题成为严重的社会公害的时候。

一、环境管理国家基本职责在各国的主要体现

20 世纪 50 年代兴起的环境保护运动,对推动发达国家环境管理工作发生过重大影响。20 世纪 50 年代、60 年代是发达国家经济高速发展的 20 年,日本的增长率最高达 10%,欧洲和北美国家为 4%—5%。伴随经济高速增长而来的是公害的泛滥,许多著名公害事件都发生在这个时期,大量的人生病或死亡,使公众产生一种"危机"感,于是游行、示威、抗议的"环境保护运动"席卷各国。当时,日本反公害斗争的声势,甚至超过了反对军事基地的斗争。这说明,危及人类生存的环境问题不仅引起了公众的强烈关注,还会成为社会动荡、政局不稳的导火线。这些严酷的现实使发达国家的政府认识到,环境问题已经成为同政治、经济密切相关的重大社会问题,不把环境管理列为国家的重要职责,便不能应对这种挑战。

然而,直到 20 世纪 70 年代初,人们仍然把环境问题仅仅看成是由于工农业生产带来的污染问题,把环境保护工作看成是遵守一定工艺条件、治理污染的技术问题,国家对环境的管理充其量是动用一定技术和资金加上一定的法律和行政的保证来治理污染。1972 年人类环境会议是一个转折点。这次会议指出,环境问题不仅是一个技术问题,也是一个重要的社会经济问题,不能只用科学技术的方法去解决污染,还需要用经济的、法律的、行政的、综合的方法和措施,从其与社会经济发展的联系中全面解决环境问题。这样,就只有把环境管理作为一项国家职责,全面加强国家对环境的管理才能做到。

20 世纪 70 年代,美、日、英、法、加拿大等国,分别在中央设立和强化了环境管理的专门机构。同时,不少国家相继在宪法里规定了公民在环境保护方面的基本权利和义务,并将环境保护规定为国家的一项基本职责。

二、节约资源和保护环境是中国的一项基本国策

1978年,环境保护首次写入宪法。1978年《宪法》第11条第3款规定:"国家保护环境和自然资源,防治污染和其他公害。"1983年召开的第二次全国环境保护工作会议提出,环境保护是中国现代化建设中的一项战略任务,"保护环境是我国一项基本国策"。1990年《国务院关于进一步加强环境保护工作的决定》指出:"保护和改善生产环境与生态环境、防治污染和其他公害,是我国的一项基本国策。"此后,在国务院文件和重要领导人讲话中,多次重申节约资源和保护环境基本国策。2014年修订的《环境保护法》第4条明确规定:"保护环境是国家的基本国策",这标志着节约资源和保护环境作为我国的一项基本国策已经被法律所正式确认和强化。

当前,保护环境这一基本国策的实施方式主要体现为对生态文明建设的推动。2012年中国共产党的十八大报告指出,要"全面落实经济建设、政治建设、文化建设、社会建设、生态文明建设五位一体总体布局",要"加快建立生态文明制度,健全国土空间开发、资源节约、生态环境保护的体制机制,推动形成人与自然和谐发展现代化建设新格局",并提出了生态文明建设的四项主要任务:

一是要优化国土空间开发格局。要按照人口资源环境相均衡、经济社会生态效益相统一的原则,控制开发强度,调整空间结构。加快实施主体功能区战略,推动各地区严格按照主体功能定位发展,构建科学合理的城市化格局、农业发展格局、生态安全格局。提高海洋资源开发能力,发展海洋经济,保护海洋生态环境,坚决维护国家海洋权益,建设海洋强国。

二是要全面促进资源节约。节约资源是保护生态环境的根本之策。要节约集约利用资源,推动资源利用方式根本转变,加强全过程节约管理,提高资源利用效率和效益。控制能源消费总量,加强节能降耗,支持节能低碳产业和新能源、可再生能源发展,确保国家能源安全。加强水源地保护和用水总量管理,推进水循环利用,建设节水型社会。严守耕地保护红线,严格土地用途管制。加强矿产资源勘查、保护、合理开发。发展循环经济,促进生产、流通、消费过程的减量化、再利用、资源化。

三是加大自然生态系统和环境保护力度。要实施重大生态修复工程,增强生态产品生产能力,推进荒漠化、石漠化、水土流失综合治理,扩大森林、湖泊、湿地面积,保护生物多样性。加快水利建设,增强城乡防洪抗旱排涝能力。加强防灾减灾体系建设,提高气象、地质、地震灾害防御能力。坚持预防为主、综合治理,以解决损害群众健康突出环境问题为重点,强化水、大气、土壤等污染防治。

四是要加强生态文明制度建设。保护生态环境必须依靠制度。要把资源消耗、环境损害、生态效益纳入经济社会发展评价体系,建立体现生态文明要求的目标体系、考核办法、奖惩机制。建立国土空间开发保护制度,完善最严格的耕地保护制度、水资源管理制度、环境保护制度。深化资源性产品价格和税费改革,建立反映市场供求和资源稀缺程度、体现生态价值和代际补偿的资源有偿使用制度和生态补偿制度。积极开展节能量、碳排放权、排污权、水权交易试点。加强环境监管,健全生态环境保护责任追究制度和环境损害赔偿制度。加强生态文明宣传教育,增强全民节约意识、环保意识、生态意识和合理消费意识。

2015年5月,中共中央、国务院印发了《关于加快推进生态文明建设的意见》,对生态文明建设工作进行了一次全面部署。该意见提出了生态文明建设工作的五项原则,即"坚持把

节约优先、保护优先、自然恢复为主作为基本方针""坚持把绿色发展、循环发展、低碳发展作为基本途径""坚持把深化改革和创新驱动作为基本动力""坚持把培育生态文化作为重要支撑""坚持把重点突破和整体推进作为工作方式"。

同时,该意见也对生态文明建设目标进行了规定:到2020年,资源节约型和环境友好型社会建设取得重大进展,主体功能区布局基本形成,经济发展质量和效益显著提高,生态文明主流价值观在全社会得到推行,生态文明建设水平与全面建成小康社会目标相适应。具体目标包括:

国土空间开发格局进一步优化。经济、人口布局向均衡方向发展,陆海空间开发强度、城市空间规模得到有效控制,城乡结构和空间布局明显优化。

资源利用更加高效。单位国内生产总值二氧化碳排放强度比2005年下降40%—45%,能源消耗强度持续下降,资源产出率大幅提高,用水总量力争控制在6700亿立方米以内,万元工业增加值用水量降低到65立方米以下,农田灌溉水有效利用系数提高到0.55以上,非化石能源占一次能源消费比重达到15%左右。

生态环境质量总体改善。主要污染物排放总量继续减少,大气环境质量、重点流域和近岸海域水环境质量得到改善,重要江河湖泊水功能区水质达标率提高到80%以上,饮用水安全保障水平持续提升,土壤环境质量总体保持稳定,环境风险得到有效控制。森林覆盖率达到23%以上,草原综合植被覆盖度达到56%,湿地面积不低于8亿亩,50%以上可治理沙化土地得到治理,自然岸线保有率不低于35%,生物多样性丧失速度得到基本控制,全国生态系统稳定性明显增强。

生态文明重大制度基本确立。基本形成源头预防、过程控制、损害赔偿、责任追究的生态文明制度体系,自然资源资产产权和用途管制、生态保护红线、生态保护补偿、生态环境保护管理体制等关键制度建设取得决定性成果。

第四节 环境管理机构

一、外国的环境管理机构

各国的环境管理机构大都经历了从薄弱到强化、从分散到集中、从单纯治理到综合管理的发展过程。但是基于各国政治、经济、文化以及自然环境的差异,各国的环境管理机构设置模式多种多样,其中比较有代表性的机构设置模式包括以下几种:

(一)现有政府部门兼负环境保护职责

这种模式下,中央政府内没有环境保护的专门统管机构和协调机构,环境管理工作被分割成若干部分由有关部门兼管。然而,环境管理工作的特点恰恰需要各部门的综合和协调。因而在环境问题比较突出的国家,这种模式已不适应环境管理工作的实际需要。

(二)设立环境管理协调机构

由于环境管理涉及范围较广,行使环境管理职权的机构较多。20世纪70年代以来,为了协调各部门的活动,很多国家在中央政府内设立由有关各部门的领导组成的委员会,负责制定环境管理的政策并协调各部门的管理活动。例如,1970年联邦德国设立了由总理和各部部长组成的"联邦内阁环境委员会",意大利设有"环境问题部际委员会",澳大利亚设"环境委员会",日本曾设"公害对策特别委员会",智利设有"全国环境污染委员会"等。

（三）成立部一级专门机构

由于环境问题日益突出,有些国家把分散于各部门的环保职责集中起来,由新建的部级环境专门机构来统管。在工业发达国家,这种机构设置模式与建立协调机构一样,成为环境管理体制发展的一个共同趋势。例如,1970年英国、加拿大成立了环境部,1971年丹麦设立环境保护部,1974年联邦德国设立了相当于部一级的环境局。

（四）几种机构同时并设

环境管理的范围和特点决定了,统一领导与分工负责相结合的综合性的管理体制更适合环境保护工作的需要。因此,很多国家同时设立了几种环境管理机构。即使是日本和美国这样建立了强有力的环境管理专门机构的国家,环境保护工作也并不是只集中在一个部门。例如,日本设立了环境省,但仍在15个省(厅)中设有相应的环保机构,如厚生省设有环境卫生局、通产省设有土地公害局、海上保安厅设有海上公害课、运输省设有安全公害课等。美国设立环境保护署,但是内务部、商业部、卫生教育福利部、运输部也都设有相应的环境管理机构,在商业部内设有编制达1万多人的海洋和大气管理局。

鉴于环境管理具有很强的专业性和技术性,有些国家还在中央或地方设立咨询性质的机构,协助政府制定政策,提出立法建议,处理各种技术问题,沟通政府与民间的联系。美国的环境质量委员会、英国的皇家污染委员会和日本的公害对策审议会都起到咨询和协助决策的作用。瑞典的自然保护咨询委员会、联邦德国的环境问题专家委员会、意大利的生态问题专门委员会等咨询机构中各类专家、学者占很大比重,他们除协助政府制定政策外,还参与制订环境规划、环境标准和科研活动。

近些年,随着各国对"防重于治"环境政策的重视,以及对环境综合性管理的加强,在环境管理体制的建设方面,出现了新的趋向,即建立以"预防为主"的综合性环境管理机构。这种机构的目的和特征在于：

首先,有利于"预防为主,综合防治"原则的贯彻,并使环境管理职能得到最有效的发挥。

其次,尽可能使中央各部门和地方机构的环境管理活动取得协调,在加强中央机构监督职能的前提下,更多地发挥地方机构的作用。

再次,在环境管理上,必须协调人口、资源、发展与环境之间的关系,并且承认生态系统与资源利用以及环境保护之间有相互依赖的关系,并把这种依赖关系反映到政府的政策和行动中去。

最后,环境管理体制的设置、机构的职能和权限,应该有助于在环境政策、规划的制订、污染控制、自然保护、社会教育、科学研究等方面,采取综合处理的办法,使环境管理措施能够全面实施,并且避免国家政策和管理活动的脱节。

二、中国的环境管理机构

（一）中国环境管理机构的演变

新中国成立以来,中国的专门环境管理机构经历了数次调整,完成了从临时到常设、从内设机构到独立机构的发展历程。

新中国成立以后至20世纪70年代初,环境问题尚不突出,环境管理工作由有关部、委兼管。如农业部、卫生部、林业部、水产总局,以及有关的各工业部分别负责本部门的污染防治与资源保护工作。

1971年针对工业"三废"污染的管理和综合利用,国家计划委员会设立了"三废"利用领导小组。可以说,这是新中国成立以后设立的第一个环境保护专门机构。

1974年5月,国务院成立了由20多个有关部、委组成的环境保护领导小组,下设办公室。国务院环境保护领导小组是一个主管和协调全国环境保护工作的机构,日常工作由下属的领导小组办公室负责。

1982年的机构改革,撤销了国务院环境保护领导小组,其常设办公室并入城乡建设环境保护部,更名为环境保护局作为部内设的司局级机构。此外,为综合平衡发展与环境的关系,国家计划委员会还增设了与环境保护工作有关的国土局。这样,就形成了由环境保护局、国土局和其他工业、资源、卫生等部门共同负责的环境管理体制。

1984年5月,根据《国务院关于环境保护工作的决定》成立了国务院环境保护委员会,负责研究审定环境保护的方针、政策,提出规划要求,领导和组织协调全国的环境保护工作。1984年底,国务院将环境保护局升格为部委归口管理的国家局,将环境保护局更名为国家环境保护局,同时作为国务院环境保护委员会的办事机构。

1988年国务院机构改革,将国家环保局从原城乡建设环境保护部中独立出来,成为国务院直属局,这样中国首个国家一级专门的环境管理机构就诞生了。

1998年国务院机构改革中,国家环保局升格为部级的国家环境保护总局,并扩大了其环境保护行政的职能,同时也撤销了国务院环境保护委员会

2008年国务院机构改革,撤销了国家环境保护总局,组建环境保护部作为国务院组成部门。

至此,中国形成了环保部门统一监督管理与其他相关部门分工负责管理的环境管理体制。

在地方环保机构的建设方面,根据《环境保护法》的规定,省、市、县级政府均建立了环境保护专门机构,工业较集中的县一般也设立了专门机构或由有关部门兼管。在较大的工矿企业里,设有环保科、室或专职人员。

为了应对跨区域环境污染、克服地方保护等问题,原环保总局于2006年出台了《总局环境保护督查中心组建方案》,在全国范围内成立了华东、华南、西北、西南、东北、华北6个区域环保督查中心,初步建立了国家的区域环境监督管理体制。

除了专门的环境管理机构外,地方各级人民政府也负有一定的环境管理职责。《环境保护法》和《大气污染防治法》等环保法律均规定,"地方各级人民政府应当对本行政区域的环境质量负责"。为将地方政府的环境质量责任落到实处,《环境保护法》还规定国家实行环境保护目标责任制和考核评价制度。

环境保护目标责任制通过签订责任书的形式实现,责任书具体规定省长、市长、县长在任期内的环境目标和任务;同时,省长、市长、县长等再以责任书的形式,把有关环境目标和任务分解到政府的各个部门,根据完成的情况给予奖惩。作为一种奖惩机制,环境保护目标完成情况将纳入对各级人民政府负有环境保护监督管理职责的部门及其负责人政绩的考核内容,作为对其政绩考核评价的重要依据,考核结果应当向社会公开。

此外,为进一步督促地方政府切实履行环境保护责任,克服下级环保部门的执法障碍,环保部门近年来开始尝试行政约谈这种新型的行政监督方法,即上级环境保护部门约见未

履行环境保护职责或履行职责不到位的地方政府及其相关部门有关负责人,依法进行告诫谈话、指出相关问题、提出整改要求并督促整改到位的一种行政监督手段。在总结近年来各地环保约谈实践经验的基础上,2014年环保部制定了《环境保护部约谈暂行办法》,对环境保护部组织的环保约谈的定义、需要约谈的情形、约谈的对象、约谈的内容、约谈的组织形式和程序等作出了明确规范。

除了行政监督之外,2014年修订的《环境保护法》也规定了人大监督,要求县级以上人民政府每年向本级人民代表大会或者人民代表大会常务委员会报告环境状况和环境保护目标完成情况,对发生的重大环境事件应当及时向本级人民代表大会常务委员会报告,依法接受监督。

(二) 国务院环境保护主管部门的职责

国家环境保护总局升格为环境保护部后,在环境管理职责方面更强调对环境政策、规划和重大问题的统筹协调。调整之后,除了承办国务院交办的其他事项外,环境保护部的主要职责包括:

1. 负责建立健全环境保护基本制度。拟订并组织实施国家环境保护政策、规划,起草法律法规草案,制定部门规章。组织编制环境功能区划,组织制定各类环境保护标准、基准和技术规范,组织拟订并监督实施重点区域、流域污染防治规划和饮用水水源地环境保护规划,按国家要求会同有关部门拟订重点海域污染防治规划,参与制订国家主体功能区划。

2. 负责重大环境问题的统筹协调和监督管理。牵头协调重特大环境污染事故和生态破坏事件的调查处理,指导协调地方政府重特大突发环境事件的应急、预警工作,协调解决有关跨区域环境污染纠纷,统筹协调国家重点流域、区域、海域污染防治工作,指导、协调和监督海洋环境保护工作。

3. 承担落实国家减排目标的责任。组织制定主要污染物排放总量控制和排污许可证制度并监督实施,提出实施总量控制的污染物名称和控制指标,督查、督办、核查各地污染物减排任务完成情况,实施环境保护目标责任制、总量减排考核并公布考核结果。

4. 负责提出环境保护领域固定资产投资规模和方向、国家财政性资金安排的意见,按国务院规定权限,审批、核准国家规划内和年度计划规模内固定资产投资项目,并配合有关部门做好组织实施和监督工作。参与指导和推动循环经济和环保产业发展,参与应对气候变化工作。

5. 承担从源头上预防、控制环境污染和环境破坏的责任。受国务院委托对重大经济和技术政策、发展规划以及重大经济开发计划进行环境影响评价,对涉及环境保护的法律法规草案提出有关环境影响方面的意见,按国家规定审批重大开发建设区域、项目环境影响评价文件。

6. 负责环境污染防治的监督管理。制定水体、大气、土壤、噪声、光、恶臭、固体废物、化学品、机动车等的污染防治管理制度并组织实施,会同有关部门监督管理饮用水水源地环境保护工作,组织指导城镇和农村的环境综合整治工作。

7. 指导、协调、监督生态保护工作。拟订生态保护规划,组织评估生态环境质量状况,监督对生态环境有影响的自然资源开发利用活动、重要生态环境建设和生态破坏恢复工作。指导、协调、监督各种类型的自然保护区、风景名胜区、森林公园的环境保护工作,协调和监督野生动植物保护、湿地环境保护、荒漠化防治工作。协调指导农村生态环境保护,监督生物技术环境安全,牵头生物物种(含遗传资源)工作,组织协调生物多样性保护。

8. 负责核安全和辐射安全的监督管理。拟订有关政策、规划、标准,参与核事故应急处理,负责辐射环境事故应急处理工作。监督管理核设施安全、放射源安全,监督管理核设施、核技术应用、电磁辐射、伴有放射性矿产资源开发利用中的污染防治。对核材料的管制和民用核安全设备的设计、制造、安装和无损检验活动实施监督管理。

9. 负责环境监测和信息发布。制定环境监测制度和规范,组织实施环境质量监测和污染源监督性监测。组织对环境质量状况进行调查评估、预测预警,组织建设和管理国家环境监测网和全国环境信息网,建立和实行环境质量公告制度,统一发布国家环境综合性报告和重大环境信息。

10. 开展环境保护科技工作,组织环境保护重大科学研究和技术工程示范,推动环境技术管理体系建设。

11. 开展环境保护国际合作交流,研究提出国际环境合作中有关问题的建议,组织协调有关环境保护国际条约的履约工作,参与处理涉外环境保护事务。

12. 组织、指导和协调环境保护宣传教育工作,制定并组织实施环境保护宣传教育纲要,开展生态文明建设和环境友好型社会建设的有关宣传教育工作,推动社会公众和社会组织参与环境保护。

13. 承办国务院交办的其他事项。

第八章

环 境 标 准

第一节 环境标准的概念和性质

环境标准是国家为了维护环境质量、控制污染,从而保护人群健康、社会财富和生态平衡,按照法定程序制定的各种技术规范的总称。一般来说,环境标准是具有法律性质的技术规范。

环境标准是我国环境法体系中一个独立的、特殊的、重要的组成部分。环境标准的法律性质主要表现在:

首先,环境标准具有规范性。法律的基本特征之一是具有规范性,它是调整人们行为的规则和尺度。环境标准同法律一样也是一种具有规范性的行为规则,它同一般法律不同之处只在于:它不是通过法律条文规定人们的行为模式和法律后果,而是通过一些定量性的数据、指标、技术规范来表示行为规则的界限,来调整人们的行为。

其次,强制性环境标准具有法律的约束力。从性质上说环境标准,特别是环境质量标准和污染物排放(控制)标准是国家环境资源法律体系的组成部分,它同一般环境法规一样,具有法律强制力,是国家对环境保护进行监管、监测以及执法的依据。环境质量标准,是制定环境目标和环境规划的依据,也是判断环境是否受到污染和制定污染物排放(控制)标准的法定依据。污染物排放(控制)标准更是实施法律,监督、监测各种排污活动,判定排污活动是否违法的依据。从本质上说,污染物排放(控制)标准是国家环境法律的量化和技术指标的体现。在通常情况下,违反污染物排放(控制)标准,要承担相应的法律责任。

最后,环境标准的制定和法规一样,要由经授权的有关国家机关按照法定程序制定和发布。我国《标准化法》第6条规定:"对需要在全国范围内统一的技术要求,应当制定国家标准。国家标准由国务院标准化行政主管部门制定。对没有国家标准而又需要在全国某个行业范围内统一的技术要求,可以制定行业标准。行业标准由国务院有关行政主管部门制定,并报国务院标准化行政主管部门备案,在公布国家标准之后,该项行业标准即行废止。"同时,《标准化法》对地方标准和企业标准等的制定程序也作出了规定。

第二节 环境标准的作用

环境标准与环境法相配合,在国家环境管理中起着重要作用。从环境标准的发展历史来看,它是与环境法相结合同时发展起来的。最初是在工业密集、人口集中、污染严重的地区,在制定污染控制的单行法规中规定主要污染物的排放标准。20世纪50年代以后,在工业发达国家环境污染逐渐发展成为全国性公害,各国在加强环境立法的同时,开始制定全国性的环境标准,并且逐渐发展成为具有多层次、多形式、多用途的完整的环境标准体系,成为环境法体系中不可缺少的部分。

环境标准在国家环境管理中起着如下作用:

首先,环境标准是制定国家环境计划和规划的主要依据。国家在制定环境计划和规划时,必须有一个明确的环境目标和一系列环境指标。它需要在综合考虑国家的经济、技术水平的基础上,使环境质量控制在一个适宜的水平上,也就是说要符合相应环境标准的要求。环境标准因此成为制定环境计划与规划的主要依据。

其次,环境标准是制定与实施环境法律法规的重要基础与依据。在各种单行环境法律法规中,通常只规定污染物的排放必须符合排放标准,或者造成环境污染者应承担何种法律责任等等。然而怎样才算造成污染?排放污染物的具体标准是什么?则需要通过制定环境标准来确定。环境法的实施,尤其是确定有关排污行为行政合法与违法性的界限,确定具体的法律责任,往往依据环境标准,因此,环境标准是制定与实施环境法律法规的重要依据。

最后,环境标准是国家环境管理的技术基础。国家环境管理,包括环境规划与政策的制定、环境立法,以及环境监测与评价、日常的环境监督与管理等都需要遵循和依据环境标准,环境标准的完善反映一个国家环境管理的科学性及其管理水平和效率。

第三节 环境标准体系及其制定

一、环境标准体系

根据《环境标准管理办法》的规定,我国的环境标准由五类三级组成。五类,是指环境质量标准、污染物排放(控制)标准、环境监测方法标准、环境标准样品标准和环境基础标准五类。三级,是指我国环境标准分为国家级、地方级和环境保护部级三级。[①]

(一) 环境质量标准

环境质量标准,是指以维护一定的环境质量,保护人群健康,社会财富和促进生态良性循环为目标,对环境中各类有害物质(或因素)在一定时间和空间内的容许含量所作的规定。环境质量标准反映了人群、动植物和生态系统对环境质量的综合要求,也标志着在一定时期国家为控制污染在技术上和经济上可能达到的水平。环境质量标准体现环境目标的要求,是评价环境是否受到污染和制定污染物排放(控制)标准的依据,也是实行环境保护目标责任制和考核评价制度过程中的重要判断依据。

(二) 污染物排放(控制)标准

污染物排放(控制)标准,是指为了实现国家的环境目标和环境质量标准,对污染源排放到环境中的污染物的浓度或数量所作的限制规定。制定污染物排放(控制)标准的直接目的

---

① 严格说来,环境保护部环境标准不能与国家级和地方级环境标准相并列,因为其划分的尺度不同。把环境保护部标准作为一级,是《环境标准管理办法》在标准分级方面存在的一个问题。这里只按该《办法》的规定加以介绍。

是为了控制污染物的排放量,以达到环境质量的要求。污染物排放(控制)标准具有法律约束力,超过标准排污要承担相应的法律责任。污染物排放(控制)标准是加强国家环境管理的重要手段。

(三) 环境监测方法标准

环境监测方法标准,是指为了监测环境质量和污染物排放,规范采样、分析测试、数据处理等技术的规定。

(四) 环境标准样品标准

环境标准样品标准,是指为保证环境监测数据的准确、可靠,对用于量值传递或质量控制的材料、实物的样品所作的技术规定。

(五) 环境基础标准

环境基础标准是一类特殊的标准,是指在环境保护工作中,需要遵守的具有指导意义的统一技术术语符号、代号(代码)、图形、指南、导则及信息编码等。环境基础标准是制定各类环境标准、进行环境管理的工作规范。

国家环境标准包括上述五类标准,在全国范围内适用。

地方环境标准包括地方环境质量标准和地方污染物排放(控制)标准,在本行辖区内执行。

国家环境标准中又分为强制性标准(代号"GB")和推荐性标准(代号"GB/T")两类。为保障人体健康、人身、财产安全的环境质量标准、污染物排放(控制)标准和法律、法规规定必须执行的其他标准等属于强制性标准,强制性标准必须执行。强制性标准以外的环境标准属于推荐性标准,国家鼓励采用推荐性标准。推荐性标准在被国家法律和强制性标准引用时也具有强制性。

二、环境标准的制定

(一) 环境质量标准的制定

根据我国《环境保护法》和《标准化法》等的规定,国务院环境保护主管部门制定国家环境质量标准。省级人民政府对国家环境质量标准中未作规定的项目,可以制定地方环境质量标准;对国家环境质量标准中已作规定的项目,可以制定严于国家环境质量标准的地方环境质量标准。地方环境质量标准应当报国务院环境保护主管部门备案。

国家环境质量标准的制定,一般是按照环境要素分成大气、水、土壤、噪声等环境质量标准。也有对特定行业或者特定地区的环境质量提出特定要求而制定的标准,如《环境空气质量标准》(GB 3095-2012)、《地表水环境质量标准》(GB 3838-2002)、《渔业水质标准》(GB 11607-89)、《农田灌溉水质标准》(GB 5084-92)、《声环境质量标准》(GB 3096-2008)、《机场周围飞机噪声环境标准》(GB 9660-88)等。

地方级环境质量标准,是为了维护某一地区的环境质量,根据地方的具体情况,如环境状况、人口和经济密度等,由省级政府颁行的标准。它是对国家环境质量标准的补充、具体化和严格化,只在本行政辖区内实行。

环境质量标准的制定,是一项技术性很强的工作。它要回答这样一个问题:为了使人群健康、社会财产和生态系统不受损害,环境质量应维持在一个什么水平上?为此,首先必须以科学实验和调查取得的科学数据即"环境基准"作为确定环境质量标准的客观依据。

环境基准是指在一定环境中,污染物对人体或生物没有任何不良影响的最大剂量(无作用剂量)或者说是对人体和生物产生不良影响的最小剂量(阈剂量)。例如,经过科学实验和调查研究得知,大气中二氧化硫含量,年平均浓度超过 0.115 毫克/米 3 时,对人体健康就会产生有害影响,这个浓度值就是大气中二氧化硫的环境基准。《环境保护法》第 15 条第 3 款规定,国家鼓励开展环境基准研究。环境基准表明某一污染物的剂量和它所引起的客观效应之间的关系,即在一定条件和时间内污染物的含量达到一定数值时,对受污染的对象所引起的客观反映。因此,它是制定环境质量标准的客观的科学依据。

制定环境质量标准除以环境基准为主要科学依据外,还要考察国家在经济和技术上的可能性,即在经济上合理,技术上可行,在一定时期内可以实现。也就是说,它必须是一个既遵循自然规律,又遵循社会经济规律的切实可行的环境质量标准。

(二) 污染物排放(控制)标准的制定

国务院环境保护主管部门根据国家环境质量标准和国家经济、技术条件,制定国家污染物排放(控制)标准。省级人民政府对国家污染物排放(控制)标准中未作规定的项目,可以制定地方污染物排放(控制)标准;对国家污染物排放(控制)标准中已作规定的项目,可以制定严于国家污染物排放(控制)标准的地方污染物排放(控制)标准。地方污染物排放(控制)标准应当报国务院环境保护主管部门备案。凡是向已有地方污染物排放(控制)标准的区域排放污染物的,应当执行地方污染物排放(控制)标准。

污染物排放(控制)的国家标准是国家制定的综合性的和各行业的通用排放标准。一般情况下,各行业各地区都要执行国家标准,但是考虑到我国地域辽阔,各地区环境条件和经济状况差别很大,在重点城市、特定地区,为了保持一定环境质量,也可以制定严于国家排放标准的地方排放标准,并优先执行。

制定污染物排放(控制)标准主要以实现环境质量标准为目标,从而保护人群健康和生态良性循环。同时也要根据我国的工艺设备和技术水平,在经济上合理的情况下,达到技术上的先进性。

为了有效控制污染特别是对新污染源体现从严控制的精神,原国家环境保护局在《全国环境保护工作纲要 1993—1998》中提出了做好时限性污染物排放(控制)标准制定工作。时限性污染物排放(控制)标准一方面照顾老污染源工艺和设备的现状,同时又要体现对新污染源实行"超前"控制和从严控制的方针,以使新建企业采用先进的生产工艺和治理技术。例如,1992 年国家环境保护局和国家技术监督局共同颁布了六项包括锅炉、纺织印染、造纸、钢铁、肉类加工、合成氨等的水污染物时限排放标准。

以技术和经济可行性为根据的污染物排放(控制)标准,常以浓度标准来表示,一般称为"浓度"标准;以环境特点即环境容量决定的污染物排放(控制)标准则常以"总量限额"来表示或将总量限额转化为浓度来表示,一般称为"总量控制"。通常情况下,实行总量控制才能达到环境质量标准的要求。

除环境质量标准和污染物排放(控制)标准以外,环境监测方法标准、环境标准样品标准和环境基础标准只有国家标准而无地方标准,全国统一执行国家标准。

第四节 环境标准的法律意义

作为环境法有机组成部分的环境标准,它们在配合环境法实施过程中,各自具有不同的法律意义。

一、环境质量标准是确认环境是否已被污染的根据

所谓环境污染是指某一地区环境中的污染物含量超过了其适用的环境标准规定的数值。因此,判断某地区环境是否已被污染,只能以适用的环境质量标准为根据。

根据《环境保护法》规定,造成环境污染危害的,有责任排除危害并对直接遭受损失的单位和个人赔偿损失。如果排污者排放的污染物在环境中的含量超过了环境质量标准的规定,应当依法承担相应的民事责任。因此环境质量标准也就是判断排污者是否应承担民事责任的依据。但是,应该注意,某一地区的污染物如果超过环境质量标准的规定,必定是指在该地区污染物的总含量超过标准,那么往往不是某单一污染源而是该地区众多污染源排放量之和。这样,在确定该地区某一排污者应承担的民事责任时,还要根据该排污者排污量的多少以及是否超过了排放标准,确定各自相当的民事责任。

二、污染物排放(控制)标准是确认某排污行为是否合法的根据

污染物排放(控制)标准是为污染源规定的最高容许排污限额(浓度或者总量)。因此,从理论上来说排污者如以符合排污标准的方式排放污染物,则它的排污行为是合法的,反之,则是违法排污。很多国家在法律上都规定:超标排污是违法甚至犯罪行为,要承担一系列法律后果。

合法排污者只有在其排污造成了环境污染危害时,才依法承担民事责任。

违法排污者的排污行为不受法律保护。超标排污将承担一系列法律责任,包括民事责任、行政责任,超标排污造成重大污染事故,导致公私财产重大损失或者人身伤亡的严重后果的,还将依法承担刑事责任。

随着我国环境立法的完善,超标排污属于违法行为已经逐步得以确立。但是,从我国目前的情况看,仍有《环境噪声污染防治法》等一些法律尚未明确规定超标排污为违法行为,只规定收取超标排污费,或者限期治理。逾期不治理、弃置防污设施而超标排污或造成污染事故时才承担违法责任。

三、环境基础标准和环境监测方法标准是环境纠纷中确认各方所出示的证据是否是合法证据的根据

在环境纠纷中,争执双方为了证明自己主张的正确,都会出示各自的"证据"。这些"证据"旨在证明环境已经或者没有受到污染或者证明排污是合法的或是违法的。确认这些"证据"是否法定证据,就成了解决环境纠纷的先决条件。

合法的证据必须与"环境质量标准"或"污染物排放(控制)标准"中所列的限额数值具有可比性。而可比性只有当两者建立在同一基础上、同一方法上时才成立。因为环境质量标准和污染物排放(控制)标准是以环境基础标准和环境监测方法标准为根据而确定的,因

此,只有当争执双方出示的证据也是以环境基础标准和环境监测方法标准为根据而确定时,两者才有可比性。因此,判断争执双方所出示的证据是否是合法证据的办法只能是:检定它们是否是按环境监测方法标准规定的导则以及抽样、分析、试验的方法等计算出来的。值得注意的是,《计量法》规定,对于环境监测仪器等实行强制检定,因此,用未经强制检定的或虽检定过但已逾期的仪器分析出的数据,也是无效的。

因此,环境基础标准和环境监测方法标准,在环境标准体系中也具有重要的地位和作用,在研究环境法及从事环境管理工作时,必须注意研究环境基础标准和环境监测方法标准,并严格按它们的规定行事,其他环境标准才能发挥其作用。

第九章

环境法的基本制度

第一节 环境与资源保护规划制度

规划是指比较长远的发展计划。规划制度是中国实施国家的行政管理的一项重要手段。常见的规划类型有国民经济和社会发展规划、国土空间规划、区域发展规划、产业布局规划、环境保护规划等各类宏观规划、综合性规划和专项规划。

一、环境与资源保护规划制度的概念

环境法所称的环境与资源保护规划制度，主要是指对环境保护事业和合理开发利用自然资源所作的具有一定行为指导性和规范性的发展计划体系，包括环境保护规划和自然资源规划。

广义的环境保护规划是指对为保护和改善环境所作的国民经济和社会发展规划纲要的环境保护篇章、国家各类生态建设和保护规划、专项环境保护规划等的统称。狭义的环境保护规划主要是指由国务院环境保护主管部门会同国务院有关部门，根据国民经济和社会发展规划纲要编制的，经国务院宏观经济调控部门综合平衡后，报国务院批准并公布实施的国家环境保护规划。本章所称环境与资源保护规划制度的环境保护规划，是指广义的环境保护规划。

自然资源规划是根据国家或特定地区自然资源本身的特点以及国民经济发展的要求，在一定规划期内对管辖区域各类自然资源的开发、利用、保护、恢复和管理所作的总体安排。我国现行各自然资源法基本上都有关于自然资源规划的规定。如《土地管理法》规定了土地利用总体规划，《水法》规定了水资源规划，《森林法》规定了林业规划，《草原法》规定了草原规划，《渔业法》规定了渔业规划，《矿产资源法》规定了矿产资源规划等。

实践中，环境保护规划与自然资源规划既有一定区别，又是相互密切关联的，均是对环境与资源客观承载能力与人的开发利用行为强度进行科学预测和决策的结果。环境保护规划的主要目标是实现对环境污染的预防和治理，控制生态环境的恶化趋势，保护和改善环境质量。自然资源规划的主要目标是为了从宏观上解决自然资源开发利用与生态保护、当前利益与长期持续发展的矛盾以及资源分配问题，以保证用最佳的结构和形式开发利用资源，保障资源可持续利用。经批准的环境保护规划与自然资源规划是进行环境与资源开发利用的基本依据，是促进经济社会可持续发展的重要措施。

二、国民经济和社会发展规划纲要的环境保护篇章

根据《环境保护法》第 13 条第 1 款的规定,县级以上人民政府应当将环境保护工作纳入国民经济和社会发展规划。由国务院编制并由全国人大通过的国民经济与社会发展五年计划(规划)纲要中的环境保护篇章在环境保护规划体系中具有最高地位。中国于 1953 年开始实施第一个发展国民经济的五年计划,到"六五"计划时期首次将环境保护纳入"社会发展计划"篇,提出"制止对自然环境的破坏,防止新污染的发展,努力控制生态环境的继续恶化"的目标。2006 年,第十届全国人大通过《国民经济和社会发展第十一个五年(2006—2010 年)规划纲要》,首次将发展国民经济的"计划"改为"规划",并确立了国民经济和社会发展的各项预期性指标和约束性指标。该规划将环境保护单独列为一篇,作为规划的第六篇"建设资源节约型、环境友好型社会"。

《国民经济和社会发展第十二个五年(2011—2015 年)规划纲要》分两篇"优化格局 促进区域协调发展和城镇化健康发展"和"绿色发展 建设资源节约型、环境友好型社会"阐明了未来五年国家环境保护事业的战略意图和政府工作重点,要求"实施区域发展总体战略和主体功能区战略,构筑区域经济优势互补、主体功能定位清晰、国土空间高效利用、人与自然和谐相处的区域发展格局,逐步实现不同区域基本公共服务均等化",并指出"面对日趋强化的资源环境约束,必须增强危机意识,树立绿色、低碳发展理念,以节能减排为重点,健全激励与约束机制,加快构建资源节约、环境友好的生产方式和消费模式,增强可持续发展能力,提高生态文明水平。"

三、国家环境保护规划

国家环境保护规划是对一定时期内,国家环境保护工作的指导思想、基本原则、主要目标以及所要采取的环境保护措施等所作的阶段性计划,是国务院、各级地方人民政府和各有关部门执行环境保护这一基本国策的重要指导和依据。国家环境保护规划的规划期间为五年,是国民经济与社会发展规划体系的组成部分,是对国民经济与社会发展五年规划纲要环境保护篇章的细化。

根据《环境保护法》的规定,中国对环境保护实施统一监管和分工负责的管理体制。"九五"计划时期以前的国家环境保护计划主要由国务院环境保护主管部门负责制定和实施。1994 年,原国家计划委员会、国家环境保护局发布《环境保护计划管理办法》,规定国家环境保护计划按照国务院宏观经济调控部门统一部署,各省、自治区、直辖市和计划单列市的宏观经济调控部门会同环境保护主管部门,根据国家的环境保护要求,结合本地区的实际情况编制本地区环境保护计划草案,报送国务院宏观经济调控部门,并抄报国务院环境保护主管部门。计划单列市的环境保护计划同时抄报省宏观经济调控部门和省环境保护主管部门。国务院环境保护主管部门在对各省、自治区、直辖市和计划单列市环境保护计划草案进行审核的基础上,编制国家环境保护计划建议,报送国务院宏观经济调控部门,国务院宏观经济调控部门根据环境保护计划建议编制环境保护计划草案。

1996 年,第四次全国环境保护会议审议通过《国家环境保护"九五"计划和 2010 年远景目标》并经国务院批复,成为第一个经国务院批准实施的国家环境保护五年计划。2011 年,国务院印发《国家环境保护"十二五"规划》,规划的主要目标、指标、重点任务、政策措施纳

入《国民经济和社会发展第十二个五年(2011—2015 年)规划纲要》,包括化学需氧量、二氧化硫、氨氮、氢氧化物等主要污染物排放总量控制指标被作为约束性指标纳入"十二五"规划纲要。

《环境保护法》第 13 条第 2 款规定:"国务院环境保护主管部门会同有关部门,根据国民经济和社会发展规划编制国家环境保护规划,报国务院批准并公布实施。"该条第 3 款规定:"县级以上地方人民政府环境保护主管部门会同有关部门,根据国家环境保护规划的要求,编制本行政区域的环境保护规划,报同级人民政府批准并公布实施。"该条第 4 款规定:"环境保护规划的内容应当包括生态保护和污染防治的目标、任务、保障措施等,并与主体功能区规划、土地利用总体规划和城乡规划等相衔接。"根据《环境保护计划管理办法》的规定,环境保护计划实行国家、省(自治区、直辖市)、市(地)、县四级管理。因此,除国家环境保护规划外,县级以上各级地方人民政府也应当依法编制本行政辖区的环境保护计划(规划),作为本级国民经济与社会发展计划(规划)的组成部分。环境保护计划(规划)分五年计划和年度计划,内容包括:城市环境质量控制计划;污染排放控制和污染治理计划;自然生态保护计划以及其他有关的计划。

四、全国主体功能区规划

国土空间规划是根据环境与资源承载能力、现有开发密度和发展潜力等,对国家未来人口分布、经济布局、国土利用和城镇化格局所作的统筹考虑和总体安排。中共第十七次全国代表大会报告提出要"加强国土规划,按照形成主体功能区的要求,完善区域政策,调整经济布局"。《国民经济和社会发展第十一个五年(2006—2010 年)规划纲要》要求将国土空间划分为优化开发、重点开发、限制开发和禁止开发四类主体功能区,按照主体功能定位调整完善区域政策和绩效评价,规范空间开发秩序,形成合理的空间开发结构。2010 年底,根据党的第十七次全国代表大会报告、"十一五"规划纲要和《国务院关于编制全国主体功能区规划的意见》,国务院编制印发了《全国主体功能区规划》。

《全国主体功能区规划》于 2011 年 6 月正式公开发布,是中国第一部国土空间开发规划,是国土空间开发的战略性、基础性和约束性规划。该规划根据中国国土空间的自然状况、综合评价、突出问题和面临趋势,将国土空间按开发方式分为优化开发区域、重点开发区域、限制开发区域和禁止开发区域;按开发内容分为城市化地区、农产品主产区和重点生态功能区;按开发层级分为国家和省级两个层面,规划到 2020 年基本形成主体功能区布局。各类主体功能区在全国经济社会发展中具有同等重要的地位。

其中,优化开发和重点开发区域都属于城市化地区。优化开发区域是经济比较发达、人口比较密集、开发强度较高、资源环境问题更加突出,从而应该优化进行工业化城镇化开发的城市化地区。重点开发区域是有一定经济基础、资源环境承载能力较强、发展潜力较大、集聚人口和经济的条件较好,从而应该重点进行工业化城镇化开发的城市化地区。

限制开发区域分为农产品主产区和重点生态功能区。农产品主产区是耕地较多、农业发展条件较好,以增强农业综合生产能力作为发展的首要任务,从而应该限制进行大规模高强度工业化城镇化开发的地区。重点生态功能区是生态系统脆弱或生态功能重要,资源环境承载能力较低,以增强生态产品生产能力作为首要任务,从而应该限制进行大规模高强度工业化城镇化开发的地区。

禁止开发区域是依法设立的各级各类自然文化资源保护区域,以及其他禁止进行工业化城镇化开发、需要特殊保护的重点生态功能区。国家层面的禁止开发区域,包括国家级自然保护区、世界文化自然遗产、国家级风景名胜区、国家森林公园和国家地质公园。省级层面的禁止开发区域,包括省级及以下各级各类自然文化资源保护区域、重要水源地以及省级人民政府根据需要确定的其他禁止开发区域。

五、全国海洋功能区划

海洋是我国经济社会可持续发展的重要资源和战略空间。海洋功能区划,是指依据海洋自然属性和社会属性,以及自然资源和环境特定条件,界定海洋利用的主导功能和使用范畴。海洋功能区划是合理开发利用海洋资源、有效保护海洋生态环境的法定依据。根据《海域使用管理法》《海洋环境保护法》的规定,国家海洋主管部门会同国务院有关部门和沿海省级人民政府拟定全国海洋功能区划,报国务院批准。国家根据海洋功能区划制定全国海洋环境保护规划和重点海域区域性海洋环境保护规划。开发利用海洋资源、选择设置入海排污口位置、兴建海洋工程建设项目等,应当符合海洋功能区划。

据此,原国家技术监督局于1997年批准了《海洋功能区划技术导则》(GB17108-1997)。国家海洋部门于2007年发布了《海洋功能区划管理规定》,2008年发布了《海洋功能区划备案管理办法》。

《国民经济和社会发展第十二个五年(2011—2015年)规划纲要》提出要坚持陆海统筹,制定和实施海洋发展战略,提高海洋开发、控制、综合管理能力,优化海洋产业结构、加强海洋综合管理。

2002年国务院批准了由国家海洋局制定的首部《全国海洋功能区划》。2012年3月,依据《海域使用管理法》《海洋环境保护法》和"十二五"规划纲要,经国务院批准,国家海洋局公布了《全国海洋功能区划(2011—2020年)》。区划范围为我国的内水、领海、毗连区、专属经济区、大陆架以及管辖的其他海域。该区划对我国的海洋开发与保护状况;2011年至2020年海洋功能区划的指导思想、基本原则和主要目标;海洋功能分区和海区主要功能以及保障实施措施等作出了规定。依照该区划,海洋根据其主要功能分为农渔业区、港口航运区、工业与城镇用海区、矿产与能源区、旅游休闲娱乐区、海洋保护区、特殊利用区和保留区等8种功能分区,并将我国管辖海域划分为渤海、黄海、东海、南海和台湾以东海域共5大海区、29个重点海域,规定了各海域的主要功能、重点发展领域及其环境保护措施等。

2015年8月,国务院印发了《全国海洋主体功能区规划》,作为《全国主体功能区规划》的重要组成部分和推进形成海洋主体功能区布局的基本依据,是海洋空间开发的基础性和约束性规划。规划范围为我国内水和领海、专属经济区和大陆架及其他管辖海域(不包括港澳台地区)。《全国海洋主体功能区规划》编制的基本原则是陆海统筹、尊重自然、优化结构、集约开发。

其中,将我国内水和领海主体功能区按开发内容分为产业与城镇建设、农渔业生产、生态环境服务三种功能;按主体功能分为优化开发区域、重点开发区域、限制开发区域和禁止开发区域。

优化开发区域,是指现有开发利用强度较高,资源环境约束较强,产业结构亟须调整和优化的海域,包括渤海湾、长江口及其两翼、珠江口及其两翼、北部湾、海峡西部以及辽东半岛、山东半岛、苏北、海南岛附近海域。重点开发区域,是指在沿海经济社会发展中具有重要地位,发展潜力较大,资源环境承载能力较强,可以进行高强度集中开发的海域,包括城镇建设用海区、港口和临港产业用海区、海洋工程和资源开发区。限制开发区域,是指以提供海洋水产品为主要功能的海域,以及用于保护海洋渔业资源和海洋生态功能的海域,包括海洋渔业保障区、海洋特别保护区和海岛及其周边海域。禁止开发区域,是指对维护海洋生物多样性,保护典型海洋生态系统具有重要作用的海域,包括各级各类海洋自然保护区、领海基点所在岛屿、岛礁等。

同时,《全国海洋主体功能区规划》将我国专属经济区和大陆架及其他管辖海域划分为重点开发区域和限制开发区域。重点开发区域包括资源勘探开发区、重点边远岛礁及其周边海域。该区域的开发原则是,加快推进资源勘探与评估,加强深海开采技术研发和成套装备能力建设;以海洋科研调查、绿色养殖、生态旅游等开发活动为先导,有序适度推进边远岛礁开发。限制开发区域包括除重点开发区域以外的其他海域。该区域的开发原则是,适度开展渔业捕捞,保护海洋生态环境。

根据《海域使用管理法》的规定,编制海洋功能区划应当遵循一是按照海域的区位、自然资源和自然环境等自然属性,科学确定海域功能;二是根据经济和社会发展的需要,统筹安排各有关行业用海;三是保护和改善生态环境,保障海域可持续利用,促进海洋经济的发展;四是保障海上交通安全;五是保障国防安全,保证军事用海需要等五项原则。

除全国海洋功能区划以外,沿海县级以上地方人民政府海洋主管部门应当会同本级人民政府有关部门,依据上一级海洋功能区划,编制地方海洋功能区划。沿海省、自治区、直辖市海洋功能区划,经该省级人民政府审核同意后,报国务院批准。沿海市、县海洋功能区划,经该市、县人民政府审核同意后,报所在的省级人民政府批准,报国务院海洋主管部门备案。

沿海地方各级人民政府应当根据全国和地方海洋功能区划,科学合理地使用海域。养殖、盐业、交通、旅游等行业规划涉及海域使用的,应当符合海洋功能区划。沿海土地利用总体规划、城市规划、港口规划涉及海域使用的,应当与海洋功能区划相衔接。

六、各有关部门编制的环境保护与自然资源规划

除国务院环境保护主管部门和国家海洋主管部门以外,依法对环境与资源行使监督管理权的土地、矿产、林业、水利、交通等主管部门也可以在各自的权责范围内,根据法律法规的授权和国民经济与社会发展规划纲要、国家环境保护规划、全国主体功能区规划及有关规范性政策文件,编制有关的环境保护与自然资源规划。具体包括土地利用的有关综合性规划和区域、流域、海域的综合性建设、开发利用规划,林业、水利、自然保护和资源开发的有关专项规划,以及污染控制全过程规划,如清洁生产推行规划等。例如由国家发展和改革委员会编制发布的《国家应对气候变化规划(2014—2020年)》、由环境保护部编制发布的《重金属污染综合防治"十二五"规划》、由国家林业局编制发布的《全国防沙治沙规划(2011—2020年)》等。

不同类型的环境保护与自然资源规划,其内容各不相同。但通常都要包括规划的现实基础,规划所要达到的总目标和分期、分类目标及其分项指标、为实现目标而要采取的主要政策和措施等。有些自然资源规划又有具体规划种类的区分,如水资源规划又分为流域规划和区域规划。流域规划又分为流域综合规划和流域专业规划。

规划的制订,通常是先由主管部门根据资源现状,会同其他有关部门起草资源规划草案,经广泛讨论,征求各有关部门、单位、专家意见,并由同级宏观经济调控部门综合平衡后,报同级人民政府批准实施。有些自然资源规划需要报本级人大通过实施,还有的自然资源规划需要报上级人民政府批准实施。例如,省、自治区、直辖市的土地利用总体规划,要报国务院批准;省、自治区人民政府所在地的市、人口在100万以上的城市以及国务院指定的城市的土地利用总体规划,也要经省自治区人民政府审查同意后,报国务院批准。

环境保护与自然资源规划一经法定程序批准,即具有法律效力,有关部门、单位必须贯彻实施。如果因客观情况变化需要修改规划,必须经过原规划批准机构的批准。对违反环境保护与自然资源规划开发利用环境与自然资源的,应当依法纠正并承担相应法律责任。

七、"多规合一":环境与资源保护规划制度的新发展

2014年3月,中共中央、国务院印发《国家新型城镇化规划(2014—2020年)》,指出要提高城市规划建设水平、完善规划程序,加强城市规划与经济社会发展、主体功能区建设、国土资源利用、生态环境保护、基础设施建设等规划的相互衔接。推动有条件地区的经济社会发展总体规划、城市规划、土地利用规划等"多规合一"。

2014年8月,国家发展和改革委员会发布《关于开展市县"多规合一"试点工作的通知》(发改规划〔2014〕1971号),提出按照中办、国办有关工作部署,国家发展改革委、国土资源部、环境保护部、住房城乡建设部等部委将联合开展市县"多规合一"试点工作,开展市县空间规划改革试点,推动经济社会发展规划、城乡规划、土地利用规划、生态环境保护规划"多规合一",并提出包括黑龙江省同江市、江苏省淮安市、福建省厦门市、云南省大理市等28个"多规合一"试点市县名单。

同年,国家发展改革委、中央编办、公安部、民政部等11部委联合下发《关于开展国家新型城镇化综合试点工作的通知》(发改规划〔2014〕1229号)和《关于印发国家新型城镇化综合试点方案的通知》(发改规划〔2014〕2960号),同意将江苏、安徽两省和宁波等62个城市(镇)列为国家新型城镇化综合试点地区,探索城乡发展一体化体制机制、城乡规划编制和管理体制机制、城市"多规融合"制度、城市生态文明制度等多项国家新型城镇化综合试点工作。

第二节 环境影响评价制度

一、环境影响评价制度的概念

环境影响评价制度是指在作出关于环境与自然资源的开发利用规划和建设项目决策以前,对规划和建设项目实施后可能造成的环境影响进行事前分析、预测和评估,提出预防或者减轻不良环境影响的对策和措施,进行跟踪监测的方法与规则体系。

环境影响评价是环境质量评价的一种。环境质量评价一般包括三类:一是回顾评价,即根据历史资料,了解一个地区过去的环境质量及其演变;二是现状评价,即根据监测、调查的材料,对环境质量的现状作出评价;三是预断评价,根据发展规划对未来环境状况作出评价。环境影响评价属于预断性的评价。但作为环境影响评价制度,又不同于一般的预断评价,它

不是只通过评价一般地了解未来环境状况,而是要求可能对环境有影响的建设开发者,必须事先通过调查、预测和评价,对项目的选址、对周围环境产生的影响以及应采取的防范措施等提出环境影响评价文件,依法经过审查批准后,才能进行规划、开发和建设。它是决定一个项目能否实施的具有强制性的法律制度。

二、实行环境影响评价制度的意义

(一)环境影响评价制度是对传统经济发展方式的改革,它可以把经济建设与环境保护协调起来

传统的建设项目的决策,考虑的主要因素是经济效益和经济增长速度,着眼于分析影响上述因素的外部条件,如资源状况、原材料供应、交通运输、产销关系等,很少考虑对周围环境的影响,结果导致经济发展和环境保护的尖锐对立。

实行环境影响评价制度,可以使决策的研究不仅从规划和项目的外部条件分析对经济发展是否有利,还要考虑规划和项目本身对周围环境的影响,以及这种影响的反馈作用,并且采取必要的防范措施。这样就可以真正把各种建设开发活动的经济效益和环境效益统一起来,把经济发展和环境保护协调起来。

(二)环境影响评价制度是贯彻预防原则和合理布局的重要法律制度

从实质上说,实施环境影响评价的过程,也是认识生态环境和人类经济活动相互制约、相互影响的过程,从而在符合生态规律的基础上,合理地布局工农业生产、城市和人口结构。这样就可以把人类经济活动对环境的影响减少到最低限度,通过评价还可以预先知道项目的选址是否合适,对环境有无重大不利影响,以避免造成危害事实后无法补救。

(三)从法理上说,把环境影响评价制度作为一种强制性的法律制度,是民事侵权法律原则在环境法中的运用

侵权法有一条原则:任何民事主体(包括法人)在进行某种活动时,有义务防止发生对他人的损害,作为受害者有权要求停止侵害、采取防范措施或赔偿损失。在环境法中,可以根据这一原则对各种可能影响环境从而给社会或他人造成损害的建设者和开发者提出下列义务:必须事先进行环境影响评价,并采取防范措施,以避免造成对环境的污染和破坏,并给他人造成损害。在某些情况下,环境污染和破坏造成的侵害,往往具有潜在性和积累性,不像一般侵权行为的损害后果那样显而易见,而且环境侵害往往不是"私害",而是"公害",即针对一定区域或群体,实际上是对公共利益的侵犯,因而更有预测和防范的必要。

三、环境影响评价制度的产生和发展

环境影响评价制度首创于美国。1969年,美国《国家环境政策法》把环境影响评价作为联邦政府在环境管理中必须遵循的一项制度。到20世纪70年代末美国绝大多数州相继建立了各种形式的环境影响评价制度。1977年,纽约州还制定了专门的《环境质量评价法》。

继美国之后,瑞典、澳大利亚分别在1969年的《环境保护法》和1974年的《联邦环境保护法》中,效法美国规定了环境影响评价制度。法国于1976年通过的《自然保护法》第2条规定了环境影响评价制度,又在次年公布的1141号政令中,对评价的范围、内容、程序作了具体规定,并补充规定了该法强制执行的措施。新西兰是以议会通过决议的形式实行环

影响评价制度的,在执行上比法律强制程序更具有灵活性。日本从20世纪70年代开始在某些部门和地区实行环境影响评价制度,为了在全国统一实施该制度,1997年颁布了《环境影响评价法》。加拿大1973年制定《环境评价及其审批程序》,并于1995年颁布并2012年再次修订了《环境评价法》。

中国在1979年《环境保护法(试行)》中,规定实行环境影响评价报告书制度。1986年颁布了《建设项目环境保护管理办法》,1998年颁布了《建设项目环境保护管理条例》,针对评价制度实行多年的情况对评价范围、内容、程序、法律责任等作了修改、补充和更具体的规定,从而确立了完整的环境影响评价制度。

为了进一步实施可持续发展战略,预防因规划和建设项目实施后对环境造成不良影响,促进社会、经济和环境的协调发展,中国于2002年颁布了《环境影响评价法》。此后,为了进一步加强对规划的环境影响评价工作,提高规划的科学性,从源头预防环境污染和生态破坏,促进经济、社会和环境的全面协调可持续发展,国务院于2009年通过和公布了《规划环境影响评价条例》。

另外,在各种污染防治的单行法规中,如《海洋环境保护法》《大气污染防治法》《水污染防治法》《固体废物污染环境防治法》等中,也都对环境影响评价制度作了规定。

四、环境影响评价的范围

在实行环境影响评价制度的国家,环境影响评价的范围一般是限于对环境有较大影响的各种规划、开发活动、建设工程。也有的国家对评价范围规定得很宽,如美国和加拿大等,除规划和建设项目外,对政府制定的各类政策也要求实施环境影响评价。其他一些国家如瑞典,任何污染项目的建设都需要事先进行评价并得到批准。美国加利福尼亚州《1979年环境质量法》规定,所有建设项目都要事先作环境影响评价。法国1977年政令规定,除城市规划必须作环境影响评价外,其他项目根据规模和性质又可分为三类:一类是必须作正式评价,二类是作简单"影响说明",三类是可免除影响评价。

我国《环境保护法》第19条第1款规定,编制有关开发利用规划,建设对环境有影响的项目,应当依法进行环境影响评价。《环境影响评价法》也规定环境影响评价的范围分为规划和建设项目两大类。

(一) 规划

根据《环境影响评价法》和《规划环境影响评价条例》的规定,应当进行环境影响评价的规划分为综合性规划,包括国务院有关部门、设区的市级以上地方人民政府及其有关部门组织编制的土地利用的有关规划和区域、流域、海域的建设、开发利用规划;以及专项规划,包括国务院有关部门、设区的市级以上地方人民政府及其有关部门组织编制的工业、农业、畜牧业、林业、能源、水利、交通、城市建设、旅游、自然资源开发的有关专项规划。应当进行环境影响评价的规划的具体范围,由国务院环境保护主管部门会同国务院有关部门拟订,报国务院批准后执行。

编制综合性规划,应当根据规划实施后可能对环境造成的影响,编写环境影响篇章或者说明。编制专项规划,应当在规划草案报送审批前编制环境影响报告书。编制专项规划中的指导性规划,应当编写环境影响篇章或者说明。

(二) 建设项目

根据《环境影响评价法》和《建设项目环境保护管理条例》的规定,对建设项目要根据其对环境的影响程度,实行分类管理:对环境可能造成重大影响的建设项目,应当编制环境影响报告书,对建设项目产生的污染和环境影响进行全面、详细的评价;对环境可能造成轻度影响的建设项目,应当编制环境影响报告表,对建设项目产生的污染和环境影响,进行分析或者专项评价;对环境影响很小的建设项目,不需要进行环境影响评价的,应当填报环境影响登记表。

2008年,环境保护部根据《环境影响评价法》的规定和授权,修订公布了《建设项目环境影响评价分类管理名录》,规定建设项目所处环境的敏感性质和敏感程度是确定建设项目环境影响评价类别的重要依据,并具体规定了国家对建设项目环境影响评价实行分类管理的项目类别和环境影响评价类别。

其中,环境敏感区是指依法设立的各级各类自然、文化保护地,以及对建设项目的某类污染因子或者生态影响因子特别敏感的区域,主要包括三类:一是自然保护区、风景名胜区、世界文化和自然遗产地、饮用水水源保护区;二是基本农田保护区、基本草原、森林公园、地质公园、重要湿地、天然林、珍稀濒危野生动植物天然集中分布区、重要水生生物的自然产卵场及索饵场、越冬场和洄游通道、天然渔场、资源性缺水地区、水土流失重点防治区、沙化土地封禁保护区、封闭及半封闭海域、富营养化水域;三是以居住、医疗卫生、文化教育、科研、行政办公等为主要功能的区域,文物保护单位,具有特殊历史、文化、科学、民族意义的保护地。

五、环境影响评价的内容

关于环境影响评价的内容,各国法律规定不完全一致,但一般而言主要包括:建设方案的具体内容;建设地点周围环境的本底状况;方案实施后对自然环境(包括自然资源)和社会环境将产生哪些不可避免的影响;防治环境污染和破坏的措施和经济技术可行性论证意见。美国《国家环境政策法》还规定,对评价内容中关于防止环境损害方面要提供各种可能的替代性选择方案,以便进行比较和筛选。

(一) 规划环境影响评价的内容

根据《环境影响评价法》和《规划环境影响评价条例》的规定,综合性规划和专项规划的环境影响评价内容应当包括:

一是实施该规划对环境可能造成影响的分析、预测和评估,包括规划实施可能对相关区域、流域、海域生态系统产生的整体影响;规划实施可能对环境和人群健康产生的长远影响;规划实施的经济效益、社会效益与环境效益之间以及当前利益与长远利益之间的关系。具体包括资源环境承载能力分析、不良环境影响的分析和预测以及与相关规划的环境协调性分析。

二是预防或者减轻不良环境影响的对策和措施。主要包括预防或者减轻不良环境影响的政策、管理或者技术等措施。

编制专项规划,依法应当编写环境影响报告书的,除包括上述内容外,还应当包括环境影响评价结论。主要包括规划草案的环境合理性和可行性,预防或者减轻不良环境影响的对策和措施的合理性和有效性,以及规划草案的调整建议。

(二) 建设项目环境影响评价的内容

根据《环境影响评价法》和《建设项目环境保护管理条例》的规定,建设项目环境影响评价的内容应当包括:建设项目概况;建设项目周围环境现状;建设项目对环境可能造成影响的分析、预测和评估;建设项目环境保护措施及其技术、经济论证;建设项目对环境影响的经济损益分析;对建设项目实施环境监测的建议和环境影响评价的结论。涉及水土保持的建设项目,还必须有经水行政主管部门审查同意的水土保持方案。

根据《环境影响评价法》第18条的规定,建设项目的环境影响评价,应当避免与规划的环境影响评价相重复。作为一项整体建设项目的规划,按照建设项目进行环境影响评价,不进行规划的环境影响评价。已经进行了环境影响评价的规划所包含的具体建设项目,其环境影响评价内容建设单位可以简化。

根据《规划环境影响评价条例》第23条的规定,已经进行环境影响评价的规划包含具体建设项目的,规划的环境影响评价结论应当作为建设项目环境影响评价的重要依据,建设项目环境影响评价的内容可以根据规划环境影响评价的分析论证情况予以简化。

六、环境影响评价文件的编制及其审批程序

为杜绝过去在规划和项目建设中大量存在的"先开工、后环评",以及"补办环评"等现象,《环境保护法》第19条第2款规定:"未依法进行环境影响评价的开发利用规划,不得组织实施;未依法进行环境影响评价的建设项目,不得开工建设。"

环境影响评价文件的编制是一项非常严肃的工作,根据《环境保护法》第65条的规定,环境影响评价机构弄虚作假,对造成的环境污染和生态破坏负有责任的,除依照有关法律法规规定予以处罚外,还应当与造成环境污染和生态破坏的其他责任者承担连带责任。

(一) 规划环境影响评价文件的编制及其审批程序

规划环境影响评价的环境影响篇章或者说明、环境影响报告书,由规划编制机关编制或者组织规划环境影响评价技术机构编制。规划编制机关应当对环境影响评价文件的质量负责。

规划编制机关对可能造成不良环境影响并直接涉及公众环境权益的专项规划,应当在规划草案报送审批前,采取调查问卷、座谈会、论证会、听证会等形式,公开征求有关单位、专家和公众对环境影响报告书的意见,但是依法需要保密的除外。有关单位、专家和公众的意见与环境影响评价结论有重大分歧的,规划编制机关应当采取论证会、听证会等形式进一步论证。

规划编制机关在报送审批规划草案时,应当将综合性规划草案和专项规划中的指导性规划草案的环境影响篇章、说明或者专项规划草案的环境影响报告书一并报送规划审批机关。未编写环境影响篇章或者说明的,或者未附送环境影响报告书的规划审批机关应当要求其补充;未补充的,规划审批机关不予审批。

设区的市级以上人民政府审批的专项规划,在审批前由其环境保护主管部门召集有关部门代表和专家组成审查小组,对环境影响报告书进行审查。审查小组应当提交书面审查意见。审查意见应当包括对基础资料、数据的真实性;评价方法的适当性;环境影响分析、预测和评估的可靠性;预防或者减轻不良环境影响的对策和措施的合理性和有效性;公众意见采纳与不采纳情况及其理由的说明的合理性;环境影响评价结论的科学性等内容的审查结果。对于依据现有知识水平和技术条件对规划实施可能产生的不良环境影响的程度或者范围不能作出科学判断的,或者规划实施可能造成重大不良环境影响并且无法提出切实可行的预防或者减轻对策和措施,审查小组应当提出不予通过环境影响报告书的意见。

规划审批机关在审批专项规划草案时,应当将环境影响报告书结论以及审查意见作为决策的重要依据。规划审批机关对环境影响报告书结论以及审查意见不予采纳的,应当逐项就不予采纳的理由作出书面说明,并存档备查。有关单位、专家和公众可以申请查阅,但依法需要保密的除外。

对环境有重大影响的规划实施后,规划编制机关应当及时组织规划环境影响的跟踪评价,将评价结果报告规划审批机关,并通报环境保护等有关部门。

(二)建设项目环境影响评价文件的编制及其审批程序

实施建设项目的环境影响评价,项目建设单位可以采取招标的方式委托具有相应环境影响评价资质的机构进行调查和评价工作。为建设项目环境影响评价提供技术服务的机构,不得与负责审批建设项目环境影响评价文件的环境保护主管部门或者其他有关审批部门存在任何利益关系。任何单位和个人不得为建设单位指定对其建设项目进行环境影响评价的机构。接受委托为建设项目环境影响评价提供技术服务的环境影响评价机构对评价结论负责。

接受委托的环境影响评价机构通过调查和评价制作环境影响报告书(表)。评价工作要在项目的可行性研究阶段完成和报批。铁路、交通等建设项目经主管环境保护部门同意后,可以在初步设计完成前报批。除国家规定需要保密的情形外,对环境可能造成重大影响、应当编制环境影响报告书的建设项目,建设单位应当在报批建设项目环境影响报告书前,举行论证会、听证会,或者采取其他形式,征求有关单位、专家和公众的意见。

建设项目的环境影响评价文件,由建设单位按照国务院的规定报有审批权的环境保护主管部门审批;建设项目有行业主管部门的,其环境影响报告书或者环境影响报告表应当经行业主管部门预审后,报有审批权的环境保护主管部门审批。但海洋工程建设项目的海洋环境影响报告书的审批,依照《海洋环境保护法》的规定办理。

国务院环境保护主管部门负责审批核设施、绝密工程等特殊性质的建设项目,跨省、自治区、直辖市行政区域的建设项目,以及由国务院审批的或者由国务院授权有关部门审批的建设项目的环境影响评价文件。建设项目可能造成跨行政区域的不良环境影响,有关环境保护主管部门对该项目的环境影响评价结论有争议的,其环境影响评价文件由共同的上一级环境保护主管部门审批。

此外,《环境保护法》第44条第2款规定,对超过国家重点污染物排放总量控制指标或者未完成国家确定的环境质量目标的地区,省级以上人民政府环境保护主管部门应当暂停审批其新增重点污染物排放总量的建设项目环境影响评价文件。

根据《环境保护法》和《环境影响评价法》等的规定,建设项目的环境影响评价文件未经法律规定的审批部门审查或者审查后未予批准的,该项目审批部门不得批准其建设,建设单位不得开工建设。其中,《环境保护法》第61条规定:"建设单位未依法提交建设项目环境影响评价文件或者环境影响评价文件未经批准,擅自开工建设的,由负有环境保护监督管理职责的部门责令停止建设,处以罚款,并可以责令恢复原状。"根据《环境保护法》第63条的规定,企业事业单位和其他生产经营者的建设项目未依法进行环境影响评价,被责令停止建设,拒不执行,尚不构成犯罪的,除依照有关法律法规规定予以处罚外,由县级以上人民政府环境保护主管部门或者其他有关部门将案件移送公安机关,对单位和其他生产经营者中直接负责的主管人员和其他直接责任人员,处 10 日以上 15 日以下拘留;情节较轻的,处 5 日以上 10 日以下拘留。

七、与环境影响评价相关的"三同时"制度

根据《环境保护法》第 41 条规定,建设项目中防治污染的设施,应当与主体工程同时设计、同时施工、同时投产使用。防治污染的设施应当符合经批准的环境影响评价文件的要求,不得擅自拆除或者闲置。根据《环境影响评价法》第 26 条的规定,建设项目建设过程中,建设单位应当同时实施环境影响报告书、环境影响报告表以及环境影响评价文件审批部门审批意见中提出的环境保护对策措施。根据《建设项目环境保护管理条例》的规定,建设项目需要配套建设的环境保护设施,必须与主体工程同时设计、同时施工、同时投产使用。建设项目的主体工程完工后,需要进行试生产的,其配套建设的环境保护设施必须与主体工程同时投入试运行。

对于一切新建、改建和扩建的建设项目、技术改造项目、自然开发项目,以及可能对环境造成影响和损害的其他工程项目,其中防治污染和其他公害的设施和其他环境保护措施,必须与主体工程同时设计、同时施工、同时投产使用的制度要求,一般简称之为"三同时"制度。"三同时"制度是中国首创的一项与环境影响评价相关的环境保护制度,是在总结中国环境管理的实践经验基础上为中国法律所确认的一项重要的控制新污染的法律制度。

我国对建设项目环境污染的控制,包括两个方面:一是对原有老企业污染的治理,二是对新建项目产生的新的污染的防治。在 20 世纪 50 年代及其以前建设的老企业,一般都没有污染防治设施,这是造成严重环境污染的原因之一。如果新建项目不采取污染防治措施,势必随着国家建设的发展,大量增加新的污染源,国家将面临非但污染不能控制而且步步恶化的可怕局面。"三同时"制度的建立,是防止新污染产生的卓有成效的法律制度。

"三同时"制度最早规定于 1973 年的《关于保护和改善环境的若干规定》。1979 年《环境保护法(试行)》、1989 年《环境保护法》、2002 年《环境影响评价法》和 2014 年《环境保护法》在规定环境影响评价制度的同时,重申了"三同时"的规定。1986 年《建设项目环境保护管理办法》、1998 年《建设项目环境保护管理条例》对"三同时"制度作了具体规定。

从多年的实践情况来看,"三同时"制度的关键问题,是如何有效地贯彻执行的问题。开始实行"三同时"不久的 1980 年统计,不执行"三同时"的项目约占 30%,有的地区高达 50%,成为环境管理中一个困难而严重的问题。究其原因,首先是由于我国的经济建设多年来不能正确处理各种比例关系,尤其是经济建设与环境保护的比例关系,在资金、材料、设备紧缺的情况下,往往忽视环境保护。其次是现行法律法规只作了原则规定,没有一套具体、明确的法律制度,包括管理体制、机构职责和权限、审批程序、违法责任等。

针对这种情况,1986 年《建设项目环境保护管理办法》对"三同时"制度的有效执行问题作了如下规定:第一,凡从事对环境有影响的建设项目,都必须执行"三同时"制度。第二,各级人民政府的环境保护主管部门对建设项目的环境保护实施统一的监督管理,包括设计任务书中有关环境保护内容的审查;环境影响报告书(表)的审批;建设施工的检查;环境保护设施的竣工验收;环境保护设施运转和使用情况的检查和监督。第三,建设项目的初步设

计,必须有环境保护内容,包括环境保护措施的设计依据,防治污染的处理工艺流程、预期效果,对资源开发引起的生态变化所采取的防范措施,绿化设计,监测手段,环境保护投资的概预算。第四,建设项目在正式投产使用前,建设单位要向环境保护主管部门提交"环境保护设施竣工验收报告",说明设施运行情况、治理效果和达到的标准。经验收合格并发给"环境保护设施验收合格证"后,方可正式投入使用。

1989年《环境保护法》规定建设项目的防治污染设施必须与主体工程同时设计、同时施工、同时投产使用,而且必须经原审批环境影响报告书的环境保护主管部门验收合格后,该建设项目方可投入生产或者使用。

1998年颁布的《建设项目环境保护管理条例》除重申了上述规定外,还具体规定了违反"三同时"的法律责任:一是,试生产建设项目其环境保护设施未与主体工程同时投入试运行的,主管部门责令其限期改正,逾期不改正的,责令停止试生产,可以处5万元以下罚款;二是,试生产超过3个月,未申请环境保护设施竣工验收的,责令其限期办理验收手续,逾期未办理的,责令停止试生产,可处5万元以下罚款;三是,环境保护设施未建成,未验收或验收不合格,而主体工程正式投入生产使用的,责令其停止生产或使用,可处10万元以下罚款。

"三同时"制度与环境影响评价制度的结合实施,是贯彻预防原则的系统的环境管理制度。只有"三同时"而没有环境影响评价,会造成选址不当,只能减轻污染危害,而不能防止环境隐患,且可能投资巨大。把"三同时"和环境影响评价结合起来,才能做到合理布局,最大限度地消除和减轻污染,做到防患于未然。

八、环境影响评价的公众参与

为推进和规范环境影响评价的公众参与,2006年原国家环境保护总局颁布了《环境影响评价公众参与暂行办法》。该办法规定公众参与环境影响评价实行公开、平等、广泛和便利等四项原则。对依法应当征求公众意见的建设项目,建设单位或者其委托的环境影响评价机构应当按照环境影响评价技术导则的规定,在建设项目环境影响报告书中,编制公众参与篇章,否则环境保护主管部门不得受理。

根据《环境影响评价公众参与暂行办法》规定,建设单位或者其委托的环境影响评价机构、环境保护主管部门应当采用便于公众知悉的方式,向公众公开有关环境影响评价的信息。

信息公开包括如下三个具体阶段和内容:在环境影响评价开始阶段,建设单位应当通过有利于公众知情的方式公告项目名称、概要及环境影响评价报告书简本等信息;在环境影响评价进行阶段,建设单位应当公告可能造成环境影响的范围、程度以及主要预防措施等内容,要求建设单位在环境影响评价文件报送审查之前征求公众意见的期限不能少于10日;在环境影响评价审批阶段,环境保护主管部门应当公告已受理的包括环境影响评价报告书简本在内的环境影响评价文件简要信息与审批结果。

在信息公开方面,《环境保护法》第56条规定,对依法应当编制环境影响报告书的建设项目,建设单位应当在编制时向可能受影响的公众说明情况,充分征求意见。负责审批建设项目环境影响评价文件的部门在收到建设项目环境影响报告书后,除涉及国家秘密和商业秘密的事项外,应当全文公开;发现建设项目未充分征求公众意见的,应当责成建设单位征求公众意见。

在选择和确定参与环境影响评价的公众和参与形式方面,《环境影响评价公众参与暂行办法》规定应当综合考虑地域、职业、专业知识背景、表达能力、受影响程度等因素,合理选择被征求意见的公民、法人或者其他组织。被征求意见的公众必须包括受建设项目影响的公民、法人或者其他组织的代表。此外,该办法还规定了调查公众意见、咨询专家意见、座谈会、论证会、听证会等五种征求公众意见的方式。

依照《环境影响评价公众参与暂行办法》规定,环境保护主管部门可以组织专家咨询委员会,由其对环境影响报告书中有关公众意见采纳情况的说明进行审议,判断其合理性并提出处理建议。当公众认为建设单位或者其委托的环境影响评价机构对公众意见未采纳且未附具体说明的,或者对公众意见未采纳的理由说明不成立的,可以向负责审批或者重新审核的环境保护主管部门反映,并附具明确具体的书面意见。负责审批或者重新审核的环境保护主管部门认为必要时,可以对公众意见进行核实。

在专项规划环境影响评价的公众参与方面,该办法还规定,环境保护主管部门在召集有关部门专家和代表对开发建设规划的环境影响报告书中有关公众参与的内容进行审查时,应当重点审查专项规划的编制机关在规划草案报送审批前,是否依法征求了有关单位、专家和公众的意见,以及是否认真考虑了意见并在报送审查的环境影响报告书中附具了对意见采纳或者不采纳的说明。

第三节 环境许可制度

一、环境许可制度的概念

环境许可制度是指凡是对环境有不良影响的各种规划、开发、建设项目、排污设施或经营活动,其建设者或经营者需要事先提出申请,经主管部门审查批准,颁发许可证后才能从事该项活动的行政许可规则体系。

"许可证"一词,有的也称执照、特许证、批准书等。在环境管理中使用的许可证种类繁多。有适用于发展规划、选址等的规划许可证;有适用于自然资源,如土地、森林、矿藏等的开发许可证;有适用于对环境有影响的各种工程建设的建设许可证;有适用于危险物质、有毒物品或严重危害环境的产品的生产销售许可证,以及向环境排放各种污染物的排污许可证等。在环境管理中使用最广泛许可证的是污染物排放许可证。

二、环境许可制度的作用

环境许可制度,是国家为加强环境管理而采用的一种卓有成效的行政管理制度。在国外,有人把环境法分为预防法和规章法两大类,环境许可制度在规章法中占有重要地位。它被称为污染控制法的"支柱",在环境法中被广泛采用。

环境许可制度有下列优点而在环境管理中发挥显著作用:

一是,便于把影响环境的各种开发、建设、排污活动,纳入国家统一管理的轨道,把各种影响环境和排污活动严格限制在国家规定的范围内,使国家能够有效地进行环境管理。

二是,便于主管机关针对不同情况,采取灵活的管理办法,规定具体的限制条件和特殊要求。这样,就可以使各种法规、标准和措施的执行更加具体化、合理化,更加适用。

三是,便于主管机关及时掌握各方面的情况,及时制止不当规划、开发、及各种损害环境的活动,及时发现违法者,从而加强国家环境管理部门的监督检查职能的行使,促使法律、法规的有效实施。

四是,促进企业加强环境管理,进行技术改造和工艺改造,采取无污染、少污染工艺。

五是,便于群众参与环境管理,特别是对损害环境活动的监督。

三、环境许可制度的管理程序

环境许可制度是一项复杂、系统的行政管理活动。许可证的管理程序大致分为：

(一) 申请

由申请人向主管机关提出书面申请,并附有为审查所必需的各种材料,如图表、说明或其他资料,这些资料如果涉及技术秘密或商业秘密主管机关有义务为其保密。

(二) 审查

一般是在报刊上公布该项申请,在规定的时间征求公众和各方面的意见。有的国家规定,如有反对意见,应进行讨论或召开"公众意见听证会",还应征求受该申请项目影响的有关机关或当事人的意见。主管机关在听取各方面意见后,综合考虑该申请对环境的影响,对申请进行审查。

(三) 决定

主管机关作出颁发或拒发许可证的决定。同意颁发许可证时,主管机关可依法规定持证人应尽的义务和各种限制条件;拒发许可证时应说明拒发的理由。

(四) 监督

主管机关要对持证人执行许可证的情况随时进行监督检查,包括索取有关资料,检查现场设备,监测排污情况,发出必要的行政命令等。在情况发生变化或持证人的活动影响周围公众利益时,可以修改许可证中原来规定的条件。

(五) 处理

如持证人违反许可证规定的义务或限制条件而导致环境损害或其他后果时,主管机关可以中止、吊销许可证,违法者还要依法追究其法律责任。

四、中国的环境许可制度

中国在多部环境与资源保护管理的法律中规定了环境许可制度。

(一) 环境保护法的环境许可规定

《环境保护法》规定国家依照法律规定实行排污许可管理制度。实行排污许可管理的企业事业单位和其他生产经营者应当按照排污许可证的要求排放污染物;未取得排污许可证的,不得排放污染物。

《海洋环境保护法》规定需要向海洋倾倒废弃物的单位,必须向国家海洋主管部门提出书面申请,经国家海洋主管部门审查批准,发给许可证后,按许可证规定的期限、条件和指定的区域进行倾倒。

(二) 城乡规划法的环境许可规定

根据《城乡规划法》第37条规定,在城市、镇规划区内以划拨方式提供国有土地使用权的建设项目,经有关部门批准、核准、备案后,建设单位应当向城市、县人民政府城乡规划主管部门提出建设用地规划许可申请,由城市、县人民政府城乡规划主管部门依据控制性详细规划核定建设用地的位置、面积、允许建设的范围,核发建设用地规划许可证。建设单位在取得建设用地规划许可证后,方可向县级以上地方人民政府土地主管部门申请用地,经县级以上人民政府审批后,由土地主管部门划拨土地。

该法第 38 条规定,以出让方式取得国有土地使用权的建设项目,在签订国有土地使用权出让合同后,建设单位应当持建设项目的批准、核准、备案文件和国有土地使用权出让合同,向城市、县人民政府城乡规划主管部门领取建设用地规划许可证。城市、县人民政府城乡规划主管部门不得在建设用地规划许可证中,擅自改变作为国有土地使用权出让合同组成部分的规划条件。

该法第 40 条规定,在城市、镇规划区内进行建筑物、构筑物、道路、管线和其他工程建设的,建设单位或者个人应当向城市、县人民政府城乡规划主管部门或者省、自治区、直辖市人民政府确定的镇人民政府申请办理建设工程规划许可证。该法第 41 条规定,在乡、村庄规划区内进行乡镇企业、乡村公共设施和公益事业建设的,建设单位或者个人应当向乡、镇人民政府提出申请,由乡、镇人民政府报城市、县人民政府城乡规划主管部门核发乡村建设规划许可证。

(三) 污染防治法的环境许可规定

《大气污染防治法》规定排放工业废气或者有毒有害大气污染物名录中所列有毒有害大气污染物的企业事业单位、集中供热设施的燃煤热源生产运营单位以及其他依法实行排污许可管理的单位,应当取得排污许可证。

《水污染防治法》规定国家实行排污许可制度。直接或者间接向水体排放工业废水和医疗污水以及其他按照规定应当取得排污许可证方可排放的废水、污水的企业事业单位,应当取得排污许可证;城镇污水集中处理设施的运营单位,也应当取得排污许可证。禁止企业事业单位无排污许可证或者违反排污许可证的规定向水体排放前款规定的废水、污水。

《固体废物污染环境防治法》规定从事收集、贮存、处置危险废物经营活动的单位,必须向县级以上人民政府环境保护行政主管部门申请领取经营许可证;从事利用危险废物经营活动的单位,必须向国务院环境保护行政主管部门或者省、自治区、直辖市人民政府环境保护行政主管部门申请领取经营许可证。

《放射性污染防治法》规定核设施营运单位在进行核设施建造、装料、运行、退役等活动前,必须按照国务院有关核设施安全监督管理的规定,申请领取核设施建造、运行许可证和办理装料、退役等审批手续。在领取有关许可证或者批准文件后,方可进行相应的建造、装料、运行、退役等活动。生产、销售、使用放射性同位素和射线装置的单位,应当按照国务院有关放射性同位素与射线装置放射防护的规定申请领取许可证,办理登记手续。此外,设立专门从事放射性固体废物贮存、处置的单位,必须经国务院环境保护行政主管部门审查批准,取得许可证。

此外,《农药登记规定》对于农药的生产、销售和在大田进行药效示范或在特殊情况下使用,以及外国厂商向我国进口销售农药;《放射性同位素与射线装置安全和防护条例》及《民用核设施安全监督管理条例》对于放射性同位素设施的建造、运行及放射性物质的使用、运输和保管;《民用核安全设备监督管理条例》对于民用核安全设备设计、制造、安装和无损检验等,都作出了登记申请和环境许可规定。

(三) 自然资源法的环境许可规定

自然资源法也广泛采用环境许可制度。《水法》规定国家对直接从地下或者江河、湖泊取水的,实行取水许可制度。《森林法》规定采伐林木必须申请采伐许可证。《矿产资源法》规定了勘查、开采矿产资源的勘查许可证、采矿许可证制度。《野生动物保护法》对野生动物的特许猎捕证、狩猎证、驯养繁殖许可证和允许进出口证明书作出了规定。《野生植物保护条例》对野生植物的采集、进出口行为的有关环境许可作出了规定。《渔业法》和《渔业法实施细则》规定从事渔业活动等要经过申请、登记和批准。《猎枪、弹药管理办法》规定了猎枪、弹药的制造、销售和持有的登记和许可制度。《自然保护区条例》规定了进入自然保护区的有关行政许可事项。

五、排污许可制度

排污许可制度是指向环境排放污染物的单位或者个人,应当依法事先进行污染物排放登记,经过环境影响评价审批和建设项目竣工环境保护验收合格,申请办理污染物排放许可证,经批准并取得排污许可证后,按照许可证核定的污染物排放种类、数量、浓度、期限和排放标准排放污染物的环境行政许可规则体系。根据《环境保护法》第45条的规定,国家依照法律规定实行排污许可管理制度。实行排污许可管理的企业事业单位和其他生产经营者应当按照排污许可证的要求排放污染物;未取得排污许可证的,不得排放污染物。

排污许可制度是比申报登记制度更严格的对环境进行科学化、目标化和定量化管理的一种制度,在中国最早适用于水环境管理中的污染物排放控制,目前主要适用于水污染防治和大气污染防治。1988年原国家环境保护局在总结全国50个城市试点经验的基础上,制定了《水污染物排放许可证管理暂行办法》,供试点地区参照执行。2008年修订的《水污染防治法》第20条规定:"国家实行排污许可制度。"此外《海洋环境保护法》规定了与排污许可制度相似的海洋倾废许可制度。

排污许可制度的管理程序包括下列四个阶段:

首先,排污申报登记。这是发放许可证的重要基础工作,要求排污单位在指定时间内,向当地环境保护主管部门办理申报登记手续,要在认真监测、核实排污量的基础上,填报《排污申报登记表》。环境保护主管部门应对申报的内容进行检查、核实,以获得本地区排污现状的准确资料和各个污染源的详细情况。

其次,确定本地区污染物总量控制目标和分配污染物总量削减指标。这是发放许可证的最核心的工作。根据《环境保护法》第44条第1款规定,国家实行重点污染物排放总量控制制度。重点污染物排放总量控制指标由国务院下达,省、自治区、直辖市人民政府分解落实。企业事业单位在执行国家和地方污染物排放标准的同时,应当遵守分解落实到本单位的重点污染物排放总量控制指标。在水污染防治工作中,地区污染物总量控制目标可以根据水体功能和水域容许纳污量来确定;污染物总量削减指标可以根据水环境目标的要求,以某一年污染物排放总量为基础来确定。多数情况下,因两者差距很大,可以通过逐年削减的办法,把污染物排放总量逐步削减到水环境目标的要求。在大气污染防治工作中,重点大气污染物排放总量控制目标,由国务院环境保护主管部门在征求国务院有关部门和各省、自治区、直辖市人民政府意见后,会同国务院经济综合主管部门报国务院批准并下达实施。省、自治区、直辖市人民政府应当按照国务院下达的总量控制目标,控制或者削减本行政区域的重点大气污染物排放总量。根据《大气污染防治法》的规定,对超过国家重点大气污染物排放总量控制指标或者未完成国家下达的大气环境质量改善目标的地区,省级以上人民政府环境保护主管部门应当会同有关部门约谈该地区人民政府的主要负责人,并暂停审批该地区新增重点大气污染物排放总量的建设项目环境影响评价文件。约谈情况应当向社会公开。

再次,排污许可证的审批发放。审批发放许可证时对排污者规定必须遵守的条件包括允许排放的污染物种类、浓度、数量;规定排污口的位置、排放方式;适用的国家或地方污染物排放标准;限期削减排放污染物的数量及时限;污染物监测要求等。在水污染防治工作中,对符合规定条件的排污者,发放"水污染物排放许可证",对暂时达不到规定条件的如超出总量控制指标的单位,发放"临时水污染物排放许可证",同时要求其限期治理,削减排污量。

最后,排污许可证的监督检查和管理。这是排污许可制度能否获得有效执行的关键。首先要建立必要的监督检查制度,包括排污单位定期自行检查和上报排污情况的制度和环境保护主管部门的监督检查制度。其次重点排污单位和环境保护主管部门都要配备监测人员和设备,逐步完善监测体系。同时要配备必要的专业管理人员,健全许可证的管理体制。

根据《大气污染防治法》的规定,国家逐步推行重点大气污染物排污权交易。目前已有部分地区试行了排污交易制度,如上海市在试行排污许可制度的过程中,对于污染物排放总量指标,试行了地区综合平衡、调剂余缺以及有偿转让的办法。也就是在某一地区内,在不突破核定的排污总量指标的前提下,企业内部、企业与企业之间排污指标可以互相调剂、有偿转让。例如新建企业因缺少排污指标而拿出一定资金帮助老企业削减排污量以取得排污指标。这种做法可以在控制污染物排放总量的前提下,调动企业治理污染的积极性,促使其加强管理、改革工艺、调整产品结构等,以削减排污量支持该地区的经济发展。

排污交易,即排污指标有偿转让的问题,涉及承认环境容量,即环境承纳污染物的能力是一种资源,因而具有价值;也涉及排污权(表现为分配到排污单位的排放指标)在同一地区、同一行业的公平分配问题。这里涉及不少新的理论和实践问题,有待进一步研究解决。

六、自然资源许可制度

自然资源许可制度,又称自然资源许可证制度,是指在从事开发利用自然资源的活动之前,必须向有关管理机关提出申请,经审查批准,发给许可证后,方可进行该活动的一系列管理措施。它是自然资源行政许可的法律化,是自然资源保护管理机关进行自然资源保护监督管理的重要手段。采用自然资源许可制度,可以把各种自然资源开发利用的活动纳入国家统一管理的轨道,并将其严格控制在国家规定的范围内。它有利于对开发利用自然资源的各种活动进行事先审查和控制,对不符合自然资源可持续发展的活动不予批准。同时它还有利于根据客观情况的变化和需要,对持证人规定限制条件和特殊要求,便于发证机关对持证人实行有效的监督和管理。

自然资源许可证,从其性质看,可分为三大类。一是资源开发许可证,如林木采伐许可证、采矿许可证、捕捞许可证、采集证等;二是资源利用许可证,如土地使用证、草原使用证、养殖使用证等;三是资源进出口许可证,如野生动植物进出口许可证等。从表现形式看,有的叫许可证,有的叫证书或证明书等。

我国在自然资源保护管理中普遍实行了许可制度。在土地资源方面，有"土地使用权证"；在草原资源方面有"草原使用权证"；在森林资源方面有林木采伐许可证、木材运输证件；在矿产资源方面有采矿许可证、勘查许可证；在渔业资源方面有养殖使用证、捕捞许可证；在野生动物资源方面，有特许猎捕证、狩猎证、驯养繁殖许可证、允许进出口证明书；在水资源方面，有取水许可证；在野生植物资源方面，有采集证、允许进出口证明书。

自然资源许可制度与其他方面的许可制度一样，都有对许可证的申请、审核、决定、中止或吊销等一整套程序和手续。对拒发、中止、吊销许可证的，还有救济程序。

第四节 环境调查与监测制度

一、环境调查与监测制度的概念

环境调查与监测制度，是对环境法上的污染源普查制度、自然资源调查和档案制度以及环境监测制度的概括统称。其目的是了解各类污染源的数量、行业和地区分布情况以及主要污染物的产生、排放和处理情况，了解自然资源的保育状况、开发利用和分布情况，掌握环境质量、环境与资源承载能力的客观现状及其变化趋势，为制定环境决策、加强执法管理、评价环境成本和跟踪并预警突发环境事件提供重要基础依据和技术手段。

二、污染源普查制度

污染源普查制度是指对因生产、生活和其他活动向环境排放污染物或者对环境产生不良影响的场所、设施、装置以及其他污染发生源，专门组织实施全面调查，建立和完善重点污染源档案、污染源信息数据库和环境统计平台的一系列管理措施和规则体系。实施污染源普查的直接目的是为制定经济社会发展和环境保护政策、规划提供依据。

中国从20世纪80年代开始，就依据《环境保护法（试行）》建立了排污申报和环境统计制度。在此基础上，原国家环境保护局会同有关部门于1985年联合开展了首次全国工业污染源调查，摸清了当时全国规模以上工业企业污染物排放状况。1989年和1996年，原国家环境保护局与农业部、财政部、统计局联合组织了两次全国乡镇工业污染源调查。以上述三次调查为基础，国家开展了以重点调查（抽样调查）为主、科学估算为辅的年度环境统计工作，由国务院环境保护主管部门会同有关部门每年发布全国环境状况公报和环境统计年报。1997年至1998年原环境保护总局完成了全国电磁辐射环境污染源调查。2002年和2004年原环境保护总局会同有关部门开展了全国放射源的调查。

2007年，国务院印发《第一次全国污染源普查方案》，用以指导开展第一次全国污染源普查工作。根据该方案，第一次全国污染源普查的时点定为2007年12月31日。普查对象为中华人民共和国境内所有排放污染物的工业源、农业源、生活源和集中式污染治理设施。同年10月，国务院通过和发布了《全国污染源普查条例》，规定全国污染源普查每10年进行1次，标准时点为普查年份的12月31日。普查对象是中华人民共和国境内有污染源的单位和个体经营户。

根据《全国污染源普查条例》的规定，全国污染源普查领导小组负责领导和协调全国污染源普查工作。全国污染源普查领导小组办公室设在国务院环境保护主管部门，负责全国污染源普查日常工作。污染源普查采用全国统一的标准、技术要求和全面调查的方法,必要时可以采用抽样调查的方法。污染源普查范围包括:工业污染源,农业污染源,生活污染源,集中式污染治理设施和其他产生、排放污染物的设施。

其中,工业污染源普查的主要内容包括:企业基本登记信息,原材料消耗情况,产品生产情况,产生污染的设施情况,各类污染物产生、治理、排放和综合利用情况,各类污染防治设施建设、运行情况等。

农业污染源普查的主要内容包括:农业生产规模,用水、排水情况,化肥、农药、饲料和饲料添加剂以及农用薄膜等农业投入品使用情况,秸秆等种植业剩余物处理情况以及养殖业污染物产生、治理情况等。

生活污染源普查的主要内容包括:从事第三产业的单位的基本情况和污染物的产生、排放、治理情况,机动车污染物排放情况,城镇生活能源结构和能源消费量,生活用水量、排水量以及污染物排放情况等。

集中式污染治理设施普查的主要内容包括:设施基本情况和运行状况,污染物的处理处置情况,渗滤液、污泥、焚烧残渣和废气的产生、处置以及利用情况等。

根据《第一次全国污染源普查方案》,第一次全国污染源普查所调查的污染物种类具体包括:一是废水:化学需氧量(COD)、氨氮、石油类、挥发酚、汞、镉、铅、砷、六价铬、氰化物;造纸、农副食品加工、食品制造、饮料制造业废水中增加五日生化需氧量(BOD_5);城镇污水处理厂增加总磷、总氮、五日生化需氧量(BOD_5)。二是废气:烟尘、工业粉尘、二氧化硫、氮氧化物;电解铝、水泥、陶瓷、磨砂玻璃行业废气中增加氟化物;机动车排气污染普查增加一氧化碳和碳氢化合物。三是工业固体废物:包括危险废物(按照国家危险废物名录分类调查)、冶炼废渣、粉煤灰、炉渣、煤矸石、尾矿、放射性废渣等类别。四是脱硫设施产生的石膏、污水处理厂产生的污泥和危险废物焚烧的残渣。五是伴生放射性矿物开发利用和民用核技术利用企业产生的放射性污染物,放射源。六是农业源:总磷、总氮、总铜、总锌及毒性高、用量大且难降解的农药和鱼药。

2010 年,环境保护部、国家统计局、农业部根据《全国污染源普查条例》的规定,经国务院批准,发布了《第一次全国污染源普查公报》。该公报显示,第一次全国污染源普查对象总数为 592.6 万个,其中包括工业源 157.6 万个,农业源 289.9 万个,生活源 144.6 万个,集中式污染治理设施 4790 个。2007 年度各类污染源废水排放总量 2092.81 亿吨,废气排放总量 637203.69 亿立方米。主要污染物全国排放总量:化学需氧量 3028.96 万吨,氨氮 172.91 万吨,石油类 78.21 万吨,重金属(镉、铬、砷、汞、铅,下同)0.09 万吨,总磷 42.32 万吨,总氮 472.89 万吨;二氧化硫 2320.00 万吨,烟尘 1166.64 万吨,氮氧化物 1797.70 万吨。

三、自然资源调查和档案制度

自然资源调查,是指由法定机构对一个国家或地区的自然资源的分布、数量、质量和开发利用条件等进行全面的野外考察、室内资料分析与必要的座谈访问等项工作的总称。它不仅是从事自然资源研究、进行自然资源评价、制订自然资源规划、建立自然资源档案、保护管理和合理开发利用自然资源的基础,而且对一个国家发展战略的确定和经济社会发展规划的制订也有着重要意义。

自然资源调查制度则是法律对自然资源调查的主体、对象、范围、内容、程序方法和调查结果的效力所作的规定,是自然资源调查的法制化。我国的一些自然资源法律法规中规定了自然资源调查制度,但名称略有不同。《森林法》中规定的是"森林资源清查"制度,《草原法》中规定的是"草原资源普查"制度,《矿产资源法》规定的是"矿产资源普查"和"区域地质调查"制度,《土地管理法》规定的是"土地调查制度",《水法》规定的是"水资源的综合科学考察和调查评价"制度,《野生动物保护法》规定的是"野生动物资源调查"制度,《野生植物保护条例》规定的是"野生植物资源调查"制度。它们的目的都是为了弄清各种自然资源的现状,掌握自然资源的各种数据资料。

根据资源调查对象的不同,可以分为自然资源综合调查和单项自然资源调查;根据调查任务的不同,可分为自然资源数量调查、质量调查、开发利用条件调查等;根据调查的详略程度不同,可分为自然资源概查和自然资源详查;根据调查方法的不同,可分为自然资源实地调查和自然资源遥感调查等。

自然资源调查必须依法按规定的程序和方法进行,调查的成果要按规定报送和建立档案。属于机密的数据、资料必须按保密规定管理,未经批准不得擅自向外公布。

自然资源档案是对自然资源调查所获资料、成果按一定方式进行汇集、整理、立卷归档并集中保管的各种文件材料的总称。建立自然资源档案的目的是为了掌握自然资源的现状和变化趋势,评定自然资源开发利用和保护管理效果,为编制自然资源规划,确定开发利用目标和保护管理措施,提供可靠的依据。

自然资源档案制度则是法律对自然资源档案的种类、级别、适用对象、内容、范围、资料更新时间、查阅和借阅方法、保管技术和设施与设备、保管机构及其管理要求等所作的规定。它是自然资源档案的法律化。我国的一些自然资源法律、法规明确规定了档案制度。例如,《森林法》规定了森林资源档案制度,《野生动物保护法》规定了野生动物资源档案制度,《野生植物保护条例》规定了野生植物资源档案制度。《土地管理法》规定的土地管理信息系统,是更加全面的土地资源档案。但是,目前我国还没有关于自然资源档案的统一立法,因此各类自然资源档案制度的要求极不一致。

四、环境监测制度

环境监测,是指按照有关技术规范规定的程序和方法,运用物理、化学、生物、遥感等技术,查找污染物产生的原因及排放状况,分析环境影响因子对生活环境、生态环境和人体健康的影响,评价环境质量状况的活动过程。环境监测制度是关于环境监测的管理和组织机构及其职责、环境监测方法与技术规范、环境监测数据管理和环境监测报告规范的规则体系。

根据1979年《环境保护法(试行)》第26条关于国务院环境保护机构"统一组织环境监测。调查和掌握全国环境状况和发展趋势。提出改善措施"的规定,以及1981年《国务院关于在国民经济调整时期加强环境保护工作的决定》,原城乡建设环境保护部于1983年颁布了《全国环境监测管理条例》,规定环境监测的任务是对环境中各项要素进行经常性监测,掌握和评价环境质量状况及发展趋势;对各有关单位排放污染物的情况进行监视性监;为政府部门执行各项环境法规、标准全面开展环境管理工作提供准确、可靠的监测数据和资料;开展环境测试技术研究,促进环境监测技术的发展。

根据《全国环境监测管理条例》的规定,全国环境保护系统设置四级环境监测站:一级站是中国环境监测总站;二级站是各省、自治区、直辖市设置的省级环境监测中心站;三级站是各省辖市设置的市环境监测站(或中心站);四级站是各县、旗、县级市、大城市的区设置的环境监测站。各级环境监测站受同级环境保护主管部门的领导。业务上受上一级环境监测站的指导。该条例同时规定了各级环境监测站和各部门的专业监测机构的职能及其管理、环境监测网和环境监测报告制度。

2007年,原国家环境保护总局发布《环境监测管理办法》,适用于县级以上环境保护主管部门的环境质量监测、污染源监督性监测、突发环境污染事件应急监测等环境监测活动,以及为环境状况调查和评价等环境管理活动提供监测数据的其他环境监测活动的管理。

2009年,国务院发布《国务院2009年立法工作计划》,将"环境监测管理条例"列为需要抓紧研究、待条件成熟时提出的立法项目中,节约能源资源、保护生态环境需要制定、修订的行政法规,并委托环境保护部起草。目前,"环境监测管理条例"的起草制定工作正在进行。

2014年新修订的《环境保护法》第17条规定,国家建立、健全环境监测制度。由国务院环境保护主管部门制定监测规范,会同有关部门组织监测网络,统一规划国家环境质量监测站(点)的设置,建立监测数据共享机制,加强对环境监测的管理。同时,《环境保护法》还规定国家建立、健全环境与健康监测、调查和风险评估制度;省级以上人民政府应当组织有关部门或者委托专业机构,建立环境资源承载能力监测预警机制;县级以上人民政府应当建立环境污染公共监测预警机制等。

第五节　环境税费制度

在市场经济和价值规律起作用的场合,费用和效益即利润的动机,支配着经济活动。工业企业的环境保护是和生产直接联系的一种经济活动。在这里,费用和收益的考虑同样起着重要作用。而就企业用于环境的投资来说,企业内部的经济性和社会效益是不一致的,就是说,企业治理污染,对社会有益,企业则要支付费用。如果没有经济杠杆的作用,企业会对环境保护缺乏热情。因此,有些经济学家主张,为了使环境污染的外部不经济性内部化,在环境管理中应该广泛采用各种经济刺激手段,或者把行政、立法与经济刺激结合起来,这样比单纯行政管理或法律强制更为有效。环境费和与环境和资源有关的税收制度,是国家的环境管理中常常采用的一种财政宏观调控工具和经济刺激手段。

一、环境税费制度的概念

环境税费是各类环境税、资源税、环境费和自然资源费的集合概念。环境税费制度是建立在对环境与自然资源有偿使用的认识基础之上的。环境与自然资源有偿使用,是指国家采取强制手段促使开发利用环境与自然资源的单位或个人支付一定费用的一整套管理措施。它是在地球人口日益膨胀、自然资源日益紧缺情况下建立和发展起来的一种环境与财政管理制度,是环境和自然资源价值在法律上的体现和确认。

长期以来,环境与没有人类劳动凝结的天然的自然资源一直被人们作为没有经济成本的东西无偿地占有、开发和利用,甚至在一些权威理论上也认为无人类劳动单纯凝结的自然资源是无价值的,从而导致了人类对环境与自然资源的过度开发和浪费。随着地球人口的增加,地球上的环境污染问题不断加剧,自然资源越来越短缺,在20世纪六、七十年代甚至出现了资源危机。目前,在世界的许多地方,淡水资源、森林资源的短缺已成为不争的事实,许多物种处于灭绝或濒临灭绝状态。由此便引起人们对"环境的外部性"和"资源无价"理论的反思,并提出和建立了环境与自然资源的价值观和价值理论。现在,环境与自然资源具有价值的观念已为绝大多数经济学家所接受,并在许多国家的经济政策和立法中得以体现。集中体现环境与自然资源价值的法律制度就是环境与自然资源有偿使用的相关制度,具体而言即环境税费制度。这一制度的建立,具有多方面的意义和作用。一是它有利于促进环境与自然资源的合理开发和节约利用;二是它有利于为环境整治和开发新资源能源筹集资金,并有利于自然资源的保护和恢复;三是它有利于保障环境与自然资源的可持续利用,并促进经济社会的可持续发展。

环境税费制度包括"税"与"费"两个方面。广义的环境税是对以环境保护为目的向开发利用环境和自然资源的行为征税的统称。狭义的环境税通常是指对排放污染物的行为所进行的征税,主要包括对排放二氧化硫、二氧化碳、废水和固体废物的征税。需要注意的是,目前并没有关于环境税的一个被广泛接受的统一定义。

环境费是指为保护和改善环境质量,对开发利用环境和自然资源的行为征收的污染控制费用和损害填补费用总和。

二、环境税

税收方式(免税、减税、加税)在经济流通环节中,可以起到鼓励和抑制的正、反经济刺激两种作用。不少国家通过税收鼓励污染治理,而抑制对环境不利的经济活动。日本为了鼓励企业向环境保护方向投资,对于法定必须设置的大气和水体公害防治设备,不征收任何固定的不动产税。为数很大的公害防治设施,准许在第一年度即可按购买价格折旧50%。对于低公害车辆减免产品税,为了迁离人口稠密地区而购买土地建造建筑物的则免于征税。反之,根据《防止公害事业费企业主负担法》对污染企业则实行征税,用于环境恢复和排除积累性污染。美国联邦政府有关法律规定:凡采用环境保护局长规定的先进工艺建成的设施,5年内不征收财产税。芬兰的税法使刺激与抑制相结合,对某些污染产品征收特别税,对某些无污染产品则免税。其他一些国家也有类似规定。

在我国,随着经济改革的进行,企业由上缴利润已全部改为纳税,税收的调节作用更加明显。国家为了通过减税、免税的办法鼓励企业治理污染和综合利用,有关法规作了很多具体规定。1984年国务院《关于环境保护工作的决定》第6条第1、2款规定:"采取鼓励综合利用的政策。工矿企业为防治污染、开展综合利用所生产的产品利润五年不上交,留给企业继续治理污染,开展综合利用。这项规定在实行利改税后不变,仍继续执行。""工矿企业用自筹资金和环境保护补助资金治理污染的工作项目,以及因污染搬迁另建的项目,免征建筑税。"

《关于开展资源综合利用若干问题的暂行规定》第9条曾规定:"由企业自筹资金建设的综合利用项目生产的产品,可以减免产品税。"

1995年财政部《关于充分发挥财政职能进一步加强环境保护工作的通知》规定,企业开展资源综合利用的项目,5年内减征或免征所得税。对废旧物资加工、污水处理、治理污染、保护环境、节能项目和资源综合利用等投资项目,按固定资产投资方向调节税目,实行零税率。

《节约能源法》第 62 条规定,国家实行有利于节约能源资源的税收政策,健全能源矿产资源有偿使用制度,促进能源资源的节约及其开采利用水平的提高。该法第 63 条规定,国家运用税收等政策,鼓励先进节能技术、设备的进口,控制在生产过程中耗能高、污染重的产品的出口。

《可再生能源法》第 26 条规定,国家对列入可再生能源产业发展指导目录的项目给予税收优惠。

《循环经济促进法》第 44 条规定,国家对促进循环经济发展的产业活动给予税收优惠,并运用税收等措施鼓励进口先进的节能、节水、节材等技术、设备和产品,限制在生产过程中耗能高、污染重的产品的出口。企业使用或者生产列入国家清洁生产、资源综合利用等鼓励名录的技术、工艺、设备或者产品的,按照国家有关规定享受税收优惠。

《清洁生产促进法》第 33 条规定,依法利用废物和从废物中回收原料生产产品的,按照国家规定享受税收优惠。

目前,国家正在研究制定"环境保护税法"。2014 年 11 月,财政部会同环境保护部、国家税务总局形成《环境保护税法(草案)》并报送国务院。2015 年 6 月,国务院发布《关于〈中华人民共和国环境保护税法(征求意见稿)〉公开征求意见的通知》,公布《中华人民共和国环境保护税法(征求意见稿)》及说明全文,征求社会各界意见。2015 年 8 月,全国人大常委会将《环境保护税法》补入第十二届全国人大常委会立法规划。

三、资源税

自然资源的有偿使用,因各个国家和地区具体情况的不同,其采用的形式也有所不同。综合起来基本上是两种形式,一是收税,一是收费。市场经济比较发达的国家通常是采取收税的形式,发展中国家和经济转型国家[①]一般是采取收费的形式。但大多数国家则是既收税,又收费。在收税方面,有的是对开发者收税,如哥斯达黎加征收的木材采伐税;有的是对经营者收税,如木材贸易税、野生生物及其制品贸易税;有的是对能造成资源破坏的重大开发项目征收环境资源维护税;有的是征收自然资源建设税,例如,印度尼西亚规定,持有伐木许可证者每采伐 $1m^3$ 木材需缴纳 4 美元的税款,当伐木者重新造林后,可将所缴税款退回。

中国的自然资源税,在立法上称为"资源税"。其范围界定较窄,主要是指矿产资源税。如果从广义的资源税概念出发,土地使用税、耕地占用税、土地增值税、林特产品税、水产品税等也应属于资源税的范畴。这里主要介绍狭义的资源税,其他资源税将在"自然资源保护法"各章中进行介绍。

2011 年,国务院发布《关于修改〈中华人民共和国资源税暂行条例〉的决定》,修订了《资源税暂行条例》。同年,财政部和国家税务总局修订通过了《资源税暂行条例实施细则》。

(一) 资源税的纳税人

根据《资源税暂行条例》和《资源税暂行条例实施细则》的规定,在中华人民共和国领域及管辖海域开采规定的矿产品或者生产盐的单位和个人,为资源税的纳税人,应当缴纳资源税。收购未税矿产品的单位为资源税的扣缴义务人。其中,单位是指企业、行政单位、事业单位、军事单位、社会团体及其他单位;个人是指个体工商户和其他个人;扣缴义务人是指独

---

① 即处于计划经济向市场经济转变过程中的国家。

立矿山、联合企业及其他收购未税矿产品的单位。

(二) 资源税的纳税范围

资源税的应税产品包括原油;天然气;煤炭,包括焦煤和其他煤炭;其他非金属矿原矿,包括普通非金属矿原矿和贵重非金属矿原矿;黑色金属矿原矿;有色金属矿原矿,包括稀土矿和其他有色金属矿原矿;盐,包括固体盐和液体盐。其中,原油,是指开采的天然原油,不包括人造石油。天然气,是指专门开采或者与原油同时开采的天然气。煤炭,是指原煤,不包括洗煤、选煤及其他煤炭制品。其他非金属矿原矿,是指上列产品和井矿盐以外的非金属矿原矿。固体盐,是指海盐原盐、湖盐原盐和井矿盐。液体盐,是指卤水。

(三) 资源税的计征

资源税的应纳税额,按照从价定率或者从量定额的办法,分别以应税产品的销售额乘以纳税人具体适用的比例税率或者以应税产品的销售数量乘以纳税人具体适用的定额税率计算。其中,销售额为纳税人销售应税产品向购买方收取的全部价款和价外费用,但不包括收取的增值税销项税额;销售数量,包括纳税人开采或者生产应税产品的实际销售数量和视同销售的自用数量。

(四) 资源税的减征和免征

根据《资源税暂行条例》的规定,有下列情形之一的,减征或者免征资源税:

(1) 开采原油过程中用于加热、修井的原油,免税。

(2) 纳税人开采或者生产应税产品过程中,因意外事故或者自然灾害等原因遭受重大损失的,由省、自治区、直辖市人民政府酌情决定减税或者免税。

(3) 国务院规定的其他减税、免税项目。

(五) 资源税的纳税地点和期限

纳税人应纳的资源税,应当向应税产品的开采或者生产所在地主管税务机关缴纳。

纳税人的纳税期限为1日、3日、5日、10日、15日或者1个月,由主管税务机关根据实际情况具体核定。不能按固定期限计算纳税的,可以按次计算纳税。纳税人以1个月为一期纳税的,自期满之日起10日内申报纳税;以1日、3日、5日、10日或者15日为一期纳税的,自期满之日起5日内预缴税款,于次月1日起10日内申报纳税并结清上月税款。

四、征收排污费制度

(一) 征收排污费制度的概念

征收排污费制度是对于向环境排放污染物的排污者,按照污染物的种类、数量和浓度,根据规定征收一定的费用,用于环境污染防治,改善环境质量的规则体系。这项制度是运用经济手段有效地促进污染治理和新技术的发展,又能使污染者承担一定污染防治费用的法律制度。它是根据我国的具体情况,在环境保护工作的实践中产生、发展和逐步完善的。

关于征收排污费的性质问题,有多种不同的观点和解释。有的认为,是排污者对污染损失的一种补偿,但在我国排污者实际缴纳的排污费同治理费和污染损失费相比,两者相差甚远。有的认为是为环境保护筹集资金的一种形式。排污费作为环境保护专项资金,是环境保护资金来源之一,但排污费并不是也不应该是环境保护资金来源的主要渠道。有的认为是税收的一种,但在我国排污费并未纳入税收范围,对拒缴排污费者也不按偷税、漏税或者抗税追究法律责任。还有的认为是企业间的环境互助金,并具有"吃大户"的特点。这些说法都难以概括我国排污费的性质,结合立法精神来看,征收排污费应是运用法律手段,使污染者承担一定经济责任,目的在于促使污染的治理。

从宏观上看,征收排污费是运用经济杠杆的作用,调节污染防治和企业发展生产之间的关系;从微观上看,是一种限制污染的手段,又是一种筹集环境保护资金的形式,其主要目的是为了促进企业加强管理,节约资源,治理污染。对排污者来说,缴纳排污费,不免除其治理环境污染的责任,也不免除对因污染造成损失的赔偿责任和法律规定的其他责任,更不是用排污费购买企业的"污染权"。

(二) 征收排污费制度的建立和完善

1978年中央批转的原国务院环境保护领导小组《环境保护工作汇报要点》首次提出在我国实行"排放污染物收费制度",1979年《环境保护法(试行)》作了如下规定:"超过国家规定的标准排放污染物,要按照排放污染物的数量和浓度,根据规定收取排污费。"1982年,国务院在总结22个省、市征收排污费试点经验的基础上,颁布了《征收排污费暂行办法》,对征收排污费的目的、范围、标准、加收和减收的条件、费用的管理与使用等作了具体规定。

《征收排污费暂行办法》颁布后,1984年《水污染防治法》第15条作出了"向水体排放污染物的,按照国家规定缴纳排污费,超过国家或者地方规定的污染物排放标准的,按照国家规定缴纳超标准排污费"的规定,就是说,凡向水体排放污染物,超标或不超标都要收费。

此后,在颁布的《国营企业成本管理条例》《污染源治理专项基金有偿使用暂行办法》和财政部《征收超标准排污费财务管理和会计核算办法》等法规和规章中,又对排污费摊入成本问题、排污费的有偿使用和管理问题作了补充规定,使征收排污费制度不断充实和完善。1989年《环境保护法》对征收排污费的问题予以重申,并且强调征收的超标准排污费必须用于污染的防治,不得挪作他用。2014年《环境保护法》第43条再次规定,排污费应当全部专项用于环境污染防治,任何单位和个人不得截留、挤占或者挪作他用。

20世纪90年代中后期以来,我国在先后修订颁布的《海洋环境保护法》《大气污染防治法》和《水污染防治法》中均确立了"达标排污收费、超标排污违法"的新排污收费制度。此外,《海洋环境保护法》第11条还规定了与排污收费性质相同的海洋废弃物倾倒费制度。在地方,除西藏和台湾省外,各省、自治区、直辖市也根据国家法规结合本地情况制定了征收排污费实施办法或实施细则,在全国形成了一套完整的法规体系和法律制度。

为了加强对排污费征收、使用的管理,2003年国务院公布了新的《排污费征收使用管理条例》。同年,原国家环境保护总局根据《排污费征收使用管理条例》制定了《排污费征收标准管理办法》,并与财政部联合发布了《排污费资金收缴使用管理办法》。

(三) 征收排污费的目的和作用

征收排污费的目的是为了促进企业加强经营管理,节约和综合利用资源,治理污染和改善环境。

我国的工业企业一般是因为设备、工艺落后和管理不善而大量排放污染物,并成为我国环境污染严重的重要原因之一。控制工业企业污染的根本办法是调动企业加强管理和治理污染的积极性。征收排污费的办法是利用经济杠杆的调节作用,从外部给企业一定的经济压力,使排污量的大小与企业的经济效益直接联系起来。企业为了不交或少交排污费,就必须健全企业的管理制度,明确生产过程各个岗位的环境责任,降低原材料消耗,开展对污染物的综合利用和净化处理,使污染物排放量不断减少。征收排污费制度明显促进了企业加强经营管理和污染治理,并收到了很好的环境效益、经济效益和社会效益。

(四)排污费的征收与使用

1. 排污费的征收范围与类别

《排污费征收使用管理条例》规定,直接向环境排放污染物的单位和个体工商户(以下简称排污者)应按条例规定缴纳排污费。向城市污水集中处理设施排放污水、缴纳污水处理费用的,不再缴纳排污费。排污者建成工业固体废物贮存或处置设施、场所并符合环境保护标准,或者原有设施、场所经改造符合环境保护标准的,自建成或改造完成之日起,不再缴纳排污费。

综合现行各环境污染防治法律和《排污费征收使用管理条例》的规定,排污费主要包括废气排污费、海洋石油勘探开发超标排污费、污水排污费、危险废物排污费、噪声超标排污费五类。

(1)依照大气污染防治法、海洋环境保护法的规定,向大气、海洋排放污染物的,按照排放污染物的种类、数量缴纳排污费。

(2)依照水污染防治法的规定,直接向水体排放污染物的排污者,应当按照排放水污染物的种类、数量和排污费征收标准缴纳排污费。

(3)依照固体废物污染环境防治法的规定,向环境排放污染物的,按照污染物的种类和数量缴纳排污费;以填埋方式处置危险废弃物不符合国家有关规定的,按其排放的种类和数量,缴纳危险废物排污费。

(4)依照噪声污染防治法的规定,产生噪声污染超过国家环境噪声标准的,按照排放噪声的超标声级缴纳排污费。

排污者缴纳排污费,不免除其防治污染、赔偿污染损害的责任和法律规定的其他责任。

2. 排污费的征收程序

根据《排污费征收使用管理条例》的规定,排污者应当按照国务院环境保护主管部门的规定,向县级以上地方人民政府环境保护主管部门申报排放污染物的种类、数量,并提供有关资料。县级以上地方人民政府环境保护主管部门,应当按照国务院环境保护主管部门规定的核定权限对排污者排放污染物的种类、数量进行核定。

国务院价格主管部门、财政部门、环境保护主管部门和经济贸易主管部门,根据污染治理产业化发展的需要、污染防治的要求和经济、技术条件以及排污者的承受能力,制定国家排污费征收标准。国家排污费征收标准中未作规定的,省、自治区、直辖市人民政府可以制定地方排污费征收标准,并报国务院价格主管部门、财政部门、环境保护主管部门和经济贸易主管部门备案。

排污费征收标准的修正,实行预告制。

排污费的征收实行收支两条线。负责污染物排放核定工作的环境保护主管部门,应当根据排污费征收标准和排污者排放的污染物种类、数量,确定排污者应当缴纳的排污费数额,并予以公告。排污费数额确定后,由负责污染物排放核定工作的环境保护主管部门向排污者送达排污费缴纳通知单。排污者应当自接到排污费缴纳通知单之日起 7 日内,到指定的商业银行缴纳排污费。商业银行应当按照规定的比例将收到的排污费分别解缴中央国库和地方国库。

根据《排污费资金收缴使用管理办法》的规定,排污者在规定的期限内,未足额交纳排污费的,收缴部门责令其限期缴纳,并从滞纳之日起加收2‰的滞纳金。

排污者拒不交纳排污费和滞纳金的,由县级以上环境保护主管部门依照质权处以应缴费额1倍以上3倍以下的罚款,并报有批准权的人民政府批准,责令停产停业整顿。

3. 减免及缓缴的条件

排污者遇有不可抗力的自然灾害(火山爆发、洪水、干旱、地震等)和其他突发事件(疫情、火灾、他人破坏等)遭受重大直接经济损失的,可以申请减缴或者免缴排污费;排污者如未及时采取有效措施,造成环境污染的,不能申请减免排污费。申请减免排污费的最高限额不得超过1年的排污费应缴额。申请减免由市(地、州)级以上财政、价格部门会同环境保护主管部门负责审批。

遇自然灾害和突发事件的排污者正在申请减免排污费,审批部门正在批复期间,或者企业由于经营困难处于破产、倒闭、停产、半停产状态,可以申请缓缴排污费,缓缴的期限最长不超过3个月。在批准缓缴后一年内不得再重新申请。

4. 排污费的使用

按《排污费征收使用管理条例》和《排污费资金收缴使用管理办法》的规定,排污费要纳入财政预算,作为环境保护专项资金,全部用于环境污染防治的下列项目,任何单位和个人不得截留、挤占或者挪作他用:

一是,重点污染源防治项目。包括技术和工艺符合环境保护及清洁生产要求的重点行业、重点污染源防治项目。

二是,区域性污染防治项目。主要用于跨流域、跨地区的污染治理及清洁生产项目。

三是,污染防治新技术、新工艺的推广应用项目。包括资源综合利用率高、污染物产生量少的清洁生产技术、工艺的推广应用项目。

四是,国务院规定的其他污染防治项目。

财政部门应加强对排污费专项资金的监督管理,禁止弄虚作假、截留、挤占、挪用排污费资金。

环境保护专项资金也不得用于环境卫生、绿化、新建企业的污染治理项目以及与污染防治无关的其他项目。

五、自然资源费制度

各国在自然资源有偿使用的收费制度方面,有的是采取门票形式,通过对在国家公园等保护区域旅游者出售门票,收取自然资源使用费;有的是通过出售自然资源开发利用特许权而收费,最经常的是向申请某种自然资源开发利用许可证者收费;有的是向受益者收费,如保护上游水源林的单位或地区向下游享用优质水源的单位和个人收取资源保护费。

在我国的立法中,并没有"自然资源费"这一名称,它仅是学者们对各种自然资源开发、利用和保护管理收费的一个统称。不同的资源种类,其收费种类各不相同。《森林法》规定的森林资源费有育林费、森林生态效益补偿基金费、森林植被恢复费;《土地管理法》《城市房地产管理法》《土地复垦规定》和《基本农田保护条例》等法律、法规规定的土地资源费有耕地开垦费、基本农田保护区耕地造地费、耕地闲置费、土地复垦费、征用土地补偿费、新菜地开发建设基金、国有土地有偿使用费、土地损失补偿费;《水法》《河道管理条例》规定有水资源费、河道工程修建维护费、河道采砂取土管理费;《水土保持法》及其《实施条例》规定有水土流失防治费;《野生动物保护法》规定有野生动物资源保护管理费;《森林和野生动物类型自然保护区管理办法》规定有自然保护区保护管理费;《矿产资源法》及其《实施细则》《矿产资源补偿费征收管理规定》规定有矿产资源勘探费、开采费,矿产资源补偿费;《对外合作开采海洋石油资源条例》《对外合作开采陆上石油资源条例》规定有矿区使用费;《渔业法》《渔业资源增殖保护费征收使用办法》规定有渔业资源增殖保护费、《海域使用管理法》规定有海域使用金、《草原法》规定有草原植被恢复费。在一些地方立法中还规定有环境资源补偿费或生态环境补偿费、海域使用费等。另外,对在风景名胜区、森林公园、自然保护区的外围地带参观、游览,各地方也通常以出售门票的方式收费。这些收费大体可以分为四类:

（一）开发使用费

开发使用费是在单位或个人直接开发、占用、利用、使用自然资源时所缴纳的费用。例如土地使用费、水资源费、海域使用金、矿区使用费等。这种费用,它直接源于自然资源的使用价值,而不以是否有人类劳动的凝结或管理投入为转移。其费用的多少,通常根据开发使用的资源数量、面积以及稀缺程度、可获利益的大小确定。

（二）补偿费

补偿费是为弥补、恢复、更新自然资源的减少、流失或破坏而向开发利用自然资源者收取的费用。例如育林费、森林生态效益补偿基金费、森林植被恢复费、草原植被恢复费、耕地开垦费、土地复垦费、征用土地补偿费、新菜地开发建设基金、土地损失补偿费、水土流失防治费、矿产资源补偿费、生态环境补偿费等。这类费用,通常根据恢复、更新所消耗、破坏的资源的实际费用征收,但也有的只按开发利用自然资源所得的一定比例或数量征收,如育林费、森林生态效益补偿基金费、生态环境补偿费等。

目前,国务院正在研究制定"生态补偿条例",目的在于用法律制度的形式根据生态系统服务价值、生态保护成本、发展机会成本,综合运用行政和市场手段,调整生态环境保护者、生态环境提供者与利用者等相关各方之间利益关系,使生态服务功能受益者向生态服务功能提供者付费。

（三）保护管理费

保护管理费是为解决培育、维护、管理自然资源的费用支出而向开发利用自然资源者征收的一定费用。例如河道工程修建维护费、河道采砂取土管理费、野生动物资源保护管理费、自然保护区保护管理费、渔业资源增殖保护费、森林公园门票费等。这类收费,虽然也具有对所消耗的自然资源给予一定补偿的性质,但它主要是为了弥补国家或有关单位为保护、管理自然资源所支出的费用,而不是像开发使用费那样只是对自然资源本身价值的补偿。

（四）惩罚性收费

惩罚性收费是行政管理机关在自然资源开发利用者不按规定要求开发利用自然资源时而让其缴纳的带有制裁性质的费用。例如耕地闲置费,是在用地单位办理各项用地审批手续、缴纳各项正常的费用以后,在其非农业建设占用的耕地上一年以上未动工建设而按规定缴纳的费用,显然就属于惩罚性收费。这种收费的目的就是促使自然资源的开发利用者按照规定的条件利用自然资源,防止资源的浪费。另外,《森林法》中关于对滥伐森林或者其他林木的,责令补种滥伐株数5倍的树木,"拒不补种树木或者补种不符合国家有关规定的,由林业主管部门代为补种,所需费用由违法者支付"规定的费用,也具有惩罚性质。其他关于对不按规定开发利用自然资源者所处的罚款,实质上也是一种惩罚性收费,只不过是它采取了行政处罚的形式,因此,在我国一般不把其归入收费范畴。

在我国,不同种类的自然资源费,其收费的标准、程序、使用去向、拒缴或拖延缴纳的后果各不一样。各类自然资源收费的具体规定将在"自然资源保护法"各章内容中讲述。

六、其他经济刺激措施

世界各国在环境法中普遍重视经济刺激措施的采用,并且在环境经济学、环境法学的研究中,注意结合环境保护的特点,研究采用哪些经济制度在环境管理中更为有效。除以上介绍的环境税费制度以外,比较普遍采用的是财政援助和低息贷款。

(一)财政援助

有些国家对环境保护提供财政援助,是基于这样的考虑,治理污染需要较多资金,而把全部费用都加在排污者身上或对污染的过分严格的限制,会影响经济的发展。因此,从立法上鼓励各种控制污染的努力并给予各种形式的财政补贴。例如,日本《大气污染防治法》和《水污染防治法》都分别规定,国家和地方政府应采取必要的金融和税收措施,鼓励企业修建和改进公害防治设施。对企业修建烟尘、污水处理设施,提供必要的资金和技术帮助。其他国家,如美、英、德国、丹麦、荷兰等国也都对地方和企业修建污染处理设施提供各种津贴和补助金。英国为了防治大气污染,为"特别保护区"内改造炉灶提供财政补助,对个人的炉子可以提供70%的改造费用。意大利、爱尔兰、挪威等国政府对于地方和企业修建污水处理厂和下水道工程,均提供较优厚的财政补贴。

我国由于历史的原因,企业污染防治任务很重,又大多是全民所有制性质,国家对企业的污染治理给予一定的财政援助更为必要。这种援助有些可以从国家基建投资和更新改造投资中直接支付。1984年原国家城建部、国家发展计划委员会、国家科学技术委员会、国家经济委员会、财政部、中国建设银行、中国工商银行《关于环境保护资金渠道的规定的通知》第2条规定:"各级经委、工交部门和地方有关部门及企业所掌握的更新改造资金中,每年应拿出7%用于污染治理。污染严重治理任务重的,用于污染治理的资金比例可适当提高"。据统计,2010年,环境污染治理投资为6654.2亿元,占当年GDP的1.67%。其中,城市环境基础设施建设投资4224.2亿元;工业污染源治理投资397.0亿元;建设项目"三同时"环保投资2033.0亿元。①

(二)低息贷款

有的国家法律规定,用长期低息贷款的办法帮助企业治理污染,实际上是一种间接的财政援助。日本用于环境保护方面的各种低息贷款,利率比市场利率低1%—2%,这些低息贷款的绝大部分,提供给中小企业用于公害防治设施。

我国有关法规规定,用优惠贷款方式鼓励企业进行污染防治和废物综合利用。1984年5月,国务院《关于环境保护工作的决定》第6条第3款规定:"企业用于防治污染或综合利用'三废'项目的资金,可按规定向银行申请优惠贷款。"1985年原国家经济委员会《关于开展资源综合利用若干问题的暂行规定》(已失效)第10条曾规定:"对微利和增产国家急需原料的综合利用项目,各专业银行应当积极给予贷款扶持,还贷期限可以适当延长。"1986年国务院《节约能源管理暂行条例》(已失效)第41条曾规定:"对国家信贷计划内的节能贷

---

① 参见《2010年全国环境统计公报》,环境保护部2011年5月29日发布。

款,实行优惠利率,并可由有关主管部门按国家规定给予贴息;允许贷款企业在缴纳所得税前,以新增收益归还。对社会效益较大而企业效益较小的节能基建拨款改贷款的项目,有关主管部门可按国家规定豁免部分或者全部本息。"1996年国务院批转《关于进一步开展资源综合利用的意见》规定:国家将进一步研究、制定有关资源综合利用的价格、投资、财政、信贷等优惠政策。

第六节 治理、恢复与补救制度

一、治理、恢复与补救制度的概念

治理、恢复与补救制度,是指针对环境与资源利用行为造成的环境污染或生态破坏,要求行为人采取措施停止侵害、实施整治、恢复环境和自然原状的行政命令措施。

停止侵害、排除妨碍、消除危险和恢复原状原为民法中侵权责任的主要承担方式。我国是社会主义公有制国家,根据《宪法》《物权法》等的规定,矿藏;水流;海域;城市的土地以及法律规定属于国家所有的农村和城市郊区的土地;除法律规定属于集体所有以外的森林、山岭、草原、荒地、滩涂以及法律规定属于国家所有的野生动植物资源,均属于国家所有。国有财产由国务院代表国家行使所有权。一旦作为国有财产的自然资源遭受环境与资源利用行为的损害与破坏时,根据民法的责任构成和环境法的受益者负担原则等,应当要求环境与资源利用行为人对受损的自然资源实施补救与恢复措施。

此外,按照经济学原理,环境与自然资源的承载力例如环境对污染物的自净能力等,属于公共资源,虽具有资源的竞争性的特点,却不具有排他性的特征。在不实施管制措施的情况下,任何社会成员都可以自由利用这些资源,而其一旦受到破坏,一般社会成员却无法援引法律,尤其是私法手段主张法律救济。为实现对环境和自然资源的良好保护,根据法律的公平责任原理,也应当要求环境与资源利用行为人对自身所造成的环境污染与生态破坏实施整治和修复,以保障环境公共资源的可持续利用。

环境法上治理、恢复与补救制度的实施并不免除环境与资源利用行为人因环境污染或生态破坏侵害他人民事权益所应承担的侵权责任。

二、治理

环境法的治理是特指对造成严重环境污染或自然破坏者,由政府及其有关主管部门根据环境利用行为人的实际状况制定专门的治理计划并设定一定治理期限,命令环境利用行为人在该期限内完成治理事项、达到治理目标的行政强制措施。

治理措施主要分为环境污染治理和自然破坏治理两大类。

(一) 环境污染限期治理

1. 环境污染限期治理的概念

环境污染的限期治理是指对排放污染物超过规定的污染物排放标准或排放总量控制指标的排污单位,在规定的期限内未完成污染物排放削减任务的排污单位,由环境保护主管部门决定一定治理期限和治理任务,由排污单位制定治理方案并对其污染物排放状况进行治理的一种强制性行政管理措施。

2. 环境污染限期治理制度的建立和完善

1979年《环境保护法(试行)》首次规定了限期治理措施。根据该法第17条规定:"在城镇生活居住区、水源保护区、名胜古迹、风景游览区、温泉、疗养区和自然保护区,不准建立污染环境的企业、事业单位。已建成的,要限期治理、调整或者搬迁。"第18条第2款规定:"加强企业管理,实行文明生产,对于污染环境的废气、废水、废渣,要实行综合利用、化害为利;需要排放的,必须遵守国家规定的标准;一时达不到国家标准的要限期治理;逾期达不到国家标准的,要限制企业的生产规模。"此后公布的《海洋环境保护法》《水污染防治法》《大气污染防治法》等均纳入了限制治理规定。

1989年《环境保护法》延续了对限期治理措施的规定。该法第18条规定:"在国务院、国务院有关主管部门和省、自治区、直辖市人民政府划定的风景名胜区、自然保护区和其他需要特别保护的区域内,不得建设污染环境的工业生产设施;建设其他设施,其污染物排放不得超过规定的排放标准。已经建成的设施,其污染物排放超过规定的排放标准的,限期治理。"第29条第1款规定:"对造成环境严重污染的企业事业单位,限期治理。"

2000年修订的《大气污染防治法》将限期治理确定为法定的行政法律责任形式。根据该法第48条规定,向大气排放污染物超过国家和地方规定排放标准的,应当限期治理,并由所在地县级以上地方人民政府环境保护行政主管部门处1万元以上10万元以下罚款。

2008年修订的《水污染防治法》纳入了排放污染物超过总量控制指标的限期治理规定。根据该法第74条第1款规定,排放水污染物超过国家或者地方规定的水污染物排放标准,或者超过重点水污染物排放总量控制指标的,由县级以上人民政府环境保护主管部门按照权限责令限期治理,处应缴纳排污费数额2倍以上5倍以下的罚款。

2009年,环境保护部根据《水污染防治法》制定通过了《限期治理管理办法(试行)》。该办法规定排放水污染物超过国家或者地方规定的水污染物排放标准的,或者排放国务院或者省、自治区、直辖市人民政府确定实施总量削减和控制的重点水污染物,超过总量控制指标的,适用限期治理。

2014年新修订的《环境保护法》和2015年新修订的《大气污染防治法》删除了原法有关对排污者限期治理的条款,转而作出了有关限期达标规划的规定,将区域、流域环境质量达标的限期治理确立为人民政府的一项环境保护职责,加大了限期治理的执行力度。《环境保护法》第28条第2款规定:"未达到国家环境质量标准的重点区域、流域的有关地方人民政府,应当制订限期达标规划,并采取措施按期达标。"《大气污染防治法》规定未达到国家大气环境质量标准城市的人民政府应当及时编制大气环境质量限期达标规划,采取措施,按照国务院或者省级人民政府规定的期限达到大气环境质量标准。

3. 环境污染限期治理的适用

环境污染限期治理的对象主要是指造成环境污染的排污单位的污染源,包括三种情形:一是排放污染物超过国家或者地方规定的污染物排放标准的;二是排放污染物超过污染物排放总量控制指标的;三是排放污染物未完成污染物排放削减任务的。

《海洋环境保护法》规定对超过污染物排放标准的,或者在规定的期限内未完成污染物排放削减任务的,或者造成海洋环境严重污染损害的,适用限期治理。《固体废物污染环境防治法》规定对违反该法造成固体废物严重污染环境的,适用限期治理。《水污染防治法》和《限期治理管理办法(试行)》规定对排污单位的污染源排放水污染物超过国家或者地方规定的水污染物排放标准的,或者排放国务院或者省级人民政府确定实施总量削减和控制的重点水污染物超过总量控制指标的,适用限期治理。《限期治理管理办法(试行)》同时规定,建设项目的水污染防治设施未建成、未经验收或者验收不合格,主体工程即投入生产或者使用的;建设项目投入试生产,其配套建设的水污染防治设施未与主体工程同时投入试运行的;不正常使用水污染物处理设施,或者未经环境保护行政主管部门批准拆除、闲置水污染物处理设施的;违法采用国家强制淘汰的造成严重水污染的设备或者工艺,情节严重的,排污单位的污染源排放水污染物超标或者超总量,不适用限期治理,根据法律法规相关条款的特别规定予以处罚。

4. 环境污染限期治理的决定权

1989年《环境保护法》规定对企事业单位的限期治理由人民政府决定。具体程序为由环境保护主管部门提出对排污单位的污染源的限期治理意见,报同级人民政府行使限期治理的决定权。然而,自2004年修订《固体废物污染环境防治法》以来,将环境污染限期治理的决定权逐步转而直接授予环境保护主管部门。该法第81条规定,造成固体废物严重污染环境的,由县级以上人民政府环境保护行政主管部门按照国务院规定的权限决定限期治理。2008年修订的《水污染防治法》也规定由县级以上人民政府环境保护主管部门行使排放水污染物限期治理的决定权。

2009年《限期治理管理办法(试行)》规定,国家重点监控企业的限期治理,由省、自治区、直辖市环境保护行政主管部门决定,报环境保护部备案。省级重点监控企业的限期治理,由所在地设区的市级环境保护行政主管部门决定,报省、自治区、直辖市环境保护行政主管部门备案。其他排污单位的限期治理,由污染源所在地设区的市级或者县级环境保护行政主管部门决定。

《限期治理管理办法(试行)》同时规定,下级环境保护主管部门实施限期治理有困难的,可以报请上一级环境保护主管部门决定限期治理。下级环境保护主管部门对依法应予限期治理的排污单位不作出限期治理决定的,上级环境保护主管部门应当责成下级环境保护主管部门依法决定限期治理,或者直接决定限期治理。排污单位排放水污染物超标或者超总量造成的社会影响特别重大,或者有其他特别严重情形的,环境保护部可以直接决定限期治理。上下级环境保护行政主管部门,对同一污染源的同一违法行为,不得重复下达限期治理决定。

5. 环境污染限期治理的执行与解除

根据《固体废物污染环境防治法》第81条规定,造成固体废物严重污染环境,逾期未完成限期治理任务的,由本级人民政府决定停业或者关闭。

根据《水污染防治法》第74条第2款的规定,限期治理期间,由环境保护主管部门责令限制生产、限制排放或者停产整治。限期治理的期限最长不超过一年;逾期未完成治理任务的,报经有批准权的人民政府批准,责令关闭。

据此可见,限期治理属于惩罚性的行政责任形式,具有行政强制性。

根据《限期治理管理办法(试行)》的规定,被责令限期治理的污染源,经过限期治理后,符合下列条件的,可以认定为已完成限期治理任务:

一是,在工况稳定、生产负荷达75%以上、配套的水污染物处理设施正常运行的条件下,按照污染源监测规范规定的采样频次监测认定,在生产周期内所排水污染物浓度的日均值能够稳定达到排放标准限值的。

二是,生产负荷无法调整到75%以上,但经行业生产专家、污染物处理技术专家和企业代表,采用工艺流程分析、物料衡算等方法,认定水污染物处理设施与处理需求相匹配的。

三是,所排重点水污染物未超过有关地方人民政府依法分解的总量控制指标的。

(二) 自然资源与能源利用的治理

依照我国各自然资源法的规定,因环境利用行为导致自然环境或自然资源破坏的,由行为人负责治理或者由人民政府及其有关主管部门决定限期治理。对自然资源进行开发利用的行为一般是长时期的,因此开发利用自然资源所造成的自然破坏也具有长期性、渐进性和累积性,同样需要用一定的时期进行治理以逐步恢复自然本来的功能。为此,对自然破坏实行的治理措施也有不同的方式并适用于不同的自然破坏区域。目前我国各自然资源法规定的治理措施及其适用范围主要包括两类。

1. 自然资源与能源利用限期治理

资源与能源利用限期治理,是指对开发利用自然资源造成生态破坏的,或者超过单位产品能耗限额标准用能的,由有关主管部门责令行为人在一定期限内实施治理,修复自然资源或者降低能耗的行政管理措施。

根据《防沙治沙法》的规定,国有土地使用权人和农民集体所有土地承包经营权人未采取防沙治沙措施,造成土地严重沙化的,由县级以上地方人民政府农(牧)业、林业主管部门按照各自的职责,责令限期治理;造成国有土地严重沙化的,县级以上人民政府可以收回国有土地使用权。

根据《草原法》的规定,禁止开垦草原。对水土流失严重、有沙化趋势、需要改善生态环境的已垦草原,应当有计划、有步骤地退耕还草;已造成沙化、盐碱化、石漠化的,应当限期治理。

根据《水土保持法》的规定,开办生产建设项目或者从事其他生产建设活动造成水土流失,不进行治理的,由县级以上人民政府水行政主管部门责令限期治理;逾期仍不治理的,县级以上人民政府水行政主管部门可以指定有治理能力的单位代为治理,所需费用由违法行为人承担。

根据《节约能源法》的规定,生产过程中耗能高的产品的生产单位,应当执行单位产品能耗限额标准。对超过单位产品能耗限额标准用能的生产单位,由管理节能工作的部门按照国务院规定的权限责令限期治理。生产单位超过单位产品能耗限额标准用能,情节严重,经限期治理逾期不治理或者没有达到治理要求的,可以由管理节能工作的部门提出意见,报请本级人民政府按照国务院规定的权限责令停业整顿或者关闭。

此外,《自然保护区条例》和《风景名胜区》条例也对在特殊保护区域内及其外围地带有关建设、开发和资源利用活动等做出了限期治理、拆除、改正和恢复原状等规定。

2. 综合治理和专项治理

综合治理和专项整治,是指中央或地方人民政府依照环境保护与自然资源保护计划的安排,通过投入专门的治理资金等对自然破坏实行的治理。

其中,综合治理是指将治理对象和措施纳入国家国土整治计划或土地利用总体规划,由国家投入资金对自然破坏施行的大规模、长时期的整治活动。专项治理是指由各级政府在确定的环境保护与自然资源保护计划时期内,将环境退化或自然破坏地区纳入该计划所划定的治理区,有目的地从事治理活动的国家环境管理行为。

三、恢复、补救和拯救

环境法上的恢复和补救措施,主要适用于因开发利用规划的失误或者违法开发利用自然资源而导致自然资源受到破坏或者自然环境可能遭受损失的区域。它们主要包括恢复原状与补救或拯救两种措施。

恢复原状主要适用于因开发利用规划的失误造成土地资源过度开垦、或改变原自然环境的使用功能和生态功能而造成生态不良影响的区域。如恢复土地原状、土地复垦等,以恢复该土地的原有功能和使用用途。

补救主要适用于根据有关自然规律和科学知识,可以判定环境与自然资源利用行为可能造成生态破坏或者损害,但又不能停止项目、迁址或者采取替代措施的情形中,对生态环境实施的减轻损害结果的保护或者修复措施。例如在河流、湖泊的建闸、筑坝项目中修建水生动物洄游通道等。

拯救主要适用于重点保护野生动植物的生存状况受到人为活动或自然灾害威胁的情形,目的在于保护或者恢复野生动植物物种及其生长环境。

应当说明的是,在自然保护领域广泛实施的治理、恢复和补救并非绝对、单一的事后补救措施,因各自然资源法规定的不同它们有时也可以重叠适用于具体的生态破坏情形。

四、突发环境事件应急处理机制

(一) 突发环境事件应急处理机制的概念

突发事件包括自然灾害、事故灾难、公共卫生事件和社会安全事件等。环境事件是指由于违反环境保护法律法规的经济、社会活动与行为,以及意外因素的影响或不可抗拒的自然灾害等原因致使环境受到污染,人体健康受到危害,社会经济与人民群众财产受到损失,造成不良社会影响的突发性事件。

广义的突发环境事件是指突然发生,造成或者可能造成重大人员伤亡、重大财产损失或者具有重大社会影响并涉及公共安全、需要采取应急处置措施予以应对的自然灾害、环境污染或者生态破坏事件,或者涉及放射性物质、危险物质并可能造成严重社会危害的事件。突发环境事件应急处理机制是指发生突发环境事件时,各部门的协调应对和组织运行模式。狭义的突发环境事件是指由国务院《国家突发环境事件应急预案》规定的,由于污染物排放或自然灾害、生产安全事故等因素,导致污染物或放射性物质等有毒有害物质进入大气、水体、土壤等环境介质,突然造成或可能造成环境质量下降,危及公众身体健康和财产安全,或造成生态环境破坏,或造成重大社会影响,需要采取紧急措施予以应对的事件,主要包括大气污染、水体污染、土壤污染等突发性环境污染事件和辐射污染事件。

(二) 突发环境事件应急处理机制的建立和完善

2006年,依据《环境保护法》《海洋环境保护法》《安全生产法》和《国家突发公共事件总体应急预案》及相关的法律、行政法规,经国务院批准印发了《国家突发环境事件应急预案》,以建立健全突发环境事件应急机制,提高政府应对涉及公共危机的突发环境事件的能力,维护社会稳定,保障公众生命健康和财产安全,保护环境,促进社会全面、协调、可持续发展。据此,原国家环境保护总局于同年制定印发《环境保护行政主管部门突发环境事件信息

报告办法(试行)》

2007年,第十届全国人大常委会通过了《突发事件应对法》,适用于突发事件的预防与应急准备、监测与预警、应急处置与救援、事后恢复与重建等应对活动。

2011年,环境保护部依据《突发事件应对法》《国家突发公共事件总体应急预案》《国家突发环境事件应急预案》及相关法律法规的规定,制定公布了《突发环境事件信息报告办法》。原《环境保护行政主管部门突发环境事件信息报告办法(试行)》同时废止。

2014年,随着《环境保护法》的修订通过,国务院办公厅依据修订后的《环境保护法》,以及《突发事件应对法》《放射性污染防治法》《国家突发公共事件总体应急预案》及相关法律法规等,修订并重新印发《国家突发环境事件应急预案》。

2015年,环境保护部发布《突发环境事件应急管理办法》,适用于各级环境保护主管部门和企业事业单位组织开展的突发环境事件风险控制、应急准备、应急处置、事后恢复等工作。

(三)突发环境事件的分级和预案分类

根据《突发事件应对法》的规定,国务院制定国家突发事件总体应急预案,组织制定国家突发事件专项应急预案;国务院有关部门根据各自的职责和国务院相关应急预案,制定国家突发事件部门应急预案。地方各级人民政府和县级以上地方各级人民政府有关部门根据有关法律、法规、规章、上级人民政府及其有关部门的应急预案以及本地区的实际情况,制定相应的突发事件应急预案。

《国家突发环境事件应急预案》属于国家突发事件专项应急预案。按照突发事件严重性和紧急程度,《国家突发环境事件应急预案》将突发环境事件分为分为特别重大、重大、较大和一般四级。

特别重大突发环境事件是指凡符合(1)因环境污染直接导致30人以上死亡或100人以上中毒或重伤的;或者(2)因环境污染疏散、转移人员5万人以上的;或者(3)因环境污染造成直接经济损失1亿元以上的;或者(4)因环境污染造成区域生态功能丧失或该区域国家重点保护物种灭绝的;或者(5)因环境污染造成设区的市级以上城市集中式饮用水水源地取水中断的;或者(6)Ⅰ、Ⅱ类放射源丢失、被盗、失控并造成大范围严重辐射污染后果的;放射性同位素和射线装置失控导致3人以上急性死亡的;放射性物质泄漏,造成大范围辐射污染后果的;或者(7)造成重大跨国境影响的境内突发环境事件等七种情形之一的突发环境事件。

重大突发环境事件是指凡符合(1)因环境污染直接导致10人以上30人以下死亡或50人以上100人以下中毒或重伤的;或者(2)因环境污染疏散、转移人员1万人以上5万人以下的;或者(3)因环境污染造成直接经济损失2000万元以上1亿元以下的;或者(4)因环境污染造成区域生态功能部分丧失或该区域国家重点保护野生动植物种群大批死亡的;或者(5)因环境污染造成县级城市集中式饮用水水源地取水中断的;或者(6)Ⅰ、Ⅱ类放射源丢失、被盗的;放射性同位素和射线装置失控导致3人以下急性死亡或者10人以上急性重度放射病、局部器官残疾的;放射性物质泄漏,造成较大范围辐射污染后果的;或者(7)造成跨省级行政区域影响的突发环境事件等七种情形之一的突发环境事件。

较大突发环境事件是指凡符合(1)因环境污染直接导致3人以上10人以下死亡或10人以上50人以下中毒或重伤的;或者(2)因环境污染疏散、转移人员5000人以上1万人以下的;或者(3)因环境污染造成直接经济损失 500 万元以上 2000 万元以下的;或者(4)因环境污染造成国家重点保护的动植物物种受到破坏的;或者(5)因环境污染造成乡镇集中式饮用水水源地取水中断的;或者(6) Ⅲ 类放射源丢失、被盗的;放射性同位素和射线装置失控导致 10 人以下急性重度放射病、局部器官残疾的;放射性物质泄漏,造成小范围辐射污染后果的;或者(7)造成跨设区的市级行政区域影响的突发环境事件等七种情形之一的突发环境事件。

一般突发环境事件是指凡符合(1)因环境污染直接导致 3 人以下死亡或 10 人以下中毒或重伤的;或者(2)因环境污染疏散、转移人员 5000 人以下的;或者(3)因环境污染造成直接经济损失 500 万元以下的;或者(4)因环境污染造成跨县级行政区域纠纷,引起一般性群体影响的;或者(5) Ⅳ、Ⅴ 类放射源丢失、被盗的;放射性同位素和射线装置失控导致人员受到超过年剂量限值的照射;放射性物质泄漏,造成厂区内或设施内局部辐射污染后果的;铀矿冶、伴生矿超标排放,造成环境辐射污染后果的;或者(6)对环境造成一定影响,尚未达到较大突发环境事件级别的等六种情形之一的突发环境事件。

上述分级标准有关数量的表述中,"以上"含本数,"以下"不含本数。

（四）突发环境事件的应急组织体系

《国家突发环境事件应急预案》规定,突发环境事件的组织指挥体系包括国家层面组织指挥机构、地方层面组织指挥机构和现场指挥机构。

在国家层面,环境保护部负责重特大突发环境事件应对的指导协调和环境应急的日常监督管理工作。根据突发环境事件的发展态势及影响,环境保护部或省级人民政府可报请国务院批准,或根据国务院领导同志指示,成立国务院工作组,负责指导、协调、督促有关地区和部门开展突发环境事件应对工作。必要时,成立国家环境应急指挥部,由国务院领导同志担任总指挥,统一领导、组织和指挥应急处置工作;国务院办公厅履行信息汇总和综合协调职责,发挥运转枢纽作用。

国家环境应急指挥部主要由环境保护部、中央宣传部(国务院新闻办)、中央网信办、外交部、发展改革委、工业和信息化部、公安部、民政部、财政部、住房城乡建设部、交通运输部、水利部、农业部、商务部、卫生计生委、新闻出版广电总局、安全监管总局、食品药品监管总局、林业局、气象局、海洋局、测绘地信局、铁路局、民航局、总参作战部、总后基建营房部、武警总部、中国铁路总公司等部门和单位组成,根据应对工作需要,增加有关地方人民政府和其他有关部门。

国家环境应急指挥部设立相应污染处置组、应急监测组、医学救援组、应急保障组、新闻宣传组、社会稳定组、涉外事务组等工作组,按照各组组成及职责分工实施应急相应。

在地方层面,县级以上地方人民政府负责本行政区域内的突发环境事件应对工作,明确相应组织指挥机构。跨行政区域的突发环境事件应对工作,由各有关行政区域人民政府共同负责,或由有关行政区域共同的上一级地方人民政府负责。对需要国家层面协调处置的跨省级行政区域突发环境事件,由有关省级人民政府向国务院提出请求,或由有关省级环境保护主管部门向环境保护部提出请求。

现场指挥机构是指负责突发环境事件应急处置的人民政府根据需要成立的现场指挥部,负责现场组织指挥工作。参与现场处置的有关单位和人员要服从现场指挥部的统一指挥。

（五）突发环境事件应急处理机制的运行

《国家突发环境事件应急预案》规定了监测预警和信息报告、应急响应、后期工作和应急保障等四项机制。

1. 监测预警和信息报告机制。对可以预警的突发环境事件，按照事件发生的可能性大小、紧急程度和可能造成的危害程度，将预警分为四级，由低到高依次用蓝色、黄色、橙色和红色表示。地方环境保护主管部门研判可能发生突发环境事件时，应当及时向本级人民政府提出预警信息发布建议，同时通报同级相关部门和单位。地方人民政府或其授权的相关部门，及时通过电视、广播、报纸、互联网、手机短信、当面告知等渠道或方式向本行政区域公众发布预警信息，并通报可能影响到的相关地区。上级环境保护主管部门要将监测到的可能导致突发环境事件的有关信息，及时通报可能受影响地区的下一级环境保护主管部门。预警信息发布后，由当地人民政府及其有关部门视情况采取预警行动，具体包括分析研判、防范处置、应急准备和舆论引导。

对以下突发环境事件信息，省级人民政府和环境保护部应当立即向国务院报告：一是初判为特别重大或重大突发环境事件；二是可能或已引发大规模群体性事件的突发环境事件；三是可能造成国际影响的境内突发环境事件；四是境外因素导致或可能导致我境内突发环境事件；五是省级人民政府和环境保护部认为有必要报告的其他突发环境事件。

2. 应急响应机制。应急响应设定为Ⅰ级、Ⅱ级、Ⅲ级和Ⅳ级四个等级。初判发生特别重大、重大突发环境事件，分别启动Ⅰ级、Ⅱ级应急响应，由事发地省级人民政府负责应对工作；初判发生较大突发环境事件，启动Ⅲ级应急响应，由事发地设区的市级人民政府负责应对工作；初判发生一般突发环境事件，启动Ⅳ级应急响应，由事发地县级人民政府负责应对工作。

相应措施包括现场污染处置、转移安置人员、医学救援、应急监测、市场监管和调控、信息发布和舆论引导、维护社会稳定、国际通报和援助等。

3. 后期工作包括损害评估、事件调查、善后处置。突发环境事件应急响应终止后，要及时组织开展污染损害评估，并将评估结果向社会公布。评估结论作为事件调查处理、损害赔偿、环境修复和生态恢复重建的依据。突发环境事件发生后，根据有关规定，由环境保护主管部门牵头，可会同监察机关及相关部门，组织开展事件调查，查明事件原因和性质，提出整改防范措施和处理建议。事发地人民政府要及时组织制订补助、补偿、抚慰、抚恤、安置和环境恢复等善后工作方案并组织实施。保险机构要及时开展相关理赔工作。

4. 应急保障包括队伍保障、物资与资金保障、通信交通与运输保障，以及应急处置、监测和信息等方面的技术保障。

第十章

环境法律责任

第一节 环境法律责任概述

一、追究环境违法者法律责任的意义

法律作为一种行为规范,其重要特征之一是具有强制性。这种强制性的集中表现就是由有关国家机关依法对违反环境法者,根据其违法行为的性质、危害后果和主观因素的不同,分别给予不同的法律制裁,包括追究其行政责任、民事责任或刑事责任。

在环境保护领域普遍存在着一些严重妨碍环境法实施的因素,主要表现为:

首先,在环境与资源利用开发方面,普遍存在某些传统的错误观念,一种是认为环境要素和自然资源具有无主性、无穷性和无偿性,可以任意使用甚至浪费也无妨;也有的企业领导者"生产第一""为公论""污染难免""重经济轻环保"等错误思想根深蒂固。这些错误观念的存在,极易导致环境法制观念的淡薄,不认为污染与破坏环境的行为,在一定条件下也是一种违法甚至犯罪行为。

其次,现行法律,关于法律责任制度的规定,虽然在不断地完善,但总的来说,由于环境法是一门形成较晚,又具有许多特点的年轻的部门法,在法律责任制度方面,还处于一种过渡和发展的阶段,不如其他老的部门法如民法、刑法那样完备。而相关的部门法如民法、刑法、经济法、行政法等,虽也有一些环境保护方面的相应规定,但缺乏全面的具有针对性的特殊规定。这种情况,给环境法的有效实施也带来一定困难。

最后,环境法的有效实施,必须配备完备的环境标准体系和强有力的监督、检查及监测系统。如果这方面的建设不健全,环境法的实施也会直接受到影响而难以切实贯彻执行。

在环境法的实施过程中,划清守法与违法的界限,真正做到执法必严、违法必究具有特别重要的意义。重视和研究追究违法者的法律责任问题,健全环境法的法律责任制度,是保障环境法有效实施的重要问题之一。

二、环境法律责任的特点

环境法律责任是一种综合性的法律责任,除环境法本身对法律责任作出规定外,还涉及其他相关部门法如民法、刑法、行政法等等。因此,国家整个法律责任制度适用的原则、条件、形式、程序,一般也适用于环境法,但环境法又有许多区别于一般法律责任制度的特殊规

定。这些特殊规定,既体现于环境法中,也体现于其他部门法中。研究环境法律责任制度,应该注意同其他部门法的异同。

我们首先从构成法律责任的几个要件即主体、客体、主观方面和客观方面作一些概括性的分析,然后在讨论各种法律责任时再具体加以说明。

(一) 环境法律责任的主体

法律责任主体是指依法享有权利和承担义务的法律关系的参加者,在其实施加害或违法行为时,应承担一定法律责任者。

环境法律责任的主体具有广泛性的特点。凡是对环境和资源进行开发利用者或对环境保护负有监督、管理职责者都可能成为法律责任的主体,具体包括国家机关、企事业单位、其他社会组织、公职人员和公民。

(二) 环境法律责任的客体

法律责任的客体是指法律关系中权利义务所指向的对象亦即在实施违法活动时所指向的对象。环境法律责任的客体一般包括行为和物两种。

行为,包括作为和不作为。如果违反环境法从事法律禁止的行为(作为)或不履行法定的职责或义务(不作为)都要承担相应的法律责任。在环境保护法和各种单行法规中,一般都具体规定了法律禁止事项和法定职责或义务。

环境违法行为,同一般违法行为如民事、刑事相比较有一个重要特点,即一般违法行为多为一次性的,屡犯是少数情况,因而惩罚也是一次性的。环境违法行为则往往具有持续性和反复性的特点,惩罚有的也实行连续性的惩罚。例如美国环境法中就有"按日计罚"的规定,持续性的环境违法行为每一天均构成一个独立违法行为,或一件不符合规定的设备、产品均构成一个独立违法行为。[①]

物是指法律关系中权利和义务的对象,可能成为违法行为指向的各种物。这里包括一切人们可以控制、支配和具有环境功能的自然物和劳动创造的物质财富。

环境违法行为指向的物,通常表现为自然物的各种环境要素和社会财富。它同民法保护对象的物的主要区别在于:

民事法律关系客体的物,通常视为财产权的对象因而必须是具有价值的物;环境法保护的物除社会财产外主要是指具有环境功能的自然物。

某些自然物既是环境要素又是民法财产权的客体如土地、森林、草原、山脉、矿藏、河流等。根据我国法律规定,它们既是民法的保护客体,也是环境法的保护客体,但角度不同,民法重在保护所有权,环境法重在保护其环境功能。这些自然物都是只有国家或集体拥有所有权,而不能成为个人财产权的客体。

还有一些作为环境要素的自然物如空气、风力、光照等,只能作为环境法保护的客体,而不能作为民法财产权的客体。其意义在于它们不能作为财产为人们任意占有或处置,而只能作为人类共享资源的环境要素加以保护。

(三) 环境法律责任的主观方面

主观方面是指法律责任的主体在实施违法行为时的主观心理状态,一般分为故意和过

---

① 美国《清洁水法》第4章404节(4)(A)规定:违反许可证规定条件或限度,每天处以2500美元至25000美元的罚款,单处或并处不超过一年的监禁。

失。刑法中注重对加害人主观恶性的惩罚,又把故意分为直接故意和间接故意,民法中则注重对受害人损失的补救,一般不再分直接故意和间接故意。

环境法在追究某人的行政责任和刑事责任时,行为人主观上具有故意或过失被视为必备要件。而在环境侵害引起的民事责任中,则不要求具备故意或过失要件,只要实施了危害环境的行为并造成危害后果时,即可追究其民事责任。

(四)环境法律责任的客观方面

法律责任的客观方面是指行为的违法性和社会危害性。任何承担法律责任的行为,通常都是法律禁止的、具有违法性和社会危害性的行为。违法性和社会危害性之间又往往有必然性的联系,因而又常常把社会危害性作为判断违法性的标准。

在环境法中,情况则比较复杂,并有一定特殊性。多数情况下,造成社会危害的行为,往往也是违法行为。但在某些情况下,由于危害环境的行为,多数是在工业生产、资源开发活动中产生的,这些行为有其社会的必要性、合理性,对环境造成一定影响和危害又具有不可避免性。

在特定情况下,具有社会危害性的行为不能一概视为违法行为。例如生产工艺未获解决而国家又需要该产品的某些企业的排污行为;某些水利工程未设过鱼设施;符合排放标准的排污行为因该地区污染源过于集中而造成环境污染等等。这些行为不视为违法行为因而不承担行政责任,但可能承担民事责任和治理责任。

第二节 环境行政责任

一、环境行政责任的概念及其构成要件

(一)环境行政责任的概念

环境行政责任,是指环境法律关系主体在违反环境行政法律规范时应当承担的不利法律后果。被追究行政责任者多为企业、事业单位及其领导人员、直接责任人员,也包括其他公民。一般说,行政违法行为就其社会危害性要比犯罪行为为轻,行政制裁比刑事处罚也相对较轻。

(二)环境行政责任的构成要件

环境行政责任的必备构成要件有两个,即行为的违法性与行为人的过错。

行为的违法性,即行为人实施了法律禁止的行为或违反了法律规定的义务。行为的违法性是构成行政责任的必要条件,没有违法行为,便不构成行政责任。在环境保护领域,行为的违法性具体表现为行为人违反了环境保护法律所规定的禁止性或限制性规范。

行为人的过错。行为人主观上具有故意或过失也是承担行政责任的必要条件。故意的心理状态是行为人明知自己的行为会造成对环境、公私财产或人体健康的危害,而"明知故犯"。过失则表现为由于疏忽大意或过于自信而导致损害发生,并非故意。实践中,对环境和资源的破坏多表现为故意,对环境的污染多表现为过失的心理状态。有的国家判断环境违法过失的客观标准主要依据注意义务,又分一般注意义务和特殊注意义务。对于某些专业性和技术性较高又易造成危险的特殊行业,提出特殊注意义务。注意义务有的在法律、规章中作出规定,有的反映在操作规程或技术规范中。日本在公害法中规定,设置了符合标准

的防治污染设施,即使发生危害,也不认定为过失,不构成不法侵害,因此不承担行政违法责任,但可能承担民事赔偿责任。20世纪70年代以来,在环境法学说上又趋严格化,提出了"忍受限度"论,危害如已超过忍受限度,不论是否设置法定设备,都应属于不法侵害行为。

根据我国环境保护法律的规定,危害后果不是承担行政责任的必要条件。只要存在环境违法行为,无论有没有实际造成损害后果,都要承担行政责任。例如,拒绝现场检查、未评先建、不正当闲置污染处理设施、私设暗管、超标排污、未经批准进入自然保护区核心区等等。当然,在这种场合,危害后果的大小会影响承担行政责任的轻重程度。也有一些场合,必须产生了危害后果才承担行政责任,这要根据法律的规定。例如,要根据《水污染防治法》第83条给予某企业处罚,就必须以该企业违法并实际造成水污染事故为前提。

二、环境行政责任的种类

根据违法行为主体的不同类型,环境行政责任可以分为环境行政处分与行政处罚两大类;前者是环境保护行政机关工作人员违法的不利后果,后者是环境保护行政相对人违法的不利法律后果。两者在制裁方式、适用对象、实施主体、适用程序、救济措施等方面存在较大差异。

(一) 行政处分

环境行政处分是指对违法、违纪的负有环境保护监管职责的行政机关工作人员给予的行政制裁。实施行政处分的单位,必须是具有隶属关系和行政处分权的国家行政机关或者企业、事业单位。实施环境行政处分的依据是环境保护方面的法律、法规以及《公务员法》《行政机关公务员处分条例》和《环境保护违法违纪行为处分暂行规定》等。

行政处分包括六种,即警告、记过、记大过、降级、撤职、开除。警告的处分期间为6个月,记过的处分期间为12个月,记大过的处分期间为18个月,降级、撤职的处分期间为24个月。对负有环境保护监督管理职责的行政机关公务员给予处分,由任免机关或者监察机关按照管理权限决定。

公务员违纪的,应当由任免机关或者监察机关决定对公务员违纪的情况进行调查,并将调查认定的事实及拟给予处分的依据告知公务员本人。公务员有权进行陈述和申辩。给予行政机关公务员处分,应当自批准立案之日起6个月内作出决定;案情复杂或者遇有其他特殊情形的,办案期限可以延长,但是最长不得超过12个月。处分决定应当以书面形式通知公务员本人。任免机关应当按照管理权限,及时将处分决定或者解除处分决定报公务员主管部门备案。处分决定、解除处分决定自作出之日起生效。

受到处分的负有环境保护监督管理职责的行政机关公务员对处分决定不服的,依照《公务员法》和《行政监察法》的有关规定,可以申请复核或者申诉。复核、申诉期间不停止处分的执行。负有环境保护监督管理职责的行政机关公务员不因提出复核、申诉而被加重处分。

2014年修订的《环境保护法》又针对负有环境保护监督管理职责的部门的主要负责人规定了引咎辞职这种行政处分类型。

根据《环境保护法》第68条的规定,地方各级人民政府、县级以上人民政府环境保护主管部门和其他负有环境保护监督管理职责的部门有下列行为之一的,对直接负责的主管人员和其他直接责任人员给予记过、记大过或者降级处分;造成严重后果的,给予撤职或者开除处分,其主要负责人应当引咎辞职:不符合行政许可条件准予行政许可的;对环境违法行为进行包庇的；依法应当作出责令停业、关闭的决定而未作出的；对超标排放污染物、采用逃避监管的方式排放污染物、造成环境事故以及不落实生态保护措施造成生态破坏等行为，发现或者接到举报未及时查处的；违反本法规定，查封、扣押企业事业单位和其他生产经营者的设施、设备的；篡改、伪造或者指使篡改、伪造监测数据的；应当依法公开环境信息而未公开的；将征收的排污费截留、挤占或者挪作他用的；法律法规规定的其他违法行为。

地方各级党委在我国地方政府决策中发挥着极其重要的作用，然而党委在环境保护方面的具体职责在党内法规和国家法规中并没有明确规定，因此党委的环保责任往往被虚化。针对这种情况，2015 年 8 月，中共中央办公厅、国务院办公厅印发了《党政领导干部生态环境损害责任追究办法（试行）》，正式确立了"党政同责"的环保问责机制。

该办法明确规定了地方各级党委和政府及其有关工作部门的领导成员、中央和国家机关有关工作部门领导成员以及上列工作部门的有关机构领导人员应当被追究生态环境损害责任的具体情形。根据该办法的规定，追究党政领导干部生态环境损害责任的形式有：诫勉、责令公开道歉；组织处理，包括调离岗位、引咎辞职、责令辞职、免职、降职等；党纪政纪处分。同时该办法也规定了追责程序，即负有生态环境和资源保护监管职责的工作部门发现有应追责情形的，必须按照职责依法对生态环境和资源损害问题进行调查，在根据调查结果依法作出行政处罚决定或者其他处理决定的同时，对相关党政领导干部应负责任和处理提出建议，按照干部管理权限将有关材料及时移送纪检监察机关或者组织（人事）部门；需要追究党纪政纪责任的，由纪检监察机关按照有关规定办理；需要给予诫勉、责令公开道歉和组织处理的，由组织（人事）部门按照有关规定办理。此外，该办法还确立了生态环境损害责任终身追究制，即对违背科学发展要求、造成生态环境和资源严重破坏的，责任人不论是否已调离、提拔或者退休，都必须严格追责。

（二）行政处罚

环境行政处罚是指由法律授权的环保部门和其他行使环境监督管理权的机关，按照国家有关行政处罚法律规定的程序，对违反规定但又未构成犯罪的行为人给予的行政制裁。

实施行政处罚的机关，除了对环保工作实施统一监督管理的各级环保部门以外，还包括：依照法律规定对环境污染防治实施监督管理的国家海洋局、国家海事部门、国家渔业行政主管部门、军队环保部门和各级公安、交通、铁道、民航等管理部门，还有依法对资源保护实施监督管理的县级以上政府的土地、矿产、林业、农业、水利等主管部门。

实施环境行政处罚的主要法律依据是环境保护法律、法规、规章的规定以及《行政处罚法》的规定。

环境行政处罚的种类一般包括警告，罚款，责令停产整顿，责令停产、停业、关闭，暂扣、吊销许可证或者其他具有许可性质的证件，没收违法所得、没收非法财物，行政拘留七种。根据违法行为的性质与后果，可以分别适用上述七种处罚形式中的一种或同时适用两种或两种以上的处罚形式。

在污染防治的各种单行法律，如《水污染防治法》《大气污染防治法》《环境噪声污染防治法》《固体废物污染环境防治法》中，还规定了责令缴纳排污费、支付消除污染费用等。

在各种自然资源法中，如《水法》《土地管理法》《森林法》《草原法》《渔业法》《矿产资源法》《野生动物保护法》等还规定了责令停止违法行为，采取补救措施，恢复土地原状，限期拆除或没收建筑物，补种树木，责令停止开荒，恢复植被，没收矿产品或违法所得，吊销采矿许可证,责令停止破坏行为,限期恢复原状,吊销狩猎证或捕捞许可证,没收猎获物、猎捕工具和违法所得等多种行政处罚形式。

为提高对环境违法行为的处罚力度,2014年修订的《环境保护法》和2015年修订的《大气污染防治法》针对违法排污行为规定了按日计罚,即企业事业单位和其他生产经营者违法排放污染物,受到罚款处罚,被责令改正,拒不改正的,依法作出处罚决定的行政机关可以自责令改正之日的次日起,按照原处罚数额按日连续处罚。环保部还专门颁布了《环境保护主管部门实施按日连续处罚办法》,对实施按日计罚的计算方法、程序等问题做了具体规定。

此外,2014年修订的《环境保护法》还规定,对以下四种尚不构成犯罪的严重环境违法行为可以适用行政拘留:建设项目未依法进行环境影响评价,被责令停止建设,拒不执行的;违反法律规定,未取得排污许可证排放污染物,被责令停止排污,拒不执行的;通过暗管、渗井、渗坑、灌注或者篡改、伪造监测数据,或者不正常运行防治污染设施等逃避监管的方式违法排放污染物的;生产、使用国家明令禁止生产、使用的农药,被责令改正,拒不改正的。需要注意的是,在适用程序上,是由县级以上人民政府环境保护主管部门或者其他有关部门将案件移送公安机关执行。2014年公安部、环保部等部门还联合颁布了《行政主管部门移送适用行政拘留环境违法案件暂行办法》,对环境违法案件行政拘留的实施程序和规则进行了具体规定。

在行政处罚中,使用最多的是罚款。罚款可以同其他行政罚形式合并使用。我国的环境立法大多明确规定了罚款数额的上限或下限,这种立法模式便于行政机关执法,然而在特定案件中可能出现过罚不当的现象。近年来陆续修订的单项环保法律则开始尝试采取倍数罚款或比例罚款,例如2015年修订的《大气污染防治法》就针对违反落后设备和产品淘汰制度、机动车污染控制制度的违法行为,处以"货值金额一倍以上三倍以下的罚款"。

我国《行政处罚法》对行政处罚的程序作了详细规定,环境行政处罚也应适用这些程序规定:

一是实施行政处罚前,必须对行政违法行为进行全面、客观、公正的调查,收集有关证据。

二是行政机关在作出行政处罚决定之前,应告知当事人行政处罚的事实、理由和依据,当事人有陈述和申辩权利,且不得因当事人申辩而加重处罚。

三是调查终结后,根据不同情况作出行政处罚决定,或不得给予行政处罚、不予行政处罚或移送司法机关的决定。

四是决定给予行政处罚的,应制作行政处罚决定书,载明违法行为的事实和证据,行政处罚的种类和依据、履行方式和期限、不服行政处罚决定,申请复议或提起行政诉讼的途径和期限等。

五是行政机关作出责令停产停业、吊销许可证或者执照、较大数额罚款等处罚之前,应告知当事人有要求举行听证的权利。除涉及国家秘密、商业秘密或个人隐私外,听证应公开进行,听证时调查人员提出当事人违法的事实、证据和行政处罚建议,当事人进行申辩和质证。听证应作笔录并交当事人审核无误后签章。

六是当事人对行政处罚不服的,可以依法申请行政复议或者提起行政诉讼。但行政处罚不停止执行。(法律另有规定的除外)。按照《行政复议法》第9条 公民、法人或者其他组织认为具体行政行为侵犯其合法权益的,可以自知道该具体行政行为之日起60日内提出行政复议申请;但是法律规定的申请期限超过60日的除外。《环境保护法》第60条虽然规定,当事人对处罚决定不服的,可以在接到处罚通知之日起15日内向作出处罚决定机关的上一级机关申请复议,但这一规定与《行政复议法》的规定不一致,应当执行《行政复议法》的规定。

当事人逾期不申请复议,也不向人民法院起诉,且又不履行处罚决定的,处罚机关可以采取下列措施:到期不缴罚款的,每天按罚款数额的3%加处罚款;有行政强制执行权的机关,可根据法律规定,将查封、扣押的财产拍卖或将冻结的存款划拨抵缴罚款;申请人民法院强制执行。

（三）行政处分与行政处罚的比较

行政处分和行政处罚虽然同属行政制裁的性质,但二者在实施处罚的机关、违法行为的性质、处罚的对象、处罚的形式等方面都有明显的区别:

1. 实施处罚的机关不同。行政处分是由违法失职行为人从属的机关、企业、组织或其上级主管机关科处;而行政处罚是由环保行政主管机关或依法对环保负有监督管理职责的其他行政机关科处。

2. 适用的违法行为不同。行政处分除了适用于一般违法行为,还包括违反内部规章的违纪失职行为;行政处罚则只适用于违反行政法规的行为。根据我国环境法的规定,行政处分又是对违反环境法"情节较重"的有关责任人员科处的。

3. 处罚的对象不同。行政处罚是对法人、组织或公民,其中有的处罚形式如责令停产停业、关闭等只适用于法人;行政处分则只能适用于国家公职人员或企业职工。

4. 处罚的形式不同。行政处分包括警告、记过直至开除等形式,行政处罚包括罚款、停业、关闭等形式。

5. 救济方式不同。行政处分不服者,只能寻求行政救济,即向原处分机关或上级机关提出审查或复议;对行政处罚不服者既可寻求行政救济（提出行政复议）也可寻求司法救济（提出行政诉讼）。

三、环境行政复议与行政诉讼

（一）环境行政复议

环境保护行政相对人认为针对其的行政处罚侵犯其合法权益的,可以自知道该行政处罚之日起60日内,向做出行政处罚决定的环境保护行政主管部门的本级人民政府或向其上一级行政主管部门申请行政复议。

行政复议的具体程序适用《行政复议法》《行政复议法实施条例》以及《环境行政复议办法》等法律法规的规定。

经复议,认为环境保护行政主管部门作出的行政处罚决定违法或者显失公正,复议机关可以依法撤销或者变更该决定。

相对人对行政复议决定不服的,可以依照《行政诉讼法》的规定,在15日内向人民法院提起行政诉讼,但是法律规定行政复议决定为最终裁决的除外。法律规定行政复议决定为最终裁决的包括两种情形:一是国务院作出的行政复议决定,二是根据国务院或省级人民政府对行政区划的勘定、调整或者征用土地的决定,省级人民政府确认土地、矿藏、水流、森林、山岭、草原、荒地、滩涂、海域等自然资源的所有权或者使用权的行政复议决定。

(二) 环境行政诉讼

环境行政诉讼是环境法主体(公民、法人或其他组织)认为负有环境监督管理职责的行政机关和行政工作人员的具体行政行为侵犯其合法权益而向人民法院提起的诉讼。

环境行政诉讼实质上是行政相对人认为其合法权益受到国家机关及其工作人员的具体行政行为侵犯时，而向人民法院寻求的一种司法救济形式。其重要特点是起诉人是行政相对人即公民、法人或其他组织，而被诉人只能是行使环境监督管理权的国家行政机关及其工作人员。

环境行政诉讼是行政诉讼的一种，在诉讼范围、管辖、审判程序、执行等方面，同一般诉讼没有原则区别，诉讼活动要依照《行政诉讼法》的规定进行。

根据《行政诉讼法》和环境法的规定，可把环境行政诉讼的范围归纳为以下三类：

第一类，司法审查之诉，即环境行政相对人认为环保部门的行政行为不合法或显失公正而要求法院进行审查的诉讼。这些具体行政行为包括：(1) 环境行政处罚行为；(2) 行政机关违法要求行政相对人履行环保义务的行为，也就是说法律未规定或法律规定不应由相对人履行的义务，而环保部门要求其履行；(3) 环境行政机关违法限制人身自由、对财产进行查封、扣押、冻结等行政强制措施，以及侵犯人身权、财产权、经营自主权等行为。

法院经过审理，对行政机关的行政行为的合法性及是否有超越职权、滥用职权或显失公正的情况进行司法审查，然后作出维持、变更或撤销其行政行为的判决。

第二类，请求履行职责之诉，即环境行政相对人为要求环境行政管理机关及其工作人员履行其法定职责而向法院提起的诉讼。这里包括环保部门拒发各种环保许可证和执照的行为(如排污许可证、倾废许可证、验收许可证等)或行政机关拒绝履行其他法定应该履行的职责。

第三类，请求行政侵权赔偿之诉，即公民、法人或其他组织的合法权益受到行政机关及其工作人员作出的具体行政行为侵犯造成损害时要求赔偿向法院提起的诉讼。

《国家赔偿法》第4条、《行政诉讼法》第67条都规定了国家行政机关及其工作人员在行使行政职权时，发生侵权行为使公民、法人受到损害时，受害人有要求赔偿的权利。按照《行政诉讼法》和《国家赔偿法》的规定，单独要求赔偿的请求应先向行政机关提出，对行政机关处理不服的，才可以向人民法院提起诉讼。

对行政复议决定不服而提起行政诉讼的，诉讼时效为15天。直接向人民法院起诉的，诉讼时效为3个月。

第三节 环境民事责任

一、环境民事责任的概念

环境民事责任一般是指公民、法人因污染和破坏环境，造成被害者人身或财产损失而应承担的民事方面的法律责任。

《民法通则》第124条、《侵权责任法》第65条至第68条、《环境保护法》第64—66条以及其他环境保护单行法规都针对环境侵害规定了相应的民事责任。

民事责任大体分为违约民事责任和侵权民事责任两大类。在环境法中，违约构成的民事责任情况极少,更多的是因侵权引起的民事责任,即因污染和破坏环境而导致公私财产及公民人身权利,包括健康权、生命权的侵害。环境侵权在侵权法里是一个新问题,它是现代社会经济与科技发展的伴随物。根据其性质和法理,有人把它归为危险活动侵权,即危险责任。

民事责任可以单独产生,也可以与行政责任或刑事责任同时产生。

二、环境民事责任的归责原则与构成要件

(一) 归责原则

在民法上实行过错责任是一个普遍原则,无过错责任是例外。但是因污染环境造成他人损害的,实行无过错责任原则。在污染者因污染环境给他人造成损害时,不论污染者主观上是否存在过错,都应对其污染所造成的损害承担民事责任。我国《侵权责任法》第65条明确规定,因污染环境造成损害的,污染者应当承担侵权责任。《大气污染防治法》《水污染防治法》《固体废物污染环境防治法》等都没有把故意或过失作为承担环境民事责任的要件。对此,最高人民法院《关于审理环境侵权责任纠纷案件适用法律若干问题的解释》进行了更为明确的阐述:因污染环境造成损害,不论污染者有无过错,污染者应当承担侵权责任。

在民事责任中实行过错责任制,可以说是从罗马法以来的古老传统。古代罗马法创立过错原则取代加害原则(同态复仇)是对现代法律的一大贡献,到19世纪上升为民法的普遍原则。打破这一古老归责原则的直接原因是近现代大型危险性工业和交通运输业的发展。因为这些具有危险性的工业,在经营人无过错的情况下,也可能给他人造成损害,如果固守过错责任制,受害者将得不到应得的赔偿。在公众的反对下,这一法律原则开始被打破,并反映在某些工业发展较早国家的立法中。

20世纪50年代以后,现代工业、商品经济和科学技术更加高度发展。民事侵权的归责原则,趋于多元化、严格化、客观化,赔偿标准更加注意公平原则。此时因环境污染造成的危害空前突出,因公害引起的赔偿案件也急剧增加。在这些诉讼中除少数事故性污染外,绝大多数污染损害都不是出于污染者的故意或过失,且其危害范围相当广泛。在这种情况下,最重要的是保护环境和受害人的合法权益,而不是考虑污染者主观上有无故意和过失。其次,污染企业的经营和获利,在一定程度上是建立在污染环境和给他人造成损害的基础上的。因此,不论加害者有无过错,由加害企业的收益中赔偿受害人的损失,才符合公平原则。由此,在环境民事责任中,用无过错责任制取代过错责任制,已成为很多国家环境立法中的通用原则。

(二) 构成要件

传统民事责任的构成要件包括四个方面:主观上具有过错、行为的违法性、损害结果、违法行为与损害结果之间具有因果关系。环境民事责任,在其构成要件上表现出特殊性,主观上的过错和行为的违法性不再是环境民事责任的构成要件,而更加强调致害行为、损害结果以及两者之间的因果关系。

在民法上,承担民事责任以行为的"违法性"为必要条件。在环境法中,不把侵权行为的违法性作为承担民事责任的必要条件,只要从事了"致人损害"的行为并发生了危害后果,即使行为是合法的,也要承担民事责任,即污染者不能以排污符合国家或者地方污染物排放标

准为由主张不承担责任。这是因为污染危害的发生通常是在污染源集中地区,企业在正常生产并符合标准排放污染物的情况下(其行为不发生违法性问题),但污染物总量超过环境容量而造成污染危害。为了保护环境和公众利益,这种合法排污的行为,也必须承担赔偿责任。

发生损害结果是构成民事责任的必要条件。环境污染造成的损害结果通常表现为,侵害他人人身权、财产权、环境权益或公共财产权。传统上,各国立法仅将人身损害和财产损害视为环境污染侵权的损害后果。自20世纪90年代以来,生态环境本身所遭受的损害作为一种新型的损害被一些国家的立法或国际条约所承认。[1]

因果关系,是指环境侵害行为与损害事实之间存在的前者引起后者,后者被前者所引起的客观联系。由于许多环境污染侵权案件中原因行为的高度科技性,环境损害发生方式的间接性、复合性、累积性,环境损害时间上的缓慢性、滞后性,空间上的广阔性等特点,以及加害人可能会以保护商业秘密为由阻止受害人进行调查,受害人对因果关系的严格举证证明极为困难,甚至根本不可能。因此,为实现侵权行为法救济受害人,强化加害人民事责任的目的,世界各国法学理论与司法实践均尝试探索如何减轻环境污染侵权受害人因果关系举证困难的有效途径。[2]

此外,2014年修改的《环境保护法》第65条还规定:环境影响评价机构、环境监测机构以及从事环境监测设备和防治污染设施维护、运营的机构,在有关环境服务活动中弄虚作假,对造成的环境污染和生态破坏负有责任的,除依照有关法律法规规定予以处罚外,还应当与造成环境污染和生态破坏的其他责任者承担连带责任。上述所谓"弄虚作假"主要表现为:环境影响评价机构明知委托人提供的材料虚假而出具严重失实的评价文件的;环境监测机构或者从事环境监测设备维护、运营的机构故意隐瞒委托人超过污染物排放标准或者超过重点污染物排放总量控制指标的事实的;从事防治污染设施维护、运营的机构故意不运行或者不正常运行环境监测设备或者防治污染设施的。

三、环境民事责任的免责条件

免责条件,是指因环境污染造成他人财产和人身损害时,因有法律规定的免除责任的条件而不承担民事责任。污染者不承担责任或者减轻责任的情形,适用《海洋环境保护法》《水污染防治法》《大气污染防治法》等环境保护单行法的规定;相关环境保护单行法没有规定的,适用《侵权责任法》的规定。归纳起来看,环境民事责任的免责事由主要包括不可抗力与受害人故意。

不可抗力是指人们不可抗拒的客观情况,即在当时、当地的条件下,主观上无法预见,客观上也无法避免和克服的情况。不可抗力有两种,一种是自然灾害,如地震、火山爆发、山崩、海啸、台风等;第二种是某些社会现象,如战争、特殊的军事行动等。不可抗力造成的损害,民事主体并无责任,如果令其承担责任,既有违立法目的,也有失公平。但要注意,根据我国环境法律的规定,在发生不可抗力的情况下,排污单位必须采取合理措施后,仍不能避免损害时,排污单位才能免除民事责任。

---

[1] 竺效:《论我国生态损害的立法定义模式》,载《浙江学刊》2007年第3期,第166—170页。
[2] 参见罗丽:《中日环境侵权民事责任比较研究》,吉林大学出版社2004年版,第162页。

由于实行无过错责任归责原则,因此在环境民事责任中不存在过失相抵的问题,仅仅根据受害人的过错大小判断加害人免责还是减轻责任。环境损害的发生原因是受害人自身的故意或过失造成的,致害人则可以免除民事责任。实践中,有的排污工厂附近的农民,故意引用未经处理的污水灌溉,造成农田减产后,靠向工厂索赔吃"赔偿饭"。这种情况,排污单位则不承担责任。损害是由受害人重大过失造成的,则可以减轻排污方的赔偿责任。

需要特别说明的是,一般情况下如果损害是因第三人造成的,第三人应当承担侵权责任根据。然而,根据《侵权责任法》第68条、《水污染防治法》第85条第4款等法律的规定,因第三人的过错污染环境造成损害的,被侵权人可以向污染者请求赔偿,也可以向第三人请求赔偿;污染者赔偿后,有权向第三人追偿。这种规定尽管要求第三人承担污染损害的最终赔偿责任,但是为了保护受害人,又赋予受害人向污染者索赔的权利。就此而言,第三人原因不再是环境民事责任的免责事由。

根据最高人民法院《关于审理环境侵权责任纠纷案件适用法律若干问题的解释》的规定,被侵权人根据《侵权责任法》第68条的规定分别或者同时起诉污染者、第三人的,人民法院应予受理。被侵权人请求第三人承担赔偿责任的,人民法院应当根据第三人的过错程度确定其相应赔偿责任。污染者以第三人的过错污染环境造成损害为由主张不承担责任或者减轻责任的,人民法院不予支持。

四、承担环境民事责任的方式

《民法通则》规定了停止侵害、排除妨碍、消除危险、赔偿损失直到赔礼道歉等十种承担民事责任的方式。《侵权责任法》规定了停止侵害、排除妨碍、消除危险、返还财产、恢复原状、赔偿损失、赔礼道歉、消除影响与恢复名誉等八种责任承担方式。而环境保护单行法规中规定了排除危害、赔偿损失、恢复原状等几种方式。排除危害和赔偿损失可以单独适用,也可以合并适用。

排除危害是环境保护法律中规定的环境民事责任的特定形式之一,主要是指由于环境污染和破坏对他人造成人身或财产危害的排除,包括正在发生或已经发生的危害的排除。通过这种责任形式,可以避免、减轻或消除危害后果,是一种具有积极意义的防止性责任形式。它同《民法通则》规定的停止侵害、排除妨碍和消除危险,没有实质上的不同。可以理解为后三种责任形式是前者的具体化和不同情况下的分别适用,而且包括了危害尚未发生而采取的停止和排除的措施。被侵权人起诉请求污染者赔偿为防止污染扩大、消除污染而采取必要措施所支出的合理费用的,人民法院应予支持。

被侵权人请求恢复原状的,人民法院可以依法裁判污染者承担环境修复责任,并同时确定被告不履行环境修复义务时应当承担的环境修复费用。污染者在生效裁判确定的期限内未履行环境修复义务的,人民法院可以委托其他人进行环境修复,所需费用由污染者承担。

赔偿损失是指环境污染和破坏的致害人以财产赔偿受害人的人身或财产损失。环境污染和破坏引起的损害赔偿的范围,主要是财产损失和人身损害。

在计算财产赔偿范围时,一般包括财产的灭失、减少,也包括失去的可得利益。"可得利益"是指受害人已经预见或能够预见、能够期待和必然得到的利益。财产损失还应包括直接损失和间接损失。在环境污染造成的财产损失的计算中,除了直接损失外,也应包括失去的可得利益和间接损失。例如工厂排污毒死了鱼塘的鱼苗,直接损失是鱼塘的鱼苗,可得利益是鱼苗成长后可以得到的实际收入,间接损失是清除鱼塘被污染的费用。

环境污染导致的人身损害主要有健康损害、人身伤残与死亡。健康损害和人身伤残引起的财产赔偿,根据《民法通则》以及《侵权责任法》的规定,应该包括医疗费、护理费、交通费等为治疗和康复支出的合理费用,以及因误工减少的收入。造成残疾的,还应当赔偿残疾生活辅助具费和残疾赔偿金。造成死亡的,还应当赔偿丧葬费和死亡赔偿金。

值得注意的是,环境侵权在很多时候表现为共同侵权形态,还需要对共同侵权人的责任进行划分。《侵权责任法》第66条规定,两个以上污染者污染环境,污染者承担责任的大小,根据污染物的种类、排放量等因素确定。对于此条规定的污染者责任到底是按份责任还是连带责任,理论和实践中都存在争论。最高人民法院《关于审理环境侵权责任纠纷案件适用法律若干问题的解释》采取了类型化的方法,在一定程度上消除了争议。

多个污染者承担连带责任的情形包括两种:第一,两个以上污染者共同实施污染行为造成损害的;第二,两个以上污染者分别实施污染行为造成同一损害,每一个污染者的污染行为都足以造成全部损害的。多个污染者承担按份责任的情形是:两个以上污染者分别实施污染行为造成同一损害,每一个污染者的污染行为都不足以造成全部损害的。此外,两个以上污染者分别实施污染行为造成同一损害,部分污染者的污染行为足以造成全部损害,部分污染者的污染行为只造成部分损害,被侵权人可以请求足以造成全部损害的污染者与其他污染者就共同造成的损害部分承担连带责任,并对全部损害承担责任。

多个污染者即使承担连带责任,也存在最终责任的份额问题。对此,人民法院应当根据污染物的种类、排放量、危害性以及有无排污许可证、是否超过污染物排放标准、是否超过重点污染物排放总量控制指标等因素确定。

五、追究环境民事责任的程序

(一) 行政处理

行政处理是依照当事人的请求,由环保行政主管部门或其他依法行使环境监督管理权的部门对赔偿责任和赔偿金额的纠纷作出调解处理。这种"处理",立法原意是行政调解,而不是行政裁决。性质上属于行政机关居间对当事人之间的民事权益争议,在查清事实、分清责任的基础上,通过调解方式,达成协议,解决纠纷。它既不是行政裁决①也不是行政处理决定。因此,它对双方当事人均无强制约束力和强制执行力,一方当事人不服调解处理,可以向法院起诉、法院仍以民事纠纷进行审理,而不能以作出处理决定的环保行政部门为被告提起行政诉讼。

上述"行政处理"因立法用语的模糊,曾引起法学界不同理解和争论,司法实践中,也发生过不服行政处理向法院起诉,法院作为行政诉讼以环保部门为被告的案例。为此,1992年1月全国人民代表大会法制工作委员会就原国家环保局关于如何正确理解和执行《环境保护法》第41条第2款的请示答复:因环境污染引起的赔偿责任和赔偿金额的纠纷属于民事纠纷,当事人不服的,可以向人民法院提起民事诉讼,不能以作出处理决定的环境保护行政

---

① 除海事纠纷外,我国目前既无环境纠纷的仲裁法规,也无环境纠纷的仲裁机构,环保部门对赔偿责任和赔偿金额纠纷作出的处理,不属于仲裁的性质。

主管部门为被告提起行政诉讼。① 1995年《固体废物污染环境防治法》第一次把"处理"一词改成了"调解处理",进一步明确了环境纠纷行政处理的调解性质。当事人对处理决定不服的,可以向人民法院起诉;当事人也可以直接向人民法院起诉。鉴于调解环境纠纷不是行使环境监督管理权的部门的行政职责,2014年修订的《环境保护法》删除了有关环境纠纷行政处理的规定。

(二) 环境民事诉讼

环境民事责任的行政调处不是解决纠纷的必经程序。受害人有权选择直接向人民法院提起诉讼。环境民事诉讼是环境侵权的受害人为保护自身的人身和财产权益,依据民事诉讼的条件和程序向人民法院对侵权行为人提起的诉讼。

我国环境法和其他法律针对环境民事诉讼的特点,虽然作了一些相应规定,但是极不充分,成为立法中一个薄弱环节。环境民事诉讼更多是按照《民事诉讼法》规定的条件和程序进行,但是也有一些特殊的诉讼程序规定。

1. 起诉资格的放宽

一般民事和行政诉讼,必须是与诉讼有直接利害关系的人才可以提起行政诉讼和民事诉讼。我国《民事诉讼法》第108条规定起诉的条件之一是"原告是与本案有直接利害关系的公民、法人和其他组织"。

在环境保护领域,环境要素是人类共享的"公共财产"。按照传统诉讼法的规定任何人都不能对其主张专属性和排他性的权利,例如大气、水域、海洋、公共风景区等等。这样,当有人污染破坏环境时,便无人可以对致害行为提起诉讼,而环境保护又是全民事业,需要公众广泛参与,传统诉讼制度对起诉资格的限制与环境保护的要求是矛盾的。在环境法领域就必须对起诉资格放宽限制,这已成为世界各国环境立法的总趋势。在英、美等国环境法规定中,任何人都可以向污染和破坏环境的行为提起诉讼。

我国的环境法包括《环境保护法》《大气污染防治法》《水污染防治法》《固体废物污染环境防治法》《野生动物保护法》等都规定,公民对污染与破坏环境(包括资源)的行为有权检举和控告。

2012年,我国修改后的《民事诉讼法》第55条规定,"对污染环境、侵害众多消费者合法权益等损害社会公共利益的行为,法律规定的机关和有关组织可以向人民法院提起诉讼",这为环境公益诉讼提供了明确的法律依据。但是,该规定只将环境民事公益诉讼的原告资格赋予了法律规定的机关和有关组织,公民个人尚不是提起环境民事公益诉讼的适格原告。

1999年修订的《海洋环境保护法》第90条第2款规定:对破坏海洋生态、海洋水产资源、海洋保护区,给国家造成重大损失的,由行使海洋环境监督管理权的部门代表国家对责任者提出损害赔偿要求。

2014年修订的《环境保护法》第58条第1款规定,对污染环境、破坏生态,损害社会公共利益的行为,符合下列条件的社会组织可以向人民法院提起诉讼:(一) 依法在设区的市级以上人民政府民政部门登记;(二) 专门从事环境保护公益活动连续五年以上且无违法记录。提起诉讼的社会组织不得通过诉讼牟取经济利益。

2015年1月,最高人民法院发布了《关于审理环境民事公益诉讼案件适用法律若干问

---

① 参见国家环境保护局政策法规司编:《中国环境保护法规全书》,化学工业出版社1997年版,第274页。

题的解释》，对环境民事公益诉讼的法律适用问题进行了具体规定。

根据上述法律规定和司法解释，有资格提起环境民事公益诉讼的"法律规定的机关"仅有《海洋环境保护法》规定的"行使海洋环境监督管理权的部门"；实践中也出现了检察机关和其他行使环境保护监督管理权的部门提起环境民事公益诉讼的案例。有资格提起环境民事公益诉讼的社会组织包括依照法律、法规的规定，在设区的市级（含自治州、盟、地区，不设区的地级市，直辖市的区）以上人民政府民政部门登记的社会团体、民办非企业单位以及基金会等社会组织。社会组织提起环境公益诉讼需满足三个条件：第一，社会组织章程确定的宗旨和主要业务范围是维护社会公共利益，且从事环境保护公益活动；第二，社会组织提起的诉讼所涉及的社会公共利益，应与其宗旨和业务范围具有关联性；第三，社会组织在提起诉讼前五年内未因从事业务活动违反法律、法规的规定受过行政、刑事处罚的，可以认定为《环境保护法》第58条规定的"无违法记录"。

第一审环境民事公益诉讼案件原则上由污染环境、破坏生态行为发生地、损害结果地或者被告住所地的中级以上人民法院管辖。人民法院受理环境民事公益诉讼后，应当在立案之日起5日内将起诉状副本发送被告，并公告案件受理情况。有权提起诉讼的其他机关和社会组织在公告之日起30日内申请参加诉讼，经审查符合法定条件的，人民法院应当将其列为共同原告；逾期申请的，不予准许。检察机关、负有环境保护监督管理职责的部门及其他机关、社会组织、企业事业单位依据《民事诉讼法》第15条的规定，可以通过提供法律咨询、提交书面意见、协助调查取证等方式支持社会组织依法提起环境民事公益诉讼。

在诉讼证明方面，环境民事公益诉讼也有一些特殊规定。一方面，原告请求被告提供其排放的主要污染物名称、排放方式、排放浓度和总量、超标排放情况以及防治污染设施的建设和运行情况等环境信息，法律、法规、规章规定被告应当持有或者有证据证明被告持有而拒不提供，如果原告主张相关事实不利于被告的，人民法院可以推定该主张成立。另一方面，对于审理环境民事公益诉讼案件需要的证据，人民法院认为必要的，应当调查收集。对于应当由原告承担举证责任且为维护社会公共利益所必要的专门性问题，人民法院可以委托具备资格的鉴定人进行鉴定。此外，原告在诉讼过程中承认的对己方不利的事实和认可的证据，人民法院认为损害社会公共利益的，应当不予确认。

环境民事公益诉讼中原告可以提出的诉讼请求包括停止侵害、排除妨碍、消除危险、恢复原状、赔偿损失、赔礼道歉等。

原告为防止生态环境损害的发生和扩大，请求被告停止侵害、排除妨碍、消除危险的，人民法院可以依法予以支持；原告为停止侵害、排除妨碍、消除危险采取合理预防、处置措施而发生的费用，请求被告承担的，人民法院可以依法予以支持。原告请求恢复原状的，人民法院可以依法判决被告将生态环境修复到损害发生之前的状态和功能。无法完全修复的，可以准许采用替代性修复方式。人民法院可以在判决被告修复生态环境的同时，确定被告不履行修复义务时应承担的生态环境修复费用；也可以直接判决被告承担生态环境修复费用。生态环境修复费用包括制定、实施修复方案的费用和监测、监管等费用。原告请求被告赔偿生态环境受到损害至恢复原状期间服务功能损失的，人民法院可以依法予以支持。原告请求被告承担检验、鉴定费用，合理的律师费以及为诉讼支出的其他合理费用的，人民法院可以依法予以支持。

生态环境修复费用难以确定或者确定具体数额所需鉴定费用明显过高的，人民法院可以结合污染环境、破坏生态的范围和程度、生态环境的稀缺性、生态环境恢复的难易程度、防治污染设备的运行成本、被告因侵害行为所获得的利益以及过错程度等因素,并可以参考负有环境保护监督管理职责的部门的意见、专家意见等,予以合理确定。

人民法院判决被告承担的生态环境修复费用、生态环境受到损害至恢复原状期间服务功能损失等款项,应当用于修复被损害的生态环境。其他环境民事公益诉讼中败诉原告所需承担的调查取证、专家咨询、检验、鉴定等必要费用,可以酌情从上述款项中支付。

环境民事公益诉讼中,原被告双方可以调解或和解。但是调解协议或者和解协议应由人民法院公告不少于30日,公告期满后,人民法院审查认为调解协议或者和解协议的内容不损害社会公共利益的,应当出具调解书。调解书应当写明诉讼请求、案件的基本事实和协议内容,并应当公开。

环境民事公益诉讼案件的裁判生效后,有权提起诉讼的其他机关和社会组织就同一污染环境、破坏生态行为另行起诉,有下列情形之一的,人民法院应予受理:前案原告的起诉被裁定驳回的;前案原告申请撤诉被裁定准许的,但负有环境保护监督管理职责的部门依法履行监管职责而使原告诉讼请求全部实现,原告申请撤诉的除外。

环境民事公益诉讼案件的裁判生效后,有证据证明存在前案审理时未发现的损害,有权提起诉讼的机关和社会组织另行起诉的,人民法院应予受理。

鉴于环境民事公益诉讼中原告的目的是维护社会公共利益,因此在诉讼费缴纳方面对原告有特殊规定。原告交纳诉讼费用确有困难,依法申请缓交的,人民法院应予准许。败诉或者部分败诉的原告申请减交或者免交诉讼费用的,人民法院应当依照《诉讼费用交纳办法》的规定,视原告的经济状况和案件的审理情况决定是否准许。

2. 特殊的证据规则

传统的诉讼举证规则一般是要求受害人对自己的诉讼主张提出相应证据,包括致害行为的违法性、损害事实、因果关系、致害人具有故意或者过失等,原告要承担主要的繁重的举证责任。

在环境诉讼中,如果由原告承担主要举证责任会遇到很多困难:作为污染受害人的原告,(多为公众)由于受到文化、科学知识的限制和缺乏对致害物检测、化验的手段很难取得有关证据,同时收集污染者(被告)排污证据,涉及其生产工艺、商业或技术秘密等高度专业化的知识,也十分困难甚至无法取得。

环境损害因果关系的认定尤其困难和复杂。这是因为:

首先,一般侵权行为大多直接作用于受害人,环境侵权则要通过"环境"这一载体,再作用于人体和财产,其因果关系不容易直接和立即显现出来。

其次,环境侵权的原因事实是排放于环境的各种污染物。对于形形色色诸多污染物的性质、毒理及其环境中迁移、扩散和转化的规律,以及它们对生物和人体健康的危害,尚不能很快作出科学说明,甚至还有很多未被人们认识。因此也很难取得因果关系的直接证据。如日本著名四大公害案件之一的水俣病。从20世纪50年代,发现食鱼的"自杀"猫,到居民发生神经中毒症状,死亡几十人,直到60年代末熊本大学医学院作了大量解剖和化验并检测了排污工厂的排污口,才揭穿了甲基汞污染水域导致水俣病发生的"秘密",前后经过十多年之久。

再次,污染物在环境中具有潜伏性和积累性,污染行为与损害结果之间,可能有一个相当长的时间差,有的数月甚至数年,这种时空的延伸也使因果关系认定极为困难。

最后,很多污染是多因子复合作用的结果,致人生病也可能有多种原因,如哮喘病,可以由大气污染引起,也可能由吸烟引起。

由于这些特殊情况,在环境侵权中如果坚持严密科学的因果关系证明,很可能陷入科学争论和裁判难决的泥沼中。这无异于剥夺受害人的请求权而得不到救济。为了解决这一困难,世界各国大都在因果关系举证责任方面采取了举证责任倒置、因果关系推定、证明标准降低等一些特殊规则减轻受害人的举证负担。例如美国《密执安州环境保护法》第3条规定:原告只需提出简单的证据,证明被告已经或可能污染大气、水等自然资源,诉讼请求便可成立。若被告否认应承担责任,则需证明,他没有或不可能造成此种污染行为;或无另外可行办法代替其所采取的行动,而且其行动的目的是为保护这些资源免受污染。

我国的《民事诉讼法》规定了当事人对自己的主张有责任提供证据,没有针对环境讼诉提出举证责任倒置的原则。为了补救环境诉讼中遇到的困难,最高人民法院《关于适用〈中华人民共和国民事诉讼法〉若干问题的意见》第74条规定:在因环境污染引起的损害赔偿诉讼中,对原告提出的侵权事实,被告否认的,由被告负责举证。但是由于该意见并未明确"原告提出的侵权事实"的具体范围,导致了司法实践中的不一致。为此,2001年最高人民法院的《关于民事诉讼证据的若干规定》第4条做了进一步明确的规定:"因环境污染引起的损害赔偿诉讼,由加害人就法律规定的免责事由及其行为与损害结果之间不存在因果关系承担举证责任。"这一规定也被后续制定或修改的《固体废物污染环境防治法》《水污染防治法》《侵权责任法》等所沿用。

根据最高人民法院最新的《关于审理环境侵权责任纠纷案件适用法律若干问题的解释》,环境侵权诉讼中,被侵权人应当提供证明以下事实的证据材料:污染者排放了污染物,被侵权人的损害,污染者排放的污染物或者其次生污染物与损害之间具有关联性。污染者应当就不承担责任和不存在因果关系承担证明责任。污染者举证证明下列情形之一的,应当认定其污染行为与损害之间不存在因果关系:排放的污染物没有造成该损害可能的,排放的可造成该损害的污染物未到达该损害发生地的,该损害于排放污染物之前已发生的,其他可以认定污染行为与损害之间不存在因果关系的情形。

为查明环境污染案件事实的专门性问题,可以委托具备相关资格的司法鉴定机构出具鉴定意见或者由国务院环境保护主管部门推荐的机构出具检验报告、检测报告、评估报告或者监测数据。

当事人申请通知一至两名具有专门知识的人出庭,就鉴定意见或者污染物认定、损害结果、因果关系等专业问题提出意见的,人民法院可以准许。当事人未申请,人民法院认为有必要的,可以进行释明。具有专门知识的人在法庭上提出的意见,经当事人质证,可以作为认定案件事实的根据。

负有环境保护监督管理职责的部门或者其委托的机构出具的环境污染事件调查报告、检验报告、检测报告、评估报告或者监测数据等,经当事人质证,可以作为认定案件事实的根据。

对于突发性或者持续时间较短的环境污染行为,在证据可能灭失或者以后难以取得的情况下,当事人或者利害关系人根据《民事诉讼法》第81条规定申请证据保全的,人民法院应当准许。

此外，为增强污染受害人在污染行为、损害后果方面的举证能力，我国单项污染防治法还规定了环境监测机构提供监测数据的义务，如《固体废物污染环境防治法》第87条规定"固体废物污染环境的损害赔偿责任和赔偿金额的纠纷，当事人可以委托环境监测机构提供监测数据。环境监测机构应当接受委托，如实提供有关监测数据"；《水污染防治法》第89条规定"因水污染引起的损害赔偿责任和赔偿金额的纠纷，当事人可以委托环境监测机构提供监测数据。环境监测机构应当接受委托，如实提供有关监测数据"。

污染者的同一个污染行为可能同时侵害社会公共利益和私人的人身或财产利益，因此会发生环境公益诉讼和私益侵权诉讼的交叉。对此，最高人民法院发布的《关于审理环境民事公益诉讼案件适用法律若干问题的解释》规定：已为环境民事公益诉讼生效裁判认定的事实，因同一污染环境、破坏生态行为依据《民事诉讼法》第119条规定提起诉讼的原告、被告均无需举证证明，但原告对该事实有异议并有相反证据足以推翻的除外。对于环境民事公益诉讼生效裁判就被告是否存在法律规定的不承担责任或者减轻责任的情形、行为与损害之间是否存在因果关系、被告承担责任的大小等所作的认定，因同一污染环境、破坏生态行为依据《民事诉讼法》第119条规定提起诉讼的原告主张适用的，人民法院应予支持，但被告有相反证据足以推翻的除外。被告主张直接适用对其有利的认定的，人民法院不予支持，被告仍应举证证明。

3. 特殊诉讼时效

诉讼时效是指权利人在法定期间内不行使权利，就丧失了请求法院依诉讼程序保护其民事权益的权利。这里的"法定期间"就是指权利人向法院提起诉讼要求保护其权益的期间，称为诉讼时效期间。在诉讼时效期间内，权利人提起诉讼要求保护其权益时，法院依法予以保护，超过了诉讼时效期间，法院则不再予以保护。也就是说，权利人丧失了请求法院保护其权益的权利。由此看来，诉讼时效属于消灭时效。

应当注意的是，根据《民法通则》的规定，超过诉讼时效期间，权利人所丧失的仅仅是依诉讼程序强制义务人履行义务的权利。这种权利法律上称为"胜诉权"，也叫实体意义上的诉权。另外还有程序意义上的诉权，即"起诉权"。诉讼时效期间届满以后，权利人丧失的是胜诉权，而不是起诉权。就是说，如果权利人仍然提起诉讼，只要符合《民事诉讼法》关于起诉的规定，法院应当立案受理而不能驳回起诉。经过受理查明时效是否届满，是否存在诉讼时效中止、中断和可以延长的法定事由。如果时效已经届满，又不存在中止、中断、延长的法定事由，法院可判定原告丧失了胜诉权，即丧失了请求法院强制义务人履行义务的权利。还应该注意，超过诉讼时效，权利人丧失的只是胜诉权，而不是实体权利本身，实体权利本身并未消灭，它只是失去了法院的保护而成为一种自然权利。例如，诉讼时效届满以后，义务人自动履行义务的，权利人仍然可以接受。而且，如果义务人在自动履行义务后，又以诉讼时效届满为理由要求返还的，法院不予支持。

根据《民法通则》的规定，诉讼时效依其时间长短和适用范围可以分为两类，一类是一般诉讼时效，一类是特殊诉讼时效。一般诉讼时效是指在一般情况下普遍适用的诉讼时效。按照《民法通则》第135条的规定，一般诉讼时效期间为二年。特殊诉讼时效，是针对某些特殊的民事法律关系规定的时效期间。特殊诉讼时效既可以由普通法如《民法通则》加以规定，也可以由特别法即各种单行法规加以规定。而且根据特别法优先于普通法的原则，有特别法规定了特殊时效的要适用特殊诉讼时效，在没有特殊诉讼时效规定的情况下才适用普通诉讼时效。

《环境保护法》第 66 条规定:"提起环境损害赔偿诉讼的时效期间为 3 年,从当事人知道或者应当知道其受到损害时起计算。"根据特殊优先于一般时效的原则,在因环境污染损害赔偿的案件中,其诉讼时效应执行《环境保护法》3 年诉讼时效期间的规定。但是,被侵权人请求污染者停止侵害、排除妨碍、消除危险的,不受环境保护法第 66 条规定的时效期间的限制。

《环境保护法》对环境污染损害赔偿的案件,规定了比普通诉讼时效稍长一些的 3 年的特殊诉讼时效,主要是考虑环境污染导致的损害的发生往往有一个积累、潜伏的过程,具有相当的时间差;确定因果关系从而寻找致害人,确定财产和人身损害的确切事实及提供有关证据,都比一般损害赔偿的诉讼要复杂得多,因而比普通时效延长一年是必要的。

特别值得注意的是,3 年特殊诉讼时效的规定是从当事人知道或者应当知道受到损害时起计算。就是说,不是从侵害行为发生开始,而是从污染损害已经出现,受害当事人已经发现和知道受到了侵害。

法律规定 3 年时间是适当的,如果时间再延长,又可能发生不利查清事实和及时处理的情况。问题在于《民法通则》最长时效 20 年从权利被侵害时起计算的规定,这对于环境污染损害赔偿的诉讼,可能时间还是短了。前面举的日本水俣病的案例,从排放含有甲基汞的污染物到大量出现水俣病患者,几乎经过半个世纪之久。所以,对公害案件来说,重要的是"从损害发生时",而不是"从权利被侵害时",作出延长时效的特殊规定。否则会出现"损害还未发生,时效已经消灭"的情况,现在,不少国家的法学界注意到了环境案件这种特殊性。

第四节　环境刑事责任

一、环境刑事责任的概念

环境刑事责任是指犯罪行为人因实施破坏环境资源保护的犯罪行为而应承受的刑事处罚。环境犯罪在各种犯罪中是一个新的特殊类型。

由于环境污染和破坏日益严重,尤其是严重的危害环境行为,往往给公共安全和环境质量造成经济价值难以衡量的重大危害,而且危害持续时间长、波及范围广,甚至产生某种不可逆转的严重后果。因此,国家必须用刑法这种最严厉的手段来惩罚破坏环境与资源的犯罪行为。

1979 年《刑法》没有专门规定危害环境罪,而把破坏环境与资源的犯罪规定在"危害公共安全罪"和"破坏社会主义经济秩序罪"有关条款中。1997 修订的《刑法》特别设立了"破坏环境资源保护罪",对污染环境破坏自然资源的各种犯罪行为规定了相应的刑事责任。

二、刑事责任的构成要件

破坏环境与资源罪的犯罪构成要件,同一般犯罪构成没有实质上的区别,但也具有一定特点。

(一) 犯罪主体

环境犯罪的主体已打破了"个人刑罚观",即只处罚自然人的界限。除了达到法定年龄具备刑事责任能力的自然人以外,也包括法人。单位犯罪的,处以罚金,并对其直接负责的主管人员和其他责任人员依规定处罚。

(二) 犯罪客体

破坏环境资源罪的犯罪客体,是侵害各种环境要素和自然资源从而侵犯财产所有权、人身权和环境权。环境犯罪的客体具有复合客体的特征。

(三) 犯罪的客观方面

破坏环境资源保护罪的客观方面主要是指污染或破坏环境及自然资源的行为(作为和不作为)及其社会危害性。环境犯罪造成的危害后果可能特别严重,往往会造成严重的环境污染或者公私财产重大损失与人身伤亡等严重后果。未造成严重后果的环境违法行为通常是追究其行政责任。

(四) 犯罪的主观方面

破坏环境资源保护罪的主观方面主要是指犯罪主体进行犯罪行为时的故意或过失的主观心理状态。一般来说,破坏环境和资源的行为多为故意,而污染环境的行为多为过失。因损害环境的行为可能产生极其严重的危害后果,在认定是否构成环境犯罪时,就不能仅仅看社会危害性一个方面,必须强调具备犯罪的故意和过失。这是区别罪与非罪的重要界限。

三、我国《刑法》关于破坏环境资源保护罪的规定

1997年《刑法》在对原刑法典中有关破坏环境资源保护罪的规定、特别环境刑法与附属环境刑法进行补充、修改、整合的基础上,在第六章"妨碍社会管理秩序罪"中专设一节"破坏环境资源保护罪",对破坏环境资源保护罪进行了系统规定。

1997年《刑法》实施之后,我国又根据环境保护的实际需要通过刑法修正案的方式对破坏环境资源保护罪进行了补充和调整。

2001年的《刑法修正案(二)》对第342条进行了修改,将犯罪对象由"耕地"扩展为"耕地、林地等农用地"。2002年的《刑法修正案(四)》对第339条第3款进行了修改,将犯罪对象由固体废物扩展为固体废物、液态废物和气态废物;对第344条进行了修改,将犯罪对象由"珍贵树木"扩展为"珍贵树木或者国家重点保护的其他植物及其制品";对第345条第3款进行了修改,取消了"以牟利为目的"和"在林区"的限制,增加了"非法运输"这一行为方式。2011年的《刑法修正案(八)》对第338条进行了修改,取消了"土地、水体、大气"的限制条件,将"其他危险废物"修改为"其他有害物质",将"造成重大环境污染事故,致使公私财产遭受重大损失或者人身伤亡的严重后果的"修改为"严重污染环境的";对第343条进行了修改,将"经责令停止开采后拒不停止开采,造成矿产资源破坏"改为"情节严重"。

目前,我国《刑法》第六章第六节"破坏环境资源保护罪"及相应的修正案共设立了15个破坏环境资源保护罪的罪名,包括3个污染环境类犯罪:污染环境罪,非法处置进口的固体废物罪,擅自进口固体废物罪;12个破坏自然资源类犯罪:非法捕捞水产品罪,非法猎捕、杀害珍贵、濒危野生动物罪,非法收购、运输、出售珍贵、濒危野生动物、珍贵、濒危野生动物

制品罪,非法狩猎罪,非法占用农用地罪,非法采矿罪,破坏性采矿罪,非法采伐、毁坏国家重点保护植物罪,非法收购、运输、加工、出售国家重点保护植物、国家重点保护植物制品罪,盗伐林木罪,滥伐林木罪,非法收购、运输盗伐、滥伐的林木罪。

除了第六章第六节规定的"破坏环境资源保护罪"外,我国《刑法》还在第三章"破坏社会主义市场经济秩序罪"和第九章的"渎职罪"中规定了与危害环境相关的犯罪。

（一）污染环境罪

《刑法》第338条规定了污染环境罪。违反国家规定,排放、倾倒或者处置有放射性的废物、含传染病病原体的废物、有毒物质或者其他有害物质,严重污染环境的,处3年以下有期徒刑或者拘役,并处或者单处罚金;后果特别严重的,处3年以上7年以下有期徒刑,并处罚金。

2013年6月,最高人民法院和最高人民检察院联合发布了《关于办理环境污染刑事案件适用法律若干问题的解释》,对《刑法》第338条规定的污染环境罪的具体适用进行了规定。

我国立法并未对污染环境罪的主观方面作出明确规定,但通说认为本罪的主观方面只能是过失,这种过失表现为行为人对严重污染环境这一危害后果持有疏忽大意或过于自信的心理状态,但是行为人对违反国家规定排放、倾倒或者处置有害物质的行为通常是故意的。如果确证行为人对严重污染环境这一危害后果持有故意的心态,则应按照投放毒害性物质罪进行定罪量刑,司法实践中已经出现了此类判决。

本罪的客观方面,表现为行为人违反国家规定,排放、倾倒或者处置有放射性的废物、含传染病病原体的废物、有毒物质或者其他有害物质,导致环境受到严重污染。"排放、倾倒或者处置"的方式或者"放射性的废物、含传染病病原体的废物、有毒物质或者其他有害物质"的有害物质,只要实施了一种就构成犯罪,实施两种以上的也仅构成一罪。行为人明知他人无经营许可证或者超出经营许可范围,向其提供或者委托其收集、贮存、利用、处置危险废物,严重污染环境的,以污染环境罪的共同犯罪论处。

"违反国家规定"是指违反国家有关防治环境污染的法律、法规、规章的规定。"排放、倾倒或者处置"的场所包括但不限于土地、水体、海洋、大气。"排放、倾倒或者处置"的对象,包括放射性的废物、含传染病病原体的废物、有毒物质或者其他有害物质。根据2013年最高人民法院和最高人民检察院联合发布的《关于办理环境污染刑事案件适用法律若干问题的解释》,下列物质应当认定为"有毒物质":(1)危险废物,包括列入国家危险废物名录的废物,以及根据国家规定的危险废物鉴别标准和鉴别方法认定的具有危险特性的废物;(2)剧毒化学品、列入重点环境管理危险化学品名录的化学品,以及含有上述化学品的物质;(3)含有铅、汞、镉、铬等重金属的物质;(4)《关于持久性有机污染物的斯德哥尔摩公约》附件所列物质;(5)其他具有毒性,可能污染环境的物质。

"严重污染环境"的后果是构成本罪的必备构成要件。根据《关于办理环境污染刑事案件适用法律若干问题的解释》,具有下列情形之一的,应当认定为"严重污染环境":(1)在饮用水水源一级保护区、自然保护区核心区排放、倾倒、处置有放射性的废物、含传染病病原体的废物、有毒物质的;(2)非法排放、倾倒、处置危险废物3吨以上的;(3)非法排放含重金属、持久性有机污染物等严重危害环境、损害人体健康的污染物超过国家污染物排放标准或者省、自治区、直辖市人民政府根据法律授权制定的污染物排放标准3倍以上的;(4)私设暗管或者利用渗井、渗坑、裂隙、溶洞等排放、倾倒、处置有放射性的废物、含传染病病原体的废物、有毒物质的;(5)两年内曾因违反国家规定,排放、倾倒、处置有放射性的废物、含传染病病原体的废物、有毒物质受过两次以上行政处罚,又实施前列行为的;(6)致使乡镇以上集中式饮用水水源取水中断12小时以上的;(7)致使基本农田、防护林地、特种用途林地5亩以上,其他农用地10亩以上,其他土地20亩以上基本功能丧失或者遭受永久性破坏的;(8)致使森林或者其他林木死亡50立方米以上,或者幼树死亡2500株以上的;(9)致使公私财产损失30万元以上的;(10)致使疏散、转移群众5000人以上的;(11)致使30人以上中毒的;(12)致使3人以上轻伤、轻度残疾或者器官组织损伤导致一般功能障碍的;(13)致使一人以上重伤、中度残疾或者器官组织损伤导致严重功能障碍的。

构成本罪的,处三年以下有期徒刑或者拘役,并处或者单处罚金;后果特别严重的,处3年以上7年以下有期徒刑,并处罚金。

具有下列情形之一的,应当认定为"后果特别严重":(1)致使县级以上城区集中式饮用水水源取水中断12个小时以上的;(2)致使基本农田、防护林地、特种用途林地15亩以上,其他农用地30亩以上,其他土地60亩以上基本功能丧失或者遭受永久性破坏的;(3)致使森林或者其他林木死亡150立方米以上,或者幼树死亡7500株以上的;(4)致使公私财产损失100万元以上的;(5)致使疏散、转移群众15000人以上的;(6)致使100人以上中毒的;(7)致使10人以上轻伤、轻度残疾或者器官组织损伤导致一般功能障碍的;(8)致使3人以上重伤、中度残疾或者器官组织损伤导致严重功能障碍的;(9)致使1人以上重伤、中度残疾或者器官组织损伤导致严重功能障碍,并致使5人以上轻伤、轻度残疾或者器官组织损伤导致一般功能障碍的;(10)致使1人以上死亡或者重度残疾的。

具有下列情形之一的,应当酌情从重处罚:(1)阻挠环境监督检查或者突发环境事件调查的;(2)闲置、拆除污染防治设施或者使污染防治设施不正常运行的;(3)在医院、学校、居民区等人口集中地区及其附近,违反国家规定排放、倾倒、处置有放射性的废物、含传染病病原体的废物、有毒物质或者其他有害物质的;(4)在限期整改期间,违反国家规定排放、倾倒、处置有放射性的废物、含传染病病原体的废物、有毒物质或者其他有害物质的。实施第一项规定的行为,构成妨害公务罪的,以污染环境罪与妨害公务罪数罪并罚。

违反国家规定,排放、倾倒、处置含有毒害性、放射性、传染病病原体等物质的污染物,同时构成污染环境罪、非法处置进口的固体废物罪、投放危险物质罪等犯罪的,依照处罚较重的犯罪定罪处罚。

(二)非法处置或擅自进口固体废物罪

《刑法》第339条规定了非法处置与擅自进口固体废物罪。违法将境外固体废物进境倾倒、堆放、处置的,处5年以下有期徒刑或者拘役,并处罚金;造成重大环境污染事故,致使公私财产遭受重大损失或严重危害人体健康的,处5年以上10年以下有期徒刑,并处罚金;后果特别严重的处10年以上有期徒刑,并处罚金。

未经主管部门许可,擅自进口固体废物用作原料而造成重大环境污染事故,并造成重大财产损失严重危害人体健康的,处5年以下有期徒刑或者拘役,并处罚金;后果特别严重的,处5年以上10年以下有期徒刑,并处罚金。

(三)破坏自然资源罪

《刑法》第340条至第345条分别规定了破坏水产资源、野生动物、土地、矿产和森林资源的刑事责任。

《刑法》第 340 条规定了非法捕捞水产品罪。违法在禁渔区、禁渔期或者使用禁用工具、方法捕捞水产品,情节严重的,处 3 年以下有期徒刑、拘役、管制或者罚金。

《刑法》第 341 条第 1 款规定了非法猎捕、杀害珍贵、濒危野生动物罪。非法猎捕、杀害国家重点保护的珍贵、濒危野生动物的,或者非法收购、运输、出售上述野生动物及制品的,处 5 年以下有期徒刑或者拘役,并处罚金;情节特别严重的,处 10 年以上有期徒刑,并处罚金或者没收财产。第 2 款规定了非法狩猎罪。违反狩猎法规,在禁猎区、禁猎期或者使用禁用的工具、方法进行狩猎,破坏野生动物资源,情节严重的,处 3 年以下有期徒刑、拘役、管制或者罚金。

《刑法》第 342 条规定了非法占用农地罪。违反土地管理法规,非法占用耕地、林地等农用地,改变被占用土地用途,数量较大,造成耕地、林地等农用地大量毁坏的,处 5 年以下有期徒刑或者拘役,并处或者单处罚金。

《刑法》第 343 条第 1 款规定了非法采矿罪。违反矿产资源法的规定,未取得采矿许可证擅自采矿,擅自进入国家规划矿区、对国民经济具有重要价值的矿区和他人矿区范围采矿,或者擅自开采国家规定实行保护性开采的特定矿种,情节严重的,处 3 年以下有期徒刑、拘役或者管制,并处或者单处罚金;情节特别严重的,处 3 年以上 7 年以下有期徒刑,并处罚金。第 2 款规定了破坏性采矿罪。违反矿产资源法的规定,采取破坏性的开采方法开采矿产资源,造成矿产资源严重破坏的,处 5 年以下有期徒刑或者拘役,并处罚金。

《刑法》第 344 条规定了非法采伐、毁坏国家重点保护植物罪,即违反国家规定,非法采伐、毁坏珍贵树木或者国家重点保护的其他植物的,或非法收购、运输、加工、出售珍贵树木或者国家重点保护的其他植物及其制品的,处 3 年以下有期徒刑、拘役或者管制,并处罚金;情节严重的,处 3 年以上 7 年以下有期徒刑,并处罚金。

《刑法》第 345 条第 1 款规定了盗伐林木罪。盗伐森林或者其他林木,数量较大的,处 3 年以下有期徒刑、拘役或者管制,并处或者单处罚金;数量巨大的,处 3 年以上 7 年以下有期徒刑,并处罚金;数量特别巨大的,处 7 年以上有期徒刑,并处罚金。第 2 款规定了滥伐林木罪。违反森林法的规定,滥伐森林或者其他林木,数量较大的,处 3 年以下有期徒刑、拘役或者管制,并处或者单处罚金;数量巨大的,处 3 年以上 7 年以下有期徒刑,并处罚金。第 3 款规定了非法收购、运输盗伐、滥伐的林木罪。非法收购、运输明知是盗伐、滥伐的林木,情节严重的,处 3 年以下有期徒刑、拘役或者管制,并处或者单处罚金;情节特别严重的,处 3 年以上 7 年以下有期徒刑,并处罚金。盗伐、滥伐国家级自然保护区内的森林或者其他林木的,从重处罚。

(四)环境监管失职罪

《刑法》第 408 条规定了环境监管失职罪。负有环境保护监督管理职责的国家机关工作人员严重不负责任,未依法履行环境保护监管职责或未认真履行环境保护监管职责,导致发生重大环境污染事故,致使公私财产遭受重大损失或者造成人身伤亡的严重后果的,处 3 年以下有期徒刑或者拘役。

本罪的客观方面表现为严重不负责任,未依法履行环境保护监管职责或未认真履行环境保护监管职责,导致发生重大环境污染事故,致使公私财产遭受重大损失或者造成人身伤亡的严重后果的行为。根据 2013 年《关于办理环境污染刑事案件适用法律若干问题的解释》，具有构成"严重污染环境"情形第六项至第十三项规定的，应当认定为"致使公私财产遭受重大损失或者造成人身伤亡的严重后果"。

本罪的犯罪主体为特殊主体，即负有环境保护监督管理职责的国家机关工作人员。

本罪的主观方面为过失，即应当预见自己严重不负责任可能导致发生重大环境污染事故，因为疏忽大意而没有预见，或者虽然已经预见而轻信能够避免。故意不构成本罪。

第二编 | 环境污染防治法

第十一章　环境污染防治法概述
第十二章　大气污染防治法
第十三章　水污染防治法
第十四章　海洋污染防治法
第十五章　固体废物污染环境防治法
第十六章　环境噪声污染防治法
第十七章　放射性污染防治和其他危险物质管理的规定
第十八章　环境污染的源头和全过程治理

第十一章

环境污染防治法概述

第一节 环境污染防治及其立法

一、环境污染和其他公害的概念

（一）环境污染

目前，有关"环境污染"的比较有影响的概念，是经济合作与发展组织在1974年的一份建议书中提出的定义[①]：所谓环境污染，是指被人们利用的物质或者能量直接或间接地进入环境，导致对自然的有害影响，以至于危及人类健康、危害生命资源和生态系统，以及损害或者妨害舒适性和环境的其他合法用途的现象。

这个定义将污染明确地限定在人类活动所产生的变化中。按照这个定义，危害（包括损害或妨害等）是污染的结果形式。定义中提到的"物质或者能量"不仅包括了固体、液体或气体物质，而且还包括了诸如噪声、振动、热辐射以及放射性物质。不能将向环境排放的所有不能为人类完全利用的物质或能量都视为污染物，而应仅仅将那些危害程度可以延伸到一定水平的物质或能量视为污染物，如可能导致危险或者对人类、生命资源和生态系统可能造成实质性损害的物质。另外，当某类物质因利用而妨害了环境的其他用途（包括美学的价值）时，该物质也可以被认为是污染物。[②]

（二）公害

一般认为，公害就是指环境污染。在环境法中使用公害一词，首见于日本明治29年（1897年）大阪府令《制造场管理规则》第3条。同年，日本颁布的《河川法》第4条第2款和第71条也使用了"公害"一词。但是，这里的"公害"并不是现代日本环境法意义上的"公害"，它只是与"公利"相对的一种用语。[③]

现代日本环境法意义上的"公害"概念，首次出现于1967年通过的《公害对策基本法》第2条中。该法第2条第1款规定："本法所称'公害'，是指由于工业或人类其他活动所造成的相当范围的大气污染、水质污染（包含水质以外水的状态或者水底底质恶化，第9条第1款除外）、土壤污染、噪声、振动、地面沉降（采矿致挖掘土地的情形除外）以及恶臭，导致危

---

① OECD Council Recommendation C(74)224, 1974.
② A. kiss, D. shelton, *Manual of European Environmental Law*, Cambridge University Press,1994, p.5.
③ 参见野村好弘：《日本公害法概论》，康树华译，中国环境管理、经济与法学学会1982年版，第1页。

害人体健康或者生活环境的现象。"

与欧美国家环境立法相比较,日本环境法上的"公害"概念被认为是英美法中的"公共妨害(public nuisance)"的译语,但是它们两者的实质无论在沿革上还是在内容上均无任何关系。因此现代日本环境法上使用的"公害"的概念,就是指"环境污染"。

受日本环境法上的"公害"概念的影响,在一些使用汉字的国家或地区(如中国、中国台湾等)也纷纷在环境立法上以"公害"的汉字形式来描述环境污染。

(三) 中国环境污染防治立法中有关"环境污染与其他公害"的概念及其特征

我国现行环境立法对"环境污染"一词并没有统一的用语,其较完整的表述是"环境污染和其他公害"。这种表述形式源于1978年《宪法》第11条的规定。中国1978年《宪法》第11条规定:"国家保护环境和自然资源,防治污染和其他公害"。后来,在1982年的《宪法》和1989年的《环境保护法》中都以"环境污染和其他公害"的概念来描述环境污染等现象。从字面上看,这种表述形式的主要内涵是指"环境污染",而"其他公害"则是对环境污染的补充。

1989年《环境保护法》在"防治环境污染和其他公害"一章中,通过第24条后半段的规定列举了"环境污染和其他公害",即"在生产建设或者其他活动中产生的废气、废水、废渣、粉尘、恶臭气体、放射性物质以及噪声、振动、电磁波辐射等对环境的污染和危害"。

2014年新修订的《环境保护法》在第42条列举了"污染物和其他公害",即"在生产建设或者其他活动中产生的废气、废水、废渣、医疗废物、粉尘、恶臭气体、放射性物质以及噪声、振动、光辐射、电磁辐射等对环境的污染和危害"。对比1989年《环境保护法》第24条,新增加"医疗废物""光辐射"两种污染。

有学者认为,除了法律明确列举的污染类型之外,"其他公害"是指除《环境保护法》所规定的污染和危害之外,目前尚未出现而今后可能出现的,或者现在已经出现但尚未包括在《环境保护法》所列举的污染和危害之中的公害。[①]

另外,我国在《海洋环境保护法》和《水污染防治法》中对"海洋环境污染损害"和"水污染"作出了立法解释。根据《水污染防治法》第91条的规定:"水污染是指水体因某种物质的介入,而导致其化学、物理、生物或者放射性等方面特性的改变,从而影响水的有效利用,危害人体健康或者破坏生态环境,造成水质恶化的现象。"根据《海洋环境保护法》第95条的规定:"海洋环境污染损害,是指直接或者间接地把物质或者能量引入海洋环境,产生损害海洋生物资源、危害人体健康、妨害渔业和海上其他合法活动、损害海水使用素质和减损环境质量等有害影响。"据此可以认为,我国的环境污染防治法在立法上已经接受了经济合作与发展组织有关环境污染概念的解释。

结合中国的相关立法解释和国外的相关研究,本书认为,所谓环境污染与其他公害,是指由于人类生产、生活等活动产生的已知或未知的某些物质进入环境,导致环境的物理、化学和生物等特性发生改变,从而引起环境质量下降、自然生态改变、生物物种减少或灭绝以及危害人体健康、影响环境的有效利用或破坏环境的现象。概括地说,中国环境立法中的"环境污染和其他公害"的概念,只是欧美国家环境立法中的"环境污染"概念和日本环境立法中的"公害"概念的复合词,而其本质涵义可以作"环境污染"解释。

---

① 参见韩德培主编:《环境保护法教程》(第4版),法律出版社2003年版,第189页。

环境污染与其他公害具有如下特征：

首先，环境污染和其他公害是伴随人类的生产、生活活动所产生的，并且这些活动的大多数通常是在生产生活活动中进行的。由于人的意志以外的自然原因而发生的环境问题（如第一环境问题）属于自然灾害。自然灾害不属于环境立法所要控制的对象，所以不属于环境污染和其他公害的范畴。

其次，环境污染和其他公害是以环境质量的改变和自然生态的破坏为媒介影响和危害人类与自然生态系统的。以损害人体健康的侵权行为为例，一般侵权行为的发生，其加害行为与损害结果之间有着密切的因果关系，加害行为在空间上不必经过特定物质（媒介）上的停滞再对人体健康造成损害。而环境污染和其他公害一般必须经过环境这个中间环节，除浓度或毒性较大的污染物质可以直接造成自然生态破坏或者人体健康、财产损害外，大多数污染物只有在环境中蓄积到一定的数量、浓度时，才会导致环境质量的下降以及造成人体健康或财产损害。有鉴于此，世界各国都将环境污染损害作为一种特殊侵权行为来对待。中国的立法也不例外。

最后，环境污染和其他公害都是损害的结果。一般情况下，人们并不会对将公害作为一种损害结果提出疑义，而将环境污染作为一种损害结果就不容易接受。我们认为，对于人身、财产损害而言，虽然环境污染是一个动态的过程，但是就环境质量本身来说，有害物质的侵害就是造成环境质量下降的原因。环境污染在表面上看是一种现象，而实质上它却意味着环境质量的下降。当然，由于环境自身具有自净能力，它可以在一定程度内容纳有害物质并予以降解，所以只有当环境内有害物质的数量、浓度、种类等超过环境的自净能力、并可能造成人身或财产损害时，才能叫环境污染。所以说环境污染也是一种损害结果。

（四）产生环境污染和其他公害的主要物质和污染类型

《环境保护法》第42条所列举的产生环境污染和其他公害的主要物质和因素，如废气、废水、废渣、医疗废物、粉尘、恶臭气体、放射性物质以及噪声、振动、光辐射、电磁辐射等，都是产生环境污染和其他公害的主要物质。此外，某些在人们日常生产、生活中使用的本不是污染物质的有毒有害物质，也可能会由于保管或者安全管理措施不善而流失、散发或遗失进入环境而造成环境污染。

在污染类型上，根据以上主要物质和因素介入环境要素的不同，可以分为大气污染、水质污染、海洋环境污染、土壤（土地）污染等；根据污染物的特性，可以分为生物污染危害、化学污染危害以及物理污染危害、放射污染等；根据这些物质和因素的形态，又可以分为废气污染、废水污染和固体废物污染，以及振动危害、噪声危害（妨害）和电磁辐射危害等。

二、环境污染和其他公害的防治

由于环境污染和其他公害主要产生于环境与资源开发或建设、工农业生产以及日常生活活动所排放的污染物，所以从理论上讲，直接的防治方法是通过对污染源的管理来控制污染物的排放。

然而在实践中，由于受社会、经济不断发展的影响，仅仅依靠直接的污染源控制和点源治理的方法仍不能适应环境污染和其他公害防治（以下简称"环境污染防治"）的需要，因为这种方法不能解决污染物总量不断增加的问题。因此，间接地运用经济学和市场的方法、结合对开发行为以及工业生产等全过程进行行政干预，通过对开发或生产行为的合理规划或布局以及实施科技进步和技术改造措施,以提高资源或能源的利用率、实现清洁生产、减少污染物的排放,也是防治环境污染和其他公害的有效方法。

大体上,我们可以将上述有关防治环境污染和其他公害的方法分为技术的、经济的、行政的以及法律的方法等数种。由于各种方法的实施必须依靠国家法律的强制力予以保障,各种技术、经济、行政等的方法或手段都可以通过法律的形式予以确定并规范地展现在人们面前,各种制裁或补救(补偿、赔偿)等措施可以通过立法事先加以明确,因此法律的方法在环境污染与其他公害的预防、治理和救济等各个过程中都起着重要的指引、预测、评价、警示、教育和管理等作用。

从预防的角度看,环境保护行政是国家实施环境污染和其他公害防治以及进行环境管理的主要手段。国家为了防治环境污染和其他公害,就必须确立环境污染防治行政所要达到的基本要求。在中国,环境污染防治的行政目标主要是由国务院环境保护主管部门通过制定环境保护规划以及实施环境污染防治的基本法律制度来实现的。从理论上讲,环境污染防治行政的目标及其确立和实施过程主要包括如下几个方面:

一是,在实施环境污染防治行政之前,必须先由国务院环境保护主管部门依照法律规定的程序和方法,制定国家环境质量标准。

二是,为了实现国家环境质量标准的要求,国家必须制订环境保护的规划,并针对各种污染物和有害物质的排放等制定国家污染物排放标准来规范向环境排放污染物的行为。

三是,通过确立一系列的环境污染防治行政法律制度来促成国家环境保护目标的实现。例如,对于拟建的建设项目(包括新建、改建和扩建的项目)首先要实行环境影响评价和"三同时"制度。同时,排污单位应当向环境保护行政主管部门申报登记污染物的排放情况。此外,根据有关环境污染防治法的具体规定,在实行污染物排放总量控制的地区,还应当执行污染物排放的总量控制标准以及污染物排放的总量削减计划。对于正常经营(运营)的排污单位,主要是采用排污收费或排污许可、环境监测、现场检查等行政控制的方法来实现对污染物排放的监督管理。对于污染物排放达不到国家或地方污染物排放标准的,由地方人民政府决定给予限期治理。如果经限期治理仍达不到规定要求的,地方人民政府可以决定对排污单位予以关、停、并、转、迁。对于发生突发性污染事故的单位,要求排污单位采取紧急措施以消除或减轻污染物对周围环境的影响或危害,还必须向环境保护主管部门和有关部门报告并接受处理。人民政府也可以根据情况决定采取强制性的应急措施。

通过上述一系列环境污染防治的行政管理,最终的目标就是要使污染物以及有害物质的排放达到国家环境标准规定的要求,从而实现保护和改善环境的目的。如果在执法实践中发现上述方法的实施仍不能减少污染物的排放,或者环境质量状况仍得不到改善,就必须考虑修改国家环境保护标准,以及强化环境保护的监督管理工作。

需要说明的是,环境污染防治行政具有浓厚的科学技术色彩,并与其他行政部门在行政管理权力方面存在交叉和重叠。环境行政决策也具有科学的不确定性以及重新调整利益分配关系等特征。因此,环境污染防治行政较之于其他行政而言更具有强烈的计划性、指导性和依赖市场方法的特性,并且更具有积极的预防性。

三、环境污染防治立法

(一) 关于环境与资源保护各部门法的划分方法

目前世界各国对环境法律体系各部门法的划分主要存在着按照环境要素保护来划分,以及将环境污染(污染源及其污染因子)的防治(控制)与各自然资源要素的保护(管理)分开来划分这两种方法。

按照环境要素保护来划分各部门法的方法应当说是比较理想的。其优点在于可以将所有与某一类环境保护的法律规定全部包含在该环境要素所涉及的范围之内,这样便于在科学研究上对该类部门法的整理,而不问具体的法律措施如何。例如,可以将与水环境要素相关的法律规定全部归纳在有关水保护立法的范围之内,而不管与水有关的法律是属于水污染防治类的、还是水资源保护类的,等等。这种划分方法的缺陷在于,当一个国家针对某一类环境要素的保护制定有多部不同目的的法律时,就容易因为学理上的论述而混淆各法之间确定的不同的权利义务关系。

按照环境污染(污染源及其污染因子)的防治(控制)与各自然资源要素的保护(管理)来进行划分的方法,其优点在于,它可以大体上将环境污染防治类与自然资源保护类的立法及其方法比较明确地区分开来。但是,它的缺陷在于一方面对某一类环境问题及其控制方式重复论述,另一方面忽视或遗漏对某些非为环境污染防治、但又具有环境保护管理内容的法律控制的论述,如对固体废物、噪声、振动、有毒有害物质的法律控制等[①]。

由于环境法是一个新兴的法律部门,以及它本身所具有的综合性的特征,关于应当如何建立比较合理的环境法学体系的问题目前还在研究之中。

在我国,现实环境与资源保护管理中存在着环境污染防治与自然资源保护管理在机构、任务、对策或措施上的不同,对环境与资源保护各部门法采取了将环境污染防治(控制)和自然资源保护分开的方法作出划分。

(二) 环境污染防治法的概念

环境污染防治法并不是指单独存在的一部法律,而是环境法体系内同一类法律的总称。所谓环境污染防治法,是指国家为预防和治理环境污染和其他公害,对产生或可能产生环境污染和其他公害的原因活动(包括各种对环境不利的人为活动)实施管理,以达到保护生活环境和生态环境、进而保护人体健康和财产安全的目的而制定的同类法律的总称。

中国现行有关环境污染防治的专门法律有五部,即《大气污染防治法》《水污染防治法》《环境噪声污染防治法》《固体废物污染环境防治法》和《放射性污染防治法》。此外,《海洋环境保护法》中也规定了大量海洋污染防治的内容。

鉴于传统的污染防治法多偏重末端治理,治理效果不佳,20世纪90年代以来,许多国家开始重视污染物的源头和全过程治理。源头治理的主要措施就是推行清洁生产,提高资源利用效率,减少和避免污染物的产生;全过程治理的主要措施就是推进循环经济,通过减量

[①] 针对学理上不能以"污染"来概括的这些危害现象,我国目前仍然是以"环境噪声污染防治"、"固体废物污染环境防治"为由制定了《环境噪声污染防治法》和《固体废物污染环境防治法》。而其他国家在立法上则是采用"噪声控制法"或"固体废物管理法"的立法形式对它们实行法律控制的。

化、再利用、资源化,减少废物和污染物的产生。进入21世纪以来,中国先后制定了《清洁生产促进法》和《循环经济促进法》。

第二节　我国环境污染防治法的体系

自1979年颁布实施第一部《环境保护法(试行)》以来,我国的环境污染防治立法得到了迅速发展。现在,我国的环境污染防治立法正处于进一步的健全和完善过程之中。

除全国人大、全国人大常委会外,国务院也制定和实施了大量综合性或单行环境污染防治的行政法规,国务院各主管部门也分别制定了一些专项环境污染防治的部门规章或环境标准,各地方还根据本地方的特点制定了许多地方性环境污染防治的法规、规章或地方性环境标准。这样,就初步形成了我国的环境污染防治法律法规体系。

目前我国环境污染防治法的体系主要由海洋污染防治、大气污染防治、水污染防治、固体废物污染环境防治、环境噪声污染防治、放射性以及其他危险物质污染防治、清洁生产、循环经济等几个方面的法律、行政法规、部门规章以及地方性法规或规章所组成。

一、海洋环境污染防治法

在防治海洋环境污染的立法方面,我国主要制定有《海洋环境保护法》。除此之外,国务院还分别制定了《防治陆源污染物污染损害海洋环境管理条例》《防治海岸工程建设项目污染损害海洋环境管理条例》《防治海洋工程建设项目污染损害海洋环境管理条例》《海洋石油勘探开发环境保护管理条例》《防治船舶污染海洋环境管理条例》《海洋倾废管理条例》等行政法规,国务院海洋管理部门和国务院环境保护主管部门也分别针对海洋环境保护及其污染防治专门制定了有关环境标准或部门规章,沿海各地方还分别制定了一些海洋污染防治的地方性法规或规章。

二、大气污染防治法

在防治大气污染的立法方面,我国主要制定有《大气污染防治法》。除此之外,国务院环境保护主管部门以及有关工业、公安、交通、铁道、渔业主管部门也分别针对大气污染的防治专门制定了有关环境标准或部门规章,各地方还分别制定了一些大气污染防治的地方性法规或规章。

三、水污染防治法

在防治水污染的立法方面,我国主要制定有《水污染防治法》。除此之外,国务院还分别制定了《水污染防治法实施细则》《防止拆船污染环境管理条例》《淮河流域水污染防治暂行条例》等,国务院环境保护主管部门以及有关工业、公安、交通、铁道、渔业主管部门也分别针对水污染的防治专门制定了有关环境标准或部门规章,各地方还分别制定了一些水污染防治的地方性法规或规章。

四、固体废物污染环境防治法

在防治固体废物污染环境的立法方面,我国主要制定有《固体废物污染环境防治法》。

除此之外,国务院环境保护主管部门以及有关建设、城市环境卫生主管部门也分别针对固体废物的污染防治制定了一些环境标准或部门规章,各地方还分别制定了一些固体废物污染环境防治的地方性法规或规章。

五、环境噪声污染防治法

在防治环境噪声污染的立法方面,我国主要制定有《环境噪声污染防治法》。除此之外,国务院环境保护主管部门以及有关工业、公安、交通、铁道、民航主管部门也分别针对环境噪声污染的防治专门制定了有关环境标准或部门规章,各地方还分别制定了一些环境噪声污染防治的地方性法规或规章。

六、放射性污染和其他危险物质污染防治的法律、法规

在放射性污染防治立法方面,我国主要制定有《放射性污染防治法》。国务院颁布了《放射性物品运输安全管理条例》《放射性废物安全管理条例》《民用核设施安全管理条例》《核材料管理条例》《放射性同位素与射线装置安全和防护条例》和《核电厂核事故应急管理条例》等相关法规。

其他危险物质主要是在工农业生产活动、医疗卫生、科研教学或在人们日常生活等活动中正常使用的物质,如果对其生产、贮存、运输、经营、使用等过程予以规范并且加强安全管理的话,这些危险物质一般是不会危害人类安全或污染环境的。有鉴于此,国务院分别针对不同的危险物质的安全管理制定了行政法规。例如,《危险化学品安全管理条例》《易制毒化学品管理条例》《监控化学品管理条例》《农药管理条例》。国务院有关主管部门也就有关化学品、农药、放射性物质、电磁辐射等的具体安全管理制度分别制定了部门规章及其安全管理标准。

七、清洁生产促进法

在促进清洁生产立法方面,我国主要制定有《清洁生产促进法》。除此之外,国家发展和改革委员会、原国家环境保护总局联合制定了《清洁生产审核暂行办法》,各地方还分别制定了一些促进清洁生产的地方性法规或规章。

八、循环经济促进法

在促进循环经济立法方面,我国主要制定有《循环经济促进法》。除此之外,财政部、国家发改委制定了《循环经济发展专项资金管理暂行办法》,各地方还分别制定了一些促进循环经济的地方性法规或规章。

第十二章

大气污染防治法

第一节 大气污染防治法概述

一、大气污染及其危害

(一) 大气

大气,是指从地球周围的表面直到距地球表面空间一定范围的大气圈所存在的由多种气体所构成的混合体。大气的主要组分包括恒定的、可变的和不定的三部分。

大气的恒定组分是指氮、氧、氩以及微量的氖、氦、氪、氙等稀有气体,它们的含量在近地层空气中的各处都是恒定不变的。按照它们在大气中所占体积浓度来排列,依次是:氮为78.09%、氧为20.94%、氩为0.93%,这三种组分共占干燥大气总浓度的99.96%,而其他气体仅占0.04%以下。

大气的可变组分是指恒定组分以外的水蒸气、二氧化碳等气体,它们的含量因地域、季节、气象条件的不同以及受人类的生产生活活动等因素的影响而会发生变化。正常条件下,水蒸气的含量一般为4%,二氧化碳的含量大约在0.02%—0.04%左右。但是,据科学家们观测,二氧化碳的浓度目前正在因人为的排放而连年上升。

大气的不定组分主要是指因正常的自然变化而引发的自然灾害(如火山爆发、森林大火以及地震等)或由于人类的生产生活活动向环境排放废弃物质等原因而在大气中形成的尘埃、硫及其化合物、氮氧化物、盐类以及恶臭气体等,其中由于人类生产生活活动向环境排放的各种物质是大气中不定组分的主要来源。这些气体或物质一旦进入大气,与气象条件等多种因素结合在一起,就可能发生蓄积或者各种物理或化学的改变,造成局部或暂时性的大气污染。

按照大气圈的温度、组成成分以及其他方面的物理性质在垂直方向上的变化和不同,可以将大气圈分为对流层、平流层、中间层、热层和外层。其中,对流层、平流层、中间层处于均质层,而热层和外层则处于非均质层之中。

与人类生存密切相关的大气环境条件主要是在对流层中形成的。对流层是大气层中最下面的一层,其厚度距离地球表面平均约为12公里。虽然对流层在大气层的总厚度中只占很小的比例,但是其空气总量却占大气层总重量的95%,并且其所含物质的质量还占整个大气层的3/4。在对流层内,除了含有纯净的干空气外,还含有一定量的水蒸气,这种适宜的湿度对于有机生命物质的生存起着重要的作用。[1]

(二) 大气污染

大气污染,是指大气因某种物质的介入,而导致其化学、物理、生物或者放射性等方面特性的改变,从而影响大气的有效利用,危害人体健康或财产安全,以及破坏自然生态系统、造成大气质量恶化的现象。

在日常生活中,由于人们对大气污染和空气污染这两个词通常是作为同义词来使用的。因此,在环境立法方面,目前各国对大气污染和空气污染的使用也是不一致的[2]。尽管如此,环境污染防治立法中所称的大气污染(空气污染)都只是指由人为因素所引起的大气污染,而自然在自身的变化过程中所发生的大气污染则不是法律控制的对象。

从人为因素产生大气污染的来源上看,目前的大气污染主要是由从工农业生产、日常生活以及交通运输等过程中产生并排放的大气污染物所引起的。其主要发生源是产生大气污染物的设备装置(如工矿企业的大型设备、机械工艺以及使用的原料等)、燃料燃烧设施(如燃烧矿物、油类等的炉、窑以及其他设施)以及交通工具等,也有一部分是在日常生活中散在或工作中固定操作作业时产生的,如在露天燃烧树叶或者废弃物等行为、在农田施用化肥或农药行为、饮食服务业或居家生活排放的油烟、废气等行为。

按照大气污染物的来源,可以将大气污染分为煤烟型污染(由烟尘、二氧化硫、一氧化碳和氮氧化物引起)、石油型污染(由一氧化碳、碳氢化合物、氮氧化物、颗粒物和铅引起)以及特殊型污染(废气或粉尘)等类型;按照大气污染的范围,还可以将大气污染分为低空污染、高空污染以及全球污染等类型。

大气污染物是指可以单独或者复合造成大气污染的物质。大气污染物的种类有很多,其物理和化学性质也非常复杂,毒性也各不相同。其中,将由污染源直接排入大气,其物理和化学性状未发生变化的大气污染物称为一次污染物,又称原发性污染物,如悬浮颗粒物、二氧化硫、二氧化碳等。排放进入大气中的一次污染物在物理、化学或生物因素的作用下发生变化,或与大气中的其他物质发生反应所形成的物理、化学性状与一次污染物不同的新污染物称为二次污染物,也称继发性污染物,如光化学氧化剂、硫酸雾、硝酸雾等。

在我国,目前对大气环境质量影响较大的污染物主要有二氧化硫、二氧化碳、一氧化碳、臭氧、PM_{10}(粒径小于等于10微米的颗粒物)、$PM_{2.5}$(粒径小于等于2.5微米的颗粒物)、总悬浮颗粒物、氮氧化物、铅、苯并[a]芘等十大类[3]。此外,非正常情况下向大气排放的气体或可以挥发的固态或液态物质如氯气、煤气、油类等物质或能量也可能成为大气污染物,在大气层进行核试验所产生的放射性降落物也是一种重要的大气污染物。

大气污染的形成主要取决于排入大气中污染物的浓度,污染物的浓度越高、大气污染就越严重。大气中污染物的浓度主要受排放总量的影响,之外还与排放源的高度、气象和地形

---

[1] 有关概念和具体数字,参见刘天齐主编:《环境保护通论》,中国环境科学出版社1997年版,第122—123页。

[2] 如英国、美国的《清洁空气法》,爱尔兰、荷兰的《空气污染法》,中国的《大气污染防治法》和日本的《大气污染防止法》等称谓。但是,就大气和空气的概念而言,大气的概念一般不作狭义的理解或解释,而空气的概念则有广义和狭义之分。广义上空气的概念大体与大气相同(例如中国现行《环境空气质量标准》);狭义上空气的概念是相对于大气而言的,习惯上只将大气中涉及面积或范围较小,具有局部性且与整个大气在物理空间上存在着相对隔离状态的部分(例如室内)称为空气,而不称为大气。

[3] 参见《环境空气质量标准》(GB3095-2012)。

等因素有着密切的关联。大气越不稳定,污染物的稀释和扩散就越快;如果大气非常稳定或者出现逆温层时,污染物的稀释扩散就会变慢或者停止,这时大气污染物的浓度就会积聚得越来越高,从而发生严重的大气污染。

现在已经发现,大气污染的危害已经演变成为全球性的环境破坏(如气候变化等)问题,人类活动对大气层的破坏正在逐渐扩大到平流层,人类所生产使用的消耗臭氧的物质(如化学发泡剂以及用于制冷的氟氯烃类物质等)向大气排放对平流层中的臭氧层造成了破坏。

(三) 我国大气污染的现状

当前我国大气污染严重,大气污染物排放总量居高不下。我国是一个以煤为主要能源的国家,由于我国的煤质尤其是南方地区煤质含硫成分过高,所以我国大气污染物中烟尘排放量和二氧化硫排放量大部分都来自于燃煤,使得工业和人口集中的城市产生了比较严重的大气污染。我国能源资源的特点和经济发展水平,决定了以煤为主的能源结构将长期存在。因此,控制煤烟型大气污染将长期作为我国大气污染控制领域的主要任务。为减少燃煤大气污染,《大气污染防治法》提出要推广清洁能源的生产和使用,逐步降低煤炭在一次能源消费中的比重,同时要求地方各级政府加强民用散煤的管理,禁止销售不符合民用散煤质量标准的煤炭。

此外,由于机动车数量增长迅速,机动车尾气排放也成为大气污染物的主要来源之一。在一些城市,机动车已成为主要甚至首要的大气污染物来源,主要的原因是机动车过多、机动车质量和油品质量存在问题。《大气污染防治法》强化了对机动车尾气的控制,要求国家采取财政、税收、政府采购等措施推广应用节能环保型和新能源机动车船、非道路移动机械,限制高油耗、高排放机动车船、非道路移动机械的发展,减少化石能源的消耗。同时规定制定燃油质量标准应当符合国家大气污染物控制要求,石油炼制企业应当按照燃油质量标准生产燃油。

二、大气污染防治立法

大气污染的防治,主要是通过对人为生产生活活动向大气排放的不定组分气体或物质的控制,以使大气中的污染物质在种类、数量和浓度上保持在空气可以净化的范围之内,不使人类发生健康和财产损害。因此,对人类活动的控制和管理便成为大气污染防治的关键一环。

从对大气污染实施控制的措施与方法上看,目前主要可以将它们分为技术性措施和非技术性措施两个方面。

技术性措施主要是针对大气污染物的生成而采取的技术方法,主要包括对大气污染物生成前和生成后的控制这两条途径。对大气污染物生成前的控制,是指在大气污染物形成过程中、尚未成为污染物之前,运用科学技术手段或其他有效方法,减少大气污染物生成量措施。例如,改变燃料的构成、提高燃料的利用效率和降低能耗、改进燃烧过程以及改进生产工艺和设备等方法。对大气污染物生成后的控制,是指在大气污染物形成之后,采取消烟除尘或改善排放方式等措施,以减少大气污染物排放量的方法。非技术性措施主要是采取环境规划与管理,以及经济刺激、环境行政和宣传教育等手段,促使排污单位或个人重视大气污染防治工作而采取的方法。

20世纪70年代,我国制定了《工业"三废"排放试行标准》和《工业企业设计卫生标准》,

以标准的形式对大气污染物的排放作出了定量的规定。1979年,在我国制定的首部环境保护法律《环境保护法(试行)》中,首次以法律的形式对大气污染防治作出了原则性的规定。

1987年我国制定颁布了《大气污染防治法》。1995年8月29日全国人大常委会对《大气污染防治法》进行了修正。2000年4月29日,全国人大常委会对《大气污染防治法》进行了第一次修订,自2000年9月1日起施行。2015年8月29日,全国人大常委会对《大气污染防治法》进行了第二次修订,自2016年1月1日起施行。新修订的《大气污染防治法》紧紧围绕"改善大气环境质量"这个核心目标,对2000年版的《大气污染防治法》进行了大幅修改,由修订前的七章66条扩展到八章129条。

作为新《环境保护法》修订之后通过以后修订的第一部污染防治单行法,新的《大气污染防治法》秉承了新《环境保护法》中确立的加强政府责任和企业责任的做法,一方面细化了地方各级人民政府防治大气污染的职责,规定了严格的考核制度和追责制度;另一方面大幅度提高了对于企事业单位和其他生产经营者的环境违法行为的处罚力度,主要体现在如下几个方面:第一,提高了每一种违法行为的处罚力度;第二,明确规定对于四种违法行为进行按日计罚;第三,取消了造成大气污染事故环保罚款50万元上限额度,变为按倍数计罚。对造成一般或者较大大气污染事故的,按照污染事故造成直接损失的一倍以上3倍以下计算罚款;对造成重大或者特大大气污染事故的,按污染事故造成的直接损失的3倍以上5倍以下计罚。

此外,2013年9月,国务院发布了《大气污染防治行动计划》(简称《大气十条》),对大气污染防治工作作出了全面部署,并提出到2017年我国大气污染防治的奋斗目标和具体指标。

第二节　大气污染防治的法律规定

一、大气污染防治的行政管理体制

我国对大气污染防治工作实行人民政府领导、政府各行政主管部门按职权划分实施统一监督管理与部门分工负责管理的行政管理体制。

（一）地方各级人民政府防治大气污染的主要职责

《大气污染防治法》规定,地方各级人民政府应当对本行政区域的大气环境质量负责,制定规划,采取措施,控制或者逐步削减大气污染物的排放量,使大气环境质量达到规定标准并逐步改善。未达到国家大气环境质量标准城市的人民政府应当及时编制大气环境质量限期达标规划,采取措施,按照国务院或者省级人民政府规定的期限达到大气环境质量标准。编制城市大气环境质量限期达标规划,应当征求有关行业协会、企业事业单位、专家和公众等方面的意见。城市大气环境质量限期达标规划应当向社会公开。直辖市和设区的市的大气环境质量限期达标规划应当报国务院环境保护主管部门备案。城市大气环境质量限期达标规划应当根据大气污染防治的要求和经济、技术条件适时进行评估、修订。

为了强化地方政府的责任,加强对地方政府的监督,《大气污染防治法》规定了如下监督措施:

（1）城市人民政府每年在向本级人民代表大会或者其常务委员会报告环境状况和环境保护目标完成情况时，应当报告大气环境质量限期达标规划执行情况。

（2）国务院环境保护主管部门会同国务院有关部门，按照国务院的规定，对省、自治区、直辖市大气环境质量改善目标、大气污染防治重点任务完成情况进行考核。省、自治区、直辖市人民政府制定考核办法，对本行政区域内地方大气环境质量改善目标、大气污染防治重点任务完成情况实施考核。

（3）对超过国家重点大气污染物排放总量控制指标或者未完成国家下达的大气环境质量改善目标的地区，省级以上人民政府环境保护主管部门应当会同有关部门约谈该地区人民政府的主要负责人，并暂停审批该地区新增重点大气污染物排放总量的建设项目环境影响评价文件。约谈情况应当向社会公开。

（二）各行政主管部门在大气污染防治行政上的职权范围与分工

1. 环保部门负责对大气污染防治实施统一监督管理；负责大气污染源监测，统一发布大气环境质量状况信息；负责确定重点大气污染物排放总量控制目标，划定国家大气污染防治重点区域；负责建立和完善大气污染损害评估制度；负责监督检查新生产、销售机动车和非道路移动机械大气污染物排放状况；及时对突发环境事件产生的大气污染物进行监测，并向社会公布监测信息；会同交通运输、住房城乡建设、农业行政、水行政等有关部门对非道路移动机械的大气污染物排放状况进行监督检查；和认证认可监督管理部门一道对机动车排放检验机构的排放检验情况进行监督检查；会同卫生行政部门公布有毒有害大气污染物名录；会同国务院有关部门、国家大气污染防治重点区域内有关省级人民政府，制订重点区域大气污染联合防治行动计划；会同气象主管机构等有关部门、国家大气污染防治重点区域内有关省级人民政府建立重点区域重污染天气监测预警机制，等等。

2. 国务院经济综合主管会同国务院有关部门确定严重污染大气环境的工艺、设备和产品淘汰期限，并纳入国家综合性产业政策目录；会同国务院环境保护主管部门进一步提高环境保护、能耗、安全、质量等要求。

3. 国务院交通运输主管部门可以在沿海海域划定船舶大气污染物排放控制区。

4. 住房城乡建设、市容环境卫生、交通运输、国土资源等有关部门，应当根据本级人民政府确定的职责，做好扬尘污染防治工作。

除此之外，《大气污染防治法》还规定了企事业单位和其他生产经营者及公民在大气污染防治方面的一般性义务：企业事业单位和其他生产经营者应当采取有效措施，防止、减少大气污染，对所造成的损害依法承担责任。公民应当增强大气环境保护意识，采取低碳、节俭的生活方式，自觉履行大气环境保护义务。

二、大气环境标准

大气环境标准主要指国家环境保护部门和省级地方政府依法制定的大气环境质量标准和大气污染物排放控制标准等。目前我国已制定实施了 220 余项有关大气环境的各种国家标准。[1]

---

[1] 各类大气环境标准的具体内容，参见"大气环境保护标准"，载环境保护部网，：http://kjs.mep.gov.cn/hjbhbz/bzwb/dqhjbh/，最后访问时间：2015 年 9 月 8 日。

在我国国家大气环境标准体系中,《环境空气质量标准》(GB3095-2012)是大气环境标准体系的核心。[①] 该标准将环境空气质量功能区分为两类,一类区为自然保护区、风景名胜区和其他需要特殊保护的地区;二类区为居住区、商业交通居民混合区、文化区、工业区和农村地区。一类区适用一级浓度限值,二类区适用二级浓度限值。《环境空气质量标准》(GB3095-2012)规定的空气污染物基本项目包括二氧化硫(SO_2)、二氧化氮(NO_2)、一氧化碳(CO)、臭氧(O_3)、颗粒物(粒径小于等于10 μm)(PM_{10})、颗粒物(粒径小于等于2.5μm)($PM_{2.5}$),空气污染物其他项目包括总悬浮颗粒物(TSP)、氮氧化物(NO_X)、铅(Pb)和苯并[a]芘(BaP)。

考虑到我国不同地区的空气污染特征、经济发展水平和环境管理要求差异较大,《环境空气质量标准》(GB3095-2012)分期实施,具体实施时限如下:2012年,京津冀、长三角、珠三角等重点区域以及直辖市和省会城市;2013年113个环境保护重点城市和国家环境保护模范城市、2015年所有地级以上城市实施新标准。2016年1月1日起全国实施新标准。

依照《大气污染防治法》的规定,国务院环境保护主管部门或者省、自治区、直辖市人民政府制定大气环境质量标准,应当以保障公众健康和保护生态环境为宗旨,与经济社会发展相适应,做到科学合理。制定大气环境质量标准、大气污染物排放标准,应当组织专家进行审查和论证,并征求有关部门、行业协会、企业事业单位和公众等方面的意见。大气环境质量标准、大气污染物排放标准的执行情况应当定期进行评估,根据评估结果对标准适时进行修订。制定燃煤、石油焦、生物质燃料、涂料等含挥发性有机物的产品、烟花爆竹以及锅炉等产品的质量标准,应当明确大气环境保护要求。制定燃油质量标准,应当符合国家大气污染物控制要求,并与国家机动车船、非道路移动机械大气污染物排放标准相互衔接,同步实施。

除《环境空气质量标准》外,《大气污染物综合排放标准》(GB16297-1996)是国家大气污染物排放标准中较为重要的综合性排放标准。该标准主要依据《环境空气质量标准》制定,对33种大气污染物的排放限值即最高允许排放浓度、最高允许排放速率和无组织排放监控浓度限值作出了具体规定。依照该标准的解释,在控制大气污染物排放方面,除该标准为国家综合性排放标准外,还有若干行业性排放标准共同存在。按照综合性排放标准与行业性排放标准不交叉执行的原则,锅炉、工业炉窑、火电厂、炼焦炉、水泥厂、恶臭、机动车等实施各自的行业性大气污染物排放标准,其他的大气污染物执行该标准。

《大气污染防治法》规定,企事业单位和其他生产经营者超过大气污染物排放标准排放大气污染物的,由县级以上人民政府环境保护主管部门责令改正或者限制生产、停产整治,并处10万元以上100万元以下的罚款;情节严重的,报经有批准权的人民政府批准,责令停业、关闭。受到罚款处罚,被责令改正,拒不改正的,依法作出处罚决定的行政机关可以自责令改正之日的次日起,按照原处罚数额按日连续处罚。

三、大气污染防治的监督管理制度与措施

(一)大气污染防治的基本法律制度

大气污染防治要执行环境污染防治的基本法律制度,如环境影响评价制度、"三同时"制度、排污申报登记制度、排污收费制度、污染事故报告和处理制度和落后生产工艺设备淘汰

[①] 替代了《环境空气质量标准》(GB3095-1996)。

制度等,这些制度的基本内容请参见本书第一编的相关内容,这里只介绍这些制度在大气污染防治领域的具体适用问题以及《大气污染防治法》所规定其他重要制度。

1. 主要大气污染物排放总量控制制度

从当前情况来看,在我国许多人口和工业集中的地区,由于大气质量已经很差,即使污染源实现浓度达标排放,也不能控制大气质量的继续恶化。因此,推行总量控制势在必行。

《大气污染防治法》规定,国家对重点大气污染物排放实行总量控制。重点大气污染物排放总量控制目标,由国务院环境保护主管部门在征求国务院有关部门和各省、自治区、直辖市人民政府意见后,会同国务院经济综合主管部门报国务院批准并下达实施。省、自治区、直辖市人民政府应当按照国务院下达的总量控制目标,控制或者削减本行政区域的重点大气污染物排放总量。确定总量控制目标和分解总量控制指标的具体办法,由国务院环境保护主管部门会同国务院有关部门规定。省、自治区、直辖市人民政府可以根据本行政区域大气污染防治的需要,对国家重点大气污染物之外的其他大气污染物排放实行总量控制。

为了尽量以较低的经济成本实现预定的总量控制指标,《大气污染防治法》借鉴国际经验以及我国一些地方试点的经验,引入市场化的管制手段,明确提出"国家逐步推行重点大气污染物排污权交易"。

为了保障总量控制制度能够落实到位,《大气污染防治法》规定,对超过国家重点大气污染物排放总量控制指标或者未完成国家下达的大气环境质量改善目标的地区,省级以上人民政府环境保护主管部门应当会同有关部门约谈该地区人民政府的主要负责人,并暂停审批该地区新增重点大气污染物排放总量的建设项目环境影响评价文件。企事业单位和其他生产经营者超过重点大气污染物排放总量控制指标排放大气污染物的,由县级以上人民政府环境保护主管部门责令改正或者限制生产、停产整治,并处10万元以上100万元以下的罚款;情节严重的,报经有批准权的人民政府批准,责令停业、关闭。受到罚款处罚,被责令改正,拒不改正的,依法作出处罚决定的行政机关可以自责令改正之日的次日起,按照原处罚数额按日连续处罚。

2. 排污许可证制度

大气排污许可证是落实大气污染物总量控制目标的主要手段。此前2000年修订的《大气污染防治法》仅要求对大气污染物排放总量控制区内的企事业单位核发主要大气污染物排放许可证。有大气污染物总量控制任务的企业事业单位,必须按照核定的主要大气污染物排放总量和许可证规定的排放条件排放污染物。现行《大气污染防治法》大幅度扩大了排污许可证制度的适用范围,要求排放工业废气或者该法规定名录中所列有毒有害大气污染物的企业事业单位、集中供热设施的燃煤热源生产运营单位以及其他依法实行排污许可管理的单位,都应当取得排污许可证。排污许可的具体办法和实施步骤由国务院规定。

对于未依法取得排污许可证排放大气污染物的企事业单位和其他生产经营者,由县级以上人民政府环境保护主管部门责令改正或者限制生产、停产整治,并处10万元以上100万元以下的罚款;情节严重的,报经有批准权的人民政府批准,责令停业、关闭。受到罚款处罚,被责令改正,拒不改正的,依法作出处罚决定的行政机关可以自责令改正之日的次日起,按照原处罚数额按日连续处罚。

3. 大气环境信息公开制度

《大气污染防治法》多处规定要求信息公开,例如制定大气环境标准应当征求公众意见;

大气环境标准、地方大气环境质量改善目标、大气污染防治重点任务完成情况考核结果、大气环境质量限期达标规划及其执行情况、省级以上环保部门约谈地方政府的情况、重点排污单位名录、建设单位新建项目的环评文件、重点排污单位自动监测设备监测的排放信息、机动车检验信息、重点区域内的大气监测信息和源解析结果、重污染天气应急预案、突发重大环境事件监测信息等都要向社会公开；环保部门应当公布举报电话、电子邮箱，方便公众举报，并反馈举报处理结果。

(二) 燃煤和其他能源污染防治

对防治燃煤污染，《大气污染防治法》规定的措施主要是调整能源结构，推广清洁能源的生产和使用，优化煤炭使用方式，推广煤炭清洁高效利用，逐步降低煤炭在一次能源消费中的比重，减少煤炭生产、使用、转化过程中的大气污染物排放。具体措施包括：

国家推行煤炭洗选加工，降低煤炭的硫分和灰分，限制高硫分、高灰分煤炭的开采。新建煤矿应当同步建设配套的煤炭洗选设施；已建成的煤矿除不需要洗选的以外，应当限期建成配套的煤炭洗选设施。对违反者，由县级以上人民政府能源主管部门责令改正，处10万元以上100万元以下的罚款；拒不改正的，报经有批准权的人民政府批准，责令停业、关闭。

禁止开采含放射性和砷等有毒有害物质超过规定标准的煤炭。对违反者，由县级以上人民政府按照国务院规定的权限责令停业、关闭。

国家鼓励和支持洁净煤技术的开发和推广。鼓励煤矿企业对煤层气进行开采利用，对煤矸石进行综合利用。

禁止进口、销售和燃用不符合质量标准的煤炭，鼓励燃用优质煤炭。禁止销售不符合民用散煤质量标准的煤炭，鼓励居民燃用优质煤炭和洁净型煤，推广节能环保型炉灶。石油炼制企业应当按照燃油质量标准生产燃油。禁止进口、销售和燃用不符合质量标准的石油焦。城市人民政府可以划定并公布高污染燃料禁燃区，在禁燃区内，禁止销售、燃用高污染燃料。对违反者，根据具体情形分别由县级以上地方人民政府质量监督、工商行政管理部门、出入境检验检疫机构或海关按照职责责令改正，没收原材料、产品和违法所得，并处货值金额1倍以上3倍以下的罚款。单位燃用不符合质量标准的煤炭、石油焦的，由县级以上人民政府环境保护主管部门责令改正，处货值金额1倍以上3倍以下的罚款。

在禁燃区内，禁止新建、扩建燃用高污染燃料的设施，已建成的，应当在城市人民政府规定的期限内改用天然气、页岩气、液化石油气、电或者其他清洁能源。在燃煤供热地区，推进热电联产和集中供热。对违反者，由县级以上地方人民政府环境保护主管部门没收燃用高污染燃料的设施，组织拆除燃煤供热锅炉，并处2万元以上20万元以下的罚款。

不符合环境保护标准或者要求的锅炉，不得生产、进口、销售和使用。

燃煤电厂和其他燃煤单位应当采用清洁生产工艺，配套建设除尘、脱硫、脱硝等装置，或者采取技术改造等其他控制大气污染物排放的措施。电力调度应当优先安排清洁能源发电上网。

(三) 工业污染防治

工业污染是我国大气污染的主要来源之一。为了减少工业污染，《大气污染防治法》规定：钢铁、建材、有色金属、石油、化工等企业生产过程中排放粉尘、硫化物和氮氧化物的，应当采用清洁生产工艺，配套建设除尘、脱硫、脱硝等装置，或者采取技术改造等其他控制大气污染物排放的措施。生产、进口、销售和使用含挥发性有机物的原材料和产品的，其挥发性有机物含量应当符合质量标准或者要求。

产生含挥发性有机物废气的生产和服务活动,应当在密闭空间或者设备中进行,并按照规定安装、使用污染防治设施;无法密闭的,应当采取措施减少废气排放。石油、化工以及其他生产和使用有机溶剂的企业,应当采取措施对管道、设备进行日常维护、维修,减少物料泄漏,对泄漏的物料应当及时收集处理。储油储气库、加油加气站、原油成品油码头、原油成品油运输船舶和油罐车、气罐车等,应当按照国家有关规定安装油气回收装置并保持正常使用。钢铁、建材、有色金属、石油、化工、制药、矿产开采等企业,应当加强精细化管理,采取集中收集处理等措施,严格控制粉尘和气态污染物的排放。工业生产企业应当采取密闭、围挡、遮盖、清扫、洒水等措施,减少内部物料的堆存、传输、装卸等环节产生的粉尘和气态污染物的排放。工业生产、垃圾填埋或者其他活动产生的可燃性气体应当回收利用,不具备回收利用条件的,应当进行污染防治处理。可燃性气体回收利用装置不能正常作业的,应当及时修复或者更新。

对违反上述规定者,由县级以上人民政府环境保护主管部门责令改正,处2万元以上20万元以下的罚款;拒不改正的,责令停产整治。

(四) 防治机动车船污染

为了减少机动车船造成的大气污染,《大气污染防治法》规定国家应当大力发展城市公共交通、推广应用节能环保型和新能源机动车船、提高燃料质量、对在用机动车船尾气排放进行检验、倡导环保驾驶等等。

针对某些地区机动车船污染特别严重的情况,《大气污染防治法》规定:省、自治区、直辖市人民政府可以在条件具备的地区,提前执行国家机动车大气污染物排放标准中相应阶段排放限值,并报国务院环境保护主管部门备案。城市人民政府可以根据大气环境质量状况,划定并公布禁止使用高排放非道路移动机械的区域。在禁止使用高排放非道路移动机械的区域使用高排放非道路移动机械的,由城市人民政府环境保护等主管部门依法予以处罚。

机动车船、非道路移动机械不得超过标准排放大气污染物。禁止生产、进口或者销售大气污染物排放超过标准的机动车船、非道路移动机械。机动车、非道路移动机械经检验合格的,方可出厂销售。对违反者,根据具体情形分别由省级以上人民政府环境保护主管部门、县级以上人民政府工商行政管理部门、出入境检验检疫机构、海关责令改正,没收违法所得,并处货值金额1倍以上3倍以下的罚款,没收销毁无法达到污染物排放标准的机动车、非道路移动机械;拒不改正的,责令停产整治,并由国务院机动车生产主管部门责令停止生产该车型。

机动车排放检验机构定期对在用机动车进行排放检验,经检验合格的,方可上道路行驶。机动车驾驶人驾驶排放检验不合格的机动车上道路行驶的,由公安机关交通管理部门依法予以处罚。

县级以上地方人民政府环境保护主管部门可以在机动车集中停放地、维修地对在用机动车的大气污染物排放状况进行监督抽测;在不影响正常通行的情况下,可以通过遥感监测等技术手段对在道路上行驶的机动车的大气污染物排放状况进行监督抽测,公安机关交通管理部门予以配合。机动车维修单位应当按照防治大气污染的要求和国家有关技术规范对在用机动车进行维修,使其达到规定的排放标准。

环境保护主管部门应当会同交通运输、住房城乡建设、农业行政、水行政等有关部门对非道路移动机械的大气污染物排放状况进行监督检查,排放不合格的,不得使用。使用排放不合格的非道路移动机械的,由县级以上人民政府环境保护等主管部门按照职责责令改正,处5000元的罚款。

国家倡导环保驾驶,鼓励燃油机动车驾驶人在不影响道路通行且需停车三分钟以上的情况下熄灭发动机,减少大气污染物的排放。

国家建立机动车和非道路移动机械环境保护召回制度。生产、进口企业获知机动车、非道路移动机械排放大气污染物超过标准,属于设计、生产缺陷或者不符合规定的环境保护耐久性要求的,应当召回;未召回的,由国务院质量监督部门会同国务院环境保护主管部门责令其召回。

在用机动车排放大气污染物超过标准的,应当进行维修;经维修或者采用污染控制技术后,大气污染物排放仍不符合国家在用机动车排放标准的,应当强制报废。以临时更换机动车污染控制装置等弄虚作假的方式通过机动车排放检验或者破坏机动车车载排放诊断系统的,由县级以上人民政府环境保护主管部门责令改正,对机动车所有人处5000元的罚款;对机动车维修单位处每辆机动车5000元的罚款。

在用重型柴油车、非道路移动机械未安装污染控制装置或者污染控制装置不符合要求,不能达标排放的,应当加装或者更换符合要求的污染控制装置。未按照规定加装、更换污染控制装置的,由县级以上人民政府环境保护等主管部门按照职责责令改正,处5000元的罚款。

对于船舶导致的大气污染,《大气污染防治法》规定船舶检验机构对船舶发动机及有关设备进行排放检验。经检验符合国家排放标准的,船舶方可运营。国务院交通运输主管部门可以在沿海海域划定船舶大气污染物排放控制区,进入排放控制区的船舶应当符合船舶相关排放要求。伪造船舶排放检验结果或者出具虚假排放检验报告的,由海事管理机构依法予以处罚。

对于民用航空器导致的大气污染,《大气污染防治法》规定国家鼓励在设计、生产、使用民用航空器过程中采取有效措施减少大气污染物排放。民用航空器应当符合国家规定的适航标准中的有关发动机排出物要求。

在燃料控制方面,《大气污染防治法》规定:制定燃油质量标准,应当符合国家大气污染物控制要求,并与国家机动车船、非道路移动机械大气污染物排放标准相互衔接,同步实施。禁止生产、进口、销售不符合标准的机动车船、非道路移动机械用燃料;禁止向汽车和摩托车销售普通柴油以及其他非机动车用燃料;禁止向非道路移动机械、内河和江海直达船舶销售渣油和重油。发动机油、氮氧化物还原剂、燃料和润滑油添加剂以及其他添加剂的有害物质含量和其他大气环境保护指标,应当符合有关标准的要求,不得损害机动车船污染控制装置效果和耐久性,不得增加新的大气污染物排放。

(五) 扬尘污染防治

目前我国城市大气总悬浮颗粒物的很大一部分来自扬尘,其中建筑施工是扬尘的重要来源,控制扬尘污染已成为保护和改善城市大气质量一个紧迫问题。我国《大气污染防治法》对此也做了相应的规定。

地方各级人民政府应当加强对建设施工和运输的管理,保持道路清洁,控制料堆和渣土堆放,扩大绿地、水面、湿地和地面铺装面积,防治扬尘污染。住房城乡建设、市容环境卫生、交通运输、国土资源等有关部门,应当根据本级人民政府确定的职责,做好扬尘污染防治工作。城市人民政府应当加强道路、广场、停车场和其他公共场所的清扫保洁管理,推行清洁动力机械化清扫等低尘作业方式,防治扬尘污染。市政河道以及河道沿线、公共用地的裸露地面以及其他城镇裸露地面,有关部门应当按照规划组织实施绿化或者透水铺装。

对于建筑施工中的扬尘污染防治,《大气污染防治法》规定:建设单位应当将防治扬尘污染的费用列入工程造价,并在施工承包合同中明确施工单位扬尘污染防治责任。施工单位应当制定具体的施工扬尘污染防治实施方案。施工单位应当在施工工地设置硬质围挡,并采取覆盖、分段作业、择时施工、洒水抑尘、冲洗地面和车辆等有效防尘降尘措施。建筑土方、工程渣土、建筑垃圾应当及时清运;在场地内堆存的,应当采用密闭式防尘网遮盖。工程渣土、建筑垃圾应当进行资源化处理。暂时不能开工的建设用地,建设单位应当对裸露地面进行覆盖;超过 3 个月的,应当进行绿化、铺装或者遮盖。建设单位未对暂时不能开工的建设用地的裸露地面进行覆盖,或者未对超过 3 个月不能开工的建设用地的裸露地面进行绿化、铺装或者遮盖的,由县级以上人民政府住房城乡建设等主管部门依照前款规定予以处罚。

对于堆放的物料的扬尘污染防治,《大气污染防治法》规定:贮存煤炭、煤矸石、煤渣、煤灰、水泥、石灰、石膏、砂土等易产生扬尘的物料应当密闭;不能密闭的,应当设置不低于堆放物高度的严密围挡,并采取有效覆盖措施防治扬尘污染。码头、矿山、填埋场和消纳场应当实施分区作业,并采取有效措施防治扬尘污染。

《大气污染防治法》规定,建筑施工或者贮存易产生扬尘的物料未采取有效措施防治扬尘污染的,根据具体情形由县级以上人民政府住房城乡建设或环境保护等主管部门按照职责责令改正,处 1 万元以上 10 万元以下的罚款;拒不改正的,责令停工整治或者停业整治。受到罚款处罚,被责令改正,拒不改正的,依法作出处罚决定的行政机关可以自责令改正之日的次日起,按照原处罚数额按日连续处罚。

对于道路运输中的扬尘污染防治,《大气污染防治法》规定:运输煤炭、垃圾、渣土、砂石、土方、灰浆等散装、流体物料的车辆应当采取密闭或者其他措施防止物料遗撒造成扬尘污染,并按照规定路线行驶。对违反者,由县级以上地方人民政府确定的监督管理部门责令改正,处 2000 元以上 2 万元以下的罚款;拒不改正的,车辆不得上道路行驶。

(六) 农业和其他污染防治

地方各级人民政府应当推动转变农业生产方式,发展农业循环经济,加大对废弃物综合处理的支持力度,加强对农业生产经营活动排放大气污染物的控制。

农业生产经营者应当改进施肥方式,科学合理施用化肥并按照国家有关规定使用农药,减少氨、挥发性有机物等大气污染物的排放。禁止露天焚烧秸秆、落叶等产生烟尘污染的物质。禁止在人口集中地区对树木、花草喷洒剧毒、高毒农药。畜禽养殖场、养殖小区应当及时对污水、畜禽粪便和尸体等进行收集、贮存、清运和无害化处理,防止排放恶臭气体。对违反者,由县级以上地方人民政府确定的监督管理部门责令改正,并可以处 500 元以上 2000 元以下的罚款。

为了加强对有毒大气污染物的治理,《大气污染防治法》规定:国务院环境保护主管部门应当会同国务院卫生行政部门,根据大气污染物对公众健康和生态环境的危害和影响程度,公布有毒有害大气污染物名录,实行风险管理。排放前款规定名录中所列有毒有害大气污染物的企业事业单位,应当按照国家有关规定建设环境风险预警体系,对排放口和周边环境进行定期监测,评估环境风险,排查环境安全隐患,并采取有效措施防范环境风险。向大气排放持久性有机污染物的企业事业单位和其他生产经营者以及废弃物焚烧设施的运营单位,应当按照国家有关规定,采取有利于减少持久性有机污染物排放的技术方法和工艺,配备有效的净化装置,实现达标排放。对违反者,由县级以上人民政府环境保护等主管部门按照职责责令改正,处1万元以上10万元以下的罚款;拒不改正的,责令停工整治或者停业整治。

对于其他可能产生大气污染的恶臭、油烟、露天烧烤、露天焚烧、燃放烟花爆竹、祭祀、干洗、机动车维修等物质或活动,《大气污染防治法》也做了相应的规定。

为履行《保护臭氧层的维也纳公约》和《关于消耗臭氧层物质的蒙特利尔议定书》,《大气污染防治法》中加入了对消耗臭氧层物质管制的原则性规定。即国家鼓励、支持消耗臭氧层物质替代品的生产和使用,逐步减少直至停止消耗臭氧层物质的生产和使用。国家对消耗臭氧层物质的生产、使用、进出口实行总量控制和配额管理。具体办法由国务院规定。2010年,国务院颁布了《消耗臭氧层物质管理条例》。

(七) 重点区域大气污染联合防治

当前,我国某些区域的大气污染形势十分严峻,例如京津冀、长三角、珠三角等地。由于大气污染具有流动性,仅从行政区划的角度考虑单个城市大气污染防治措施已难以解决大气污染问题,实施区域大气污染联合防治才是防治大气污染的根本途径。为此,新修订的《大气污染防治法》专门增加了"重点区域大气污染联合防治"一章。

《大气污染防治法》规定:国家建立重点区域大气污染联防联控机制,统筹协调重点区域内大气污染防治工作。国务院环境保护主管部门根据主体功能区划、区域大气环境质量状况和大气污染传输扩散规律,划定国家大气污染防治重点区域,报国务院批准。重点区域内有关省、自治区、直辖市人民政府应当确定牵头的地方人民政府,定期召开联席会议,按照统一规划、统一标准、统一监测、统一的防治措施的要求,开展大气污染联合防治,落实大气污染防治目标责任。国务院环境保护主管部门应当加强指导、督促。

国务院环境保护主管部门会同国务院有关部门、国家大气污染防治重点区域内有关省、自治区、直辖市人民政府,根据重点区域经济社会发展和大气环境承载力,制定重点区域大气污染联合防治行动计划,明确控制目标,优化区域经济布局,统筹交通管理,发展清洁能源,提出重点防治任务和措施,促进重点区域大气环境质量改善。国务院经济综合主管部门会同国务院环境保护主管部门,结合国家大气污染防治重点区域产业发展实际和大气环境质量状况,进一步提高环境保护、能耗、安全、质量等要求。

重点区域内有关省、自治区、直辖市人民政府应当实施更严格的机动车大气污染物排放标准,统一在用机动车检验方法和排放限值,并配套供应合格的车用燃油。重点区域内新建、改建、扩建用煤项目的,应当实行煤炭的等量或者减量替代。

编制可能对国家大气污染防治重点区域的大气环境造成严重污染的有关工业园区、开发区、区域产业和发展等规划,应当依法进行环境影响评价。规划编制机关应当与重点区域内有关省、自治区、直辖市人民政府或者有关部门会商。重点区域内有关省、自治区、直辖市建设可能对相邻省、自治区、直辖市大气环境质量产生重大影响的项目,应当及时通报有关信息,进行会商。会商意见及其采纳情况作为环境影响评价文件审查或者审批的重要依据。

国务院环境保护主管部门应当组织建立国家大气污染防治重点区域的大气环境质量监测、大气污染源监测等相关信息共享机制,利用监测、模拟以及卫星、航测、遥感等新技术分析重点区域内大气污染来源及其变化趋势,并向社会公开。

此外,为了保障大气污染联合防治能落到实处,《大气污染防治法》还规定国务院环境保护主管部门和国家大气污染防治重点区域内有关省、自治区、直辖市人民政府可以组织有关部门开展联合执法、跨区域执法、交叉执法。

(八) 重污染天气应对

当前,我国重污染天气时有发生,给公众的健康带来严重的威胁。为了减少重污染天气可能导致的损害,新修订的《大气污染防治法》专门规定了一章"重污染天气应对"。

首先是建立重污染天气监测预警体系。《大气污染防治法》规定:国家建立重污染天气监测预警体系。国务院环境保护主管部门会同国务院气象主管机构等有关部门、国家大气污染防治重点区域内有关省、自治区、直辖市人民政府,建立重点区域重污染天气监测预警机制,统一预警分级标准。可能发生区域重污染天气的,应当及时向重点区域内有关省、自治区、直辖市人民政府通报。省、自治区、直辖市、设区的市人民政府环境保护主管部门会同气象主管机构等有关部门建立本行政区域重污染天气监测预警机制。省、自治区、直辖市、设区的市人民政府依据重污染天气预报信息,进行综合研判,确定预警等级并及时发出预警。预警等级根据情况变化及时调整。任何单位和个人不得擅自向社会发布重污染天气预报预警信息。预警信息发布后,人民政府及其有关部门应当通过电视、广播、网络、短信等途径告知公众采取健康防护措施,指导公众出行和调整其他相关社会活动。

其次是建立重污染天气应急预案制度。省、自治区、直辖市、设区的市人民政府以及可能发生重污染天气的县级人民政府,应当制订重污染天气应急预案,向上一级人民政府环境保护主管部门备案,并向社会公布。县级以上地方人民政府应当依据重污染天气的预警等级,及时启动应急预案,根据应急需要可以采取责令有关企业停产或者限产、限制部分机动车行驶、禁止燃放烟花爆竹、停止工地土石方作业和建筑物拆除施工、停止露天烧烤、停止幼儿园和学校组织的户外活动、组织开展人工影响天气作业等应急措施。发生造成大气污染的突发环境事件,人民政府及其有关部门和相关企业事业单位,应当依照《突发事件应对法》《环境保护法》的规定,做好应急处置工作。环境保护主管部门应当及时对突发环境事件产生的大气污染物进行监测,并向社会公布监测信息。

第十三章

水污染防治法

第一节 水污染防治法概述

一、水污染

(一) 水污染

根据《水污染防治法》第91条的解释,"水污染"是指水体因某种物质的介入,而导致其化学、物理、生物或者放射性等方面特性的改变,从而影响水的有效利用,危害人体健康或者破坏生态环境,造成水质恶化的现象。

在人类生活和生产过程中排入水体,可能导致水污染的物质种类繁多,大体上可分为病原体污染物、需氧物质污染物、植物营养物质污染物、石油污染物、放射性污染物、有毒化学物质污染物、盐类污染物、无机悬浮污染物、以及热污染因素等等。

按照《水污染防治法》第2条的规定,该法的适用范围是中华人民共和国领域内的江河、湖泊、运河、渠道、水库等地表水体和地下水体的污染防治。海洋污染防治适用《海洋环境保护法》。因此,本章所谓的水污染是指陆地水污染。

(二) 我国水污染的现状

中国是个陆地水资源相对短缺,而水污染又相当严重的国家。据环境保护部统计,2014年,全国地表水总体为轻度污染,部分城市河段污染较重。全国423条主要河流、62个重点湖泊(水库)的968个国控地表水监测断面(点位)中,Ⅰ、Ⅱ、Ⅲ、Ⅳ、Ⅴ、劣Ⅴ类水质断面分别占3.4%、30.4%、29.3%、20.9%、6.8%、9.2%,主要污染指标为化学需氧量等。同时,在近5000个地下水监测点位中,水质优良级的监测点比例为10.8%,良好级的监测点比例为25.9%,较好级的监测点比例为1.8%,较差级的监测点比例为45.4%,极差级的监测点比例为16.1%。[①] 水资源缺乏和水污染已成为中国经济和社会发展的重大制约因素。

二、水污染防治立法

水污染是一个长期存在的环境问题,在新中国诞生后,国家就开始了一些与防治水污染有关的工作,陆续地也制定了一些具有规范性的文件。但中国水污染防治立法的正式开端,

---

① 参见《2014年中国环境状况公报》,环境保护部2015年6月5日发布。

始于1979年《环境保护法(试行)》。

1984年中国制定了第一部防治水污染的法律《水污染防治法》。为了《水污染防治法》的具体实施,国务院在1989年批准国家环境保护局发布了《水污染防治法实施细则》(已失效)。在《水污染防治法》出台前后,国务院有关部门还制定了一系列的水污染物排放标准,这些标准后来大多被编入了《污水综合排放标准》。

在1995年,针对淮河流域水污染极为严重的情况,国务院发布了《淮河流域水污染防治暂行条例》。该条例明确规定淮河流域水污染防治的目标是:1997年实现全流域工业污染源达标排放;2000年淮河流域各主要河段、湖泊、水库的水质达到淮河流域水污染防治规划的要求;实现淮河水体变清。[①] 这是国家就主要水系的水污染防治所制定的第一个专门行政法规,对全国各大水系的污染防治工作具有重要的示范意义。

1996年,全国人大常委会对《水污染防治法》进行了修订。与修订前相比,1996年《水污染防治法》主要对水污染防治的流域管理、城市污水的集中治理、对饮用水源保护的强化等方面做出了新的规定,并实行重点区域水污染物排放的总量核定制度。2000年,国务院颁布了新的《水污染防治法实施细则》。2008年,全国人大常委会再次对《水污染防治法》进行了修订,进一步加强了对饮用水水源和其他特殊水体的保护,实行禁止超标排污和重点水污染物排放总量控制和许可制度。

2015年4月,国务院发布了《水污染防治行动计划》(简称《水十条》),对水污染防治工作作出了全面部署,并提出了到2020年我国水污染防治的工作目标和主要指标。

第二节 水污染防治的法律规定

一、水污染防治的监督管理体制

水污染防治与水资源的开发利用紧密相关,必然涉及许多行政管理部门的职责范围。因此,《水污染防治法》规定对水污染防治工作实行统一主管、分工负责和协同相结合的监督管理体制。其具体内容是:县级以上人民政府环境保护主管部门对水污染防治实施统一监督管理。交通主管部门的海事管理机构对船舶污染水域的防治实施监督管理。县级以上人民政府水行政、国土资源、卫生、建设、农业、渔业等部门以及重要江河、湖泊的流域水资源保护机构,在各自的职责范围内,对有关水污染防治实施监督管理。

二、水环境质量标准和污染物排放标准

水环境是一个整体,但中国地域辽阔,各地区的水环境状况和各种水体的功能存在很大的差异。为了切实保护水环境,水环境质量标准和污染物排放标准的制定既需要统一,也需要适合各地区的不同情况。因此,《水污染防治法》规定了水环境质量标准和污染物排放标准分为国家标准和地方标准两级,同时也规定了两级标准之间的关系以及标准的适时修订。国务院环境保护部门制定国家水环境质量标准;省级人民政府可以对国家水环境质量标准和水污染物排放标准中未规定的项目,制定地方补充标准,并报国务院环境保护部门备案。

---

① 参见《淮河流域水污染防治暂行条例》第3条。

对国家水污染物排放标准中已作规定的项目,省级人民政府可以制定严于国家水污染物排放标准的地方水污染物排放标准,并报国务院环境保护部门备案。

凡是向已有地方污染物排放标准的水体排放污染物的,应当执行地方污染物排放标准。但需要说明的是,执行地方污染物排放标准并不意味着可以不执行国家污染物排放标准。因为地方标准只能在两种法定情况下制定,一是国家标准中未规定的项目,二是要严于国家标准中已作规定的项目。前一种情况是对国家标准的补充;后一种情况则是对国家标准的提高,执行了地方标准,实际上也就满足了国家标准的要求。地方标准并不能完全涵盖国家标准。所以在执行地方标准时,对于地方标准中未涉及,而国家标准中已有的项目,应当同时执行。

目前我国水污染防治方面环境标准主要有《地表水环境质量标准》《渔业水质标准》《农田灌溉水质标准》《污水综合排放标准》《城镇污水处理厂污染物排放标准》《造纸工业水污染物排放标准》《船舶工业污染物排放标准》《纺织染整工业水污染物排放标准》等。

《地表水环境质量标准》(GB3838-2002)是水环境标准体系的核心。该标准依据地表水水域环境功能和保护目标,按功能高低依次将地表水水域划分为五类:I类主要适用于源头水、国家自然保护区;II类主要适用于集中式生活饮用水水源地一级保护区、珍贵鱼类保护区、鱼虾产卵场等;III类主要适用于集中式生活饮用水水源地二级保护区、一般鱼类保护区及游泳区;IV类主要适用于一般工业用水区及人体非直接接触的娱乐用水区;V类主要适用于农业用水区及一般景观要求水域;同一水域兼有多类功能类别的,依最高类别功能划分。另外《地表水环境质量标准》《渔业水质标准》和《海水水质标准》均为水环境质量标准,在适用上,与近海水域相连的地表水河口水域,按功能执行《地表水环境质量标准》的相应类别;近海功能区执行《海水水质标准》的相应类别;对批准划定的单一渔业保护区、鱼虾产卵场水域适用《渔业水质标准》;对城市污水、工业废水等直接用于农田灌溉用水的水质适用《农田灌溉水质标准》。

在污染物排放标准的适用方面,最主要的是《污水综合排放标准》(GB8978-1996)。该标准按照污水排放去向,分年限规定了69种水污染物最高允许排放浓度及部分行业最高允许排水量。按照国家综合排放标准与国家行业排放标准不交叉执行的原则,造纸、船舶、海洋石油开发、纺织染整、肉类加工、合成氨、钢铁、航天推进剂、兵器、磷肥、烧碱、聚氯乙烯等行业执行各自的行业排放标准,其他水污染物排放均执行综合排放标准。

三、水污染防治的基本制度

水污染防治要执行环境污染防治的基本法律制度,如环境影响评价制度、"三同时制度"、排污申报登记制度、排污收费制度、限期治理制度、污染事故报告和处理制度和落后生产工艺设备淘汰制度等,这些制度的基本内容请参见本书第一编的相关内容,这里只介绍这些制度在水污染防治领域的具体适用问题以及水污染防治法所规定其他重要制度。

(一) 水污染防治规划

为了最有效地应对水污染问题,避免地方各自为政甚至以邻为壑,《水污染防治法》规定了水污染防治规划制度。防治水污染应当按流域或者按区域进行统一规划。国家确定的重要江河、湖泊的流域水污染防治规划,由国务院环境保护主管部门会同国务院经济综合宏观调控、水行政等部门和有关省级人民政府编制,报国务院批准。其他跨省、自治区、直辖市江河、湖泊的流域水污染防治规划,根据国家确定的重要江河、湖泊的流域水污染防治规划和本地实际情况,由有关省级人民政府环境保护主管部门会同同级水行政等部门和有关市、县人民政府编制,经有关省级人民政府审核,报国务院批准。省、自治区、直辖市内跨县江河、湖泊的流域水污染防治规划,根据国家确定的重要江河、湖泊的流域水污染防治规划和本地实际情况,由省级人民政府环境保护主管部门会同同级水行政等部门编制,报省级人民政府批准,并报国务院备案。经批准的水污染防治规划是防治水污染的基本依据,规划的修订须经原批准机关批准。

(二)排污费

1996年的《水污染防治法》第15条规定:"企业事业单位向水体排放污染物……超过国家或者地方规定的污染物排放标准的,按照国家规定缴纳超标准排污费。"这个规定长期以来一直饱受批评。2008年修订的《水污染防治法》终于废除了这个规定。新的《水污染防治法》第9条明确规定:"排放水污染物,不得超过国家或者地方规定的水污染物排放标准和重点水污染物排放总量控制指标。"对违反者,由县级以上人民政府环境保护主管部门按照权限责令限期治理,处应缴纳排污费数额2倍以上5倍以下的罚款。由此,《水污染防治法》确立了"达标收费,超标违法"的制度。

(三)重点水污染物总量控制和排污许可制度

鉴于我国水污染形势十分严峻,浓度控制已经无法实现防治水污染的目标,因此,《水污染防治法》规定了重点水污染物总量控制制度。

省级人民政府应当按照国务院的规定削减和控制本行政区域的重点水污染物排放总量,并将重点水污染物排放总量控制指标分解落实到市、县人民政府。市、县人民政府根据本行政区域重点水污染物排放总量控制指标的要求,将重点水污染物排放总量控制指标分解落实到排污单位。

省级人民政府可以根据本行政区域水环境质量状况和水污染防治工作的需要,确定本行政区域实施总量削减和控制的重点水污染物。

为了保证重点水污染物重量控制制度能够实现,《水污染防治法》规定了相应的"曝光"制度:国务院环境保护主管部门对未按照要求完成重点水污染物排放总量控制指标的省、自治区、直辖市予以公布。省级人民政府环境保护主管部门对未按照要求完成重点水污染物排放总量控制指标的市、县予以公布。县级以上人民政府环境保护主管部门对违反本法规定、严重污染水环境的企业予以公布。

此外,《水污染防治法》还首次在法律层面对"区域限批"制度作出了规定。《水污染防治法》第18条规定,对超过重点水污染物排放总量控制指标的地区,有关人民政府环境保护主管部门应当暂停审批新增重点水污染物排放总量的建设项目的环境影响评价文件。

在总量控制的基础上,《水污染防治法》规定了排污许可制度。直接或者间接向水体排放工业废水和医疗污水以及其他按照规定应当取得排污许可证方可排放的废水、污水的企业事业单位,应当取得排污许可证;城镇污水集中处理设施的运营单位,也应当取得排污许可证。禁止企业事业单位无排污许可证或者违反排污许可证的规定向水体排放前款规定的废水、污水。

四、水污染防治措施

（一）水污染防治的一般规定

禁止向水体排放油类、酸液、碱液、固体废物、含有剧毒、放射性、病原体的废液、废渣、废水；禁止在江河、湖泊、运河、渠道、水库最高水位线以下的滩地和岸坡堆放、存贮固体废弃物和其他污染物；禁止利用渗井、渗坑、裂隙和溶洞排放、倾倒含有毒污染物的废水、含病原体的污水和其他废弃物；禁止利用无防渗漏措施的沟渠、坑塘等输送或者存贮含有毒污染物的废水、含病原体的污水和其他废弃物；多层地下水的含水层水质差异大的，应当分层开采；对已受污染的潜水和承压水，不得混合开采；兴建地下工程设施或者进行地下勘探、采矿等活动，应当采取防护性措施，防止地下水污染；人工回灌补给地下水，不得恶化地下水质。对违反者，由县级以上环境保护部门责令停止违法行为，限期采取治理措施，消除污染，处以罚款；逾期不采取治理措施的，环境保护部门可以指定有治理能力的单位代为治理，所需费用由违法者承担。

（二）对不同领域水污染防治的专门规定

第一，在工业水污染防治方面：合理规划工业布局，淘汰落后工艺和设备，采取综合防治措施，从源头上减少废水和污染物排放量；禁止新建小型造纸、制革等严重污染水环境的生产项目；鼓励企业进行清洁生产。对违反者，由所在地的市、县人民政府责令关闭。

第二，在城镇水污染防治方面：城镇污水应当集中处理；县级以上地方人民政府应当通过财政预算和其他渠道筹集资金，统筹安排建设城镇污水集中处理设施及配套管网，提高城镇污水的收集率和处理率；向污水集中处理设施排放污水、缴纳污水处理费用的，不再缴纳排污费。收取的污水处理费用应当用于城镇污水集中处理设施的建设和运行，不得挪作他用。向城镇污水集中处理设施排放水污染物，应当符合水污染物排放标准。建设生活垃圾填埋场，应当采取防渗漏等措施，防止造成水污染。对违反者，由县级以上经济综合宏观调控部门责令改正，处5万元以上20万元以下的罚款；情节严重的，由县级以上经济综合宏观调控部门提出意见，报请本级人民政府责令停业、关闭。

第三，在农业和农村水污染防治方面：加强对农药、化肥、畜禽养殖场、水产养殖的管理，防止造成水污染；向农田灌溉渠道排放工业废水和城镇污水，应当保证其下游最近的灌溉取水点的水质符合农田灌溉水质标准；利用工业废水和城镇污水进行灌溉，应当防止污染土壤、地下水和农产品。

第四，在船舶水污染防治方面：加强对船舶的残油、废油、垃圾以及船舶排放含油污水、生活污水的管理，防止污染水体；加强对船舶装载的货物的管理，防止货物落水造成水污染；港口、码头、装卸站和船舶修造厂应当备有足够的船舶污染物、废弃物的接收设施；船舶进行可能污染水体的活动，应当编制作业方案，采取有效的安全和防污染措施，并报作业地海事管理机构批准。对违反者，由海事管理机构、渔业主管部门按照职责分工责令停止违法行为，处以罚款；造成水污染的，责令限期采取治理措施，消除污染；逾期不采取治理措施的，海事管理机构、渔业主管部门按照职责分工可以指定有治理能力的单位代为治理，所需费用由船舶承担。

（三）饮用水源和其他特殊水体保护

生活饮用水的安全事关公众健康，保护饮用水源不受污染是水污染防治的重中之重。

其他特殊水体具有重大的生态和经济功能,也需要进行特殊保护。为此,2008 年《水污染防治法》专设"饮用水水源和其他特殊水体保护"一章。

饮用水水源保护区分为一级保护区和二级保护区;必要时,可以在饮用水水源保护区外围划定一定的区域作为准保护区。省内的饮用水源保护区的划定由省级人民政府批准,跨省的饮用水水源保护区,由有关省级人民政府商有关流域管理机构划定,协商不成的,由国务院环境保护主管部门会同国务院相关部门提出划定方案,报国务院批准。国务院和省级人民政府可以根据保护饮用水水源的实际需要,调整饮用水水源保护区的范围,确保饮用水安全。有关地方人民政府应当在饮用水水源保护区的边界设立明确的地理界标和明显的警示标志。

在饮用水水源保护区内,禁止设置排污口。禁止新建、扩建对水体污染严重的建设项目;改建建设项目,不得增加排污量。

在饮用水水源一级保护区内,禁止新建、改建、扩建与供水设施和保护水源无关的建设项目,已建成的与供水设施和保护水源无关的建设项目,由县级以上人民政府责令拆除或者关闭。禁止从事网箱养殖、旅游、游泳、垂钓或者其他可能污染饮用水水体的活动。

在饮用水水源二级保护区内,禁止新建、改建、扩建排放污染物的建设项目;已建成的排放污染物的建设项目,由县级以上人民政府责令拆除或者关闭。在饮用水水源二级保护区内从事网箱养殖、旅游等活动的,应当按照规定采取措施,防止污染饮用水水体。

饮用水水源受到污染可能威胁供水安全的,环境保护主管部门应当责令有关企业事业单位采取停止或者减少排放水污染物等措施。

在饮用水水源保护区内设置排污口的,由县级以上地方人民政府责令限期拆除,处 10 万元以上 50 万元以下的罚款;逾期不拆除的,强制拆除,所需费用由违法者承担,处 50 万元以上 100 万元以下的罚款,并可以责令停产整顿。

县级以上人民政府可以对风景名胜区水体、重要渔业水体和其他具有特殊经济文化价值的水体划定保护区,并采取措施,保证保护区的水质符合规定用途的水环境质量标准。在风景名胜区水体、重要渔业水体和其他具有特殊经济文化价值的水体的保护区内,不得新建排污口。

(四) 水污染事故处置

近年来,我国重大水污染事件层出不穷,为了妥善处理水污染事件,防止损害扩大,2008 年《水污染防治法》新增了"水污染事故处置"一章。

各级人民政府及其有关部门,可能发生水污染事故的企业事业单位,应当制定有关水污染事故的应急方案,做好应急准备,并定期进行演练。企业事业单位发生事故或者其他突发性事件,造成或者可能造成水污染事故的,应当立即启动本单位的应急方案,采取应急措施,并向事故发生地的县级以上地方人民政府或者环境保护主管部门报告。对违反者,由县级以上人民政府环境保护主管部门责令改正;情节严重的,处 2 万元以上 10 万元以下的罚款。

企业事业单位违法造成水污染事故的,由县级以上环境保护部门处以罚款,责令限期采取治理措施,消除污染;不按要求采取治理措施或者不具备治理能力的,由环境保护部门指定有治理能力的单位代为治理,所需费用由违法者承担;对造成重大或者特大水污染事故的,可以报经有批准权的人民政府批准,责令关闭;对直接负责的主管人员和其他直接责任人员可以处上一年度从本单位取得的收入50%以下的罚款。对造成一般或者较大水污染事故的,按照水污染事故造成的直接损失的20%计算罚款;对造成重大或者特大水污染事故的,按照水污染事故造成的直接损失的30%计算罚款。造成渔业污染事故或者渔业船舶造成水污染事故的,由渔业主管部门进行处罚;其他船舶造成水污染事故的,由海事管理机构进行处罚。

第十四章

海洋污染防治法

第一节 海洋污染防治法概述

一、海洋环境和海洋环境污染

(一) 海洋环境

海洋占地球表面积的71%,海水占地球总水量的97%,是组成地球环境的最基本要素之一。系统意义上的海洋环境包括了海水、海底、海岸、海面上一定范围的大气,以及生活在海洋中的一切动物、植物和其他生物。海洋环境对于人类的生存和发展具有极为重要的意义:巨大的海洋水体是影响全球气象的主要因素之一,调整着地球上的气候,使人类得以在自然平衡中生存和发展;辽阔的海洋孕育了难以数计的动物、植物、微生物等,是地球生物物种多样性、遗传基因多样性和生态系统多样性的最大保存库,也是人类食物和药物的重要来源;海洋中蕴藏着富饶的矿产和能源,是人类社会经济发展的重要资源基础;海洋还给予人类以舟楫之利,以及丰富多彩的自然景观。随着人类社会经济的不断发展,陆地自然资源开发利用量的逐渐减少,海洋环境及其资源必将成为人类生存和发展的主要物质基础。

中国是一个沿海国家,大陆海岸线长约18000公里,加上岛屿海岸线共计长32000多公里,拥有及管辖的海域面积达473万平方公里。在这块蔚蓝色的国土中,蕴藏着极为丰富的自然资源,是国家实现可持续发展战略的重要环境基础条件。中国海域辽阔,是多种海洋生物的生长繁殖区,渔业资源富饶;滩涂广阔,适宜于海产养殖;大陆架宽广,有丰富的石油和天然气资源;港湾密布,海上交通运输便利;海岸线绵长,风景名胜众多。对于中国这样一个人口多,人均资源少,陆地自然资源相对短缺的国家来说,海洋环境资源对于国家未来的发展具有尤为重要的意义。保护海洋环境,合理开发利用海洋环境资源,是中国可持续发展的基本保障条件之一。

(二) 海洋环境污染

海洋环境污染,是危害海洋环境的最紧迫问题,是人类活动影响海洋环境的主要表现。防治海洋环境污染,是海洋环境保护的主要任务。

根据《海洋环境保护法》对海洋污染损害概念的解释,海洋环境污染损害,是指直接或者间接地把物质或者能量引入海洋环境,产生损害海洋生物资源、危害人体健康、妨害渔业和海上其他合法活动、损害海水使用素质和减损环境质量等有害影响。

(三) 海洋环境污染的特点

由于海洋环境的特殊性,海洋环境污染有以下特点:

1. 污染种类繁杂。水流千里归大海,海洋是人类所排放污染物质的最终载体。人类生活和生产活动过程中产生的废弃物种类繁多,来源复杂,大部分都直接或者间接地进入了海洋。仅《海洋环境保护法》中所规定的主要防止对象就有海岸工程、海洋石油勘探开发、陆源污染物、船舶、倾倒废弃物对海洋环境的污染等五大类。

2. 污染扩散范围大。海洋是一个流动的整体,随着海水的自然流动,进入海洋的污染物质不断地扩散,逐渐形成了一些全球性的海洋环境污染问题。如DDT之类有毒有害物质的污染,即使是在杳无人迹的南北极地区海域,也可以在当地的环境中和动物体内检测到此类污染物质的存在。

3. 污染危害持续性强。一些难以自然降解的污染物质在海洋中日积月累,持续地危害着海洋环境,并可能通过食物链关系在海洋生物体中逐渐富集,最终对人类发生危害。

二、海洋污染防治立法

1974年国务院批准发布了《防止沿海水域污染暂行规定》,对沿海水域的污染防治,特别是对船舶压舱水、洗舱水和生活废弃物的排放,作了较详细的规定。后来在1979年《环境保护法(试行)》中,也有一些条款就海洋环境的保护和污染防治作了原则性规定。[①]

1982年《海洋环境保护法》是中国第一部保护海洋环境的综合性专门法律。为了实施该法律,国务院陆续颁布了《防止船舶污染海域管理条例》(1983年,已失效)、《海洋石油勘探开发环境保护管理条例》(1983年)、《海洋倾废管理条例》(1985年)、《防止拆船污染环境管理条例》(1988年)、《防治陆源污染物污染损害海洋环境管理条例》(1990年)、《防治海岸工程建设项目污染损害海洋环境管理条例》(1990年,2007年修订)、《防治海洋工程建设项目污染损害海洋环境管理条例》(2006年)、《防治船舶污染海洋环境管理条例》(2009年)等行政法规。此外,中国还加入了一些防止海洋环境污染的国际公约,如《国际油污损害民事责任公约》《国际干预公海油污事件公约》《防止因倾倒废物及其他物质而引起海洋污染的公约》《国际防止船舶污染公约》《联合国海洋法公约》等。1999年,全国人大常委会通过了新修改的《海洋环境保护法》。2013年,全国人大常委会再次对《海洋环境保护法》进行了小幅修改。

第二节 海洋污染防治的法律规定

一、海洋污染防治的一般规定

(一)《海洋环境保护法》的适用范围

《海洋环境保护法》的适用范围包括中华人民共和国内水、领海、毗连区、专属经济区、大陆架以及中华人民共和国管辖的其他海域。

在上述中华人民共和国管辖的海域之内从事航行、勘探、开发、生产、旅游、科学研究及

---

① 参见《环境保护法(试行)》第10、11、20、24条。

其他活动,或者在沿海陆域内从事影响海洋环境活动的任何单位和个人,都必须遵守《海洋环境保护法》。

由于海洋的整体性和海水的流动性,污染物的扩散和危害并不受人为界线的限制,在国家管辖海域之外的排污和倾废行为也可能会损害到国家管辖范围以内的海洋环境。所以,《海洋环境保护法》特别规定了"域外适用"的情况,即在中华人民共和国管辖海域以外,排放有害物质,倾倒废弃物等,造成中华人民共和国管辖海域污染损害的,也适用该法。

(二) 海洋污染防治的监督管理体制

海洋是一个整体,海洋环境保护需要统一的监督管理;海洋又是个综合的环境系统,其开发利用和保护管理涉及方方面面的工作。针对海洋环境保护的这一特点,《海洋环境保护法》规定了统一主管和分工负责相结合的监督管理体制。其具体内容是:

1. 国务院环境保护部门主管全国海洋环境的保护工作;沿海省、自治区、直辖市环境保护部门负责组织协调、监督检查本行政区内的海洋环境保护工作,并主管防止海岸工程和陆源污染物污染损害海洋环境的环境保护工作。

2. 国家海洋主管部门负责海洋环境的监督管理,组织海洋环境的调查、监测、监视、评价和科学研究,负责全国防治海洋工程建设项目和海洋倾倒废弃物对海洋污染损害的环境保护工作。

3. 国家海事主管部门负责所辖港区水域内非军事船舶和港区水域外非渔业、非军事船舶污染海洋环境的监督管理,并负责污染事故的调查处理;对在中华人民共和国管辖海域航行、停泊和作业的外国籍船舶造成的污染事故登轮检查处理。船舶污染事故给渔业造成损害的,应当吸收渔业主管部门参与调查处理。

4. 国家渔业主管部门负责渔港水域内非军事船舶和渔港水域外渔业船舶污染海洋环境的监督管理,负责保护渔业水域生态环境工作,并调查处理前款规定的污染事故以外的渔业污染事故。

5. 军队环境保护部门负责军事船舶污染海洋环境的监督管理及污染事故的调查处理。

(三) 海洋环境质量标准与水污染物排放标准

目前,我国实施的国家海洋环境质量标准是由国家环境保护局和国家海洋局于1997年共同提出《海水水质标准》(GB3097-1997)。该标准按照海域的不同使用功能和保护目标,海水水质分为四类:第一类适用于海洋渔业水域,海上自然保护区和珍稀濒危海洋生物保护区;第二类适用于水产养殖区,海水浴场,人体直接接触海水的海上运动或娱乐区,以及与人类食用直接有关的工业用区;第三类适用于一般工业用水区,滨海风景旅游区;第四类适用于海洋港口水域,海洋开发作业区。

《海洋环境保护法》规定,国家根据海洋环境质量状况和国家经济、技术条件,制定国家海洋环境质量标准。沿海省级人民政府对国家海洋环境质量标准中未作规定的项目可以制定地方海洋环境质量标准。沿海地方各级人民政府根据国家和地方海洋环境质量标准的规定和本行政区近岸海域环境质量状况,确定海洋环境保护的目标和任务,并纳入人民政府工作计划,按相应的海洋环境质量标准实施管理。

由于我国海洋污染物主要来源于陆源水污染物,因此水污染物排放标准的制定和执行对减少陆源性海洋污染具有重要的意义。为此,《海洋环境保护法》在污染物排放标准方面规定,国家和地方水污染物排放标准的制定,应当将国家和地方海洋环境质量标准作为重要依据之一。在国家建立并实施排污总量控制制度的重点海域,水污染物排放标准的制定,还应当将主要污染物排海总量控制指标作为重要依据。

其他专门针对海洋污染的排放标准主要有《海洋石油开发工业含油污水排放标准》(GB 4914-1985)、《污水海洋处置工程污染控制标准》(GB 18486-2001)。

对超过污染物排放标准的,或者在规定的期限内未完成污染物排放削减任务的,或者造成海洋环境严重污染损害的,应当限期治理。

（四）海洋环境保护的基本制度

海洋环境保护要执行环境污染防治的基本法律制度,如环境影响评价制度、"三同时"制度、排污申报登记制度、排污收费制度、限期治理制度、污染事故报告和处理制度和落后生产工艺设备淘汰制度等,这些制度的基本内容请参见本书第一编的相关内容,这里只介绍这些制度在海洋环境保护领域的具体适用问题以及海洋环境保护法规定的其他重要制度。

1. 排污收费制度

《海洋环境保护法》规定了"排污收费,超标罚款"的制度,即直接向海洋排放污染物的单位和个人,必须按照国家规定缴纳排污费;向海洋倾倒废弃物,必须按照国家规定缴纳倾倒费。根据本法规定征收的排污费、倾倒费,必须用于海洋环境污染的整治,不得挪作他用。

2. 海洋污染限期治理制度

根据《海洋环境保护法》的规定,海洋环境保护中限期治理的适用条件是:超过污染物排放标准,或者在规定的期限内未完成污染物排放削减任务,或者造成海洋环境严重污染损害,三者有其一就应当限期治理。限期治理按照国务院规定的权限决定。

3. 重点海域排污总量控制制度

为控制国家划定的重点海域①的污染,《海洋环境保护法》确立了重点海域排污总量控制制度。

重点海域排污总量控制制度的实施方式与大气、水污染物排放总量控制制度相似,即由国务院批准确定主要污染物排海总量控制指标,在此基础上对主要污染源采取分配排放控制数量的方法具体实施。

4. 海洋环境监测、监视信息管理制度

《海洋环境保护法》规定,国家海洋主管部门按照国家环境监测、监视信息管理制度、环境监测、监视规范和标准,管理全国海洋环境的调查、监测、监视,制定具体的实施办法,会同有关部门组织全国海洋环境监测、监视网络,定期评价海洋环境质量,发布海洋巡航监视通报。依法规定行使海洋环境监督管理权的部门分别负责各自所辖水域的监测、监视。其他有关部门根据全国海洋环境监测网的分工,分别负责对入海河口、主要排污口的监测。

国务院有关部门应当向国务院环境保护主管部门提供编制全国环境质量公报所必需的海洋环境监测资料。环境保护主管部门应当向有关部门提供与海洋环境监督管理有关的资料。

此外,国家海洋主管部门按照国家制定的环境监测、监视信息管理制度,负责管理海洋综合信息系统,为海洋环境保护监督管理提供服务。

---

① 根据中国海洋环境保护管理实践,《海洋环境保护法》所谓的"重点海域",一般指黄海、南海、渤海和东海等四大海域。

5. 海上重大污染事故预防和处理制度

国家根据防止海洋环境污染的需要,制订国家重大海上污染事故应急计划。国家海洋主管部门负责制定全国海洋石油勘探开发重大海上溢油应急计划,报国务院环境保护主管部门备案。国家海事主管部门负责制定全国船舶重大海上溢油污染事故应急计划,报国务院环境保护主管部门备案。沿海可能发生重大海洋环境污染事故的单位,应当依照国家的规定,制定污染事故应急计划,并向当地环境保护主管部门、海洋主管部门备案。沿海县级以上地方人民政府及其有关部门在发生重大海上污染事故时,必须按照应急计划解除或者减轻危害。

因发生事故或者其他突发性事件,造成或者可能造成海洋环境污染事故的单位和个人,必须立即采取有效措施,及时向可能受到危害者通报,并向依照本法规定行使海洋环境监督管理权的部门报告,接受调查处理。沿海县级以上地方人民政府在本行政区域近岸海域的环境受到严重污染时,必须采取有效措施,解除或者减轻危害。

6. 跨区域的海洋环境保护工作政府协商制度和联合执法措施

我国海洋环境保护管理所涉及的主管部门也非常多,因此跨区域的海洋环境保护工作也必须在总体上协调一致。为此,《海洋环境保护法》规定,跨区域的海洋环境保护工作由有关沿海地方人民政府协商解决,或者由上级人民政府协调解决。跨部门的重大海洋环境保护工作,由国务院环境保护主管部门协调;协调未能解决的,由国务院作出决定。

鉴于我国建立海上统一管理体制的时机尚未成熟和仍然实行部门分工负责管理的现实,为了充分利用现有海洋环境保护执法队伍及其设备,避免由于重复建设给国家造成浪费,《海洋环境保护法》规定,行使海洋环境监督管理权的部门可以在海上实行联合执法,在巡航监视中发现海上污染事故或者违反本法规定的行为时,应当予以制止并调查取证,必要时有权采取有效措施,防止污染事态的扩大,并报告有关主管部门处理。

二、防治海洋环境主要污染源的规定

(一) 防治陆源污染物对海洋环境的污染

陆源污染物是指由陆地污染源排放的污染物。防止陆源污染物对海洋环境的污染损害,主要是防止沿海地区的工农业生产和居民生活所产生的废弃物直接向海域排放、防止在海岸滩涂设置废弃物堆放场或处理场以及防止沿海农田施用化肥农药等污染海洋、防止陆源污染物通过江河进入海洋环境。为此,《海洋环境保护法》从入海排污口的设置和陆源污染物排放的禁限措施两方面对防治陆源污染物对海洋环境的污染损害作出了规定。

1. 入海排污口设置

法律规定入海排污口位置的选择,应当根据海洋功能区划、海水动力条件和有关规定,经科学论证后,报设区的市级以上人民政府环境保护主管部门审查批准。环境保护主管部门在批准设置入海排污口之前,必须征求海洋、海事、渔业主管部门和军队环境保护部门的意见。在海洋自然保护区、重要渔业水域、海滨风景名胜区和其他需要特别保护的区域,不得新建排污口。在有条件的地区,应当将排污口深海设置,实行离岸排放。设置陆源污染物深海离岸排放排污口,应当根据海洋功能区划、海水动力条件和海底工程设施的有关情况确定。

2. 陆源污染物排放的禁限措施

禁止性义务规范主要包括：禁止向海域排放油类、酸液、碱液、剧毒废液和高、中水平放射性废水；禁止经中华人民共和国内水、领海转移危险废物。

限制性义务规范主要包括：严格限制向海域排放低水平放射性废水，确需排放的必须严格执行国家辐射防护规定；严格控制向海域排放含有不易降解的有机物和重金属的废水；含病原体的医疗污水、生活污水和工业废水必须经过处理，符合国家有关排放标准后，方能排入海域；含有机物和营养物质的工业废水、生活污水，应当严格控制向海湾、半封闭海及其他自净能力较差的海域排放；向海域排放含热废水，必须采取有效措施，保证邻近渔业水域的水温符合国家海洋环境质量标准，避免热污染对水产资源的危害；沿海农田、林场施用化学农药，必须执行国家农药安全使用的规定和标准；沿海农田、林场应当合理使用化肥和植物生长调节剂；。

为履行《联合国海洋法公约》有关防止大气污染物造成海洋污染的义务，《海洋环境保护法》特别规定，国家采取必要措施，防止、减少和控制来自大气层或者通过大气层造成的海洋环境污染损害。经中华人民共和国管辖的内水和领海以外的其他海域转移危险废物的，必须事先取得国务院环境保护主管部门的书面同意。

(二) 防治海岸工程建设项目对海洋环境的污染

海岸工程建设项目，是指位于海岸或者与海岸连接，为控制海水或者利用海洋完成部分或者全部功能，并对海洋环境有影响的基本建设项目、技术改造项目和区域开发工程建设项目。主要包括：港口、码头，造船厂、修船厂，滨海火电站、核电站，岸边油库，滨海矿山、化工、造纸和钢铁企业，固体废弃物处理处置工程，城市废水排海工程和其他向海域排放污染物的建设工程项目，入海河口处的水利、航道工程，潮汐发电工程，围海工程，渔业工程，跨海桥梁及隧道工程，海堤工程，海岸保护工程以及其他一切改变海岸、海涂自然性状的开发工程建设项目。

为防止海岸工程对海洋环境造成污染损害，《海洋环境保护法》主要从以下几个方面规定了保护措施：

第一，新建、改建、扩建海岸工程建设项目，必须遵守国家有关建设项目环境影响评价和"三同时"制度的规定，并把防治污染所需资金纳入建设项目投资计划；在依法划定的海洋自然保护区、海滨风景名胜区、重要渔业水域及其他需要特别保护的区域，不得从事污染环境、破坏景观的海岸工程项目建设或者其他活动。对于违反环评制度者，由县级以上地方人民政府环境保护主管部门责令其停止违法行为和采取补救措施，并处五万元以上二十万元以下的罚款；或者按照管理权限，由县级以上地方人民政府责令其限期拆除。对于违反"三同时"制度者，由环境保护主管部门责令其停止生产或者使用，并处二万元以上十万元以下的罚款。

第二，兴建海岸工程建设项目，必须采取有效措施，保护国家和地方重点保护的野生动植物及其生存环境和海洋水产资源；严格限制在海岸采挖砂石；露天开采海滨砂矿和从岸上打井开采海底矿产资源，必须采取有效措施，防止污染海洋环境。

第三，海岸工程建设项目的单位，必须在建设项目可行性研究阶段，对海洋环境进行科学调查，根据自然条件和社会条件，合理选址，编报环境影响报告书。环境影响报告书报环境保护行政主管部门审查批准；环境保护主管部门在批准环境影响报告书之前，必须征求海洋、海事、渔业行政主管部门和军队环境保护部门的意见。

第四,禁止在沿海陆域内新建不具备有效治理措施的化学制浆造纸、化工、印染、制革、电镀、酿造、炼油、岸边冲滩拆船以及其他严重污染海洋环境的工业生产项目。对违反者,由县级以上人民政府责令关闭。

(三) 防治海洋工程建设项目对海洋环境的污染

海洋工程建设是指在海岸线以下施工兴建的各类海洋工程建设项目。防治海洋工程建设项目对海洋环境污染损害的禁限措施包括:

第一,海洋工程建设项目必须符合海洋功能区划、海洋环境保护规划和国家有关环境保护标准,在可行性研究阶段,编报海洋环境影响报告书,由海洋主管部门核准,并报环境保护主管部门备案,接受环境保护主管部门监督;海洋主管部门在核准海洋环境影响报告书之前,必须征求海事、渔业主管部门和军队环境保护部门的意见。

第二,海洋工程建设项目,不得使用含超标准放射性物质或者易溶出有毒有害物质的材料。对违反者,由海洋主管部门处五万元以下的罚款,并责令其停止该建设项目的运行,直到消除污染危害。海洋工程建设项目需要爆破作业时,必须采取有效措施,保护海洋资源。

第三,海洋石油钻井船、钻井平台和采油平台的含油污水和油性混合物,必须经过处理达标后排放;残油、废油必须予以回收,不得排放入海;经回收处理后排放的,其含油量不得超过国家规定的标准;钻井所使用的油基泥浆和其他有毒复合泥浆不得排放入海;水基泥浆和无毒复合泥浆及钻屑的排放,必须符合国家有关规定;海洋石油钻井船、钻井平台和采油平台及其有关海上设施,不得向海域处置含油的工业垃圾;处置其他工业垃圾,不得造成海洋环境污染。

第四,海上试油时,应当确保油气充分燃烧,油和油性混合物不得排放入海;海洋石油勘探开发及输油过程中,必须采取有效措施,避免溢油事故的发生;勘探开发海洋石油,必须按有关规定编制溢油应急计划,报国家海洋主管部门审查批准。

对于防治海洋工程建设项目对海洋环境的污染损害,1983年《海洋石油勘探开发环境保护管理条例》和2006年《防治海洋工程建设项目污染损害海洋环境管理条例》作出了更加详细的规定。

(四) 防治倾倒废弃物对海洋环境的污染

倾倒,是指通过船舶、航空器、平台或者其他载运工具,向海洋处置废弃物和其他有害物质的行为,包括弃置船舶、航空器、平台及其辅助设施和其他浮动工具的行为。包括弃置船舶、航空器及其他浮动工具的行为。但不包括船舶、航空器及其他载运工具和设施正常操作产生的废弃物的排放。

海洋环境保护法主要从三个方面对海洋倾废作了规定:

1. 海洋倾倒许可

任何单位未经国家海洋主管部门批准,不得向中华人民共和国管辖海域倾倒任何废弃物。需要倾倒废弃物的单位,必须向国家海洋主管部门提出书面申请,经国家海洋主管部门审查批准,发给许可证后方可倾倒。并且,向海洋倾倒废弃物应当按照废弃物的类别和数量实行分级管理。法律同时禁止中华人民共和国境外的废弃物在中华人民共和国管辖海域倾倒。国家海洋主管部门根据废弃物的毒性、有毒物质含量和对海洋环境影响程度,制定海洋倾倒废弃物评价程序和标准。向海洋倾倒废弃物,应当按照废弃物的类别和数量实行分级管理。可以向海洋倾倒的废弃物名录,由国家海洋主管部门拟定,经国务院环境保护主管部门提出审核意见后,报国务院批准。

倾倒许可证分为紧急许可证、特别许可证、普通许可证。按照废弃物的毒性、有害物质含量和对海洋环境的影响等因素,中国将向海洋倾倒的废弃物分为三类,第一类为禁止倾倒的废弃物,即毒性大或长期不能分解及严重妨害海上航行、渔业等活动的物质;当出现紧急情况,在陆地上处置这类物质会严重危及人民健康时,经国家海洋局批准,获得紧急许可证,可到指定的区域按规定的方法倾倒。第二类为对海洋生物没有剧毒性,但能通过生物富集污染水产品或危害航行、渔业等活动的物质;倾倒这类废弃物应当事先获得特别许可证。第三类为不属于前两类物质的其他低毒性或无毒的物质;倾倒这类废弃物,应当事先获的普通许可证。

2. 海洋倾倒区的设置。

国家海洋主管部门按照科学、合理、经济、安全的原则选划海洋倾倒区,经国务院环境保护主管部门提出审核意见后,报国务院批准。临时性海洋倾倒区由国家海洋主管部门批准,并报国务院环境保护主管部门备案。国家海洋主管部门在选划海洋倾倒区和批准临时性海洋倾倒区之前,必须征求国家海事、渔业主管部门的意见。

海洋倾倒区分为一、二、三类倾倒区、试验倾倒区和临时倾倒区。一、二、三类倾倒区是为处置一、二、三类废弃物而相应确定的,其中一类倾倒区是为紧急处置一类废弃物而确定的;试验倾倒区是为倾倒试验而确定的(使用期不超过两年);临时倾倒区是因工程需要等特殊原因而划定的一次性专用倾倒区。一类、二类倾倒区由国家海洋局组织选划;三类倾倒区、试验倾倒区、临时倾倒区由海区主管部门组织选划。一、二、三类倾倒区经商有关部门后,由国家海洋局报国务院批准,国家海洋局公布;试验倾倒区由海区主管部门(分局级)商海区有关单位后,报国家海洋局审查确定,并报国务院备案,试验倾倒区经试验可行,商有关部门后,再报国务院批准为正式倾倒区;临时倾倒区由海区主管部门(分局级)审查批准,报国家海洋局备案,使用期满,立即封闭。

3. 海洋倾废管制的具体规定

获准倾倒废弃物的单位,必须按照许可证注明的期限及条件,到指定的区域进行倾倒。废弃物装载之后,批准部门应当予以核实。获准倾倒废弃物的单位,应当详细记录倾倒的情况,并在倾倒后向批准部门作出书面报告。倾倒废弃物的船舶必须向驶出港的海事主管部门作出书面报告。对违反者,由海洋主管部门予以警告,并处 3 万元以上 20 万元以下的罚款;对情节严重的,可以暂扣或者吊销许可证。

禁止在海上焚烧废弃物;禁止在海上处置放射性废弃物或者其他放射性物质,废弃物中的放射性物质的豁免浓度由国务院制定。

禁止中华人民共和国境外的废弃物在中华人民共和国管辖海域倾倒。对违反者,由国家海洋主管部门予以警告,并根据造成或者可能造成的危害后果,处 10 万元以上 100 万元以下的罚款。

(五)防治船舶及有关作业活动对海洋环境的污染损害

为防治船舶及有关作业活动对海洋环境污染损害的,《海洋环境保护法》作出了如下规定:

第一,在中华人民共和国管辖海域,任何船舶及相关作业不得违反本法规定向海洋排放污染物、废弃物和压载水、船舶垃圾及其他有害物质;从事船舶污染物、废弃物、船舶垃圾接收、船舶清舱、洗舱作业活动的,必须具备相应的接收处理能力;船舶必须按照有关规定持有防止海洋环境污染的证书与文书,在进行涉及污染物排放及操作时,应当如实记录;港口、码头、装卸站和船舶修造厂必须按照有关规定备有足够的用于处理船舶污染物、废弃物的接收设施,并使该设施处于良好状态;装卸油类的港口、码头、装卸站和船舶必须编制溢油污染应急计划,并配备相应的溢油污染应急设备和器材;进行可能产生海洋污染的活动,还应当事先按照有关规定报经有关部门批准或者核准。对违反者,由依照本法规定行使海洋环境监督管理权的部门予以警告,或者责令限期改正。

第二,载运具有污染危害性货物进出港口的船舶,其承运人、货物所有人或者代理人,必须事先向海事主管部门申报;需要船舶装运污染危害性不明的货物,应当按照有关规定事先进行评估,经批准后,方可进出港口、过境停留或者装卸作业;交付船舶装运污染危害性货物的单证、包装、标志、数量限制等,必须符合对所装货物的有关规定;装卸油类及有毒有害货物的作业,船岸双方必须遵守安全防污操作规程。

第三,当船舶发生海难事故,造成或者可能造成海洋环境重大污染损害的,法律规定国家海事主管部门有权强制采取避免或者减少污染损害的措施。对在公海上因发生海难事故,造成中华人民共和国管辖海域重大污染损害后果或者具有污染威胁的船舶、海上设施,国家海事主管部门有权采取与实际的或者可能发生的损害相称的必要措施。同时法律规定所有船舶均有监视海上污染的义务,在发现海上污染事故或者违反本法规定的行为时,必须立即向就近的依照本法规定行使海洋环境监督管理权的部门报告。民用航空器发现海上排污或者污染事件,必须及时向就近的民用航空空中交通管制单位报告。接到报告的单位,应当立即向依照本法规定行使海洋环境监督管理权的部门通报。

第四,为有效补偿和赔偿油污损害,法律规定国家完善并实施船舶油污损害民事赔偿责任制度;按照船舶油污损害赔偿责任由船东和货主共同承担风险的原则,建立船舶油污保险、油污损害赔偿基金制度。

第十五章

固体废物污染环境防治法

第一节 固体废物污染环境防治法概述

一、固体废物的概念

固体废物是指被丢弃的固体和泥状物质,包括从废水、废气中分离出来的固体颗粒,简称废物,通常也称作废弃物。固体废物主要来源于人类的生产和消费活动。人们在开发利用自然资源与能源以及制造产品的过程中都会产生废物;任何产品经过使用和消费后,都会变为废物。

废物是相对于有用物而言的。在物质利用的某一过程或在某一方面的特定用途中,当物质的某些特定性能由于已被利用而对利用者没有再利用的价值时,该物质就成为了废物。然而,对于所有的物质利用者来说,并不存在所谓绝对的"废物",废物只是相对在某一过程或某一方面没有使用价值,而并非在一切使用过程或一切性能方面都不再有使用价值。因此,废物往往只是一个相对的概念。在某些场合,某一过程的废物往往是另一过程的原料。所以,废物常常被科学家和再利用者们看做是"放错地点的原料"。

在固体废物的分类方面,按照固体废物的化学性质可以将它们分为有机废物和无机废物;按照它们的形状可以分为固态废物(如颗粒状废物、粉状废物、块状废物等)和半固态废物(如泥状废物、污泥等);按照它们的危害程度可以分为危险废物和一般废物;从管理的角度还可以将它们按来源分为矿业固体废物、工业固体废物、城市垃圾、农业废弃物和放射性固体废物。[①]

《固体废物污染环境防治法》对固体废物的概念作出了立法解释。该法第88条规定,所谓"固体废物",是指在生产、生活和其他活动中产生的丧失原有利用价值或者虽未丧失利用价值但被抛弃或者放弃的固态、半固态和置于容器中的气态的物品、物质以及法律、行政法规规定纳入固体废物管理的物品、物质。作为我国《固体废物污染环境防治法》所要控制和防治产生污染的固体废物,主要包括上述分类中的工业固体废物、生活垃圾以及有关的危险废物。

---

① 参见《中国大百科全书·环境科学》,中国大百科全书出版社2002年版,第102页。另见刘天齐主编:《环境保护通论》,中国环境科学出版社1997年版,第174页。

二、固体废物污染环境防治立法

中国最早对固体废物进行管理的方式,是开展对固体废物的综合利用。1956年国务院批转的《矿产资源保护试行条例》首次对矿产资源实行综合勘探、综合开发和综合利用的方针和措施作出了规定。

1979年《环境保护法(试行)》除了对矿产资源的综合利用作出规定外,还规定要防治工矿企业和城市生活产生的废渣、粉尘、垃圾等对环境造成的污染和危害,特别是对废渣规定实行综合利用、化害为利,并对粉尘采取吸尘和净化、回收措施。此外,在国家制定《海洋环境保护法》《水污染防治法》《大气污染防治法》以及《水法》《矿产资源法》等法律中,以及国家制定的有关工业企业"三废"排放标准、排污收费标准、工业企业涉及卫生标准中,也对固体废物的排放控制及其污染防治作出了规定。

由于固体废物的来源是多方面、多途径的,所以中国有关固体废物的管理规定也"政出多门"。1982年,原城乡建设环境保护部颁布了《城市市容环境卫生管理条例(试行)》,对市容环境卫生和城市生活垃圾的管理作出了规定。1985年,国务院制定了《海洋倾废管理条例》,对向海洋倾废行为及其方法作出了规定。1989年,中国制定了《传染病防治法》,对传染病病原体污染的垃圾等的卫生处理作出了规定。此外,在有关治安管理、运输、税收、安全、放射性等管理规定中都涉及对有关固体废物管理的规定。

1995年全国人大常委会通过了《固体废物污染环境防治法》。由于现代循环经济的理念的逐步深入,现代技术的发展,固体废物在很大程度上可以得到回收利用。所以,2004年全国人大常委会对《固体废物污染环境防治法》进行修订时,从循环经济、生活垃圾、工业固体废物、固体废物进出口等方面进行了重新规定。2013年和2015年,全国人大常委会又对《固体废物污染环境防治法》进行了两次小幅修改。

此外,在《清洁生产促进法》和《循环经济促进法》中,都涉及固体废物污染防治和回收利用的问题。

根据《固体废物污染环境防治法》的规定,液态废物和置于容器中的气态废物的污染防治,也适用该法。对于排入水体的废水和排入大气的废气的污染防治,由于其涉及其他环境要素,所以不适用该法,而适用有关的法律(如《大气污染防治法》《水污染防治法》)。对于固体废物污染海洋环境的防治和放射性固体废物污染环境的防治,由于我国目前已经在《海洋环境保护法》和《放射性污染防治法》以及其他相关的法规或者规章中作出了专门规定,所以也不适用该法。

第二节　防治固体废物污染环境的主要法律规定

一、固体废物管理的原则

由于固体废物产生的污染和危害在途径上与其他污染物有所不同,《固体废物污染环境防治法》对防治固体废物污染环境规定了一些相应的管理原则。

(一) 减量化、资源化和无害化原则

对固体废物实行减量化、资源化和无害化是防治固体废物污染环境的重要原则,简称

"三化"原则。其中,减量化是指在对资源能源的利用过程中,要最大限度地利用资源或能源,以尽可能地减少固体废物的产生量和排放量。资源化是指对已经成为固体废物的各种物质采取措施,进行回收、加工使其转化成为二次原料或能源予以再利用的过程。无害化是指对于那些不能再利用、或依靠当前技术水平无法予以再利用的固体废物进行妥善的贮存或处置,使其不对环境以及人身、财产的安全造成危害。

对固体废物实行"三化"的原则,其各个环节是互为因果、相辅相成的。但减量化是基础,根本措施是实行"清洁生产"和提高资源、能源的利用率。实现了减量化就相应实现可资源化和无害化。同时,实现减量化必须以资源化为依托,资源化可以促进减量化、无害化的实现,无害化又可以实现和达到减量化和资源化的目的。因此,在具体措施方面,也不可能将它们截然分开。

我国《固体废物污染环境防治法》第3条对固体废物实行减量化、资源化和无害化作出了明确的规定:国家对固体废物污染环境的防治,实行减少固体废物的产生量和危害性、充分合理利用固体废物和无害化处置固体废物的原则,促进清洁生产和循环经济发展。

在固体废物的政策措施方面,《固体废物污染环境防治法》是以通过规定国家鼓励的方式来贯彻"三化"原则的。第一,鼓励、支持集中处置固体废物并促进相关产业的发展;第二,在编制有关发展规划中统筹考虑减少固体废物的产生量和危害性,促进固体废物的综合利用和无害化处置;第三,鼓励单位和个人购买、使用再生产品和可重复利用产品。

(二) 全过程管理原则

对固体废物实行全过程管理,也是防治固体废物污染环境的一项重要的原则。它是指对固体废物从产生、收集、贮存、运输、利用直到最终处置的全部过程实行一体化的管理。这通常也被人们形象地比喻为"从摇篮到坟墓"的管理。这也体现在国家对固体废物污染环境防治实行污染者依法负责的原则,即产品的生产者、销售者、进口者、使用者对其产生的固体废物依法承担污染防治责任。

我国《固体废物污染环境防治法》从第16条到第21条对贯彻固体废物的全过程管理原则作出了一系列的具体规定。

首先,产生固体废物的单位和个人,应当采取措施,防止或者减少固体废物对环境的污染。

其次,收集、贮存、运输、利用、处置固体废物的单位和个人,必须采取防扬散、防流失、防渗漏或者其他防止污染环境的措施。并且,不得在运输过程中沿途丢弃、遗撒固体废物。从事畜禽规模养殖应当按照国家有关规定收集、贮存、利用或者处置养殖过程中产生的畜禽粪便,防止污染环境。

最后,对于可能成为固体废物的产品的管理,规定应当采用易回收利用、易处置或者在环境中易消纳的包装物。例如,生产、销售、进口依法被列入强制回收目录的产品和包装物的企业,必须按照国家有关规定对该产品和包装物进行回收。使用农用薄膜的单位和个人,应当采取回收利用等措施,防止或者减少农用薄膜对环境的污染。对收集、贮存、运输、处置固体废物的设施、设备和场所,应当加强管理和维护,保证其正常运行和使用。

(三) 分类管理原则

由于固体废物的来源具有广泛性的特征,因此对固体废物实施的管理和控制也涉及几乎所有的行政机关。所以在管理上也必须分别情况采取分别、分类管理的方法,针对不同的固体废物制定不同的对策或措施。

有鉴于此,我国《固体废物污染环境防治法》将该法管制的固体废物分为工业固体废物、生活垃圾以及危险废物三类。对工业固体废物、生活垃圾的污染环境防治采取一般性的管理措施,而对危险废物则规定采取严格的管理措施。

二、固体废物污染防治监督管理的一般规定

(一) 固体废物法律控制的监督管理体制

《固体废物污染环境防治法》规定,国务院环境保护主管部门对全国固体废物污染环境的防治工作实施统一监督管理;国务院有关部门在各自的职责范围内负责固体废物污染环境防治的监督管理工作。县级以上地方人民政府环境保护主管部门对本行政区域内固体废物污染环境的防治工作实施统一监督管理,县级以上地方人民政府有关部门在各自的职责范围内负责固体废物污染环境防治的监督管理工作;国务院建设主管部门和县级以上地方人民政府环境卫生主管部门负责城市生活垃圾清扫、收集、贮存、运输和处置的监督管理工作。国务院环境保护主管部门建立固体废物污染环境监测制度,制定统一的监测规范,并会同有关部门组织监测网络;大、中城市人民政府环境保护主管部门应当定期发布固体废物的种类、产生量、处置状况等信息。

(二) 固体废物污染防治的一般规定

固体废物污染防治要执行环境污染防治的基本法律制度,如环境影响评价制度、"三同时制度"、排污申报登记制度、排污收费制度、限期治理制度、污染事故报告和处理制度和落后生产工艺设备淘汰制度等,这些制度的基本内容请参见本书第一编的相关内容,这里只介绍这些制度在固体废物污染防治领域的具体适用问题以及固体废物污染防治法的其他重要规定。

1. 固体废物排污收费制度

2004年修订的《固体废物污染环境防治法》规定,以填埋方式处置危险废物不符合国家有关规定的,按照排放污染物的种类、数量缴纳危险废物排污费。对于一般的工业固体废物,不再征收排污费。

2. 固体废物污染限期治理制度

2004年修订的《固体废物污染环境防治法》首次将限期治理决定权明确赋予环保部门;对违反固体废物污染防治法的规定,造成固体废物严重污染环境的,由县级以上人民政府环境保护主管部门按照国务院规定的权限决定限期治理;逾期未完成治理任务的,由本级人民政府决定停业或者关闭。

3. 产品及其包装物的管理

根据法律规定,产品和包装物的设计、制造,应当遵守国家有关清洁生产的规定。国务院标准化主管部门应当根据国家经济和技术条件、固体废物污染环境防治状况以及产品的技术要求,组织制定有关标准,防止过度包装造成环境污染。

生产、销售、进口依法被列入强制回收目录的产品和包装物的企业,必须按照国家有关规定对该产品和包装物进行回收。国家鼓励科研、生产单位研究、生产易回收利用、易处置或者在环境中可降解的薄膜覆盖物和商品包装物。使用农用薄膜的单位和个人,应当采取回收利用等措施,防止或者减少农用薄膜对环境的污染。

4. 固体废物贮存设施、场所的管理

根据法律收集、贮存、运输、处置固体废物的设施、设备和场所,应当加强管理和维护,保证其正常运行和使用。禁止擅自关闭、闲置或者拆除工业固体废物污染环境防治设施、场所;在国务院和国务院有关主管部门及省级人民政府划定的自然保护区、风景名胜区、饮用水水源保护区、基本农田保护区和其他需要特别保护的区域内,禁止建设工业固体废物集中贮存、处置的设施、场所和生活垃圾填埋场。

5. 控制固体废物转移的制度

固体废物转移,是指将固体废物从某一地域搬运到另一地域的过程,但不包括在同一固体废物产生源内部的转移。由于许多固体废物同时也是一种资源,所以许多以固体废物为原料的企事业单位要通过购买、运输等方式从他处获得可资利用的固体废物,这样就出现了固体废物转移的现象。从固体废物的转移范围是否跨越国境来划分,可以将固体废物的转移分为境内转移、过境转移和越境转移三类。由于在固体废物转移的各个环节或过程中可能导致新的环境污染发生,所以中国《固体废物污染环境防治法》对固体废物的转移作了严格规定。

转移固体废物出省级行政区域贮存、处置的,应当向固体废物移出地的省级人民政府环境保护主管部门提出申请。移出地的省级人民政府环境保护主管部门应当商经接受地的省级人民政府环境保护主管部门同意后,方可批准转移该固体废物出省级行政区域。未经批准的,不得转移。

为了规范固体废物的转移进境行为,《固体废物污染环境防治法》规定,禁止进口不能用作原料或者不能以无害化方式利用的固体废物;对可以用做原料的固体废物实行限制进口和非限制进口分类管理。由国务院环境保护主管部门会同国务院对外贸易主管部门、国务院经济综合宏观调控部门、海关总署、国务院质量监督检验检疫部门制定、调整并公布禁止进口、限制进口和非限制进口的固体废物目录。禁止进口列入禁止进口目录的固体废物;进口列入限制进口目录的固体废物,应当经国务院环境保护主管部门会同国务院对外贸易主管部门审查许可。进口的固体废物必须符合国家环境保护标准,并经质量监督检验检疫部门检验合格。

为防止境外固体废物非法进入中国,《固体废物污染环境防治法》明文规定:禁止中国境外的固体废物进境倾倒、堆放、处置;禁止经中华人民共和国过境转移危险废物。

三、固体废物污染防治的具体规定

(一) 工业固体废物污染防治的具体规定

所谓"工业固体废物",是指在工业、交通等生产活动中产生的固体废物。目前,对工业固体废物污染环境的监督管理工作主要由环境保护部门负责实施。

1. 制定工业固体废物污染环境防治工作规划。国务院环境保护主管部门应当会同国务院经济综合宏观调控部门和其他有关部门对工业固体废物对环境的污染作出界定,制定防治工业固体废物污染环境的技术政策,组织推广先进的防治工业固体废物污染环境的生产工艺和设备。由县级以上人民政府有关部门制定工业固体废物污染环境防治工作规划,以推广使用能够减少工业固体废物产生量的先进生产工艺和设备。

2. 实施清洁生产制度,实行淘汰落后生产工艺设备。国务院经济综合宏观调控部门应当会同国务院有关部门组织研究、开发和推广减少工业固体废物产生量和危害性的生产工艺和设备,公布限期淘汰产生严重污染环境的工业固体废物的落后生产工艺、落后设备的名录。生产者、销售者、进口者、使用者必须在国务院经济综合宏观调控部门会同国务院有关部门规定的期限内分别停止生产、销售、进口或者使用列入前款规定的名录中的设备。生产工艺的采用者必须在国务院经济综合宏观调控部门会同国务院有关部门规定的期限内停止采用列入前款规定的名录中的工艺。列入限期淘汰名录被淘汰的设备,不得转让给他人使用。

3. 建立、健全企业污染环境防治责任制度。产生工业固体废物的单位要建立、健全企业污染环境防治责任制度,采取防治工业固体废物污染环境的措施。

第一,企业事业单位合理选择和利用原材料、能源和其他资源,采用先进的生产工艺和设备,以达到减少工业固体废物产生量的目的。

第二,产生工业固体废物的单位必须按照国务院环境保护主管部门的规定,向所在地县级以上地方人民政府环境保护主管部门提供工业固体废物的种类、产生量、流向、贮存、处置等有关资料。禁止擅自关闭、闲置或者拆除工业固体废物污染环境防治设施、场所;确有必要关闭、闲置或者拆除的,必须经所在地县级以上地方人民政府环境保护主管部门核准,并采取措施,防止污染环境。违反上述规定的,由县级以上地方人民政府环保部门责令限期改正,并可处以罚款。

第三,企业事业单位应当根据经济、技术条件对其产生的工业固体废物加以利用;对暂时不利用或者不能利用的,必须按照国务院环境保护主管部门的规定建设贮存设施、场所,安全分类存放,或者采取无害化处置措施。

第四,产生工业固体废物的单位需要终止的,应当事先对工业固体废物的贮存、处置的设施、场所采取污染防治措施,并对未处置的工业固体废物作出妥善处置,防止污染环境。产生工业固体废物的单位发生变更的,变更后的单位应当按照国家有关环境保护的规定对未处置的工业固体废物及其贮存、处置的设施、场所进行安全处置或者采取措施保证该设施、场所安全运行。变更前当事人对工业固体废物及其贮存、处置的设施、场所的污染防治责任另有约定的,从其约定;但是,不得免除当事人的污染防治义务。对本法施行前已经终止的单位未处置的工业固体废物及其贮存、处置的设施、场所进行安全处置的费用,由有关人民政府承担;但是,该单位享有的土地使用权依法转让的,应当由土地使用权受让人承担处置费用。当事人另有约定的,从其约定;但是,不得免除当事人的污染防治义务。

(二)生活垃圾污染防治的具体规定

生活垃圾,是指在日常生活中或者为日常生活提供服务的活动中产生的固体废物以及法律、行政法规规定视为生活垃圾的固体废物。根据《固体废物污染防治法》的规定,县级以上人民政府应当统筹安排建设城乡生活垃圾收集、运输、处置设施,提高生活垃圾的利用率和无害化处置率,促进生活垃圾收集、处置的产业化发展,逐步建立和完善生活垃圾污染环境防治的社会服务体系。《固体废物污染防治法》主要对城市生活垃圾[①]的污染防治作出了规定。

1. 县级以上地方人民政府环境卫生主管部门应当组织对城市生活垃圾进行清扫、收

[①] 有关城市生活垃圾管理的法规还有《城市市容和环境卫生管理条例》和《城市生活垃圾管理办法》等。

集、运输和处置，可以通过招标等方式选择具备条件的单位从事生活垃圾的清扫、收集、运输和处置。清扫、收集、运输、处置城市生活垃圾，应当遵守国家有关环境保护和环境卫生管理的规定，防止污染环境。对城市生活垃圾应当及时清运，逐步做到分类收集和运输，并积极开展合理利用和实施无害化处置。

2. 城市人民政府应当有计划地改进燃料结构，发展城市煤气、天然气、液化气和其他清洁能源；城市人民政府有关部门应当统筹规划，合理安排收购网点，促进生活垃圾的回收利用工作。从生活垃圾中回收的物质必须按照国家规定的用途或者标准使用，不得用于生产可能危害人体健康的产品。

3. 建设生活垃圾处置的设施、场所，必须符合国务院环境保护主管部门和国务院建设主管部门规定的环境保护和环境卫生标准。禁止擅自关闭、闲置或者拆除生活垃圾处置的设施、场所；确有必要关闭、闲置或者拆除的，必须经所在地的市、县人民政府环境卫生主管部门和环境保护主管部门核准，并采取措施，防止污染环境。

对违反上述规定者，由县级以上地方人民政府环境卫生主管部门责令停止违法行为，限期改正，处以罚款。

对于农村生活垃圾污染环境防治的具体办法，《固体废物污染防治法》本身并未作出明确规定，而是授权各地方制定地方性法规予以规范。但大多数地方的地方性法规未能及时作出规定，致使目前大多数地方农村生活垃圾污染环境防治的具体规定仍是一片空白，农村生活垃圾污染环境的形势十分严峻，对广大农村居民的健康和农村的生态环境造成了严重影响。

(三) 危险废物污染防治的特别规定

危险废物，是指列入国家危险废物名录或者根据国家规定的危险废物鉴别标准和鉴别方法认定的具有危险特性的废物。所谓危险特性，主要是指毒性、易燃性、腐蚀性、反应性、传染疾病性、放射性等。对于危险废物，除了应当执行一般废物的管理规定外，还必须执行更为严格的管理制度。

关于危险废物污染环境的防治，除适用《固体废物污染环境防治法》的一般规定外，还需要执行下列特别规定。

第一，实行国家危险废物名录和标识制度。危险废物名录是指由国家行政机关制定并公布的载有各种危险废物类别、废物来源以及常见危害组分或废物名称作出规定的文书。按照《固体废物污染环境防治法》规定，国家危险废物名录由国务院环境保护主管部门会同国务院有关部门制定，形成《国家危险废物名录》。为了使有关危险废物的从业人员在生产、经营活动中便于识别危险废物并采取相应的防范措施，《固体废物污染环境防治法》规定，危险废物的容器和包装物以及收集、贮存、运输、处置危险废物的设施、场所，必须设置危险废物识别标志。一般而言，在危险废物的识别标志上除了要标注明显具有警告性、针对性的通用图案外，还应当简要记载危险废物的名称、种类及其危险特性的文字说明。

第二，实行危险废物经营许可制度。为了便于环境保护部门了解和掌握本地区危险废物的经营状况，产生危险废物的单位必须按照国家有关规定申报登记。

从事收集、贮存、处置危险废物经营活动的单位，必须向县级以上人民政府环境保护主管部门申请领取经营许可证；从事利用危险废物经营活动的单位，必须向国务院环境保护主管部门或者省级人民政府环境保护主管部门申请领取经营许可证。禁止无经营许可证或者不按照经营许可证规定从事危险废物收集、贮存、利用、处置的经营活动。禁止将危险废物提供或者委托给无经营许可证的单位从事收集、贮存、利用、处置的经营活动。

第三,关于危险废物收集、贮存、运输、处置的具体规定。

国务院环境保护主管部门会同国务院经济综合宏观调控部门组织编制危险废物集中处置设施、场所的建设规划,报国务院批准后实施。县级以上地方人民政府应当依据危险废物集中处置设施、场所的建设规划组织建设危险废物集中处置设施、场所。

对于直接从事收集、贮存、运输、利用、处置危险废物的人员,应当接受专业培训,经考核合格,方可从事该项工作。收集、贮存危险废物,必须按照危险废物特性分类进行。禁止混合性质不相容而未经安全性处置的危险废物。贮存危险废物必须采取符合国家环境保护标准的防护措施,并不得超过1年;确需延长期限的,必须报经原批准经营许可证的环境保护主管部门批准;法律、行政法规另有规定的除外。禁止将危险废物混入非危险废物中贮存。违反上述规定的,由县级以上人民政府环保部门责令停止违法行为,没收违法所得,可以并处违法所得三倍以下的罚款。不按照经营许可证规定从事前款活动的,还可以由发证机关吊销经营许可证。从事运输危险废物者,必须采取防止污染环境的措施,并遵守国家有关危险货物运输管理的规定,禁止将危险废物与旅客在同一运输工具上载运。违反上述规定的,由县级以上人民政府环保部门责令停止违法行为,限期改正,处以罚款。

对于不处置危险废物的单位,由所在地县级以上地方人民政府环境保护部门责令限期改正;逾期不处置或者处置不符合国家有关规定的,由所在地县级以上地方人民政府环境保护主管部门指定单位按照国家有关规定代为处置,这也被称为"行政代执行制度"。有关的处置费用由产生危险废物的单位予以承担。

第四,对危险废物转移的管制制度。

转移危险废物的,必须按照国家有关规定填写危险废物转移联单,并向危险废物移出地设区的市级以上地方人民政府环境保护主管部门提出申请。移出地设区的市级以上地方人民政府环境保护主管部门应当商经接受地设区的市级以上地方人民政府环境保护主管部门同意后,方可批准转移该危险废物。未经批准的,不得转移。转移危险废物途经移出地、接受地以外行政区域的,危险废物移出地设区的市级以上地方人民政府环境保护主管部门应当及时通知沿途经过的设区的市级以上地方人民政府环境保护主管部门。

禁止经中华人民共和国过境转移危险废物。

对违法将中华人民共和国境外的固体废物进境倾倒、堆放、处置的,进口属于禁止进口的固体废物或者未经许可擅自进口属于限制进口的固体废物用作原料的,由海关责令退运该固体废物,可以并处罚款。进口者不明的,由承运人承担退运该固体废物的责任,或者承担该固体废物的处置费用。

对违法经中华人民共和国过境转移危险废物的,由海关责令退运该危险废物,可以并处罚款。

对已经非法入境的固体废物,由省级以上人民政府环境保护主管部门依法向海关提出处理意见,海关应当依法作出处罚决定;已经造成环境污染的,由省级以上人民政府环境保护主管部门责令进口者消除污染。

第五,危险废物意外事故的预防和处理。

产生、收集、贮存、运输、利用、处置危险废物的单位,应当制定意外事故的防范措施和应急预案,并向所在地县级以上地方人民政府环境保护主管部门备案;环境保护主管部门应当进行检查。

因发生事故或者其他突发性事件,造成危险废物严重污染环境的单位,必须立即采取措施消除或者减轻对环境的污染危害,及时通报可能受到污染危害的单位和居民,并向所在地县级以上地方人民政府环境保护主管部门和有关部门报告,接受调查处理。

在发生或者有证据证明可能发生危险废物严重污染环境、威胁居民生命财产安全时,县级以上地方人民政府环境保护主管部门或者其他固体废物污染环境防治工作的监督管理部门必须立即向本级人民政府和上一级人民政府有关主管部门报告,由人民政府采取防止或者减轻危害的有效措施。有关人民政府可以根据需要责令停止导致或者可能导致环境污染事故的作业。

第十六章

环境噪声污染防治法

第一节　环境噪声污染防治法概述

一、环境噪声污染及其危害

(一) 环境噪声的概念与特点

声是由物体振动而产生的。环境中的自然现象以及动植物、物体或器械等的动作会发出声响,它们通过空气的传动而使人类和动物感觉到。通常人们将这些声响称为声音。由声构成的环境称为"声环境"。当环境中的声音对人类、动物以及自然物不发生不良影响时,就是一种正常的物理现象,相反它就成为人们所谓的噪声。

噪声属于声音的一种,但它属于接收者所不需要的或者使人们的心理或生理机能产生不愉快的声音。所以也将噪声称为感觉性公害。此外,在环境科学里,将振幅和频率杂乱、断续或统计上无规律的声振动也称为噪声,将环境中所有远近不同、方向不同、自身或周围反射的噪声统称为环境噪声。[①]

我国《环境噪声污染防治法》第2条第1款对"环境噪声"的概念作了立法解释,即"在工业生产、建筑施工、交通运输和社会生活中所产生的干扰周围生活环境的声音。"结合环境科学研究和对环境噪声干扰判例的成案研究,可以发现环境噪声具有如下特点:

第一,环境噪声是由在工业生产、建筑施工、交通运输和社会生活中所发生的振动造成的,具有无形性和多发性。同时,环境噪声也不会像其他有形污染物那样可能会在环境中发生物理或化学等变化而导致二次污染。

第二,环境噪声具有影响范围上的局限性、分散性和暂时性,它不会停留于环境中积累地致害于环境要素和人类。与其他排放进入环境的污染物所不同的是,产生环境噪声的声源一旦停止运作,环境噪声即刻就会完全消失。

第三,环境噪声具有危害性及危害的不易评估性。正在发生以及长期、固定产生的环境噪声会对环境噪声源周围局部存在的人群或物造成多方面的干扰、影响和危害。环境噪声对人群的危害、特别是对环境变化比较敏感者的危害不可能以一定的客观数值来衡量或评价。在国外,司法实践上通常是以人群对噪声可以忍受的最大限度作为判断是否可能造成

---

① 参见《中国大百科全书·环境科学》对"噪声"的解释,中国大百科全书出版社2002年版,第475页。

干扰或妨害的标准。

(二) 环境噪声源的分类与环境噪声的评价量

产生环境噪声的振源有很多,按产生机能划分,可分为机械性噪声、空气动力性噪声和电磁性噪声三大类。

按时间变化来划分,可分为稳态噪声和非稳态噪声两大类,其中的非稳态噪声又可以分为瞬态的、周期性起伏的、脉冲的和无规则的噪声四种。

按污染源的种类来划分,可分为工业噪声、交通噪声、施工噪声、社会生活噪声以及自然噪声。其中,工业噪声、施工噪声和社会生活噪声,其传播影响范围通常呈面状;交通噪声的传播影响范围通常沿着道路呈线状。

在噪声评价中,一般将工业噪声中的设备噪声源按照大小和发声方式将它们分为点声源、线声源和面声源三类。对于小型设备,由于其自身的几何尺寸往往比噪声影响距离小得多,所以将这种设备的噪声辐射视为点声源。对于体积较大的设备,噪声往往是从一个面或几个面均匀地向外辐射,在近距离范围内,实际上是按面声源传播规律传播的,所以将这类设备的噪声辐射视为面声源。对于呈线状排列的噪声源,其噪声是以近似线状形式向外传播的,所以此类声源在近距离范围总体上可以视为线声源[①]。

环境噪声的量度,与噪声的物理量和人对声音的主观听觉有关,并且人耳对声音的感觉不仅和声压级大小有关,而且也和频率的高低有关。例如,声压级相同而频率不同的声音,听起来不一样响,高频声音比低频声音响,这是由人耳的听觉特性所决定的。因此,根据听觉特性,在声学测量仪器中,设置有"A 计数网络",通过 A 计数网络测得的噪声值较为接近人耳的感觉,其测得单位称为 A 声级,以分贝(A)或 dB(A)记。[②] 由于 A 声级能够较好地反映出人们对噪声吵闹的主观感,它几乎成为一切噪声评价的基本值。

(三) 环境噪声污染

环境噪声污染是我国环境噪声污染防治立法上确立的一个新概念。依照《环境噪声污染防治法》第 2 条第 2 款的规定,环境噪声污染是指所产生的环境噪声超过国家规定的环境噪声排放标准,并干扰他人正常生活、工作和学习的现象。

由于环境噪声对环境和他人干扰的程度有轻有重,且在不同的区域干扰的对象和妨害的程度也不相同,所以在实践上存在着应当将何种程度的环境噪声作为环境污染防治行政的控制对象的问题。为了便于环境保护主管部门以及其他噪声污染管理行政机关对排放环境噪声较为严重行为的监督和管理,《环境噪声污染防治法》是以国家或地方制定的环境噪声排放标准确定的最高限值为界限来界定和区分"环境噪声"与"环境噪声污染"的。对于在环境噪声排放标准规定的数值以内排放的噪声可称为环境噪声;对于超过环境噪声排放标准规定的数值排放噪声并且产生了干扰现象的,则称为环境噪声污染。

目前,在我国环境噪声污染防治行政管理的过程中,环境保护主管部门主要是对超过环境噪声排放标准排放环境噪声的行为以及可能造成环境噪声污染的行为实施监督管理。因此从防治环境噪声干扰的角度出发,对于环境噪声排放并未超标、但事实上又存在着对他人正常生活、工作和学习等造成影响的,也应当分别不同情况由环境保护主管部门作出相应的

---

① 参见刘天齐主编:《环境保护通论》,中国环境科学出版社 1997 年版,第 192 页。
② 同上书,第 196 页。

调解处理,以维护邻里之间良好的相邻关系。如果在邻里之间因环境噪声干扰而出现妨害或损害等纠纷的,则应当依照《民法通则》和《物权法》的规定,按照"相邻关系"的原则与规定予以解决。

二、环境噪声污染防治立法

早在 20 世纪 50 年代我国制定的《工厂安全卫生规程》中就对工厂内各种噪声源规定了防治措施。1979 年《环境保护法(试行)》第 22 条规定"加强对城市和工业噪声、震动的管理。各种噪声大、震动大的机械设备、机动车辆、航空器等,都应当装置消声、防震设施"。1982 年,我国发布了《城市区域环境噪声标准》,这是我国在环境噪声污染防治方面颁布的第一个综合性环境噪声质量标准,它对推动我国环境噪声污染的防治工作起到了积极的作用。1989 年,国务院公布了专门的《环境噪声污染防治条例》。1996 年,在全面总结环境噪声污染防治工作经验的基础上,我国制定通过了《环境噪声污染防治法》。此外,2005 年制定的《治安管理处罚法》也规定:"违反关于社会生活噪声污染防治的法律规定,制造噪声干扰他人正常生活的,处警告;警告后不改正的,处 200 元以上 500 元以下罚款。"

总体上讲,环境噪声污染的防治,不仅包括对已经造成污染的环境噪声进行治理,而且很重要的一点是对可能产生干扰危害的环境噪声予以控制。由于环境噪声所具有的特点,它与其他污染物对环境所造成的污染是不同的,因此我国环境噪声及其污染的防治立法所采取的主要措施是从控制声源和声的传播途径两个方面展开的。

从环境噪声的控制技术上讲,对声源进行控制所采取的措施主要有二个,一是改进机械或设备的结构以降低声源的噪声发射功率,二是采取吸声、隔声、减振、隔振以及安装消声器等方法以控制噪声源的噪声辐射。对传声途径所采取的主要控制方式有:使噪声源远离需要安静的地方;控制噪声的传播方向(包括改变声源的发射方向);建立隔声屏障;应用吸声材料或吸声结构将噪声声能转变成为热能。

当然,控制环境噪声的危害还应当包括对接收者进行保护,主要方法是采取佩带护耳器以及减少在噪声环境中的暴露时间,防止噪声对人的危害。但是在诸如工矿企业有关从事产生噪声的业务活动及其场所内生产、经营人员的噪声防护方面,由于他们的工作属于职业行为,因此对他们可能受到噪声危害的防护主要应当通过劳动、卫生立法来进行调整。在世界各国的噪声控制立法中,企业内部的噪声防护一般不受噪声控制法的调整。我国《环境噪声污染防治法》第 3 条第 2 款也规定:"因从事本职生产、经营工作受到噪声危害的防治,不适用本法。"

第二节 环境噪声污染防治的主要法律规定

一、防治环境噪声污染的行政管理体制

我国对环境噪声污染防治工作实行人民政府领导、政府各主管部门按职权划分实施统一监督管理与部门分工负责管理的行政管理体制。

(一)各级人民政府防治环境噪声污染的主要职责

1. 国务院和地方各级人民政府应当将环境噪声污染防治工作纳入环境保护规划,并采

取有利于声环境保护的经济、技术政策和措施。各级人民政府在制定城乡建设规划时,应当充分考虑建设项目和区域开发、改造所产生的噪声对周围生活环境的影响,统筹规划,合理安排功能区和建设布局,防止或者减轻环境噪声污染。

2. 国家鼓励、支持环境噪声污染防治的科学研究、技术开发,推广先进的防治技术和普及防治环境噪声污染的科学知识。各级人民政府还应当对在防治环境噪声污染方面作出显著成绩者给予奖励。

3. 县级以上人民政府有权按照国务院规定的权限决定企事业单位的限期治理。并且对小型企业事业单位的限期治理,可以由县级以上人民政府在国务院规定的权限内授权其环境保护主管部门决定。

(二) 环境噪声污染防治的监督管理机构

各级人民政府的环境保护主管部门是对环境噪声污染防治实施统一监督管理的机关,国务院环境保护主管部门对全国环境噪声污染防治实施统一监督管理,县级以上地方人民政府的环境保护主管部门对本行政区域内的环境噪声污染防治实施统一的监督管理。

各级公安、交通、铁路、民航等主管部门和港务监督机构,根据各自的职责,对交通运输和社会生活噪声污染防治实施监督管理。

二、声环境标准

《环境噪声污染防治法》规定的与环境噪声污染防治相关的标准主要包括声环境质量标准和环境噪声排放标准两大类。

(一) 声环境质量标准

声环境质量标准是指由国务院环境保护主管部门依照法定程序对各类不同的功能区域内环境噪声最高限值所作出的规定。声环境质量标准是衡量区域环境是否受到环境噪声污染的客观判断标准,也是制订环境噪声排放标准的主要依据。同时,声环境质量标准还是城市规划部门划定建筑物与交通干线防噪声距离的法定标准之一。《环境噪声污染防治法》规定,城市规划部门在确定建设布局时,应当依据国家声环境质量标准和民用建筑隔声设计规范,合理划定建筑物与交通干线的防噪声距离,并提出相应的规范设计要求。

目前我国主要的声环境质量标准是《声环境质量标准》(GB 3096-2008)。该标准将声环境功能区分为五种类型,分别适用不同的声环境质量标准。机场周围区域受飞机通过(起飞、降落、低空飞越)噪声的影响,适用《机场周围飞机噪声环境标准》(GB 9660—88),不适用《声环境质量标准》。

《声环境质量标准》按区域的使用功能特点和环境质量要求,将声环境功能区分为以下五种类型:0 类声环境功能区是指康复疗养区等特别需要安静的区域(昼间 50 dB,夜间 40 dB);1 类声环境功能区是指以居民住宅、医疗卫生、文化教育、科研设计、行政办公为主要功能,需要保持安静的区域(昼间 55 dB,夜间 45 dB);2 类声环境功能区是指以商业金融、集市贸易为主要功能,或者居住、商业、工业混杂,需要维护住宅安静的区域(昼间 60 dB,夜间 50 dB);3 类声环境功能区是指以工业生产、仓储物流为主要功能,需要防止工业噪声对周围环境产生严重影响的区域(昼间 65 dB,夜间 55 dB);4 类声环境功能区是指交通干线两侧一定距离之内,需要防止交通噪声对周围环境产生严重影响的区域,包括 4a 类和 4b 类两种类型。4a 类为高速公路、一级公路、二级公路、城市快速路、城市主干路、城市次干路、城市轨道交通(地面段)、内河航道两侧区域;(昼间 70 dB,夜间 55 dB)4b 类为铁路干线两侧区域(昼间 70 dB,夜间 60 dB)。各类声环境功能区夜间突发噪声,其最大声级超过环境噪声限值的幅度不得高于 15 dB。

(二) 环境噪声排放标准

环境噪声排放标准是指由国务院环境保护主管部门根据国家声环境质量标准和国家经济、技术条件,对噪声源向周围环境排放噪声所作的最高限值。所谓"噪声排放",依照《环境噪声污染防治法》规定的解释,是指"噪声源向周围生活环境辐射噪声"。

目前我国声污染物排放标准主要包括《建筑施工场界环境噪声排放标准》(GB 12523-2011)、《工业企业厂界环境噪声排放标准》(GB 12348-2008)、《社会生活环境噪声排放标准》(GB 22337-2008)等。由于环境噪声污染的特性,对于环境噪声污染的排污收费,《环境噪声污染防治法》规定了与其他污染防治法规定的"达标收费,超标罚款"不同的"达标不收费,超标收超标排污费"制度。

三、环境噪声污染防治的基本制度

环境噪声污染防治要执行环境污染防治的基本法律制度,如环境影响评价制度、"三同时制度"、排污申报登记制度、排污收费制度、限期治理制度、污染事故报告和处理制度和落后生产工艺设备淘汰制度等,这些制度的基本内容请参见本书第一编的相关内容,这里只对这些制度在环境噪声污染防治领域的具体适用问题以及环境噪声污染防治法所规定的其他重要制度做一简要介绍。

产生环境噪声污染的单位,应当采取措施进行治理,并缴纳排污费。依据《环境噪声污染防治法》《排污费征收使用管理条例》《排污费征收标准管理办法》以及各类环境噪声排放标准等的规定,对环境噪声污染超过国家环境噪声排放标准,且干扰他人正常生活、工作和学习的,按照噪声的超标分贝数计征噪声超标排污费,但是对机动车、飞机、船舶等流动污染源暂不征收噪声超标排污费。对违法不按照国家规定缴纳超标准排污费的,县级以上地方人民政府环境保护主管部门可以根据不同情节,给予警告或者处以罚款。

在具体执行中需要注意以下几点:一个单位边界上有多处噪声超标,征收额应根据最高一处超标声级计算,当沿边界长度超过 100 米有两处及两处以上噪声超标,则加一倍征收。一个单位若有不同地点的作业场所,收费应分别计算、合并征收;声源 1 个月内超标不足 15 天的,噪声超标排污费减半征收;一个工地同一施工单位多个建筑施工阶段同时进行时,按噪声限值最高的施工阶段计收超标噪声排污费;对农民自建住宅不得征收噪声超标排污费。

对在噪声敏感建筑物集中区域内造成严重环境噪声污染的企业事业单位,限期治理。被限期治理的单位必须按期完成治理任务。限期治理由县级以上人民政府按照国务院规定的权限决定。对小型企业事业单位的限期治理,可以由县级以上人民政府在国务院规定的权限内授权其环境保护主管部门决定。所谓"噪声敏感建筑物",是指医院、学校、机关、科研单位、住宅等需要保持安静的建筑物。所谓"噪声敏感建筑物集中区域",是指医疗区、文教科研区和以机关或者居民住宅为主的区域。

对于在城市范围内从事生产活动确需排放偶发性强烈噪声的,必须事先向当地公安机关提出申请,经批准后方可进行。当地公安机关还应当就此向社会公告。

此外,在对环境噪声进行监测方面,《环境噪声污染防治法》还规定,国务院环境保护主管部门应当建立环境噪声监测制度,制定监测规范,并会同有关部门组织监测网络;环境噪声监测机构应当按照国务院环境保护主管部门的规定报送噪声监测结果。

四、各类环境噪声污染防治的法律规定

(一) 工业噪声污染防治

依照《环境噪声污染防治法》的解释,工业噪声是指在工业生产活动中使用固定的设备时产生的干扰周围生活环境的声音,因此工业噪声源也被称为是"固定噪声源"。

《环境噪声污染防治法》规定,在城市范围内向周围生活环境排放工业噪声的,应当符合国家规定的工业企业厂界环境噪声排放标准,即《工业企业厂界噪声标准》的规定。

对于在工业生产中因使用固定的设备造成环境噪声污染者,必须向所在地环境保护主管部门申报拥有的造成环境噪声污染的设备的种类、数量以及正常作业条件下所发出的噪声值和防治环境噪声污染的设施情况,并提供防治噪声污染的技术资料。当造成环境噪声污染的设备的种类、数量、噪声值和防治设施有重大改变时,也必须及时申报,并采取应有的防治措施。另外对可能产生环境噪声污染的工业设备,国家有关主管部门应当根据声环境保护的要求和国家的经济、技术条件,逐步在依法制定的产品的国家标准、行业标准中规定噪声限值。

(二) 建筑施工噪声污染防治

依照《环境噪声污染防治法》的解释,建筑施工噪声是指在建筑施工过程中产生的干扰周围生活环境的声音。

对于在城市市区范围内向周围生活环境排放建筑施工噪声的,应当符合国家规定的建筑施工厂界环境噪声排放标准。

在城市市区范围内,当建筑施工过程中使用的机械设备可能产生环境噪声污染时,施工单位必须在工程开工以前15日之内,向工程所在地县级以上地方环境保护主管部门申报该工程的项目名称、施工场所和期限、可能产生的环境噪声值以及所采取的环境噪声污染防治措施的情况。

非为抢修、抢险作业和因生产工艺上要求或者特殊需要必须连续作业者,禁止夜间①在城市市区噪声敏感建筑物集中区域内进行产生环境噪声污染的建筑施工作业。对于"因特殊需要"而必须连续作业的工程,施工单位必须向环境保护主管部门出具县级以上人民政府或者其有关主管部门的证明。并且,经批准进行夜间作业者,还必须履行向附近居民公告的义务。某种建筑施工作业是否属于生产工艺要求必须夜间连续作业,应由施工单位提出,报环保部门认定。某项建筑施工是否用于必须夜间连续作业的"特殊需要",以县级以上人民政府或者其有关主管部门出具的证明作为判断依据。有权出具"因特殊需要必须连续作业"证明的"有关主管部门",是指县级以上人民政府明确授权的主管部门。

对建筑施工单位违法在城市市区噪声敏感建筑的集中区域内,夜间进行禁止进行的产生环境噪声污染的建筑施工作业的,由工程所在地县级以上地方人民政府环境保护主管部门责令改正,可以并处罚款。

---

① 根据《环境噪声污染防治法》第63条(四)的规定,夜间是指晚二十二点至晨六点之间的期间。

(三) 交通运输噪声污染防治

依照《环境噪声污染防治法》的解释,交通运输噪声是指机动车辆(包括汽车和摩托车)、铁路机车、机动船舶、航空器等交通运输工具在运行时所产生的干扰周围生活环境的声音。

为了防止成品汽车超标排放噪声,《环境噪声污染防治法》规定,禁止制造、销售或者进口超过规定的噪声限值的汽车。

为了防止行驶在城市市区范围内的机动车辆、城市市区的内河航道航行的机动船舶以及驶经或者进入城市市区、疗养区的铁路机车所使用的声响装置对周围环境造成噪声干扰,使用者必须按照规定使用声响装置。城市人民政府公安机关可以根据本地城市市区区域声环境保护的需要,划定禁止机动车辆行驶和禁止其使用声响装置的路段和时间,并向社会公告。此外,对于警车、消防车、工程抢险车、救护车等机动车辆安装、使用警报器的,规定必须符合公安部门的规定,并且在执行非紧急任务时禁止使用警报器。

对于建设途经已有噪声敏感建筑物集中区域的高速公路、城市高架或轻轨道路,有可能造成环境噪声污染的,应当设置声屏障或者采取其他有效的控制环境噪声污染的措施。另外,对于在已有的城市交通干线的两侧建设噪声敏感建筑物的,建设单位应当按照国家规定间隔一定距离,并采取减轻、避免交通噪声影响的措施。穿越城市居民区、文教区的铁路,因铁路机车运行造成环境噪声污染的,当地城市人民政府应当组织铁路部门和其他有关部门,制定减轻环境噪声污染的规划。铁路部门和其他有关部门应当按照规划的要求,采取有效措施,减轻环境噪声污染。

对机动车辆不按照规定使用声响装置的,由当地公安机关根据不同情节给予警告或者处以罚款。机动船舶有前款违法行为的,由港务监督机构根据不同情节给予警告或者处以罚款。铁路机车有上述违法行为的,由铁路主管部门对有关责任人员给予行政处分。

《环境噪声污染防治法》还规定,除起飞、降落或者依法规定的情形以外,民用航空器不得飞越城市市区上空。城市人民政府应当在航空器起飞、降落的净空周围划定限制建设噪声敏感建筑物的区域;在该区域内建设噪声敏感建筑物的,建设单位应当采取减轻、避免航空器运行时产生的噪声影响的措施。民航部门也应当采取有效措施,减轻环境噪声污染。

(四) 社会生活噪声污染防治

依照《环境噪声污染防治法》的解释,社会生活噪声是指人为活动所产生的除工业噪声、建筑施工噪声和交通噪声之外的干扰周围生活环境的声音。

近几年来,随着人民生活水平的不断提高和第三产业的迅速发展,各地兴建了大量的歌舞厅、游乐场、音像放映厅等文化娱乐设施,由于这些设施不定期、不定时的开放和经营,其排放的噪声对周围生活环境产生了很大的影响。为此,《环境噪声污染防治法》对文化娱乐业的环境噪声污染防治也作出了规定。新建营业性文化娱乐场所的边界噪声,必须符合国家规定的环境噪声排放标准;对于不符合国家规定的环境噪声排放标准的,文化部门不得核发文化经营许可证,工商部门不得核发营业执照。并且,对于正在经营中的文化娱乐场所也同样要求执行该规定。

在防治城市饮食服务业噪声对附近居民居住环境的污染方面,1995年原国家环境保护局和国家工商行政管理局曾联合发布了《关于加强饮食娱乐服务企业环境管理的通知》。该通知规定,在居民楼内,不得兴办产生噪声污染的娱乐场点、机动车修配厂及其他超标准排放噪声的加工厂。在城镇人口集中区内兴办娱乐场点和排放噪声的加工厂,必须采取相应的隔声措施,并限制夜间经营时间,达到规定的噪声标准。宾馆、饭店和商业等经营场所安装的空调器产生噪声和热污染的,经营单位应采取措施进行防治。对离居民点较近的空调装置,应采取降噪、隔声措施,达到当地环境噪声标准。不得在商业区步行街和主要街道旁直接朝向人行便道或在居民窗户附近设置空调散热装置。

《环境噪声污染防治法》还规定,禁止在城市市区噪声敏感建筑物集中区域使用高音广播喇叭,并禁止在商业经营活动中以使用高音广播喇叭或者采用其他发出高噪声的方法来招揽顾客。对于在商业经营活动中使用空调器、冷却塔等可能产生环境噪声污染的设备、设施的,其经营管理者应当采取措施,使其边界噪声不超过国家规定的环境噪声排放标准。在城市市区街道、广场、公园等公共场所组织娱乐、集会等活动,使用音响器材可能产生干扰周围生活环境的过大音量的,必须遵守和服从当地公安机关的规定。

使用家用电器、乐器或者进行其他家庭室内娱乐活动时,应当控制音量或者采取其他有效措施,避免对周围居民造成环境噪声污染。在已竣工交付使用的住宅楼进行室内装修活动,应当限制作业时间,并采取其他有效措施,以减轻、避免对周围居民造成环境噪声污染。

对违反上述规定者,由公安部门根据《环境噪声污染防治法》和《治安管理处罚法》的规定予以处罚。

(五) 关于振动的法律规定

与环境噪声防治相关的还有对振动的防治。目前,我国尚未制定专门的振动防治法。在振动防治方面,主要执行的是《城市区域环境振动标准》(GB10070-88)。

《城市区域环境振动标准》将城市区域的类别划分六类区域,各适用地带在昼间和夜间的标准分别为:特殊住宅区:昼间65 dB,夜间65 dB;居民、文教区:昼间70 dB,夜间67 dB;混合区、商业中心区:昼间75 dB,夜间72 dB;工业集中区:昼间75 dB,夜间72 dB;交通干线通路两侧:昼间75 dB,夜间72 dB;铁路干线两侧:昼间80 dB,夜间80 dB。每日发生几次的冲击振动,其最大值昼间不允许超过标准值10 dB,夜间不超过3 dB。其中,"特殊住宅区"是指特别需要安宁的住宅区,"混合区"是指一般商业与居民混合区;工业、商业、少量交通与居民混合区。"商业中心区"是指商业集中的繁华地区。"工业集中区"是指在一个城市或区域内规划明确确定的工业区。"交通干线道路两侧"是指车流量每小时100辆以上的道路两侧。"铁路干线两侧"是指距每日车流量不少于20列的铁道外轨30m外两侧的住宅区。其适用地带的具体范围,由地方人民政府划定。另外该标准只适用于连续发生的稳态振动、冲击振动和无规振动。

第十七章

放射性污染防治和其他危险物质管理的规定

第一节 放射性污染防治的法律规定

一、放射性污染防治概述

自然界中某些原子核处于不稳定状态的元素或物质会自身发生核衰变现象,即自发地改变核结构从而转变成另一种物质。在核衰变的过程中,这些元素或物质会放出由粒子或光子组成的射线,并辐射出原子核里的过剩能量,变成原来物质的较低能态。这些元素或物质在核衰变过程中所表现出的放出射线的属性即为放射性。放射性物质是指能够产生放射性以及辐射的元素及其化合物。

由于放射性污染防治有很强的科技关联性,很多概念是常人所不了解的,所以《放射性污染防治法》在附则中对相关概念做了立法解释:

放射性污染,是指由于人类活动造成物料、人体、场所、环境介质表面或者内部出现超过国家标准的放射性物质或者射线。

核设施,是指核动力厂(核电厂、核热电厂、核供汽供热厂等)和其他反应堆(研究堆、实验堆、临界装置等);核燃料生产、加工、贮存和后处理设施;放射性废物的处理和处置设施等。

核技术利用,是指密封放射源、非密封放射源和射线装置在医疗、工业、农业、地质调查、科学研究和教学等领域中的使用。

放射性同位素,是指某种发生放射性衰变的元素中具有相同原子序数但质量不同的核素。

放射源,是指除研究堆和动力堆核燃料循环范畴的材料以外,永久密封在容器中或者有严密包层并呈固态的放射性材料。

射线装置,是指 X 线机、加速器、中子发生器以及含放射源的装置。

伴生放射性矿,是指含有较高水平天然放射性核素浓度的非铀矿(如稀土矿和磷酸盐矿等)。

放射性废物,是指含有放射性核素或者被放射性核素污染,其浓度或者比活度大于国家确定的清洁解控水平,预期不再使用的废弃物。

放射性污染防治立法所要控制的对象,是人工放射性辐射源及其物质以及从事放射性活动的人为活动。在对放射性物质的法律控制方面,1986年国务院制定了《民用核设施安全监督管理条例》、1987年制定了《核材料管理条例》、1989年制定了《放射性同位素与射线装置放射防护条例》(已失效)、1993年制定了《核电厂核事故应急管理条例》、2005年制定了《放射性同位素与射线装置安全和防护条例》、2009年制定了《放射性物品运输安全管理条例》、2011年制定了《放射性废物安全管理条例》。环境保护部、卫生部、公安部、国家核安全局等政府部门也分别对有关辐射食品卫生、核事故医学应急、医用放射性射线、航空运输放射性物质以及进口放射性物质等的管理作出了许多具体的规定。

为了防治放射性污染,保护环境,保障人体健康,促进核能、核技术的开发与和平利用,2003年全国人大常委会制定了《放射性污染防治法》。

二、放射性污染防治的一般规定

(一) 适用范围

《放射性污染防治法》主要对核设施、核技术利用、铀(钍)矿和伴生放射性矿开发利用以及放射性废物的管理作出了规定,该法适用于中华人民共和国领域和管辖的其他海域在核设施选址、建造、运行、退役和核技术、铀(钍)矿、伴生放射性矿开发利用过程中发生的放射性污染的防治活动。至于劳动者在职业活动中接触放射性物质造成的职业病的防治,依照《中华人民共和国职业病防治法》的规定执行。

(二) 放射性污染防治的监督管理体制

国务院环境保护主管部门对全国放射性污染防治工作依法实施统一监督管理。国务院卫生行政部门和其他有关部门依据国务院规定的职责,对有关的放射性污染防治工作依法实施监督管理。

(三) 放射性污染防治标准

在放射性环境标准方面,主要只有放射性污染防治标准,属于排放标准的性质。法律规定,国家放射性污染防治标准由国务院环境保护主管部门根据环境安全要求、国家经济技术条件制定。国家放射性污染防治标准由国务院环境保护主管部门和国务院标准化主管部门联合发布。目前,我国主要制定有《核动力厂环境辐射防护规定》(GB 6249-2011)、《核电厂放射性液态流出物排放技术要求》(GB 14587-2011)、《放射性废物的分类》(GB 9133-1995)、《核热电厂辐射防护规定》(GB 14317-93)、《放射性废物管理规定》(GB 14500-93)、《辐射防护规定》(GB 8703-1988)、《核设施流出物监测的一般规定》(GB 11217-1989)、《核辐射环境质量评价一般规定》(GB 11215-1989)等标准。其中,涉及放射工作、辐射应用、放射性废物的综合性标准主要是《辐射防护规定》。

(四) 放射性污染防治的基本制度

放射性污染防治要执行环境污染防治的基本法律制度,如环境影响评价制度、"三同时制度"、排污申报登记制度、排污收费制度、限期治理制度、污染事故报告和处理制度和落后生产工艺设备淘汰制度等,这些制度的基本内容请参见本书第一编的相关内容,这里只介绍这些制度在放射性污染防治领域的具体适用问题以及放射性污染防治法所规定的其他重要制度。

1. 涉核单位的预防义务

涉核单位是指核设施营运单位、核技术利用单位、铀(钍)矿和伴生放射性矿开发利用单位。《放射性污染防治法》规定，涉核单位应当采取安全与防护措施，预防发生可能导致放射性污染的各类事故；应当对其工作人员进行放射性安全教育、培训，采取有效的防护安全措施；依法对其造成的放射性污染承担责任。

此外，为规范涉核人员的管理，法律规定对从事放射性污染防治的专业人员实行资格管理制度，对从事放射性污染监测工作的机构实行资质管理制度。

2. 放射性标识与警示说明义务

《放射性污染防治法》规定，放射性物质和射线装置应当设置明显的放射性标识和中文警示说明。生产、销售、使用、贮存、处置放射性物质和射线装置的场所，以及运输放射性物质和含放射源的射线装置的工具，应当设置明显的放射性标志。

3. 对含有放射性物质产品的要求

《放射性污染防治法》规定，含有放射性物质的产品，应当符合国家放射性污染防治标准；不符合国家放射性污染防治标准的，不得出厂和销售。使用伴生放射性矿渣和含有天然放射性物质的石材做建筑和装修材料，应当符合国家建筑材料放射性核素控制标准。

三、放射性污染防治的具体法律规定

（一）核设施的管理

核设施，是指核动力厂（核电厂、核热电厂、核供汽供热厂等）和其他反应堆（研究堆、实验堆、临界装置等）；核燃料生产、加工、贮存和后处理设施；放射性废物的处理和处置设施等。对于核设施的管理，主要包括营运、进口、规划限制区、安全管理与核事故措施等方面。

法律规定，核设施营运单位在进行核设施建造、装料、运行、退役等活动前，必须申请领取核设施建造、运行许可证和办理装料、退役等审批手续。核设施营运单位领取有关许可证或者批准文件后，方可进行相应的建造、装料、运行、退役等活动。对进口核设施的，法律要求应当符合国家放射性污染防治标准。此外，核设施营运单位还应当制定核设施退役计划。对违反者，由国务院环境保护主管部门责令停止违法行为，限期改正，并处20万元以上50万元以下罚款；构成犯罪的，依法追究刑事责任。

对于核动力厂等重要核设施外围地区，法律要求应当划定规划限制区。核设施营运单位应当对核设施周围环境中所含的放射性核素的种类、浓度以及核设施流出物中的放射性核素总量实施监测，并定期向环境保护主管部门报告监测结果。同时法律规定国务院环境保护主管部门负责对核动力厂等重要核设施实施监督性监测，并根据需要对其他核设施的流出物实施监测。

核设施营运单位应当建立健全安全保卫制度，按照核设施的规模和性质制定核事故场内应急计划，做好应急准备。出现核事故应急状态时，核设施营运单位必须立即采取有效的应急措施控制事故，并向政府部门报告。法律规定，国家建立健全核事故应急制度。核设施主管部门、环境保护主管部门、卫生行政部门、公安部门以及其他有关部门，在本级人民政府的组织领导下，按照各自的职责依法做好核事故应急工作。中国人民解放军和中国人民武装警察部队按照国务院、中央军事委员会的有关规定在核事故应急中实施有效的支援。

（二）核技术利用的管理

核技术利用，是指密封放射源、非密封放射源和射线装置在医疗、工业、农业、地质调查、科学研究和教学等领域中的使用。

1. 放射性同位素和射线装置许可

生产、销售、使用放射性同位素和射线装置的单位,应当按照国务院有关放射性同位素与射线装置放射防护的规定申请领取许可证,办理登记手续。转让、进口放射性同位素和射线装置的单位以及装备有放射性同位素的仪表的单位,应当按照国务院有关放射性同位素与射线装置放射防护的规定办理有关手续。

生产、销售、使用放射性同位素和加速器、中子发生器以及含放射源的射线装置的单位,应当在申请领取许可证前编制环境影响评价文件并报省级人民政府环境保护主管部门审查批准;未经批准,有关部门不得颁发许可证。

2. 放射性同位素管理

放射性同位素,是指某种发生放射性衰变的元素中具有相同原子序数但质量不同的核素。法律规定,国家建立放射性同位素备案制度。放射性同位素应当单独存放,不得与易燃、易爆、腐蚀性物品等一起存放,其贮存场所应当采取有效的防火、防盗、防射线泄漏的安全防护措施,并指定专人负责保管。贮存、领取、使用、归还放射性同位素时,应当进行登记、检查,做到账物相符。

生产、使用放射性同位素和射线装置的单位,应当按照国务院环境保护主管部门的规定对其产生的放射性废物进行收集、包装、贮存。

对违法生产、销售、使用、转让、进口、贮存放射性同位素和射线装置以及装备有放射性同位素的仪表的,由环境保护主管部门或者其他有关部门依据职权责令停止违法行为,限期改正;逾期不改正的,责令停产停业或者吊销许可证;有违法所得的,没收违法所得;违法所得10万元以上的,并处违法所得1倍以上5倍以下罚款;没有违法所得或者违法所得不足10万元的,并处1万元以上10万元以下罚款;构成犯罪的,依法追究刑事责任。

3. 放射源管理

放射源,是指除研究堆和动力堆核燃料循环范畴的材料以外,永久密封在容器中或者有严密包层并呈固态的放射性材料。法律规定,生产放射源的单位,应当按照国务院环境保护主管部门的规定回收和利用废旧放射源;使用放射源的单位,应当按照国务院环境保护主管部门的规定将废旧放射源交回生产放射源的单位或者送交专门从事放射性固体废物贮存、处置的单位。

生产、销售、使用、贮存放射源的单位,应当建立健全安全保卫制度,指定专人负责,落实安全责任制,制定必要的事故应急措施。发生放射源丢失、被盗和放射性污染事故时,有关单位和个人必须立即采取应急措施,并向公安部门、卫生行政部门和环境保护主管部门报告。

公安部门、卫生行政部门和环境保护主管部门接到放射源丢失、被盗和放射性污染事故报告后,应当报告本级人民政府,并按照各自的职责立即组织采取有效措施,防止放射性污染蔓延,减少事故损失。当地人民政府应当及时将有关情况告知公众,并做好事故的调查、处理工作。

(三) 铀(钍)矿和伴生放射性矿开发利用的管理

1. 报告审批

开发利用或者关闭铀(钍)矿的单位,应当在申请领取采矿许可证或者办理退役审批手续前编制环境影响报告书,报国务院环境保护主管部门审查批准。

开发利用伴生放射性矿的单位,应当在申请领取采矿许可证前编制环境影响报告书,报省级以上人民政府环境保护主管部门审查批准。

2. 开发利用单位的义务

铀(钍)矿开发利用单位应当对铀(钍)矿的流出物和周围的环境实施监测,并定期向国务院环境保护主管部门和所在地省、自治区、直辖市人民政府环境保护主管部门报告监测结果。

对铀(钍)矿和伴生放射性矿开发利用过程中产生的尾矿,应当建造尾矿库进行贮存、处置;建造的尾矿库应当符合放射性污染防治的要求。

铀(钍)矿开发利用单位应当制定铀(钍)矿退役计划。铀矿退役费用由国家财政预算安排。

(四) 放射性废物的管理

放射性废物,是指含有放射性核素或者被放射性核素污染,其浓度或者比活度大于国家确定的清洁解控水平,预期不再使用的废弃物。

对放射性废物的管理,首先法律规定要求减量化,即涉核单位应当合理选择和利用原材料,采用先进的生产工艺和设备,尽量减少放射性废物的产生量。

在处理处置放射性废物的管理方面,《放射性污染防治法》规定:向环境排放放射性废气、废液的,必须符合国家放射性污染防治标准。其中,产生放射性废气、废液的单位向环境排放符合国家放射性污染防治标准的放射性废气、废液,应当向审批环境影响评价文件的环境保护主管部门申请放射性核素排放量,并定期报告排放计量结果。

对于产生放射性废液的,必须采用符合规定的排放方式向环境排放符合国家放射性污染防治标准的放射性废液。对不得向环境排放的放射性废液进行处理或者贮存。

对产生放射性固体废物的,应当按照国务院环境保护主管部门的规定,对其产生的放射性固体废物进行处理后,送交放射性固体废物处置单位处置,并承担处置费用。设立专门从事放射性固体废物贮存、处置的单位,必须经审查批准取得许可证。

对低、中水平放射性固体废物,必须在符合国家规定的区域实行近地表处置;对高水平放射性固体废物实行集中的深地质处置。在放射性固体废物处置场所选址方面,由主管部门在环境影响评价的基础上编制放射性固体废物处置场所选址规划,报国务院批准后实施。

对处理处置放射性废物规定的主要禁止性规范包括:禁止利用渗井、渗坑、天然裂隙、溶洞或者国家禁止的其他方式排放放射性废液;禁止在内河水域和海洋上处置放射性固体废物;禁止未经许可或者不按照许可的有关规定从事贮存和处置放射性固体废物的活动;禁止将放射性固体废物提供或者委托给无许可证的单位贮存和处置;禁止将放射性废物和被放射性污染的物品输入中华人民共和国境内或者经中华人民共和国境内转移。

对违反上述规定者,环境保护主管部门可以分别情节责令停止违法行为、限期改正和处以罚款;构成犯罪的,依法追究刑事责任。向中华人民共和国境内输入放射性废物和被放射性污染的物品,或者经中华人民共和国境内转移放射性废物和被放射性污染的物品的,由海关责令退运该放射性废物和被放射性污染的物品,并处50万元以上100万元以下罚款;构成犯罪的,依法追究刑事责任。

第二节 其他危险物质的安全管理规定

一、化学品的安全管理规定

化学品是国民经济中不可缺少的原材料,但如果使用或处置不当,可能会对公众健康、财产和环境本身造成重大损害。我国一贯重视对化学品的安全管理工作。目前我国有关化学品安全管理的立法主要集中在三个方面:一是对危险化学品的管理。国务院于1987年制定了《危险化学品安全管理条例》,2002年经修订后颁布了新的《危险化学品安全管理条例》,并于2011年再次进行修订。此外,国务院还制定有1995年《监控化学品管理条例》、2005年《易制毒化学品管理条例》。环境保护部、国家安全监管总局等部门也制定了一系列有关危险化学品管制的部门规章。二是对化学品首次进口及有毒化学品进出口的管理。原国家环境保护局1994年制定了《化学品首次进口及有毒化学品进出口环境管理规定》,1995年制定了《化学品首次进口及有毒化学品进出口环境管理登记实施细则》。三是对新化学物质的管理。2003年原国家环境保护总局制定了《新化学物质环境管理办法》,并于2010年进行了修订。

(一)危险化学品的监督管理

1. 危险化学品的监督管理职责分工

根据《危险化学品安全管理条例》的规定所谓"危险化学品",是指具有毒害、腐蚀、爆炸、燃烧、助燃等性质,对人体、设施、环境具有危害的剧毒化学品和其他化学品。凡在中华人民共和国境内生产、储存、经营、运输和使用上述危险化学品的单位和个人,必须遵守《危险化学品安全管理条例》的规定。

在对危险化学品进行监督管理的过程中,各个部门的职责分工是:

安全生产监督管理部门负责危险化学品安全监督管理综合工作,组织确定、公布、调整危险化学品目录,对新建、改建、扩建生产、储存危险化学品(包括使用长输管道输送危险化学品,下同)的建设项目进行安全条件审查,核发危险化学品安全生产许可证、危险化学品安全使用许可证和危险化学品经营许可证,并负责危险化学品登记工作。

公安机关负责危险化学品的公共安全管理,核发剧毒化学品购买许可证、剧毒化学品道路运输通行证,并负责危险化学品运输车辆的道路交通安全管理。

质量监督检验检疫部门负责核发危险化学品及其包装物、容器(不包括储存危险化学品的固定式大型储罐)生产企业的工业产品生产许可证,并依法对其产品质量实施监督,负责对进出口危险化学品及其包装实施检验。

环境保护主管部门负责废弃危险化学品处置的监督管理,组织危险化学品的环境危害性鉴定和环境风险程度评估,确定实施重点环境管理的危险化学品,负责危险化学品环境管理登记和新化学物质环境管理登记;依照职责分工调查相关危险化学品环境污染事故和生态破坏事件,负责危险化学品事故现场的应急环境监测。

交通运输主管部门负责危险化学品道路运输、水路运输的许可以及运输工具的安全管理,对危险化学品水路运输安全实施监督,负责危险化学品道路运输企业、水路运输企业驾驶人员、船员、装卸管理人员、押运人员、申报人员、集装箱装箱现场检查员的资格认定。铁路主管部门负责危险化学品铁路运输的安全管理,负责危险化学品铁路运输承运人、托运人的资质审批及其运输工具的安全管理。民用航空主管部门负责危险化学品航空运输以及航空运输企业及其运输工具的安全管理。

卫生主管部门负责危险化学品毒性鉴定的管理,负责组织、协调危险化学品事故受伤人员的医疗卫生救援工作。

工商行政管理部门依据有关部门的许可证件,核发危险化学品生产、储存、经营、运输企业营业执照,查处危险化学品经营企业违法采购危险化学品的行为。

邮政管理部门负责依法查处寄递危险化学品的行为。

在以上分工负责的基础上,同时规定:县级以上人民政府应当建立危险化学品安全监督管理工作协调机制,支持、督促负有危险化学品安全监督管理职责的部门依法履行职责,协调、解决危险化学品安全监督管理工作中的重大问题。负有危险化学品安全监督管理职责的部门应当相互配合、密切协作,依法加强对危险化学品的安全监督管理。

在管制原则上,《危险化学品安全管理条例》坚持"安全第一、预防为主、综合治理"的方针。在管制措施上,主要通过一系列的禁限措施和行政许可制度,对危险化学品的登记、生产、储存、使用、经营、运输以及发生事故后的应急救援作了详细的规定。

2. 对生产、储存危险化学品的规定

为了防止生产和储存过程中危险化学品对环境造成污染,危害人身健康和公共安全,法律、法规规定了以下的主要管理措施:

国家对危险化学品的生产、储存实行统筹规划、合理布局。对生产危险化学品的企业实行生产许可证制度;对新建、扩建、改建生产剧毒危险化学品企业实行严格控制,生产危险化学品的企业,必须保证产品质量符合国家规定的标准;危险化学品的包装应当符合法律、行政法规、规章的规定以及国家标准、行业标准的要求;生产、储存危险化学品的单位,应当根据其生产、储存的危险化学品的种类和危险特性,在作业场所设置相应的监测、监控、通风、防晒、调温、防火、灭火、防爆、泄压、防毒、中和、防潮、防雷、防静电、防腐、防泄漏以及防护围堤或者隔离操作等安全设施、设备,并按照国家标准、行业标准或者国家有关规定对安全设施、设备进行经常性维护、保养,保证安全设施、设备的正常使用。生产、储存危险化学品的单位,应当在其作业场所和安全设施、设备上设置明显的安全警示标志;危险化学品应当储存在专用仓库、专用场地或者专用储存室内,并由专人负责管理。

3. 对使用危险化学品的规定

使用危险化学品的单位,其使用条件(包括工艺)应当符合法律、行政法规的规定和国家标准、行业标准的要求,并根据所使用的危险化学品的种类、危险特性以及使用量和使用方式,建立、健全使用危险化学品的安全管理规章制度和安全操作规程,保证危险化学品的安全使用。

4. 对经营危险化学品的规定

国家对危险化学品经营(包括仓储经营,下同)实行许可制度。未经许可,任何单位和个人不得经营危险化学品。危险化学品生产企业、经营企业销售剧毒化学品、易制爆危险化学品,应当如实记录购买单位的名称、地址、经办人的姓名、身份证号码以及所购买的剧毒化学品、易制爆危险化学品的品种、数量、用途;使用剧毒化学品、易制爆危险化学品的单位不得出借、转让其购买的剧毒化学品、易制爆危险化学品。

5. 对运输危险化学品的规定

从事危险化学品道路运输、水路运输的,应当分别依照有关道路运输、水路运输的法律、行政法规的规定,取得危险货物道路运输许可、危险货物水路运输许可,并向工商行政管理部门办理登记手续;危险化学品道路运输企业、水路运输企业的驾驶人员、船员、装卸管理人员、押运人员、申报人员、集装箱装箱现场检查员应当经交通运输主管部门考核合格,取得从业资格;运输危险化学品,应当根据危险化学品的危险特性采取相应的安全防护措施,并配备必要的防护用品和应急救援器材;禁止通过内河封闭水域运输剧毒化学品以及国家规定禁止通过内河运输的其他危险化学品。

(二) 化学品首次进口及有毒化学品进出口的环境管理

化学品首次进口是指外商或其代理人向中国出口其未曾在中国登记过的化学品,即使同种化学品已有其他外商或其代理人在中国进行了登记,仍被视为化学品首次进口。有毒化学品,是指进入环境后通过环境蓄积、生物累积、生物转化或化学反应等方式损害健康和环境,或者通过接触对人体具有严重危害和具有潜在危险的化学品。

国务院环境保护主管部门对化学品首次进口和有毒化学品进出口实施统一的环境监督管理。对经国务院环境保护主管部门审查,认为我国不适于进口的化学品不予登记发证,并通知申请人;对经审查,认为需经进一步试验和较长时间观察方能确定其危险性的首次进口化学品,可给予临时登记并发给临时登记证。对未取得化学品进口环境管理登记证和临时登记证的化学品,一律不得进口。

因包装损坏或者不符合要求而造成或者可能造成口岸污染的,口岸主管部门应立即采取措施,防止和消除污染,并及时通知当地环境保护主管部门,进行调查处理。防止和消除其污染的费用由有关责任人承担。

(三) 新化学物质的环境管理

所谓新化学物质,是指未列入《中国现有化学物质名录》的化学物质。我国对新化学物质实行风险分类管理、申报登记和跟踪控制制度。

新化学物质的生产者或者进口者,必须在生产前或者进口前进行申报,领取新化学物质环境管理登记证。未取得登记证的新化学物质,禁止生产、进口和加工使用。未取得登记证或者未备案申报的新化学物质,不得用于科学研究。

新化学物质申报,分为常规申报、简易申报和科学研究备案申报。新化学物质年生产量或者进口量1吨以上的,应当在生产或者进口前向环境保护部化学品登记中心提交新化学物质申报报告,办理常规申报。新化学物质年生产量或者进口量不满1吨的,应当在生产或者进口前,向登记中心办理简易申报。以科学研究为目的,新化学物质年生产量或者进口量不满0.1吨的或者为了在中国境内用中国的供试生物进行新化学物质生态毒理学特性测试而进口新化学物质测试样品的,应当在生产或者进口前,向登记中心提交新化学物质科学研究备案表,办理科学研究备案申报。

环境保护主管部门应当将新化学物质登记,作为审批生产或者加工使用该新化学物质建设项目环境影响评价文件的条件。常规申报的登记证持有人,不得将获准登记的新化学物质转让给没有能力采取风险控制措施的加工使用者。

常规申报的登记证持有人,应当在首次生产活动30日内,或者在首次进口并已向加工使用者转移30日内,向登记中心报送新化学物质首次活动情况报告表。重点环境管理危险类新化学物质①的登记证持有人,还应当在每次向不同加工使用者转移重点环境管理危险类新化学物质之日起 30 日内,向登记中心报告新化学物质流向信息。

登记证持有人未进行生产、进口活动或者停止生产、进口活动的,可以向登记中心递交注销申请,说明情况,并交回登记证。环境保护部在确认没有生产、进口活动发生或者没有环境危害影响时,给予注销,并公告注销新化学物质登记的信息。

一般类新化学物质自登记证持有人首次生产或者进口活动之日起满 5 年,由环境保护部公告列入《中国现有化学物质名录》。

危险类新化学物质登记证持有人应当自首次生产或者进口活动之日起满五年的六个月前,向登记中心提交实际活动情况报告。环境保护部组织评审委员会专家对实际活动情况报告进行回顾性评估,依据评估结果将危险类新化学物质公告列入《中国现有化学物质名录》。简易申报登记和科学研究备案的新化学物质不列入《中国现有化学物质名录》。

二、农药的安全管理规定

我国早在 20 世纪 50 年代就由国务院有关部门颁布了农药安全管理的若干规定,内容涉及防止农药中毒、农药质量与生产、使用的安全管理等。到目前为止涉及农药管理的相关法律法规主要有:《农药安全使用规定》(1982 年制定)、《农药登记规定》(1982 年制定)、《农药广告审查办法》(1995 年制定,1998 年修订)、《农药管理条例》(1997 年制定,2001 年修订)、《农药限制使用管理规定》(2002 年制定)、《农药生产管理办法》(2004 年制定)等。其中《农药管理条例》在农药管理中处于核心地位,下面对其内容加以简要介绍。

(一)农药的概念

按照《农药管理条例》的解释,所谓农药,是指用于预防、消灭或者控制危害农业、林业的病、虫、草和其他有害生物以及有目的地调节植物、昆虫生长的化学合成或者来源于生物、其他天然物质的一种物质或者几种物质的混合物及其制剂。

农药的范畴还包括用于不同目的、场所的下列各类:预防、消灭或者控制危害农业、林业的病、虫、草和鼠、软体动物等有害生物的;预防、消灭或者控制仓储病、虫、鼠和其他有害生物的;调节植物、昆虫生长的;用于农业、林业产品防腐或者保鲜的;预防、消灭或者控制蚊、蝇、蟑螂、鼠和其他有害生物的;预防、消灭或者控制危害河流堤坝、铁路、机场、建筑物和其他场所的有害生物的。

(二)农药登记管理制度

生产(包括原药生产、制剂加工和分装)农药和进口农药,必须进行登记。国内首次生产的农药和首次进口的农药的登记,按照下列三个阶段进行:一是田间试验阶段:申请登记的农药,由其研制者提出田间试验申请,经批准,方可进行田间试验;田间试验阶段的农药不得销售。二是临时登记阶段:田间试验后,需要进行田间试验示范、试销的农药以及在特殊情况下需要使用的农药,由其生产者申请临时登记,经国务院农业主管部门发给农药临时登记证后,方可在规定的范围内进行田间试验示范、试销。三是正式登记阶段:经田间试验示范、试销可以作为正式商品流通的农药,由其生产者申请正式登记,经国务院农业主管部门发给农药登记证后,方可生产、销售。

---

① 根据化学品危害特性鉴别、分类标准,新化学物质分为一般类新化学物质与危险类新化学物质。

农药登记证和农药临时登记证应当规定登记有效期限;登记有效期限届满,需要继续生产或者继续向中国出售农药产品的,应当在登记有效期限届满前申请续展登记。经正式登记和临时登记的农药,在登记有效期限内改变剂型、含量或者使用范围、使用方法的,应当申请变更登记。

申请农药登记时,其研制者、生产者或者向中国出售农药的外国企业应当向国务院农业部门或者经由省级人民政府农业部门向国务院农业部门提供农药样品,并按照国务院农业部门规定的农药登记要求(即《农药登记规定》的要求),提供农药的产品化学、毒理学、药效、残留、环境影响、标签等方面的资料。

农药正式登记的申请资料分别经国务院农业、化学工业、卫生、环境保护主管部门和全国供销合作总社审查并签署意见后,由农药登记评审委员会对农药产品的化学、毒理学、药效、残留、环境影响等作出评价。根据农药登记评审委员会的评价,符合条件的,由国务院农业主管部门发给农药登记证。

(三) 农药生产管理制度

农药生产应当符合国家农药工业的产业政策,国家实行农药生产许可制度。

生产有国家标准或者行业标准的农药的,应当向国务院工业产品许可管理部门申请农药生产许可证。生产尚未制定国家标准、行业标准但已有企业标准的农药的,应当经省、自治区、直辖市工业产品许可管理部门审核同意后,报国务院工业产品许可管理部门批准,发给农药生产批准文件。

农药产品包装必须贴有标签或者附具说明书。标签应当紧贴或者印制在农药包装物上。标签或者说明书上应当注明农药名称、企业名称、产品批号和农药登记证号或者农药临时登记证号、农药生产许可证号或者农药生产批准文件号以及农药的有效成分、含量、重量、产品性能、毒性、用途、使用技术、使用方法、生产日期、有效期和注意事项等;农药分装的,还应当注明分装单位。

农药产品出厂前,应当经过质量检验并附具产品质量检验合格证;不符合产品质量标准的,不得出厂。

(四) 农药经营管理制度

经营的农药属于危险化学品的,应当按照国家有关规定办理经营许可证。可以经营农药的单位包括:供销合作社的农业生产资料经营单位;植物保护站;土壤肥料站;农业、林业技术推广机构;森林病虫害防治机构;农药生产企业;国务院规定的其他经营单位。

农药经营单位购进农药,应当将农药产品与产品标签或者说明书、产品质量合格证核对无误,并进行质量检验;禁止收购、销售无农药登记证或者农药临时登记证、无农药生产许可证或者农药生产批准文件、无产品质量标准或产品质量合格证和检验不合格的农药;贮存农药应当建立和执行仓储保管制度,确保农药产品的质量和安全;农药经营单位销售农药,必须保证质量,农药产品与产品标签或者说明书、产品质量合格证应当核对无误;农药经营单位应当向使用农药的单位和个人正确说明农药的用途、使用方法、用量、中毒急救措施和注意事项;超过产品质量保证期限的农药产品,经省级以上人民政府农业主管部门所属的农药检定机构检验,符合标准的,可以在规定期限内销售,但是,必须注明"过期农药"字样,并附使用方法和用量。

（五）农药使用管理制度

使用农药应当遵守农药防毒规程，正确配药、施药、做好废弃物处理和安全防护工作，防止农药污染环境和农药中毒事故。使用农药应当遵守国家有关农药安全、合理使用的规定（即《农药安全使用规定》），按照规定的用药量、用药次数、用药方法和安全间隔期施药，防止污染农副产品。剧毒、高毒农药不得用于防治卫生害虫，不得用于蔬菜、瓜果、茶叶和中草药材。使用农药应当注意保护环境、有益生物和珍稀物种。严禁用农药毒鱼、虾、鸟、兽等。

三、电磁辐射环境保护的管理规定

（一）电磁辐射的概念

电磁辐射是由加速度运动的电荷所产生的一种能量。任何一个带有电荷的物体均能在其周围产生电场，任何一个载流导体均能在周围产生磁场。当带电系统的电荷或电流随时间作周期性变化时，该系统所产生的磁场也发生周期性变化并不断向空间传播可达无限远处[①]。电磁辐射是以光速传播的，用以传递信息可以在瞬间达到世界各地，所以它被广泛地运用于工业、军事、医学以及日常生活等领域，如雷达、卫星通讯、微波炉、热疗器、电视机和收音机等。

根据电磁辐射频带的长短（如长电振荡、无线电波、微波等），可将其分为电离电磁辐射和非电离电磁辐射两种。前述的放射性物质放出的 X 和 γ 射线就属于前者，通常称为电离辐射。

大功率的电磁辐射能量可以作为能源利用，但是也会对日常的生产、生活活动产生危害，如引燃引爆、产生工业干扰特别是信号干扰以及对人体健康带来危害。

为加强电磁辐射环境保护工作的管理，有效地保护环境，保障公众健康，根据《环境保护法》及有关规定，国家环境保护局于1997年制定了《电磁辐射环境保护管理办法》。该办法规定的电磁辐射，是指以电磁波形式通过空间传播的能量流，且限于非电离辐射，包括信息传递中的电磁波发射，工业、科学、医疗应用中的电磁辐射，高压送变电中产生的电磁辐射。任何从事上述电磁辐射的活动，或进行伴有该电磁辐射的活动的单位和个人，都必须遵守该办法的规定。此外我国还制定了《电磁环境控制限值》(GB 8702-2014)、《电磁辐射防护规定》(GB8702-88)。

（二）关于电磁辐射建设项目的环境管理措施

《电磁辐射环境保护管理办法》规定，电磁辐射建设项目，应当执行环境保护申报登记和环境影响评价制度、"三同时"制度，并接受环境保护主管部门的审批以及竣工验收。具体步骤和程序包括：

从事电磁辐射活动的单位主管部门，应当督促其下属单位遵守国家环境保护规定和标准，加强对所属各单位的电磁辐射环境保护工作的领导，负责电磁辐射建设项目和设备环境影响报告书（表）的预审。

从事电磁辐射活动的单位和个人建设或者使用《电磁辐射建设项目和设备名录》中所列的电磁辐射建设项目或者设备，必须在建设项目申请立项前或者在购置设备前，按规定向有环境影响报告书（表）审批权的环境保护主管部门办理环境保护申报登记手续。

---

① 参见刘天齐主编：《环境保护通论》，中国环境科学出版社1997年版，第229页。

按规定必须编制环境影响报告书(表)的,从事电磁辐射活动的单位或个人,必须对电磁辐射活动可能造成的环境影响进行评价,编制环境影响报告书(表),并按规定的程序报相应环境保护主管部门审批。对于该办法施行前,已建成或在建的尚未履行环境保护申报登记手续的电磁辐射建设项目,或者已购置但尚未履行环境保护申报登记手续的电磁辐射设备,凡列入《电磁辐射建设项目和设备名录》中的,都必须补办环境保护申报登记手续。对不符合环境保护标准,污染严重的,要采取补救措施,难以补救的要依法关闭或搬迁。

电磁辐射环境影响报告书分两个阶段编制。第一阶段编制《可行性阶段环境影响报告书》,必须在建设项目立项前完成。第二阶段编制《实际运行阶段环境影响报告书》,必须在环境保护设施竣工验收前完成。工业、科学、医疗应用中的电磁辐射设备,必须在使用前完成环境影响报告表的编写。

凡是已通过环境影响报告书(表)审批的电磁辐射设备,不得擅自改变经批准的功率。确需改变经批准的功率的,应重新编制电磁辐射环境影响报告书(表),并按规定程序报原审批部门重新审批。

从事电磁辐射环境影响评价的单位,必须持有相应的专业评价资格证书。

电磁辐射建设项目和设备环境影响报告书(表)确定需要配套建设的防治电磁辐射污染环境的保护设施,必须严格执行环境保护设施"三同时"制度。

在电磁辐射建设项目和设备正式投入生产和使用前,从事电磁辐射活动的单位和个人必须向原审批环境影响报告书(表)的环境保护主管部门提出环境保护设施竣工验收申请,并按规定提交验收申请报告及上述两个阶段的环境影响报告书等有关资料。经验收合格者,由环境保护主管部门批准验收申请报告,并颁发《电磁辐射环境验收合格证》。

(三) 关于电磁辐射活动的环境管理措施

任何单位和个人在从事电磁辐射的活动时,都应当遵守并执行国家环境保护的方针政策、法规、制度和标准,接受环境保护主管部门对其电磁辐射环境保护工作的监督管理和检查,做好电磁辐射活动污染环境的防治工作。

从事电磁辐射活动的单位和个人必须定期检查电磁辐射设备及其环境保护设施的性能,及时发现隐患并及时采取补救措施。

在集中使用大型电磁辐射发射设施或商业设备的周围,按环境保护和城市规划要求划定的规划限内,不得修建居民住房和幼儿园等敏感建筑。

电磁辐射建设项目的发射设备必须严格按照国家无线电管理委员会批准的频率范围和额定功率运行。

工业、科学和医疗中应用的电磁辐射设备,必须符合国家及有关部门颁布的《无线电干扰限值》的要求。

(四) 电磁辐射污染事件处理

因发生事故或其他突然性事件,造成或者可能造成电磁辐射污染事故的单位,必须立即采取措施,及时通报可能受到电磁辐射污染危害的单位和居民,并向当地环境保护主管部门和有关部门报告,接受调查处理。

环境保护主管部门收到电磁辐射污染环境的报告后,应当进行调查,依法责令产生电磁辐射的单位采取措施,消除影响。发生电磁辐射污染事件,影响公众的生产或生活质量或对公众健康造成不利影响时,环境保护主管部门应会同有关部门调查处理。

第十八章

环境污染的源头和全过程治理

第一节 概述

在治理环境污染的过程中,人们逐渐意识到:末端治理无论从经济成本上还是环境保护上来说都是不合算的,因此逐渐接受并开始践行源头治理和全过程管理的理念。"源头治理"在实践中的体现就是清洁生产,"全过程治理"在实践中的体现就是循环经济。

1992年,联合国环境与发展大会通过了《21世纪议程》,首次正式提出了清洁生产概念,指出实施清洁生产是取得可持续发展的关键因素。1994年,国务院批准并颁布了《中国21世纪议程》,提出"为了实施可持续发展战略,要采用清洁技术,实施清洁生产",并将推行清洁生产作为优先实施的重点领域。实施清洁生产可以节约资源,削减污染,降低污染治理设施的建设和运行费用,提高企业的经济效益和竞争能力;将污染物消除在源头和生产过程中,可以有效解决污染转移问题;可以从根本上减轻因经济快速发展给环境造成的巨大压力,降低生产和服务活动对环境的破坏。

循环经济在清洁生产的基础上又向前迈了一步,其目的是通过资源高效和循环利用,实现污染的低排放甚至零排放。循环经济是把清洁生产和废弃物的综合利用融为一体的经济,本质上是一种生态经济。改革开放以来,我国经济快速增长,与此同时经济发展与资源环境的矛盾也日趋尖锐。这些问题与我国资源利用效率相对低下密切相关。发展循环经济,既可以为经济发展提供新的资源,又可以有效减少污染物的排放,实现经济发展和环境保护的双赢。

2004年修订的《固体废物污染环境防治法》规定的"减量化、资源化、无害化"原则体现了清洁生产和循环经济的理念,但由于该法的重点仍然是"末端治理",因此在促进清洁生产和循环经济方面并没有发挥太大的作用。目前,我国促进清洁生产和循环经济的法律主要是《清洁生产促进法》和《循环经济促进法》。本章将对这两部法律所规定的制度进行简要的论述。

第二节 清洁生产促进法

一、概述

我国于2002年制定并于2012年修订了《清洁生产促进法》。依照该法的解释,清洁生产是指不断采取改进设计、使用清洁的能源和原料、采用先进的工艺技术与设备、改善管理、综合利用等措施,从源头削减污染,提高资源利用效率,减少或者避免生产、服务和产品使用过程中污染物的产生和排放,以减轻或者消除对人类健康和环境的危害。

依照《清洁生产促进法》的规定,在我国领域内,从事生产和服务活动的单位以及从事相关管理活动的部门依照本法规定,组织、实施清洁生产。清洁生产制度的适用对象包括两个方面:一是从事相关管理活动的部门;二是从事生产和服务活动的单位。

二、清洁生产的推行

推行清洁生产的主体是各级人民政府及其主管部门。依照《清洁生产促进法》的规定,国务院清洁生产综合协调部门负责组织、协调全国的清洁生产促进工作。国务院环境保护、工业、科学技术、财政部门和其他有关部门,按照各自的职责,负责有关的清洁生产促进工作。县级以上地方人民政府负责领导本行政区域内的清洁生产促进工作。县级以上地方人民政府确定的清洁生产综合协调部门负责组织、协调本行政区域内的清洁生产促进工作。县级以上地方人民政府其他有关部门,按照各自的职责,负责有关的清洁生产促进工作。

在推行清洁生产方面,政府及其主管部门的职责包括:制定有利于实施清洁生产的财政税收政策;编制国家清洁生产推行规划及行业专项清洁生产推行规划;安排中央财政清洁生产专项资金和中央预算安排的其他清洁生产资金;组织和支持建立促进清洁生产信息系统和技术咨询服务体系;定期发布清洁生产技术、工艺、设备和产品导向目录;组织编制重点行业或者地区的清洁生产指南;制定并发布限期淘汰的生产技术、工艺、设备以及产品的名录;批准设立节能、节水、废物再生利用等环境与资源保护方面的产品标志;指导和支持清洁生产技术和有利于环境与资源保护的产品的研究、开发以及清洁生产技术的示范和推广工作;做好清洁生产的宣传教育和培训工作;优先采购节能、节水、废物再生利用等有利于环境与资源保护的产品;定期公布未达到能源消耗控制指标、重点污染物排放控制指标的企业的名单。

清洁生产综合协调部门或者其他有关部门未依照本法规定履行职责的,对直接负责的主管人员和其他直接责任人员依法给予处分。

三、清洁生产的实施

实施清洁生产的主体是从事生产和服务活动的企业。依照《清洁生产促进法》的规定,企业实施清洁生产的强制性义务包括:未达到能源消耗控制指标、重点污染物排放控制指标的企业,应当按照公布能源消耗或者重点污染物产生、排放情况,接受公众监督;新建、改建和扩建项目应当优先采用资源利用率高以及污染物产生量少的清洁生产技术、工艺和设备;企业在进行技术改造过程中,应当采取清洁生产措施;产品和包装物的设计应当优先选择无毒、无害、易于降解或者便于回收利用的方案。企业对产品不得进行过度包装;生产大型机电设备、机动运输工具以及国务院工业部门指定的其他产品的企业,应当按照国务院标准化部门或者其授权机构制定的技术规范,在产品的主体构件上注明材料成分的标准牌号;农业、服务业、建筑、采矿等行业等应当采取节能、节水或有利于环境保护的措施,防止浪费资源或污染环境;在经济技术可行的条件下对生产和服务过程中产生的废物、余热等自行回收利用或者转让给有条件的其他企业和个人利用;超标或者超总量排放污染物、超过单位产品能源消耗限额标准以及使用有毒、有害原料进行生产或者在生产中排放有毒、有害物质的企业,应当实施强制性清洁生产审核,将审核结果向所在地县级以上地方人民政府负责清洁生产综合协调的部门、环境保护部门报告,并在本地区主要媒体上公布,接受公众监督,但涉及商业秘密的除外。污染物排放超过国家或者地方规定的排放标准的企业,还应当按照环境保护相关法律的规定治理。

未按照规定公布能源消耗或者重点污染物产生、排放情况的,由县级以上地方人民政府负责清洁生产综合协调的部门、环境保护部门按照职责分工责令公布,可以处10万元以下的罚款。生产大型机电设备、机动运输工具以及国务院工业部门指定的其他产品的企业未标注产品材料的成分或者不如实标注的,由县级以上地方人民政府质量技术监督部门责令限期改正;拒不改正的,处以5万元以下的罚款。生产、销售有毒、有害物质超过国家标准的建筑和装修材料的,依照产品质量法和有关民事、刑事法律的规定,追究行政、民事、刑事法律责任。不实施强制性清洁生产审核或者在清洁生产审核中弄虚作假的,或者实施强制性清洁生产审核的企业不报告或者不如实报告审核结果的,由县级以上地方人民政府负责清洁生产综合协调的部门、环境保护部门按照职责分工责令限期改正;拒不改正的,处以5万元以上50万元以下的罚款。

此外,《清洁生产促进法》还规定了一些自愿性规范,以鼓励企业自愿实施清洁生产。例如,未被列入实施强制性清洁生产审核的企业,可以自愿与清洁生产综合协调部门和环境保护部门签订进一步节约资源、削减污染物排放量的协议。该清洁生产综合协调部门和环境保护部门应当在本地区主要媒体上公布该企业的名称以及节约资源、防治污染的成果。企业可以根据自愿原则,按照国家有关环境管理体系等认证的规定,委托经国务院认证认可监督管理部门认可的认证机构进行认证,提高清洁生产水平。

四、促进清洁生产的鼓励措施

为了促进企业进行清洁生产的积极性,《清洁生产促进法》规定了一系列鼓励措施,包括:国家建立清洁生产表彰奖励制度;对从事清洁生产研究、示范和培训,实施国家清洁生产重点技术改造项目和自愿节约资源、削减污染物排放量协议中载明的技术改造项目,由县级以上人民政府给予资金支持;在依照国家规定设立的中小企业发展基金中,应当根据需要安排适当数额用于支持中小企业实施清洁生产;依法利用废物和从废物中回收原料生产产品的,按照国家规定享受税收优惠;企业用于清洁生产审核和培训的费用,可以列入企业经营成本。

第三节 循环经济促进制度

一、概述

2008年十一届全国人大常委会第四次会议审议通过了《循环经济促进法》,将发展循环经济纳入了法制轨道。

该法所谓循环经济,是指在生产、流通和消费等过程中进行的减量化、再利用、资源化活动的总称。减量化,是指在生产、流通和消费等过程中减少资源消耗和废物产生;再利用,是指将废物直接作为产品或者经修复、翻新、再制造后继续作为产品使用,或者将废物的全部或者部分作为其他产品的部件予以使用;资源化,是指将废物直接作为原料进行利用或者对废物进行再生利用。

依照《循环经济促进法》的规定,县级以上人民政府循环经济发展综合管理部门负责组织协调、监督管理全国循环经济发展工作,环境保护等有关主管部门按照各自的职责负责有关循环经济的监督管理工作。

二、循环经济促进的基本制度

循环经济发展综合管理部门会同环境保护等有关部门编制循环经济发展规划,并规定资源产出率、废物再利用和资源化率等指标。循环经济发展综合管理部门会同统计、环境保护等有关部门建立和完善循环经济评价指标体系,上级人民政府将主要评价指标完成情况作为对地方人民政府及其负责人考核评价的内容。

生产列入强制回收名录的产品或者包装物的企业,必须对废弃的产品或者包装物负责回收;对因不具备技术经济条件而不适合利用的,由各该生产企业负责无害化处置。消费者应当将废弃的产品或者包装物交给生产者或者其委托回收的销售者或者其他组织。

加强资源消耗、综合利用和废物产生的统计管理,并将主要统计指标定期向社会公布。标准化主管部门会同循环经济发展综合管理和环境保护等有关部门建立健全循环经济标准体系,制定和完善节能、节水、节材和废物再利用、资源化等标准。建立健全能源效率标识等产品资源消耗标识制度。

三、减量化、再利用和资源化

减量化方面,对于生产过程,《循环经济促进法》规定了落后设备、材料和产品淘汰制度,确立了产品的生态设计制度。对于流通和消费过程,对服务业提出了节能、节水、节材的要求;在保障产品安全和卫生的前提下,限制一次性消费品的生产和消费等。此外,还对政府机构提出了厉行节约、反对浪费的要求。

再利用和资源化方面,对于生产过程,《循环经济促进法》规定了各类产业园区发展区域循环经济、工业固体废物综合利用、工业用水循环利用、工业余热余压等综合利用、建筑废物综合利用、农业综合利用以及对产业废物交换的要求。对于流通和消费过程,《循环经济促进法》规定了建立健全再生资源回收体系等具体要求。

四、循环经济促进的激励措施

促进循环经济的发展,仅靠行政强制手段是不够的,必须依法建立合理的激励机制,调动各行各业的积极性。为此,《循环经济促进法》规定了设立循环经济专项资金、对促进循环经济发展的产业给予税收优惠、限制耗能高、污染重的产品出口以及实行有利于资源节约和合理利用的价格政策、政府采购政策等。

第三编　自然资源保护法

第十九章　自然资源保护法概述

第二十章　土地资源保护法

第二十一章　水资源保护法

第二十二章　水土保持法

第二十三章　海洋资源保护法

第二十四章　森林资源保护法

第二十五章　草原资源保护法

第二十六章　矿产资源保护法

第二十七章　节约能源与可再生能源法

第二十八章　渔业资源保护法

第二十九章　野生动植物资源保护法

第三十章　特殊区域环境保护法

第十九章

自然资源保护法概述

第一节 自然资源及其特征

一、自然资源的概念

自然资源,是指存在于自然界中在一定的经济技术条件下可以被用来改善生产和生活状态的物质和能量。它可以为人类社会提供各种生活资料和生产资料,是社会财富的来源,同时也是人类社会存在和发展的基本条件之一。从根本上说,保护自然资源,就是保护人类生存和发展的物质基础。

根据研究的目的和开发利用与保护要求的不同,可以从不同的角度对自然资源进行分类。目前比较通用的分类方法是把自然资源分为耗竭性资源和非耗竭性资源。

耗竭性资源,又称有限资源,是指具有一定开发利用限度的资源。对这类资源按其是否可更新或再生分,又可分为可更新资源和不可更新资源。可更新资源,又称再生性资源,是指在被开发利用后能通过天然作用或者人工经营再生并继续被人类利用的资源。包括土地资源、生物资源、水资源等。但这类资源只有一定的更新能力,并需要一定的更新周期。如果人类对其开发利用的强度超过其自我更新能力,它就会退化、解体并有耗竭之虞。某些野生动物由于人类过分地猎捕而濒危,甚至灭绝,就是最典型的例子。对这类资源应当有限度地开发利用,保证更新。不可更新资源,是指在被开发利用后基本上或者根本不能再生的资源。包括:能被重复利用的资源,如宝石、黄金、铂等非消耗性金属;不能被重复利用的化石燃料、大部分金属性矿物、消耗性金属。这类资源的形成要经过漫长的地质年代,且要具备成矿条件。它们是用一点,少一点,最终将被开发殆尽。对这类资源必须十分珍惜,尽量节约使用。

非耗竭性资源,又称无限资源,是指只要地球、太阳、月球等天体还存在就会源源不断地供人类利用的资源。其中又分为:恒定性资源,包括太阳能、潮汐能、原子能等;亚恒定性资源,包括风能、降水等;易误用及可能造成污染的资源,包括大气、水能、江河湖海中的水资源、广义的自然风光等。对恒定性资源和亚恒定性资源,应当鼓励使用,尽力开发;对易误用及可能造成污染的资源应当合理开发利用,并防止在开发利用过程中造成污染和破坏。

二、自然资源的特征

自然资源虽然由自然界的各种物质和能量构成,但并不是自然界的所有物质和能量都

构成自然资源。作为自然资源的物质和能量有着其特定的自然和社会属性,表现在:

(一) 自然资源具有可使用性

任何自然物质和能量,只有在其能够被人类用来改善其生产和生活条件时,才能被称为自然资源。否则,不管这种物质再多,能量再大,也不能被称为自然资源。例如,地震具有巨大能量,但由于目前的科学技术水平限制,不仅不能用其来改善人类的生产和生活条件,反而具有极大的破坏性。因此它现在就不是自然资源。这是自然资源与自然界中非资源因素的根本区别所在。

(二) 自然资源具有相对性

一种物质和能量是不是自然资源,不是一成不变的,它会随着时间和经济技术的发展而变化。在某一技术条件下不是自然资源的物质,在另一技术条件下就可能是资源。比如,地下的石油,在19世纪以前人类还没有开采和利用它的技术和条件时,它在地下只能是一种普通的物质。而人类有了开采和利用它的技术和条件时,就成了一种宝贵的自然资源。同样,空中的闪电具有巨大的能量,由于现在人类还没有利用它的技术,因而还不是自然资源,但总有一天人类会掌握利用它的技术,使其成为宝贵的资源。由此可知,自然资源是个相对概念。自然资源的这种相对性,为人类开辟新资源提供了前提条件。

(三) 自然资源具有整体性

各种自然资源在生物圈中都是相互依存、相互制约地构成一个自然综合体,人类在改变一种资源或资源生态系统中的某些成分时,必然给其周围的其他资源带来影响。例如,我们采伐森林,不仅会直接改变林木和植物的状况,而且同时还必然要引起土壤和径流的变化,对野生动物,甚至对气候也会产生一定的影响。认识自然资源的这种整体性特征,可以使人类在开发利用一种自然资源时注意对其他资源的保护,以便使整个自然资源系统朝着有利于人类生产和生活的方向发展。

(四) 自然资源具有地域性

自然资源在自然界中并不是均衡分布的,其分布有的受地带性因素的影响,有的受非地带性因素的制约。不仅各种自然资源的地带性分布规律会有很大差异,而且同一种自然资源因受不同属性的地带性规律的影响,也表现出很大的空间差别。因此,自然资源在有些地区显得十分丰富,而有的地区又十分匮乏。例如,我国北方的煤炭资源比较丰富,而南方则比较贫乏;南方磷矿资源比较丰富,而北方则比较贫乏。自然资源的这种地域性特征给自然资源的开发利用带来了一定的困难,同时也产生了资源的合理分配问题。

(五) 自然资源具有有限性

地区空间的有限性,就决定了自然资源在具体空间和时间范围内的有限性。特别是资源分布的地域性差异和许多资源的不可再生性,就使得自然资源的有限性表现得更加明显。例如,地球上的各种矿物资源,其储量都是一定的,随着人类的开发利用,其储量越来越少。即使像淡水资源这种可再生资源,由于其时空分布不均,有些地方也显得十分匮乏,甚至许多地方发生了水荒。随着地球人口的不断增长,自然资源有限性对人类发展的影响和制约也越来越明显地表现出来。针对自然资源的有限性,人类必须采取节约和合理使用资源的措施,以保障人类社会的持续发展。

三、自然资源权属制度

自然资源权属制度是法律关于自然资源归谁所有、使用以及由此产生的法律后果由谁承担的一系列规定构成的规范系统。它是自然资源保护管理中最基本的法律制度,是对自然资源开发、利用、保护和恢复最有影响力的制度,也是任何自然资源法律所不可缺少的制度。

我国法律十分注意自然资源权属制度的规定。1954年通过的新中国第一部《宪法》就明确规定"矿藏、水流,由法律规定为国有的森林、荒地和其他资源,都属于全民所有"。此后的各部资源法律都对自然资源的权属问题作出了规定。综合各资源法律、法规的规定,我国的自然资源权属制度主要包括两方面的内容:一是自然资源所有权,一是自然资源使用权。

（一）自然资源所有权

自然资源所有权,是所有人依法独占自然资源,并通过其占有、使用、收益和处分自然资源获得利益的一种手段。它主要表现为占有、使用、收益、处分等四种权能。占有权能是对自然资源实际掌握和控制的权能;使用权能是按照自然资源的性能和用途对物加以利用,以满足生活、生产需要的权能;收益权能是收取由自然资源产生的新增经济价值的权能;处分权能是依法对自然资源进行处置,从而决定自然资源命运的权能。在自然资源上,占有、使用、收益、处分的四种权能,既可以与所有权同属一人,也可以与所有权相分离。自然资源所有权作为一项法律制度,包含有许多内容,以下仅就自然资源所有权的类别、取得、变更、消灭作一介绍。

1. 自然资源所有权的类别

对自然资源所有权,可以从不同的角度加以分类。按自然资源权属的主体来分,可分为自然资源国家所有权、集体所有权和个人所有权;按自然资源的种类分,可分为土地资源所有权、森林资源所有权、水资源所有权、草原资源所有权、矿产资源所有权、野生动植物资源所有权等。

2. 自然资源所有权的取得

自然资源所有权的取得,是指自然资源权属主体根据一定的法律事实获得某资源的所有权,从而可以对该自然资源行使占有、使用、收益和处分权利的情况。在我国,自然资源权属主体不同,其权属取得的方式也不同。

（1）国家所有权的取得

我国自然资源国家所有权的取得主要有法定取得、强制取得和天然孳息与自然添附三种方式。法定取得是指国家根据法律规定直接取得自然资源的所有权,它是我国国家自然资源所有权取得的主要方式。强制取得是指国家从社会的公共利益出发,凭借其依法享有的公共权力,不顾所有人的意志,采用国有化、没收、征收、征用等强制手段取得自然资源的所有权。实行国有化和没收是在人民解放战争过程中和建国初期国家取得自然资源所有权的主要形式。天然孳息是指自然资源依自然规律产生出来的新的自然资源。比如,森林资源的木材蓄积量的增加,野生动物资源在自然条件下繁殖所生出的更多的野生动物,都是自然资源的天然孳息,国家也相应地取得这些孳息的所有权。自然添附则是指自然资源在自然条件的作用下而使自然资源产生或增加的情况。比如,在黄河入海口、长江入海口处,每年都淤积出大片的土地,这些土地都使得国家所有的土地面积增加,从而成为自然添附物。

我国自然资源所有权的客体是无限的,国家可以取得并成为任何自然资源的所有权。

(2) 集体所有权的取得

自然资源集体所有权是劳动群众集体对其所有的自然资源依法进行占有、使用、收益和处分的权利。我国自然资源集体所有权的取得主要有法定取得、天然孳息和开发利用取得三种方式。法定取得是指集体组织根据法律的规定而取得自然资源的所有权。我国《宪法》在规定自然资源国家所有权的同时,也规定集体可以依法取得土地、森林、山岭、草原、荒地、滩涂的所有权。集体组织也可以与国家一样取得依自然规律在其所有的自然资源基础上而产生的自然资源。开发利用取得是指集体组织依法取得因其投入劳动而新产生的自然资源的所有权。例如,集体经济组织将集体所有的荒山植树绿化,变为森林,而取得新的森林资源的所有权。

我国自然资源的集体所有权是有限所有权,即它的客体是有限的,矿产资源、水资源、野生动物资源和城市土地资源等都不能成为集体所有权的客体。

(3) 个人所有权的取得

在我国,基本上没有完整意义的自然资源个人所有权,只存在某自然资源个别部分的个人所有权。如个人承包集体的荒山、荒地植树造林,而取得该森林林木的所有权,但却并不包括林地的所有权。在个人承包的草原上种草,取得草场的所有权,但却并不包括草地的所有权。因此,自然资源个人所有权的取得方式主要是开发利用和继承,而不存在法定取得和强制取得。

3. 自然资源所有权的变更

自然资源所有权的变更是指自然资源所有权主体的变化,亦即自然资源从一个主体移转给另一主体的过程。自然资源所有权可因征用、所有权主体的分立或合并、依法转让、对换或调换等原因而变更。

4. 自然资源所有权的消灭

自然资源所有权的消灭,是指自然资源所有权因某种法律事实的出现而不复存在的情况。也就是原来拥有自然资源所有权的主体,因某种原因而失去所有权。自然资源所有权可因法律剥夺、自然资源的消失而消灭。

根据自然资源所有权消灭后能否产生新的所有权的不同,可分为自然资源所有权的绝对消灭和自然资源所有权的相对消灭。前者,如矿产资源被开发殆尽,不可能再产生新的矿产资源所有权,就是自然资源所有权的绝对消灭。后者,如一些土地退耕还林,就由一般的土地所有权变成了林地所有权。那么一般土地资源所有权归于消灭,但却产生了新的林地所有权,就属于自然资源所有权的相对消灭。

(二) 自然资源使用权

自然资源使用权是单位和个人依法对国家所有的或者集体所有的自然资源进行实际运用并取得相应利益的一种手段。自然资源使用权也与自然资源所有权一样,也有一套取得、变更、消灭的规范系统,但它与自然资源所有权却有很大不同。首先,使用权的主体比所有权的主体广泛,自然资源所有权主体限定的范围很小,而自然资源使用权的主体则十分广泛,几乎任何单位和个人都可以成为自然资源使用权的主体。其次,使用权内容受所有权和环境保护及生态规律的制约,而不是无限制的使用。

1. 自然资源使用权的类别

对自然资源使用权,可以按不同标准、从不同的角度进行分类。按自然资源的类别,可以把自然资源使用权分为土地资源使用权、草原资源使用权、森林资源使用权、矿产资源使用权、水资源使用权、海洋资源使用权、野生动植物资源使用权等;按自然资源的归属分,可以分为国有自然资源使用权和集体所有自然资源使用权;按使用人是否向所有人支付使用费分,可以分为有偿使用权和无偿使用权;按使用权是否预定了使用期分,可分为有期限使用权和无期限使用权。其中有期限使用权又可进一步分为次数性使用权、阶段性使用权和终身性使用权。次数性使用权的享有以一定的次数为限,批准的次数用尽,使用权即告终止。例如,利用国家重点保护野生动物进行展览的,只能按批准的次数进行。阶段性使用权的享有以规定的时间的长短为限。例如,城镇居住用地的出让期限是70年,工业用地的出让期限是50年,各种资源开发利用许可证也都规定有具体期限。它们都属于阶段性使用权。终身性使用权的享有以使用权所依附的主体或客体的整个生命期为限。比如,某一矿产资源的采矿权以矿区范围内的该种矿产资源开采耗尽,其使用权也就相应终止。

2. 自然资源使用权的取得

根据我国有关法律、法规的规定,我国自然资源使用权的取得通常有确认取得、授予取得、转让取得、开发利用取得等四种方式。确认取得是指自然资源的现实使用人依法向法律规定的国家机关申请登记,由其登记造册并核发使用权证而取得使用权的情况。授予取得是指单位和个人向法定的国家机关提出申请,国家机关依法将被申请的自然资源的使用权授予申请人的情况。转让取得是指单位或个人通过自然资源使用权的买卖、出租、承包等形式取得自然资源使用权的情况。开发利用取得是指单位和个人依法通过开发利用活动取得相应自然资源使用权的情况。

3. 自然资源使用权的变更

自然资源使用权的变更,是指自然资源使用权的主体或内容所发生的变化。它通常因主体的合并或分立、使用权的转让、破产或抵债、合同内容变更等原因而变更。

4. 自然资源使用权的终止

自然资源使用权的终止,是指由于某种原因或法律事实的出现而使自然资源使用权人丧失使用权的情况。引起自然资源使用权终止的主要原因:一是自然原因,如河岸土地被洪水冲走;二是开发利用完毕,如矿产资源被开采完毕;三是因期限届满,如土地使用期限届满,承包合同期限届满;三是因闲置或弃置抛荒,例如,承包经营耕地的单位或者个人连续2年弃耕抛荒的,原发包单位应当终止承包合同,收回发包的耕地;四是非法使用或转让而被强制终止;五是因主体消灭,如自然资源使用单位因迁移、撤销而停止使用土地。

第二节　自然资源保护法体系

自然资源保护法(又称自然资源法①),是调整人们在自然资源开发、利用、保护和管理过程中所产生的各种社会关系的法律规范的总称。其目的是为了规范人们开发利用自然资

---

① "自然资源保护法"和"自然资源法"二者能否等同,学界有不同看法。在肖乾刚主编的高等学校法学教材《自然资源法》(法律出版社1992年版)中,把资源保护法只作为整个自然资源法体系的一个组成部分。但在一些环境法著作中,往往把自然资源法称为自然资源保护法,如王灿发著的《环境资源法学教程》(中国政法大学出版社1997年版)、蔡守秋主编的成人高等法学教育通用教材《环境法教程》(法律出版社1995年版)中,都是如此。这里采大多数环境法学者的观点。

源的行为,防止人类对自然资源的过度开发,改善与增强人类赖以生存和发展的自然基础,协调人类与自然的关系,保障经济社会的可持续发展。它调整的社会关系主要包括资源权属关系、资源流转关系、资源管理关系和涉及自然资源的其他经济关系。

自然资源保护立法在各国是发展较早的法律部门之一。不仅在我国的古代文献中就有关于生物资源保护的记载,而且在古罗马的《十二铜表法》中就有关于土地物权的专门规定。在近代的欧洲国家更是出现了大量的专门性的资源保护立法。如法国19世纪初的《森林法》,奥地利1852年的《森林法》,瑞士1876年的《森林保护法》,俄国1872年的《狩猎法》等。进入20世纪以后,科学技术进步神速,社会经济迅速发展,地球人口恶性膨胀,导致了人类对自然资源无节制的开发利用,在60年代便出现了资源危机,资源问题成为世界性的重大问题。世界各国为了保护其赖以存在和发展的自然基础,加强了国家对自然资源的管理和保护,并制定了大量的自然资源保护的法律法规。例如瑞典在原有《森林法》《水法》《狩猎法》《名胜古迹法》《渔业法》等单行资源法的基础上,又制定了综合性的《自然保护法》(1964年)、《自然资源管理法》(1987年),形成了完整的资源保护法体系。美国从20世纪50年代以来也相继制定了《鱼类与野生生物法》(1956年)、《土地多用途持续使用法》(1960年)、《野生生境法》(1964年)、《鱼类和野生动物协调法》(1965年)、《水资源规划法》(1965年)、《海洋哺乳动物保护法》(1972年)、《海岸带管理法》(1972年)、《濒危物种法》(1973年)、《森林和草地可更新资源规划法》(1974年)、《资源保护与恢复法》(1976年)、《联邦土地政策与管理法》(1976年)、《渔业保护与管理法》(1976年)、《露天采矿控制与恢复法》(1977年)、《土壤与水资源保护法》(1977年)、《可更新资源扩展法》(1978年)、《北美湿地保护法》(1989年)和《水资源开发法》(1996年)等几十部资源保护的法律。目前,自然资源保护立法在各国的立法中占有重要的地位,成为各国立法中不可缺少的一个组成部分。

新中国成立以来,一直重视自然资源的法律保护,制定了一系列自然资源保护的法律、法规、规章,构成比较完善的自然资源保护法体系。除了宪法中关于"国家保障自然资源的合理利用,保护珍贵的植物和动物。禁止任何组织或者个人用任何手段侵占或者破坏自然资源"的规定外,还制定了土地资源、水资源、水土保持、海洋资源、森林资源、草原资源、矿产资源、能源、渔业资源、野生生物资源、特殊区域等各种自然资源保护的单行法律、法规、规章。

一、土地资源保护法

在土地资源保护方面,我国主要制定了《土地管理法》《防沙治沙法》《农村土地承包法》等法律,除此之外,还制定了《土地管理法实施条例》《基本农田保护条例》《土地复垦条例》《土地调查条例》等行政法规。另外在《宪法》《环境保护法》《农业法》《森林法》《草原法》《矿产资源法》等法律中也有一些保护土地资源的条款。同时还有一些关于土地资源保护的地方性立法。

二、水资源保护法

在水资源保护方面,我国主要制定了《水法》,除此之外,还制定了《河道管理条例》《取水许可和水资源费征收管理条例》《城市供水条例》《城市节约用水管理规定》《饮用水水源保护区污染防治管理规定》等行政法规、规章。同时水污染防治的相关法律、法规、规章等也存在一些水资源保护的内容。

三、水土保持法

在水土保持方面,我国主要制定了《水土保持法》以及《水土保持法实施条例》。另外,在《土地管理法》《农业法》《水法》《防沙治沙法》《农村土地承包法》等法律、法规中也都有关于水土保持的规定。

四、海洋资源保护法

在海洋资源保护方面,我国的《海洋环境保护法》专设"海洋生态保护"一章,以加强海洋生态的保护。此外,我国还制定了《海域使用管理法》《海岛保护法》等法律对海洋生态资源进行保护。同时,与海洋资源保护相关的《近岸海域环境功能区管理办法》《海域使用权管理规定》《海洋特别保护区管理办法》等法规、规章也是我国海洋资源保护立法的重要组成部分。

五、森林资源保护法

在森林资源保护方面,我国主要制定了《森林法》及《森林法实施条例》,突出了森林在国家生态环境保护方面的作用。除此之外,还制定了《森林防火条例》《森林病虫害防治条例》《退耕还林条例》等行政法规、规章对涉及森林资源保护的相关内容进行规定。另外,一些省、自治区还制定了地方性的森林资源保护法规、规章。

六、草原资源保护法

在草原资源保护方面,我国主要制定了《草原法》,除此之外,还制定了《草原防火条例》《草畜平衡管理办法》等法规、规章对草原资源保护管理作出了规定。另外,一些省、自治区还制定了地方性的草原保护法规、规章。

七、矿产资源保护法

在矿产资源保护方面,我国主要制定了《矿产资源法》《煤炭法》等法律,以及《矿产资源法实施细则》《矿产资源补偿费征收管理规定》《煤炭生产许可证管理办法》《探矿权采矿权转让管理办法》《矿产资源开采登记管理办法》《矿产资源勘查区块登记管理办法》《对外合作开采海洋石油资源条例》等行政法规、规章。另外,还存在着一些矿产资源保护相关的地方性立法。

八、节约能源与可再生能源法

在节约能源与可再生能源方面,我国主要制定了《节约能源法》和《可再生能源法》,以规范能源节约和再生能源利用的相关行为。除此以外,还制定了《城市建设节约能源管理实施细则》《节约能源监测管理暂行规定》《建材工业节约能源管理办法》《重点用能单位节能管理办法》《交通行业实施节约能源法细则》《可再生能源发展专项资金管理暂行办法》《电网企业全额收购可再生能源电量监管办法》等法规、规章。

九、渔业资源保护法

在渔业资源保护方面,我国主要制定了《渔业法》,除此之外,还制定了《渔业法实施细则》《渔业资源增殖保护费征收使用办法》《中国水生生物资源养护行动纲要的通知》《水生生物增殖放流管理规定》等法规、规章,这些构成了我国渔业资源保护法的重要组成部分。另外,我国《环境保护法》《野生动物保护法》以及有关水污染防治、海洋环境保护等的立法中,也对渔业资源生存环境的保护与管理作出了一些规定。

十、野生动植物保护法

在野生动植物保护方面,我国主要制定了《野生动物保护法》《进出境动植物检疫法》等法律,除此之外,还制定了《进出境动植物检疫法实施条例》《陆生野生动物保护实施条例》《水生野生动物保护实施条例》《野生药材资源保护管理条例》《水产资源繁殖保护条例》《植物检疫条例》《野生植物保护条例》《植物新品种保护条例》《濒危野生动植物进出口管理条例》《陆生野生动物资源保护管理费收费办法》《国家重点保护驯养繁殖许可证管理办法》《水生野生动物利用特许办法》《农业野生植物保护办法》等法规、规章,这些构成我国野生动植物资源保护立法的主要组成部分。

十一、特殊区域保护法

特殊区域保护法主要包括三个方面:一是关于自然保护区保护的规定,二是关于风景名胜区保护的规定,三是关于文化遗迹地保护的规定。这些方面,我国主要制定了《自然保护区条例》《风景名胜区条例》《森林和野生动物类型自然保护区管理办法》《森林公园管理办法》《国家级森林公园管理办法》等法规、规章。同时,《环境保护法》《森林法》《文物保护法》等有关法律、法规中也有关于特殊区域环境保护的相关规定。

第二十章

土地资源保护法

第一节 土地资源保护及其立法

土地资源,是指在当前和可预见的未来对人类有用的土地。它是人类赖以生存和发展的物质基础,是社会生产活动中最基本的生产资料,因此被称为"财富之母"[1]。同时它又是各种动植物栖息、繁衍和生长发育的场所。目前土地资源主要由耕地、林地、草地、荒地、滩涂、山岭、各种建设用地、军事用地等组成。土地资源具有固定性、整体性、生产性、有限性、不可替代性等特征。由于土地资源对人类和国家的极端重要性,因此世界各国都比较重视土地资源保护立法。

我国土地资源具有不同于其他国家的特点:一是国土面积大,人均土地少。我国人均土地只有0.9公顷,相当于世界人均数2.76公顷的三分之一。二是山地多,耕地少。我国土地面积的69%是山地,平原只占31%。三是资源配置失衡,后备资源不足。我国东部地区占国土的47.6%,耕地占全国的90%;西部地区虽占国土面积的52.4%,但难利用的土地却占全国难利用土地的72%;全国尚未开发利用的土地中,可以作为后备耕地资源的只有1300万公顷,沙漠、冰川、裸岩等难以利用的土地占73%。[2]

为了保护有限的土地资源,我国一直十分重视土地资源保护的立法。经过中华人民共和国成立后50多年的发展,我国土地资源保护法基本上形成了完整的体系。

目前,我国关于土地资源保护的立法主要由《土地管理法》(1986年制定,2004年修订)及其实施条例、《防沙治沙法》《农村土地承包法》《基本农田保护条例》《土地复垦条例》《土地调查条例》等组成。另外在《宪法》《环境保护法》《农业法》《森林法》《草原法》《矿产资源法》等法律中也有一些保护土地资源的条款。同时还有一些关于土地资源保护的地方性立法。

---

[1] 参见《马克思恩格斯全集》第23卷,人民出版社1972年版,第57页。
[2] 卞耀武主编:《中华人民共和国土地管理法释义》,法律出版社2003年版,第43页。

第二节　土地所有权与使用权

我国 2004 年修订的《土地管理法》对我国土地的土地所有权和土地使用权作出了规定。在我国,实行土地的社会主义公有制,即全民所有制和劳动群众集体所有制。任何单位和个人不得侵占、买卖或者以其他形式非法转让土地。国家为了公共利益的需要,可以依法对土地实行征收或者征用并给予补偿。土地使用权可以依法转让。

城市市区的土地属于国家所有。农村和城市郊区的土地,除由法律规定属于国家所有的以外,属于农民集体所有;宅基地和自留地、自留山,属于农民集体所有。国有土地和农民集体所有的土地,可以依法确定给单位或者个人使用。

国家所有土地的所有权由国务院代表国家行使。农民集体所有的土地依法属于村农民集体所有的,由村集体经济组织或者村民委员会经营、管理;已经分别属于村内两个以上农村集体经济组织的农民集体所有的,由村内各该农村集体经济组织或者村民小组经营、管理;已经属于乡(镇)农民集体所有的,由乡(镇)农村集体经济组织经营、管理。

关于土地的使用权,《土地管理法》规定国有土地可以由单位或者个人承包经营,农民集体所有的土地可以由本集体经济组织的成员和本集体经济组织以外的单位和个人承包经营,从事种植业、林业、畜牧业、渔业生产。承包经营土地的单位和个人,有保护和按照承包合同约定的用途合理利用土地的义务。

任何单位和个人进行建设需要使用土地的,必须依法申请使用国有土地。但是,兴办乡镇企业和村民建设住宅经依法批准使用本集体经济组织农民集体所有的土地的,或者乡(镇)村公共设施和公益事业建设经依法批准使用农民集体所有的土地的除外。国有土地使用权的取得主要有有偿出让和无偿划拨两种方式。

买卖或者以其他形式非法转让土地的,由县级以上人民政府土地主管部门没收违法所得;对违反土地利用总体规划擅自将农用地改为建设用地的,限期拆除在非法转让的土地上新建的建筑物和其他设施,恢复土地原状,对符合土地利用总体规划的,没收在非法转让的土地上新建的建筑物和其他设施;可以并处罚款;对直接负责的主管人员和其他直接责任人员,依法给予行政处分;构成犯罪的,依法追究刑事责任。

第三节　土地用途管制和土地利用规划

土地具有多种用途,通常情况下采取何种用途取决于人们的意愿。但对某一块具体土地来说,不同用途的使用,其达到的环境效能和经济效益往往大不相同。因此就有一个使用土地是否合理的问题。为了保证合理地使用土地,《土地管理法》增加了关于"国家实行土地用途管制制度"的规定。即国家通过土地利用总体规划,将土地分为农用地、建设用地和未利用地三类。"农用地",是指直接用于农业生产的土地,包括耕地、林地、草地、农田水利用地、养殖水面等。"建设用地",是指建造建筑物、构筑物的土地,包括城乡住宅和公共设施用地、工矿用地、交通水利设施用地、旅游用地、军事设施用地等。"未利用地",是指农用地和建设用地以外的土地。

国家对不同种类的用地实行分类管理。严格限制农用地转为建设用地,控制建设用地总量,对耕地实行特殊保护。使用土地的单位和个人必须严格按照土地利用总体规划确定的用途使用土地。

土地的不同用途是由土地利用总体规划规定的。土地利用总体规划是各级人民政府依据国民经济和社会发展规划、国土整治和资源环境保护的要求、土地供给能力以及各项建设对土地的需求情况,对土地的使用所进行的总体安排。土地利用总体规划制度则是法律对规划编制和实施的一整套措施和方法作出的规定,是土地利用总体规划的法制化和实施土地用途管制制度的基础,同时也是贯彻十分珍惜、合理利用土地和切实保护耕地基本国策的重要措施。该制度的主要内容包括:

一、土地利用总体规划编制的要求

各级人民政府应当依据国民经济和社会发展规划、国土整治和资源环境保护的要求、土地供给能力以及各项建设对土地的需求,组织编制土地利用总体规划。土地利用总体规划的规划期限一般为15年。

下级土地利用总体规划应当依据上一级土地利用总体规划编制。地方各级人民政府编制的土地利用总体规划中的建设用地总量不得超过上一级土地利用总体规划确定的控制指标,耕地保有量不得低于上一级土地利用总体规划确定的控制指标。省级人民政府编制的土地利用总体规划,应当确保本行政区域内耕地总量不减少。

县级土地利用总体规划应当划分土地利用区,明确土地用途。乡(镇)土地利用总体规划应当划分土地利用区,根据土地使用条件,确定每一块土地的用途,并予以公告。

土地利用总体规划按照下列原则编制:严格保护基本农田,控制非农业建设占用农用地;提高土地利用率;统筹安排各类、各区域用地;保护和改善生态环境,保障土地的可持续利用;占用耕地与开发复垦耕地相平衡。

二、土地利用总体规划的编制和批准机构

全国土地利用总体规划由国务院土地主管部门会同有关部门拟订,经国务院计划主管部门综合平衡后,报国务院批准执行。省、自治区、直辖市的土地利用总体规划,由省级人民政府土地管理部门会同有关部门拟订,经同级计划主管部门综合平衡后,由省级人民政府报国务院批准;省、自治区人民政府所在地的市、人口在100万以上的城市以及国务院指定城市的土地利用总体规划,经省级人民政府审查同意后,报国务院批准。上述以外的土地利用总体规划,由相应的地方人民政府土地管理部门会同有关部门拟订,经同级计划主管部门综合平衡后,由同级人民政府审查同意后逐级上报省级人民政府批准。其中乡(镇)土地利用总体规划,由乡人民政府编制后,逐级上报,可以由省级人民政府授权的设区的市、自治州人民政府批准。

土地利用总体规划一经批准,必须严格执行。经批准的土地利用总体规划的修改,须经原批准机关批准,未经批准,不得改变土地利用总体规划确定的土地用途。经国务院批准的大型能源、交通、水利等基础设施建设用地需要改变土地利用总体规划的,可以根据国务院的批准文件修改土地利用总体规划;经省级人民政府批准的能源、交通、水利等基础设施建设用地,需要改变土地利用总体规划的,属于省级人民政府土地利用总体规划批准权限内的,根据省级人民政府的批准文件修改土地利用总体规划。

三、土地利用总体规划与其他土地利用规划的关系

土地利用总体规划是关于土地利用的整体安排,它与其他种类的土地利用规划相比,具有最高的效力。首先,城市总体规划、村庄和集镇规划应当与土地利用总体规划相衔接,城市总体规划、村庄和集镇规划中建设用地规模不得超过土地利用总体规划确定的城市和村庄、集镇建设用地规模。其次,江河、湖泊综合治理和开发利用规划,应当与土地利用总体规划相衔接。最后,土地利用年度规划应当根据国民经济和社会发展计划、国家产业政策、土地利用总体规划以及建设用地和土地利用的实际情况编制。

第四节 耕地保护

由于我国人口众多,人均耕地较少,因此保护耕地成为我国土地管理立法的重要内容。《土地管理法》专设了一章"耕地保护"。

一、实行耕地占用补偿制度

为了防止非农业建设导致耕地减少,国家实行占用耕地补偿制度。非农业建设经批准占用耕地的,按照"占多少,垦多少"的原则,由占用耕地的单位负责开垦与所占用耕地的数量和质量相当的耕地;没有条件开垦或者开垦的耕地不符合要求的,应当按照省、自治区、直辖市的规定缴纳耕地开垦费,专款用于开垦新的耕地。省级人民政府应当制订开垦耕地计划,监督占用耕地的单位按照计划开垦耕地或者按照计划组织开垦耕地,并进行验收。

二、实行耕地总量不减少措施

为了确保各个地区耕地总量不减少,《土地管理法》要求省级人民政府应当严格执行土地利用总体规划和土地利用年度计划,采取措施,确保本行政区域内耕地总量不减少;耕地总量减少的,由国务院责令在规定期限内组织开垦与所减少耕地的数量与质量相当的耕地,并由国务院土地主管部门会同农业主管部门验收。个别省、直辖市确因土地后备资源匮乏,新增建设用地后,新开垦耕地的数量不足以补偿所占用耕地的数量的,必须报经国务院批准减免本行政区域内开垦耕地的数量,进行异地开垦。

三、实行基本农田保护制度

基本农田,是指根据一定时期人口和国民经济对农产品的需求以及对建设用地的预测而确定的长期不得占用的和基本农田保护区规划期内不得占用的耕地。基本农田保护区则是指为了对基本农田实行特殊保护而依照法定程序划定的区域。按照规定,国务院有关主管部门和县级以上地方人民政府批准确定的粮、棉、油和名、优、特、新农产品生产基地,高产、稳产田和有良好的水利与水土保持设施的耕地以及经过治理、改造和正在实施改造计划的中低产田,蔬菜生产基地,农业科研、教学试验田,以及国务院规定应当划入基本农田保护区的其他耕地,应当划入基本农田保护区。各省、自治区、直辖市划定的基本农田应当占本行政区域内耕地的80%以上。

划定的基本农田保护区,由县级人民政府设立保护标志,予以公告,并由县级人民政府

土地管理部门建立档案,抄送同级农业主管部门。基本农田保护区一经划定,任何单位和个人不得擅自改变或者占用。因国家能源、交通、水利等重点建设项目选址确实无法避开基本农田保护区,需要占用基本农田保护区内耕地的必须按法定程序报批。同时禁止在基本农田保护区内建窑、建房、建坟或者擅自挖砂、采石、采矿、取土、堆放固体废物,禁止擅自将基本农田保护区内的耕地转为非耕地,禁止任何单位和个人闲置、荒芜基本农田保护区内的耕地。

四、节约使用土地,禁止闲置、荒芜耕地

《土地管理法》规定,非农业建设必须节约使用土地,可以利用荒地的,不得占用耕地;可以利用劣地的,不得占用好地。

禁止占用耕地建窑、建坟或者擅自在耕地上建房、挖砂、采石、采矿、取土等,禁止占用基本农田发展林果业和挖塘养鱼。占用耕地建窑、建坟或者擅自在耕地上建房、挖砂、采石、采矿、取土等,破坏种植条件的,或者因开发土地造成土地荒漠化、盐渍化的,由县级以上人民政府土地主管部门责令限期改正或者治理,可以并处罚款;构成犯罪的,依法追究刑事责任。

禁止任何单位和个人闲置、荒芜耕地。已经办理审批手续的非农业建设占用耕地,1年内不用而又可以耕种并收获的,应当由原耕种该幅耕地的集体或者个人恢复耕种,也可以由用地单位组织耕种;1年以上未动工建设的,应当按照省、自治区、直辖市的规定缴纳闲置费;连续2年未使用的,经原批准机关批准,由县级以上人民政府无偿收回用地单位的土地使用权;该幅土地原为农民集体所有的,应当交由原农村集体经济组织恢复耕种。承包经营耕地的单位或者个人连续2年弃耕抛荒的,原发包单位应当终止承包合同,收回发包的耕地。

五、鼓励合理开发未开发利用的土地

未被开发利用的土地,有的是可以开发的,有的则不宜开发。不能为了增加农用地而去盲目地开发利用未被开发利用的土地。因此,开发利用未被开发利用的土地,必须特别强调"合理"开发。合理开发,就是按照土地利用总体规划,在保护和改善生态环境、防止水土流失和土地荒漠化前提下的开发。国家鼓励单位和个人合理开发利用未被开发利用的土地,并依法保护开发者的合法权益。

六、鼓励土地整理,防止土地破坏和污染,提高耕地质量

耕地保护,不仅要确保耕地的数量,而且还要确保耕地的质量。为此,《土地管理法》规定"国家鼓励土地整理",要求"县、乡(镇)人民政府应当组织农村集体经济组织,按照土地利用总体规划,对田、水、路、林、村综合整治,提高耕地质量,增加有效耕地面积,改善农业生产条件和生态环境"。同时要求各级人民政府采取措施,维护排灌工程设施,改良土壤,提高地力,防止土地荒漠化、盐渍化、水土流失和污染土地。

第五节　严格控制建设用地

由于土地是有限性和不可替代性的资源,而且一旦被破坏和毁坏又很难恢复其原有功能,因此国家必须严格控制各种建设土地,避免乱占和浪费土地。对此,法律规定了下列措施:

一、建立农用地转为建设用地的审批制度

为了控制建设用地,特别是农用地转为建设用地,法律规定了农用地转为建设用地的审批制度。凡建设用地,涉及农用地转为建设用地的,应当办理农用地转用审批手续。其审批权限为:省级人民政府批准的道路、管线工程和大型基础设施建设项目、国务院批准的建设项目占用土地,涉及农用地转为建设用地的,由国务院批准;在土地利用总体规划确定的城市和村庄、集镇建设用地规模范围内,为实施该规划而将农用地转为建设用地的,按土地利用年度计划分批次由原批准土地利用总体规划的机关批准;在已批准的农用地转用范围内,具体建设项目用地可以由市、县人民政府批准;上述建设项目以外的建设项目占用土地,涉及农用地转为建设用地的,由省级人民政府批准。

擅自将农民集体所有的土地的使用权出让、转让或者出租用于非农业建设的,由县级以上人民政府土地主管部门责令限期改正,没收违法所得,并处罚款。

二、严格征地审批程序

为了防止乱批和滥占土地,《土地管理法》严格了建设用地审批程序,将征地审批权集中在国务院和省级人民政府,其他机构不再有征地审批权。按照规定,征用基本农田、基本农田以外的耕地超过35公顷、其他土地超过70公顷的,都必须由国务院批准;征用上述以外的土地的,由省级人民政府批准,并报国务院备案。

三、实行土地有偿使用制度

土地无偿使用往往会造成土地的大量浪费。为了避免由无偿使用造成的土地浪费,国家实行土地有偿使用制度。即除了经特别批准可以以划拨方式取得的土地外①,建设单位使用国有土地,应当以出让等有偿方式取得。按照国务院规定的标准和办法,缴纳土地使用权出让金等土地有偿使用费和其他费用后,方可使用土地。

四、严格控制乡(镇)村建设用地

《土地管理法》严格了对乡(镇)村建设用地的管理。其主要措施有:

（一）严格按照规划使用土地

乡镇企业、乡(镇)村公共设施、公益事业、农村村民住宅等乡(镇)村建设,应当按照村

---

① 按照《土地管理法》第54条的规定,经县级以上人民政府依法批准,可以以划拨方式取得的土地包括:(1)国家机关用地和军事用地;(2)城市基础设施用地和公益事业用地;(3)国家重点扶持的能源、交通、水利等基础设施用地;(4)法律、行政法规规定的其他用地。

庄和集镇规划,合理布局,综合开发,配套建设;建设用地应当符合乡(镇)土地利用总体规划和土地利用年度计划,并严格依照法定程序办理审批程序。

(二) 控制乡镇企业建设用地

农村集体经济组织使用乡(镇)土地利用总体规划确定的建设用地兴办企业或者与其他单位、个人以土地使用权入股、联营等形式共同举办企业的,应当持有关批准文件向县级以上地方人民政府土地主管部门提出申请,按照省、自治区、直辖市规定的批准权限,由县级以上地方人民政府批准。省、自治区、直辖市可以按照乡镇企业的不同行业和经营规模,分别规定用地标准。

(三) 控制乡(镇)村公共设施、公益事业建设用地

乡(镇)村公共设施、公益事业建设需要使用土地的,应当经乡(镇)人民政府审核,向县级以上地方人民政府土地主管部门提出申请,按照省、自治区、直辖市规定的批准权限,由县级以上地方人民政府批准。

(四) 严格管理农村村民住宅建设用地

农村村民一户只能拥有一处宅基地,其宅基地的面积不得超过省、自治区、直辖市规定的标准,并尽量使用原有的宅基地和村内空闲地。农村村民申请住宅用地,须经乡(镇)人民政府审核,由县级人民政府批准。农村村民出卖、出租住房后再申请宅基地的,不予批准。乡(镇)村建设用地涉及农用地转为建设用地的,也要履行农用地转为建设用地审批手续。

农村村民未经批准或者采取欺骗手段骗取批准,非法占用土地建住宅的,由县级以上人民政府土地主管部门责令退还非法占用的土地,限期拆除在非法占用的土地上新建的房屋。

第六节 土 地 复 垦

土地复垦,是指对生产建设活动和自然灾害损毁的土地,采取整治措施,使其达到可供利用状态的活动。它是充分利用土地资源、防止环境破坏、减少土地浪费、缓解土地供求矛盾的重要措施。国务院2011年制定的《土地复垦条例》对土地复垦的对象、原则、复垦义务人、复垦方案、土地复垦费、验收、激励措施、法律责任作出了规定。2012年国土资源部颁布《土地复垦条例实施办法》,进一步细化了相关措施。

土地复垦的对象包括生产建设活动损毁的土地、由于历史原因无法确定土地复垦义务人的生产建设活动损毁的土地(简称历史遗留损毁土地)和自然灾害损毁的土地。

生产建设活动损毁的土地,按照"谁损毁,谁复垦"的原则,由生产建设单位或者个人(即土地复垦义务人)负责复垦。但是历史遗留损毁土地和自然灾害损毁的土地,由县级以上人民政府负责组织复垦。

土地复垦方案应当按照土地复垦标准和国务院国土资源主管部门的规定编制。主要内容包括:项目概况和项目区土地利用状况;损毁土地的分析预测和土地复垦的可行性评价;土地复垦的目标任务;土地复垦应当达到的质量要求和采取的措施;土地复垦工程和投资估(概)算;土地复垦费用的安排;土地复垦工作计划与进度安排;国务院国土资源主管部门规定的其他内容。其中,土地复垦费用列入生产成本或者建设项目总投资。土地复垦义务人未按照规定将土地复垦费用列入生产成本或者建设项目总投资的,由县级以上地方人民政府国土资源主管部门责令限期改正;逾期不改正的,处10万元以上50万元以下的罚款。

土地复垦义务人应当建立土地复垦质量控制制度，遵守土地复垦标准和环境保护标准，保护土壤质量与生态环境，避免污染土壤和地下水。土地复垦义务人将重金属污染物或者其他有毒有害物质用作回填或者充填材料的，由县级以上地方人民政府环境保护主管部门责令停止违法行为，限期采取治理措施，消除污染，处10万元以上50万元以下的罚款；逾期不采取治理措施的，环境保护主管部门可以指定有治理能力的单位代为治理，所需费用由违法者承担。

土地复垦义务人不复垦，或者复垦验收中经整改仍不合格的，应当缴纳土地复垦费，由有关国土资源主管部门代为组织复垦。土地复垦费专项用于土地复垦，任何单位和个人不得截留、挤占、挪用。土地复垦义务人对在生产建设活动中损毁的由其他单位或者个人使用的国有土地或者农民集体所有的土地，除负责复垦外，还应当向遭受损失的单位或者个人支付损失补偿费。土地复垦义务人应当缴纳土地复垦费而不缴纳的，由县级以上地方人民政府国土资源主管部门责令限期缴纳；逾期不缴纳的，处应缴纳土地复垦费1倍以上2倍以下的罚款，土地复垦义务人为矿山企业的，由颁发采矿许可证的机关吊销采矿许可证。

对历史遗留损毁土地和自然灾害损毁土地，县级以上人民政府应当投入资金进行复垦，或者按照"谁投资，谁受益"的原则，吸引社会投资进行复垦。土地权利人明确的，可以采取扶持、优惠措施，鼓励土地权利人自行复垦。

土地复垦验收应当在土地复垦任务完成后，由土地复垦义务人向所在地县级以上地方人民政府国土资源主管部门申请验收，接到申请的国土资源主管部门应当会同同级农业、林业、环境保护等有关部门进行验收。复垦为农用地的，负责组织验收的国土资源主管部门应当会同有关部门在验收合格后的5年内对土地复垦效果进行跟踪评价，并提出改善土地质量的建议和措施。

国家采取土地复垦激励措施。土地复垦义务人在规定的期限内将生产建设活动损毁的耕地、林地、牧草地等农用地复垦恢复原状的，退还已经缴纳的耕地占用税。社会投资复垦的历史遗留损毁土地或者自然灾害损毁土地，属于无使用权人的国有土地的，经县级以上人民政府依法批准，可以确定给投资单位或者个人长期从事种植业、林业、畜牧业或者渔业生产。社会投资复垦的历史遗留损毁土地或者自然灾害损毁土地，属于农民集体所有土地或者有使用权人的国有土地的，有关国土资源主管部门应当组织投资单位或者个人与土地权利人签订土地复垦协议，明确复垦的目标任务以及复垦后的土地使用和收益分配。历史遗留损毁和自然灾害损毁的国有土地的使用权人或农民集体所有土地的所有权人、使用权人，自行将损毁土地复垦为耕地的，由县级以上地方人民政府给予补贴。

第七节　防治土地沙化

土地沙化是指因气候变化和人类活动所导致的天然沙漠扩张和沙质土壤上植被破坏、沙土裸露的过程。我国是世界上土地沙化危害最严重的国家之一。全国现有沙化土地174万平方公里，占国土面积的18.1%。因土地沙化每年造成的直接经济损失高达500多亿元，影响近4亿人口的生产和生活。滥樵采、滥开垦、滥放牧、水资源紧缺和不合理利用是造成土地沙化的主要原因。①

为预防土地沙化,治理沙化土地,维护生态安全,促进经济和社会的可持续发展,我国于2001年制定《防沙治沙法》,对防沙治沙作出了规定。《防沙治沙法》所称的土地沙化,是指主要因人类不合理活动所导致的天然沙漠扩张和沙质土壤上植被及覆盖物被破坏,形成流沙及沙土裸露的过程。

一、防沙治沙工作的原则

防沙治沙工作应当遵循的原则有:统一规划,因地制宜,分步实施,坚持区域防治与重点防治相结合;预防为主,防治结合,综合治理;保护和恢复植被与合理利用自然资源相结合;遵循生态规律,依靠科技进步;改善生态环境与帮助农牧民脱贫致富相结合;国家支持与地方自力更生相结合,政府组织与社会各界参与相结合,鼓励单位、个人承包防治;保障防沙治沙者的合法权益。

二、实行防沙治沙规划制度

防沙治沙实行统一规划。防沙治沙规划应当对遏制土地沙化扩展趋势,逐步减少沙化土地的时限、步骤、措施等作出明确规定,并将具体实施方案纳入国民经济和社会发展五年计划和年度计划。防沙治沙规划应当与土地利用总体规划相衔接;防沙治沙规划中确定的沙化土地用途,应当符合本级人民政府的土地利用总体规划。从事防沙治沙活动,以及在沙化土地范围内从事开发利用活动,必须遵循防沙治沙规划。国家在沙化土地所在地区,建立政府行政领导防沙治沙任期目标责任考核奖惩制度。

三、土地沙化预防措施

为预防土地沙化,应当因地制宜地营造防风固沙林网、林带,种植多年生灌木和草本植物;禁止在沙化土地上砍挖灌木、药材及其他固沙植物;对草原实行以产草量确定载畜量的制度;节约用水,发展节水型农牧业和其他产业;有计划地组织退耕还林还草;在沙化土地封禁保护区范围内,禁止一切破坏植被的活动。在沙化土地封禁保护区范围内从事破坏植被活动的,由县级以上地方人民政府林业、农(牧)业主管部门按照各自的职责,责令停止违法行为;有违法所得的,没收其违法所得;构成犯罪的,依法追究刑事责任。

四、沙化土地治理措施

沙化土地的治理分为公益性治沙、营利性治沙和利用者治沙三类。国家鼓励单位和个人在自愿的前提下,捐资或者以其他形式开展公益性的治沙活动。不具有土地所有权或者使用权的单位和个人从事营利性治沙活动的,应当先与土地所有权人或者使用权人签订协议,依法取得土地使用权。从事营利性治沙活动的单位和个人,必须按照治理方案进行治理,国家保护沙化土地治理者的合法权益。使用已经沙化的国有土地的使用权人和农民集体所有土地的承包经营权人,必须采取治理措施,改善土地质量;确实无能力完成治理任务的,可以委托他人治理或者与他人合作治理。国有土地使用权人和农民集体所有土地承包

---

① 参见《国务院关于进一步加强防沙治沙工作的决定》(国发〔2005〕29号)。

经营权人未采取防沙治沙措施,造成土地严重沙化的,由县级以上地方人民政府农(牧)业、林业主管部门按照各自的职责,责令限期治理;造成国有土地严重沙化的,县级以上人民政府可以收回国有土地使用权。

五、防沙治沙的保障措施

各级政府应当在本级财政预算中按照防沙治沙规划安排项目预算资金;应当制定优惠政策,鼓励和支持单位和个人防沙治沙;应当按照国家有关规定,根据防沙治沙的面积和难易程度,给予从事防沙治沙活动的单位和个人资金补助、财政贴息以及税费减免等政策优惠。单位和个人投资进行防沙治沙的,在投资阶段免征各种税收;取得一定收益后,可以免征或者减征有关税收。因保护生态的特殊要求,将治理后的土地批准划为自然保护区或者沙化土地封禁保护区的,批准机关应当给予治理者合理的经济补偿。

第二十一章

水资源保护法

第一节 水资源保护及其立法

一、水资源及其功能

水资源是指在一定经济技术条件下可以被人类利用并能逐年恢复的淡水的总称。水资源与水经常通用,但实际上并不是所有的水都是水资源。一些不能被人类所利用的水,并不构成水资源。法律中界定的水资源与自然科学上所说的水资源在外延上有很大不同。按照我国《水法》第2条的规定,水资源包括地表水和地下水。因此空气中的水、动植物体内的水都不属于水资源。"海水的开发、利用、保护和管理,依照有关法律的规定执行。"因此也可以认为海水也不是我国《水法》所说的水资源。

水是地球环境的基本组成因素之一,是一切生命的源泉,是人类生存和发展所不可或缺的自然资源。作为资源,水是人和一切动、植物赖以生存的环境条件,是人类社会生活和生产活动所必需的物质基础,也是维持人类社会发展的主要能源之一。

地球上水的总量是很丰富的,但绝大部分是海水。对人类的生存和发展有最直接影响的淡水,只占地球总水量的不足3%。而在这不多的淡水中,能为人类直接开发利用的仅占地球总水量的约0.2%,其他大量的淡水则以冰川、积雪的形态存在于地球的南北极区域和高山等人迹罕至的地方。随着人口的增加和经济的增长,人类生活和生产对淡水资源的需求量日益扩大,加之其本身在时空分布上的不均匀和水污染的危害,在许多地方淡水资源已经供应不足,缺水成了全球性的重大环境问题。因此,陆地淡水对于人类的生存和发展来说,是非常珍贵的自然资源,必须严加保护,合理地开发利用。

水对于人类来说是至关重要的自然资源,但由于其在时空分布上的不均匀性,常常也形成自然灾害,如洪、涝等水害。由于人类活动对环境的不良影响,水害有频繁加重的趋势。水害不仅仅构成对生命和财产的危害,也意味着水资源的无效益流失。因此,防治水害也是水资源保护的重要内容。

二、我国水资源的状况

中国的陆地水资源总量丰富,但人均量少,且在时空分布上极不均匀,是水资源相对短缺和水、旱灾害频仍的国家。由于人口的不断增加,经济的迅速发展,社会总体生活水平的提高,水资源的需求量亦日益扩大。在许多地区,水资源的开发利用已经超过了水环境的承受能力,缺水成了制约经济和社会发展的严重问题。在水资源本来就不多的北方干旱、半干旱地区,地表水资源早已不敷使用。地表水资源的匮乏迫使人们大量地开采地下水,从而使地下水资源也面临枯竭的危险。甚至在水资源相对丰富的南方地区,一些城市由于用水量的急剧增长和水污染的严重影响,也出现了水资源短缺问题,超采地下水导致地面沉降的事屡有发生。

在水害方面,中国也是多灾多难,严重的洪涝灾害几乎年年都有,1998年长江和松花江流域的大洪水导致了数千人丧生和数千亿元人民币的财产损失。加强对水资源的管理,保护和合理开发利用水资源,防治水害,是国家可持续发展的基本要求之一,关系到中华民族的未来。

三、我国水资源保护立法

我国一直强调对水资源的合理开发利用和保护管理,特别是20世纪80年代以来,国家颁布了一系列用水、管水的法律法规。目前,我国的水资源保护法主要由《水法》(1988年制定,2002年修订)、《河道管理条例》(1988年)、《取水许可和水资源费征收管理条例》(2006年)、《城市供水条例》(1994年)、《城市节约用水管理规定》(1988年)、《饮用水水源保护区污染防治管理规定》(1989年,2010年修订)和一些水污染防治的法律、法规、标准所组成。2012年,为应对日益严重的水资源短缺、水污染严重、水生态环境恶化等问题,国务院提出《关于实行最严格水资源管理制度的意见》,设定了水资源开发利用控制、用水效率控制和水功能区限制纳污"三条红线"的主要目标,以促进水资源可持续利用和经济发展方式转变,推动经济社会发展与水资源水环境承载能力相协调,保障经济社会长期平稳较快发展。

第二节 水资源保护的主要法律规定

一、水资源保护的基本原则

水资源保护的基本原则,是水资源保护及其立法所必须遵循的基本准则,它贯穿于整个水资源保护立法之中。我国水资源保护的基本原则主要有:

(一) 水资源国家所有原则

长期以来,水资源被看做天赐之物而无偿地开发利用,从而导致了水资源的浪费。为了合理地开发利用水资源,就必须对水资源的所有权和使用权作出规定。2002年修订的《水法》改变了1988年《水法》中关于水资源所有权的规定,规定了单一的国家所有权制,即"水资源属于国家所有。水资源的所有权由国务院代表国家行使。"删除了1988年《水法》中关于"农业集体经济组织所有的水塘、水库中的水,属于集体所有"的规定,只规定"农村集体经济组织的水塘和由农村集体经济组织修建管理的水库中的水,归各该农村集体经济组织使用"。由此确立了水资源的单一国家所有制。

(二) 全面规划、综合利用、多效益兼顾原则

水资源具有多方面的功能,包括生活用水、工农业生产用水、渔业用水、航运水道、水力发电、水生态维护、水域景观保持、气候调节,等等。为了充分发挥水资源的综合效益,《水

法》规定：开发、利用、节约、保护水资源和防治水害，应当全面规划、统筹兼顾、标本兼治、综合利用、讲求效益，发挥水资源的多种功能，协调好生活、生产经营和生态环境用水；开发、利用水资源，应当坚持兴利与除害相结合，兼顾上下游、左右岸和有关地区之间的利益，充分发挥水资源的综合效益，并服从防洪的总体安排。这些规定都体现了"全面规划、综合利用、多效益兼顾"的原则。

（三）节约用水原则

在水资源不足的情况下，实行节约用水是解决水资源供求矛盾的最有效的途径。因此，我国作为一个人均水资源较少的国家，必须实行节约用水原则。为此，《水法》作出了"国家厉行节约用水，大力推行节约用水措施，推广节约用水新技术、新工艺，发展节水型工业、农业和服务业，建立节水型社会"的规定，并规定了节约用水的具体措施。

（四）居民生活用水优先原则

无论是发展经济还是保护环境，最终目的都是为了使人们的生活和生存条件变得更加美好。因此，当居民生活用水与工农业生产和其他方面的用水发生矛盾时，应当首先满足居民生活用水的需要。这就是居民生活用水优先原则。为此，《水法》规定："开发、利用水资源，应当首先满足城乡居民生活用水，并兼顾农业、工业、生态环境用水以及航运等需要"，"在水资源不足的地区，应当对城市规模和建设耗水量大的工业、农业和服务业项目加以限制"。

二、水资源保护的管理体制

水资源是一种动态的、多功能的自然资源，同时又是生态与环境的重要组成部分，且地表水、地下水相互转化，城乡水资源不可分割，因此，水资源保护管理应建立统一协调的管理体制，而不能条块分割，"九龙治水"。2002年《水法》改变了1988年《水法》中统一管理与分级、分部门管理相结合的制度，代之以"流域管理与行政区域管理相结合的管理体制"，其具体内容包括：国务院水行政主管部门负责全国水资源的统一管理和监督工作；国务院水行政主管部门在国家确定的重要江河、湖泊设立的流域管理机构，在所管辖的范围内行使法律、行政法规规定的和国务院水行政主管部门授予的水资源管理和监督职责；县级以上地方人民政府水行政主管部门按照规定的权限，负责本行政区域内水资源的统一管理和监督工作；国务院有关部门按照职责分工，负责水资源开发、利用、节约和保护的有关工作；县级以上地方人民政府有关部门按照职责分工，负责本行政区域内水资源开发、利用、节约和保护的有关工作。

三、各级人民政府的水资源保护职责

水资源的保护管理虽然主要由政府的主管部门进行，但有些事项还必须由政府来制定政策、采取措施。《水法》为有关人民政府规定的职责主要有：

（一）采取措施，加强节水管理，发展节水产业

水法要求各级人民政府采取措施，加强对节约用水的管理，建立节约用水技术开发推广体系，培育和发展节约用水产业。

（二）加强水资源信息系统建设，为社会提供水资源信息

水法要求县级以上人民政府应当加强水文、水资源信息系统建设；县级以上人民政府水

行政主管部门和流域管理机构应当加强对水资源的动态监测;基本水文资料应当按照国家有关规定予以公开。

(三) 合理组织开发、综合利用水资源

水法要求地方各级人民政府应当结合本地区水资源的实际情况,按照地表水与地下水统一调度开发、开源与节流相结合、节流优先和污水处理再利用的原则,合理组织开发、综合利用水资源。

(四) 加强领导,防止土地盐渍化

水法要求地方各级人民政府应当加强对灌溉、排涝、水土保持工作的领导,促进农业生产发展;在容易发生盐碱化和渍害的地区,应当采取措施,控制和降低地下水的水位。

(五) 采取措施,严格控制开采地下水

水法要求县级以上地方人民政府对地下水超采地区采取措施,严格控制开采地下水;在地下水严重超采地区,经省级人民政府批准,可以划定地下水禁止开采或者限制开采区;在沿海地区开采地下水,应当经过科学论证,并采取措施,防止地面沉降和海水入侵。

(六) 推行节水灌溉,提高农业用水效率

水法要求各级人民政府推行节水灌溉方式和节水技术,对农业蓄水、输水工程采取必要的防渗漏措施,提高农业用水效率。

(七) 采取措施提高生活用水效率和污水再生利用

水法要求城市人民政府应当因地制宜采取有效措施,推广节水型生活用水器具,降低城市供水管网漏失率,提高生活用水效率;加强城市污水集中处理,鼓励使用再生水,提高污水再生利用率。

(八) 采取措施,改善城乡居民的饮用水条件

《水法》第 54 条规定:"各级人民政府应当积极采取措施,改善城乡居民的饮用水条件。"

四、保护水资源的综合措施

水是基本环境要素之一,与其他环境因素有密不可分的联系。水资源的开发利用和管理保护涉及到社会生活的方方面面。为了有效保护水资源,必须采取综合性措施。《水法》规定的综合措施:一是采取有效措施,保护植被,植树种草,涵养水源,防治水土流失和水体污染,改善生态环境;二是鼓励和支持开发、利用、节约、保护、管理水资源和防治水害的先进科学技术的研究、推广和应用;三是鼓励开发、利用水能资源,在水能丰富的河流有计划地进行多目标梯级开发;四是要求工业用水应当采用先进技术、工艺和设备,增加循环用水次数,提高水的重复利用率,逐步淘汰落后的、耗水量高的工艺、设备和产品;五是国家鼓励在水资源短缺的地区对雨水和微咸水的收集、开发、利用和对海水的利用、淡化;六是对在开发、利用、节约、保护、管理水资源和防治水害等方面成绩显著的单位和个人,由人民政府给予奖励。

五、水资源保护的主要管理制度

为了加强水资源的保护管理,保障水资源的合理开发利用,我国《水法》规定了一系列的管理制度。其中主要有:

（一）水资源规划制度

水资源规划是法定机构按法定程序对一定时期水资源的开发利用和水害防治预先作出的整体安排。水资源规划分为全国水资源战略规划和流域规划与区域规划。流域规划又分为流域综合规划和流域专业规划；区域规划也分为区域综合规划和区域专业规划。综合规划是根据经济社会发展需要和水资源开发利用现状编制的开发、利用、节约、保护水资源和防治水害的总体部署。专业规划是针对防洪、治涝、灌溉、航运、供水、水力发电、竹木流放、渔业、水资源保护、水土保持、防沙治沙、节约用水等专项方面所预先作出的部署。水资源开发利用规划制度则是关于水资源规划的编制、审批、实施等一整套管理措施和程序的规定。它是保证水资源合理开发利用、发挥其多功能效益、兴利除害的宏观管理手段之一。

全国水资源战略规划由国家制定；国家确定的重要江河、湖泊的流域综合规划，由国务院水行政主管部门会同国务院有关部门和有关省级人民政府编制，报国务院批准；跨省、自治区、直辖市的其他江河、湖泊的流域综合规划和区域综合规划，由有关流域管理机构会同江河、湖泊所在地的省级人民政府水行政主管部门和有关部门编制，分别经有关省级人民政府审查提出意见后，报国务院水行政主管部门审核；国务院水行政主管部门征求国务院有关部门意见后，报国务院或者其授权的部门批准；其他江河、湖泊的流域综合规划和区域综合规划，由县级以上地方人民政府水行政主管部门会同同级有关部门和有关地方人民政府编制，报本级人民政府或者其授权的部门批准，并报上一级水行政主管部门备案；专业规划由县级以上人民政府有关部门编制，征求同级其他有关部门意见后，报本级人民政府批准；其中，防洪规划、水土保持规划的编制、批准，依照防洪法、水土保持法的有关规定执行。

经批准的水资源规划，是开发利用水资源和防治水害活动的基本依据，任何单位和个人必须不折不扣地执行。任何违反规划的行为，便是违反制定规划所依据的法律的行为，就要承担相应的法律责任。如果规划需要修改，必须经原批准规划的机关核准后，新规划才发生效力。

（二）水资源中长期供求规划制度

水资源中长期规划制度是为了加强对水资源开发、利用的宏观管理，合理配置水资源，减少用水矛盾，根据一定时期水资源的供求状况而对水资源的分配作出计划安排的一整套措施。水中长期供求规划依据水的供求现状、国民经济和社会发展规划、流域规划、区域规划，按照水资源供需协调、综合平衡、保护生态、厉行节约、合理开源的原则制定。全国的和跨省、自治区、直辖市的水中长期供求规划，由国务院水行政主管部门会同有关部门制订，经国务院发展计划主管部门审查批准后执行；地方的水中长期供求规划，由县级以上地方人民政府水行政主管部门会同同级有关部门依据上一级水中长期供求规划和本地区的实际情况制订，经本级人民政府发展计划主管部门审查批准后执行。

实施水资源中长期供求规划的具体方式是制定和执行水量分配方案。跨省、自治区、直辖市的水量分配方案和旱情紧急情况下的水量调度预案，由流域管理机构商有关省级人民政府制订，报国务院或者其授权的部门批准后执行；其他跨行政区域的水量分配方案和旱情紧急情况下的水量调度预案，由共同的上一级人民政府水行政主管部门商有关地方人民政府制订，报本级人民政府批准后执行。

水量分配方案具有强制性的约束力。如果在不同行政区域之间的边界河流上建设水资源开发、利用项目，必须符合该流域经批准的水量分配方案，并由有关县级以上地方人民政府报共同的上一级人民政府水行政主管部门或者有关流域管理机构批准；县级以上地方人民政府水行政主管部门或者流域管理机构应当根据批准的水量分配方案和年度预测来水量，制订年度水量分配方案和调度计划，实施水量统一调度，有关地方人民政府必须服从；国家确定的重要江河、湖泊的年度水量分配方案，应当纳入国家的国民经济和社会发展年度计划。

（三）用水总量控制和定额管理制度

用水总量控制和定额管理制度是指根据水资源的年可供量，通过定额分配的方法，确定一个地区和行业的用水总量并加以控制的一整套措施。其实施方法是：首先，由省级人民政府有关行业主管部门制订本行政区域内行业用水定额，报同级水行政主管部门和质量监督检验行政主管部门审核同意后，由省级人民政府公布，并报国务院水行政主管部门和国务院质量监督检验行政主管部门备案；其次，由县级以上地方人民政府发展计划主管部门会同同级水行政主管部门，根据用水定额、经济技术条件以及水量分配方案确定的可供本行政区域使用的水量，制订年度用水计划，对本行政区域内的年度用水实行总量控制。

（四）水功能区划制度

水功能区划制度是根据水体的不同用处对各种水体进行功能划分，并适用相应的水质标准和管理要求的一整套措施。按照《水法》规定，国务院水行政主管部门会同国务院环境保护主管部门、有关部门和有关省级人民政府，按照流域综合规划、水资源保护规划和经济社会发展要求，拟定国家确定的重要江河、湖泊的水功能区划，报国务院批准；跨省、自治区、直辖市的其他江河、湖泊的水功能区划，由有关流域管理机构会同江河、湖泊所在地的省级人民政府水行政主管部门、环境保护主管部门和其他有关部门拟定，分别经有关省级人民政府审查提出意见后，由国务院水行政主管部门会同国务院环境保护主管部门审核，报国务院或者其授权的部门批准；其他江河、湖泊的水功能区划，由县级以上地方人民政府水行政主管部门会同同级人民政府环境保护主管部门和有关部门拟定，报同级人民政府或者其授权的部门批准，并报上一级水行政主管部门和环境保护主管部门备案；县级以上人民政府水行政主管部门或者流域管理机构应当按照水功能区对水质的要求和水体的自然净化能力，核定该水域的纳污能力，向环境保护主管部门提出该水域的限制排污总量意见；县级以上地方人民政府水行政主管部门和流域管理机构应当对水功能区的水质状况进行监测，发现重点污染物排放总量超过控制指标的，或者水功能区的水质未达到水域使用功能对水质的要求的，应当及时报告有关人民政府采取治理措施，并向环境保护主管部门通报。

与水功能区划相近的，还有一个"水环境功能区划"。水环境功能区划主要由环境保护主管部门负责实施，其内容也是根据对水体的不同用途对其进行划分，确定其适用的不同标准和严格程度不同的管理措施。而且该制度在 2002 年《水法》颁布之前已实施多年。对于二者如何协调，目前法律中尚未作出应有的规定。

（五）饮用水水源保护区制度

饮用水水源保护区制度是对饮用水水源地划定一定范围进行特殊保护的一整套措施。饮用水水源直接涉及人们的日常生活和身体健康与安全，如果不加以特殊保护，一旦污染或者水源枯竭，就将严重影响人们的正常生活，甚至生命和健康。因此，早在 1989 年原国家环境保护局、卫生部、原建设部、水利部和原地矿部就联合发布了《饮用水水源保护区污染防治管理规定》，对饮用水水源保护区的划分和防护作出了比较具体的规定。我国《水法》以法律的形式明确规定国家建立饮用水水源保护区制度,要求省级人民政府划定饮用水水源保护区,并采取措施,防止水源枯竭和水体污染,保证城乡居民饮用水安全,同时规定禁止在饮用水水源保护区内设置排污口。

(六) 取水许可制度

取水许可制度,又称取水许可证制度,是指国家要求直接从地下或者江河、湖泊取水的单位或个人依法办理准许取水的证明文件的一整套管理措施和方法。它是我国用水管理的一项基本制度,是协调和平衡水的供求关系、实现水资源永续利用的重要保证。我国的取水许可制度,只适用于直接从地下和江河、湖泊取水的用户,而不适用于农村集体经济组织及其成员使用本集体经济组织的水塘、水库中的水的;家庭生活和零星散养、圈养畜禽饮用等少量取水的;为保障矿井等地下工程施工安全和生产安全必须进行临时应急取(排)水的;为消除对公共安全或者公共利益的危害临时应急取水的;为农业抗旱和维护生态与环境必须临时应急取水的。2008年水利部发布《取水许可管理办法》,进一步加强取水许可的管理,规范取水的申请、审批和监督管理。对违反者由县级以上人民政府水行政主管部门或者流域管理机构依据职权,责令停止违法行为,限期采取补救措施,处2万元以上10万元以下的罚款;情节严重的,吊销其取水许可证。

(七) 征收水资源费制度

水资源费是开发利用水资源的单位和个人依法向国家缴纳的费用。征收水资源费制度则是国家对水资源费征收的对象、范围、标准程序和水资源费的使用等所作的规定。我国的水资源费的征收范围和对象只限于直接从江河、湖泊或者地下取用水资源的单位和个人,而不包括家庭生活和零星散养、圈养畜禽饮用等少量取水。即使是直接从江河、湖泊或者地下取用水资源,但如果用于从事农业生产,只对超过省、自治区、直辖市规定的农业生产用水限额部分的水资源,由取水单位或者个人根据取水口所在地水资源费征收标准和实际取水量缴纳水资源费,符合规定的农业生产用水限额的取水,则不缴纳水资源费。拒不缴纳、拖延缴纳或者拖欠水资源费的,由县级以上人民政府水行政主管部门或者流域管理机构依据职权,责令限期缴纳;逾期不缴纳的,从滞纳之日起按日加收滞纳部分2‰的滞纳金,并处应缴或者补缴水资源费1倍以上5倍以下的罚款。

(八) 用水收费制度

用水收费制度是指使用供水工程供应的水的单位和个人,要向供水单位缴纳水费的一整套管理措施。实行这一制度,一方面可以解决供水设施的维修费用问题,另一方面可以大大减少水的浪费。水费的征收管理办法,2003年由国家发展和改革委员会与水利部联合制定的《水利工程供水价格管理办法》予以规定。水费和水资源费是两种不同的收费。水资源费要缴给国家,水费则缴给供水单位;水资源费是在用水单位自己直接从地下或江河湖泊取水时缴纳的,水费则是在其他单位给用水单位供水时由用水单位缴纳的;水资源费主要用于水资源的保护和水资源的开发,水费则主要用于供水设施的建设、维护和运行。

六、禁止严重破坏、浪费、污染水资源

为了保护水资源,《水法》规定了一些禁止和限制的行为。被禁止的行为包括:一是禁止在饮用水水源保护区内设置排污口,违反者由县级以上地方人民政府责令限期拆除、恢复原状;逾期不拆除、不恢复原状的,强行拆除、恢复原状,并处5万元以上10万元以下的罚款。

二是禁止在江河、湖泊、水库、运河、渠道内弃置、堆放阻碍行洪的物体和种植阻碍行洪的林木及高秆作物;禁止围湖造地;禁止围垦河道。对违反者由县级以上人民政府水行政主管部门或者流域管理机构依据职权,责令停止违法行为,限期清除障碍或者采取其他补救措施,处 1 万元以上 5 万元以下的罚款;三是禁止在河道管理范围内建设妨碍行洪的建筑物、构筑物以及从事影响河势稳定、危害河岸堤防安全和其他妨碍河道行洪的活动,违反者由县级以上人民政府水行政主管部门或者流域管理机构依据职权,责令停止违法行为,限期拆除违法建筑物、构筑物,恢复原状;逾期不拆除、不恢复原状的,强行拆除,所需费用由违法单位或者个人负担,并处 1 万元以上 10 万元以下的罚款。

七、水资源开发利用者在保护水资源方面应尽的义务

在水资源保护方面,除了政府及其有关部门的职责外,任何开发、利用水资源的单位和个人也都有保护水资源的义务。根据《水法》的规定,这些义务主要包括:

(一) 节约用水义务

《水法》第 8 条第 3 款明确规定:"单位和个人有节约用水的义务。"新建、扩建、改建建设项目,应当制订节水措施方案,配套建设节水设施;节水设施应当与主体工程同时设计、同时施工、同时投产;供水企业和自建供水设施的单位应当加强供水设施的维护管理,减少水的漏失。

(二) 防止生态破坏义务

从事跨流域调水,应当进行全面规划和科学论证,统筹兼顾调出和调入流域的用水需要,防止对生态环境造成破坏;建设水力发电站,应当保护生态环境,兼顾防洪、供水、灌溉、航运、竹木流放和渔业等方面的需要;在水生生物洄游通道、通航或者竹木流放的河流上修建永久性拦河闸坝,建设单位应当同时修建过鱼、过船、过木设施,或者经国务院授权的部门批准采取其他补救措施,并妥善安排施工和蓄水期间的水生生物保护、航运和竹木流放,所需费用由建设单位承担。

(三) 进行工程建设时遵守规划和申请批准义务

建设水工程,必须符合流域综合规划。在国家确定的重要江河、湖泊和跨省、自治区、直辖市的江河、湖泊上建设水工程,其工程可行性研究报告报请批准前,有关流域管理机构应当对水工程的建设是否符合流域综合规划进行审查并签署意见;在其他江河、湖泊上建设水工程,其工程可行性研究报告报请批准前,县级以上地方人民政府水行政主管部门应当按照管理权限对水工程的建设是否符合流域综合规划进行审查并签署意见。水工程建设涉及防洪的,依照防洪法的有关规定执行;涉及其他地区和行业的,建设单位应当事先征求有关地区和部门的意见。农村集体经济组织修建水库应当经县级以上地方人民政府水行政主管部门批准。从事水资源开发、利用、节约、保护和防治水害等水事活动,应当遵守经批准的规划;因违反规划造成江河和湖泊水域使用功能降低、地下水超采、地面沉降、水体污染的,应当承担治理责任。

(四) 不损害公益和他人合法权益义务

任何单位和个人引水、截(蓄)水、排水,不得损害公共利益和他人的合法权益。开采矿藏或者建设地下工程,因疏干排水导致地下水水位下降、水源枯竭或者地面塌陷,采矿单位或者建设单位应当采取补救措施;对他人生活和生产造成损失的,依法给予补偿。从事工程建设,占用农业灌溉水源、灌排工程设施,或者对原有灌溉用水、供水水源有不利影响的,建设单位应当采取相应的补救措施;造成损失的,依法给予补偿。

(五) 申请取水许可和缴纳水资源费义务

直接从江河、湖泊或者地下取用水资源的单位和个人,应当按照国家取水许可制度和水资源有偿使用制度的规定,向水行政主管部门或者流域管理机构申请领取取水许可证,并缴纳水资源费,取得取水权。

八、水事纠纷的处理

水事纠纷是指在水资源开发利用、管理、保护以及防洪、排涝过程中因不同地区、单位或者个人之间的利益冲突而产生的争议。它可因水资源的短缺而产生截水、蓄水、取水、用水和修建水工程方面的水事纠纷,也可因短期内水量过多而产生排水、阻水、蓄洪、泄洪等方面的水事纠纷。水事纠纷不仅对水资源的开发利用本身会产生很大影响,而且还会影响社会稳定。

从广义的水事纠纷概念看,水事纠纷应当包括水污染纠纷,因为它也是因水的排放和利用而产生的争议。但在我国,水污染纠纷往往由环境保护部门处理,而水事纠纷主要由政府或其授权的部门处理,其纠纷处理的方式和原则也有所不同。与水污染纠纷相比,水事纠纷的处理还具有较强的行政强制性,县级以上人民政府或者其授权的部门在处理水事纠纷时,有权采取临时处置措施,有关各方或者当事人必须服从,环境保护部门在处理水污染纠纷时就没有这种采取临时处置措施的权力。因此,水事纠纷与水污染纠纷可以作为两类纠纷。

对于水事纠纷的处理,我国《水法》作出了专门规定。它分为行政区域之间的水事纠纷和单位之间、个人之间、单位与个人之间的水事纠纷。两类纠纷的处理途径与方法有所不同。

(一) 不同行政区域之间水事纠纷的处理

不同行政区域之间发生水事纠纷的,应当协商处理;协商不成的,由上一级人民政府裁决,有关各方必须遵照执行。在水事纠纷解决前,未经各方达成协议或者共同的上一级人民政府批准,在行政区域交界线两侧一定范围内,任何一方不得修建排水、阻水、取水和截(蓄)水工程,不得单方面改变水的现状。

在这类纠纷处理过程中,如果有关当事方拒不执行水量分配方案和水量调度预案、拒不服从水量统一调度、拒不执行上一级人民政府的裁决或者在水事纠纷解决前,未经各方达成协议或者上一级人民政府批准,单方面违反本法规定改变水的现状的,对负有责任的主管人员和其他直接责任人员要依法给予行政处分。

(二) 单位之间、个人之间、单位与个人之间水事纠纷的处理

单位之间、个人之间、单位与个人之间发生的水事纠纷,应当协商解决;当事人不愿协商或者协商不成的,可以申请县级以上地方人民政府或者其授权的部门调解,也可以直接向人民法院提起民事诉讼。县级以上地方人民政府或者其授权的部门调解不成的,当事人可以向人民法院提起民事诉讼。在水事纠纷解决前,当事人不得单方面改变现状。

第二十二章

水土保持法

第一节 水土保持及其立法

水土保持是指"防止水土流失的一切措施和方法。"①而水土流失则是"缺乏植被保护的土地表层,被雨水冲刷后引起跑土、跑肥、跑水,使土层逐步变薄变瘠的现象。"②水土流失既是土地退化和生态恶化的主要形式,也是土地退化和生态恶化程度的集中反映,对经济社会发展的影响是全局性的和深远的,甚至是不可逆的。一是导致土地退化,耕地毁坏,使人们失去赖以生存的基础。二是导致江河湖库淤积,加剧洪涝灾害,对防洪安全构成巨大威胁。三是恶化生存环境,加剧贫困,成为制约山区经济社会发展的重要因素。四是削弱生态系统功能,加重旱灾损失,对我国生态安全和饮水安全构成严重威胁。水土保持立法的目的就是为了预防和治理水土流失,保护和合理利用水土资源,减轻水、旱、风沙灾害,改善生态环境,保障经济社会可持续发展。

我国是水土流失最严重的国家之一,全国每年水土流失流失量达50亿吨,其中被冲走的氮、磷、钾等营养物质约4000万吨,相当于20世纪80年代我国全国化肥的总产量。为了防止水土流失,早在1957年国务院就发布了《水土保持暂行纲要》。1982年,国务院发布了《水土保持工作条例》,使水土保持有了法律根据。1991年全国人大常委会通过了《水土保持法》(2010年修订),对由于自然因素和认为活动造成的水土流失规定了预防和治理的制度和措施。1993年国务院发布了《水土保持法实施条例》,进一步细化了水土保持的措施。另外,《土地管理法》《农业法》《水法》《防沙治沙法》《农村土地承包法》等法律中也都有关于水土保持的规定。

第二节 水土保持的主要法律规定

一、关于水土保持工作指导方针的规定

我国《水土保持法》第3条规定了我国水土保持工作的指导方针,同时也是我国水土保持应坚持的基本原则。即"水土保持工作实行预防为主、保护优先、全面规划、综合治理、因

---

① 参见地理学词典编辑委员会:《地理学辞典》,上海辞书出版社1983年版,第170页。
② 同上注。

地制宜、突出重点、科学管理、注重效益的方针"。

二、关于水土保持管理体制的规定

水土保持实行的是政府统一领导与单一部门主管体制。县级以上人民政府应当加强对水土保持工作的统一领导,将水土保持工作纳入本级国民经济和社会发展规划,对水土保持规划确定的任务,安排专项资金,并组织实施。国家在水土流失重点预防区和重点治理区,实行地方各级人民政府水土保持目标责任制和考核奖惩制度。国务院水行政主管部门主管全国的水土保持工作。国务院水行政主管部门在国家确定的重要江河、湖泊设立的流域管理机构,在所管辖范围内依法承担水土保持监督管理职责。县级以上地方人民政府水行政主管部门主管本行政区域的水土保持工作。县级以上人民政府林业、农业、国土资源等有关部门按照各自职责,做好有关的水土流失预防和治理工作。

三、关于水土流失管理制度的规定

为了搞好水土保持,我国法律规定了一系列的水土保持管理制度,其中主要有:

(一) 水土保持规划制度

水土保持规划是人民政府对一定时期水土保持的目标、任务和措施等作出的整体安排。按照规定,县级以上人民政府水行政主管部门会同同级人民政府有关部门编制水土保持规划,报本级人民政府或者其授权的部门批准后,由水行政主管部门组织实施。水土保持规划一经批准,应当严格执行;经批准的规划根据实际情况需要修改的,应当按照规划编制程序报原批准机关批准。

水土保持规划的内容应当包括水土流失状况、水土流失类型区划分、水土流失防治目标、任务和措施等。水土保持规划包括对流域或者区域预防和治理水土流失、保护和合理利用水土资源作出的整体部署,以及根据整体部署对水土保持专项工作或者特定区域预防和治理水土流失作出的专项部署。水土保持规划应当与土地利用总体规划、水资源规划、城乡规划和环境保护规划等相协调。

(二) 划定水土流失重点防治区制度

水土流失重点防治区是人民政府依法确定的造成或可能造成水土严重流失并优先予以预防和治理的区域。县级以上人民政府应当依据水土流失调查结果划定并公告水土流失重点预防区和重点治理区。对水土流失潜在危险较大的区域,应当划定为水土流失重点预防区;对水土流失严重的区域,应当划定为水土流失重点治理区。

(三) 水土保持监测和公告制度

县级以上人民政府水行政主管部门应当加强水土保持监测工作,发挥水土保持监测工作在政府决策、经济社会发展和社会公众服务中的作用。国务院水行政主管部门应当完善全国水土保持监测网络,对全国水土流失进行动态监测。对可能造成严重水土流失的大中型生产建设项目,生产建设单位应当自行或者委托具备水土保持监测资质的机构,对生产建设活动造成的水土流失进行监测,并将监测情况定期上报当地水行政主管部门。国务院水行政主管部门和省级人民政府水行政主管部门应当根据水土保持监测情况,定期对相关事项进行公告。

(四）水土保持方案和"三同时"制度

水土保持方案应当包括水土流失预防和治理的范围、目标、措施和投资等内容。在山区、丘陵区、风沙区以及水土保持规划确定的容易发生水土流失的其他区域开办可能造成水土流失的生产建设项目，生产建设单位应当编制水土保持方案，报县级以上人民政府水行政主管部门审批，并按照经批准的水土保持方案，采取水土流失预防和治理措施。依法应当编制水土保持方案的生产建设项目中的水土保持设施，应当与主体工程同时设计、同时施工、同时投产使用；生产建设项目竣工验收，应当验收水土保持设施；水土保持设施未经验收或者验收不合格的，生产建设项目不得投产使用。县级以上人民政府水行政主管部门、流域管理机构，应当对生产建设项目水土保持方案的实施情况进行跟踪检查，发现问题及时处理。水土保持设施未经验收或者验收不合格将生产建设项目投产使用的，由县级以上人民政府水行政主管部门责令停止生产或者使用，直至验收合格，并处5万元以上20万元以下的罚款。

(五）水土保持补偿费制度

在山区、丘陵区、风沙区以及水土保持规划确定的容易发生水土流失的其他区域开办生产建设项目或者从事其他生产建设活动，损坏水土保持设施、地貌植被，不能恢复原有水土保持功能的，应当缴纳水土保持补偿费，专项用于水土流失预防和治理。专项水土流失预防和治理由水行政主管部门负责组织实施。拒不缴纳水土保持补偿费的，由县级以上人民政府水行政主管部门责令限期缴纳，逾期不缴纳的，自滞纳之日起按日加收滞纳部分万分之五的滞纳金，可以处应缴水土保持补偿费3倍以下的罚款。

(六）水土流失治理的行政代执行制度

开办生产建设项目或者从事其他生产建设活动造成水土流失，不进行治理的，由水行政主管部门责令限期治理；逾期仍不治理的，水行政主管部门可以指定有治理能力的单位代为治理，所需费用由违法行为人承担。

四、关于水土保持措施的规定

我国《水土保持法》除了规定一系列的管理制度外，还规定了一些预防和治理水土流失的措施。这些措施包括

(一）水土流失预防措施

地方各级人民政府应当按照水土保持规划，采取封育保护、自然修复等措施，组织单位和个人植树种草，扩大林草覆盖面积，涵养水源，预防和减轻水土流失；加强对取土、挖砂、采石等活动的管理，预防和减轻水土流失；禁止在崩塌、滑坡危险区和泥石流易发区从事取土、挖砂、采石等可能造成水土流失的活动。违反者由县级以上地方人民政府水行政主管部门责令停止违法行为，没收违法所得，对个人处1000元以上1万元以下的罚款，对单位处1万元以上20万元以下的罚款。

水土流失严重、生态脆弱的地区，应当限制或者禁止可能造成水土流失的生产建设活动，严格保护植物、沙壳、结皮、地衣等。在侵蚀沟的沟坡和沟岸、河流的两岸以及湖泊和水库的周边，土地所有权人、使用权人或者有关管理单位应当营造植物保护带。

禁止在25度以上陡坡地开垦种植农作物。在25度以上陡坡地种植经济林的，应当科学选择树种，合理确定规模，采取水土保持措施，防止造成水土流失。违反者由县级以上地

方人民政府水行政主管部门责令停止违法行为,采取退耕、恢复植被等补救措施;按照开垦或者开发面积,可以对个人处每平方米2元以下的罚款、对单位处每平方米10元以下的罚款。

禁止毁林、毁草开垦和采集发菜。禁止在水土流失重点预防区和重点治理区铲草皮、挖树兜或者滥挖虫草、甘草、麻黄等。违反者由县级以上地方人民政府水行政主管部门责令停止违法行为,采取补救措施,没收违法所得,并处违法所得1倍以上5倍以下的罚款;没有违法所得的,可以处5万元以下的罚款。

林木采伐应当采用合理方式,严格控制皆伐;对水源涵养林、水土保持林、防风固沙林等防护林只能进行抚育和更新性质的采伐;对采伐区和集材道应当采取防止水土流失的措施,并在采伐后及时更新造林。在五度以上坡地植树造林、抚育幼林、种植中药材等,应当采取水土保持措施。在林区采伐林木不依法采取防止水土流失措施的,由县级以上地方人民政府林业主管部门、水行政主管部门责令限期改正,采取补救措施;造成水土流失的,由水行政主管部门按照造成水土流失的面积处每平方米2元以上10元以下的罚款。

(二) 水土流失治理措施

国家加强水土流失重点预防区和重点治理区的坡耕地改梯田、淤地坝等水土保持重点工程建设,加大生态修复力度。国家加强江河源头区、饮用水水源保护区和水源涵养区水土流失的预防和治理工作,多渠道筹集资金,将水土保持生态效益补偿纳入国家建立的生态效益补偿制度。国家鼓励单位和个人按照水土保持规划参与水土流失治理,并在资金、技术、税收等方面予以扶持。国家鼓励和支持承包治理荒山、荒沟、荒丘、荒滩,防治水土流失,保护和改善生态环境,促进土地资源的合理开发和可持续利用,并依法保护土地承包合同当事人的合法权益。

在水力侵蚀地区,地方各级人民政府及其有关部门应当组织单位和个人,以天然沟壑及其两侧山坡地形成的小流域为单元,因地制宜地采取工程措施、植物措施和保护性耕作等措施,进行坡耕地和沟道水土流失综合治理。在风力侵蚀地区,地方各级人民政府及其有关部门应当组织单位和个人,因地制宜地采取轮封轮牧、植树种草、设置人工沙障和网格林带等措施,建立防风固沙防护体系。在重力侵蚀地区,地方各级人民政府及其有关部门应当组织单位和个人,采取监测、径流排导、削坡减载、支挡固坡、修建拦挡工程等措施,建立监测、预报、预警体系。

已在禁止开垦的陡坡地上开垦种植农作物的,应当按照国家有关规定退耕,植树种草;耕地短缺、退耕确有困难的,应当修建梯田或者采取其他水土保持措施。在禁止开垦坡度以下的坡耕地上开垦种植农作物的,应当根据不同情况,采取修建梯田、坡面水系整治、蓄水保土耕作或者退耕等措施。对生产建设活动所占用土地的地表土应当进行分层剥离、保存和利用,做到土石方挖填平衡,减少地表扰动范围;对废弃的砂、石、土、矸石、尾矿、废渣等存放地,应当采取拦挡、坡面防护、防洪排导等措施。生产建设活动结束后,应当及时在取土场、开挖面和存放地的裸露土地上植树种草、恢复植被,对闭库的尾矿库进行复垦。在干旱缺水地区从事生产建设活动,应当采取防止风力侵蚀措施,设置降水蓄渗设施,充分利用降水资源。

第二十三章

海洋资源保护法

第一节 海洋资源保护及其立法

21世纪是海洋世纪。海洋是与森林、湿地并列的地球三大生态系统之一，海洋生态保护日益受到国际社会普遍关注。人类已经进入了大规模开发利用海洋的新时代，各国在海洋领域的竞争日益激烈。中国是海洋大国，要建设成为海洋强国，必须加大海洋工作力度，合理开发海洋资源，积极发展海洋经济，保护海洋生态，维护国家海洋权益。

但是，近些年来海洋资源与海洋生态系统却面临越来越严重的问题。沿海地区是我国人口最稠密、经济活动最为活跃的地区，随着海洋经济的快速发展海洋生态系统正在承受着巨大压力和影响。海洋及海岸带栖息地损失，近海污染严重，海洋底栖环境恶化，海水营养盐结构失调，海水盐度变化显著，海洋生态系统结构失衡、服务功能降低，海洋生物多样性和珍稀濒危物种减少，海产品品质下降。同时，海洋生态灾害频发，赤潮、绿潮、海岸侵蚀等海洋环境灾害危害严重，海洋外来种物种入侵、气候变化已经对海洋及海岸带生态环境产生影响。

为了保护海洋生态系统，可持续利用海洋资源，我国不断加强海洋资源保护的立法。1999年《海洋环境保护法》（2013年再次修订）增设了"海洋生态保护"一章，以加强海洋生态的保护。2001年全国人大常委会颁布《海域使用管理法》、2009年颁布《海岛保护法》等法律对海洋利用行为进一步作出规定。另外，1999年颁布的《近岸海域环境功能区管理办法》、2006年颁布的《海域使用权管理规定》、2010年颁布的《海洋特别保护区管理办法》等法规、规章也是我国海洋资源保护立法的重要组成部分。

第二节 海洋生态保护的主要法律规定

《海洋环境保护法》在修订时，增设"海洋生态保护"一章，以凸现对海洋生态的法律保护，协调开发利用海洋资源等行为。海洋环境保护法对海洋生态的保护主要从两个方面作了规定，即特殊海洋区域保护和对海洋生态有影响的行为的管制。

一、海洋区域生态环境的保护

(一) 海洋生态保护的主要对象

国务院和沿海地方各级人民政府应当采取有效措施,保护红树林、珊瑚礁、滨海湿地、海岛、海湾、入海河口、重要渔业水域等具有典型性、代表性的海洋生态系统,珍稀、濒危海洋生物的天然集中分布区,具有重要经济价值的海洋生物生存区域及有重大科学文化价值的海洋自然历史遗迹和自然景观。对具有重要经济、社会价值的已遭到破坏的海洋生态,应当进行整治和恢复。

(二) 海洋自然保护区

海洋自然保护区是指以海洋自然环境和资源保护为目的,依法把包括保护对象在内的一定面积的海岸、河口、岛屿、湿地或海域划分出来,进行特殊保护和管理的区域。国务院有关部门和沿海省级人民政府应当根据保护海洋生态的需要,选划、建立海洋自然保护区。国家级海洋自然保护区的建立,须经国务院批准。凡具有下列条件之一的,应当建立海洋自然保护区:第一,典型的海洋自然地理区域、有代表性的自然生态区域,以及遭受破坏但经保护能恢复的海洋自然生态区域;第二,海洋生物物种高度丰富的区域,或者珍稀、濒危海洋生物物种的天然集中分布区域;第三,具有特殊保护价值的海域、海岸、岛屿、滨海湿地、入海河口和海湾等;第四,具有重大科学文化价值的海洋自然遗迹所在区域;第五,其他需要予以特殊保护的区域。

海洋自然保护区可根据自然环境、自然资源状况和保护需要划为核心区、缓冲区、实验区,或者根据不同保护对象规定绝对保护期和相对保护期。核心区内,除经沿海省、自治区、直辖市海洋管理部门批准进行的调查观测和科学研究活动外,禁止其他一切可能对保护区造成危害或不良影响的活动。缓冲区内,在保护对象不遭人为破坏和污染前提下,经该保护区管理机构批准,可在限定时间和范围内适当进行渔业生产、旅游观光、科学研究、教学实习等活动。实验区内,在该保护区管理机构统一规划和指导下,可有计划地进行适度开发活动。绝对保护期即根据保护对象生活习性规定的一定时期,保护区内禁止从事任何损害保护对象的活动;经该保护区管理机构批准,可适当进行科学研究、教学实习活动。相对保护期即绝对保护期以外的时间,保护区内可从事不捕捉、损害保护对象的其他活动。

(三) 海洋特别保护区

凡具有特殊地理条件、生态系统、生物与非生物资源及海洋开发利用特殊需要的区域,可以建立海洋特别保护区,采取有效的保护措施和科学的开发方式进行特殊管理。海洋特别保护区的宗旨是,在积极推进海洋资源、环境和空间开发的同时,维持海洋自然景观和资源再生产能力,维护海区的良性生态平衡不被破坏并能得到改善,海洋特别保护区与海洋自然保护区的建设目的和管理方式均不相同,海洋特别保护区内的保护,不是单纯保护某一种资源或维护自然生态系统的原始性或现有状态,而是提供科学依据,对所有资源积极地采取综合保护措施,协调各开发利用单位之间及其与某一资源或多项资源的关系,以保证最佳的开发利用秩序和效果。

国家海洋局于2010年颁布《海洋特别保护区管理办法》,对海洋特别保护区的设立、管理和保护作出了规定。根据海洋特别保护区的地理区位、资源环境状况、海洋开发利用现状和社会经济发展的需要,海洋特别保护区可以分为海洋特殊地理条件保护区、海洋生态保护区、海洋公园、海洋资源保护区等类型。在具有重要海洋权益价值、特殊海洋水文动力条件的海域和海岛建立海洋特殊地理条件保护区。为保护海洋生物多样性和生态系统服务功能,在珍稀濒危物种自然分布区、典型生态系统集中分布区及其他生态敏感脆弱区或生态修复区建立海洋生态保护区。为保护海洋生态与历史文化价值,发挥其生态旅游功能,在特殊海洋生态景观、历史文化遗迹、独特地质地貌景观及其周边海域建立海洋公园。为促进海洋资源可持续利用,在重要海洋生物资源、矿产资源、油气资源及海洋能等资源开发预留区域、海洋生态产业区及各类海洋资源开发协调区建立海洋资源保护区。

海洋特别保护区分为国家级和地方级两级。具有重大海洋生态保护、生态旅游、重要资源开发价值、涉及维护国家海洋权益的海洋特别保护区列为国家级海洋特别保护区。其他海洋特别保护区则列为地方级海洋特别保护区。

二、对海洋生态有影响的行为的管制措施

引进海洋动植物物种,应当进行科学论证,避免对海洋生态系统造成危害。开发海岛及周围海域的资源,应当采取严格的生态保护措施,不得造成海岛地形、岸滩、植被以及海岛周围海域生态环境的破坏。造成珊瑚礁、红树林等海洋生态系统及海洋水产资源、海洋保护区破坏的,海洋环境监督管理部门应责令限期改正和采取补救措施,并处1万元以上10万元以下的罚款;有违法所得的,没收其违法所得。

沿海地方各级人民政府应当结合当地自然环境的特点,建设海岸防护设施、沿海防护林、沿海城镇园林和绿地,对海岸侵蚀和海水入侵地区进行综合治理。禁止毁坏海岸防护设施、沿海防护林、沿海城镇园林和绿地。

国家鼓励发展生态渔业建设,推广多种生态渔业生产方式,改善海洋生态状况。海水养殖应当科学确定养殖密度,并应当合理投饵、施肥,正确使用药物,防止造成海洋环境的污染。

第三节 海域使用的主要法律规定

海域指中华人民共和国内水、领海的水面、水体、海床和底土。海域作为重要的自然资源,是海洋经济发展的载体。我国海域辽阔,领海面积达38万平方公里,大陆岸线和岛屿岸线长3.2万多公里。海洋经济已经成为我国经济发展的新增长点和未来可持续发展的基本支持领域。2001年,为了加强海域使用管理,维护国家海域所有权和海域使用权人的合法权益,促进海域的合理开发和可持续利用,制定《海域使用管理法》。

一、海域权属制度

《海域使用管理法》规定海域属于国家所有,国务院代表国家行使海域所有权。任何单位或者个人不得侵占、买卖或者以其他形式非法转让海域。单位和个人使用海域,必须依法取得海域使用权。

海域使用权的取得可以通过申请、招标或拍卖方式取得。海域使用申请经依法批准后,国务院批准用海的,由国务院海洋行政主管部门登记造册,向海域使用申请人颁发海域使用权证书;地方人民政府批准用海的,由地方人民政府登记造册,向海域使用申请人颁发海域

使用权证书。海域使用申请人自领取海域使用权证书之日起,取得海域使用权。海域使用权除申请方式取得外,也可以通过招标或者拍卖的方式取得。

在《海域使用管理法》施行前,已经由农村集体经济组织或者村民委员会经营、管理的养殖用海,符合海洋功能区划的,经当地县级人民政府核准,可以将海域使用权确定给该农村集体经济组织或者村民委员会,由本集体经济组织的成员承包,用于养殖生产。

海域使用权人依法使用海域并获得收益的权利受法律保护,任何单位和个人不得侵犯。海域使用权人有依法保护和合理使用海域的义务;海域使用权人对不妨害其依法使用海域的非排他性用海活动。海域使用权可以依法转让和继承。未经批准或者骗取批准,非法占用海域的,责令退还非法占用的海域,恢复海域原状,没收违法所得,并处非法占用海域期间内该海域面积应缴纳的海域使用金五倍以上十五倍以下的罚款;对未经批准或者骗取批准,进行围海、填海活动的,并处非法占用海域期间内该海域面积应缴纳的海域使用金十倍以上二十倍以下的罚款。

海域使用权最高期限根据不同情况有不同规定:养殖用海15年;拆船用海20年;旅游、娱乐用海25年;盐业、矿业用海30年;公益事业用海40年;港口、修造船厂等建设工程用海50年。海域使用权期限届满,海域使用权人需要继续使用海域的,应当至迟于期限届满前2个月向原批准用海的人民政府申请续期。海域使用权期满,未申请续期或者申请续期未获批准的,海域使用权终止。海域使用权期满,未办理有关手续仍继续使用海域的,责令限期办理,可以并处一万元以下的罚款;拒不办理的,以非法占用海域论处。

2006年由国家海洋局发布了《海域使用权管理规定》,对海域使用权的申请审批、招标、拍卖、转让、出租和抵押作出了详细规定。

二、海域使用的监督管理体制

在中央与地方管理权限的划分上,鉴于国家从未在海上划定行政区划,国家对海域使用原则上实行中央统一管理。但是,考虑到我国内海、领海海域面积辽阔,海洋开发活动的数量大、类型复杂、规模不一,如果一律由中央政府直接管理,在实际管理工作中难免顾此失彼。所以海域使用的监督管理体制采取中央统一管理与中央授权地方分级管理相结合的海域使用管理模式。规定国务院海洋行政主管部门负责全国海域使用的监督管理,沿海县级以上地方人民政府海洋行政主管部门根据授权,负责本行政区毗邻海域使用的监督管理。同时,在政府部门之间权限划分上,规定渔业行政主管部门依照《渔业法》,对海洋渔业实施监督管理。海事管理机构依照《海上交通安全法》,对海上交通安全实施监督管理。

三、海域有偿使用制度

国家实行海域有偿使用制度。单位和个人使用海域,应当按照国务院的规定缴纳海域使用金。海域使用金应当按照国务院的规定上缴财政。根据不同的用海性质或者情形,海域使用金可以按照规定一次缴纳或者按年度逐年缴纳。按年度逐年缴纳海域使用金的海域使用权人不按期缴纳海域使用金的,限期缴纳;在限期内仍拒不缴纳的,由颁发海域使用权证书的人民政府注销海域使用权证书,收回海域使用权。

关于海域使用金的减免。可以免缴海域使用金情形包括:军事用海;公务船舶专用码头用海;非经营性的航道、锚地等交通基础设施用海;教学、科研、防灾减灾、海难搜救打捞等非经营性公益事业用海。经批准可以减缴或者免缴海域使用金的情形包括：公用设施用海；国家重大建设项目用海；养殖用海。

第四节　海岛保护的主要法律规定

海岛是指四面环海水并在高潮时高于水面的自然形成的陆地区域，包括有居民海岛和无居民海岛。我国拥有面积大于500平方米的海岛7300多个，海岛陆域总面积近8万平方千米，海岛岸线总长14000多千米。我国海岛广布温带、亚热带和热带海域，生物种类繁多，不同区域海岛的岛体、海岸线、沙滩、植被、淡水和周边海域的各种生物群落和非生物环境共同形成了各具特色、相对独立的海岛生态系统。一些海岛还具有红树林、珊瑚礁等特殊生境。海岛及其周边海域自然资源丰富，有港口、渔业、旅游、油气、生物、海水、海洋能等优势资源和潜在资源。海岛是我国经济社会发展中一个非常特殊的区域，在国家权益、安全、资源、生态等方面具有十分重要的地位。

目前，海岛面临的问题却非常严重。一是海岛生态破坏严重。炸岛炸礁、填海连岛、采石挖砂、乱围乱垦等活动大规模改变海岛地形、地貌，甚至造成部分海岛灭失；在海岛上倾倒垃圾和有害废物，采挖珊瑚礁，砍伐红树林，滥捕、滥采海岛珍稀生物资源等活动，致使海岛及其周边海域生物多样性降低，生态环境恶化。二是海岛开发秩序混乱。无居民海岛开发利用缺乏统一规划和科学管理，导致开发利用活动无序无度；一些单位和个人随意占有、使用、买卖和出让无居民海岛，造成国有资源性资产流失；在一些地方，管理人员及其他人员登岛受到阻挠，影响国家正常的科学调查、研究、监测和执法管理活动。

为了保护海岛及其周边海域生态系统，合理开发利用海岛自然资源，维护国家海洋权益，促进经济社会可持续发展，2009年第十一届全国人大常委会颁布《海岛保护法》。该法所称的海岛保护主要是指海岛及其周边海域生态系统保护，无居民海岛自然资源保护和特殊用途海岛保护。国家对海岛实行科学规划、保护优先、合理开发、永续利用的原则。

一、海岛保护监督管理体制

国务院海洋主管部门和国务院其他有关部门依照法律和国务院规定的职责分工，负责全国有居民海岛及其周边海域生态保护工作。沿海县级以上地方人民政府海洋主管部门和其他有关部门按照各自的职责，负责本行政区域内有居民海岛及其周边海域生态保护工作。国务院海洋主管部门负责全国无居民海岛保护和开发利用的管理工作。沿海县级以上地方人民政府海洋主管部门负责本行政区域内无居民海岛保护和开发利用管理的有关工作。

二、海岛保护规划制度

国家实行海岛保护规划制度。海岛保护规划是从事海岛保护、利用活动的依据。制定海岛保护规划应当遵循有利于保护和改善海岛及其周边海域生态系统，促进海岛经济社会可持续发展的原则。国务院海洋主管部门会同本级人民政府有关部门、军事机关，依据国民经济和社会发展规划、全国海洋功能区划，组织编制全国海岛保护规划，报国务院审批。全国海岛保护规划应当按照海岛的区位、自然资源、环境等自然属性及保护、利用状况，确定海岛分类保护的原则和可利用的无居民海岛，以及需要重点修复的海岛等。沿海省、自治区人民政府海洋主管部门会同本级人民政府有关部门、军事机关,依据全国海岛保护规划、省域城镇体系规划和省、自治区土地利用总体规划,组织编制省域海岛保护规划,报省、自治区人民政府审批。沿海直辖市人民政府组织编制的城市总体规划,应当包括本行政区域内海岛保护专项规划。

三、海岛保护的规定

(一) 海岛保护的一般规定

国务院和沿海地方各级人民政府应当采取措施,保护海岛的自然资源、自然景观以及历史、人文遗迹。禁止改变自然保护区内海岛的海岸线。禁止采挖、破坏珊瑚和珊瑚礁。禁止砍伐海岛周边海域的红树林。保护海岛植被,促进海岛淡水资源的涵养。

(二) 有居民海岛生态系统的保护

有居民海岛的开发、建设应当对海岛土地资源、水资源及能源状况进行调查评估,依法进行环境影响评价。海岛的开发、建设不得超出海岛的环境容量。新建、改建、扩建建设项目,必须符合海岛主要污染物排放、建设用地和用水总量控制指标的要求。有居民海岛的开发、建设应当优先采用风能、海洋能、太阳能等可再生能源和雨水集蓄、海水淡化、污水再生利用等技术。

有居民海岛及其周边海域应当划定禁止开发、限制开发区域,并采取措施保护海岛生物栖息地,防止海岛植被退化和生物多样性降低。在有居民海岛进行工程建设,应当坚持先规划后建设、生态保护设施优先建设或者与工程项目同步建设的原则。

严格限制在有居民海岛沙滩建造建筑物或者设施、采挖海砂以及填海、围海等改变有居民海岛海岸线的行为。

(三) 无居民海岛的保护

未经批准利用的无居民海岛,应当维持现状;禁止采石、挖海砂、采伐林木以及进行生产、建设、旅游等活动。严格限制在无居民海岛采集生物和非生物样本。

在无居民海岛采石、挖海砂、采伐林木或者采集生物、非生物样本的,由县级以上人民政府海洋主管部门责令停止违法行为,没收违法所得,可以并处 2 万元以下的罚款。在无居民海岛进行生产、建设活动或者组织开展旅游活动的,由县级以上人民政府海洋主管部门责令停止违法行为,没收违法所得,并处 2 万元以上 20 万元以下的罚款。进行严重改变无居民海岛自然地形、地貌的活动的,由县级以上人民政府海洋主管部门责令停止违法行为,处以 5 万元以上 50 万元以下的罚款。

从事全国海岛保护规划确定的可利用无居民海岛的开发利用活动,应当遵守可利用无居民海岛保护和利用规划,采取严格的生态保护措施,避免造成海岛及其周边海域生态系统破坏。开发利用无居民海岛的应当依法缴纳使用金。在可利用无居民海岛建造建筑物或者设施,应当按照可利用无居民海岛保护和利用规划限制建筑物、设施的建设总量、高度以及与海岸线的距离,使其与周围植被和景观相协调。临时性利用无居民海岛的,不得在所利用的海岛建造永久性建筑物或者设施。

(四) 特殊用途海岛的保护

国家对领海基点所在海岛、国防用途海岛、海洋自然保护区内的海岛等具有特殊用途或者特殊保护价值的海岛,实行特别保护。

领海基点及其保护范围周边应当设置明显标志。禁止在领海基点保护范围内进行工程建设以及其他可能改变该区域地形、地貌的活动。禁止损毁或者擅自移动领海基点标志。禁止破坏国防用途无居民海岛的自然地形、地貌和有居民海岛国防用途区域及其周边的地形、地貌。

　　在领海基点保护范围内进行工程建设或者其他可能改变该区域地形、地貌活动，在临时性利用的无居民海岛建造永久性建筑物或者设施，或者在依法确定为开展旅游活动的可利用无居民海岛建造居民定居场所的，由县级以上人民政府海洋主管部门责令停止违法行为，处以2万元以上20万元以下的罚款。损毁或者擅自移动领海基点标志的，依法给予治安管理处罚。

　　国务院、国务院有关部门和沿海省级人民政府，根据海岛自然资源、自然景观以及历史、人文遗迹保护的需要，对具有特殊保护价值的海岛及其周边海域，依法批准设立海洋自然保护区或者海洋特别保护区。

第二十四章

森林资源保护法

第一节 森林资源保护及其立法

一、森林和森林资源

森林,是指存在于一定区域内的以树木或其他木本植物为主体的植物群落。根据其生态习性,可分为热带雨林、季雨林、亚热带常绿阔叶林、温带落叶阔叶林、中温带针阔混交林、寒温带针叶林、竹林等。根据其用途,可分为防护林、用材林、经济林、薪炭林、特种用途林等。我国《森林法》对森林进行分类采用的就是后一种方法。

森林资源,则是指一个国家或地区林地面积、树种及木材蓄积量等的总称。在我国,森林资源包括林地以及林区内野生的植物和动物。它具有可再生性、生长的周期性和易受人类开发利用的影响等特点。森林资源由森林组成,但又不完全等同于森林。作为资源的森林,它更强调森林的经济价值,也就是作为生产资料和劳动对象的功能,而森林本身则表现出多方面的功能。然而,在法律中所提到的保护森林和保护森林资源,并无实质上的不同。

森林作为地球上一类重要的生态系统和自然资源,具有蓄水保土,防风固沙,调节气候,净化大气,美化环境,降低噪音,养育生物,保留物种以及为人类生产和生活提供林产品等功能。

二、我国森林资源的特点

我国地域辽阔,地形复杂,适于各种林木生长。现有森林面积19545.22万公顷,森林蓄积量137.21亿立方米。人工林保存面积6168.84万公顷,蓄积量19.61亿立方米,人工林面积居世界首位。[①] 而且还有大面积的宜林荒山荒地,适于发展林业。我国现有森林资源有下列特点:

(一) 树种和森林类型繁多

由于我国在第四纪冰川期间大部分地区未被冰川覆盖,成为许多植物的避难所,保存了不少孑遗树种,如水杉、银杏、珙桐等。据统计,全国乔灌木树种约有8000种。同时,我国森

---

① 参见《第七次全国森林资源清查主要结果(2004—2008年)》,国家林业局,2010年1月28日发布。

林类型也众多,既有针叶林、落叶阔叶林、常绿阔叶林,也有针阔混交林、常绿落叶阔叶混交林,还有热带季雨林、雨林以及它们的各种次生类型。另外还有栽培历史悠久并且广泛种植的人工用材林和经济林。

(二) 林产独特丰富

丰富多样的森林生态系统不仅为我国提供各种木材,而且提供多种多样独特的其他林产品。如栖息在森林中的各种动物、植物等。甚至还有不少作物、水果和畜禽的原种。

(三) 森林覆盖率低,人均占有林地和木材蓄积量少

我国森林总面积为19545.22万公顷,森林覆盖率为20.36%,低于世界平均水平(22%),在世界各国中居第139位;人均森林面积0.145公顷,不到世界平均水平的1/4;人均森林蓄积量10.151立方米,只有世界平均水平的1/7。[1]

(四) 森林分布不均匀,不利于发挥其环境效能

我国的天然林主要集中在东北、西南边陲,且位于高寒地区。辽阔的西北、内蒙古西部及人口稠密、经济发达的华北、中原和长江、黄河下游地区森林资源稀少,有的地区森林覆盖率甚至不到1%。

(五) 林种结构不够合理

由于过去我国仅把森林作为生产木材的用材林来经营,没能按各地生态环境的特点和森林的多功能性进行分类经营,结果导致了用材林比例过大,其他林种,特别是防护林的比例太小,从而不能适应森林在生态保护方面的需要。

三、森林资源保护立法

由于森林资源对人类的极端重要性,因此世界各国都十分重视森林资源保护。现在世界上绝大多数的国家都制定了森林法,国际社会也制定了《国际热带木材协定》,并1992年环境与发展大会上通过了《关于森林问题的原则声明》。

我国关于森林资源保护的立法也发展很早,在西周时期就有了"毋伐树木"的禁令。以后历代统治者都有保护森林的立法。中华人民共和国成立后,保护森林的立法也是发展最早的立法之一。1963年,国务院发布了《森林保护条例》。1979年,第五届全国人大常委会通过了《森林法(试行)》,对森林的作用、森林的分类、管理、保护、植树造林、采伐利用等作出了较详细的规定。同年,全国人大还通过了《关于植树节的决议》,规定每年的3月12日为我国的植树节。

1984年,第六届全国人大常委会通过了正式的《森林法》,对1979年试行法中把提供木材及各种林产品作为森林主要功能的指导思想进行了修正,确立了森林的主要功能是蓄水保土、调节气候、改善环境,而把提供林产品的公共职能放在了最后。从而为我国现代森林法的建立打下了坚实的基础。

1998年第九届全国人大常委会通过《关于修改〈中华人民共和国森林法〉的决定》,对1984年颁布的《森林法》进行了较大修改。2000年国务院颁布《森林法实施条例》,特别突出了森林在国家生态环境保护方面的作用。此外,1988颁布的《森林防火条例》(2008修订)和1989年颁布的《森林病虫害防治条例》等法规对森林防火和病虫害防治作出详细规

---

[1] 参见《第七次全国森林资源清查主要结果(2004—2008年)》,国家林业局,2010年1月28日发布。

定。2002年国务院令又颁布了《退耕还林条例》,以生态优先的原则作出了有利于恢复森林的有效措施。

第二节 森林资源保护的主要法律规定

综合我国各有关法律、法规和规章的规定,森林资源保护的法律措施主要包括以下几个方面。

一、林权

林权是指森林法律关系的主体对森林、林木或者林地的占有、使用、收益和处分的权利。我国森林法把林权分为国家林权、集体林权、机关团体林权和公民个人林权。除法律规定属于集体所有的以外,森林资源属于全民所有,即国家所有;全民所有制单位营造的林木,由营造单位经营并按照国家规定支配林木收益;集体所有制单位营造的林木,归该单位所有;农村居民在房前屋后、自留地、自留山种植的林木,归个人所有,城镇居民和职工在自有房屋的庭院内种植的林木,归个人所有;集体或者个人承包全民所有和集体所有的宜林荒山荒地造林的,承包后种植的林木归承包的集体或者个人所有。

部分森林、林木、林地的使用权可以依法转让,也可以依法作价入股或者作为合资、合作造林、经营林木的出资、合作条件。这类森林、林木、林地包括:用材林、经济林、薪炭林;用材林、经济林、薪炭林的林地使用权;用材林、经济林、薪炭林的采伐迹地、火烧迹地的林地使用权;国务院规定的其他森林、林木、林地使用权。除此之外的森林、林木和林地使用权都不得转让。转让的限制条件之一就是不得将林地改为非林地。

我国法律对林权的保护,主要采取确认权属、返还非法占有、排除妨碍、赔偿损失等措施。

二、林业建设方针

《森林法》第5条规定的林业建设方针为:"以营林为基础,普遍护林,大力造林,采育结合,永续利用。"

三、森林资源档案制度

(一) 森林资源档案的分级管理

森林资源档案分四级建立和管理,即省、自治区、直辖市一级,地、市、州、盟(林业管理局)一级、县、旗(国营林业局、县级林场)一级、乡、镇(林场、经营所)一级。各级建立森林资源档案的基本单位可以根据经营管理水平和生产需要确定。

(二) 建立森林资源档案的资料依据

建立森林资源档案应当以近期规划涉及的调查成果、森林更新与造林调查设计资料、近期各种专业调查资料、固定样地及标准地资料、林业区划与规划、森林经营方案、总体设计资料、各种作业设计资料、历年森林资源变化资料、各种经验总结或专题调查研究资料、有关处理山林权的文件和资料和其他有关图面、文字、数据资料为依据。

(三) 森林资源档案的主要内容

森林资源档案的主要内容包括:森林资源档案卡片、簿册;森林资源统计表或统计簿;森林资源消长变化统计表;基本图、林相①图、经营规划图及资源变化图;固定样地和标准地调查记录及其计算成果;处理境界变动及林权纠纷等有关文件和资料;森林资源变化分析说明;森林资源各种调查、科研、经营总结等资料;其他与森林资源管理有关的文件。

(四) 森林资源档案的管理要求

森林资源档应执行统一的技术标准,实行专人负责、分级管理、及时修订,逐年统计汇总上报。对于各种森林经营利用活动或非经营性活动所引起的土地类别、各类林分②面积及林木蓄积的变化,必须现场调查核实其位置和数量,随时修正档案数据和图面材料;乡、镇、林场、经营所森林资源档案,应当根据地类面积变化和各林分类型各龄组生长率、枯损率计算相应的生长量、枯损量,以及资源变化等资料,对森林资源统计表的数据进行面积蓄积调整,每年更新一次;凡森林经营技术力量和经济条件较好的县、国营林业局、国营林场应设置固定样地,建立森林资源连续清查体系,监测森林资源消长变化动态;验证资源档案数据,可以3至5年进行一次。

四、植树造林和绿化

植树造林和绿化是增加森林面积,提高森林覆盖率的主要途径,也是保护森林资源的主要措施之一。因此,我国对植树造林和绿化作出了比较全面的规定。

(一) 开展全民义务植树

要求凡有条件的地方,年满11周岁的中华人民共和国公民,除老弱病残者外,因地制宜,每人每年植树3至5棵,或者完成相应劳动量的育苗、管护和其他绿化任务。并规定每年的3月12日为植树节。

(二) 规定森林覆盖率奋斗目标

全国森林覆盖率的奋斗目标为30%。要求县级以上地方人民政府按照山区一般达到70%以上、丘陵区一般达到40%以上、平原区一般达到10%以上的标准,确定本行政区域内的森林覆盖率的奋斗目标。

(三) 规定植树造林责任制

各级人民政府负责制定植树造林规划,组织各行各业和城乡居民完成植树造林规划确定的任务,并对新造幼林地和其他必须封山育林的地方组织封山育林;宜林荒山荒地,属于全民所有的,由林业主管部门和其他主管部门组织造林;属于集体所有的,由集体经济组织组织造林;铁路与公路两旁、江河两侧、湖泊水库周围,由各有关主管单位因地制宜地组织造林;工矿区、机关、学校用地、部队营区以及农场、牧场、渔场经营地区,由各该单位负责造林;全民所有和集体所有的宜林荒山荒地可以由集体或者个人承包造林。

(四) 健全绿化领导体制,组织领导绿化工作

国务院设立全国绿化委员会,统一组织领导全国城乡绿化工作;国务院城市建设主管部

---

① 林相,亦称"森林的外形"。一是指林冠的层次,分为单层林和复层林;二是指森林的林木品质和健康状况。林木价值较高,生长旺盛,称为林相优良,反之称为林相不良。

② 林分,指内部特征大体一致而与邻近地段有明显区别的一片森子。一个林区的森林,可以根据树种的组成、森林起源、林相、林龄、疏密度、林型等因子的不同,划分成不同的林分。不同的林分,常要求采取不同的森林经营措施。

门和国务院林业主管部门等,按照国务院规定的职权划分,负责全国城市绿化工作;地方绿化管理体制,由省、自治区、直辖市人民政府根据本地实际情况规定。

五、控制森林采伐量和采伐更新

虽然森林是可再生资源,但由于其有一定的更新周期,那么过度的采伐就将使其因不能自然和人工更新而趋于枯竭。因此,要保证森林资源的永续利用,就必须控制林木的采伐量。为此,我国森林法规定,国家根据用材林的消耗量低于生长量的原则,严格控制森林年采伐量。全民所有的森林和林木以国营林业企业事业单位、农场、厂矿为单位,集体所有的森林和林木以县为单位,制定年采伐限额,由省、自治区、直辖市林业主管部门汇总,经同级人民政府审核后,报国务院批准。除了农村居民采伐自留地和房前屋后个人所有的零星林木外,采伐林木必须申请采伐许可证。审核发放采伐许可证的部门,不得超过批准的年采伐限额发放采伐许可证。采伐林木的单位或个人,必须按照采伐许可证的规定采伐,并按采伐许可证规定的面积、株数、树种、期限完成更新造林任务,更新造林的面积和株数必须大于采伐的面积和株数。1987年为合理采伐森林,及时更新采伐迹地,恢复和扩大森林资源,由国务院发布了《森林采伐更新管理办法》,对森林采伐与更新作出详细规定。

为了控制采伐量,《森林法》还规定了木材运输证件制度。从林区运出的木材,除国家统一调拨的外,都必须持有林业主管部门发给的运输证件。经省、自治区、直辖市人民政府批准,可以在林区设立木材检查站,负责检查木材运输。对未取得运输证件或者物资主管部门发给的调拨通知书运输木材的,木材检查站有权制止。

超过批准的年采伐限额发放林木采伐许可证或者超越职权发放林木采伐许可证、木材运输证件、批准出口文件、允许进出口证明书的,由上一级人民政府林业主管部门责令纠正,对直接负责的主管人员和其他直接责任人员依法给予行政处分;有关人民政府林业主管部门未予纠正的,国务院林业主管部门可以直接处理;构成犯罪的,依法追究刑事责任。

对于盗伐森林或者其他林木的,依法赔偿损失;由林业主管部门责令补种盗伐株数十倍的树木,没收盗伐的林木或者变卖所得,并处盗伐林木价值三倍以上十倍以下的罚款。对滥伐森林或者其他林木,由林业主管部门责令补种滥伐株数五倍的树木,并处滥伐林木价值二倍以上五倍以下的罚款。拒不补种树木或者补种不符合国家有关规定的,由林业主管部门代为补种,所需费用由违法者支付。

六、森林保护措施

为了保护森林,除了采取植树造林和限额采伐的措施外,法律还规定了一些其他的森林保护措施。其中主要有:

(一)建立林业基金制度

林业基金是国家为发展林业而设立的专项资金。它主要来源于国家的林业投资、财政拨款、林业部门按规定提取或征收的育林费、更新改造资金、单位和个人对发展林业的捐赠款等。该基金主要用于林区采伐迹地更新和林间空地、荒山、荒地造林和育林、护林等费用的支出。它由中央和地方林业部门按规定权限分级管理,专款专用,年终节余允许跨年度使用。

(二) 建立封山育林制度

封山育林是指对划定的区域采取封禁措施,利用林木天然更新能力使森林恢复的育林方法。封山育林的对象是具备天然更新能力的疏林地、造林不易成活需要改善立地条件的荒山荒地和幼林地等。按照规定,封山育林区和封山育林期由当地人民政府因地制宜地划定。在封山育林区内,禁止或者限制开荒、砍柴和放牧等活动。

(三) 建立群众护林制度

《森林法》要求地方各级人民政府组织有关部门建立护林组织,负责护林工作,并督促有林的地区和林区的基层单位订立护林公约,组织群众护林,划定护林责任区,配备专职或者兼职护林员。护林员可以由县级或者乡级人民政府委任,其主要职责是巡护森林,制止破坏森林的行为。

(四) 建立森林防火制度,防治森林火灾

森林火灾是指由自然或人为原因引起的失去人为控制并对森林造成破坏性作用的森林燃烧现象。它是危害森林资源的主要灾害之一。按其发生原因,可分为天然火灾和人为火灾;按照受害森林面积和伤亡人数,森林火灾分为一般森林火灾、较大森林火灾、重大森林火灾和特别重大森林火灾。为了有效预防和扑救森林火灾,保障人民生命财产安全,保护森林资源,维护生态安全,2008修订的《森林防火条例》规定:森林防火工作实行地方各级人民政府行政首长负责制;跨行政区域的建立森林防火联防机制;根据森林火险区划等级和实际工作需要,编制森林防火规划;编制森林火灾应急预案并组织开展必要的森林火灾应急预案的演练;森林防火设施应当与该建设项目同步规划、同步设计、同步施工、同步验收;森林、林木、林地的经营单位和个人应当建立森林防火责任制;规定森林防火期,采取相应的预防和应急准备措施;建设森林火险监测和预报台站,及时制作发布森林火险预警预报信息;公布森林火警电话,建立森林防火值班制度;实现森林火灾发现报告制度,任何单位和个人发现森林火灾,应当立即报告;扑救森林火灾应当以专业火灾扑救队伍为主要力量,不得动员残疾人、孕妇和未成年人以及其他不适宜参加森林火灾扑救的人员参加。

(五) 建立森林病虫害防治制度

森林病虫害是指危害森林、林木、林木种苗及木材、竹材的病害和虫害的合称。它是导致森林面积减少、生产能力下降、环境效能降低的重要原因之一。森林病虫害防治制度则是指对森林病虫害进行预防和除治的一整套措施、途径和方法的规定。按照国务院1989年发布的《森林病虫害防治条例》的规定,森林病虫害防治的基本方针是预防为主,综合治理。其基本原则是"谁经营,谁防治"。防治的主要措施包括:建立健全森林病虫害防治机构;对林木种苗实行检疫措施,禁止检疫对象从国外传入或在国内传播;划定疫区和保护区,防止检疫对象扩散;对林内各种有益生物加强保护,并有计划地进行繁殖和培养,发挥生物防治作用;建立健全森林病虫害、监测和预报制度;根据实际需要建立森林病虫害防治的设施;对病虫害的发生实行报告制度、紧急除治措施制度和联防联治制度;对森林病虫害防治成绩显著者给予奖励,对不履行森林病虫害防治职责或义务者给予处罚。

(六) 设立森林生态效益补偿基金

1998年修改的《森林法》新增加了关于"国家设立森林生态效益补偿基金,用于提供生态效益的防护林和特种用途林的森林资源、林木的营造、抚育、保护和管理"的规定,从而确立了森林生态效益补偿基金制度。

（七）珍贵树木及其制品、衍生物的出口管制制度

国家禁止、限制出口珍贵树木及其制品、衍生物。禁止、限制出口的珍贵树木及其制品、衍生物的名录和年度限制出口总量,由国务院林业主管部门会同国务院有关部门制定,报国务院批准。凡出口列入目录的珍贵树木或者其制品、衍生物的,必须经出口人所在地省、自治区、直辖市人民政府林业主管部门审核,报国务院林业主管部门批准,海关凭国务院林业主管部门的批准文件放行。如果进出口的树木或者其制品、衍生物属于中国参加的国际公约限制进出口的濒危物种的,还必须向国家濒危物种进出口管理机构申请办理允许进出口证明书,海关凭允许进出口证明书放行。

（八）征收森林植被恢复费

1998年修改的《森林法》中增加了一条征收森林植被恢复费的规定。要求进行勘查、开采矿藏和各项工程建设的,应当不占或者少占林地。对必须占用或者征用林地的,经县级以上人民政府林业主管部门审核同意后,依照有关土地管理的法律、行政法规办理建设用地审批手续,并由用地单位依照国务院有关规定缴纳森林植被恢复费。森林植被恢复费专款专用,由林业主管部门依照有关规定统一安排植树造林,恢复森林植被。植树造林面积不得少于因占用、征用林地而减少的森林植被面积。为了保证森林植被恢复费真正用于植树造林,《森林法》规定任何单位和个人不得挪用森林植被恢复费。而且县级以上人民政府审计机关应当加强对森林植被恢复费使用情况的监督,上级林业主管部门应当定期督促、检查下级林业主管部门组织植树造林、恢复森林植被的情况。

此外,《森林法》还规定了对集体和个人造林、育林给予经济扶持或者长期贷款,提倡木材综合利用和节约使用、鼓励开发利用木材代用品,煤炭、造纸等部门按照煤炭和木浆纸张等产品的产量提取一定数额资金专门用于营造坑木、造纸等用材林的保护森林措施。

（九）实行退耕还林制度

为了提高森林覆盖率,遏制土地水土流失和土地沙化、生态环境日益恶化的趋势,国务院于2002年发布了《退耕还林条例》,对退耕还林的一系列问题作出了具体规定。

1. 退耕还林的对象

退耕还林的耕地,主要是水土流失、沙化、盐碱化、石漠化严重的和生态地位重要、粮食产量低而不稳的耕地。江河源头及其两侧、湖库周围的陡坡耕地以及水土流失和风沙危害严重等生态地位重要区域的耕地,要在退耕还林规划中优先安排。基本农田保护范围内的耕地和生产条件较好、实际粮食产量超过国家退耕还林补助粮食标准并且不会造成水土流失的耕地,因生态建设特殊需要,经国务院批准并依照有关法律、行政法规规定的程序调整基本农田保护范围后,也可以纳入退耕还林规划。

2. 退耕还林的原则

退耕还林的基本原则是生态优先。在退耕还林过程中应当遵循的原则包括:统筹规划、分步实施、突出重点、注重实效;政策引导和农民自愿退耕相结合,谁退耕、谁造林、谁经营、谁受益;遵循自然规律,因地制宜,宜林则林,宜草则草,综合治理;建设与保护并重,防止边治理边破坏;逐步改善退耕还林者的生活条件。

3. 退耕还林的管理体制

为了确保退耕还林制度的实施,《退耕还林条例》对国务院有关部门和地方人民政府的职责作出了明确具体的规定。国务院西部开发工作机构负责退耕还林工作的综合协调,组

织有关部门研究制定退耕还林有关政策、办法,组织和协调退耕还林总体规划的落实;国务院林业主管部门负责编制退耕还林总体规划、年度计划,主管全国退耕还林的实施工作,负责退耕还林工作的指导和监督检查;国务院发展计划部门会同有关部门负责退耕还林总体规划的审核、计划的汇总、基建年度计划的编制和综合平衡;国务院财政主管部门负责退耕还林中央财政补助资金的安排和监督管理;国务院农业主管部门负责已垦草场的退耕还草以及天然草场的恢复和建设有关规划、计划的编制,以及技术指导和监督检查;国务院水行政主管部门主管部门负责退耕还林还草地区小流域治理、水土保持等相关工作的技术指导和监督检查;国务院粮食行政管理部门负责粮源的协调和调剂工作。县级以上地方人民政府林业、计划、财政、农业、水利、粮食等部门在本级人民政府的统一领导下,按照规定的职责分工,负责退耕还林的有关工作。省、自治区、直辖市人民政府应当组织有关部门采取措施,保证退耕还林中央补助资金的专款专用,组织落实补助粮食的调运和供应,加强退耕还林的复查工作,按期完成国家下达的退耕还林任务,并逐级落实目标责任,签订责任书,实现退耕还林目标。

4. 退耕还林目标责任制

退耕还林实行目标责任制,县级以上地方各级人民政府有关部门应当与退耕还林工程项目负责人和技术负责人签订责任书,明确其应当承担的责任。

5. 退耕还林规划和计划的制订和实施

退耕还林规划是对退耕还林进行的整体部署。它由国务院林业主管部门负责编制,经国务院西部开发工作机构协调、国务院发展计划部门审核后,报国务院批准后实施。省、自治区、直辖市人民政府林业主管部门应当根据退耕还林总体规划会同有关部门编制本行政区域的退耕还林规划,经本级人民政府批准后,报国务院有关部门备案。

退耕还林规划的主要内容应包括:范围、布局和重点;年限、目标和任务;投资测算和资金来源;效益分析和评价;保障措施。

省、自治区、直辖市人民政府林业主管部门根据退耕还林规划,会同有关部门编制本行政区域下一年度退耕还林计划建议,由本级人民政府发展计划部门审核,并经本级人民政府批准后,报国务院西部开发工作机构、林业、发展计划等有关部门。国务院林业主管部门汇总编制全国退耕还林年度计划建议,经国务院西部开发工作机构协调,国务院发展计划部门审核和综合平衡,报国务院批准后,由国务院发展计划部门会同有关部门联合下达。省、自治区、直辖市人民政府发展计划部门会同有关部门根据全国退耕还林年度计划,将本行政区域下一年度退耕还林计划分解下达到有关县(市)人民政府,并将分解下达情况报国务院有关部门备案。省、自治区、直辖市人民政府林业主管部门根据国家下达的下一年度退耕还林计划,会同有关部门编制本行政区域内的年度退耕还林实施方案,经国务院林业主管部门审核后,报本级人民政府批准实施。县级人民政府林业主管部门可以根据批准后的省级退耕还林年度实施方案,编制本行政区域内的退耕还林年度实施方案,报本级人民政府批准后实施,并省、自治区、直辖市人民政府林业主管部门备案。

6. 退耕还林合同

对列入年度退耕还林计划和实施方案的耕地,由县级人民政府或者其委托的乡级人民政府与有退耕还林任务的土地承包经营权人签订退耕还林合同。合同主要内容应包括:退耕土地还林范围、面积和宜林荒山荒地造林范围、面积;按照作业设计确定的退耕还林方式;

造林成活率及其保存率;管护责任;资金和粮食的补助标准、期限和给付方式;技术指导、技术服务的方式和内容;种苗来源和供应方式;违约责任;合同履行期限。退耕还林者应当按照作业设计和合同的要求植树种草,并应履行管护义务。

7. 退耕还林的保障措施

国家按照核定的退耕还林实际面积,向土地承包经营权人提供补助粮食、种苗造林补助费和生活补助费;尚未承包到户和休耕的坡耕地退耕还林的,以及纳入退耕还林规划的宜林荒山荒地造林,只享受种苗造林补助费;种苗造林补助费和生活补助费由国务院计划、财政、林业部门按照有关规定及时下达、核拨。退耕还林资金实行专户存储、专款专用,任何单位和个人不得挤占、截留、挪用和克扣。

为防止退耕还林资金被贪污、冒领,对退耕还林的情况实行公示制度。实施退耕还林的乡(镇)、村应当将退耕还林者的退耕还林面积、造林树种、成活率以及资金和粮食补助发放等情况进行公示。

为了稳定和保持退耕还林成果,切实保障退耕还林者的合法权益,国家还从所有权保障、税收、财政补助等方面给以优惠条件。

财产所有权和土地承包经营权保障。国家保护退耕还林者享有退耕土地上的林木(草)所有权。自行退耕还林的,土地承包经营权人享有退耕土地上的林木(草)所有权;委托他人还林或者与他人合作还林的,退耕土地上的林木(草)所有权由合同约定。退耕土地还林后,由县级以上人民政府依照森林法、草原法的有关规定发放林(草)权属证书,确认所有权和使用权,并依法办理土地变更登记手续。退耕土地还林后的承包经营权期限可以延长到70年;承包经营权到期后,土地承包经营权人可以依照有关法律、法规的规定继续承包;退耕还林土地和荒山荒地造林后的承包经营权可以依法继承、转让。

税收优惠。退耕还林者按照国家有关规定享受税收优惠,其中退耕还林(草)所取得的农业特产收入,依照国家规定免征农业特产税。退耕还林的县(市)农业税收因灾减收部分,由上级财政以转移支付的方式给予适当补助;确有困难的,经国务院批准,由中央财政以转移支付的方式给予适当补助。

有条件地采伐林木。资金和粮食补助期满后,在不破坏整体生态功能的前提下,经有关主管部门批准,退耕还林者可以依法对其所有的林木进行采伐。

地方政府采取措施改善退耕还林者的生活条件。地方各级人民政府应当加强基本农田和农业基础设施建设,增加投入,改良土壤,改造坡耕地,提高地力和单位粮食产量,解决退耕还林者的长期口粮需求;根据实际情况加强沼气、小水电、太阳能、风能等农村能源建设,解决退耕还林者对能源的需求。当调整农村产业结构,扶持龙头企业,发展支柱产业,开辟就业门路,增加农民收入,加快小城镇建设,促进农业人口逐步向城镇转移。

第二十五章

草原资源保护法

第一节　草原资源及其立法

一、草原及其分类

草原是在温带半干旱气候条件下,由旱生或半旱生多年生草本植物组成的植被类型。它是以中温、旱生或半旱生密丛禾草为主的植物和相应的动物等构成的一个地带性的生态系统。《草原法》所称的草原包括草山、草地,草地又包括天然草地、改良草地和人工草地。

根据水热条件,可把草原分为草甸草原、典型草原、荒漠草原、高寒草原。

草甸草原,是指由多年生中性草本植物组成,生长在中等湿润条件下的植物群落所形成的植被类型。如我国的大兴安岭两侧、呼伦贝尔和东北平原等地,年降水量为350—420毫米,平均气温为2.8—3.1℃,植物以细叶菊、贝加尔针茅、羊草、小叶草等杂类草为主。这类草原,植物种类丰富,生物生产能力很高。

典型草原,是指植物群落由典型旱生植物组成,并以丛生禾草为主的植被类型。我国锡林郭勒草原即为典型草原。这类草原地区,年降水量为218—400毫米,年平均气温为2.3—4.5℃,植物以大针茅、克氏针茅、羊草等为主,并有一定数量的蒿草,植物种类较丰富,生物生产能力较高。

荒漠草原,是分布于干旱生境中的一种草地类型。它以典型旱生的多年生草本植物占优势,旱生的小半灌木在植物中起明显的作用,草群组成单调,植物种类贫乏,覆盖度约30%,高度约20—30厘米,叶片狭细,但根系深入土层,抗旱能力强。植物组成以针茅属和蒿属植物为主。我国的荒漠草原主要分布在内蒙古中北部和鄂尔多斯高原的中西部地区,干草原带以西及宁夏中部和甘肃东部地区、黄土高原北部及西部、新疆的低山、坡麓等。

高寒草原,是指分布于高山寒冷地区的草原。它以寒旱生多年生丛生禾草为主要成分,并有许多垫状植物、匍匐状植物和高寒灌丛。植物茎贴伏地面,以抵抗寒风和保持水分。群落中植物分布均匀,层次不明显。草层高度一般为15—20厘米,覆盖度30%—50%。我国的高寒草原主要分布在青藏高原的北部和东北部,昆仑山、天山、祁连山等山地的上部,主要用作夏季牧场。

草原资源,是指由草和其着生的土地构成的自然综合体。它是一种可更新资源,是发展畜牧业的基础。这种资源不仅可以自我繁殖再生,而且适应性强,更新速度快。只要注意保护,合理利用,就可以供人类永续利用。

草原作为一种宝贵的自然资源和一类特殊的生态系统,具有保持水土,防风固沙,保护和养育草原动物与植物,保持生物多样性,维持生态平衡,生产生物产品,满足人类物质生活需要等功能。

二、我国草原资源的状况

我国具有丰富的草原资源,拥有各类天然草原近4亿公顷,约占国土面积的41.7%,仅次于澳大利亚,居世界第二位,但人均占有草原仅0.33公顷,约为世界人均草地面积的一半。[1] 这些草原地区,大多自然条件严酷,人口稀少,开发程度较低,但日照时间长,年辐射量高,风力较大,蕴藏着丰富的太阳能和风能资源。同时还有众多的生物种类,仅牧草就有4000多种。内蒙古天然草原中就有150多种优良饲用植物,还有许多药用、纤维、染料植物。辽阔的草原为我国发展畜牧业、丰富人们的物质生活、维护和改善环境提供了天然的物质基础。但在长期的开发利用过程中,由于忽视生态规律,重用轻养,再加上滥垦、滥挖、滥砍、滥捕和过度放牧,造成了我国草原的严重破坏。

三、草原资源保护立法

1979年《环境保护法(试行)》第14条作出了"保护和发展牧草资源。积极规划和进行草原建设,合理放牧,保护和改善草原的再生能力,防止草原退化,严禁滥垦草原,防止草原火灾"的规定。

1985年第六届全国人大常委会通过了《草原法》。这是我国第一部关于草原保护的专门法律。该法对草原的所有权和使用权,草原保护的管理体制、方针、政策和具体措施作出了规定。2002年第九届全国人大常委会修订《草原法》(2013年再次修订),进一步健全完善了草原保护管理法律制度。

国务院于1993年制定并于2008年修订《草原防火条例》,对草原防火的措施作出了比较具体的规定。农业部于2005年发布了《草畜平衡管理办法》,对利用草原从事畜牧业生产经营活动的行为作出了规定。另外,一些省、自治区还制定了地方性的草原保护法规。

第二节 草原资源保护的主要法律规定

综合有关法律、法规的规定,我国草原保护的法律措施主要有以下几个方面:

一、草原法的立法目的

2002年《草原法》,对过去草原立法的目的作了重大改变,特别突出了对生态和生物多样性的保护。规定草原立法的目的是为了保护、建设和合理利用草原,改善生态环境,维护生物多样性,发展现代畜牧业,促进经济和社会的可持续发展。

---

[1] 参见中国环境年鉴编辑委员会编:《中国环境年鉴·2004》,中国环境年鉴社2004年版,第128页。

二、草原所有权和使用权

草原权属不清,就会导致草原保护责任不明和滥用草原的情况发生。为了保护草原,就必须明确草原的所有权和使用权。对此,我国《草原法》规定了两种所有权:一是国家所有,即全民所有;二是集体所有。国家所有的草原,由国务院代表国家行使所有权。国家所有的草原,可以依法确定给全民所有制单位、集体经济组织等使用;集体所有的草原或者依法确定给集体经济组织使用的国家所有的草原,可以由本集体经济组织内的家庭或者联户承包经营。

为了落实草原的所有权和使用权,《草原法》还规定,依法确定给全民所有制单位、集体经济组织等使用的国家所有的草原,由县级以上人民政府登记,核发使用权证,确认草原使用权;未确定使用权的国家所有的草原,由县级以上人民政府登记造册,并负责保护管理;集体所有的草原,由县级人民政府登记,核发所有权证,确认草原所有权;依法改变草原权属的,应当办理草原权属变更登记手续。

买卖或者以其他形式非法转让草原,构成犯罪的,依法追究刑事责任;尚不够刑事处罚的,由县级以上人民政府草原主管部门依据职权责令限期改正,没收违法所得,并处违法所得 1 倍以上 5 倍以下的罚款。

三、草原承包经营权

草原的使用权保护集中地体现在对草原承包经营权的保护。为了使承包人能够自觉地保护草原,防止掠夺性开发利用,《草原法》增加了对承包经营权的保护规定。在草原承包经营期内,不得对承包经营者使用的草原进行调整;个别确需适当调整的,必须经本集体经济组织成员的村(牧)民会议 2/3 以上成员或者 2/3 以上村(牧)民代表的同意,并报乡(镇)人民政府和县级人民政府草原主管部门批准;集体所有的草原或者依法确定给集体经济组织使用的国家所有的草原由本集体经济组织以外的单位或者个人承包经营的,必须经本集体经济组织成员的村(牧)民会议 2/3 以上成员或者 2/3 以上村(牧)民代表的同意,并报乡(镇)人民政府批准;承包经营草原,发包方和承包方应当签订书面合同;草原承包合同的内容应当包括双方的权利和义务、承包草原四至界限、面积和等级、承包期和起止日期、承包草原用途和违约责任等;承包期届满,原承包经营者在同等条件下享有优先承包权;承包经营草原的单位和个人,应当履行保护、建设和按照承包合同约定的用途合理利用草原的义务。

为了使草原发挥最大的环境和经济效益,《草原法》规定了草原承包经营权的转让流转制度。草原承包经营权受法律保护,可以按照自愿、有偿的原则依法转让。但对转让有一定的限制:草原承包经营权转让的受让方必须具有从事畜牧业生产的能力,并应当履行保护、建设和按照承包合同约定的用途合理利用草原的义务;草原承包经营权转让应当经发包方同意;承包方与受让方在转让合同中约定的转让期限,不得超过原承包合同剩余的期限。

四、草原规划制度

为了保护和合理利用草原,《草原法》规定了草原规划制度。国家对草原保护、建设、利用实行统一规划制度。国务院草原主管部门会同国务院有关部门编制全国草原保护、建设、利用规划,报国务院批准后实施;县级以上地方人民政府草原主管部门会同同级有关部门依据上一级草原保护、建设、利用规划编制本行政区域的草原保护、建设、利用规划,报本级人民政府批准后实施;经批准的草原保护、建设、利用规划确需调整或者修改时,须经原批准机关批准。

编制草原保护、建设、利用规划,应当遵循的原则包括:改善生态环境,维护生物多样性,促进草原的可持续利用;以现有草原为基础,因地制宜,统筹规划,分类指导;保护为主、加强建设、分批改良、合理利用;生态效益、经济效益、社会效益相结合。

草原保护管理与土地管理、环境保护、水资源利用、水土保持、森林保护、城乡建设等都有着密切的联系。因此草原规划与其他相关规划关系的处理是草原立法的一个重要问题。为此,《草原法》规定"草原保护、建设、利用规划应当与土地利用总体规划相衔接,与环境保护规划、水土保持规划、防沙治沙规划、水资源规划、林业长远规划、城市总体规划、村庄和集镇规划以及其他有关规划相协调。"

五、草原调查和统计

为了对草原进行有效的保护、建设和合理开发利用,必须准确掌握草原的各种信息资料。为此,《草原法》专门规定了草原调查制度和草原统计制度。要求县级以上人民政府草原主管部门会同同级有关部门定期进行草原调查;草原所有者或者使用者应当支持、配合调查,并提供有关资料;国务院草原主管部门会同国务院有关部门制定全国草原等级评定标准;县级以上人民政府草原主管部门根据草原调查结果、草原的质量,依据草原等级评定标准,对草原进行评等定级。县级以上人民政府草原主管部门和同级统计部门共同制定草原统计调查办法,依法对草原的面积、等级、产草量、载畜量等进行统计,定期发布草原统计资料;草原统计资料是各级人民政府编制草原保护、建设、利用规划的依据。

为了及时掌握草原的变化情况,《草原法》还规定国家建立草原生产、生态监测预警系统;县级以上人民政府草原主管部门对草原的面积、等级、植被构成、生产能力、自然灾害、生物灾害等草原基本状况实行动态监测,及时为本级政府和有关部门提供动态监测和预警信息服务。

六、基本草原保护

根据基本农田保护制度的经验,在《草原法》中规定了基本草原保护制度,对一些草原实行严格的管理措施。应当被划为基本草原的草原包括:重要放牧场;割草地;用于畜牧业生产的人工草地、退耕还草地以及改良草地、草种基地;对调节气候、涵养水源、保持水土、防风固沙具有特殊作用的草原;作为国家重点保护野生动植物生存环境的草原;草原科研、教学试验基地;国务院规定应当划为基本草原的其他草原。

七、草原建设规定

为了减轻天然草原过度放牧的压力,提高草原的生产效率,《草原法》专设一章"建设",对草原建设作出专门规定。这些规定主要是县级以上人民政府在草原建设方面的职责。主要包括:

(一) 鼓励和支持草原建设投资

国家鼓励与支持人工草地建设、天然草原改良和饲草饲料基地建设,稳定和提高草原生产能力。对于单位和个人投资建设的草原,按照谁投资、谁受益的原则保护草原投资建设者的合法权益。

(二) 鼓励、支持改善草原牧业条件

县级以上人民政府支持、鼓励和引导农牧民开展草原围栏、饲草饲料储备、牲畜圈舍、牧民定居点等生产生活设施的建设,支持草原水利设施建设,发展草原节水灌溉,改善人畜饮水条件。

(三) 鼓励和支持科学发展草原

按照草原保护、建设、利用规划加强草种基地建设,鼓励选育、引进、推广优良草品种。对于退化、沙化、盐碱化、石漠化和水土流失的草原,地方各级人民政府应当按照草原保护、建设、利用规划,划定治理区,组织专项治理。

(四) 保证草原建设的政府投入

为了保障草原保护、建设目标的实现,《草原法》要求县级以上人民政府应当根据草原保护、建设、利用规划,在本级国民经济和社会发展计划中安排资金用于草原改良、人工种草和草种生产。对于该项资金,任何单位或者个人不得截留、挪用。

八、合理利用草原

草原作为可更新资源,只要合理利用,就可以既发挥其经济效能,又可以保持其环境功能。为此,《草原法》对草原的合理利用规定了一系列措施。

(一) 核定草原载畜量,保持草畜平衡

根据"负载有额"的生态规律,任何草原都有一定的载畜量。如果放牧的牲畜超过了草原能够承载的数额,该草原的生态系统就会遭到破坏。为了保护草原生态平衡,我国《草原法》规定国家对草原实行以草定畜、草畜平衡制度。要求县级以上地方人民政府草原主管部门应当按照国务院草原主管部门制定的草原载畜量标准,结合当地实际情况,定期核定草原载畜量。各级人民政府应当采取有效措施,防止超载过牧。要求草原承包经营者应当合理利用草原,不得超过草原主管部门核定的载畜量;草原承包经营者应当采取种植和储备饲草饲料、增加饲草饲料供应量、调剂处理牲畜、优化畜群结构、提高出栏率等措施,保持草畜平衡;牧区的草原承包经营者应当实行划区轮牧,合理配置畜群,均衡利用草原。

(二) 提倡牲畜圈养,保证草原更新

通过舍饲圈养,可以大大提高草原的利用效率,防止过量放牧对草原的破坏。为此,《草原法》规定:在农区、半农半牧区和有条件的牧区提倡牲畜圈养;草原承包经营者应当按照饲养牲畜的种类和数量,调剂、储备饲草饲料,采用青贮和饲草饲料加工等新技术,逐步改变依赖天然草地放牧的生产方式;在草原禁牧、休牧、轮牧区,国家对实行舍饲圈养的给予粮食和资金补助;对割草场和野生草种基地由县级以上地方人民政府草原主管部门规定合理的割草期、采种期以及留茬高度和采割强度,实行轮割轮采。

(三) 严格管理占用和征用草原,防止工程建设破坏草原

矿藏开采和工程建设会占用大量草原,有的还会对草原造成严重破坏。为了防止矿藏开采和工程建设对草原的破坏,我国《草原法》规定:

1. 进行矿藏开采和工程建设,应当不占或者少占草原;确需征用或者使用草原的,必须经省级以上人民政府草原主管部门审核同意后,依照有关土地管理的法律、行政法规办理建设用地审批手续。

2. 因建设征用集体所有的草原的,应当依照《土地管理法》的规定给予补偿;因建设使用国家所有的草原的,应当依照国务院有关规定对草原承包经营者给予补偿。

3. 需要临时占用草原的,应当经县级以上地方人民政府草原主管部门审核同意;临时占用草原的期限不得超过2年,并不得在临时占用的草原上修建永久性建筑物、构筑物;占用期满,用地单位必须恢复草原植被并及时退还。

4. 在草原上修建直接为草原保护和畜牧业生产服务的工程设施,需要使用草原的,由县级以上人民政府草原主管部门批准;修筑其他工程,需要将草原转为非畜牧业生产用地的,必须依法办理建设用地审批手续。直接为草原保护和畜牧业生产服务的工程设施包括生产、贮存草种和饲草饲料的设施,牲畜圈舍、配种点、剪毛点、药浴池、人畜饮水设施,科研、试验、示范基地,草原防火和灌溉设施。

5. 征收草原植被恢复费。因建设征用或者使用草原的,应当交纳草原植被恢复费;草原植被恢复费专款专用,由草原主管部门按照规定用于恢复草原植被,任何单位和个人不得截留、挪用。草原植被恢复费的征收、使用和管理办法,由国务院价格主管部门和国务院财政部门会同国务院草原主管部门制定。

未经批准或者采取欺骗手段骗取批准,非法使用草原,构成犯罪的,依法追究刑事责任;尚不够刑事处罚的,由县级以上人民政府草原主管部门依据职权责令退还非法使用的草原,对违反草原保护、建设、利用规划擅自将草原改为建设用地的,限期拆除在非法使用的草原上新建的建筑物和其他设施,恢复草原植被,并处草原被非法使用前3年平均产值6倍以上12倍以下的罚款。非法开垦草原,构成犯罪的,依法追究刑事责任;尚不够刑事处罚的,由县级以上人民政府草原主管部门依据职权责令停止违法行为,限期恢复植被,没收非法财物和违法所得,并处违法所得1倍以上5倍以下的罚款;没有违法所得的,并处5万元以下的罚款;给草原所有者或者使用者造成损失的,依法承担赔偿责任。

九、保护草原的其他措施

(一) 划区保护措施

为了保护有代表性和有特殊价值的草原及珍稀濒危野生动植物,《草原法》要求国务院草原主管部门或者省、自治区、直辖市人民政府按照自然保护区管理的有关规定,在具有代表性的草原类型、珍稀濒危野生动植物分布区、具有重要生态功能和经济科研价值的草原,建立自然保护区,并要求县级以上人民政府应当依法加强对草原珍稀濒危野生植物和种质资源的保护、管理。

(二) 禁止措施

一是禁止开垦草原。对水土流失严重、有沙化趋势、需要改善生态环境的已垦草原,应当有计划、有步骤地退耕还草;已造成沙化、盐碱化、石漠化的,应当限期治理。二是禁止在荒漠、半荒漠和严重退化、沙化、盐碱化、石漠化、水土流失的草原以及生态脆弱区的草原上采挖植物和从事破坏草原植被的其他活动。对违反者,由县级以上地方人民政府草原主管部门依据职权责令停止违法行为,没收非法财物和违法所得,可以并处违法所得1倍以上5倍以下的罚款;没有违法所得的,可以并处5万元以下的罚款;给草原所有者或者使用者造成损失的,依法承担赔偿责任。三是对严重退化、沙化、盐碱化、石漠化的草原和生态脆弱区的草原,实行禁牧、休牧制度。四是除抢险救灾和牧民搬迁的机动车辆外,禁止机动车辆离开道路在草原上行驶,破坏草原植被;因从事地质勘探、科学考察等活动确需离开道路在草原上行驶的,应当事先向所在地县级人民政府草原行政主管部门报告行驶区域和行驶路线,并按照报告的行驶区域和行驶路线在草原上行驶。。对违反者,由县级人民政府草原主管部门责令停止违法行为,限期恢复植被,可以并处草原被破坏前3年平均产值3倍以上9倍以下的罚款;给草原所有者或者使用者造成损失的,依法承担赔偿责任。五是禁止在草原上使用剧毒、高残留以及可能导致二次中毒的农药。

（三）限制措施

在草原上从事采土、采砂、采石等作业活动,应当报县级人民政府草原主管部门批准;开采矿产资源的,还应当依法办理有关手续;经批准在草原上从事采土、采砂、采石、开矿活动的,应当在规定的时间、区域内,按照准许的采挖方式作业,并采取保护草原植被的措施;在他人使用的草原上从事采土、采砂、采石、开矿活动的应当事先征得草原使用者的同意。对违反者由县级人民政府草原主管部门责令停止违法行为,限期恢复植被,没收非法财物和违法所得,可以并处违法所得1倍以上2倍以下的罚款;没有违法所得的,可以并处2万元以下的罚款

在草原上种植牧草或者饲料作物,应当符合草原保护、建设、利用规划;在草原上开展经营性旅游活动,应当符合有关草原保护、建设、利用规划,并事先征得县级以上地方人民政府草原主管部门的同意,方可办理有关手续。违反者由县级以上地方人民政府草原主管部门依据职权责令停止违法行为,限期恢复植被,没收违法所得,可以并处违法所得1倍以上2倍以下的罚款;没有违法所得的,可以并处草原被破坏前3年平均产值六倍以上12倍以下的罚款。

（四）鼓励和支持措施

国家鼓励与支持开展草原保护、建设、利用和监测方面的科学研究,推广先进技术和先进成果,培养科学技术人才;国家支持依法实行退耕还草和禁牧、休牧,对在国务院批准规划范围内实施退耕还草的农牧民,按照国家规定给予粮食、现金、草种费补助;退耕还草完成后,由县级以上人民政府草原主管部门核实登记,依法履行土地用途变更手续,发放草原权属证书;国家对在草原管理、保护、建设、合理利用和科学研究等工作中做出显著成绩的单位和个人,给予奖励。

（五）防止草原火灾措施

草原火灾是指由自然或人为原因引起的,失去人为控制并对草原造成危害的草原植被燃烧现象。它是造成草原破坏的原因之一。从其发生原因,可分为天然草原火灾和人为草原火灾;按受害草原面积、伤亡人数、受灾牲畜数量以及对城乡居民点、重要设施、名胜古迹、自然保护区的威胁程度等,分为特别重大、重大、较大、一般四个等级。为了防止草原火灾对草原造成破坏,除了《草原法》关于"草原防火工作贯彻预防为主、防消结合的方针"和"各级人民政府应当建立草原防火责任制,规定草原防火期,制定草原防火扑火预案,切实做好草原火灾的预防和扑救工作"的原则规定外,国务院还发布了《草原防火条例》,对草原防火的措施作出了具体规定。其主要的法律措施有:实行行政首长负责制和部门、单位领导负责制;建立跨行政区域联防制度;指定草原火险区,根据草原火灾发生的危险程度和影响范围等,将全国草原划分为极高、高、中、低四个等级的草原火险区;根据草原火险区划和草原防

火工作的实际需要,编制草原防火规划;编制草原火灾应急预案;建立草原防火管制区制度,在草原防火期内,出现高温、干旱、大风等高火险天气时,应当将极高草原火险区、高草原火险区以及一旦发生草原火灾可能造成人身重大伤亡或者财产重大损失的区域划为草原防火管制区,规定管制期限;实行草原火情监测和发现报告制度,发现草原火情的单位和个人,应当及时报告;扑救草原火灾应当组织和动员专业扑火队和受过专业培训的群众扑火队,不得动员残疾人、孕妇、未成年人和老年人参加。

(六)防止病虫鼠害和毒害草措施

《草原法》要求县级以上地方人民政府做好草原鼠害、病虫害和毒害草防治的组织管理工作;要求县级以上地方人民政府草原主管部门采取措施,加强草原鼠害、病虫害和毒害草监测预警、调查以及防治工作,组织研究和推广综合防治的办法。

十、草原所有权和使用权纠纷的处理

草原所有权、使用权纠纷是因草原所有权或使用权的归属而发生的争议。这类纠纷,由当事人本着互谅互让、有利团结的精神协商解决;协商不成的,由有关人民政府处理。其处理的管辖权限为:单位之间的争议,由县级以上人民政府处理;个人之间、个人与单位之间的争议,由乡(镇)人民政府或者县级以上人民政府处理。当事人对有关人民政府的处理决定不服的,可以依法向人民法院起诉。在草原权属争议解决前,任何一方不得改变草原利用现状,不得破坏草原和草原上的设施。

十一、行政代执行

对于一些违反《草原法》的行为,执法部门可以责令违法者改正违法或者采取补救措施。违法者如果不执行执法部门的命令,执法部门可以采取行政代执行的方法使违法者履行义务。《草原法》规定的行政代执行主要针对两种情况。一是在临时占用的草原上修建永久性建筑物、构筑物的,由县级以上地方人民政府草原主管部门依据职权责令限期拆除;逾期不拆除的,依法强制拆除,所需费用由违法者承担;二是临时占用草原,占用期届满,用地单位不予恢复草原植被的,由县级以上地方人民政府草原主管部门依据职权责令限期恢复;逾期不恢复的,由县级以上地方人民政府草原主管部门代为恢复,所需费用由违法者承担。

第二十六章

矿产资源保护法

第一节 矿产资源及其保护立法

矿产资源,是指在地质运动过程中形成的,在一定的经济技术条件下可为人类用于生产和生活的各种矿物质富集物。矿产资源是自然资源的一种。它赋存于地壳内部或地表,可呈固态、液态或气态产出。一般可分为燃料矿产、金属矿产、非金属矿产和地下热能等。按照我国《矿产资源法实施细则》的规定,矿产资源是指"由地质作用形成的,具有利用价值的,呈固态、液态、气态的自然资源。"同时,该细则还将我国的矿产资源分为能源矿产、金属矿产、非金属矿产和水气矿产。矿产资源是人类赖以生存和发展的生产资料和生活资料的重要来源,是国家经济建设的重要物质基础。由于矿产资源具有有限性和不可再生性的特征,因此必须倍加珍惜和保护。

我国是世界上矿产品种比较齐全的少数几个国家之一,目前全球已知的近 200 种矿产在我国基本都已找到,有 10 多种矿产探明储量居世界第一位。丰富的矿产资源为我国的经济建设提供了不可缺少的物质基础。然而,我国的矿产资源及其开发利用也存在一些问题,其主要表现:一是部分重要矿种贫矿多、富矿少,有的甚至短缺;二是伴生矿多,单一矿少,分选冶炼困难;三是地区分布不均,且很多矿产处在开采条件极为困难的偏远山区和生活条件极为恶劣的地区,不易开发利用;四是人均占有量低,有些矿产难以满足经济发展的需要;五是开发利用的技术和管理水平低,浪费和破坏严重。我国矿产资源的这种现实状况决定了我国必须十分注意其合理开发利用和保护,以便满足经济发展对矿产资源的日益增长的需求。

我国十分重视矿产资源保护的立法。为了保护和合理利用矿产资源,早在 1951 年,当时的政务院就颁发了《中华人民共和国矿业暂行条例》,这可以说是建国后最早颁布的涉及资源保护的法规之一,1956 年国务院又批转了《矿产资源保护试行条例》这一专门保护矿产资源的法规。

目前,我国矿产资源保护管理的主要立法有 1986 年 3 月 19 日颁布的《矿产资源法》(1996 年修订)、1996 年 8 月 29 日颁布的《煤炭法》(2011 年修订、2013 年再次修订)等法律。此外,还包括 1982 年 1 月 30 日国务院发布的《对外合作开采海洋石油资源条例》(2011 年修订)、1987 年 4 月 29 日国务院发布的《矿产资源监督管理暂行办法》、1993 年 10 月 7 日国务院发布《对外合作开采陆上石油资源条例》(2007 年修订)、1994 年 2 月 27 日国务院发布的《矿产资源补偿费征收管理规定》(1997 年修订)、1994 年 3 月 26 日国务院发布的《矿产资源法实施细则》、1994年12月20日国务院发布的《煤炭生产许可证管理办法》、1998年2月12日国务院发布的《探矿权采矿权转让管理办法》《矿产资源开采登记管理办法》和《矿产资源勘查区块登记管理办法》等法规、规章。

第二节 矿产资源保护的主要法律规定

综合我国目前关于矿产资源保护的法律、法规和规章的规定,我国关于矿产资源保护管理的规定主要包括如下内容。

一、矿产资源的所有权、探矿权和采矿权

(一) 矿产资源所有权

矿产资源的所有权是矿产资源法律关系主体对矿产资源占有、使用、收益和处分的权利。按照我国矿产资源法的规定,我国的矿产资源实行单一的所有权制度,即矿产资源属于国家所有,由国务院行使国家对矿产资源的所有权。地表或地下的矿产资源的国家所有权,不因其所依附的土地的所有权或使用权的不同而改变。

(二) 探矿权

探矿权是指在依法取得的勘查许可证规定的范围内勘查矿产资源的权利。取得勘查许可证的单位或个人称为探矿权人。探矿权人依法享有的权利包括:按照勘查许可证规定的区域、期限、工作对象进行勘查;在勘查作业区及相邻区域架设供电、供水、通讯管线;在勘查作业区及相邻区域通行;根据工程需要临时使用土地;优先取得勘查作业区内新发现矿种的探矿权;优先取得勘查作业区内矿产资源的采矿权;自行销售除国务院规定由指定单位统一收购的矿产品之外的勘查中按照批准的工程设计施工回收的矿产品。

(三) 采矿权

采矿权是指在依法取得的采矿许可证规定的范围内开采矿产资源和获得所开采的矿产品的权利。取得采矿许可证的单位或者个人称为采矿权人。采矿权人享有的权利包括:按照采矿许可证规定的范围和期限从事开采活动;自行销售除国务院规定由指定的单位统一收购的矿产品之外的矿产品;在矿区范围内建设采矿所需的生产和生活设施;根据生产建设的需要依法取得土地使用权;法律、法规规定的其他权利。

(四) 探矿权、采矿权的取得

取得探矿权、采矿权必须具备法定条件,并经过申请和管理部门的审查和批准,依法办理登记,同时要取得矿产资源勘查许可证、采矿许可证。依法取得的探矿权、采矿权受法律保护。

国家实行探矿权、采矿权有偿取得制度。开采矿产资源,必须按照国家有关规定缴纳资源税和资源补偿费。

(五) 探矿权和采矿权的转让

探矿权和采矿权可以依法转让。但并不是所有的探矿权和采矿权都可以转让。只有符合一定条件的探矿权和采矿权才可以转让,且要经过有关机构的批准。

1. 探矿权和采矿权转让的条件

转让探矿权应当具备条件包括:自颁发勘查许可证之日起满2年,或者在勘查作业区内

发现可供进一步勘查或者开采的矿产资源;完成规定的最低勘查投入;探矿权属无争议;按照国家有关规定已经缴纳探矿权使用费、探矿权价款;国务院地质矿产主管部门规定的其他条件。

转让采矿权应当具备的条件包括:矿山企业投入采矿生产满 1 年;采矿权属无争议;按照国家有关规定已经缴纳采矿权使用费、采矿权价款、矿产资源补偿费和资源税;国务院地质矿产主管部门规定的其他条件。

2. 负责探矿权、采矿权转让审批的部门

国务院地质矿产主管部门和省级人民政府地质矿产主管部门是探矿权、采矿权转让的审批管理机关。国务院地质矿产主管部门负责由其审批发证的探矿权、采矿权转让的审批;省级人民政府地质矿产主管部门负责国务院地质矿产主管部门审批范围以外的探矿权、采矿权转让的审批。

如果是国有矿山企业,在申请转让采矿权前,还应当征得矿山企业主管部门的同意。

3. 探矿权、采矿权转让的审批程序

探矿权、采矿权转让应当按照规定的程序进行。这种程序包括申请程序、评估程序、审批程序、通知程序、变更登记程序等。

(1) 申请

探矿权人或者采矿权人在欲转让探矿权或者采矿权,应当向审批管理机关提交申请,并提交有关申请资料,包括转让申请书、转让人与受让人签订的转让合同、受让人资质条件的证明文件、转让人具备法定转让条件的证明、矿产资源勘查或者开采情况的报告,以及审批管理机关要求提交的其他有关资料。国有矿山企业转让采矿权时,还应当提交有关主管部门同意转让采矿权的批准文件。

(2) 评估

为了保证转让价格的合理和防止国有资产流失,国家规定了探矿权、采矿权的评估要求。转让国家出资勘查所形成的探矿权、采矿权的,必须进行评估。该评估工作由国务院地质矿产主管部门会同国务院国有资产管理部门认定的评估机构进行。评估结果由国务院地质矿产主管部门确认。

(3) 审批和通知

审批管理机关应当自收到探矿权、采矿权转让申请之日起 40 日内作出准予转让或者不准转让的决定,并通知转让人和受让人,同时要及时通知原发证机关。不准转让的,审批管理机关应当说明理由。

(4) 变更登记

准予转让探矿权、采矿权的,转让人和受让人应当自收到批准转让通知之日起 60 日内到原发证机关办理变更登记手续;受让人按照国家规定缴纳有关费用后,领取勘查许可证或者采矿许可证,成为探矿权人或者采矿权人。

将探矿权、采矿权违法倒卖牟利的,吊销勘查许可证、采矿许可证,没收违法所得,处以相当于矿产资源损失价值 50% 以下的罚款。

二、矿产资源保护的监督管理体制

我国的矿产资源保护实行主管与协管相结合的监督管理体制。即:国务院地质矿产主管部门主管全国矿产资源勘查、开采的监督管理工作,国务院有关主管部门协助国务院地质矿产部门进行矿产资源勘查、开采的监督管理工作;省级人民政府地质矿产主管部门主管本行政区域内矿产资源勘查、开采的监督管理工作,省级人民政府有关主管部门协助同级地质矿产主管部门进行矿产资源勘查、开采的监督管理工作。

设区的市人民政府、自治州人民政府和县级人民政府及其负责管理矿产资源的部门,依法对本级人民政府批准开办的国有矿山企业和本行政区域内的集体所有制矿山企业、个体采矿者以及在本行政区域内从事勘查施工的单位和个人进行监督管理,依法保护探矿权人、采矿权人的合法权益。

三、矿产资源保护的监督管理制度

为了实现矿产资源勘探与开发的统一规划、合理布局、综合勘查、合理开采和综合利用的目的,矿产资源法规定了一系列的监督管理制度。其中主要的监督管理制度有:

(一) 矿产资源规划制度

矿产资源规划是法定部门按照规定程序编制的国家对一定时期矿产资源勘查和开发利用整体安排的书面文件。矿产资源规划制度则是关于矿产资源规划编制和实施的一整套程序、措施和方法,是矿产资源规划的法律化。它对于矿产资源的合理开发利用与保护有着重要意义。按照规定,全国矿产资源规划,在国务院计划主管部门指导下,由国务院地质矿产主管部门根据国民经济和社会发展中长期规划,组织国务院有关主管部门和省级人民政府编制,报国务院批准后实施。按其内容,可分为矿产资源勘查规划和矿产资源开发规划。

矿产资源勘查规划是由法定机构按规定程序编制的国家对矿产资源勘查所作整体安排的书面文件。按照规定,全国矿产资源中、长期勘查规划,在国务院计划主管部门指导下由国务院地质矿产主管部门根据国民经济和社会发展中、长期勘查规划,在国务院有关主管部门勘查规划的基础上组织编制。

矿产资源开发规划是由有关机构编制的对矿区的开发建设布局进行整体安排的书面文件。可分为行业开发规划和地区开发规划。行业开发规划由国务院有关主管部门根据全国矿产资源规划中分配给本部门的矿产资源编制实施。地区开发规划由省级人民政府根据全国矿产资源规划中分配给本省、自治区、直辖市的矿产资源编制实施。矿产资源行业开发规划和地区开发规划应当报送国务院计划主管部门、地质矿产主管部门备案。

(二) 矿产资源勘查登记制度

国家对矿产资源勘查实行统一的区块登记管理制度,并由《矿产资源勘查区块登记管理办法》具体规定。凡在中华人民共和国领域及其管辖海域内从事1:20万和大于1:20万比例尺的区域地质调查,金属矿产、非金属矿产、能源矿产的普查和勘探,地下水、地热、矿泉水资源的勘查,矿产的地球物理、地球化学的勘查,航空遥感地质调查工作的,都必须申请登记,取得探矿权。但是,矿山企业在划定或者核定的矿区范围内进行的生产勘探工作、地质踏勘及不进行勘探工程施工的矿点检查,不需要进行登记。矿产资源勘查登记工作由国务院地质矿产主管部门负责,特定矿种的矿产资源勘查登记工作可以由国务院授权有关主管部门负责。申请勘查登记,应向负责登记的管理机关提交必要的文件和资料。登记管理机关对登记申请和有关资料进行审查,对符合登记条件的,准予登记,并发给勘查许可证。勘查单位变更勘查工作范围、对象、阶段的,应当向登记管理机关办理变更登记手续,换领勘查许可证。勘查许可证有效期最长为 3 年;但是,石油、天然气勘查许可证有效期最长为 7 年。需要延长勘查工作时间的,探矿权人应当在勘查许可证有效期届满的 30 日前,到登记管理机关办理延续登记手续,每次延续时间不得超过 2 年。勘查单位因故要求撤销项目或者已经完成勘查项目任务的,应当向登记管理机关报告项目撤销原因或者填报项目完成报告,办理注销登记手续。

(三) 采矿许可证制度

采矿许可证是矿产资源主管部门依法向符合规定条件的单位或个人发放的允许其开采矿产资源的证明文件。采矿许可证制度则是关于采矿许可证的取得条件、申请、审核、发放和管理的一整套程序、措施和方法。凡在中华人民共和国领域及管辖海域开采矿产资源的单位和个人,必须经过审查批准,取得采矿许可证。否则,不得进行采矿活动。采矿许可证管理的具体办法由国务院发布的《矿产资源开采登记管理办法》规定。

不同区域、规模和不同种类的矿产资源,分别由不同的机构审批和发放采矿许可证。国家规划矿区和对国民经济具有重要价值的矿区内的矿产资源、国家规划矿区和对国民经济具有重要价值的矿区以外可供开采的矿产储量规模在大型以上的矿产资源,国家规定实行保护性开采的特定矿种,领海及中国管辖的其他海域的矿产资源和国务院规定的其他矿产资源的开采,由国务院地质矿产主管部门审批,并颁发采矿许可证;开采石油、天然气矿产的,经国务院指定的机关审查同意后,由国务院地质矿产主管部门登记,颁发采矿许可证;开采由国务院地质矿产主管部门和国务院授权的有关主管部门审批发证的矿产资源之外的矿产资源,其可供开采的矿产储量规模为中型的,由省级人民政府地质矿产主管部门审批和颁发采矿许可证。矿山企业变更矿区范围,必须报请原审批机关批准,并报请原颁发采矿许可证的机关重新核发采矿许可证。

未取得采矿许可证擅自采矿的,擅自进入国家规划矿区、对国民经济具有重要价值的矿区和他人矿区范围采矿的,擅自开采国家规定实行保护性开采的特定矿种的,处以违法所得 50% 以下的罚款;超越批准的矿区范围采矿的,处以违法所得 30% 以下的罚款。

(四) 征收矿产资源补偿费制度

矿产资源补偿费是采矿权人为补偿国家矿产资源的消耗而向国家缴纳的一定费用。矿产资源补偿费制度则是关于矿产资源补偿费的征收对象、范围、费率、程序和使用与管理的一整套措施和方法。其目的是为了保障和促进矿产资源的勘查、保护与合理开发,维护国家对矿产资源的财产权益。除法律、行政法规另有规定外,凡在中华人民共和国领域和其他管辖海域开采矿产资源的采矿权人,都应当按规定缴纳矿产资源补偿费。矿产资源补偿费按照矿产品销售收入的一定比例计征,其计算方式为:征收矿产资源补偿费金额 = 矿产品销售收入 × 补偿费费率 × 开采回采率系数。补偿费费率由国家统一规定,最高为 4%,最低为 0.5%。矿产资源补偿费由地质矿产主管部门会同财政部门征收。征收的矿产资源补偿费纳入国家预算,实行专项管理,主要用于矿产资源勘查。

四、矿产资源保护措施

除了矿产资源保护的监督管理制度外,《矿产资源法》还规定了一些保护矿产资源的措施。

(一) 对特定矿区和矿种实行计划开采

国家对国家规划矿区、对国民经济具有重要价值的矿区和国家规定实行保护性开采的特定矿种,实行有计划的开采;未经国务院有关主管部门批准,任何单位和个人不得开采这类矿区和矿种。

(二) 对具有工业价值的共生和伴生矿产实行综合勘探与综合开采

在完成主要矿种普查任务的同时,应当对工作区内包括共生或者伴生矿产的成矿地质条件和矿床工业远景作出初步综合评价;矿床勘探必须对矿区内具有工业价值的共生和伴生矿产进行综合评价,并计算其储量;在开采主要矿产的同时,对具有工业价值的共生和伴生矿产应当统一规划,综合开采,综合利用,防止浪费;对暂时不能综合开采或者必须同时采出而暂时还不能综合利用的矿产以及含有用组分的尾矿,应当采取有效的保护措施,防止损失破坏。

(三) 要求采取合理的开采顺序、方法和工艺

开采矿产资源,必须采取合理的开采顺序、开采方法和选矿工艺;开采回采率[①]、采矿贫化率[②]和选矿回收率[③]应当达到设计要求。

对于违反规定,采取破坏性的开采方法开采矿产资源的,处以罚款,还可以吊销采矿许可证。

五、集体和个体采矿的规定

国家对集体矿山企业和个体采矿实行积极扶持、合理规划、正确引导、加强管理的方针,鼓励集体矿山企业开采国家指定范围内的矿产资源,允许个人采挖零星分散资源和只能用作普通建筑材料的砂、石、粘土以及为生活自用采挖少量矿产。矿产储量规模适宜由矿山企业开采的矿产资源、国家规定实行保护性开采的特定矿种和国家规定禁止个人开采的其他矿产资源,个人不得开采。同时,集体矿山企业和个体采矿应提高技术水平,提高矿产资源回收率。

六、开采矿产资源的环境保护规定

开采矿产资源,必须遵守有关环境保护的法律规定,防止污染和破坏环境。在国家划定的自然保护区、重要风景区、国家重点保护的不能移动的历史文物和名胜古迹所在地,未经国务院授权的有关主管部门同意,不得开采矿产资源;勘查、开采矿产资源时,发现具有重大科学文化价值的罕见地质现象以及文化古迹,应当加以保护并及时报告有关部门;耕地、草原、林地因采矿受到破坏的,矿山企业应当因地制宜地采取复垦利用、植树种草或者其他利用措施。

七、矿区范围争议的解决

矿山企业之间的矿区范围的争议,由当事人协商解决,协商不成的,由有关县级以上地方人民政府根据依法核定的矿区范围处理;跨省、自治区、直辖市的矿区范围的争议,由有关省级人民政府协商解决,协商不成的,由国务院处理。

---

① 开采回采率,是指采矿过程中采出的矿石或金属量与该采区拥有的矿石或金属储量的百分比。
② 采矿贫化率,是指采矿过程中采出矿石的品位降低数与矿体(或矿块)平均品位之百分比。
③ 选矿回收率,是指精矿中有用成分的重量对入选原矿中有用成分重量的百分比。

第二十七章

节约能源与可再生能源法

第一节 能源及其立法

能源是国民经济发展的重要物质基础,也是人类赖以生存的基本条件。从历史上看,人类对能源利用的每一次重大突破都伴随着科技的进步,从而促进了生产力大发展、甚至引起社会生产方式的变革。

目前,我国是世界上第二位能源生产国和消费国。能源稳定而持续地供应,为经济社会发展提供了重要的支撑。我国已经成为世界能源市场不可或缺的重要组成部分,对维护全球能源安全,正在发挥着越来越重要的积极作用。但是随着经济的较快发展和工业化、城镇化进程的加快,能源需求不断增长,构建稳定、经济、清洁、安全的能源供应体系面临着重大挑战:

第一,资源约束突出,能源效率偏低。我国优质能源资源相对不足,制约了供应能力的提高;能源资源分布不均,也增加了持续稳定供应的难度;经济增长方式粗放、能源结构不合理、能源技术装备水平低和管理水平相对落后,导致单位国内生产总值能耗和主要耗能产品能耗高于主要能源消费国家平均水平,进一步加剧了能源供需矛盾。单纯依靠增加能源供应,难以满足持续增长的消费需求。

第二,能源消费以煤为主,环保压力加大。煤炭是我国的主要能源,以煤为主的能源结构在未来相当长时期内难以改变。相对落后的煤炭生产方式和消费方式,加大了环境保护的压力。煤炭消费是造成煤烟型大气污染的主要原因,也是温室气体排放的主要来源。随着中国机动车保有量的迅速增加,部分城市大气污染已经变成煤烟与机动车尾气混合型。这种状况持续下去,将给生态环境带来更大的压力。

第三,市场体系不完善,应急能力有待加强。中国能源市场体系有待完善,能源价格机制未能完全反映资源稀缺程度、供求关系和环境成本。能源资源勘探开发秩序有待进一步规范,能源监管体制尚待健全。煤矿生产安全欠账比较多,电网结构不够合理,石油储备能力不足,有效应对能源供应中断和重大突发事件的预警应急体系有待进一步完善和加强。

为了应对以上问题,实现经济社会的可持续发展,必须加快发展现代能源产业,坚持节约资源和保护环境的基本国策,把建设资源节约型、环境友好型社会放在工业化、现代化发展战略的突出位置。因此,我国不断加强在节约能源与可再生能源方面的立法。我国在节约能源方面的主要法律有1997年制定的《节约能源法》(2007年修订)。主要法规、规章有

《城市建设节约能源管理实施细则》《节约能源监测管理暂行规定》《建材工业节约能源管理办法》《重点用能单位节能管理办法》《交通行业实施节约能源法细则》等等。我国在促进可再生能源的开发利用方面的主要法律有2005年制定的《可再生能源法》(2009年修订)。主要的规章有《可再生能源发展专项资金管理暂行办法》《电网企业全额收购可再生能源电量监管办法》等。

第二节 节约能源的主要法律规定

我国《节约能源法》中所称能源是指煤炭、石油、天然气、生物质能和电力、热力以及其他直接或者通过加工、转换而取得有用能的各种资源。节约能源是指加强用能管理,采取技术上可行、经济上合理以及环境和社会可以承受的措施,从能源生产到消费的各个环节,降低消耗、减少损失和污染物排放、制止浪费,有效、合理地利用能源。节约资源是我国的基本国策,国家实施节约与开发并举、把节约放在首位的能源发展战略。

一、节能管理

(一) 节能标准制度

国务院标准化主管部门和国务院有关部门依法组织制定并适时修订有关节能的国家标准、行业标准,建立健全节能标准体系。国务院标准化主管部门会同国务院管理节能工作的部门和国务院有关部门制定强制性的用能产品、设备能源效率标准和生产过程中耗能高的产品的单位产品能耗限额标准。建筑节能的国家标准、行业标准由国务院建设主管部门组织制定。

(二) 节能评估与审查制度

国家实行固定资产投资项目节能评估和审查制度。不符合强制性节能标准的项目,依法负责项目审批或者核准的机关不得批准或者核准建设;建设单位不得开工建设;已经建成的,不得投入生产、使用。

(三) 高耗能产品淘汰制度

国家对落后的耗能过高的用能产品、设备和生产工艺实行淘汰制度。生产过程中耗能高的产品的生产单位,应当执行单位产品能耗限额标准。对超过单位产品能耗限额标准用能的生产单位,由管理节能工作的部门按照国务院规定的权限责令限期治理。禁止生产、进口、销售国家明令淘汰或者不符合强制性能源效率标准的用能产品、设备;禁止使用国家明令淘汰的用能设备、生产工艺。对违反者,没收违法生产、进口、销售的用能产品、设备和违法所得,并处违法所得1倍以上5倍以下罚款;情节严重的,由工商行政管理部门吊销营业执照。

(四) 能源效率标识管理制度与节能产品认证制度

国家对家用电器等使用面广、耗能量大的用能产品,实行能源效率标识管理。生产者和进口商应当对列入国家能源效率标识管理产品目录的用能产品标注能源效率标识,在产品包装物上或者说明书中予以说明,并按照规定报国务院产品质量监督部门和国务院管理节能工作的部门共同授权的机构备案。生产者和进口商应当对其标注的能源效率标识及相关信息的准确性负责。禁止伪造、冒用能源效率标识或者利用能源效率标识进行虚假宣传。

用能产品的生产者、销售者，可以根据自愿原则，按照国家有关节能产品认证的规定，向从事节能产品认证的机构提出节能产品认证申请；经认证合格后，取得节能产品认证证书，可以在用能产品或者其包装物上使用节能产品认证标志。

应当标注能源效率标识而未标注的，由产品质量监督部门责令改正，处3万元以上5万元以下罚款。未办理能源效率标识备案，或者使用的能源效率标识不符合规定的，由产品质量监督部门责令限期改正；逾期不改正的，处1万元以上3万元以下罚。伪造、冒用能源效率标识或者利用能源效率标识进行虚假宣传的，由产品质量监督部门责令改正，处5万元以上10万元以下罚款；情节严重的，由工商行政管理部门吊销营业执照。

二、合理使用和节约能源

用能单位应当按照合理用能的原则，加强节能管理，制定并实施节能计划和节能技术措施，降低能源消耗。用能单位应当建立节能目标责任制，对节能工作取得成绩的集体、个人给予奖励。

在工业节能方面。推进能源资源优化开发利用和合理配置，推进有利于节能的行业结构调整，优化用能结构和企业布局。鼓励工业企业采用高效、节能的电动机、锅炉、窑炉、风机、泵类等设备，采用热电联产、余热余压利用、洁净煤以及先进的用能监测和控制等技术。禁止新建不符合国家规定的燃煤发电机组、燃油发电机组和燃煤热电机组。

在建筑节能方面。县级以上地方各级人民政府建设主管部门会同同级管理节能工作的部门编制本行政区域内的建筑节能规划。建筑工程的建设、设计、施工和监理单位应当遵守建筑节能标准。不符合建筑节能标准的建筑工程，建设主管部门不得批准开工建设；已经开工建设的，应当责令停止施工、限期改正；已经建成的，不得销售或者使用。鼓励在新建建筑和既有建筑节能改造中使用新型墙体材料等节能建筑材料和节能设备，安装和使用太阳能等可再生能源利用系统。建设单位违反建筑节能标准的，由建设主管部门责令改正，处20万元以上50万元以下罚款。设计单位、施工单位、监理单位违反建筑节能标准的，由建设主管部门责令改正，处10万元以上50万元以下罚款。

在交通运输节能方面。国家指导、促进各种交通运输方式协调发展和有效衔接，优化交通运输结构，建设节能型综合交通运输体系。优先发展公共交通，加大对公共交通的投入，完善公共交通服务体系。加强交通运输组织管理，引导道路、水路、航空运输企业提高运输组织化程度和集约化水平，提高能源利用效率。鼓励开发、生产、使用节能环保型交通运输工具，实行老旧交通运输工具的报废、更新制度。鼓励开发和推广应用交通运输工具使用的清洁燃料、石油替代燃料。

在公共机构节能方面。公共机构应当厉行节约，杜绝浪费，带头使用节能产品、设备，提高能源利用效率。国务院和县级以上地方各级人民政府管理机关事务工作的机构会同同级有关部门制定和组织实施本级公共机构节能规划。公共机构应当制定年度节能目标和实施方案，加强能源消费计量和监测管理。公共机构应当按照规定进行能源审计，并根据能源审计结果采取提高能源利用效率的措施。公共机构采购用能产品、设备，应当优先采购列入节能产品、设备政府采购名录中的产品、设备。禁止采购国家明令淘汰的用能产品、设备。违反者由政府采购监督管理部门给予警告，可以并处罚款；对直接负责的主管人员和其他直接责任人员依法给予处分，并予通报。

在重点用能单位节能方面。国家加强对重点用能单位的节能管理。重点用能单位应当每年向管理节能工作的部门报送上年度的能源利用状况报告。能源利用状况包括能源消费情况、能源利用效率、节能目标完成情况和节能效益分析、节能措施等内容。管理节能工作的部门应当对重点用能单位报送的能源利用状况报告进行审查。对节能管理制度不健全、节能措施不落实、能源利用效率低的重点用能单位,管理节能工作的部门应当开展现场调查,组织实施用能设备能源效率检测,责令实施能源审计,并提出书面整改要求,限期整改。重点用能单位无正当理由拒不落实整改要求或者整改没有达到要求的,由管理节能工作的部门处 10 万元以上 30 万元以下罚款。

三、促进节能技术进步

国务院管理节能工作的部门会同国务院科技主管部门发布节能技术政策大纲,指导节能技术研究、开发和推广应用。县级以上各级人民政府应当把节能技术研究开发作为政府科技投入的重点领域,支持科研单位和企业开展节能技术应用研究,制定节能标准,开发节能共性和关键技术,促进节能技术创新与成果转化。国务院管理节能工作的部门会同国务院有关部门组织实施重大节能科研项目、节能示范项目、重点节能工程。

县级以上各级人民政府应当按照因地制宜、多能互补、综合利用、讲求效益的原则,加强农业和农村节能工作,增加对农业和农村节能技术、节能产品推广应用的资金投入。鼓励、支持在农村大力发展沼气,推广生物质能、太阳能和风能等可再生能源利用技术,按照科学规划、有序开发的原则发展小型水力发电,推广节能型的农村住宅和炉灶等,鼓励利用非耕地种植能源植物,大力发展薪炭林等能源林。

四、激励措施

中央财政和省级地方财政安排节能专项资金,支持节能技术研究开发、节能技术和产品的示范与推广、重点节能工程的实施、节能宣传培训、信息服务和表彰奖励等。对列入推广目录的需要支持的节能技术、节能产品,实行税收优惠等扶持政策。通过财政补贴支持节能照明器具等节能产品的推广和使用。政府采购监督管理部门会同有关部门制定节能产品、设备政府采购名录,应当优先列入取得节能产品认证证书的产品、设备。国家引导金融机构增加对节能项目的信贷支持,为符合条件的节能技术研究开发、节能产品生产以及节能技术改造等项目提供优惠贷款。

第三节 可再生能源的主要法律规定

可再生能源是指风能、太阳能、水能、生物质能、地热能、海洋能等非化石能源。为了促进可再生能源的开发利用,增加能源供应,改善能源结构,保障能源安全,保护环境,实现经济社会的可持续发展,2005 年第十届全国人大常委会通过《可再生能源法》(2009 年修订)。该法要求国家将可再生能源的开发利用列为能源发展的优先领域,推动可再生能源市场的建立和发展。并且,鼓励各种所有制经济主体参与可再生能源的开发利用,保护可再生能源开发利用者的合法权益。

一、可再生能源开发利用规划

国务院能源主管部门会同国务院有关部门,根据全国可再生能源开发利用中长期总量目标和可再生能源技术发展状况,编制全国可再生能源开发利用规划,报国务院批准后实施。国务院有关部门应当制定有利于促进全国可再生能源开发利用中长期总量目标实现的相关规划。

省级人民政府管理能源工作的部门会同本级人民政府有关部门,依据全国可再生能源开发利用规划和本行政区域可再生能源开发利用中长期目标,编制本行政区域可再生能源开发利用规划,经本级人民政府批准后,报国务院能源主管部门和国家电力监管机构备案,并组织实施。

编制可再生能源开发利用规划,应当遵循因地制宜、统筹兼顾、合理布局、有序发展的原则,对风能、太阳能、水能、生物质能、地热能、海洋能等可再生能源的开发利用作出统筹安排。规划内容应当包括发展目标、主要任务、区域布局、重点项目、实施进度、配套电网建设、服务体系和保障措施等。

二、可再生能源产业指导与技术支持规定

国务院能源主管部门根据全国可再生能源开发利用规划,制定、公布可再生能源产业发展指导目录。国务院标准化行政主管部门应当制定、公布国家可再生能源电力的并网技术标准和其他需要在全国范围内统一技术要求的有关可再生能源技术和产品的国家标准。

国家将可再生能源开发利用的科学技术研究和产业化发展列为科技发展与高技术产业发展的优先领域,纳入国家科技发展规划和高技术产业发展规划,并安排资金支持可再生能源开发利用的科学技术研究、应用示范和产业化发展,促进可再生能源开发利用的技术进步,降低可再生能源产品的生产成本,提高产品质量。

三、可再生能源推广与应用规定

国家鼓励和支持可再生能源并网发电。建设可再生能源并网发电项目,应当依照法律和国务院的规定取得行政许可或者报送备案。

国家实行可再生能源发电全额保障性收购制度。国务院能源主管部门会同国家电力监管机构和国务院财政部门,按照全国可再生能源开发利用规划,确定在规划期内应当达到的可再生能源发电量占全部发电量的比重,制定电网企业优先调度和全额收购可再生能源发电的具体办法,并由国务院能源主管部门会同国家电力监管机构在年度中督促落实。电网企业应当与按照可再生能源开发利用规划建设,依法取得行政许可或者报送备案的可再生能源发电企业签订并网协议,全额收购其电网覆盖范围内符合并网技术标准的可再生能源并网发电项目的上网电量。

国家鼓励清洁、高效地开发利用生物质燃料,鼓励发展能源作物;鼓励生产和利用生物液体燃料;鼓励单位和个人安装和使用太阳能热水系统、太阳能供热采暖和制冷系统、太阳能光伏发电系统等太阳能利用系统;鼓励和支持农村地区的可再生能源开发利用。

四、价格管理与费用补偿

可再生能源发电项目的上网电价,由国务院价格主管部门根据不同类型可再生能源发电的特点和不同地区的情况,按照有利于促进可再生能源开发利用和经济合理的原则确定,并根据可再生能源开发利用技术的发展适时调整。实行招标的可再生能源发电项目的上网电价,按照中标确定的价格执行;但是,不得高于上述国务院价格主管部门确定的同类可再生能源发电项目的上网电价水平。

电网企业根据确定的上网电价收购可再生能源电量所发生的费用,高于按照常规能源发电平均上网电价计算所发生费用之间的差额,由在全国范围对销售电量征收可再生能源电价附加补偿。

进入城市管网的可再生能源热力和燃气的价格,按照有利于促进可再生能源开发利用和经济合理的原则,根据价格管理权限确定。

五、经济激励与监督措施

国家财政设立可再生能源发展基金,资金来源包括国家财政年度安排的专项资金和依法征收的可再生能源电价附加收入等。可再生能源发展基金除了用于补偿电网企业收购可再生能源电量所发生的费用与高于按照常规能源发电平均上网电价计算所发生费用之间的差额、国家投资或者补贴建设的公共可再生能源独立电力系统合理的运行和管理费用超出销售电价的部分的差额外,还用于支持以下事项:一是可再生能源开发利用的科学技术研究、标准制定和示范工程;二是农村、牧区的可再生能源利用项目;三是偏远地区和海岛可再生能源独立电力系统建设;四是可再生能源的资源勘查、评价和相关信息系统建设;五是促进可再生能源开发利用设备的本地化生产。

对列入国家可再生能源产业发展指导目录、符合信贷条件的可再生能源开发利用项目,金融机构可以提供有财政贴息的优惠贷款。国家对列入可再生能源产业发展指导目录的项目给予税收优惠。

第二十八章

渔业资源保护法

第一节 渔业资源保护及其立法

一、渔业资源及其类别

通常,我们将从事水生动植物养殖或捕捞的生产经营活动称为渔业。所谓渔业资源主要有鱼类、虾蟹类、贝类、海藻类、淡水食用水生植物类以及其他类等六大类。从广义上讲,除水域中野生的经济动、植物外,人工培育的水生经济动、植物品种、类型,也包括在渔业资源的范畴之中。① 渔业资源也被称为水产资源。

由于渔业资源的概念是从产业部门分工的角度来划分和确立的,因此它与动植物资源、森林资源、水资源、土地资源、草原资源等的概念在确立方法上存在着不同。所以,渔业资源的概念与有关以自然要素为依据确立的资源的概念在内容上还存在着一些交叉。例如,渔业资源中的鱼类和其他珍稀濒危水生动物同时也是动物资源。按渔业资源所依赖的水域的不同,可以将其分为淡水渔业资源和海水渔业资源,或内陆渔业资源和海洋渔业资源。

渔业资源是一种可再生的生物资源,并且不同于陆地生物资源,一般具有很大的流动性、洄游性、隐蔽性和集群性。在不同的生活阶段,渔业资源常常密集于不同的空间位置,因此在集群时往往容易遭到集中捕捞的破坏。

渔业资源的种类和数量与人类的活动是相当密切的。早在远古时期,人类就开始以渔(即捕鱼的行为)为手段来获取生活资料。由于它是与猎(即猎取陆生野生动物的行为)同等重要的人类生存手段,因而在对早期人类历史的划分上还有"渔猎时期"之说。早期的捕鱼工具非常简陋,对渔业资源的影响不大。但是,随着人类的发展,以及社会、经济和科学技术的发达,渔业也成为各国发展经济、大量获取自然资源的一种重要方式。

在近代渔业发展过程中,不同性能的渔具、渔船和助渔、助航仪器的使用,使不同类型的水生动物成为了渔业对象的组成部分。在近代渔业方面突起的机船底拖网,就使得近海水域的底层鱼类成为作业对象而构成现实的渔业资源。②

---

① 参见中国自然资源丛书编辑委员会编著:《中国自然资源丛书·渔业卷》,中国环境科学出版社1995年版,第1页。
② 同上注,第9页。

二、我国渔业资源的现状

由于我国有广泛的江河水体和辽阔的海域,在内陆水域、浅海滩涂和海洋方面的渔业资源是非常丰富的。所以,我国是一个渔业生产大国。

据统计,从 1990 年以来我国水产品产量连续位居世界首位。2011 年我国水产品总产量达到 5611 万吨。目前,我国食用动物蛋白中水产品比重占 1/3。但是,因不合理的捕捞所导致的渔业资源衰退,以及渔业水域生态环境恶化,给我国渔业资源的发展带来了不可估量的影响。目前在渔业资源保护管理方面还存在着酷渔滥捕、竭泽而渔所造成渔业资源的严重破坏,水域生态环境污染和破坏影响了渔业资源的生长条件,水域围垦与河湖水工程或设施对内陆水域鱼类资源造成严重影响等问题。

应当说,对渔业资源(水生生物资源)生存环境的保护是多方面的。主要保护方法有:一是要防治水污染和海洋环境污染,维护正常的水质和水量,以保护水生生物的生存环境;二是要作好水土保持工作,防止水土流失所造成的水质浑浊;三是要减少围海、围湖造田等减少水域面积、破坏水域环境的行为;四是要合理规划、修建江河、湖泊以及海洋工程建筑,减少对渔业资源生存繁衍过程的妨害。

对捕捞渔业资源行为的管理,是保护渔业资源的另一个重要途径。主要的方法包括:规定禁渔期或禁渔区,规定渔船、渔具和渔法,以加强对渔业资源的产卵繁殖保护,杜绝酷渔滥捕、竭泽而渔的生产方法;对重要渔业水域采取保护措施,建立珍稀水生生物自然保护区;按照"谁污染谁治理、谁开发谁保护"的原则,向排污者和捕捞者征收渔业资源补偿费(税),等等。

三、渔业资源保护立法

我国目前的渔业资源保护立法主要由有关渔业资源及其生存环境保护与管理法律法规所共同组成的。新中国成立以后,我国政府曾制定了许多有关渔业资源保护管理的行政法规和部门规章,例如 1979 年,国务院制定了《水产资源繁殖保护条例》。

为了加强渔业资源的保护、增殖、开发和合理利用,发展人工养殖,保障渔业生产者的合法权益,促进渔业生产的发展,我国于 1986 年制定并于 2000 年、2004 年、2013 年三次修订了《渔业法》,使得渔业管理的立法更加完善。另外,1987 年《渔业法实施细则》、1988 年《渔业资源增殖保护费征收使用办法》、2009 年《水生生物增殖放流管理规定》等法规、规章构成我国渔业资源保护法的重要组成部分。

除此之外,在《环境保护法》《野生动物保护法》以及有关水污染防治、海洋环境保护等立法中,也对渔业资源生存环境的保护与管理作出了一些规定。

第二节 渔业资源保护的主要法律规定

一、渔业生产的基本方针

《渔业法》第 3 条明确规定了渔业生产的基本方针:"国家对渔业生产实行以养殖为主,养殖、捕捞、加工并举,因地制宜,各有侧重的方针。"该规定确立了渔业生产应当实施以养殖为主的方针政策,为合理开发利用渔业资源提供了指导性原则。为贯彻这项原则,该法还要求各级人民政府应当把渔业生产纳入国民经济发展计划,采取措施,以加强水域的统一规划和综合利用。并且,国家鼓励渔业科学技术研究,推广先进技术,提高渔业科学技术水平。此外,《渔业法》还规定,对于在增殖和保护渔业资源、发展渔业生产、进行渔业科学技术研究等方面成绩显著的单位和个人,应当由各级人民政府给予奖励。

二、渔业资源保护的管理体制

在渔业资源的保护管理方面,我国目前实行统一领导、分级管理的体制。

依照《渔业法》第6条的规定,国务院渔业主管部门主管全国的渔业工作。县级以上地方人民政府渔业主管部门主管本行政区域内的渔业工作。县级以上人民政府渔业主管部门可以在重要渔业水域、渔港设渔政监督管理机构。县级以上人民政府渔业主管部门及其所属的渔政监督管理机构可以设渔政检查人员,执行渔业主管部门及其所属的渔政监督管理机构交付的任务。

其中,"渔业水域"是指中华人民共和国管辖水域中鱼、虾、蟹、贝类的产卵场、索饵场、越冬场、洄游通道和鱼、虾、蟹、贝、藻类及其他水生动植物的养殖场所。

在海洋渔业资源监督管理方面,除国务院划定由国务院渔业主管部门及其所属的渔政监督管理机构监督管理的海域和特定渔业资源渔场外,由毗邻海域的省级人民政府渔业主管部门监督管理。

在江河、湖泊等水域的渔业资源监督管理方面,按照行政区划由有关县级以上人民政府渔业主管部门监督管理;跨行政区域的,由有关县级以上地方人民政府协商制定管理办法,或者由上一级人民政府渔业主管部门及其所属的渔政监督管理机构监督管理。

在渔政检查人员的权限方面,渔政检查人员有权对各种渔业及渔业船舶的证件、渔船、渔具、渔获物和捕捞方法进行检查。此外,《渔业法》还规定,由国家渔政渔港监督管理机构对外行使渔政渔港监督管理权。外国人、外国渔业船舶进入中华人民共和国管辖水域,从事渔业生产或者渔业资源调查活动,必须经国务院有关主管部门批准,并遵守本法和中华人民共和国其他有关法律、法规的规定;同中华人民共和国订有条约、协定的,按照条约、协定办理。

三、渔业养殖和捕捞作业的规定

为了规范渔业养殖,防止不合理的捕捞活动对渔业资源造成破坏,我国渔业法规定了下列管理措施:

(一)实行渔业养殖使用证制度

为了解决渔业资源面临的供需矛盾,《渔业法》规定,国家鼓励全民所有制单位、集体所有制单位和个人充分利用适于养殖的水面、滩涂,发展养殖业。对于从事养殖生产的单位,由县级以上地方人民政府核发养殖使用证,确认使用权。

对于全民所有的水面、滩涂中的鱼、虾、蟹、贝、藻类的自然产卵场、繁殖场、索饵场及重要的洄游通道,必须予以保护,不得划作养殖场所。

使用全民所有的水域、滩涂从事养殖生产,无正当理由使水域、滩涂荒芜满1年的,由发放养殖证的机关责令限期开发利用;逾期未开发利用的,吊销养殖证,可以并处1万元以下的罚款。未依法取得养殖证擅自在全民所有的水域从事养殖生产的,责令改正,补办养殖证或者限期拆除养殖设施。

(二) 鼓励和扶持外海和远洋捕捞

国家鼓励、扶持外海和远洋捕捞业的发展,合理安排内水和近海捕捞力量。对于经国务院渔业主管部门批准从事外海、远洋捕捞业者,国家从资金、物资、技术和税收等方面给予扶持或者优惠。未经国务院主管部门批准,有关外资企业(指中外合资、合作企业)不得从事近海捕捞业。

(三) 实行捕捞许可证制度

国家对捕捞业实行捕捞许可证制度。到中华人民共和国与有关国家缔结的协定确定的共同管理的渔区或者公海从事捕捞作业的捕捞许可证,由国务院渔业行政主管部门批准发放。海洋大型拖网、围网作业的捕捞许可证,由省、自治区、直辖市人民政府渔业行政主管部门批准发放。其他作业的捕捞许可证,由县级以上地方人民政府渔业行政主管部门批准发放;但是,批准发放海洋作业的捕捞许可证不得超过国家下达的船网工具控制指标。未依法取得捕捞许可证擅自进行捕捞的,没收渔获物和违法所得,并处10万元以下的罚款;情节严重的,并可以没收渔具和渔船。

捕捞许可证不得买卖、出租和以其他形式非法转让,不得涂改。涂改、买卖、出租或者以其他形式转让捕捞许可证的,没收违法所得,吊销捕捞许可证,可以并处1万元以下的罚款

(四) 实行捕捞限额制度

国家根据捕捞量低于渔业资源增长量的原则,确定渔业资源的总可捕捞量,实行捕捞限额制度。国务院渔业主管部门负责组织渔业资源的调查和评估,为实行捕捞限额制度提供科学依据。中华人民共和国内海、领海、专属经济区和其他管辖海域的捕捞限额总量由国务院渔业主管部门确定,报国务院批准后逐级分解下达;国家确定的重要江河、湖泊的捕捞限额总量由有关省级人民政府确定或者协商确定,逐级分解下达。捕捞限额总量的分配应当体现公平、公正的原则,分配办法和分配结果必须向社会公开,并接受监督。国务院渔业主管部门和省级人民政府渔业主管部门应当加强对捕捞限额制度实施情况的监督检查,对超过上级下达的捕捞限额指标的,应当在其次年捕捞限额指标中予以核减。

(五) 限定捕捞场所、时间、方法和工具

在内水、近海从事捕捞业的单位和个人,必须按照捕捞许可证关于作业类型、场所、时限和渔具数量的规定进行作业,并遵守有关保护渔业资源的规定。因科学研究等特殊需要,在禁渔区、禁渔期捕捞,或者使用禁用的渔具、捕捞方法,或者捕捞重点保护的渔业资源品种,必须经省级以上人民政府渔业主管部门批准。违反规定进行捕捞的,没收渔获物和违法所得,可以并处5万元以下的罚款;情节严重的,并可以没收渔具,吊销捕捞许可证。

四、渔业资源增殖和保护的规定

对渔业资源的增殖和保护,我国渔业法规定了下列措施:

(一) 实行渔业资源增殖保护费制度

地方各级人民政府渔业主管部门应当对其管理的渔业水域统一规划,采取措施,增殖渔业资源。县级以上人民政府渔业主管部门可以向受益的单位和个人征收渔业资源增殖保护费,专门用于增殖和保护渔业资源。根据国务院《渔业资源增殖保护费征收使用办法》的规

定,渔业资源增殖保护费分海洋渔业资源费和内陆渔业资源费两大类,由发放捕捞许可证的渔业主管部门或其授权的单位按照批准发放的捕捞许可证的权限征收。

(二) 实行捕捞禁、限措施

禁止炸鱼、毒鱼。不得在禁渔区和禁渔期进行捕捞,不得使用禁用的渔具、捕捞方法和小于规定的最小网目尺寸的网具进行捕捞。重点保护的渔业资源品种,禁渔区和禁渔期,禁止使用或者限制使用的渔具和捕捞方法,最小网目尺寸以及其他保护渔业资源的措施,由县级以上人民政府渔业主管部门规定。违反者没收渔获物和违法所得,处 5 万元以下的罚款;情节严重的,没收渔具,吊销捕捞许可证;情节特别严重的,可以没收渔船;构成犯罪的,依法追究刑事责任。

禁止捕捞有重要经济价值的水生动物苗种。因养殖或者其他特殊需要,捕捞有重要经济价值的苗种或者禁捕的怀卵亲体的,必须经国务院渔业主管部门或者省级人民政府渔业主管部门批准,并领取专项许可证件,在指定的区域和时间内,按照限额捕捞。

国家保护水产种质资源及其生存环境,并在具有较高经济价值和遗传育种价值的水产种质资源的主要生长繁育区域建立水产种质资源保护区。在水生动物苗种重点产区引水、用水时,应当采取避开幼苗的密集期、密集区或者设置网栅等措施,保护苗种。未经批准在水产种质资源保护区内从事捕捞活动的,责令立即停止捕捞,没收渔获物和渔具,可以并处 1 万元以下的罚款。

在鱼、虾、蟹洄游通道建闸、筑坝,对渔业资源有严重影响的,建设单位应当建造过鱼设施或者采取其他补救措施。用于渔业并兼有调蓄、灌溉等功能的水体,有关主管部门应当确定渔业生产所需的最低水位线。禁止围湖造田。沿海滩涂未经县级以上人民政府批准,不得围垦;重要的苗种基地和养殖场所不得围垦。进行水下爆破、勘探、施工作业,对渔业资源有严重影响的,作业单位应当事先同有关县级以上人民政府渔业主管部门协商,采取措施,防止或者减少对渔业资源的损害;造成渔业资源损失的,由有关县级以上人民政府责令赔偿。

第二十九章

野生动植物资源保护法

第一节 野生动植物资源及其保护立法

一、野生动植物及其种类

野生动植物,是野生动物和野生植物的合称。野生动物是指在自然状态下生长且未被驯化的动物。它既是重要的物种和环境因素,又是人类不可缺少的自然资源。其种类甚多,在生物学上以门、纲、目、科、属、种加以区别。

我国法律上所要保护的野生动物,是指珍贵、濒危的陆生、水生野生动物和有益的或者有重要经济、科学研究价值的陆生野生动物。按其保护程度,分为国家重点保护野生动物、地方重点保护野生动物和非重点保护野生动物。国家重点保护野生动物是指列入国家重点保护野生动物名录而被加以特殊保护的动物。分为一级保护野生动物和二级保护野生动物。这类野生动物通常是珍贵、濒危或者有重要经济、科学研究价值的野生动物。地方重点保护野生动物是指列入地方重点保护野生动物保护名录而被加以特殊保护的动物。这类野生动物通常是在一个省级行政区域内为珍贵、濒危或有重要经济、科学研究价值的动物。国家和地方重点保护野生动物以外的野生动物均为非重点保护野生动物。

野生植物是指在自然状态下生长且无法证明为人工栽培的植物。可分为藻类、菌类、地衣、苔藓、蕨类和种子植物。它是自然界能量转化和物质循环的重要环节,是重要的环境要素之一,它与人类的生活和自然环境的保护与改善有着密切关系。我国法律上所要保护的野生植物,则是指原生地天然生长的珍贵植物和原生地天然生长并具有重要经济、科学研究、文化价值的濒危、稀有植物。根据其保护程度的不同,可分为国家重点保护野生植物和地方重点保护野生植物。国家重点保护野生植物是指列入国家重点保护野生植物名录而被采取特别措施加以保护的植物。地方重点保护野生植物是指国家重点保护野生植物以外的列入地方重点保护野生植物名录而被省级人民政府特别保护的植物。国家重点保护野生植物又可分为国家一级保护野生植物和国家二级保护野生植物;地方重点保护野生植物也可分为地方一级保护野生植物和地方二级保护野生植物。

野生动植物资源则是指对人类生产和生活有用的一切野生动植物的总和。野生动植物资源是可再生的自然资源,只要合理开发,就可以永续利用。它包括食用性资源、药用性资源、工业用资源、生态保护性资源、种质性资源等。

二、我国野生动植物资源的现状和问题

我国作为一个幅员辽阔、自然条件复杂多样的国家,具有丰富的野生动植物。据统计,中国拥有高等植物 34984 种,居世界第三位;脊椎动物 6445 种,占世界总种数的 13.7%;已查明真菌种类 1 万多种,占世界总种数的 14%。[①] 然而,由于人口的迅速增加,对自然环境开发的强度加大,改变和破坏了物种的生境,再加上人为的破坏和保护不力,使得许多物种处于濒危状态,甚至灭绝。据估计,我国野生高等植物濒危比例达 15%—20%,其中,裸子植物、兰科植物等高达 40% 以上。野生动物濒危程度不断加剧,有 233 种脊椎动物面临灭绝,约 44% 的野生动物呈数量下降趋势,非国家重点保护野生动物种群下降趋势明显。

野生动植物物种濒危或灭绝的原因,一是由于人类森林、草原、湿地、湖泊的开发,改变了野生动植物的栖息和生长环境;二是对动物的乱捕滥猎、对植物的乱采滥伐,直接造成野生动植物的减少或灭绝;三是农药等杀虫剂的大量使用和外来种的引入。

三、野生动植物资源保护立法

我国保护野生动植物的立法起步较早,经过近 50 年的发展,已初步形成体系。1950 年,中央人民政府发布了《关于稀有生物保护办法》。1979 年《环境保护法(试行)》规定"保护、发展和合理利用野生动物、野生植物资源。按照国家规定,对于珍贵和稀有的野生动物、野生植物,严禁猎捕、采伐"。此外,在《森林法》《草原法》等立法中,原野生动植物的保护也作出了相应的规定。

1988 年第七届全国人大常委会颁布《野生动物保护法》(2004 年修订)。这是我国第一部野生动物保护的综合性法律。

1991 年第七届全国人大常委会通过《进出境动植物检疫法》,对进出境动植物检疫作出了全面规定。1996 年国务院颁布《进出境动植物检疫法实施条例》,对进出境的动植物检疫作出了具体规定。

目前我国野生动植物保护的法律、法规和规章主要有《野生动物保护法》《进出境动植物检疫法》及其实施条例、《陆生野生动物保护实施条例》《水生野生动物保护实施条例》《野生药材资源保护管理条例》《水产资源繁殖保护条例》《植物检疫条例》《野生植物保护条例》《植物新品种保护条例》《濒危野生动植物进出口管理条例》《陆生野生动物资源保护管理费收费办法》《国家重点保护驯养繁殖许可证管理办法》《水生野生动物利用特许办法》《农业野生植物保护办法》等,另外还有《国家重点保护野生动物名录》《国家保护的有益的或者有重要经济、科学研究价值的陆生野生动物名录》和《国家重点保护野生植物名录》等。

---

① 参见《中国生物多样性保护战略与行动计划(2011—2030 年)》(环发[2010]106 号)。

第二节 野生动物资源保护的主要法律规定

我国保护野生动物资源的主要法律措施包括以下几个方面:

一、野生动物资源的国家所有权

根据《物权法》第49条规定,法律规定属于国家所有的野生动植物资源,属于国家所有。《野生动物保护法》第3条第1款规定:"野生动物资源属于国家所有。"这种国家所有权不因野生动物资源所依存的土地或水体的所有权而改变。同时,国家保护依法开发利用野生动物资源单位和个人的合法权益。

二、保护野生动物的生存环境

县级以上各级人民政府野生动物主管部门应当组织社会各方面力量,采取生物技术和工程技术措施,维护和改善野生动物的生存环境;要求各级野生动物主管部门监视、监测环境对野生动物的影响,并会同有关部门调查处理环境影响对野生动物造成的危害。

三、对珍贵、濒危野生动物实行重点保护

国家对珍贵、濒危的野生动物实行重点保护。国家重点保护的野生动物分为一级保护野生动物和二级保护野生动物;国家重点保护的野生动物名录及其调整,由国务院野生动物行政主管部门制定,报国务院批准公布。地方重点保护的野生动物名录,由省、自治区、直辖市政府制定并公布,报国务院备案。在国家和地方重点保护野生动物的主要生息繁衍的地区和水域,应当划定自然保护区。各级野生动物行政主管部门应当监视、监测环境对野生动物的影响。建设项目对国家或者地方重点保护野生动物的生存环境产生不利影响的,建设单位应当提交环境影响报告书;环境保护部门在审批时,应当征求同级野生动物行政主管部门的意见。国家和地方重点保护野生动物受到自然灾害威胁时,当地政府应当及时采取拯救措施。因保护国家和地方重点保护野生动物,造成农作物或者其他损失的,由当地政府给予补偿。

四、控制野生动物的猎捕

野生动物的濒危和灭绝,在很大程度上是由人类无限制的猎捕造成的。为了保护野生动物,必须控制人们的猎捕行为。控制野生动物猎捕的措施主要有:

(一) 禁止猎捕、杀害国家重点保护野生动物

法律规定,因科学研究、驯养繁殖、展览或者其他特殊情况,需要捕捉、捕捞国家一级保护野生动物的,必须向国务院野生动物主管部门或国务院渔业主管部门申请特许猎捕证、特许捕捉证;需要猎捕国家二级保护野生动物的,必须向省级人民政府野生动物主管部门或省级人民政府渔业主管部门申请特许猎捕证、特许捕捉证。

(二) 实行猎捕许可证制度

法律规定,猎捕、捕捞非国家重点保护野生动物的,必须取得狩猎证、捕捞许可证。猎捕者应当按照特许猎捕证、狩猎证规定的种类、数量、地点和期限进行猎捕或捕捉。违反者由

野生动物主管部门没收猎获物和违法所得,处以罚款,并可以没收猎捕工具,吊销狩猎证。

(三) 规定禁猎期、禁猎区和禁止使用的工具、方法

禁止在自然保护区、禁猎区、禁猎期内猎捕野生动物和进行其他妨碍野生动物生息繁衍的活动。禁止使用军用武器、气枪、毒药、炸药、地枪、排铳、非人为直接操作并危害人畜安全的狩猎装置、夜间照明行猎、歼灭性围猎、火攻、烟熏以及县级以上人民政府或其野生动物主管部门规定禁止使用的其他狩猎工具和方法狩猎。持枪猎捕野生动物的,必须取得县、市公安机关核发的持枪证。违反者由野生动物主管部门没收猎获物、猎捕工具和违法所得,处以罚款;情节严重、构成犯罪的,依照刑法追究刑事责任。

(四) 鼓励驯养繁殖野生动物

为驯养繁殖国家重点保护野生动物,必须从野外获取种源的,可以向野生动物管理部门申请特许猎捕证、特许捕捉证;驯养繁殖国家重点保护野生动物的,应当持有驯养繁殖许可证,其驯养繁殖的野生动物或其产品,可以凭驯养繁殖许可证向政府指定的收购单位出售;在驯养繁殖珍贵、濒危野生动物方面取得显著成效的,由县级以上人民政府或其野生动物主管部门给予奖励。

(五) 严格管理野生动物及其产品的经营利用和进出口活动

管理野生动物及其产品的经营利用和进出口活动的措施主要包括:禁止在集贸市场出售、收购国家重点保护野生动物或其产品;禁止出售、收购、运输、携带、邮寄、进出口犀牛角和虎骨,并取消犀牛和虎骨的药用标准,不得用犀牛角和虎骨制药;因科学研究、驯养繁殖、展览等特殊情况需要出售、收购、利用国家重点保护野生动物或其产品的,必须经省级以上野生动物主管部门或其授权的单位批准;收购驯养繁殖的国家重点保护野生动物或其产品的单位,必须由省级人民政府林业主管部门提出,经同级人民政府或其授权的单位批准,凭批准文件向工商行政管理部门申请注册登记;运输携带国家重点保护野生动物或其产品出境的,应当凭特许猎捕证、特许捕捉证、驯养繁殖许可证向县级人民政府野生动物保护部门提出申请,报省级人民政府野生动物保护部门批准;出口国家重点保护野生动物或其产品的、进出口中国参加的国际公约所限制进出口的野生动物或其产品的,必须报国务院林业主管部门或者国务院批准。

经营利用非国家重点保护野生动物或其产品的,应当向工商行政管理部门申请登记注册;经核准登记经营利用非国家重点保护野生动物或其产品的单位和个人,必须在省级人民政府林业主管部门或其授权单位核定的年度经营利用限额指标范围内从事经营利用活动;持有狩猎证的单位和个人需要出售依法获得的非国家重点保护野生动物或其产品的,应当按照狩猎证规定的种类、数量向经核准登记的单位出售,或者在当地人民政府有关部门指定的集贸市场出售。经营利用野生动物或其产品的,应当按规定缴纳野生动物资源保护管理费。

违反规定,出售、收购、运输、携带国家或者地方重点保护野生动物或者其产品的,由工商行政管理部门没收实物和违法所得,可以并处罚款。违反规定出售、收购国家重点保护野生动物或者其产品,情节严重、构成犯罪的,依照刑法追究刑事责任。非法进出口野生动物或者其产品的,由海关依照海关法处罚;情节严重、构成犯罪的,依照刑法关于走私罪的规定追究刑事责任。

(六) 明确单位和个人保护野生动物的义务和权利

公民有保护野生动物资源的义务,并有权对侵占或者破坏野生动物资源的行为检举和控告;任何单位和个人发现受伤、病弱、饥饿、受困、迷途的国家和地方重点保护野生动物时,应当及时报告当地野生动物主管部门或者就近送具备条件的单位,由其采取救护措施;有关单位和个人对国家和地方重点保护野生动物可能造成的危害,应当采取防范措施;因保护国家和地方重点保护野生动物受到损失的,有权向当地人民政府野生动物主管部门提出补偿要求,并按规定得到补偿。

(七) 确立野生动物保护的监督管理体制

野生动物保护的监督管理,实行分部门和分级监督管理的体制。国务院林业、渔业主管部门分别主管全国陆生、水生野生动物的管理工作;省级人民政府林业主管部门主管本行政区域内陆生野生动物的管理工作;自治州、县和市政府陆生野生动物保护的主管部门由省级人民政府确定;县级以上地方政府渔业主管部门主管本行政区域内水生野生动物管理工作;进入集贸市场的野生动物或其产品,由工商行政管理部门进行管理;在集贸市场以外经营野生动物或其产品的,由野生动物主管部门、工商行政管理部门或其授权的单位进行监督管理;猎捕野生动物的猎枪弹具的生产、销售和使用的管理由林业主管部门主管,公安机关对猎枪弹具的生产、销售、购买、持有、使用、运输和报废销毁等实施管理和监督检查。

第三节 野生植物保护的主要法律规定

我国保护野生植物的法律措施主要包括以下几个方面:

一、野生植物保护的基本方针和综合性措施

《野生植物保护条例》第3条规定:"国家对野生植物资源实行加强保护、积极发展、合理利用的方针。"该条例规定了野生植物的综合性保护措施:国家鼓励和支持对野生植物的科学研究、就地保护和迁地保护,保护依法开发利用和经营管理野生植物资源的单位和个人的合法权益,对在野生植物资源保护、科学研究、培育利用和宣传教育方面成绩显著的单位和个人给予奖励;要求县级以上各级人民政府有关主管部门开展保护野生植物的宣传教育,普及野生植物知识,提高公民保护野生植物的意识;授权任何单位和个人都有权对侵占或者破坏野生植物及其生长环境的行为进行检举和控告,同时,任何单位和个人又都负有保护野生植物的义务。

二、建立野生植物保护的监督管理体制

我国对野生植物的保护管理,实行分部门管理的体制。授权国务院林业主管部门主管全国林区内野生植物和林区外珍贵野生树木的监督管理工作;国务院农业主管部门主管全国其他野生植物的监督管理工作;国务院建设主管部门负责城市园林、风景名胜区内野生植物的监督管理工作;国务院环境保护主管部门负责对全国野生植物环境保护工作的协调和监督;国务院其他有关部门依照职责分工负责有关的野生植物保护工作。县级以上地方人民政府负责野生植物管理工作的部门及其职责,由省级人民政府根据当地具体情况规定。

三、建立野生植物保护的监督管理制度

对于野生植物的保护管理,我国法律主要规定了下列制度:

(一) 重点保护野生植物名录制度和分级保护制度

国家对重点保护野生植物实行名录制度和分级保护制度。要求国务院林业主管部门、农业主管部门商国务院环境保护、建设等有关部门制定国家重点保护野生植物名录,报国务院批准公布;省级人民政府制定和公布地方重点保护野生植物名录,报国务院备案。1984 年原国务院环境保护委员会曾公布了我国第一批《珍稀濒危野生植物名录》,把我国的重点保护野生植物分为濒危种、稀有种和渐危种。濒危种为国家一级保护野生植物,共 8 种;稀有种为国家二级重点保护野生植物,共 143 种;渐危种为国家三级重点保护野生植物,共 203 种。现行的《野生植物保护条例》规定国家重点保护野生植物只分为两级,即国家一级保护野生植物和国家二级保护野生植物。国家重点保护野生植物名录,由国务院林业主管部门、农业主管部门商国务院环境保护、建设等有关部门制定,报国务院批准公布。1999 年国务院公布了《国家重点保护野生植物名录(第一批)》。目前,国家一级重点保护野生植物有 56 种,国家二级重点保护野生植物有 204 种。

(二) 野生植物资源档案制度

野生植物资源档案是记载野生植物种类数量、质量、地区分布、利用和保护状况等资料的文书。它不仅是管理、保护、发展和合理开发利用野生植物资源的依据,而且是整个自然资源开发利用的基础资料。因此《野生植物保护条例》规定了野生植物资源档案制度,要求野生植物主管部门定期组织国家重点保护野生植物和地方重点保护野生植物资源调查,建立野生植物资源档案。

(三) 重点保护野生植物采集证制度

重点保护野生植物采集证是有关单位或个人被批准采集国家重点保护野生植物的法定凭证。它是控制珍稀濒危野生植物采集量,防止野生植物破坏的重要手段。采集国家重点保护野生植物必须取得采集证,否则不得采集。按照规定,国家一级保护野生植物原则上禁止采集,但因科学研究、人工培育、文化交流等特殊需要,采集国家一级保护野生植物的,必须经采集地的省级人民政府野生植物主管部门签署意见后,向国务院野生植物主管部门或者其授权的机构申请采集证;采集国家二级保护野生植物的,必须经采集地的县级人民政府野生植物主管部门签署意见后,向省级人民政府野生植物主管部门或者其授权的机构申请采集证;采集城市园林或者风景名胜区内的国家一级或者二级保护野生植物的,须先征得城市园林或者风景名胜区管理机构的同意,再按规定程序申请采集证;采集珍贵野生树木或者林区内、草原上的野生植物的,依照森林法、草原法的规定申请采集证或许可证。野生植物主管部门发放采集证后,应当抄送环境保护主管部门备案。取得采集证的单位和个人,必须按照采集证规定的种类、数量、地点、期限和方法采集野生植物。

未取得采集证或者未按照采集证的规定采集国家重点保护野生植物的,由野生植物主管部门没收所采集的野生植物和违法所得,可以并处违法所得 10 倍以下的罚款;有采集证的,并可以吊销采集证。

(四) 重点保护野生植物进出口许可制度

为了控制国家重点保护野生植物的进出口,国家对重点保护野生植物的进出口实行许

可制度。即出口国家重点保护野生植物或者进出口中国参加的国际公约所限制进出口的野生植物的,必须经进出口者所在地的省级人民政府野生植物主管部门审核,报国务院野生植物主管部门批准,并取得国家濒危物种进出口管理机构核发的允许进出口证明书或者标签。但未定名的或者新发现并有重要价值的野生植物,禁止出口。

四、保护野生植物生长环境

保护野生植物生长环境的主要措施包括:

一是在国家重点保护野生植物物种和地方重点保护野生植物物种的天然集中分布区,依法建立自然保护区;在其他区域,县级以上地方人民政府野生植物主管部门和其他有关部门可以根据实际情况建立重点保护野生植物的保护点或者设立保护标志。

二是要求野生植物主管部门及其他有关部门监视、监测环境对重点保护野生植物生长的影响,并采取措施维护和改善重点保护野生植物的生长条件。

三是建设项目对重点保护野生植物产生不利影响的,建设单位提交的环境影响报告书中必须对此作出评价;环境保护主管部门在审批环境影响报告书时,应当征求野生植物主管部门的意见。

五、野生植物经营利用的控制规定

为了保护野生植物资源,必须切实控制野生植物的经营利用活动。为此,法规规定,禁止出售、收购国家一级保护野生植物;出售、收购国家二级保护野生植物的,必须经省级人民政府野生植物主管部门或者其授权的机构批准。违反规定,出售、收购国家重点保护野生植物的,由工商行政管理部门或者野生植物主管部门按照职责分工没收野生植物和违法所得,可以并处违法所得 10 倍以下的罚款。

外国人不得在中国境内采集或者收购国家重点保护野生植物。外国人在中国境内对国家重点保护野生植物进行野外考察的,必须按规定程序报经批准。违反者由野生植物主管部门没收所采集、收购的野生植物和考察资料,可以并处五万元以下的罚款。

第四节 动植物检疫的主要法律规定

动植物检疫是指为防止动植物病、虫、害的传播蔓延和外来物种的入侵而对特定区域或者进出特定区域的动植物和其他物品实施的调查、监测、检验和监督活动。按检疫物可分为动物及其产品检疫、植物及其产品检疫、包装和其他物品检疫、运输工具检疫。按检疫涉及地域的不同,可分为进境检疫、出境检疫、过境检疫和国内检疫。动植物检疫是控制有害物种的侵入和传播、维护生态平衡、保护生物多样性的重要手段。因此,各国十分注意动植物检疫的立法。我国目前关于动植物检疫的立法主要有《进出境动植物检疫法》(1991 年)、《进出境动植物检疫法实施条例》(1996 年)、《家畜家禽防疫条例》(1985 年)、《植物检疫条例》(1992 年)、《植物检疫条例实施细则(农业部分)》(1995 年)、《出入境检验检疫行政处罚程序规定》(2006 年)等。其主要规定包括以下几个方面:

一、动植物检疫的管理体制

在动植物检疫管理方面,我国实行的是统一管理、分级负责的管理体制。即国务院农业主管部门主管全国进出境动植物检疫工作;国务院设立的动植物检疫机关统一管理全国进出境动植物检疫工作,国家动植物检疫机关在对外开放的口岸和进出境动植物检疫业务集中的地点设立的口岸动植物检疫机关,依法实施进出境动植物检疫;贸易性动物产品检疫工作由国家商检部门承担。全国的植物检疫工作由国务院农业主管部门、林业主管部门主管;各省、自治区、直辖市农业主管部门、林业主管部门主管本地区的植物检疫工作;县级以上地方各级农业主管部门、林业主管部门所属的植物检疫机构,负责执行国家的植物检疫任务。

二、动植物检疫物的范围

动植物检疫物,是指依法应予实施动植物检疫的动物、植物和其他物品。其范围,因涉及的区域和检疫对象的不同而不同。

进出境动植物检疫物的范围包括:进境、出境、过境的动植物、动植物产品和其他检疫物;装载动植物、动植物产品和其他检疫物的装载容器、包装物、铺垫材料;来自动植物疫区的运输工具;进境拆解的废旧船舶;有关法律、行政法规、国际条约规定或者贸易合同约定应当实施进出境动植物检疫的其他货物、物品。

国内应施植物检疫的检疫物包括:列入应施检疫名单的植物、植物产品运出发生疫情的县级行政区域的;运往外地的种子、苗木和其他繁殖材料;可能被植物检疫对象污染的包装材料、运载工具、场地、仓库等。应施检疫的植物、植物产品名单,由国务院农业主管部门、林业主管部门制定;各省、自治区、直辖市农业主管部门、林业主管部门可以根据本地区的需要,制定本省、自治区、直辖市的植物检疫物补充名单,并报国务院农业主管部门、林业主管部门备案。

国内家畜家禽的检疫物包括:出售的家畜;运出县(市)境的家畜;屠宰厂、肉类联合加工厂生产的畜禽产品;其他单位、个人屠宰的家畜。

三、检疫对象和疫区的划定

动植物检疫对象是指通过动植物检疫所要发现的动物传染病、寄生虫病和植物危险性病、虫、杂草以及其他有害生物。局部发生动植物检疫对象的,应划为疫区,采取封锁、消灭措施,防止检疫对象传出;发生地区已比较普遍的,应将未发生地区划为保护区,防止检疫对象传入。疫区和保护区的划定,由省、自治区、直辖市农业主管部门、林业主管部门提出,报省级人民政府批准,并报国务院农业主管部门、林业主管部门备案;疫区和保护区的范围涉及两省、自治区、直辖市以上的,由有关省、自治区、直辖市农业主管部门、林业主管部门共同提出,报国务院农业主管部门、林业主管部门批准后划定。其划定范围应根据检疫对象的传播情况、当地的地理环境、交通状况以及采取封锁、消灭措施的需要来决定。

四、防止检疫对象传入的法律措施

防止检疫对象传入的主要措施包括:

(一) 禁止某些物品进境

我国动植物检疫法规规定禁止进境的物品包括：动植物病原体（包括菌种、毒种等）、害虫及其他有害生物；动植物疫情流行的国家和地区的有关动植物、动植物产品和其他检疫物；动物尸体；土壤。因科学研究等特殊需要引进禁止进境的物品的，必须事先提出申请，经国家动植物检疫机关批准。

(二) 对可能传入的重大动植物疫情采取紧急预防措施

国外发生重大动植物疫情并可能传入中国时，国务院应当采取紧急预防措施，必要时可以下令禁止来自动植物疫区的运输工具进境或者封锁有关口岸；受动植物疫情威胁的地区的地方人民政府和有关口岸动植物检疫机关，应当立即采取紧急措施，同时向上级人民政府和国家动植物检疫机关报告；邮电、运输部门对重大动植物疫情报告和送检材料应当优先传送。

(三) 实行检疫审批制度

检疫审批制度是指将动物、动物产品、植物种子、种苗及其他繁殖材料输入进境的必须报经有关主管部门审查批准的一整套管理措施。它是防止疫情传入的重要管理手段。为此，我国法律规定，输入动物、动物产品、植物种子、种苗及其他繁殖材料的，必须事先提出申请，办理检疫审批手续。携带、邮寄植物种子、种苗及其他繁殖材料进境，必须事先提出申请，办理检疫审批手续；因特殊情况无法事先办理审批的，携带人或邮寄人应当在口岸补办检疫审批手续。通过贸易、科技合作、交换、赠送、援助等方式输入动植物、动植物产品和其他检疫物的，应当在合同或者协议中订明中国法定的检疫要求，并订明必须附有输出国家或者地区政府动植物检疫机关出具的检疫证书。报检的动植物、动植物产品或者其他检疫物与实际不符的，由口岸动植物检疫机关处以罚款；已取得检疫单证的，予以吊销。

(四) 严格进境口岸检疫

输入动植物、动植物产品和其他检疫物，应当在进境口岸实施检疫；未经口岸动植物检疫机关同意，检疫物不得卸离运输工具；需隔离检疫的，应在口岸动植物检疫机关指定的隔离场所检疫；检疫合格的，方准予进境。

(五) 实施过境检疫

要求运输动物过境的，必须事先取得中国国家动植物检疫机关同意，并按照指定的口岸和路线过境；过境的动物经检疫合格的，准予过境；发现有动物传染病、寄生虫病名录所列的动物传染病、寄生虫病的，全群动物不准过境；对过境植物、动植物产品和其他检疫物，口岸动植物检疫机关检查运输工具或者包装，经检疫合格的，准予过境，发现有植物危险性病、虫、杂草名录所列病虫害的，作除害处理或者不准过境。

违反规定，擅自开拆过境动植物、动植物产品或者其他检疫物的包装的，擅自将过境动植物、动植物产品或者其他检疫物卸离运输工具的，擅自抛弃过境动物的尸体、排泄物、铺垫材料或者其他废弃物的，由动植物检疫机关处以罚款。

(六) 对来自动植物疫区的运输工具实施检疫

为了防止疫情的传入，必须对来自疫区的运输工具实施检疫。为此，法律规定，来自动植物疫区的船舶、飞机、火车抵达口岸时，由口岸动植物检疫机关实施检疫；发现有名录所列病虫害的，作不准带离运输工具、除害、封存或者销毁处理。

(七) 对国内植物调运实行检疫证书制度

植物检疫证书是植物或植物产品经过检疫,对未发现检疫对象的,而由检疫机构发放的证明文书。按照规定,凡在国内调运依法必须检疫的植物和植物产品,经检疫未发现植物检疫对象的,发给植物检疫证书;发现有植物检疫对象,但能彻底消毒处理的,托运人应按植物检疫机构的要求,在指定地点做消毒处理,经检查合格后,发给植物检疫证书;对无法消毒处理的,应停止调运。

五、检疫不合格动植物的处理

对检疫不合格的动植物和其他检疫物,根据不同情况作相应处理。

输入动物,经检疫不合格的,由口岸动植物检疫机关签发"检疫处理通知单",通知货主或者其代理人处理。检出一类传染病、寄生虫病的动物,连同其同群动物全群退回或者扑杀并销毁尸体;检出二类传染病、寄生虫病的动物,退回或者扑杀,同群其他动物在隔离场或者在其他指定地点隔离观察。

输入动物产品和其他检疫物,经检疫不合格的,由口岸动植物检疫机关签发"检疫处理通知单",通知货主或者其代理人作除害、退回或者销毁处理;经除害处理合格的,方准予进境。

输入植物、植物产品和其他检疫物,经检疫发现有植物危险性病、虫、杂草的,由口岸动植物检疫机关签发"检疫处理通知单",通知货主或其代理人作除害、退货或销毁处理;经除害处理合格的,方准予进境。

第五节　外来入侵物种防治的主要法律规定

近年来,互花米草、水葫芦、紫茎泽兰、薇甘菊等外来入侵物种已对我国生物多样性和生态环境造成了严重的破坏和巨大的经济损失。世界自然保护联盟公布的世界上最具破坏性的100种外来入侵物种,约有一半入侵了我国,已对我国生物多样性和生态环境造成了严重破坏,初步估计外来物种入侵每年对中国造成的直接或间接损失达1198.8亿元。[①] 为防治外来入侵物种,保护我国生物多样性、生态环境,保障国家环境安全,促进经济和社会的可持续发展,必须加强外来入侵物种的防治工作。但目前我国还没有专门的外来入侵物种防治法律,只在《农业法》《畜牧法》《海洋环境保护法》等法律之中有一些原则性规定。在部门规章层面,国家林业局于2001年颁布《关于加强野生动物外来物种管理的通知》,原国家环境保护总局于2003年颁布《关于加强外来入侵物种防治工作的通知》,对外来入侵物种防治工作作出了规定。

防治外来入侵物种必须坚持"预防为主,防治结合"的方针。各有关部门应加强对物种引进的监管工作。应建立引进外来物种的环境影响评价制度。对所引进的物种不仅要考虑其经济价值,而且还要考虑其可能会对生物多样性和生态环境产生的影响,进行科学的风险评估,并进行必要的相关试验。只有经过环境安全影响评价的外来物种才能引进、应用和商业化。从事外来物种引进和应用的单位和个人,要对引进外来物种采取隔离或缓冲区等相

---

① 参见《2011年中国环境状况公报》,环境保护部,2012年5月25日发布。

应的防范措施,并进行环境监测和建立监测档案。严禁在自然保护区、风景名胜区和生态功能保护区以及生态环境特殊和脆弱的区域从事外来物种引进和应用。

同时,各级政府相关部门应建立对外来入侵物种调查制度,制定外来入侵物种防治计划,有目的、有组织地开展除治工作。确定重点外来入侵物种和重点防治区域,并予以公布。自然保护区、生态功能保护区、风景名胜区和生态环境特殊和脆弱的区域以及内陆水域等应作为外来入侵物种防治工作的重点区域。

第三十章

特殊区域环境保护法

第一节 特殊区域环境保护法概述

一、特殊区域环境及其保护

区域环境与大气、水、土地、草原、海洋等以单个环境要素为名称的环境有所不同。它是指占有特定地域空间的各种自然因素或人工因素组成的综合体。其最明显的特点就是具有相对独立的结构和特征,并具有特殊的保护要求。按其构成特征,可分为城市环境、农村环境、原生态区环境、人文遗迹环境等。按其功能可分为资源保护区环境、科学保护区环境、农业区域环境、风景名胜区环境、旅游区域环境、自然遗迹地环境等。不同的区域环境具有不同的环境问题,其保护和管理的措施也大不一样。在区域环境中有一类对于科学、文化、教育、历史、美学、旅游、经济和环境保护等方面有着特别价值的区域环境,这就是我们所说的特殊区域环境。如自然保护区、风景名胜区、文化遗迹地等。我国是一个历史悠久的文明古国,具有丰富的名胜古迹和文化遗迹。它们是在大自然和人类社会的漫长岁月中和特殊的自然条件下演变而成的,是自然界和社会历史留给我们的宝贵财富。一旦破坏,便很难恢复。因此,国家必须采取特殊措施加以保护。

特殊区域环境保护是指国家和社会为使特殊区域环境免遭人类活动不利影响而采取的维护、保留、恢复等措施的总称。它是环境和资源保护的一个重要方面。对于特殊区域环境保护的措施,通常包括:划定区域范围,确定保护对象;设立保护机构,完善保护体制;分类分级保护,合理开发利用;采取封禁措施,限制人为活动等。

二、特殊区域环境保护的作用

由于特殊区域环境具有特定的自然和社会历史特征,所以它对科学、文化、教育、历史、美学、环境的改善、经济的发展,甚至对人们身心健康和情操的陶冶都有着重要价值。

(一) 保护特殊区域环境有利于科学文化的发展

大自然和人类社会在漫长的演化和发展过程中,留下了许多可供人类研究和探讨其演化发展规律的痕迹,其中大多数已为人类的足迹所践踏,从而为科学文化研究留下了无数遗憾。如果采取特殊的保护措施对那些尚未为人类所破坏而又反映特殊自然或社会发展特征的区域加以保留,无疑就可以为人类进行科学文化研究,发现自然和社会发展规律提供条件和可能性。而且,某些特殊区域环境本身就可以是进行科学文化研究的基地。

(二) 保护特殊区域环境有利于整体环境的改善

各种特殊区域环境保护区的设立,保持了一定区域的生态平衡,从而起到保持水土、涵养水源、调节气候的作用,它不仅可以使特殊区域内的环境得以保护,而且对整体环境的保护与改善都会起到积极作用。比如,在长江和黄河源头建立水源保护区,就可以保持长江和黄河水源的水量,它对整个长江和黄河流域生态环境的保护与改善都有着重要作用。

(三) 保护特殊区域环境有利于精神文明建设

一些特殊区域环境,特别是一些人文遗迹地,都是千百年来人类文化的宝贵遗产,其中许多都具有特殊的教育意义。例如革命历史纪念地、民族英雄纪念地等都可以激发人们的民族自尊心和爱国热情,培养人们高尚的道德情操。一些石窟寺、摩崖石刻等也可以直接成为人们学习先人文化的课堂。

(四) 保护特殊区域环境有利于经济的可持续发展

采取特殊的措施保护特殊区域环境,不仅维持了生态平衡,而且保留了特定的自然风光和历史文化,这样就可以大大促进旅游业的发展,从而起到促进经济发展的作用。有些特殊区域的保护,还直接关系到一个地区或者流域的经济发展。例如,由于黄河中上游植被保护不好,水源涵养能力差,再加上用水浪费严重,致使黄河频繁断流,对中下游的经济造成很大影响。

三、特殊区域环境保护立法

我国对特殊环境区域的保护可以追溯到几千年前,例如,周文王时就建立了兼具现代的自然保护区和国家自然公园性质的"灵囿",采取特殊措施加以保护;汉代曾在现在的西安、洛阳附近设立"上林苑"加以特殊保护;民间和宗教界也有许多将风景秀丽的地区划为"神山""风水地"加以保护的情况。

我国现代意义上的特殊区域环境保护始于1956年。这一年,参加第一届全国人大第三次会议的科学家代表们提出了"请政府在全国各省区划定天然森林禁伐区,保存自然植被以供科学研究的需要"的第92号提案,并得以通过。同年10月召开的全国林业会议上提交讨论的《天然森林禁伐区(自然保护区)划定草案》,提出在云南、四川、贵州、黑龙江、吉林、广东、广西、陕西、湖南、新疆、青海、浙江、内蒙古、甘肃等省区划定40余处自然保护区。随后,国务院批准建立了广东鼎湖山、云南西双版纳、福建万木林、黑龙江丰林等自然保护区。

目前,我国特殊区域环境保护的立法主要由国务院发布的《森林和野生动物类型自然保护区管理办法》(1985年)、《自然保护区条例》(1994年)、《森林公园管理办法》(1994年)、《风景名胜区条例》(2006年)和《国家级森林公园管理办法》(2011年)等法规和规章组成。另外《文物保护法》《环境保护法》《森林法》等有关法律中也有关于特殊区域环境保护的规定。其规定大致可以分为三个部分:一是关于自然保护区保护的规定,二是关于风景名胜区保护的规定,三是关于文化遗迹地保护的规定。

第二节 自然保护区保护的主要法律规定

一、自然保护区及其类别

自然保护区是指对有代表性的自然生态系统、珍稀濒危野生动植物物种的天然集中分布区、有特殊意义的自然遗迹等保护对象所在的陆地、陆地水体或者海域,依法划定一定面积予以特殊保护和管理的区域。它既是构成整体环境的一种环境要素,又是保护自然环境的一种比较严格和有效的形式。建立自然保护区的目的是为了保护珍贵稀有的动植物物种,保留和维持代表不同自然地带的自然生态系统和地貌、景观,拯救和恢复已遭破坏而又能够恢复或更新的自然生态系统和濒危物种。

由于对自然保护区含义和性质理解的不同,世界各国对自然保护区类型的划分并没有统一的标准。但国际自然及自然资源保护同盟曾在有关著作中把自然保护区分为 10 个类型,即严格的自然保护区(科学保护区)、国家公园、自然纪念物(自然景物)保护区、管理的自然保护区(野生生物保护区)、景观保护区、资源保护区、人类学保护区(自然生物区)、多种经营管理区(资源经营管理区)、生物圈保护区和世界遗产保护区。目前,我国的自然保护区的类型主要有资源管理保护区、自然遗迹保护区、科研保护区、管理的保护区、文化景观保护区等。

自然保护区与风景名胜区、文化遗迹地、森林公园之间,既有区别,又有交叉。自然保护区主要强调保持特定地域的原貌(不管这种原貌是否资源丰富、是否景观优美),严禁人为的干扰和破坏,目的在于保留和提供环境"本底",而且在同一区域内还要分成不同的区域,采取严格程度不同的保护措施;风景名胜区则特别强调具有特定美学价值的自然和人文景物以及风土人情,并具有相当的欣赏价值,可以供人游览参观,它允许一定的人工修饰与恢复。我国有些风景名胜区与自然保护区是重叠的,一个区域既被划定为自然保护区,又被定为风景名胜区,这种现象是不正常的,也是不科学的。文化遗迹地与自然保护区交叉重叠较少,但与风景名胜区交叉重叠较多,许多文物保护单位都位于风景名胜区。森林公园与自然保护区的主要不同在于,森林公园主要以特别的森林景观和人文景物供人们游览、休息或进行科学、文化和教育活动,而不是像自然保护区那样严格限制人为活动。在我国也存在森林公园与自然保护区过多交叉和重叠的问题,这种现象是由于自然保护区和森林公园的审批程序以及管理部门的不同造成的,它在一定程度影响对特殊区域环境的保护。

二、自然保护区的作用

自然保护区对于保护环境和自然资源,监测和评价人为活动对环境的影响,认识和掌握自然生态规律,维护生态平衡,促进科学文化事业和社会文明的发展与进步,都有着重要的意义。具体表现为:

（一）为人类保留自然"本底"

自地球上出现人类以来,自然环境就在人类的干预下不断发生变化。时至今日,只有极少数地方的生态系统还基本保持在"天然状态"。人类在开发利用和保护环境的过程中需要了解其行为对环境所产生的影响,而某些被特殊保护的自然保护区则正好向人类提供了类似未受影响的环境的原貌(即本底),从而使人类能够通过比较研究发现人类活动对环境的影响,为环境影响评价等提供"参照系",同时也可以引导人类去建立更合理、生物生产率更高的人工生态系统。

(二) 为各种珍稀濒危物种提供避难所

由于人类活动的影响,地球的许多物种在失去原有天然环境的情况下已经灭绝或者处于濒危状态。国家根据这些物种所在的环境区域建立自然保护区,采取特殊的措施加以保护,保留这些物种赖以存在的环境条件,就可以使这些物种避免灭绝的厄运。如我国的自然保护区就使得6000多种动物和1000多种植物得到有效保护,在20世纪七、八十年代濒临灭绝的大熊猫在1997年底的存活量已达到1000只,种群趋于稳定。[①] 这样,自然保护区实际上就成了濒危物种的避难所。同时,某些原生态环境保护区,也是许多物种的基因库,保留这些区域免遭破坏,就为人类对物种的研究、饲养动物与栽培植物的复壮以及科学文化的发展提供了可能。

(三) 为科学研究提供条件和场所

人类为了改善自身的生存环境和条件,就必须了解和掌握自然界的各种客观规律,并利用这些规律为人类谋福利。而自然保护区所保留的完整的生态系统、众多的物种、各种自然遗迹、人文遗迹,就可以为动物学、植物学、生态学、气象学、地质学、地理学、遗传学、生物工程学等众多学科的研究提供条件和场所。

(四) 为环境保护宣传教育提供基地

对广大公众进行环境保护的宣传教育,尤其是对青少年进行自然保护知识的教育,最好的场所便是自然保护区。它能够以优美的风光、众多的物种、清新的空气、洁净的溪水等给人以自然美的陶冶,使人更加热爱自然环境,激发保护环境的热情和主动性,并可以学到许多在课堂上学不到的知识。

(五) 为人们的游乐、休息提供场所

许多自然保护区,像自然遗迹保护区、人文遗迹保护区、景观保护区和自然公园等,都是极好的游乐资源,它们为人类的旅游、休养、垂钓、滑雪和水上运动等提供了条件。通过在这些自然保护区开展有限制的游乐活动,可以使人开阔视野、陶冶情操、锻炼身体、学习知识,从而促进人类精神文明的发展。

(六) 保护改善环境,维持生态平衡

由于对自然保护区有着特殊的保护措施,所以在自然保护区往往能保留完好的生态系统,森林覆盖率、植被覆盖率也较高,从而能够起到涵养水源、保持水土、调节气候、防风固沙的作用。因此,环境状况较好的国家,往往自然保护区的面积在整个国土面积中占有较大比例。如德国、美国、英国、日本的自然保护区面积都占其国土面积的10%以上。

三、我国自然保护区的现状

由于自然保护区对于人类环境的保护和改善以及人类的生存和发展都有着重要作用,所以世界各国都十分重视建立自然保护区,并采取强有力的法律手段加以保护和管理。我国自1956年在广东设立鼎湖山自然保护区以来,截至2011年底,全国(不含香港、澳门特别

[①] 参见《1997年中国环境状况公报》,国家环保总局,1998年6月5日发布。

行政区和台湾地区)已建立各种类型、不同级别的自然保护区 2640 个,总面积约 14971 万公顷,其中陆域面积约 14333 万公顷,占国土面积的 14.9%。其中,国家级自然保护区 335 个,面积 9315 万公顷。我国有内蒙古锡林郭勒、吉林长白山、黑龙江丰林、福建武夷山、四川卧龙等 29 个自然保护区被联合国教科文组织列入"国际人与生物圈保护区网";内蒙古达赉湖、吉林向海、黑龙江扎龙等 41 个自然保护区被列入《国际重要湿地名录》;福建武夷山、湖南张家界、四川九寨沟、云南高黎贡山、江西三清山等一批自然保护区被纳入世界自然遗产。目前我国自然保护区保护管理存在的突出问题是发展快,投资少,保护管理机构不健全,有关立法不完善等。

四、自然保护区的法律措施

我国的自然保护区保护的立法除环境和资源保护法律的规定外,主要由国务院发布的《自然保护区条例》和《森林和野生动物类型自然保护区管理办法》以及《自然保护区土地管理办法》《地质矿产部关于建立地质自然保护区的规定(试行)》《地质遗迹保护管理规定》《海洋自然保护区管理办法》《国家级自然保护区监督检查办法》等组成。其主要规定包括以下几个方面:

(一) 自然保护区的管理体制

国家对自然保护区实行综合管理与分部门管理相结合的管理体制。即:国务院环境保护主管部门负责全国自然保护区的综合管理;国务院林业、农业、地质矿产、水利、海洋等有关主管部门在各自的职责范围内,主管有关的自然保护区;县级以上地方人民政府负责自然保护区管理的部门的设置和职责,由省级人民政府根据当地具体情况确定。

(二) 自然保护区的设立条件

建立自然保护区必须具备一定的条件,而且具备规定条件的区域就应当建立自然保护区。按照《自然保护区条例》的规定,只要具备下列条件之一,就应当建立自然保护区:

典型的自然地理区域、有代表性的自然生态系统区域以及已经遭受破坏但经保护能够恢复的同类自然生态系统区域;珍稀、濒危野生动植物物种的天然集中分布区域;具有特殊保护价值的海域、海岸、岛屿、湿地、内陆水域、森林、草原和荒漠;具有重大科学文化价值的地质构造、著名溶洞、化石分布区、冰川、火山、温泉等自然遗迹;经国务院或者省级人民政府批准,需要予以特殊保护的其他自然区域。

(三) 自然保护区的分级规定

根据自然保护区的重要程度和影响大小,自然保护区分为国家级自然保护区和地方级自然保护区。在国内外有典型意义、在科学上有重大国际影响或者有特殊科学研究价值的自然保护区,列为国家级自然保护区。除列为国家级自然保护区的外,其他具有典型意义或者重要科学研究价值的自然保护区列为地方级自然保护区。地方级自然保护区又可分为省级、市级和县级。

(四) 自然保护区的设立程序

不同级别的自然保护区的建立有不同的申报和审批程序。国家级自然保护区的建立,由自然保护区所在的省级人民政府或者国务院有关自然保护区主管部门提出申请,填报建立自然保护区申报书,经国家级自然保护区评审委员会评审后,由国务院环境保护主管部门进行协调并提出审批建议,报国务院批准。地方级自然保护区的建立,由自然保护区所在的县、自治县、市、自治州人民政府或者省级人民政府有关自然保护区主管部门提出申请,填写建立自然保护区申报书,经地方级自然保护区评审委员会评审后,由省级人民政府环境保护主管部门进行协调并提出审批建议,报省级人民政府批准,并报国务院环境保护主管部门和国务院有关自然保护区主管部门备案。跨两个以上行政区域的自然保护区的建立,由有关行政区域的人民政府协商一致后提出申请,按照相应的国家级或者地方级自然保护区的审批程序审批。建立海上自然保护区必须经国务院批准。

(五) 自然保护区分区保护的规定

自然保护区可以分为核心区、缓冲区和实验区。

自然保护区内保存完好的天然状态的生态系统以及珍稀、濒危动植物的集中分布地,应当划为核心区。该区禁止任何单位和个人进入。因科学研究的需要,必须进入核心区从事科学研究观测、调查活动的,应当事先向自然保护区管理机构提交申请和活动计划,并经省级以上人民政府有关自然保护区主管部门批准。进入国家级自然保护区核心区的,必须经国务院有关自然保护区主管部门批准。自然保护区核心区内原有居民确有必要迁出的,由自然保护区所在地的地方人民政府予以妥善安置。

自然保护区核心区外围可以划定一定面积的缓冲区,只准进入从事科学研究观测活动。该区域内禁止开展旅游和生产经营活动。因教学科研目的,需要进入该区从事非破坏性的科学研究、教学实习和标本采集活动的,应当事先向自然保护区管理机构提交申请和活动计划,经自然保护区管理机构批准。

自然保护区缓冲区外围划为实验区。经批准可以进入该区从事科学试验、教学实习、参观考察、旅游以及驯化、繁殖珍稀濒危野生动植物等活动。

批准建立自然保护区的人民政府认为必要时,还可以在自然保护区的外围划定一定面积的外围保护地带。

(六) 自然保护区的保护管理措施

为了保护和管理自然保护区,国家规定了一系列保护管理措施。其中主要的有:

设立自然保护区管理机构,明确其职责。要求有关自然保护区主管部门应当在自然保护区内设立专门的管理机构,配备专业技术人员,负责自然保护区的具体管理工作。另外,自然保护区所在地的公安机关,可以根据需要在自然保护区设置公安派出机构,维护自然保护区内的治安秩序。

明确自然保护区管理经费的来源。管理自然保护区所需的经费,由自然保护区所在地的县级以上地方人民政府安排。国家对国家级自然保护区的管理给予适当的资金补助。

禁止和限制自然保护区内的人为活动。除了对自然保护区不同区域特殊的保护管理措施外,还有对自然保护区一般的保护管理措施。包括:禁止在自然保护区内进行砍伐、放牧、狩猎、捕捞、采药、开垦、烧荒、开矿、采石、挖沙等活动(除非法律、法规另有规定);严禁开设与自然保护区保护方向不一致的参观、旅游项目;外国人进入自然保护区的,接待单位应当报经有关自然保护区主管部门批准;进入自然保护区的外国人,应当遵守有关自然保护区的法律、法规和规定;在自然保护区的核心区和缓冲区内,不得建设任何生产设施;在自然保护区的实验区内,不得建设污染环境、破坏资源或者景观的生产设施;建设其他项目,其污染物排放不得超过国家和地方规定的污染物排放标准;在自然保护区的实验区内已经建成的设施,其污染物排放超过国家和地方规定的排放标准的,应当限期治理;造成损害的,必须采取补救措施。另外,在自然保护区的外围保护地带建设的项目,也不得损害自然保护区的环境质量;已经造成损害的,应当限期治理。

违反规定,在自然保护区进行砍伐、放牧、狩猎、捕捞、采药、开垦、烧荒、开矿、采石、挖沙等活动的单位和个人,由县级以上人民政府有关自然保护区主管部门或者其授权的自然保护区管理机构没收违法所得,责令停止违法行为,限期恢复原状或者采取其他补救措施;对自然保护区造成破坏的,可以处以300元以上1万元以下的罚款。

（七）自然保护区的土地管理规定

在我国自然保护区建设和管理的过程中,由于自然保护区的土地没有明确的法律地位,土地的管理、使用和土地所有权关系不顺,结果造成了自然保护区土地管理和使用方面的诸多问题。为了理顺关系,防止自然保护区的土地被侵占、蚕食,1995年原国家环境保护局与原国家土地管理局联合发布了《自然保护区土地管理办法》。其主要保护管理措施:一是查清自然保护区土地状况,建立土地资源地籍档案;二是进行自然保护区土地登记,明确所有权和使用权;三是确保自然保护区土地的法定用途,禁止侵占、买卖、转让自然保护区土地或者擅自改变用途;四是加强执法监督,及时查处违法行为。

（八）自然保护区的定期评估制度

为了保证国家级自然保护区按照规划要求建设和管理,提高建设和管理水平,实现保护、管理目标,2006年原国家环保总局发布了《国家级自然保护区监督检查办法》,规定国务院环境保护主管部门有权组织对全国各类国家级自然保护区的监督检查,并重点规定了对国家级自然保护区的定期评估制度。国务院环境保护主管部门组织成立国家级自然保护区评估委员会,对国家级自然保护区的建设和管理状况进行定期评估,并根据评估结果提出整改建议。对每个国家级自然保护区的建设和管理状况的定期评估,每5年不少于一次。评估结果分为优、良、中和差四个等级。国家级自然保护区定期评估结果由国务院环境保护主管部门统一发布。

第三节 风景名胜区保护的主要法律规定

风景名胜区是指按法定的条件和程序划定的,具有观赏、文化或者科学价值,自然景观、人文景观比较集中、环境优美,可供人们游览或者进行科学、文化活动的区域。按其形成的原因和主要构成因素,可分为天然风景名胜区和人工风景名胜区。前者是指主要由天然环境因素组成的风景区,如长江三峡风景名胜区、黄果树风景区等。后者是指主要由人工建筑组成的风景区,如承德避暑山庄外八庙风景区等。

风景名胜区是自然和文化历史遗产的保留地,是自然和人类历史发展的见证。保护风景名胜区,不仅对保护和改善环境有着重要作用,而且对于开展科学、文化、历史、艺术研究,丰富人们的精神文化生活,激发国民的民族自尊心和爱国情操,乃至对促进旅游事业、推动地区经济发展,都有着重要作用。

国际社会十分重视对风景名胜区的保护。1972年联合国教科文组织通过了《保护世界文化和自然遗产公约》,并依该公约规定成立了世界遗产委员会,设立了世界遗产基金,建立了《世界遗产目录》和《处于危险的世界遗产目录》。我国不仅批准了该公约,而且已有多处国家级风景名胜区列入了《世界遗产目录》。国务院分别于1982年、1988年、1994年、2002

年、2004年、2005年、2009年、2012年分八批审定了225处国家级风景名胜区。在风景名胜区保护的立法方面,国务院于1985年发布了《风景名胜区管理暂行条例》(现已失效),建设部于1987年发布了《风景名胜区管理暂行条例实施办法》(现已失效)、1994年发布了《风景名胜区管理处罚规定》、2004年发布了《国家重点风景名胜区审查办法》。2006年国务院颁布了《风景名胜区条例》。另外,在《环境保护法》《城市规划法》《矿产资源法》等法律也有关于风景名胜区保护的规定。

综合各有关法律、法规的规定,其主要内容包括以下几个方面:

一、风景名胜区管理体制

风景名胜区所在地县级以上地方人民政府设置的风景名胜区管理机构,负责风景名胜区的保护、利用和统一管理工作。建设主管部门负责全国风景名胜区的监督管理工作。其他有关部门按照国务院规定的职责分工,负责风景名胜区的有关监督管理工作。

二、风景名胜区的设立

风景名胜区划分为国家级风景名胜区和省级风景名胜区。国家级风景名胜区是指自然景观和人文景观能够反映重要自然变化过程和重大历史文化发展过程,基本处于自然状态或者保持历史原貌,具有国家代表性的风景名胜区;省级风景名胜区则是具有区域代表性的风景名胜区。设立国家级风景名胜区,由省级人民政府提出申请,国务院建设主管部门会同国务院环境保护主管部门、林业主管部门、文物主管部门等有关部门组织论证,提出审查意见,报国务院批准公布。设立省级风景名胜区,由县级人民政府提出申请,省、自治区人民政府建设主管部门或者直辖市人民政府风景名胜区主管部门,会同其他有关部门组织论证,提出审查意见,报省级人民政府批准公布。新设立的风景名胜区与自然保护区不得重合或者交叉;已设立的风景名胜区与自然保护区重合或者交叉的,风景名胜区规划与自然保护区规划应当相协调。

风景名胜区内的土地、森林等自然资源和房屋等财产的所有权人、使用权人的合法权益受法律保护。申请设立风景名胜区的人民政府应当在报请审批前,与风景名胜区内的土地、森林等自然资源和房屋等财产的所有权人、使用权人充分协商。因设立风景名胜区对风景名胜区内的土地、森林等自然资源和房屋等财产的所有权人、使用权人造成损失的,应当依法给予补偿。

三、风景名胜区规划

风景名胜区规划分为总体规划和详细规划。风景名胜区总体规划的编制,应当体现人与自然和谐相处、区域协调发展和经济社会全面进步的要求,坚持保护优先、开发服从保护的原则,突出风景名胜资源的自然特性、文化内涵和地方特色。风景名胜区应当自设立之日起2年内编制完成总体规划。总体规划的规划期一般为20年。

风景名胜区详细规划应当根据核心景区和其他景区的不同要求编制,确定基础设施、旅游设施、文化设施等建设项目的选址、布局与规模,并明确建设用地范围和规划设计条件。风景名胜区详细规划,应当符合风景名胜区总体规划。

国家级风景名胜区规划由省、自治区人民政府建设主管部门或者直辖市人民政府风景名胜区主管部门组织编制。省级风景名胜区规划由县级人民政府组织编制。编制风景名胜区规划，应当广泛征求有关部门、公众和专家的意见；必要时，应当进行听证。风景名胜区规划报送审批的材料应当包括社会各界的意见以及意见采纳的情况和未予采纳的理由。经批准的风景名胜区规划不得擅自修改。

四、保护风景名胜区的主要措施

（一）建立风景名胜区管理制度

风景名胜区内的景观和自然环境，应当根据可持续发展的原则，严格保护，不得破坏或者随意改变。风景名胜区管理机构应当建立健全风景名胜资源保护的各项管理制度。风景名胜区管理机构应当对风景名胜区内的重要景观进行调查、鉴定，并制定相应的保护措施。

（二）禁止破坏风景名胜区的活动

禁止违反风景名胜区规划，在风景名胜区内设立各类开发区和在核心景区内建设宾馆、招待所、培训中心、疗养院以及与风景名胜资源保护无关的其他建筑物；已经建设的，应当按照风景名胜区规划，逐步迁出。风景名胜区内的建设项目应当符合风景名胜区规划，并与景观相协调，不得破坏景观、污染环境、妨碍游览。在国家级风景名胜区内修建缆车、索道等重大建设工程，项目的选址方案应当报国务院建设主管部门核准。

在风景名胜区内禁止进行的活动还包括：开山、采石、开矿、开荒、修坟立碑等破坏景观、植被和地形地貌的活动；修建储存爆炸性、易燃性、放射性、毒害性、腐蚀性物品的设施；在景物或者设施上刻划、涂污；乱扔垃圾。

违反相关规定的，由风景名胜区管理机构责令停止违法行为、恢复原状或者限期拆除，没收违法所得，并处50万元以上100万元以下的罚款。在风景名胜区内从事禁止范围以外的建设活动，未经风景名胜区管理机构审核的，由风景名胜区管理机构责令停止建设、限期拆除，对个人处2万元以上5万元以下的罚款，对单位处20万元以上50万元以下的罚款。在景物、设施上刻划、涂污或者在风景名胜区内乱扔垃圾的，由风景名胜区管理机构责令恢复原状或者采取其他补救措施，处50元的罚款。

（三）保护风景名胜区自然资源与文化资源

在风景名胜区内进行建设活动的，建设单位、施工单位应当制定污染防治和水土保持方案，并采取有效措施，保护好周围景物、水体、林草植被、野生动物资源和地形地貌。违反者由风景名胜区管理机构责令停止违法行为、限期恢复原状或者采取其他补救措施，并处2万元以上10万元以下的罚款；逾期未恢复原状或者采取有效措施的，由风景名胜区管理机构责令停止施工。

国家建立风景名胜区管理信息系统，对风景名胜区规划实施和资源保护情况进行动态监测。风景名胜区管理机构应当根据风景名胜区的特点，保护民族民间传统文化，开展健康有益的游览观光和文化娱乐活动，普及历史文化和科学知识。国务院建设主管部门应当对国家级风景名胜区的规划实施情况、资源保护状况进行监督检查和评估。对发现的问题，应当及时纠正、处理。

第四节　文化遗迹地保护的主要法律规定

　　文化遗迹地,又称为自然和文化遗产迹地,是指具有一定科学、文化、历史、教育、观赏价值的自然或人文景物、现象及其保留或遗迹地。按其形成原因,可分为自然遗迹和人文遗迹。自然遗迹是指由于自然过程形成的具有一定科学、文化、艺术、观赏价值的自然客体及其保留或遗迹地。如奇峰异石、洞穴、瀑布、火山口、陨石坠落地、冰川遗迹、典型的地质剖面、生物化石产地、古树名木等。人文遗迹是指由于人类活动所创造的具有一定科学、历史、文化、教育或观赏价值的人工客体及其保留或遗迹地。如古建筑、古墓、石窟、摩崖石刻、古人类活动遗址、重大历史事件发生地、革命活动遗址等。

　　文化遗迹地是自然和人类历史发展以及革命运动的见证物。保留文化遗迹地,不仅有利于对人民进行民族优秀传统和革命传统教育,激发人民的爱国热情,为科学研究提供场所,而且还有利于发展旅游业,促进经济的发展。

　　我国由于历史悠久和自然条件复杂,具有众多的自然和人类历史的文化遗产。仅国家确定的历史文化名城就有一百余座。另外还有一批地质遗迹保护区,如黑龙江五大连池火山地质遗迹国家级自然保护区、湖北省郧县青龙山恐龙蛋化石国省级自然保护区等。

　　我国对文化遗迹地的保护工作十分重视。其保护的手段大致有三种情况:一是分布在自然保护区、风景名胜区范围内的文化遗迹地,作为自然保护区、风景名胜区的组成部分加以保护;二是对规模较大的文化遗迹地,划为单独的自然保护区或风景名胜区加以特别保护;三是定为不同级别的文物保护单位加以保护。

　　为了保护文化遗迹地,除了《自然保护区条例》《风景名胜区条例》和有关法律的规定外,还颁布了《文物保护法》及其《实施细则》《水下文物保护管理条例》《考古涉外工作管理办法》《长城保护条例》《地质遗迹保护管理规定》《文物行政处罚程序暂行规定》《文物保护工程管理办法》《考古发掘管理办法》等法律、法规和规章。

一、划分等级,有重点地保护

　　由于我国历史悠久,地域辽阔,地质情况复杂,自然和人文遗迹特别丰富,其科学、文化价值也各不相同,再加上受我国财力的限制,对各种文化遗迹地的保护就需要区分等级,有重点地保护。

　　对人文遗迹,通过确定不同级别的文物保护单位的方式加以保护。革命遗址、纪念建筑物、古文化遗址、古墓葬、古建筑物、石窟寺、石刻等文物,根据其历史、艺术、科学价值,可以分别确定为全国重点文物保护单位和省级、市、县级文物保护单位。国务院文物行政部门在省级、市、县级文物保护单位中,选择具有重大历史、艺术、科学价值的确定为全国重点文物保护单位,或者直接确定为全国重点文物保护单位。省级文物保护单位,由省级人民政府核定公布。市级和县级文物保护单位,分别由设区的市、自治州和县级人民政府核定公布。国务院已分别于 1961 年、1982 年、1988 年、1996 年、2001 年和 2006 年核定公布了 6 批全国重点保护文物保护单位,并在 2002 年和 2003 年分别增补了湖南省湘西土家族苗族自治州的里耶古城遗址、内蒙古自治区鄂尔多斯市鄂托克旗的阿尔寨石窟、焦裕禄烈士墓为第五批全国重点文物保护单位,使得全国重点文物保护单位达到 2351 个。

对保存文物特别丰富并且具有重大历史价值或者革命纪念意义的城市,由国务院核定公布为历史文化名城。对保存文物特别丰富并且具有重大历史价值或者革命纪念意义的城镇、街道、村庄,由省级人民政府核定公布为历史文化街区、村镇。历史文化名城和历史文化街区、村镇所在地的县级以上地方人民政府应当组织编制专门的历史文化名城和历史文化街区、村镇保护规划,并纳入城市总体规划。国务院已分别于1982年、1986年和1994年核定了三批共99个城市为历史文化名城,此后又不断增补历史文化名城数量。对这些城市,要求对集中反映历史文化的老城区、古城遗址、文物古迹、名人故居、古建筑、风景名胜、古树名木等,采取有效措施,严加保护,禁止乱占、乱拆、乱挖、乱建,绝不能因进行新的建设使其受到损害或任意迁动位置。2008年国务院颁布《历史文化名城名镇名村保护条例》,规定历史文化名城、名镇、名村应当整体保护,保持传统格局、历史风貌和空间尺度,不得改变与其相互依存的自然景观和环境。历史文化名城、名镇、名村所在地县级以上地方人民政府应当根据当地经济社会发展水平,按照保护规划,控制历史文化名城、名镇、名村的人口数量,改善历史文化名城、名镇、名村的基础设施、公共服务设施和居住环境。在历史文化名城、名镇、名村保护范围内从事建设活动,应当符合保护规划的要求,不得损害历史文化遗产的真实性和完整性,不得对其传统格局和历史风貌构成破坏性影响。对历史文化街区、名镇、名村核心保护范围内的建筑物、构筑物,应当区分不同情况,采取相应措施,实行分类保护。

对自然遗迹,采取设立不同级别的自然保护区的方式加以保护。

二、限制文化遗迹地内的工程建设

文物保护单位的保护范围内不得进行其他建设工程或者爆破、钻探、挖掘等作业。但是,因特殊情况需要在文物保护单位的保护范围内进行其他建设工程或者爆破、钻探、挖掘等作业的,必须保证文物保护单位的安全,并经核定公布该文物保护单位的人民政府批准。根据保护文物的实际需要,可以在文物保护单位的周围划出一定的建设控制地带,并予以公布。在文物保护单位的建设控制地带内进行建设工程,不得破坏文物保护单位的历史风貌。在文物保护单位的保护范围和建设控制地带内,不得建设污染文物保护单位及其环境的设施,不得进行可能影响文物保护单位安全及其环境的活动。对已有的污染文物保护单位及其环境的设施,应当限期治理。

三、控制文化遗址的迁移、拆除和改作他用

文化遗址,都有其强烈的地域概念和意义。离开特定的地理位置,其意义、作用和影响就将大不一样。因此,必须严格控制文化遗址的迁移。所以法律规定,建设工程选址,应当尽可能避开不可移动文物;因特殊情况不能避开的,对文物保护单位应当尽可能实施原址保护。无法实施原址保护,必须迁移异地保护或者拆除的,应当报省级人民政府批准。全国重点文物保护单位不得拆除;需要迁移的,须由省级人民政府报国务院批准。

不可移动文物已经全部毁坏的,应当实施遗址保护,不得在原址重建。但是,因特殊情况需要在原址重建的,报省级人民政府批准;全国重点文物保护单位需要在原址重建的,由省级人民政府报国务院批准。

核定为文物保护单位的属于国家所有的纪念建筑物或者古建筑,除可以建立博物馆、保管所或者辟为参观游览场所外,作其他用途的,应当报相关部门批准。

违反上述规定,尚不构成犯罪的,由县级以上人民政府文物主管部门责令改正,造成严重后果的,处 5 万元以上 50 万元以下的罚款;情节严重的,由原发证机关吊销资质证书。

四、严格限制文化遗迹地的考古发掘

一切考古发掘工作,必须履行报批手续;从事考古发掘的单位,应当经国务院文物行政部门批准。地下埋藏的文物,任何单位或者个人都不得私自发掘。从事考古发掘的单位,为了科学研究进行考古发掘,应当提出发掘计划,报国务院文物行政部门批准;对全国重点文物保护单位的考古发掘计划,应当经国务院文物行政部门审核后报国务院批准。国务院文物行政部门在批准或者审核前,应当征求社会科学研究机构及其他科研机构和有关专家的意见。

进行大型基本建设工程,建设单位应当事先报请省级人民政府文物行政部门组织从事考古发掘的单位在工程范围内有可能埋藏文物的地方进行考古调查、勘探。需要配合建设工程进行的考古发掘工作,应当由省、自治区、直辖市文物行政部门在勘探工作的基础上提出发掘计划,报国务院文物行政部门批准。在进行建设工程或者在农业生产中,任何单位或者个人发现文物,应当保护现场,立即报告当地文物行政部门,文物行政部门接到报告后,如无特殊情况,应当在 24 小时内赶赴现场,并在 7 日内提出处理意见。文物行政部门可以报请当地人民政府通知公安机关协助保护现场;发现重要文物的,应当立即上报国务院文物行政部门,国务院文物行政部门应当在接到报告后 15 日内提出处理意见。非经国务院文物行政部门报国务院特别许可,任何外国人或者外国团体不得在中华人民共和国境内进行考古调查、勘探、发掘。

第四编 | 国际环境法

第三十一章　国际环境法概述
第三十二章　国际环境法的原则与实施
第三十三章　国际环境法的主要领域

第三十一章

国际环境法概述

第一节 国际环境法的概念

一、国际环境法的定义和特点

国际环境法是指调整国际法主体在利用、保护和改善环境与资源中所形成的各种法律关系的法律规范的总称。它具有如下特点：

首先，国际环境法主要调整国际法主体之间的关系，在规范国际法主体的行为过程中可能涉及国内法上的自然人和法人的关系，但这不是国际法主要的目的。国际法的目的是调整能够独立在国际关系中直接享受权利并直接承担义务的行为者之间的关系。

其次，国际环境法所调整的主要是国际法主体在利用、保护和改善环境与资源过程中所产生的各种法律关系。这是国际环境法的侧重点和切入点。根据传统国际法，国家有权自由开发利用其管辖范围内的环境与资源。这是国家主权范围内具有排他性的权利。但是国际环境法对这样的权利作了一些限制，国家之间由于开发、利用环境和资源而产生的各种法律关系和纠纷只能依据国际环境法处理和解决。

再次，国际环境法作为一个规范国际法主体的行为的规则体系具有拘束力。国家乃至人类的生存与发展都首先依赖于环境和资源，如何开发利用环境与资源通常都会触及国家的根本利益。例如，巴以领土争端的重要原因是对生存空间和水源的争夺。没有水，任何民族都无法生存，更不要说国家的存在与发展了。对于这一系列复杂的问题，不是道德规劝能够解决的，必须要有一个具有法律约束力的规范体系。

此外，国际环境法是一门交叉学科，同它关系最密切的是国际法和国内环境法，因此它既有国际法又有国内环境法的特点。例如，它除了具有环境法的一般特征，如综合性、技术性、社会性和共同性外，与一般国际法相比它还拥有一些独特的概念与原则，如可持续发展、共同但有差别的责任等。这些概念与原则最初并不适用于国际法的其他领域，但是随着国际社会环境意识的提高，这些概念与原则开始渗入到国际法的其他领域，如可持续发展。伴随着全球化和区域一体化的进程，国际环境法也出现区域性规则与全球普遍性规则并存和相互渗透的情况。比如，在欧洲联盟内部已经形成了一整套区域性的环境法规，逐渐被越来越多的国际条约所接受，从而变成全球普遍性的规则。

二、国际环境法与国内环境法的关系

国际法与国内法的关系问题,一方面是国内法的重要问题,通常由宪法作出明确的规定。另一方面也是国际法的基本问题,因为它同国际法的效力具有直接的关系。

《宪法》对于国际法在国内法律体系中的效力一直没有明文规定,但是一些全国性的立法有相关的规定。例如 1989 年《环境保护法》第 46 条规定,"中华人民共和国缔结或参加的与环境保护有关的国际条约,同中华人民共和国的法律有不同规定的,适用国际条约的规定,但中华人民共和国声明保留的条款除外"。这样的规定可以解释为:第一,国际条约在中国直接适用。因为只有直接适用,才有可能出现国际条约与国内法存在不同的规定的情况。第二,国际条约具有优先于中国国内法的效力。但是由于中国宪法没有作出明确的规定,还不能说这是完全确立的规则,只能说这是在含有上述规定的立法范围内适用的原则。

到目前为止,中国签署或批准了 70 多个与环境保护相关的多边条约。这些条约有两个特点,第一,中国在 20 世纪 80 年代以后参加的条约占 90% 以上,这与中国国内的环境立法的发展呈同步上升趋势。第二,这些条约所涉及的领域主要是海洋、生物、大气、外空、南极等。在实践中,为了履行国际条约所承担的义务,中国通常在签订条约后颁布相应的国内立法,例如,中国于 1981 年参加了《濒危野生动物植物物种国际贸易公约》后,于 1988 年颁布了《野生动物保护法》,接着又陆续通过了《陆生野生动物保护条例》《水生野生动物保护条例》和《野生植物保护条例》等一系列国内立法。这些立法所规定的受保护的动物的名录都是按照国际条约的规定制定的。对于个别的物种保护的等级,中国根据其自身的具体情况在条约允许的范围内作了适当的调整。

第二节 国际环境法的渊源

国际法与国内法一个本质的区别在于:如何寻找并证明相关的法律原则与规则。这在国内法范畴内基本不是问题,因为原则上讲法律是清楚的。在成文法国家,有相关的成文法;在判例法国家,有相关的判例。但是在由不同的法律传统组成的国际社会,到哪里去寻找相关的国际法原则和规则?这就是国际法在解决国际争端时遇到的首要问题,这也正是国际法渊源要解决的问题。在回答国际法渊源问题时,大多会引用《国际法院规约》第 38 条。该条列举了国际法院在审理案件时适用的法律清单。既然国际法院作为当今国际社会最重要的司法机构列明了所适用法律的清单,那么这个清单就被认为是对国际法渊源最权威的阐述。列在这个清单上的国际法渊源包括:国际条约、国际习惯、一般法律原则和其他辅助性渊源。

一、国际条约

国际条约简称条约,包括多边条约和双边条约,在国际环境法中占有重要地位,是国际环境法最主要的渊源。条约是指两个或两个以上国际法主体依据国际法确定其相互权利和义务的一致的意思表示。[①] 条约通常以书面形式缔结,而且可以用很多名称,例如,《海洋法

---

① 参见王铁崖主编:《国际法》,法律出版社 1995 年版,第 401—444 页。

公约》《南极条约》《关于消耗臭氧层物质的蒙特利尔议定书》等。

环境保护条约的特点主要表现在以下几个方面。第一,从其历史来看,最初的环境条约数量少,所涉及的主题事项的范围也比较狭窄,多为双边条约,主要是有关国家就生物资源(特别是渔业资源)的开发和利用作出一些规定,后来,随着环境条约逐渐增多,所涉及的主题事项的范围便有所扩大。第二,环境条约组成了一个多层次的条约体系,包括全球性的多边条约、区域性多边条约和双边条约。而全球性多边条约经常采用"框架条约+议定书+附件"的模式。框架条约通常仅作一些原则性的规定,议定书则规定缔约方具体的权利和义务,而附件就会提出更为详尽的义务清单。这样做的好处是,一方面全球环境状况不断恶化,国际舆论的压力增大,国际社会必须有所作为,应该尽快采取有效措施。但另一方面由于利益冲突和科学的不确定性,许多国家的政府不愿被捆住手脚,承担具体的、代价过高的义务。框架条约不仅可以表明国际社会关注某个问题,例如全球气候变化,而且由于"框架"规范的原则性,也可以避免为了具体规则的制定而引发的旷日持久的谈判。如果缔约国有承担具体规则的意愿,议定书和附件的谈判必然会被列入接下来的议事日程,而且议定书和附件又可以随着情况的变化和需要及时修订,不会影响到整个条约体系的效力。

近来,环境条约越来越注重履约的问题。条约的谈判难,条约的履行更难。尤其对发展中国家来说,环境条约的履行不仅取决于政治意愿,还取决于履约能力,如资金、技术、人才、信息和机制等等。因此,目前有些环境条约明确规定了差别待遇,即在公平的基础上,各缔约方承担共同但有差别的义务和责任,而且发达的缔约方有义务对发展中的缔约方提供财政援助和技术转让。

二、国际习惯

国际习惯是国际法主体(尤其是国家)以类似行为的重复而产生具有法律约束力的结果。国际习惯有两个要素构成:一是各国类似行为的重复(又称"客观要素"),另一个是各国承认具有法律约束力的表示(又称"主观要素"或"法律确信"(opinio juris))。过去一项国际习惯法规则(例如,外交特权与豁免)的形成通常要经过一个漫长的逐渐积累和形成的过程。尽管现在国际交往频繁,加速了习惯法形成的速度,但是要证明一项习惯法规则的存在依旧需要各国类似实践的积累。

在国际环境法中,国际习惯与条约相比处于次要的地位,相关的习惯法规则不是很多。其主要原因是国际环境法的历史较短,尚未积累起充足的国家实践。不过,像在《斯德哥尔摩宣言》和《里约宣言》这样国际社会大多数成员赞成的国际文件中确认的原则和规则应该被认为是证明国际习惯法规则的有力证据。[①] 例如,1938年和1941年"特雷尔冶炼厂仲裁案"中确立一项原则,即任何国家都没有权利使用或允许使用其领土由于烟雾对他国的领土、财产或个人造成损害。这在《斯德哥尔摩宣言》和《里约宣言》都得到了反复的确认。各国有按自己的环境政策开发自己的资源的主权,但是同时也有义务保证在它们管辖或控制之内的活动,不致损害其他国家的或国家管辖范围以外地区的环境。这项原则已经成为国

[①] 参见秦娅:"联合国大会决议的法律效力",载《中国国际法年刊》1984年,第164—191页。

际习惯法的一项原则。①

三、一般法律原则

《国际法院规约》第 38 条列明一般法律原则,但是在国际法院的司法实践中很少单独依据一般法律原则裁判,因此它作为国际法渊源的地位不如条约和习惯。对于一般法律原则的含义有不同的观点,第一种认为它指国际法的一般性原则或是基本原则;第二种认为它指一般法律意识或是从"文明国家的法律良知"中产生的原则;第三种认为它指各国法律体系所共有的原则。在国际司法实践中,第三种观点得到更多的支持,例如"善意的原则"。

四、辅助性渊源

根据《国际法院规约》第 38 条,司法判例和公法家学说可以作为"确定法律原则之补助资料"。也就是说,这两者不是独立的国际法渊源,但可以作为认定和确定某项国际法原则存在的证据。

广义的司法判例包括国际司法判例和国内司法判例。这里的"司法判例"主要是指国际司法判例,其中包括国际司法机关判决和国际仲裁机构的裁决。根据《国际法院规约》第 59 条的规定,法院之裁判对于当事国及本案外,无约束力。所以国际法院对于以往的判例并不是采取普通法的"依循判例"②作法,但是实际上如果国际法院或其他国际司法机关或国际仲裁机构在审理争端时对相关的法律原则和规则进行鉴别和认定,那么就必然要援引以往的判决来印证某项原则和规则的存在。这样,尽管国际司法判例不具有约束力,但是它确实是很有价值的辅助性渊源。

"公法家学说"主要指各国最权威的国际法学家的著作。在国际法的发展史上,欧美著名公法学家的著作起到了重要的作用,主要是用来证明国际法原则、规则和制度的存在和其含义。在过去的各国外交文件、国际文件和司法判例中都曾引用过,现在其地位在日益下降。

五、"软法"

《国际法院规约》第 38 条所列举的渊源之外是否有其他渊源,这一直是有争议的问题。其中争议的焦点之一就是国际组织和国际会议通过的书面文件的地位和作用。这些文件可以是有约束力的,也可以是无约束力的。由于它们的法律效力不是十分明确,通常把它们统称为"软法"。③

这类国际文件种类繁多。在环境领域,通过了若干重要的"宣言"和"决议",如《斯德哥尔摩宣言》《内罗毕宣言》和《里约宣言》等。这些国际文件的性质涉及几个方面的问题。第一,国际组织的权限问题。国际组织是派生的国际法主体,其机构的权限有一定的限制。例

---

① 联合国国际法院在 1996 年《关于威胁使用或使用核武器的合法性的咨询意见》中承认,该项规则是国际习惯法的规则。

② 这是英美等普通法国家法院所遵循的原则,即法院如果在前面的判决中对于某些特定的事实适用了某个法律原则,那么法院在以后的事实基本相同的案件中要遵守和适用该项法律原则,不管争端主体和财产是否相同。参见《布赖克法律词典》(英文版,第 5 版),西方法律出版公司 1979 年版,第 1261 页。

③ "软法"一词本身就存在争议。有的学者认为凡是"法"都是有约束力(硬的),没有无约束力(软的)的"法"。

如,根据《联合国宪章》的规定,联合国大会的职权是讨论和建议,那么大会通过的决议,严格讲是没有法律约束力的,只具有建议的性质。第二,在国际组织主持召开国际会议上投票"赞成"某项决议的会员国是否要对"赞成"承担某种义务?一般认为,既然投了赞成票,即使没有法律上的义务,也有道义上义务,即不得从事与决议相悖的行为。第三,如果国际社会大多数成员投票通过某项决议,那么该决议就应该被认为是反映了国际社会的共同意志。既然是共同意志,就应该有拘束力。第四,很多这样的决议冠以"宪章""宣言"等具有法律含义的名称,这也是表现和强调其法律意义的做法。第五,如果就同一事项反复通过一系列的决议,重申一些重要的原则,那么这一系列的决议就产生了"实践累积"的法律效果,从而使决议产生了法律约束力。第六,从国际环境法来看,很多重要的原则最初都只是出现在这类"宣言"或"决议"之中,但是随着时间的推移逐步写进了条约和议定书,最终正式变成有拘束力的原则,为国际社会大多数成员所接受。它们经历了"宣言→条约→议定书"的发展过程,出现了"软法"变"硬"的现象。

第三节 国际环境法的主体和客体

一、国际环境法的主体

国际法主体是指能够独立参加国际关系,直接在国际法上享受权利和承担义务并具有独立进行国际求偿能力者。[①] 能够独立参加国际关系,特别是国际政治、法律关系是构成国际法主体的基本要件。缔结条约就是这种能力的证明。在国际法律关系中直接享受权利并承担义务是另一个重要要件。而独立进行国际求偿的能力对国际组织来说具有特别重要的意义。这些要件是相互联系的整体。根据这些要件,国家是国际法最基本的主体,政府间的国际组织是派生和有限的主体。

在国际环境法领域,国家仍然是最基本的主体,但是,值得注意的是政府间的国际组织和非政府行为者(特别是非政府组织)在国际环境立法和执法中发挥越来越重要的作用。[②]《里约宣言》和《21世纪议程》等文件都有旨在扩大国际环境法主体的倾向,呼吁进一步加强政府间国际组织和非政府组织在与环境保护和发展相关的国际法立法、实施和执行过程中的作用。

在国际环境法领域的政府间国际组织主要有三类:一是联合国系统的全球性的国际组织和其专门机构,例如联合国环境规划署(UNEP);二是联合国系统以外的区域性国际组织,例如欧洲联盟(EU);三是根据环境条约或其他条约建立的政府间的国际组织,例如根据《气候变化框架公约》建立的缔约方大会(COP)等。这些国际组织在环境保护领域的作用有五个方面:第一,为各国在环境事务方面磋商和合作提供协商的场所;第二,收集和发布环境信息,为国家间的环境合作提供信息服务;第三,以召开国际会议或通过决议、宣言等方式推动和促进国际环境法原则和规则的发展;第四,在保证实施和执行国际环境法和环境标准中起着重要的作用;第五,为解决环境争端提供相对独立和中立的争端解决机制和场所。不过,

---

① 参见王铁崖主编:《国际法》,法律出版社1995年版,第64—65页。
② 参见宋英:"国际环境法——现代国际法的新分支与挑战",载《中国国际法年刊》1995年,第244页。

目前的问题是国际组织的建立和活动缺少必要的系统和协调,有的领域还存在空白,例如能源与矿业给环境带来很多影响,但是迄今没有这方面的国际组织。

非政府行为者,主要是指非政府组织,包括科学界、非营利性的环保组织、私营工商界、法律社团、学术界和公众等。严格地讲,它们尚未被广泛和正式地接纳为国际环境法的主体。但是不可否认,它们在国际环境法的发展中一直起着重要的作用。

二、国际环境法的客体

正如在前面国内环境法中看到的,法律关系的客体是指权利和义务所指向的对象。环境法律关系的客体一般只有物和行为。作为环境权利和义务的对象之一的物主要是指各种自然和人文环境要素,如大气、水、土地和人文遗址等。这里的行为是指参与法律关系的主体的行为,包括作为和不作为。国际环境法的客体也包括这两个方面。一是各种环境要素,二是国际环境法主体针对这些环境要素所从事的各种行为。国际环境法客体的特殊性表现在以下几个方面。

(一)环境要素

1. 国家管辖内的环境与资源

国家管辖范围内的环境与资源是指完全处于国家属地管辖范围以内的环境与资源,如领土及其领土以内的各种自然及人文环境和资源。这部分环境与资源由于完全处于国家主权的管辖范围内,基本上属于国内环境法的调整范围。此外,还有一部分被国际条约赋予特殊地位的环境与资源,如被《保护世界文化和自然遗产公约》所确定为"世界遗产"的那一部分环境与资源,如中国的长城、泰山、敦煌莫高窟等自然及人文遗址。这样的一些环境与资源不仅受国内环境法,也受国际环境法的规范与调整。

2. 国家管辖外的环境与资源

国家管辖以外的环境与资源可以分为三个部分:一是两个或两个以上国家分享的环境与资源,如流经若干国家的多瑙河和湄公河等。二是人类共有物,如公海、大气层等。三是受特定国际条约规范的区域,如国际海底、南极和外层空间等。这部分主要受国际环境法的规范与调整。

(二)行为

国际环境法的客体还包括国际环境法主体在利用、保护和改善国际环境与资源时所从事的行为。国家在本国境内所从事的行为虽然原则上属于该国主权范围内的事情,但是正如在前面看到的那样,环境与资源是不会因领土的界限而完全被分割开来,大气和水的流动不会因国界而停止。一国在其境内所从事的开发和利用资源的行为有时不可避免地要影响到相邻国家或更为广泛的区域,如酸雨问题。此外,国家在其管辖范围以外从事的行为也应受国际环境法的约束。还有,除了国际环境法主体的行为之外,其他行为者,如企业、公司,特别是跨国公司,在本国境内或境外从事的生产和销售活动也不可避免地要对国际环境和资源产生影响。如何有效地规范、约束这些行为者的行为是当前国际环境法急需解决的课题。

第四节　国际环境法的历史发展

国际环境法规范的产生要晚于国内环境法。从国际环境法的发展过程来看,可以分为以下四个阶段:19 世纪中叶到 1945 年联合国的建立;1945 年联合国建立到 1972 年斯德哥尔摩会议;1972 年斯德哥尔摩会议到 1992 年里约会议;1992 年里约会议以后。

一、19 世纪中叶到 1945 年联合国的建立

有关国际环境与资源的条约可以追溯到 19 世纪上半叶,例如 1839 年英国和法国在巴黎签订了关于采挖英法沿岸牡蛎和渔业的公约。从 19 世纪到 1945 年联合国成立,这个期间签订的有关国际条约主要集中在两个方面:(1) 界河、国际河流及其沿海渔业资源的管理和水污染的防治;(2) 野生物种的保护。旨在环境保护的国际组织到 20 世纪初才初见端倪,1909 年在巴黎召开了"保护自然国际大会",提出建立要一个国际性的保护自然的机构,1913 年在伯尔尼签订了《关于建立保护自然国际咨询委员会的文件》,但是这方面的努力由于第一次世界大战的爆发而中断。国际习惯法规则在这一阶段却有很大的发展,尤其是出现了两个对国际环境法的发展产生重要影响的国际仲裁案例:1893 年的"太平洋海豹仲裁案"和 1938 年和 1941 年"特雷尔冶炼厂仲裁案"。

在 1893 年的"太平洋海豹仲裁案"中,美国主张有权在 3 海里领海以外(白令海)采取措施保护经常游到美国沿海岛屿附近的海豹,而英国则坚持 3 海里以外是公海,"公海自由"的原则允许英国在公海自由捕猎海豹。仲裁庭一方面重申了"公海自由"的原则,宣布美国对 3 海里领海以外的海豹不享有保护权和所有权。另一方面裁决又指出,应该对 3 海里领海以外的海豹采取一些保护措施,如禁猎季节、限制捕猎方法和工具等。此案触及到国家管辖范围以外自然资源的开发和利用问题,并表明国际法在相关的争端解决和行为规范的建立方面都有不可忽视的作用。

在"特雷尔冶炼厂仲裁案"中,位于加拿大大不列颠哥伦比亚省的特雷尔冶炼厂在生产过程中排放大量的二氧化硫烟雾,对其南部相邻的美国华盛顿州造成财产损失。仲裁庭先后作出两次裁决。1938 年的裁决认定加拿大方面应对美国的财产损失承担责任,向美国方面赔偿 7.8 万美元。1941 年的裁决对跨界污染的责任问题作出了著名的裁定:"根据国际法及美国法律的原则,任何国家也没有权利这样地利用或允许利用它的领土,以致其烟雾在他国领土或对他国领土或该领土的财产和生命造成损害,如果已经造成了严重的后果,并且损害又是证据确凿的话。"[①]此案是国际法历史上第一个因跨界污染引起环境责任与赔偿的案例。裁定所体现原则为后来有关的宣言和条约所接受,成为解决这方面争端的基本准则。

总的来看,这一阶段国际条约所涉及的环境与资源的范围有限而且比较分散,大多属于临时性质。国际环境保护组织处在酝酿阶段,国际司法实践,特别是国际仲裁,作出了有益的努力,可以说是国际环境法的萌芽时期。

---

① 参见陈致中、李菲南选译:《国际法案例选》,法律出版社 1986 年版,第 98 页。

二、1945 年联合国成立到 1972 年斯德哥尔摩会议

经历了两次世界大战的人们除了十分珍视和平外,也开始关注人类赖以生存的环境。环境保护的国际条约无论在数量上还是在所涉及的主体事项上都开始增多。从 20 世纪 50 年代起,海洋环境的保护成为重点。1954 年签订了《国际防止海上油污公约》,成为这一领域最早的多边国际条约。1958 年在第一次联合国海洋法会议上通过的四个海洋法公约都不同程度地涉及了海洋生物资源的养护和海洋环境的保护。此外,1959 年签订了《南极条约》,1963 年签订了《禁止核试验条约》,1967 年签订了《外空条约》,1971 年又通过了《国际重要湿地特别是水禽栖息地的拉姆萨尔公约》。联合国的成立对国际环境保护组织的建立起到了推动的作用,1948 年世界上第一个以环境保护为宗旨的国际组织——国际自然保护同盟宣告成立。这一时期的特点主要表现在以下三个方面:第一,区域性和全球性的国际组织开始关注国际环境问题,而且出现了专门商讨国际环境问题的国际组织。第二,国际条约当中所涉及的环境问题的范围日益扩大。但是这些条约尚缺乏系统性,也没有哪一个国际组织能够全面制定和协调国际环境保护的政策与法规。第三,人们开始认识到经济发展与环境保护之间的关系。

三、1972 年斯德哥尔摩会议到 1992 年里约会议

从 20 世纪 60 年代起,环保主义思潮迅速兴起,随着国内环境立法的加快,国际环境法也得到了长足的发展。1972 年 6 月在斯德哥尔摩召开了联合国人类环境会议。这是当时最大的国际会议,来自 113 个国家的 6,000 多人参加了这次会议。[①] 会议通过了著名的《人类环境宣言》(又称《斯德哥尔摩宣言》)、《人类环境行动计划》和其他若干建议和决议。《人类环境宣言》主要包括两个部分:一是宣布对七项原则的共同认识,二是公布 26 项指导人类环境保护的原则。其中第 21 项原则对国际环境法的发展产生了重要影响。该项原则首先肯定了各国开发自己资源的主权,但是同时也强调各国有责任保证在他们管辖或控制范围内的活动不会损害其他国家或国家管辖范围以外地区的环境。该宣言本身不具有法律约束力,属于"软法"的范畴,但是由于它反映了国际社会的共同信念,对国际环境法的发展产生了深远的影响。主要表现在以下几个方面:第一,宣言第一次概括了国际环境法的原则和规则,其中某些原则和规则成为后来国际环境条约的有约束力的原则和规则。第二,尽管宣言本身没有法律约束力,但是它为国际环境保护提供了政治和道义上的规范。第三,宣言为后来各国制定和发展本国国内环境法提供了指导和借鉴。这次会议还建议成立一个专门协调和处理环境事务的机构。同年,联合国大会通过决议,建立一个新的专门处理环境事务的机构——联合国环境规划署(UNEP)。斯德哥尔摩会议进一步促进了国际环境条约的制订,随后又有许多重要的环境公约制订出来,其中主要的有:1972 年《伦敦倾倒公约》、1972 年《保护世界文化和自然遗产公约》、1973 年《濒危野生动植物物种国际贸易公约》、1973 年《国际防止船舶污染公约》、1979 年《远距离跨界大气污染公约》、1980 年《保护南极海洋生物资源公约》、1982 年《海洋法公约》、1985 年《保护臭氧层维也纳公约》、1989 年《巴塞尔控制危险废物越境转移及处置公约》和 1991 年《跨界环境影响评价公约》等。此外,通过了

---

① 尽管中国当时正处在"文革"时期,但是在周恩来总理的支持下,中国政府派团参加了这次会议。

《关于1973年国际防止船舶污染公约的1978年议定书》和1987年《关于消耗臭氧层物质的蒙特利尔议定书》等。从这些条约可以看出,有的条约所规范的事项范围得到进一步扩大,如海洋和野生生物;有的采取了跨部门宏观的模式。有的则规范得更加具体、严格,如有毒有害物质和行为的管制等。另外,全球性的环境公约与区域性的公约并存,相互补充。还有,这一时期的环境条约开始注重改善条约实施和执行机制。

1982年5月,为了纪念斯德哥尔摩会议十周年,同时也为了审议斯德哥尔摩会议成果,在内罗毕召开了人类环境特别会议,通过了《内罗毕宣言》。该宣言肯定了斯德哥尔摩会议后各国在国内环境立法方面的进展[①],重新确认了《斯德哥尔摩宣言》中的原则和规则,督促发展中国家和发达国家合作,共同解决全球面临的迫切环境问题。同年10月,联合国大会通过了《世界自然宪章》,更进一步强调人与自然的依存关系。总之,在这一阶段里,国际环境保护组织迅速增加,已有的国际组织,其中包括联合国,都更加关注环境保护事务。国际司法实践有了进一步的发展,涉及环境问题的重要案例有:1974年的"渔业管辖权案"、1974年的"核试验案"以及《关贸总协定》范围内的1982年"加拿大金枪鱼案"、1988年的"美国加工鲱鱼案"、1991年的"墨西哥金枪鱼案"等。这个时期是国际环境法的发展较为活跃的时期,一些基本的原则、规则已经形成,国际环境法的框架也基本形成。

四、1992年里约会议到2002年约翰内斯堡会议

1989年12月,联合国大会通过决议,决定于1992年在里约热内卢召开联合国环境与发展大会,讨论环境与发展问题。在此之前,联合国的"世界环境与发展委员会"(通称"布伦特兰委员会")对环境与发展问题进行了较深入的研究,发表了题为《我们共同的未来》的报告(通称《布伦特兰报告》),提出了"可持续发展"的概念和原则,为该会召开奠定了基础。1992年6月,里约环境与发展大会召开,其宗旨是要促进各国在可持续以及对环境无害的发展的前提下,制订各种战略和措施,扭转全球环境恶化的趋势。172个国家的近1万人参加了这次会议,其中包括116个国家元首或政府首脑。大会通过了3个文件:《关于环境与发展的里约宣言》《21世纪议程》《关于森林问题的原则声明》和2个公约:《联合国气候变化框架公约》和《生物多样性公约》。《里约宣言》提出了27项原则,在许多方面对《斯德哥尔摩宣言》作出了重要的发展。第一,该宣言明确了发展权;第二,强调对发展中国家,特别是最不发达国家和在环境方面最易受到损害的发展中国家的特殊情况和需要,应该受到优先考虑;第三,规定了一些具体的措施,如环境影响评价和污染影响通知等;第四,特别强调妇女和青年在环境管理和保护方面的作用;第五,减少科学不确定性对采取环境保护措施的影响。《21世纪议程》继斯德哥尔摩会议的《行动计划》之后又一次提出了解决人类环境与发展问题的行动计划,各国根据这个文件编制本国的《21世纪议程》。中国于1994年发表了《中国21世纪议程——中国人口、环境与发展白皮书》,接着又在1995年发表了《中国环境保护21世纪议程》。

里约环境与发展大会对国际环境法的发展起到了新的推动作用。国际环境问题已经渗入到许多领域,成为当今国际焦点问题。世界贸易组织专门成立了研究贸易与环境问题的委员会,国际法院专门设立了环境分庭。这一切都表明国际社会对环境问题的关注。里约

---

① 例如,1979年中国颁布了首部环境基本法《中华人民共和国环境保护法(试行)》。

会议之后,国际社会制定和通过了许多十分重要的环境条约,如 1993 年《预防重大工业事故公约》、1994 年《核安全公约》、1994 年《联合国防治荒漠化公约》、1997 年《乏燃料管理安全和放射性废物管理安全联合公约》、1998 年《关于在国际贸易中对某些危险化学品和农药采用事先知情同意程序的鹿特丹公约》、2001 年《关于持久性有机污染物的斯德哥尔摩公约》和 2001 年《保护水下文化遗产公约》等。

1995 年,大约 60 个国家的政府签署了《联合国关于跨界鱼类种群与高度洄游鱼类种群的协定》。1997 年,《联合国气候变化框架公约》缔约方在日本京都举行第三次缔约方大会,149 个国家和地区的代表通过了旨在限制温室气体排放量以抑制全球变暖的《联合国气候变化框架公约京都议定书》①,为发达国家规定了量化减排指标,强制发达国家减排。《京都议定书》被视为贯彻国际环境法上共同但有区别责任原则的首部具有法律约束力的国际文件。从 1990 年至 1999 年,通过了《关于消耗臭氧层物质的蒙特利尔议定书》的四个修正案,分别是 1990 年《伦敦修正案》、1992 年《哥本哈根修正案》、1997 年《蒙特利尔修正案》和 1999 年《北京修正案》。1999 年各政府通过了《危险废物及其他废物越境转移及处置所造成损害的责任及赔偿巴塞尔议定书》。2000 年在加拿大蒙特利尔召开《生物多样性公约》缔约方大会特别会议,通过了《卡塔赫纳生物安全议定书》。

1996 年国际法院应世界卫生组织要求发表了关于使用核武器合法性的咨询意见。1997 年,国际法院就匈牙利与斯洛伐克之间的多瑙河大坝的争议作出判决,承认在条约的执行中,应该考虑对环境的影响。

这个时期国际环境法呈现出蓬勃的发展趋势,提出了以可持续发展原则为代表的一系列重要的原则和规则。国际环境问题比以往任何时候都更加引起国际社会的关注。

五、2002 年约翰内斯堡会议到 2012 年"里约 20 +"峰会

根据 2000 年 12 月第五十五届联大第 55/199 号决议,2002 年 8 月为全面审查和评价《21 世纪议程》的执行情况,进一步促进执行《21 世纪议程》的量化指标,包括 104 名国家元首和政府首脑,以及国家代表、非政府组织领导人、企业和其他主要团体等万余名与会者在南非约翰内斯堡召开了可持续发展问题世界首脑会议,又称约翰内斯堡峰会,是 1992 年里约热内卢联合国环境与发展大会以来联合国在世界范围内举行的关于国际环境问题的最重要的会议。会议通过了《可持续发展世界首脑会议执行计划》和《约翰内斯堡可持续发展声明》,指出消除贫困、改变消费和生产格局、保护和管理自然资源基础以促进经济和社会发展,是压倒一切的可持续发展目标和根本要求。

《可持续发展世界首脑会议执行计划》制定了执行和贯彻《21 世纪议程》在消除贫困、饮水安全、环境卫生、生物多样性、粮食安全、消耗臭氧层物质和人群健康等方面的承诺、方案、具体目标和时间表。但是,由于该执行计划不是具有法律约束力的国际文件,因此执行计划所包括的企业社会责任制和问责制等重要制度并未获得较好执行。

---

① 按照《京都议定书》的规定,该议定书应在占 1990 年全球温室气体排放量 55% 以上的至少 55 个国家和地区已经交存其批准书、接受书、核准书或加入书之日后第 90 天起生效。欧盟及其成员国于 2002 年 5 月 31 日正式批准了该议定书。中国于 1998 年 5 月签署并于 2002 年 8 月核准了该议定书。随着俄罗斯于 2004 年 11 月宣布批准该议定书之后,议定书的生效条件终于满足。《京都议定书》于 2005 年 2 月 16 日正式生效。

这一期间通过的关于环境问题的国际文件,以对有关公约的补充协议为主。应对气候变化和保护生物多样性成为新千年以来国际环境法的主要议题。2007年在印度尼西亚巴厘岛召开联合国气候变化会议并通过了《巴厘岛行动计划》,决定启动至关重要的有关加强应对气候变化问题的谈判,并明确规定了谈判应该在2009年底之前完成。2009年在丹麦哥本哈根举行联合国气候变化大会,通过了《哥本哈根协议》。2010年,《生物多样性公约》缔约方大会第十届会议在日本名古屋通过了《关于获取遗传资源和公正和公平分享其利用所产生惠益的名古屋议定书》。

根据联合国大会2009年12月24日第64/236号决议和2011年12月22日第66/197号决议,在《21世纪议程》通过20周年之际,2012年6月在巴西里约热内卢举行了联合国可持续发展会议,简称"里约+20"峰会。会议通过了成果文件《我们希望的未来》,重申《关于环境与发展的里约宣言》提出的包括共同但有区别的责任原则在内的各项原则,重新审视了通过《21世纪议程》以来可持续发展工作在各领域进展的不足,并提出可持续发展体制框架及其行动框架和后续行动。

应当说,从1972年斯德哥尔摩会议以来,国际环境法已经在污染防治和自然保护各领域取得了长足和重要的发展。国际环境法的基本框架已经形成。但是,一方面国际社会虽然已经通过了大量的环境条约和文件,并形成了国家环境法上的一些重要原则,例如预防原则、可持续发展原则、共同但有区别的责任原则等,但其内涵仍然比较模糊,国际环境法的内在协调性、体系化仍显不足。另一方面,应该承认,国际环境法与国内环境法相比,仍然处在发展的初级阶段,仍然比较"软",有约束力的法律规范发展不够,很难做到"有法可依"。此外,由于各国发展水平的不平衡,而且这种差异正在扩大,发展与环境的关系一直没有解决,没有出现人们所期望的两者相互促进的良性循环。这些都是国际社会面临的挑战,必须依靠整个国际社会的力量才能得到解决。

第三十二章

国际环境法的原则与实施

第一节 国际环境法的一般原则

一、国际环境法一般原则的概念

国际环境法的一般原则是指被各国公认的、普遍适用于国环境法的各个领域、构成国际环境法基础的法律原则。它们是重要的国际环境法的法律规范,其特点应该包括以下几个方面:

第一,它们是各国公认的和普遍接受的法律原则。除了国际法的强行法规则之外,国际法上的原则与规则约束力的基础是国家的明示或默示同意与接受,国际环境法也不例外。作为国际环境法的一般原则,首先要得到国际社会大多数成员的接受与支持。这种接受与支持通常表现在国际条约和其他国际文件当中。特别是在联合国主持下召开的有关环境的会议之后通过的国际条约和其他文件,例如,1972 年的《斯德哥尔摩宣言》和 1992 年的《里约宣言》等。第二,它们是适用于国际环境法的各个领域的一般法律原则。作为一般性原则,它们应该不受环境领域的局限,无论是大气、海洋还是有毒有害的物质和行为等各个环境领域这些原则都是法律原则。第三,它们应该是国际环境法的基础性法律原则,其他的规则和制度应该建立在这些原则的基础之上,且不得违反这些基础性的原则。

既然这些原则具有如此重要的地位与作用,那么这些原则与国际法基本原则是什么关系?

首先,这些原则必须符合国际法的基本原则,国际法的基本原则同样适用于国际环境法。其次,由于国际环境法调整对象、内容和手段的特殊性,国际法基本原则在适用于国际环境法律关系时应该注意到这些特殊性,进行必要的调整,从而形成国际环境法所特有的一些原则。例如,国家主权与不损害管辖范围以外环境原则的形成,即是国际法基本原则与国际环境法特殊性相适应与结合的良好例证。

在国际法分支学科中,国际环境法的历史比较短,目前仍处在快速发展的阶段,因此,作为对于整个规则体系具有指导意义的国际环境法原则仍在形成当中。从目前现有的国际环境条约、国际文件以及国家的实践来看,这些原则的承认、实施和强制执行都存在不同程度的困难。但可以肯定的是,这些原则对各国政府在制定本国政策与法律中都发挥了指导的作用,并受到广泛的关注与认可,分别是:国家主权与不损害管辖范围以外环境的原则、国际环境合作的原则、防止环境损害的原则、谨慎原则、污染者负担原则、共同但有区别的责任的原则和可持续发展的原则。

二、国家主权与不损害管辖范围以外环境的原则

主权原则是国际法的基础。没有主权原则，就没有国际法，因为国际法就其本质而言，主要是主权国家间的行为准则与游戏规则。根据国家主权原则，各国享有依据本国政策和需要对其管辖范围以内自然资源进行开发的权利。但是不可否认的是，这样的开发活动常常会对国家管辖范围以外的环境与资源带来负面影响，有时甚至是损害。例如，酸性沉降、臭氧层耗损、海洋污染和全球气侯变化等都与国家在其管辖范围内所从事的生产和生活活动有关。因此，在肯定国家对开发其自然资源的权利的同时必须规定相应的义务，这种义务就是不得给国家管辖范围以外的环境造成损害。如果造成损害，有关国家就必须承担相应的赔偿责任。

具体来说，1972年《斯德哥尔摩宣言》第21项原则指出："按照联合国宪章和国际法原则，各国有按自己的环境政策开发自己资源的主权（权利）[①]；并且有责任保证在他们的管辖或控制之内的活动，不致损害其他国家的或国家管辖范围以外的环境。"这里一方面明确肯定和重申了国家对其境内自然资源及其开发的主权权利，另一方面又清楚地规定了国家无论如何行使自己的主权都不得对其他国家的环境和国家管辖范围以外的环境，例如国际海底这样的特定的区域，造成损害。

1992年的《里约宣言》第2项原则指出："根据《联合国宪章》和国际法原则，各国拥有按照其本国的环境与发展政策开发本国自然资源的主权权利，并负有确保在其管辖范围内或在其控制下的活动不致损害其他国家或在各国管辖范围以外地区的环境的责任。"与前面的《斯德哥尔摩宣言》相比，《里约宣言》基本上重复了前者第21项原则的措词与内容。不同的地方在于各国有权即按照本国的环境政策，也按照本国的发展政策开发其自然资源，各国的发展权在这里得到了明确的承认。对许多国家来说，特别是发展中国家，环境问题也是发展问题，环境与发展是不可分割的。为了确保环境保护目标的实现，环境保护的因素应该纳入和融入整个国家的经济发展政策当中，只有这样才能实现环境与发展的协调与双赢。所以，多加的这三个字"与发展"应该代表以人类认识水平的提高。这一原则实际上已经成为一项国际习惯法，对所有的国家有拘束力。早在前面提及的"特雷尔冶炼厂仲裁案"中，仲裁庭当时就明确了一个国家管辖范围内的行为不得损害其他国家环境的原则。

三、国际环境合作原则

国际合作是国际法的一项重要原则。《联合国宪章》等众多国际条约不仅规定在各自条约范围内进行国际合作，而且这些条约本身就是国际合作的结果。没有国际合作，就没有条

[①] 这里的英文是：sovereign rights，应该译为"主权权利"。在国际法上，"主权"（sovereignty）与"主权权利"（sovereign rights）是两个不同的概念，例如，根据《联合国海洋法公约》，沿岸国在其专属经济区和大陆架仅仅具有开发自然资源的主权权利，而没有像其在内水或领水范围内的行使属地管辖的主权。本书中所引用《斯德哥尔摩人类环境宣言》和《里约环境与发展宣言》的中译本均见国家环境保护总局政策法规司编《中国缔结和签署的国际环境条约集》，学苑出版社1999年版，第387页。英文本见 Philippe Sands et al. (eds.), *Documents in International Environmental Law-Principles of International Environmental Law IIA* (Manchester and New York: Manchester University, 1994), p. 14.

约。在国际环境保护方面,由于环境要素的整体性、不可分割性的特点,国际合作尤为重要。在国际环境法上,国际环境合作具有两个方面的意义,一是国际社会所有的成员都应该并且有权参与保护和改善国际环境的行动;二是国际环境问题的解决有赖于国际社会成员普遍的参加和合作。

《斯德哥尔摩宣言》第 24 项原则规定:"有关保护和改善环境的国际问题应当由所有的国家,不论其大小,在平等的基础上本着合作精神来加以处理,必须通过多边或双边的安排或其他合适途径的合作,在正当地考虑所有国家的主权和利益的情况下,防止、消灭或减少和有效地控制各方面的行动所造成的对环境的有害影响。"这里特别强调了所有国家,不论大小、强弱,都要平等地参与环境保护和改善环境的国际行动。

《里约宣言》在数项原则中都强调了国际合作的重要性。第 7 项原则呼吁"各国应本着全球伙伴精神,为保存、保护和恢复地球生态系统的健康和完整进行合作"。第 27 项原则,作为该宣言的最后一个原则号召"各国和人民应诚意(善意)①地本着伙伴精神、合作实现本宣言所体现的各项原则,并促进持久发展(可持续发展)②方面国际法的进一步发展。"也就是说,国际环境合作是贯穿整个宣言的原则。具体来讲,国际合作可以包括增强各国保护和改善环境能力、防止越界环境污染和损害、对于环境突发事件要预防、通知、协商和互助、参与全球和区域环境保护措施等实体性和程序性的规定。

四、防止环境损害原则

环境损害,无论是物种的灭绝还是环境污染,常常是不可逆转和不可恢复的,所以防胜于治。在科学上没有疑问的情况下,防止环境损害的发生,应该是环境保护的黄金规则③。如果人们明知向水体排放有毒的污染物一定会造成水污染,那么该原则就要求其不得向水体任意和直接排放未经任何处理的这些污染物。

《斯德哥尔摩宣言》中的数个原则都是这一原则的具体体现。第 6 项原则要求"为了保证不使生态环境遭到严重的或不可挽回的损害,必须制止在排除有毒物质或其他物质以及散热时其数量或集中程度超过环境使之无害的能力。"第 7 项原则还要求"各国应该采取一切可能的步骤防止海洋受到那些会对人类健康造成危害的、损害生物资源和破坏海洋生物舒适环境的或妨害对海洋进行其他合法利用的物质的污染。"第 15 项原则对人类的定居和城市化对环境的不利影响、第 18 项原则对应用科学和技术手段、前面提及的第 24 项原则等都做出了相关的规定。

《里约宣言》第 14 项原则明确要求"各国应有效合作,阻碍或防止任何造成环境严重退化或证实有害人类健康的活动和物质迁移和转让到他国。"这里所强调的是各国应加强合作防止跨界环境损害的发生。但是仅仅做到这一点是不够的,要真正实现环境保护,事先的各种预防措施更加重要,所以第 11 项原则规定"各国制定有效的环境立法。环境标准、管理项目和优先次序应该反映他们适用的环境与发展范畴……"

这个原则同其他的原则,诸如国家主权与不损害管辖范围以外环境的原则和谨慎原则

---

① 这里的英文是:in good faith,所以应该约定俗成译为:善意。
② 这里的英文是:sustainable development,所以应该约定俗成译为:可持续发展。
③ 〔法〕亚历山大·基斯:《国际环境法》,张若思译,法律出版社 2000 年版,第 91 页。

有联系,也有区别。这个原则同前者的区别在于,前者是主权原则在环境领域的适用,而这个原则本身是以防止或减少环境损害为目标。它要求各国在自己的管辖范围内,通过立法、行政或其他措施,防止和减少环境损害和环境恶化。这个原则同后者的区别在于适用两者时的前提条件不同。这个原则在适用时没有科学不确定性的问题,污染与环境损害之间的因果关系是清楚明了的,而谨慎原则针对的是存有科学不确定的困境而提出的。

五、谨慎原则

由于科学发展本身的规律和人们认识水平的局限,科学存在不确定性。针对这种情况,环境法上出现了一个新的概念和原则,即"谨慎原则"(precautionary principle)[1]。这一原则来自德国法,20世纪80年代中叶以后出现在国际条约之中。[2] 关于这一原则的内涵和外延,至今没有统一的认识。[3] 从比较宽泛的意义上讲,国家对于环境问题应该谨慎从事,在对那些可能给环境带来不利影响的行为做出决定时要有预见性。从相对严格的意义上讲,国家对于那些可能对环境造成损害的行为或物质,要进行管制,如果必要的话,甚至要禁止,即使目前尚无确定和压倒一切的证据证明那些行为或物质已经或可能给环境造成损害。从更加严格的意义上讲,这一原则要求举证责任倒置。也就是说,由行为者(而不是行为的反对者)证明他所从事的那种行为对环境不会(而不是会)造成损害。

尽管这一原则本身仍处在发展变化之中,1992年《里约宣言》中第15项原则通常被认为代表了这一原则的核心内容。《里约宣言》中第15项原则要求"为了保护环境,各国应按照本国的能力,广泛采用预防措施(precautionary approach)。遇有严重或不可逆转损害的威胁时,不得以缺乏科学充分确实证据为理由,延迟采取符合成本效益的措施防止环境恶化"。嗣后,一些国际条约(其中包括《生物多样性公约》在内)都直接或间接提到了这一原则。2000年签订的《卡塔赫纳生物安全议定书》就是依据《里约宣言》第15项原则所确立的谨慎原则制定的。它要求缔约方采取必要的保护措施,防范因改性活生物体(LMOs)的越境转移、处理和使用可能对生物多样性的保护和持续使用以及对人类健康所带来的不利影响。核心内容有以下几个方面。首先,《议定书》建立了一个依托互联网的"生物安全资料交换所",协助缔约方就改性活生物体的科学、技术、环境和法律信息的交流。其次,《议定书》规定了事先知情同意程序(advanced informed agreement, AIA)。出口国在第一次向进口国装运旨在向环境释放的改性活生物体(例如,种子或活鱼)之前,要征得进口国的同意。再次,要求装运散装的旨在直接作食物或饲料或加工之用的改性活生物体商品(例如,玉米和大豆)时,同时需要出具写明该商品"可能含有"改性活生物体,并且"而非有意向环境中引入"的标识。最后,《议定书》还规定嗣后制定在国际贸易中如何认定改性活生物体商品更为详细规则的程序。科学不确定性以及如何在国际环境条约中如何处理科学不确定性是该《议定书》要解决的核心问题,因此它被称为"谨慎原则的宣言"。

---

[1] 又译"预先防范"和"风险预防"。
[2] Philippe Sands, *Principles of International Environmental Law*, 2nd ed., Cambridge University Press, 2003, pp.266—279.
[3] 同上。

六、污染者负担原则

污染者负担原则力图解决的是环境污染的"外部不经济性"问题。环境污染损害的是公共利益,受益的却是排污者。如果允许这种外部不经济性的存在,显然有悖公平的原则,也不利于可持续发展。因此,污染者必须承担清除污染、恢复原状的负担,不能将这种负担转嫁给整个社会来承担。

这个原则最早出现在国内环境法中,由经合组织首次在国际文件中提出,在欧洲联盟国家内开始适用,目前已经是包括中国在内的许多国家国内环境法中一项确定的原则。但是这一原则出现在国际环境法的时间尚晚,主要用于协助处理有关环境损害的民事赔偿方面的问题。

《里约宣言》第 16 项原则认为"考虑到污染者原则上应承担污染费用的观点,国家当局应该努力促使内部负担环境费用,并且适当地照顾到公众利益,而不扭曲国际贸易与投资。"这里并没有明确把这一原则作为各国在国际环境合作过程中应当遵循的一项原则来对待,只是应该考虑这种观点,语气缓和、模糊了许多。

七、共同但有区别责任原则

保护和改善全球环境是全人类的共同利益所在,国家作为国际环境法主要的主体自然承担着重要的责任。而要保护和改善全球环境必须依靠国际社会的共同努力,进行充分的国际合作,因此各国都应该共同承担责任。这种共同责任主要体现在以下几个方面:各国都应该采取措施保护和改善其管辖范围内的环境,并防止对管辖范围以外环境造成损害;各国都应该广泛参与有关的国际合作;各国都应该在环境方面相互合作和支持等。但是另一方面,由于各国经济和社会发展水平不同,废弃物和污染物的排放数量也不同,技术能力和工艺水平也不同,不应该要求所有的国家承担完全相同的责任。例如,在保护方面臭氧层方面,根据有关条约的规定,发达国家必须立即和率先削减臭氧层耗损物质,而发展中国家则可以享受 10 年的宽限期。这就是共同有差别责任原则的具体体现。

《里约宣言》对于这一原则有许多阐述。第 7 项原则明确指出"各国应本着全球伙伴精神,为保存、保护和恢复地球生态系统的健康和完整进行合作。鉴于导致全球环境退化的各种不同因素,各国负有共同的但是有差别的责任。发达国家承认,鉴于他们的社会给全就环境带来的压力,以及他们所掌握的技术和财力资源,他们在追求可持续发展的国际努力中负有责任。"第 6 项原则还明确承认"发展中国家、特别是最不发达国家和在环境上最易受到伤害的发展中国家的特殊情况和需要应受到优先考虑。环境与发展领域的国际行动也应当着眼于所有国家的利益和需要。"第 11 项原则还要求"各国制定有效的环境立法。环境标准、管理目标和优先次序应该反映他们适用的环境与发展范畴。一些国家所实施的标准对别的国家特别是发展中国家可能不是适当的,也许会使他们承担不必要的经济和社会代价。"这里的差别标准也是共同但有区别责任的另一种说法。这种差别标准和有区别的责任越来越多地出现在国际环境条约当中。

八、可持续发展原则

环境与发展的关系问题一直是国际环境法上的重要问题。1987 年联合国的"世界环境与发展委员会"(又称"布伦特兰委员会")发表了《我们共同的未来》的研究报告,明确提出在处理环境与发展关系时应遵守可持续发展的原则。后来,在包括《里约宣言》和《21世纪议程》在内的一系列国际文件得到确认。尽管对于可持续发展原则确切的含义和范围没有统一的认识,但是从目前国际环境条约和有关国际文件来看,这一原则至少包括四个方面的内容:一是代际公平,即在满足当代人需要的同时不得妨碍和损害后代人的需要;二是代内公平,即本代内所有的人,不管其国籍、种族、性别、经济发展水平和文化等方面的差异,都享有平等利用自然资源和享受良好和清洁环境的权利;三是要以可持续地方式开发和利用自然资源;四是环境保护与经济和其他方面的发展应相互协调,相互兼顾。

《里约宣言》第3项原则认为"为了公平地满足今世后代在发展与环境方面的需要,求取发展的权利必须实现"。第4项原则接着又指出"为了实现可持续的发展,环境保护工作应是发展进程的一个整体的组成部分,不能脱离这一进程来考虑。"

《21世纪议程》在社会和经济方面对可持续发展提出了具体的建议,诸如发展中国家要加速可持续发展的国际合作,并制定相关的国内政策;要消除贫困;改变消费模式;处理好人口的发展与可持续发展之间的关系;保护和整机人类的健康;将环境与发展内涵纳入决策过程。① 应该看到这一原则与其说是一项法律原则,倒不如说是国家决策时应该考虑一项指导性的政策原则。

第二节 国际环境法的实施

国际环境法的原则和规则制定出来之后,接下来的问题是如何保证这些历经艰苦谈判制定出来的游戏规则能够真正得到执行和遵守,而不仅仅停留在外交部文件的书面上。而要做到这一点,有关的缔约方必须在其法律上、政策上、资源上等方方面面给予支持才能实现。首先,缔约方要通过立法或行政措施将所承担的国际法律义务变为国内法律或政策;其次,要调动国内各种资源保证有关法律或政策得以实施和执行;最后,还要建立相应的监督和争端解决机制。本节集中讨论国际环境的实施方面的问题,接下来的一节讨论监督和争端解决方面的问题。

一、国际环境法实施的手段与方法

国际环境法律规则制定出来之后,必须有相应的实施制度、方法和手段。通常缔约方在有关的国际条约中会作出相应的约定,有时条约也会仅仅作出一些原则性或目标性的规定,赋予缔约方选择和采取适当实施措施的权利。根据不同标准,这些制度、手段和方法可以分为不同种类。例如,信息方面的措施、贸易措施、环境影响评价等等。也可以分为实体性规则(如限制或禁止性的管制措施)和程序性规定(如事先知情同意)等。近年来,为了改善国际环境条约的履约情况,国际环境条约借鉴了许多国内环境法律的制度、手段和方法。前面的国内环境法部分已经作过一些介绍和讨论,本节介绍和讨论的重点将侧重国际环境法层面。

---

① 见《21世纪议程》第一篇"社会和经济方面"。

(一) 环境标准

正如在前面国内环境法中看到的,环境标准是国家有权机构按法定程序制定的各种技术规范的总称,是具有法律性质的技术规范。国际环境条约通常要求缔约方指定相应的环境标准。这是国家进行直接环境管制的典型。这类标准可以分为四类:工艺标准(process standards)、产品标准(products standards)、排放标准(emission standards)和质量标准(quality standards)。

1. 工艺标准

工艺标准通常是指固定设施(如工厂)在设计或操作过程中所执行的环境标准,或者某种经许可的以环境保护为目的的生产(如打猎或捕鱼)方式和方法。例如,有的条约规定必须在生产设施上安装净化或过滤系统,有的条约明确禁止使用流网捕鱼。由于各国经济和技术发展水平的差异,把这类标准与国际贸易措施相联系时,容易与《关贸总协定》的规则发生矛盾和冲突。"金枪鱼案"就是一个典型例证。

2. 产品标准

产品标准通常是指对生产或制造出来的用于销售或流通的产品规定强制性的环境标准。这类标准包括对产品的物理或化学构成进行规定(如燃料中的硫含量)、产品的技术表现方面的规定(如机动车的污染物排放或噪声排放)、产品的使用、外观和包装方面的规定(如要求向消费者标明产品的合理用途、减少包装造成的废物等)。例如,1992年《73/78船污公约修正议定书》规定对船龄超过5年(含5年)的船只实行强制性安装双层船体或相当的设计。

3. 排放标准

排放标准通常是指特定的污染源,尤其是固体污染源(如工厂)所允许的污染物的排放量或排放浓度。流动的排放源(例如机动车)的排放标准通常由产品标准加以规定。这类标准通常只是目标义务,即仅对最终的排放进行规定,但对如何达标排放由排放者决定和选择。在国际环境条约,尤其是在保护大气环境和海洋环境方面的国际条约中经常是规定排放标准,例如,1979年《远距离跨界空气污染公约》和1992年《东北大西洋海洋环境公约》(《巴黎公约》)中都明确规定了缔约方要制定污染物的排放标准。

4. 质量标准

国际环境法上的质量标准通常是指环境质量标准,即在某个特定的环境媒介(大气或水体)中在一定的时间里所允许的最大的污染限度,例如,河流中汞的含量、大气中二氧化硫的含量或者居民区飞机的噪声最大限度等等。质量标准取决于环境资源的用途,例如,同样是水资源,饮用水的水源和捕鱼或娱乐用水的水体的质量标准会不同。1992年《联合国保护和利用跨界水道和国际湖泊公约》(UN Convention on the Protection and Use of Transboundary Watercourses and International Lakes)要求缔约方颁布适当的水质标准,并为此制定相应的行为指南(附件三)。

(二) 环境影响评价

环境影响评价(environmental impact assessment, EIA)是一种程序规则,简称:"环评"。其目的是收集特定的开发项目对环境可能造成影响、可能的替代选择和减少损害的措施的早期和适当的信息。正如在前面国内环境法当中看到的,它通常是审批建设项目如(工程建设、开发活动和各种发展规划)的先决条件,目前国际条约中使用得比较多。环境影响评价最早出现在1969年美国的《环境政策法》中,从20世纪70年代起,许多国家和国际组织开始引入环境影响评价的规定。1982年《联合国海洋法公约》第206条就规定如果缔约国有理由认为计划在管辖范围内的海域所从事的活动可能对海洋环境造成实质的污染或重大的有害变化,那么它们应该对这些活动的潜在的影响进行评价,并应该通报评价结果。

具体的建设项目需要进行环境影响评价,那么对于宏观的计划、政策和规划项目如何办理更是重要的,因为这些东西也许比单一的建设项目对环境的影响更大、更深远。有鉴于此,世界银行发展出一种"战略环境评估"(Strategic Environmental Evaluation, SEE)的制度,有时也称作"战略环境评价"(Strategic Environmental Assessment, SEA),简称:"战略环评"。这是一种更加高一级的环境影响评价制度。这种制度要求结合社会、经济因素,对计划、政策和规划项目进行全面的和综合的环境影响评价。这一制度将可持续发展的三个支柱:社会、经济和环境结合起来。

其中突出的特点包括以下几点:第一,其视角比项目环评更加宏观,着眼点是某些特定的人类活动或某个行业的行为(如运输、能源等);第二,它需要对宏观的决策与政策或法律产生影响;第三,可以很容易地在行业内其他活动或部门得到应用,同时还可以结合其他行业的项目或政策;第四,要求同利益相关集团(非政府组织或土著居民等)建立长期的协商和沟通的模式;第五,行业评估的指导原则可以用于评估未来的公共项目。2001年欧洲共同体通过了关于建立战略环评的指令(Directive 2001/42),作为对现有环评的补充。2003年通过的欧洲经济委员会(UNECE)的《跨界情况下的环境影响评价公约的战略环境评价议定书》(Protocol on Strategic Environmental Assessment to the UNECE Convention on Environmental Impact Assessment)明确规定了两种决策形势需要进行战略环评:计划与项目(第12和14条)和政策与法律(第13条)。对于前者的评价具有法律约束力,对于后者的评价仅具有建议的性质。

(三) 风险评估

风险评估(risk assessment)是指对人类活动给环境造成的不利后果的可能性进行评估。人类所有的活动或多或少都会对自然和环境产生影响。管理并减少人类活动对自然和环境的不利影响是许多政策、法律和管制的出发点和目标,因此,对于那些极有可能对环境与自然产生不利影响的行业和活动都需要进行严格的管制,例如运输、有毒有害物质的生产与流通和核工业等。但是同时,风险本身具有极大的不确定性,既然任何人类活动都会产生一定的影响和后果,没有风险的情况是不存在的。风险的可能性是高低的问题,而不是有无的问题。另一方面,对风险的认识依赖人类的认识水平和经验,对于某些行为或活动的风险人类早已熟知,所以进行了严格的管制。但是对于某些行为或活动的风险,所知甚少,例如转基因生物和人为排放造成的气候变化等。对于这些活动和行为应该以何种风险程度的作为进行干预和管制的门槛没有一个一致的标准。2001年的《卡塔赫纳生物安全议定书》要求缔约方在向进口缔约方环境第一次输入改性活生物体(LMOs)之前要进行风险评估,然后由进口缔约方决定是否接受这种风险。因此,风险评估和事先知情同意构成的这个议定书的核心。该议定书同时还规定,风险评估要以良好的科学依据为基础,并考虑通行的风险评估的技术和对人类健康的风险(第15条)。

与环境标准相同,风险评估对国际贸易体制不可避免地要产生影响,尤其是对世贸组织框架范围内的《卫生和植物检疫协定》。世贸组织以往的争端解决案例要求必须(*sine qua* non)证明存在真正的风险,才能允许禁止性贸易障碍的存在。世贸组织认可的风险评估的程序包括:第一,评估必须包括主流观点和不同观点;第二,没有必要设定最低标准,国家可以设定零风险为标准;第三,风险必须是肯定的,而不是理论上的;第四,国家用于评估的标准必须包括所有的风险。更重要的是在科学证据与该协定之间必须具有合理和客观的关系。

(四) 许可证

许可证(permit, certificate or licensing)是政府用于防止环境损害的常用的管制方法。正如在前面国内环境当中看到的,许可证制度主要适用于对环境有不利影响的开发规划、项目、排污设施或经营活动。此外,还适用于自然资源的开发,限制过度或无序开发,使资源能够得到可持续的利用和开发。大多数许可证控制不是为了消除污染或风险,而是为了控制严重的污染或尽可能降低污染的程度。它是介于自由放任与完全禁止之间的中间状态。许可证制度的一个首要条件是制定一定的环境标准和达标。目前国际条约越来越多地使用许可证制度。1989年《巴塞尔公约》规定,有害废物进口国在做出决定之前可以要求、促使出口国发放出口许可证。1998年,《事先知情同意公约》将进、出口双重许可证扩展适用到废物以外的其他有害物质或产品的进出口。

(五) 限制或禁止性措施

为了保护环境和资源,国际条约经常限制或禁止某些有害产品、物质或活动,以名单的方式附在法律之后,例如常见的"灰名单"和"黑名单"。前者是限制性的名单,后者是禁止性名单。名单可以随着时间的变化适时进行调整,而不需要对整个条约进行修订。例如,1972年《伦敦倾废公约》就规定了限制性的"灰名单"和禁止性的"黑名单"。名单上所列物质和数量是根据其毒性、有机性和生物富集性的不同进行分类的。

在条约执行中出现的一个新的问题是有些被禁止排放的物质,例如汞、镉,大多是以化合物的形式存在和排放,其排放量的计算肯定会有误差,所以目前许多国际公约采用了"反向名录"(reverse listing),即不规定限制或禁止性物质、产品或行为,而是规定许可性物质、产品或行为。例如,1989年《巴塞尔公约》规定禁止排放许可范围以外的所有物质。公约的附件不仅规定了含有那些物质的废物不能排放,还规定了有害废物的污染源,例如医疗废物和生产、合成或使用有机溶剂产生的废物等。

限制捕获方式也是限制性措施的一种形式。这种形式在保护生物多样性的国际条约中经常使用,主要限制或禁止那些不加区分的捕获所有动物和植物的方式和方法。例如,1979年《伯尔尼养护欧洲野生生物和自然生境公约》(Bern Convention on the Conservation of European Wildlife and Natural Habitats)中就明确规定捕获方式的限制,附件列举了一些被禁止的哺乳动物和鸟类捕猎的方法。

进出口限制是限制性措施的另一种形式。这种限制形式可以是暂时的,也可是永久的。1973年的《濒危野生动植物物种国际贸易公约》(Convention on International Trade in Endangered Species of Wild Fauna and Flora, CITES)就利用贸易限制措施和贸易禁止措施,保护濒危物种。附件一所列的物种的贸易基本上被禁止,另外两个附件上的物种的贸易在限制和管制之下。进出口限制措施还应用在有害废物的越境转移上。1989年的《巴塞尔公约》要求有毒或危险废物的越境转移必须经有关国家的事先知情同意。

土地利用规划也是一种限制性措施。1992年《生物多样性公约》(Convention on Biological Diversity)和联合国区域海洋计划都要求缔约方划定特殊保护区(protected area)。除了设立保护区外,还要设立缓冲区(buffer zones)。在保护区和缓冲区内许多开发活动都是被限制、甚至是被禁止的。

(六) 经济刺激措施

经济刺激措施通常是指政府利用经济手段来引导或抑制市场参与者的决策和市场行为,以期达到环境保护的目的。这种措施与前面的"命令与控制"措施的共同之处在于都是以环境保护为出发点,但是不同之处在于,前者由政府通过公权力直接制定行为规则,并依靠公权利保证规则得到遵守。后者则是由政府利用经济与市场管理的权力,间接地鼓励、引导或抑制公司、企业和其他行为者的决策和行为。目前,越来越多的国际环境文件鼓励各国政府使用这些手段改善环境法律的实施情况。经济刺激措施的特点是:要么提供积极的刺激;要么提供消极的刺激;允许市场参与者谈判、选择排污交易的利益水平等。

这类措施主要包括:税收、贷款、保险、储蓄、补贴、弹性许可证、标志、联合履约等。在国际条约中规定、使用比较多的是保险、弹性许可证和联合履约、标志。

1. 保险

国家政府可以要求从事具有环境风险的行为者进行强制性保险,以防造成环境损害时无法对污染受害者提供及时、有效的赔偿。有些国际条约明确规定了保险的条款。例如,1969 年《国际油污损害民事责任公约》(International Convention on Civil Liability for Oil Pollution Damage)和 1993 年《从事环境危险行为损害民事责任公约》(Convention on Civil Liability for Damage Resulting from Activities Dangerous to the Environment)都规定了严格的赔偿责任和相应的强制性保险规定。

2. 弹性许可证和联合履约

弹性许可证(negotiable permit)是指在特定的区域内,首先由国家环境管理机构确定污染物允许排放的总量,所有的排污者都必须按照排放标准申请排污许可证。这种作法又称为"泡泡制"(bubbles)。如果某个排污者通过投资改善了技术和设施,减少了污染物的排放,它可以与其他的排污者交换或出售排污许可证。也就是说,让排污许可证作为一种可以流通的商品,市场参与者在追求利益最大化的过程中,以最小的成本实现环境保护的目的。这种作法的关键是要求和使用最佳适用技术(best available technology, BAT)。这种作法在美国环境法中使用较多,经验也比较丰富。

联合履约(joint implementation)与弹性许可证关系密切。它允许发达国家向发展中国家购买排放权或排放许可证,帮助发展中国家减少排放,抵消在本国应该减排的额度。因为在发达国家经过近些年的努力,排放标准日益提高,进一步减少排放需要付出很大的成本,而在发展中国家用很少的投资就可以得到很大程度的减排。这样做符合成本—效益的规律。联合履约就是突破了国界,在全球范围内进行排污权的交易。从理论上讲,象减少温室气体排放,无论在哪个国家减排,对改善全球气候变化都是有利的,而且还可以最大限度地降低减排成本。1992 年《联合国气候变化公约》原则上肯定了联合履约的概念。1997 年的《京都议定书》明确规定发达国家(附件一国家)可以授权法律实体在该缔约方的负责下参加产生、转让或获得排放削减单位的行动(第 6 条)。欧洲共同体作为一个整体在 1997《东京议定书》框架下获得了削减排放单位的"泡泡"。

支持联合履约的观点认为,这样做降低了削减排放的总体成本,增加了消减量。但是持怀疑态度的观点认为,评估与核查是一个难题,即究竟真正减少了多少排放单位是很难核查的。另外,如何给排污单位一个合理的价格也是一个问题。还有一个问题就是,这样做似乎违反了"污染者负担"的原则,污染者并没有为它所造成的污染承担全部社会费用。

3. 标志

标志或标识(labeling)是指在产品的外包装上标明产品的原料、成分、所含物质的含量、用途和一些警示性信息。随着环境保护的开展,出现了推广对环境有益的产品的"生态标志"(eco-labeling)。这种作法的目的是要改变末端治理(end of the pipe)污染的情况,因为这样做成本高昂。利用生态标签引导公众更多购买对环境有益的产品,引导生产企业更多地按着谨慎原则决策、行事。

国际条约中使用过标志的方法。有的是消极的标志,即对于那些对环境有危险的产品要标明危险。例如,《国际贸易中的化学品信息交换的伦敦准则》《粮农组织的农药流通和使用的行为规则》和《73/78 船污公约》附件三都明确规定海上运输中的有害物质必须具有适当的标志。

(七) 综合污染防治措施

综合污染防治措施(integrated pollution prevention and control)是指以消除或至少减少任何可能造成污染的物质为目标的预防性措施,尤其根据物质、产品的生命周期,从其生成、生产到最终消灭进行全程管制,有时被称为"从摇篮到坟墓"的管制。1996 年欧洲共同体制定了国际上第一个综合污染防治措施的规则,具体规定了如何实施综合污染防治措施、如何减少环境污染的风险、要认识各环境要素之间的相关性、以及肯定了文化和自然财产的重要作用等。

(八) 环境管理方面的其他措施

环境管理方面的其他措施主要是指诸如生态管理和审计方面的措施(Eco-Management and Audit Scheme, EMAS)。它既可以是立法控制措施,也可以是在特定情况下的评估措施,或者在企业并购或资产转移时的采取的措施。1991 年《埃斯普跨界情况下的环境影响评价公约》(Espoo Convention on Environmental Impact Assessment in the Transboundary Context)和欧洲共同体内部立法都作了相应的规定。

二、国际环境法实施的监督

国际环境法的实施必须受到监督,否则无法确认国际环境规则是否适当、切实得到遵守,那么其有效性也就无从谈起。而要监督法律的实施,首先依赖于相关信息的可靠和获得,因此,许多国际环境条约都规定了信息的报告(reporting)、监督(surveillance)和监控(monitoring)机制,以确保国际环境法律的实施和遵守。

(一) 报告

报告制度主要是要求缔约方定期向环境条约的主管机关报告履行条约的情况,其中包括相关行业的基本情况、相关国内法律、政策的基本情况,以及条约的执行情况,以国家报告的形式定期提供给条约主管机关,并由主管机关向其他缔约方和国际社会公布。例如 1992 年的《生物多样性公约》就要求缔约方定期向缔约国会议提交为执行公约已采取的措施以及这些措施在实现公约的目标方面的功效的报告(第 26 条)。

(二) 监督

监督是指包括在受影响的环境内实地取样在内的数据采集、整理和分析工作。通常由相关企业本身、企业联合会或环境管理机关执行监督的职能。国际环境条约通常也会规定相关的监督条款。《73/78 船污公约》规定,各缔约国应运用一切适当而切实可行的侦察和环境监测措施,适当的报告程序和证据积累,在对违章事件的侦察和本公约的实施方面进行合作(第6条)。

(三) 监控

监控是指持续、不间断的监督、评估。监控是国际环境义务效力的基础。通常负责监控的机构在监督报告的基础上可以介入有关的履约活动。监控也为进一步的决策提供了反馈。1982年《联合国海洋法公约》规定,各国应在符合其他国家权利的情况下,在切实可行的范围内,尽力直接或通过各主管国际组织,用公认的科学方法观察、测算、估计和分析海洋环境污染的危险和影响。各国特别应该不断地监测其所准许或从事的任何活动的影响,以便确定这些活动是否可能污染海洋环境(第204条)。

第三节 国际环境责任和争端的解决

一、国际环境损害的概念

环境损害是民法上"损害"概念的延伸。民法上的损害是指行为人的不法行为侵害了他人的财产权利或人身权利所产生的债权、债务关系。环境损害是近代环境问题恶化出现的新问题,没有统一的概念。这里涉及两个问题:一是,什么构成损害?损害的范围有多宽?二是,什么程度的损害可以引起赔偿责任?

国际环境损害应该是指在国际环境领域,由于人为的原因造成的有形的跨界损害,包括对别国领土或管辖或控制地区明显地对人、财产或环境的危害,还包括为遏制或减少此类活动的损害性影响而采取的防范措施的费用。这样,损害的范围包括:对环境本身的损害;对财产的损害;对全球公域的损害;因采取遏制、预防措施而产生的费用。

而从现有国际条约的实践来看,损害的范围划定得比较窄,主要是对环境的损害,而不包括对人身的损害和对财产的损害。对环境的损害包括:对动物、植物、土地、水、气候等环境要素的损害;对物质财产(例如对考古或文化遗产)的损害;对风景和环境舒适的损害;对上述各种因素之间关系的损害。

关于损害的程度,应该承认所有污染或人类行为都会对环境产生不良影响,但是并不是所有这类影响都会引起国家责任。目前没有统一的标准,但是从国际条约的实践和国际司法实践来看,引起国家责任的损害应该仅是那些严重的、实质性的和重大的损害。

二、国际责任与国际环境损害

在国际法上,国家应该对其国际不法行为(internationally wrongful act)承担责任(responsibility)。① 国际不法行为是指一国违背其国际义务的行为,包括作为和不作为。这就是国际法上的"国家责任"(state responsibility)。构成国家责任的要素有两个:第一是该行为违背该国所承担的国际义务,如条约义务;第二是该行为可以归因于国家,即可视为"国家行为",如政府、军队的行为。国家责任的形式包括:终止不法行为、赔偿、恢复原状、补偿、道歉、保证不再重犯和国际求偿。在一定的条件下,国家责任也可以免除,如同意、对抗措施与自卫行为、不可抗力和偶然事故、危难与紧急状态。②

国家责任制度作为一种具有普遍意义的规则制度,应该适用于国际法一切领域和一切国际不法行为。由于国际法近期的发展,国家责任制度出现两个突出的问题,一是国际刑事责任问题,即国家是否应该对严重违背对于保护国际社会的根本利益至关重要的国际义务且被整个国际社会公认犯罪的国际不法行为承担责任。它同国际刑法的发展有直接关系。二是国家是否应该对其国际法不加禁止的行为所产生的损害承担国际赔偿责任。后者同国际环境法的发展有直接关系。

国际法上的国家责任制度所规范的客体是国际不法行为,也就是说,只有国际不法行为的存在才能构成国家责任。但是在国际环境法上,一方面国家在其境内或控制区域内从事的生产和其他开发利用环境与资源的行为是主权范围内的事情,国际法没有而且也不可能加以禁止。但是另一方面这些行为可能或必然造成跨界环境损害。如果造成了损害却不承担任何责任,那么国家责任制度就有失公允。《斯德哥尔摩宣言》中的第 22 项原则指出,各国应该进行合作以进一步发展有关它们管辖或控制之内的活动对于它们管辖以外的环境造成的污染和其他环境损害的受害者承担责任和赔偿问题的国际法。经过 20 年努力,《里约宣言》第 13 项原则依旧在呼吁各国应制定关于污染和其他环境损害的责任和赔偿受害者的国家法律。各国还应迅速并且更坚决地进行合作,进一步制定关于在其管辖或控制范围内的活动对其管辖外的地区造成环境损害的不利影响的责任和赔偿的国际法律。从这 20 年前后的"呼吁",可以看出各国在这个问题上态度消极,相应的国际法规则的制定进展缓慢。目前,在若干国际环境条约中有一些零散的规定,如 1972 年《外空责任公约》和 1982 年《海洋法公约》都有相关的规定。从司法实践来看,"特雷尔仲裁案"和"宇宙 954 号卫星坠落案"都涉及这方面问题,但是尚未形成完整的习惯法规则体系。

这方面的最新发展是联合国国际法委员会将这类责任与国家责任分开,作为独立的题目进行编纂,1998 年 8 月一读通过了"国际法不加禁止行为的损害性后果所引起的国际赔偿责任(防止有害活动的跨界损害)"的条文草案,并在 2000 年 1 月 1 日前让各国政府提出修改意见。③ 经过近两年的审议和修改,2001 年 11 月,联合国国际法委员会在第 53 次会议上通过了题为"关于预防危险活动的越境损害的条款草案案文"④。该案文一方面重申了国家对其领土内或在其管辖或控制下的其他地方的自然资源具有永久主权的原则,但是另一方面也明确地指出,国家在其领土内或在其管辖或控制下的其他地方进行或许可进行活动

---

① 参见联合国国际法委员会,《国家对国际不法行为的责任条款草案案文》,载《联合国国际法委员会第 53 次会议报告》(英文版),2001 年,第 23—41 页。
② 参见王铁崖主编:《国际法》,法律出版社 1995 年版,第 136—166 页。
③ 参见联合国国际法委员会特别报告员《关于预防危险活动的越境损害的条款草案》的报告,2001 年,第 11 页。
④ 参见联合国国际法委员会《关于预防危险活动的越境损害的条款草案案文》(2001),http://www.un.org/law/ilc/。最后访问日期:2005 年 9 月 20 日。

的自由并非是无限制的。根据该草案案文(共19条)的规定,该条文的适用范围是国际法不加禁止的、其有形后果(physical consequences)有造成重大跨界损害的危险活动。起源国必须采取一切适当措施,防止或减少引起重大跨界损害的危险,其中包括必要的立法、行政或其他措施(包括建立适当的监控机制)。缔约国要本着善意的原则进行合作,特别是要事先通报。该条文还规定了有关核准、影响评价、公众知情权、信息通报和预防协商等内容。这个草案案文对国家在从事可能引起跨界损害的危险活动时所应遵守的原则、规则和程序都作了规范,尽管一般国际法并不禁止它们。值得注意的是,2001年的草案将1998年草案中的"国际法不加禁止行为"的用语删掉了。应该说这个草案对国际环境法的责任规则,特别是这方面的习惯法规则的发展做出了贡献。

关于赔偿制度,现行的国际环境条约采取了不同形式的赔偿责任制度。例如,根据1972年《空间物体造成损害的国际责任公约》的规定,发射国对其空间物体对于地球表面或飞行中的航空器造成损害时要承担绝对赔偿责任。根据有关核损害事故,国家和营运人共同承担责任。此外,营运人承担赔偿责任,这是最常见的责任形式,主要采取国际民事赔偿的途径。

三、国际环境损害的赔偿

(一) 国际环境损害赔偿的原则

国际环境损害赔偿的原则,同国内环境损害赔偿所使用的原则基本相同,但是也有所不同。主要适用三个原则:过错原则;无过错原则和公平原则。

1. 过错原则

该原则是指只有行为人有过错才承担责任,无过错就不承担责任。要件也是四个:损害事实的存在、损害行为的违法性、加害行为与损害事实之间的因果关系、加害行为人主观上有过错。这一原则适用于环境领域的缺陷是:环境损害大多是由合法行为所致,跨界污染的行为人的故意与否的主观动机是很难确定和求证的。这一原则在使用与环境损害领域时不利于对环境损害受害者的保护,反而鼓励加害行为人继续加害行为。

2. 无过错原则

该原则是指只要损害环境,无论行为人主观上有无过错,只要产生损害结果,就必须承担赔偿责任,这也也称为结果责任。又可分为:严格责任和绝对责任。

(1) 严格责任。在这里,过错不是判断赔偿责任的要件,只要有因果关系存在就可以要求行为人承担责任。这在一般民法上都有规定,不需要专门的法律加以规定。适用这一原则主要是从政策上考虑,保护受害人的利益,要求损害行为人举证,也就是举证责任倒置。但是,这个责任不是绝对的,可以以不可抗力、第三方故意、受害人的自己的行为所致等提出免责的抗辩。

(2) 绝对责任。这一原则同严格责任的共性在于确定责任的基础不是行为人的主观动机,而是损害事实,它也要求举证责任倒置。但区别在于没有可以免责的情况。不过由于这个责任的严厉性,所以使用的范围十分有限,仅适用于那些高度危险的行为或活动所引起的环境损害,例如外空活动和核活动。

3. 公平原则

该项原则是对过错原则和无过错原则的补充,主要适用于根据上述两项原则无法给予赔偿,但是不赔偿又显失公允的情形。

(二)国际环境损害的赔偿

国际环境损害赔偿,通常由于损害的后果的严重性,赔偿数额较大,成为严重的财政负担。有的即使破产也不能给予受害人以及时和有效赔偿,所以分散赔偿的财政负担,给受害人以及时和有效的赔偿是必要的。因此,在国际条约实践中经常采取了以下几种方式:赔偿基金和限制赔偿额等。

1. 赔偿基金。通常通过专门的基金公约或条约下的赔偿基金议定书设立相关的赔偿基金。由有关从业者向基金提供资金,共同承担环境损害赔偿的风险,减轻损害行为人的财政负担。例如,1971年《设立赔偿油类污染损害国际基金的国际公约》规定基金用于赔偿和管理的费用来自缔约方的摊油款。凡年度接受原油和重燃油超过15万吨的缔约方都要缴纳摊款。

2. 限制赔偿额。在发生国际环境损害事故时,将赔偿金额限制在一定的范围内,例如,规定最高限额等。例如,1969年《国际油污损害民事责任公约》规定,对于5,000吨以下的船舶,引入300万特别提款权的特别限额;对于14万吨以上的船舶,其限额以线性比例上升,最高可达到5,970万特别提款权。

四、国际环境争端的解决

国际环境争端也是国际争端,所以其解决方法沿用一般国际争端解决方法。《联合国宪章》第33条规定,"任何争端之当事国,于争端之继续存在足以危及国际和平与安全之维持时,应尽先以谈判、调查、调停、和解、公断、司法解决、区域机关或区域办法之利用、或各该国自行选择之其他和平方法,求得解决"。这是现代国际法允许的争端解决方法。以上的这些方法,按照其性质可以分为两类:一是政治方法(又称外交方法),包括谈判、协商、调查、斡旋、和解等方法。二是法律方法,包括仲裁(旧称:公断)和司法解决。

这些方法也适用于国际环境争端。从国际环境条约和司法实践来看,政治和法律手段都得到了使用。在某一特定的情况下使用哪种方法和手段,首先取决于争端当事方和条约的规定。例如,1992年《气候变化框架公约》第14条规定,任何两个或两个以上缔约方之间就本公约的解释和适用发生争端时,有关的缔约方应寻求通过谈判或它们自己选择的任何其他和平方式解决该争端。

第三十三章

国际环境法的主要领域

第一节 大气与外层空间保护法

根据古罗马的法律,"谁拥有土地,谁就拥有土地的无限上空"(cujus est solum, ejus est summits usque ad coelum),因此,大气空间作为领土的一部分(即领空)的法律地位在国际法上很早就确立了,它完全处于国家领土主权的管辖之下。而关于大气环境保护的国际法规则和制度则出现得比较晚。在1979年以前,国际上没有缔结过限制国家大气排放行为或专门以保护大气环境为目的的国际条约。这方面的国际法尽管出现得比较晚,但是发展得却比较快。1979年以后,国际社会陆续制定了大量关于大气环境保护的条约和国际文件,从局部越界大气污染到全球气候变化,从臭氧层到外层空间。迄今,大气和外层空间环境保护的国际法律体系已经建立,而且规则和制度变得越来越详细和具体。

一、越界大气污染防治法

尽管在1979年以后才出现专门以大气环境保护为目的的条约,但是在此前的国际司法实践中早已发展出一系列相关的国际习惯法规则。1938—1941年的"特雷尔冶炼厂仲裁案"和1973—1974年的"核实验案"在确立和阐述相关国际法方面做出了贡献。这两个案例为后来国际环境法一般法律原则的确立和发展,特别是关于跨界环境损害的原则和规则的发展提供了基础。

1972年斯德哥尔摩会议给大气环境保护带来了新的契机。首先在欧洲国家中开始就跨界大气污染问题进行了认真的磋商和研究,1979年缔结了欧洲国家间的《远程跨界大气污染公约》(Convention on Long Range Transboundary Air Pollution, LRTAP)。该公约的宗旨是保护人类及其环境免受大气污染的影响,并为此促进国际合作。该公约最初是一个框架性的条约,缔约方的一般义务是限制、尽可能逐渐减少并防止大气污染,包括远程跨界大气污染,并没有要求缔约方就控制污染做出具体的承诺。它只是规定,缔约方应该制定有关控制大气污染物排放的政策和战略,包括使用经济上可行的最佳适用技术和低污染或无污染的技术。公约要求缔约方交换有关污染物排放的数据、国内政策和工业发展的重大变化及其潜在的影响、科学活动和技术措施等的信息。从1984年到1999年间,缔约方在公约的框架下先后签订了8个议定书。1984年公约的第一个议定书建立了一个协商机制——"欧洲监测和评价大气污染物远距离传播的合作计划"(Co-operative Programme for the Monitoring and

Evaluation of the Long-range Transmission of Air Pollutants in Europe, EMEP)。该计划要求缔约方建立监测站,监测二氧化硫、氮氧化物和其他有关污染物质的排放,监测大气和降水的质量,建立大气污染物的运动模型,建立综合评价模型等。议定书还要求缔约方采取对污染活动进行审查和批准的制度,强调应制定更加严格的环境标准。

美国和加拿大也是深受酸沉降之害的国家。加拿大酸沉降的50%来自美国,而美国的酸沉降中有20%来自加拿大。[①] 因此也只有这种通过区域合作机制控制大气污染才能改善北美的大气环境。美、加两国早在1909年《边界水域条约》(Boundary Water Treaty)下的国际联合委员会(International Joint Commission, IJC)里就曾提起过大气污染问题。在"特雷尔仲裁案"时代(1938—1941)两国就大气污染进行过正式交涉和国际仲裁。1978年两国成立了研究大气污染物远距离扩散的双边小组。1980年签订了双边备忘录,成立混合委员会,负责正式协定的起草。1991年3月13日,两个国家终于签订了《空气质量协定》(Agreement Between the United States of America and Canada on Air Quality)。该协定对二氧化硫和氮氧化物的排放制定了具体的减排目标。

但是遗憾的是除欧洲和北美洲外,这种区域性的控制跨界大气污染、保护大气环境的条约并没有在其他地区得到效仿。1972年《斯德哥尔摩宣言》提到了大气污染,但是没有制定专门的规则,尽管国际环境法的一般原则在大气污染方面也是适用的,例如不得对管辖范围以外的环境造成损害的原则、国际合作的原则等。1982年的《联合国海洋法公约》第212条和第222条在保护海洋环境方面,要求缔约方防止、减少和控制来自大气层或通过大气层的海洋污染。此外,在一些联合国环境规划署的区域海洋计划中也规定了防止大气污染海洋的原则。1944年《芝加哥民用航空公约》第16号附件——1980年国际民航组织关于飞行器排放标准和建议作法——对燃料排放、废气排放中心控制、烟雾排放限定等制定了规则。近年来国际民航组织开始对航空业对气候变化的影响进行研究。《21世纪议程》第9章是有关大气层保护的方案和措施。该章从四个方面提出了方案。研究科学不确定,改善决策的科学依据;促进可持续发展,尤其是在能源开发、使用效率和消费方面、运输方面、工业发展方面和陆地及海洋资源开发方面;防止平流层的臭氧耗损;控制越界大气污染。在第四个"控制越界大气污染"方面,该章特别提及其他地区应当借鉴欧洲和北美的空气污染系统监测、评价和信息交流机制,建立各种合作计划和合作机制。

二、臭氧层保护法

尽管大气污染物极易随风飘散,并不遵守人类社会设定的领土边界,容易造成跨界大气污染,但是与臭氧层耗损和全球气候变化相比,酸沉降问题或放射性尘埃问题依旧属于区域环境问题,可能通过区域性机制解决。而臭氧层的耗损和全球气候变化则是真正的全球环境问题,不是凭借区域性条约可以解决的,必须依靠整个国际社会的共同努力才可以改善和解决。

1974年,罗兰德(F. Sherwood Rowland)和莫利纳(Mario Molina)在《自然》杂志上发表

---

① 参见 David Hunter, James Salzman & Durwood Zaelke, *International Environmental Law and Policy* (2nd ed. New York: Foundation Press, 2002), p.516.

文章,在世界上首次提出氯氟烃类物质可能导致臭氧层破坏的论断。[1] 对于他们的论断,科学界表现出少有的宽容。尽管存在着科学不确定性,但是他们的论断并没有受到科学界全面和大规模的质疑与反对。国际社会迅速采取了"谨慎"(precautionary)的态度,着手制定相关的国际条约。1981 年联合国环境规划署决定启动有关条约的谈判。经过五年的谈判,终于在 1985 年 3 月 22 日在维也纳召开的外交大会上达成了《维也纳臭氧层保护公约》(又译:《保护臭氧层维也纳公约》,Vienna Convention for the Protection of the Ozone Layer)。其宗旨是保护人类健康和生存环境,防止人类活动对臭氧层的改变或可能的改变所造成的不利影响;国际社会采取一致的措施,控制对臭氧层的不利影响的人类活动;鼓励合作科学研究和系统的观测;鼓励法律、科学和技术的信息交流。

公约要求缔约方尽一切可能在四个方面采取适当措施:第一,在系统监测、研究和信息交流方面进行合作。附件一和附件二对合作提出了具体要求和程序。第二,采取适当的立法和行政措施,并在控制、限制、减少和防止可能因臭氧层改变而带来的不利影响的政策方面进行合作;第三,有关法律、科学和技术方面进行资料的交换。要求交换的资料还应包括相关的经济和贸易方面的资料、有关法律、行政措施方面的资料。第四,在制定有关实施公约的措施、程序和标准方面进行合作,同时还要加强同相关国际组织的合作。公约在附件一中列明了可能改变臭氧层的 5 类 11 种自然和人类来源的化学物质:碳物质、氮物质、氯物质、溴物质和氢物质。

这是一个框架性条约,没有为缔约方设定具体的行动义务和时间表,其主要目的在于奠定系统合作的基础和平台,这应该仅仅是国际社会开始着手保护臭氧层的准备阶段。就在公约开放签署的两个月后,英国科学家宣布南极上空发现巨大的臭氧空洞,引起了国际社会的广泛关注。[2] 1986 年由世界气象组织、联合国环境规划署、美国及德国科学家组成的国际科学研究组发表了经过两年研究和监测的结果:认定氯氟烃类的几种物质要对臭氧层的耗损负责。如果臭氧层以目前的速度继续耗损,到 2075 年美国将有约 1.5 亿新增皮肤癌的患者,其中 300 万人将死亡。另外,美国还可能有 1,800 万人患上白内障。尽管这只是推算和猜测,但是对于生活优越、珍爱生命的美国人来说这无异于在平静的水中投放一颗重磅炸弹。也是在 1986 年,美国氯氟烃类产品的主要生产厂商——杜邦公司宣布在五年内投入巨资研发替代物质。如果没有相应的立法措施限制和禁止这些物质,其商业利益将受到损害。在这样的背景下,在国际上真正采取具体措施限制、淘汰臭氧层耗损物质(ODSs)的时机成熟了。

1987 年 9 月 16 日在蒙特利尔举行的第一次缔约方大会上通过了《蒙特利尔议定书》(又称:《关于消耗臭氧层物质的蒙特利尔议定书》,Montreal Protocol on Substances that Deplete the Ozone Layer)。嗣后,该议定书分别经 1990 年的《伦敦修正案》、1992 年的《哥本哈根修正案》、1997 年的《蒙特利尔修正案》和 1999 年的《北京修正案》四次修正。议定书的宗

---

[1] 参见 F. Sherwood Rowland & Mario Molina, "Stratospheric Sink for Chlorofluoromethanes: Chlorine Atoms-Catalyzed Destruction of Ozone", 239 Nature 810 (1974)。两人因此获得1995年诺贝尔化学奖。直到1987年,联合国环境规划署发表的一份报告才表明,经高空飞机的实验证实这些物质与臭氧耗损具有因果关系。见 David Hunter, James Salzman & Durwood Zaelke, International Environmental Law and Policy (2nd ed. New York: Foundation Press, 2002), p.529.

[2] 参见 David Hunter, James Salzman & Durwood Zaelke, International Environmental Law and Policy (2nd ed. New York: Foundation Press, 2002), pp.541—543.

旨是根据科学认识的发展,考虑到技术和经济的因素,顾及发展中国家的需要,在全球范围内限制并最终消除臭氧层耗损物质的排放,保护臭氧层。该议定书要求缔约方在以下六个方面做出承诺:第一,采取措施减少这些物质的生产和消费;第二,控制与非缔约方间的这些物质的贸易;第三,按计划定期对控制措施进行评估和审核;第四,向公约机构报告有关数据;第五,在研究、开发、公众意识和信息方面进行合作;第六,建立财政机制和提供技术转让,帮助发展中国家履约。议定书经过四次修正和五次调整后,受控物质已增加到 125 种。该议定书是国际环境条约历史上的一个里程碑,因为该议定书义务设定及其前提、履约机制和决策程序等方面都有创新。

三、全球气候变化应对法

全球气候变化也是大气环境恶化,不过它与越界大气污染和臭氧层耗损的最主要的区别是其来源、影响和解决的方式不同。造成全球气候变化的原因是温室气体的过度排放,而这与现代经济生产方式有密切的关系。现代经济被称作"矿物燃料为基础的经济",石油、煤炭、天然气是经济运行及发展的命脉,几乎涉及人类活动的各个方面,所以其影响和解决方式也涉及经济生活的方方面面。

在 20 世纪 80 年代中期,国际社会在着手解决臭氧层耗损问题的时候,开始注意到了全球气候变化的问题。1988 年,世界气象组织(WMO)和联合国环境规划署(UNEP)建立了"政府间气候变化专门委员会"(Intergovernmental Panel on Climate Change, IPCC),对联合国和世界气象组织的全体成员开放,作用是在全面、客观、公开和透明的基础上,评估与理解人为引起的气候变化、这种变化的潜在影响以及适应和减缓方案的科学基础有关的科技和社会经济信息。从 1989 年开始,法律专家也开始参与专家组的工作。1991 年初,根据联合国大会决议成立了政府间谈判委员会。1992 年 5 月 9 日,《联合国气候变化框架公约》(United Nations Framework Convention on Climate Change, UNFCCC)草案达成,同年 6 月在里约热内卢召开的环发大会上供开放签字。该公约的宗旨是将大气温室气体的浓度稳定在不产生对气候系统危险干扰的水平上;确保粮食生产不受到威胁;使经济以可持续的方式运行。公约要求缔约方为今世和后代的利益、在公平的基础上、根据共同但有区别的责任承担保护气候系统的责任;对于发展中国家的特殊需要和特殊情况应给与充分的考虑。缔约方应采取谨慎措施、预见、防止和减少致使气候变化的原因,缓和不利影响。

缔约方的具体义务规定在第 4 条至第 12 条中,主要包括:第一,缔约方应制定并定期公布和修订向缔约方大会提交的有关人为"源"(sources)和"汇"(sinks)的排放和吸收的温室气体的清单,以及实施公约的措施。第二,公约奉行共同但有区别的责任的原则,对不同的缔约方规定了不同的义务,以保证全世界的可持续的经济发展。公约将缔约方分为三类:第一类,即附件一缔约方包括 36 个工业化国家、欧盟和 12 个"正在向市场经济过渡的国家";第二类,即经合组织成员国和欧盟;其余的国家归入第三类,主要是发展中国家,包括中国和印度在内。附件一缔约方要制定相应的控制气候变化的措施。

这基本上是一个框架性公约,为后续的更加有效和具体的议定书的缔结奠定了基础。1995 年 3 月 28 日至 4 月 7 日,缔约方大会第一次会议在柏林召开。政府间气候变化专家组(IPCC)提交了一份报告,重申了气候变化问题的迫切性。大会决定于 1997 年 12 月在京都召开的缔约方大会第三次会议上缔结有关的议定书。这就是"柏林授权"(Berlin Mandate)。

根据这一授权,《京都议定书》(Kyoto Protocol)于1997年12月11日在日本京都通过,1998年3月16日开放签署。议定书主要的进展是附件A明确列出了温室气体名录、产生温室气体的能源部门和类别;附件B列出了承诺排放量限制或消减的39个工业化缔约方的名录。1990年为计算的基准年,列入公约附件一的缔约方承诺在2008—2012年间按比例减少列入附件A的温室气体的排放。欧洲共同体承诺减排8%,俄罗斯等经济转型国家可以维持在1990年的水平,美国承诺减排7%[①]。这些国家将平均减排5%(第3条)。欧洲共同体在1990—1995年期间,已经将排放减少了1%。而美国、加拿大、澳大利亚却增加了7%—9%。正在向市场经济过渡的东欧国家减少排放达30%之多,其原因并不是减排努力见效,而是经济萧条所致。在附件B缔约方中,适用联合履约的机制(joint implementation),即这些缔约方之间可以互相买卖减排单位(第6条),但是这种贸易要经议定书机构核准。

而发展中国家(包括中国和印度)没有任何具体的减排义务,但原则上他们需要在发达国家的帮助下采取适当措施,控制温室气体排放。议定书第12条规定了"清洁发展机制"(Clean Development Mechanism,CDM),适用于公约附件一和非公约附件一缔约方之间,即公约附件一缔约方可以选择任何非公约附件一缔约方作为合作伙伴,资助非公约附件一缔约方进行减排,减排的份额抵消公约附件一的减排的额度。

2007年12月,在印度尼西亚巴厘举行的联合国气候变化会议通过《巴厘行动计划》。该计划涉及加强全球应对气候变化的四个关键组成部分:减排、适应、技术和筹资。

2009年12月,在丹麦哥本哈根举行的联合国气候变化会议上,《联合国气候变化框架公约》193个缔约国中,114个国家通过了《哥本哈根协议》(Copenhagen Accord),该协议重申共同但有区别的责任原则,要求附件一缔约方承诺单独或联合执行经济层面量化的2020年排放目标,非附件一缔约方在可持续发展的背景下实施减排措施。公约共时要求发达国家承诺到2020年前每年筹集1000亿美元用于发展中国家的减排需要。欧盟、澳大利亚、加拿大、瑞士、新西兰、俄罗斯、瑞士等12个国家和地区已官方宣布或者立法通过的形式承诺减排。但是,《哥本哈根协议》不具有法律约束力。《哥本哈根协议》通过以后,许多发展中国家作出了自愿减排承诺。其中,中国承诺到2020年在2005年水平上消减碳密度40%至45%。

2010年12月,在墨西哥坎昆举行的联合国气候变化会议,即《联合国气候变化框架公约》第16次缔约方会议暨《京都议定书》第6次缔约方会议,通过了平衡的一揽子决议,称为"坎昆协议"(Cancun Agreements)。根据这一揽子协议,《京都议定书》缔约各方同意就完成其减排任务和确保第一承诺期与第二承诺期之间不出现空档的目标继续展开谈判。协议同时计划在《联合国气候变化框架公约》缔约方会议下设一个绿色气候基金,并约定到2012年之前发达国家支持发展中国家气候行动总额为300亿美元的意向性快速启动资金,以及到2020年之前增加到1000亿美元的长期资金。此外,各国政府同意提供技术和资金支持,迅速采取行动控制发展中国家因毁林和森林退化所致的排放。

2011年12月,《联合国气候变化框架公约》第17次缔约方会议暨《京都议定书》第7次缔约方会议在南非德班举行。德班会议是全球气候变化谈判的一个转折点。会议通过一揽子决议,包括在《联合国气候变化框架公约》下"长期合作行动特设工作组"的决议,并决定

---

① 2001年2月,现任总统布什当选后,以义务不平等为由,拒绝承担美国在京都议定书里的承诺。

从 2013 年开始继续实施《京都议定书》第二承诺期,同时正式启动"绿色气候基金",成立基金管理框架。德班会议后,欧盟排除包括美国在内许多国家的反对意见,宣布在 2012 年 1 月 1 日起将国际航空纳入欧盟碳排放交易体系,对所有在欧盟境内飞行的航空公司碳排放量进行限制,对入境航空公司超过排放限额的碳排放量征收碳排放费。但是,德班会议刚刚结束,加拿大环境部长就宣布加拿大退出《京都议定书》协定,成为继美国之后退出《京都议定书》的第二个缔约方国家。

2012 年 12 月,《联合国气候变化框架公约》第 18 次缔约方会议暨《京都议定书》第 8 次缔约方会议在卡塔尔多哈落下帷幕。在此次会议中,中国发挥了建设性作用。会议坚持重申共同但有区别的责任原则,通过了包括开启《京都议定书》第二承诺期在内的一揽子决议,决定从 2013 年开启第二承诺期,为期八年。此外,会议还决定到 2015 年时达成一个涉及所有国家的有关 2020 年后全球应对气候变化行动的协议,并创新性地提出了关于气候变化的损失损害补偿机制。但是,多哈会议虽然从法律上确定了《京都议定书》第二承诺期,其成却是有限的。从决议内容看,加拿大、日本、新西兰及俄罗斯已明确不参加《京都议定书》第二承诺期。在处理第一承诺期的碳排放余额的问题上,仅有澳大利亚、列支敦士登、摩纳哥、挪威、瑞士和日本六国表示,不会使用或购买一期排放余额来扩充二期排放额度。在资金筹备方面,仅有部分发达国家承诺向"绿色气候基金"注资,德国、英国、瑞典、丹麦等欧洲国家已经为此编列预算,资金规模仅有 700 亿欧元,而多数发达国家以经济危机为借口,拒绝向发展中国家提供减排资金。

2013 年 11 月,约九千人参加的新一轮联合国气候变化缔约方会议在波兰首都华沙召开。然而,此次会议的成果并不尽如人意。一些发达国家对兑现出资承诺和落实《京都议定书》2020 年前减排目标缺乏力度。其中,日本宣布,到 2020 年,在 2005 年碳排放量的基础之上减排 3.8%;而由于日本此前承诺为到 2020 年比 1990 年减排 25%,因此新目标也意味着日本计划在 1990 年基础上排放再增加 3.1%。澳大利亚则拒绝在华沙会议上作出新的出资承诺。最终,会议在减少森林采伐排放及建立气候变化损失损害补偿机制等方面达成有限成果。会议决定建立《REDD + 华沙框架》,即表示在发展中国家通过减少砍伐森林和减缓森林退化来降低温室气体排放。美国、挪威和英国政府承诺将为该机制提供 2.8 亿美元支持。同时,会议为即将举行的 2015 年联合国巴黎气候变化缔约方会议奠定了基础,各国政府就在未来的巴黎会议上签署一份新的全球性条约以应对气候变化基本达成一致。

四、外层空间环境保护法

外层空间环境问题对于人类来说没有大气环境问题那么直接和迫切,但是随着人类外空活动的增加,外空环境及其对人类的影响不可回避。外空空气稀薄,但是法律规则并不稀薄。外层空间的法律地位和外空行为的法律管制从 20 世纪 60 年代就开始了。1957 年前苏联发射了第一颗人造地球卫星开创了人类外空活动的先河。外空的法律地位问题被提了出来,经过国际社会在联合国体系内的磋商,对外空地位、外空活动、在月球的活动、外空活动的责任等问题制定了原则性的规则。外层空间的国际法律制度基本建立,其中一部分涉及外空环境问题。

(一)《外空条约》和其他有关外空活动的条约

1963 年 10 月 17 日联大一致通过的第 1884 号决议,要求各国在绕地球轨道不得放置任何携带核武器或任何其他大规模毁灭性武器的实体,不在天体上配置这种武器。1963 年 12 月 13 日联大一致通过题为《各国探索和利用外层空间活动的法律原则宣言》的第 1962 号决议,该宣言提出了各国探索和利用外层空间的各种活动所应遵循的九项基本法律原则,但由于它只是联大的决议,所以不具有条约的约束力。于是,在 1963 年《各国探索和利用外层空间活动的法律原则宣言》的基础上,于 1966 年 12 月 19 日联合国大会通过了《关于各国探索和利用包括月球和其他天体在内外层空间活动原则的条约》(简称:《外空条约》,Treaty on Principles Governing the Activities of States in the Exploration and Use of Outer Space, including the Moon and other Celestial Bodies, Outer Space Treaty, OST)。其宗旨是为和平目的而发展探索和利用外层空间,并在和平探索和利用外层空间的科学和法律方面,促进广泛的国际合作,加强各国和各民族之间的友好关系。由于该公约以国际条约的形式确立了外层空间的法律地位以及各国探索和利用外层空间的活动应当遵循的法律原则,被称为《外层空间宪章》。其主要内容包括:(1) 探索和利用外层空间应为所有国家谋福利和利益;一切国家都可以不受歧视地、平等地、自由地进行外空活动。(2) 各国不得由国家通过主权要求、使用或占领等方法将包括月球与其他天体在内的外层空间据为己有。(3) 各缔约国在外空的活动须遵守国际法和《联合国宪章》,保证把月球和其他天体绝对用于和平目的,以维护国际和平与安全。(4) 不得在绕地球轨道、天体或外层空间放置、部署核武器或其他种类的大规模毁灭性武器。(5) 禁止在天体上建立军事基地、设施、工事及试验任何类型的武器和进行军事演习。(6) 各缔约国对其外空的物体及所载人员保有管辖权和控制权;在进行外空活动时须妥善考虑其他国家在外空方面的利益,承担国际责任,对因发射外空物体而造成的损害有责任赔偿。(7) 对外空的研究和探测应避免使其受到有害污染以及将地球外物质带入而使地球环境发生不利变化。(8) 外空活动应依照国际合作和相互援助的原则进行,各缔约国应向宇航员提供一切可能的援助,在对等的基础上向其他缔约国开放在月球或其他天体上的一切站所、设施、装备和航天器,为发射国跟踪观察发射的外空物体提供方便。该条约对确立的有关外层空间活动的原则对于各国和平探索和利用外空活动具有指导意义,有助于限制外层空间的军备竞赛。

此后在此基础上陆续签订了一系列有关外空活动的条约,例如,1967 年的《营救宇航员、送回宇航员和归还发射到外层空间的实体的协定》、1971 年的《空间实体造成损害的国际责任公约》、1974 年的《关于登记射入外层空间物体的公约》、1979 年的《关于各国在月球和其他天体上活动的协定》。

(二) 外空环境问题

人类在外空活动的增加,必然对外空环境造成影响。现在外空环境的主要问题在于:外空轨道上的空间物体碎片,人类对活动对其他天体的环境损害和人类外空活动对地球表面环境的损害。关于外空环境问题,由于《外空条约》和其他有关条约主要签订于全球环境意识觉醒之前,所以环境问题并没有成为这些条约关注和试图解决的核心问题。但是在《外空责任公约》中对外空活动造成损害的责任问题提出了解决的原则。1971 年的《外空物体所造成损害之国际责任公约》(简称:《外空责任公约》,The Convention on International Liability for Damage Caused by Space Objects)建立了空间物体损害赔偿机制和程序。1978 年 1 月,苏联的核动力源卫星"宇宙 954 号"坠落加拿大境内,对加拿大的环境造成了损害。加拿大依据《责任公约》向苏联政府索赔 600 万加元。双方经过谈判最终确定赔偿额为 300 万加元。

1992年12月，联合国第68届联大通过的第47/68号决议提出了外空使用核动力源的11项原则。这项决议提出了放射性保护和安全的一般目标，包括在可预见到的操作和事故的情况下要将有害物质控制在可以接受的限度内，避免使放射物质对外空造成重大污染。在外空使用核动力反应堆应仅限于星际航行。原则三更明确指出，外空使用核动力源应仅限于那些其他非核动力源都无法操作的航行。此外，该决议还提出了有关安全评估、返航通告、国家间的磋商、协助、责任和赔偿的规则。

第二节 海洋环境保护法

一、海洋环境保护概述

海洋法是传统国际法比较古老的来源与分支之一。海洋法经过几个世纪的发展与演变，形成了一个比较丰富和成熟的国际法分支。随着这方面法律规范的发展和成熟，海洋法越来越关注更加具体的问题，特别是海洋污染和海洋生物资源养护方面的问题。

海洋环境保护的法律制度和规则主要固定在众多的海洋环境保护条约之中，海洋环境保护条约是迄今国际环境条约体系中出现最早、发展最成熟、内容最丰富的条约体系。

早在19世纪中叶欧洲就出现了有关保护海洋生物资源的条约。从那时起到20世纪中叶，海洋环境保护条约主要关注海洋渔业资源的保全和管理。后来由于经济和科技的发展，海运需求增长，海运能力加强，船舶污染，特别是海上油污日益严重，迫切需要制定相关的国际法规则。1954年签订了《国际防止海上油污公约》（简称《油污公约》）。这是第一个旨在防治海洋污染的国际条约。由于该公约适用范围有限，1973年签订了《国际防止船舶造成污染公约》并于1978年又签订了一个议定书，二者合起来被简称为《73/78船污公约》，对船舶污染进行了相对完整的规范。随后，海洋环境保护条约进入了快速发展时期，陆续签订了一系列的旨在防止海洋污染方面的条约，对造成海洋污染的各种污染源和海洋生物资源的养护基本上都制定了相关的规则。到20世纪80年代中期，以1982年《联合国海洋法公约》的签订为标志，海洋环境保护的条约体系基本建成。嗣后，又陆续签订了一些新的海洋环境保护条约并对已有的条约进行了重大修订，海洋环境保护条约体系日臻完善。

二、海洋环境保护国际组织

海洋环境的保护与管理涉及许多国际组织，但是其中有两个国际组织对海洋环境保护起着重要的作用。

第一个是国际海事组织（International Maritime Organization，IMO）。该组织于1948年3月6日在日内瓦成立，其宗旨主要是防止海洋环境作业中的各种船只造成海洋污染。该组织已经起草和促成通过的35个涉及海洋环境的公约和议定书，其中包括1972年《防止倾倒废弃物和其他物质引起海洋污染公约》（简称《伦敦倾废公约》）和《73/78船污公约》等。

第二个组织是联合国环境规划署（UNEP）。该组织成立1972年12月15日。该组织的宗旨主要是评价和解决在环境领域现有的和正在出现的重大问题；促进环境方面的国际合作；促进制定国际环境法律；制定区域环境规划等。联合国"区域海洋规划"就是在联合国环境规划署的主持下制定的。到目前为止，共有140国家和地区参加了14个区域海洋环境规划,签订了9个区域海洋条约,对全球海洋环境保护起到了积极的作用。第三个联合国粮农组织(Food and Agriculture Organization, FAO),负责有关渔业资源的保护与开发的规则。

三、海洋环境保护的国际环境法律及其主要规定

海洋环境保护条约数量众多、涉及的范围很广、内容复杂。根据其适用的范围可以分为全球性的海洋环境的保护条约(如,1982年《联合国海洋法公约》)和区域性海洋环境保护条约(如1982年《红海及亚丁湾环境保全区域公约》)。1982年《联合国海洋法公约》第12部分专门对海洋环境保护与保全进行了规范。该公约被称为"海洋法典",是海洋法规则和制度的基础。

根据这些条约规范的内容,可以分为一般框架性条约(如,《联合国海洋法公约》)和针对海洋环境保护与保全的具体问题的专门性条约。专门性条约主要包括以下一些方面。

防止船舶污染的《73/78船污公约》。该公约的宗旨是预防、控制和消除船舶作业过程中可能因排放石油、液态有害物质、有包装的有害物质、污水、垃圾和空气污染物造成的海洋污染。

防止海洋倾废的1972年的《伦敦倾废公约》)及1996年《议定书》。该公约的宗旨是防止和限制在海上任意处置可能对人类健康和海洋生物资源造成危害、破坏海洋环境的舒适及影响其他合法利用海洋的废弃物。公约禁止某些特定废弃物倾倒(如放射性废物),对其他物质的倾倒,采用许可证制度。

防止陆源污染的法律文件。陆源污染是海洋污染的主要污染源,但由于该问题的复杂性,除《联合国海洋法公约》和其他一些条约中的原则性规定外迄今尚无全球性的专门条约加以规范。1995年通过了《保护海洋环境免受陆源活动影响的全球行动计划》,由联合国环境规划署负责其协调工作。虽然该行动计划没有严格的法律约束力,但是它对区域组织和国家在制定有关陆源污染规则时有指导作用。

油污事故干预及应急的1969年《国际干预公海油污事故公约》及1973年《干预公海非油类物质污染议定书》和1990年《国际油污防备、反应和合作公约》。这些条约的宗旨是以预防为原则,采取适当的措施,防止重大海上油污事故。在出现油污事故时,进行国际合作,采取必要应急措施,尽可能减少损失。

有关损害责任和赔偿的1969年《国际油污损害民事责任公约》、1971年《关于设立油污损害赔偿基金公约》和1996年《海上运输危险和有毒物质损害责任及赔偿的国际公约》。这些条约的宗旨是建立防止、减少海上运输污染损害及在出现损害时的赔偿的机制,使污染受害方得到及时、充分和有效的赔偿。

海洋生物资源养护的条约。这类条约数量众多,历史悠久,既有关于特定物种的条约(如1946年的《国际捕鲸管制公约》和1995年《跨界鱼类种群和高度洄游鱼类种群的养护与管理协定》等),也有关于特定海域的渔业资源的条约(如1966年的《养护大西洋金枪鱼国际公约》、1980年的《保护南极海洋生物资源公约》和1988年的《亚洲—太平洋水产养殖中心网协议》等)。这些条约的宗旨是通过国际合作机制,限制捕捞量和捕捞手段,保护海洋渔业资源。

第三节 淡水资源保护法

一、淡水资源保护和利用概述

淡水保护和利用的国际法律体制可以追溯到 16 世纪,当时主要是因为需要国际合作才能解决与跨界河流相关的问题。目前,全球有 214 条河流是跨界河流,其流域面积占地球土地面积的 47%,全世界有 40% 的人口生活在这里。有 50 多个国家的超过 3/4 的土地都位于这些流域。① 由于地球上的水系或水体大多都是相互关联的,所以对淡水资源的有效管理只能尊重淡水的这种自然属性。但是另一方面,淡水资源又具有地域性,一条河或一个湖泊通常位于一个国家或几个国家境内,它的保护、开发和利用的收益和责任具有明显的地域性而不是全球性。在这一点上淡水资源同全球气候变化、臭氧层和海洋有明显的不同。所以,从现有相关的国际法规则来看,这方面的国际法体制及其发展呈以下几个特点:

第一,早期主要是有关船舶在跨界河流航行的规则。由于江河湖泊的地域性的特点,流经两个以上国家的河流被称为"多国河流",由相关的条约规定河流的法律地位、沿岸国家的相关权利与义务。1921 年的《国际性可航行水道制度公约》对国际河流的法律制度作了明确的规定。② 该公约对国际河流的法律制度进行了规定。根据该公约的规定,凡是属于流经缔约国领土并与海洋相连接的天然可航行的水道和适于通商的河流全部要实行国际化。在航行时,所有缔约国的国民、财产或旗帜在一切方面应平等对待。为了保证国际河流的航行自由,沿岸国通常会根据条约设立国际委员会同意对河流进行管理。

第二,关于对淡水资源的开发和利用的规则多见于针对具体江河湖泊的双边或区域性条约当中。在提供廉价、便捷的航行之外,淡水资源的使用和保护逐渐地被写进了国际条约和其他没有严格法律约束力的国际文件当中。造成这些规则的地域性的原因是将近一半以上的河流流域被两个或两个以上的国家共享。③ 区域规则方面,美洲和欧洲都比较发达。早在 1909 年美国和加拿大就签订了《美国—加拿大边界水域条约》。在欧洲,1963 年"建立保护莱茵河免受污染国际委员会伯尔尼协定"达成协议,建立了莱茵河委员会,负责调查、研究、建议防止莱茵河污染的措施。该协定在 1976 年作了修订并签订了两个公约,《保护莱茵河免受化学污染的公约》和《保护莱茵河免受氯化物污染的公约》。1999 年的《保护莱茵河公约》取代了 1963 年的协定和 1976 年的防止氯化物公约。在这一系列的条约当中,为了保护莱茵河,排放标准和防治污染的措施一步步提高。

第三,相关的国际习惯法规则大多分散和零散的。早在 1929 年国际常设法院在"奥德河国际委员会领土管辖案"中就指出,对于共享的资源,一国不能剥夺其他国家享有的权利,这不符合国际法所要求的相称原则。1957 年的"拉诺湖仲裁案"(Lac Lanoux Arbitration)强调法国对拉诺湖开发使用的计划需要法、西两国政府共同同意后方可实施。法国有义务通知西班牙政府该计划,并且该计划要考虑下游国家的利益。1997 年的"布奇科沃—大毛罗

---

① 参见 David Hunter et al., *International Environmental Law and Policy*, 2nd ed., Foundation Press, 2002, p.774.
② 参见王铁崖主编:《国际法》,法律出版社 1995 年版,第 232—233 页。
③ 参见 Philippe Sands, *Principles of International Environmental Law*, 2nd ed., Cambridge University Press, 2003, pp. 478—482.

斯计划案"(Gabicikovo-Nagymaros Project Case)对可持续发展和公平使用河流淡水资源进行了审查。该案重申了共同利用共享淡水资源的理念。1999年的卡斯可里案(Kasikili)把缔约方可航行的权利扩展到非航行方面。流域国不得排斥其他流域国对河流的使用。尽管没有明确提出污染防治方面的要求,但是流域国有义务不使水质恶化和妨碍其他国家的使用。

二、淡水资源保护和利用的国际环境法律及其主要规定

1966年在国际法协会(International Law Association, ILA)主持下制定的《国际河流利用规则》(简称:《赫尔辛基规则》,Helsinki Rules on the Uses of International Rivers)是这方面最早、最经常被引用的国际文件,尽管它不是具有法律约束力的法律文件。这个规则是第一次全面对当时已有的相关国际法规则做了编纂,同时对国际河流的利用提出了指导性原则。它既承认国际河流流域的每个国家有权公平合理地利用流域内的水资源,同时它也要求各国采取一切合理的措施,不应该对流域内的水造成任何新形式的污染或加重现有的污染程度,从而可能对流域内另一个国家境内造成严重损害。《赫尔辛基规则》对嗣后的国际淡水保护和利用的规则的发展产生了重要影响。

1992年的《21世纪议程》第18章对淡水资源的开发、管理和利用提出了一系列的综合性方案——水资源的综合开发与管理、水资源的评价、水资源、水质和水生态系统的保护、因用水的供应与卫生、水与城市可持续发展、可持续粮食生产及农村发展的用水、气候变化对水资源的影响。1992年在联合国欧洲经济委员会(UNECE)的支持下,欧洲国家签订了《保护和利用跨界水道和国际湖泊的公约》(简称:1992《水道公约》,Convention on the Protection and Use of Transboundary Watercourses and International Lakes)。该公约虽然是区域性的条约,它的管制方式向一般性条约转化,适用于所有缔约国与非缔约国境内的跨界河流和湖泊。此外,该公约呼吁使用新的方法对跨界河流进行管制,其中包括水质的标准化、法律、行政和经济措施的应用,以及一般法律原则的适用。2002年《世界可持续发展峰会》为了切实落实1992年里约环境与发展大会提出的目标,在淡水资源领域提出了具体的措施[①]:例如到2015年要使没有安全饮用水及基本卫生设施的人口减半;强化水污染防治措施,减少健康公害,引进适当的技术,减少对地下水的污染,从而保护生态系统,而且各国要建立国内监测和有效的法律体制;采取防止和保护措施,促进可持续水资源的利用,以解决水资源的短缺;到2005年之前,发展综合的水资源管理体制和提高水资源效率体制;发展并实施国家和区域的综合流域和地下水战略、计划和项目。

目前这一领域最重要的多边条约是《国际水道非航行使用法公约》(Convention on the Law of the Non-Navigational Uses of International Watercourse)。它是在联合国主持下制定的关于非航行使用国际水道的法律规范体系。该公约从1971年起由联合国国际法委员会对国际水道的非航行利用的规则进行编纂,1997年联合国大会通过了国际法委员会的这个公约草案。公约的宗旨是实现国际水道的利用、开发、养护、管理和保护,为了当代和后代的利益促进国际水道的最佳和可持续的利用。该公约规定了适用于国际水道的一般性原则性规则、实施这些规则的程序性规则、关于淡水保护、保持和管理的实体规则和水道国缔结协定

[①] 参见 Philippe Sands, *Principles of International Environmental Law*, 2nd ed., Cambridge University Press, 2003, p.496.

的条款。这是一个框架性公约,在这个框架之下是区域性和双边的国际协定。到目前为止,欧洲、非洲、美洲等都做出了相应的区域性安排。由于该公约属于框架性条约,该公约没有建立相应的公约执行机构。

第四节 废弃物与危险物质控制法

一、废弃物的国际法律管制

废弃物范围广,种类繁多,性质各异,而且部分废弃物还可以回收利用,所以无论在国际法还是国内法上对废弃物都没有统一的定义、分类法以及一般性的法律管制规范。目前,废弃物的国际管制条约通常只是就特定种类的废弃物或其处置方法在国际条约中作了一定的管制和规范。

这方面最重要的是1989年签订的《控制危险废弃物越境转移及其处置的巴塞尔公约》(简称《巴塞尔公约》Basel Convention on the Control of Transboundary Movements of Hazardous Wastes and Their Disposal)。它是国际上关于危险废弃物国际贸易和越境转移的重要法律规范体系。该公约的宗旨力图使危险废弃物的产生减少到最低程度,并使其越境转移减少到最小的程度,确保对它们实施环境无害化管理和处置,包括尽可能地在接近废弃物产生源进行处置和回收,帮助发展中国家和经济转轨国家对其危险废弃物和其他废弃物进行环境无害化管理。公约并没有对"危险废弃物"进行定义,附件一、附件二和附件三列举了危险废物的类别与危险等级,缔约方可以根据附件制定本国危险废物名录。由于放射性物质由专门条约规范,所以不在该条约适用范围之内。公约对危险废弃物越境转移制定了法律管制框架,规定了缔约方的一般义务、缔约方之间的越境转移、通过非缔约方的越境转移、非法运输、国际合作、资料的递送、缔约方大会及争端解决等事项。1999年12月10日,公约缔约方经过10年的磋商终于签订了《危险废弃物越境转移及其处置所造成损害的责任和赔偿问题的议定书》。该议定书适用范围包括合法与非法国际运输危险废弃物的过程中因事故或其他方面的原因所造成的危险废弃物的泄漏。该议定书就严格赔偿责任、过失赔偿责任、预防措施、造成损害的多重原因、追索权、赔偿限额、赔偿责任时限、保险和其他财物担保、国家责任、管辖法院以及适用法律等事项作了规定。这是第一个全球性的关于废物造成环境损害与赔偿责任的国际条约。该议定书的目的就是确保对在危险废弃物及其他废弃物越境转移和处置时造成的损害做出充分和迅速的赔偿。

此外,相关条约还包括:1991年《禁止对非洲出口并控制和管理非洲内部的危险废物跨界转移公约》(简称《巴马科公约》)。它规定,缔约国必须保证在考虑到社会、技术和经济因素的情况下将危险废物的产生减至最低水平,鼓励清洁生产。1992年《联合国气候变化框架公约》也规定了各缔约方应该限制温室气体排放,并使其回到1990年的水平。这些条约只是对预防和减少废物的排放作出了原则性的规定。关于废物的回收利用问题,除了经合组织和欧共体作出了规定外,目前国际法上尚无明确的法律规定。

废弃物的处置方法主要包括向海洋、河流、湖泊、空气排放,焚烧和土地填埋等。国际条约在限制或禁止某些废物处置方法上制定了相对完整和具体的规则。关于向海洋排放废物(包括海洋倾废、海上焚烧和通过船舶排放),1972年《伦敦倾废公约》和其他有关条约虽然没有完全禁止海洋倾废,但是制定了禁止和限制性规范,例如实行倾废许可证制度。1996年《伦敦议定书》和其他的条约都明确禁止海上焚烧废物或其他物质。1973年《国际防止船舶造成污染公约》和1978年《议定书》(简称《73/78船污公约》)规定缔约国要防止由于违反公约排放有害物质或含有这种物质的废液而污染海洋环境。关于向河流、湖泊排放废物或土地填埋,主要由国内法进行规范,部分国际条约作了一些原则性的规定。1997年《非航行利用国际水道公约草案》要求水道国在本国领土上利用国际水道时应采取一切适当措施防止该利用对其他水道国造成严重损害。关于在特定地区处置废弃物,国际条约也有所限定。1959年《南极条约》等都禁止在南极处置放射性废物或在无冰区处置废物。

从以上管制体制来看,现有的国际法规则主要关注废弃物的处置和跨界转运,并没有从根本上管制废弃物的产生和减少问题。没有"从摇篮到坟墓"的全程管制,只约束或禁止跨界转运,不能从根本上解决问题。

二、危险物质和行为的国际法律管制

工业革命、科学技术的发展创造出无数满足人们需要的化学品。从人造纤维、药品、化妆品、化肥、农药到放射性物质、武器,人类生活在化学品的海洋之中。这些化学品在给人类带来满足、需求、享受的同时,也给人类带来危险和困境。一个突出的问题就是如何处理生产和生活当中所产生的废弃物,特别是有毒有害的废弃物。由于危险物质已经成为一个全球性的难题,所以这方面的国际法律管制规则逐渐出现,日趋增多。由于人类认识危险物质有一个发展过程,这方面的管制也经历了一个发展过程。到目前为止,没有全面的管制条约体制,基本上采取的仍是分散的管制方式。

(一)放射性物质的国际法律管制

核聚变是在第二次世界大战后期实现的,最初用于核武器。二战后,用于核电,目前核电占世界能源的比例越来越高。关于核活动的国际管制始于1955年联合国大会通过设立核放射效果科学委员会(Scientific Committee on the Effect of Atomic Radiation)的决议,后来1957年又设立了国际原子能机构。由于核物质和核活动的高度危险性,这方面很早就受到国际管制,签订了一系列的条约。这方面的规则体系相对来说比较健全。

1. 核安全

《核安全公约》(Convention on Nuclear Safety)是国际上关于实现和维持核设施安全的法律规范体系。从1992年至1994年间,国际原子能机构成员国政府、国内核安全机构和国际原子能机构秘书处的专家举行了一系列的专家级会议,商讨提高核设施的安全水平,经过两年多的磋商和研究,该公约于1994年起草完成,提交给国际原子能机构的外交会议签署。该公约的宗旨是要求拥有并运营陆地核电厂的缔约方实现并维持高水平核安全保护,国际原子能机在该公约中对核设施的安全水平制定了基本国际标准(international benchmarks)。公约要求缔约方制定相关的立法和行政规章体系,例如具体明确的国家核安全规范;颁发许可证的程序规则;检查、评估和强制执行的政策。公约还要求缔约方将促进和利用核能的机构与履行制定规章职能的机构分开。公约还规定了一些一般性的安全义务,例如采取措施确保所有设计和设施的机构对核安全问题给予优先考虑;提供充分的财政和人力资源;注意人的因素和质量保证。此外,1979年的《核材料实质保护公约》(Convention on the Physical Protection of Nuclear Material,又译《核材料实物保护公约》)是国际上旨在保护核材料的合法

储存、运输和使用的法律规范体系。由于核材料和核设施的特殊性和其潜在的危害性,尽管这方面的法律规制权力涉及敏感的国家安全方面的问题,但是许多国家都清楚无论是和核材料的失窃或核设施的毁坏,其危害性是巨大的,通常其影响还是跨界的,这一切都不是一个国家可以单独解决的事情,必须依靠国际合作才能有效地保护合法的核行为和防止非法的核行为。

2. 核事故的通报和援助

1986年4月26日,位于苏联基辅市郊切尔诺贝利核电站由于管理不善和操作失误,四号反应堆发生爆炸,大量放射性物质泄漏,造成人员和财产重大损失,核污染飘尘也给邻国造成严重损害,成为人类历史上最严重的一次核事故。事故发生以后,国际社会在震惊之余,在国际原子能机构的主持下签订了两个国际公约,其中之一就是《核事故或辐射紧急情况及早通报公约》(Convention on Early Notification of a Nuclear Accident or Radiological Emergency,简称《通报公约》)。它是国际上关于核事故通报的法律规范体系。根据一般国际法,一个国家不得以损害他国的方式使用自己的领土。一国如果允许在其境内从事有潜在危害性的活动,如核电站,那么该国必须保证这样的活动不会对其他国家的领土造成重大不利影响。这样,有核国家应该对核活动事先尽到防止损害的义务。一旦发生事故,有核国家有义务尽早向受影响国家通报事故,采取措施减少对他国的不利影响,进行有效的国际合作。事后,有核国家还要承担赔偿的义务。该公约宗旨是建立一个对可能产生跨界影响的核事故的尽早通报机制,以便有关国家采取及时有效的措施,使事故对人的健康、环境和社会经济的不良后果降低到最低程度。公约要求缔约方应该指定国内主管当局和联络点,并将有关信息通报给国际原子能机构。

同时签订的另一公约是《核事故或辐射紧急援助公约》(简称《援助公约》,Convention on Assistance in the Case of a Nuclear Accident or Radiological Emergency)。它是国际上关于发生核事故或辐射紧急情况时向发生事故的国家迅速提供援助的法律规范体系。该公约的宗旨是建立一个国际援助机制,使在核事故和辐射紧急情况发生时,缔约方之间能够为了保护人的生命、环境和财产迅速在相互间提供人力、物力和财力的援助和支持,把损失降低到最低程度。

3. 核损害的民事责任

1945年美国在日本广岛和长崎投掷的原子弹和1986年苏联的切尔诺贝利核电厂爆炸都一次又一次向世人证明,无论是核爆炸还是核事故对人类的生存环境、生命及财产都会产生巨大的破坏,其程度和规模都是空前的。在发生核事故或辐射泄漏后,如何确认民事赔偿责任无论对受害方还是整个核能业都是至关重要的。1960年7月29日,在当时的欧洲经济合作组织(OEEC,现在的经济组织(OECD))的支持下,在法国的巴黎签订了《核能领域第三方赔偿责任公约》(简称《巴黎公约》)。这个公约是国际上第一个规范核损害民事责任的法律文件,但其缔约方主要以欧洲国家为主。该公约的目的是协调缔约国国内有关核损害民事责任的国内立法。1963年1月31日在比利时的布鲁塞尔又签订了《关于核能领域第三方赔偿责任巴黎公约的补充公约》(简称《布鲁塞尔公约》)。这个补充公约的目的是补充和增加民事赔偿。这两个公约都进行了多次的修订。1963年5月又签订了《核损害民事责任的维也纳公约》(Vienna Convention on Civil Liability for Nuclear Damage),它是国际上关于规定核损害民事责任的法律规范体系。它建立了普遍性的、和平利用核能造成核损害的民事赔偿制度。该公约对"核设施"、"核事故"、"核损害"等重要概念作了明确界定。公约规定,核设施的运营者(operator)对给设施造成的核损害承担严格责任,只有在武装冲突、内战等有限的情况下免责。1963 年的《核损害民事责任的维也纳公约》与 1960 年的《巴黎公约》的宗旨与目的一致,主要的规定也基本一致,但不同的是其适用范围是普遍性的。为了避免两者之间的冲突,1988 年 9 月 21 日在维也纳签订了《关于适用维也纳公约与巴黎公约的联合议定书》,在两个公约之间建立了有机的联系,避免矛盾与冲突。1997 年 9 月 8 日至 21 日在维也纳针对 1963 年《维也纳公约》签订了《修改 1963 年核损害民事责任维也纳公约的议定书》和《核损害补充赔偿的公约》,改进了核损害民事赔偿的法律制度。

(二) 其他有害物质与行为的国际法律管制

除了废弃物和核物质之外,还有一些经常、广泛使用的化学物质与化学产品,由于这些物质与产品的危险性和污染性,需要特别进行规范,以保护环境和人类的健康。这些其中包括:危险化学品、农药和持久有机污染物。有关这方面的国际管制体制主要是鹿特丹公约和斯德哥尔摩公约。

1. 危险化学品和农药的国际贸易

《关于国际贸易中某些危险化学品和农药的事先知情同意程序的公约》(简称《鹿特丹公约》,Convention for the Application of Prior Informed Consent Procedure for Certain Hazardous Chemicals and Pesticides in International Trade)是有关某些危险化学品和农药的国际贸易中事先知情同意的程序法律规范体系。在 20 世纪 80 年代中期,联合国环境规划署和粮农组织对一些常用的但是毒性大的化学品和农药建立了自愿性的事先知情同意(prior informed consent, PIC)制度,主要规定在 1987 年联合国环境规划署的《经修正的关于化学品国际贸易资料交流的伦敦准则》和 1985 年粮农组织的《农药销售与使用国际行为守则》。经过十几年的实行,该公约将这一自愿的制度变为强制性的制度,并取代了这两个国际文件。

该公约的宗旨是为了保护人类健康和环境免受一些危险化学品潜在的危害,促进缔约方之间在危险化学品和农药的国际贸易中的合作和责任分担;通过促进有关的信息交换和通报进出口国家有关的法律规定及决策程序,使危险化学品和农药以对环境无害的方式使用。该公约建立了有法律约束力的危险化学品的事先知情同意制度。公约规定,出口国在出口公约管制的危险化学品时,只有在得到进口国事先知情同意的情况下才可以出口。事先知情同意是一种程序规则。最初,公约管制的化学品有 27 种,其中 26 种主要用于农药,其中包括艾氏剂、乐杀螨、氯丹、滴滴涕、狄氏剂等。1998 年 9 月以后,又增加了 4 种农药。随着公约的发展,管制名单还会逐步加长,预计可能会增加到数百种。公约还要求缔约方要在相互间交换有关可能进出口的危险化学品的信息,其中包括:国内的有关禁止和严格限制的措施、发展中国家和经济转轨国家在国内经历的由危险农药引起的问题,以及出口危险化学品的最新安全数据、标签和可能对人类健康和环境风险的信息等。进口缔约方的禁止或限制决定应该是贸易中立的(trade neutral),即如果缔约方决定不同意接受某种特定的化学品进口,那么该缔约方必须在国内停止该化学品的生产和从任何其他非缔约方的进口。该公约还规定和鼓励缔约方之间开展技术援助。

2. 持久性有机污染物

《关于持久性有机污染物的斯德哥尔摩公约》(Stockholm Convention on Certain Persistent Organic Pollutants, POPs)是国际上关于持久性有机污染物减排和最终消除的法律规范体系。

持久性有机污染物(persistent organic pollutants)是指那些毒性高、在环境中很长时间都不能降解、可以生物富集并能够迁徙很远距离的污染物。这些污染物对人类健康和环境造成了严重的威胁。该公约正式国际社会在力图减少这方面威胁的一个努力。它力图与1989年《巴塞尔公约》和1998年《鹿特丹公约》逐步形成一个对危险化学品的"从摇篮到坟墓"全程管制体系。

该公约的宗旨是为了保护人类健康和环境,减少持久性有机污染物的排放,如果可能并最终予以消除。缔约方承诺要通过以下方式减少或消除持久性有机污染物:① 禁止或通过必要的法律或行政措施淘汰附件A所列的持久性有机污染物的生产、使用和进出口;② 限制附件B所列持久性有机污染物的生产和使用。各缔约方还要承诺减少或消除附件C所列各种非有意生产的化学品所造成的持久性有机污染物的排放。公约还要求缔约方采取措施减少或消除储存和废弃物造成的持久性有机污染物排放。为了真正解决持久性有机污染物的问题,缔约方要促进开发最佳实用技术和方法,用替代物取代现有的持久性有机污染物,同时防止开发或无意识地产生新的持久性有机污染物。谨慎原则(precautionary principle)是该公约的基础和指导原则,贯穿始终。公约还鼓励缔约方之间在技术援助方面进行合作,特别是考虑发展中国家和经济转型国家的特殊需要。拥有对化学品管理和技术的缔约方,应该向其他缔约方提供技术援助,包括开展培训,加强基础设施能力等。发达国家缔约方还要提供新的和额外的财政资源,帮助发展中国家和经济转型国家,提高它们的履约能力。公约还就信息交流、实施计划、公众信息、教育、研究、开发和监测进行了规定。公约附件A列举了9种化学品:艾氏剂、氯丹、氧桥氯甲桥萘、异狄氏剂、七氯、六氯苯(HCB)、多氯联苯(PCB)、灭蚁灵和毒杀芬。附件B规定了滴滴涕的生产和使用要受到严格限制。

第五节　生物多样性保护法

生物是资源,既然是资源,生物和生物多样性的法律保护首先出现在国内法层面,主要规范人类开发利用方面的行为。由于生物资源跨界现象的存在,这个问题才提到国际法层面进行管制。国际法上有关特定生物资源保护的国际条约可以追溯到19世纪上半叶,例如,1839年,英国和法国在巴黎签订了关于采挖英法沿岸牡蛎和渔业条约。1972年的《斯德哥尔摩宣言》原则4明确申明:人类负有特殊的责任保护和妥善管理由于各种不利因素而现在受到严重危害的野生生物后嗣及其产地。因此,在计划发展经济时必须注意保护自然界,其中包括野生生物。1980年国际自然保护联盟(IUCN)发表的《世界自然保护战略》(IUCN World Conservation Strategy)明确提出保护基本生态近程和生命系统的概念,其中包括土壤的再生和保护、营养物质的再循环和水的自然净化、基因的多样性、物种和整个生态系统。在此基础之上,1982年联合国大会通过的《世界自然宪章》(World Charter on Nature)更是将保护的范围扩展到整个大自然,并提出,应该尊重大自然,不得损害大自然的基本过程。国际社会经过100多年的努力,特别是近30多年的努力,关于保护生物和生物多样性的条约体系已经建立并越来越丰富了。根据这些条约的适用范围不同,可以将其分为两类:全球性条约和区域性条约。在这两类条约里,根据所辖主题事项的不同,又可以分为适用于所有领域的条约和适用于某些特定领域的条约。以下将从四个方面进行介绍和讨论:生物多样性保护、海洋生物资源保护、特定物种保护和栖息地保护。

一、生物多样性的保护

1992 年《生物多样性公约》(Convention on Biological Diversity, CBD)的宗旨是保护生物多样性、持久使用其组成部分以及公平合理分享由利用遗传资源而产生的惠益。根据公约,"生物多样性"是指基因、物种和生态系统的多样性;"持久使用"(sustainable use)是指使用生物多样性组成部分的方式和速度不会导致生物多样性的长期衰落,从而保持其满足今世后代的需要和期望的潜力。公约希望发达国家与发展中国家在生物多样性保护方面的矛盾通过公平合理地分享由利用遗传资源而产生的惠益,特别是技术转让和知识产权方面的合理安排来解决。在生物多样性保护过程中,如何解决生物安全问题,在《公约》的框架内一直没有达成协议。

1995 年 11 月 17 日《生物多样性公约》缔约方大会通过第 II/5 号决定,要求订立一项有关生物安全的议定书。2000 年 1 月 29 日,公约缔约方经过 4 年多的谈判就改性活生物体(living modified organisms, LMOs)问题在加拿大的蒙特利尔签订了《生物多样性公约的卡塔赫纳生物安全议定书》(简称《生物安全议定书》或《卡塔赫纳议定书》,Cartagena Protocol on Biodafety to the Convention on Biological Diversity)。该议定书的宗旨是依据《里约宣言》原则 15 所确立的谨慎原则(precautionary principle),采取必要的保护措施,防范因改性活生物体的越境转移、处理和使用可能对生物多样性的保护和持续使用以及对人类健康所带来的不利影响。核心内容有以下几个方面。首先,议定书建立了一个依托互联网的"生物安全资料交换所",协助缔约方就改性活生物体的科学、技术、环境和法律信息的交流。其次,议定书规定了提前知情同意程序(advanced informed agreement, AIA)。出口国在第一次向进口国装运旨在向环境释放的改性活生物体(例如,种子或鱼)之前,要征得进口国的同意。再次,要求装运散装的旨在直接作食物或饲料或加工之用的改性活生物体商品(例如,玉米和大豆)时,同时需要出具写明该商品"可能含有"改性活生物体,并且"而非有意向环境中引入"的标识。最后,议定书还规定嗣后制定在国际贸易中如何认定改性活生物体商品更为详细规则的程序。科学不确定性以及如何在国际环境条约中如何处理科学不确定性是该议定书的核心问题,因此它被称为"谨慎原则的宣言"。

为进一步推进第三项目标的落实,2002 年可持续发展问题世界首脑会议要求在的框架内就国际制度进行谈判,以期促进和维护公正和公平分享利用遗传资源所产生的惠益。2004 年,《生物多样性公约》缔约方大会第七届会议授权其获取和惠益分享问题不限成员名额特设工作组详细拟订和谈判获取和惠益分享国际制度,以便有效地执行《生物多样性公约》的第 15 条(遗传资源的获取)和第 8(j)条(传统知识)以及《生物多样性公约》的三项目标。

经六年谈判后,缔约方大会第十届会议于 2010 年 10 月 29 日在日本名古屋通过了《生物多样性公约关于获取遗传资源和公正和公平分享其利用所产生惠益的名古屋议定书》(简称《名古屋议定书》,Nagoya Protocol on Access to Genetic Resources and the Fair and Equitable Sharing of Benefits Arising from their Utilization to the Convention on Biological Diversity)。该议定书的主要内容包括:首先,规定各缔约方应酌情采取立法、行政或政策措施与提供遗传资源的缔约方(此种资源的来源国或根据《生物多样性公约》已获得遗传资源的缔约方)分享利用遗传资源以及嗣后的应用和商业化所产生的惠益。惠益可以包括货币和非货币性惠益,包括但不仅限于附件所列惠益。其次,议定书规定遗传资源的获取应经过作为此种资源来源国的提供缔约方或是根据《生物多样性公约》已获得遗传资源的缔约方的事先知情同意,以及通过缔约方国内立法或管制要求支持遵守获取遗传资源的具体义务,并规定各缔约方应当以合同的形式订立共同商定包括事先知情同意和合作等的具体规则和程序。再次,议定书规定了全球多边惠益分享机制、跨界合作机制以及获取和惠益分享信息交换所和信息分享机制。最后,议定书规定了遵守有关获取和惠益分享的国家立法或管制要求、遵守有关遗传资源相关的传统知识的获取和惠益分享的国家立法或管制要求,以及遗传资源利用的监测措施和示范合同条款等。

二、海洋生物资源养护、开发和利用

由于海洋生物资源对于人类的重要意义,面对这些问题国际社会采取了一些措施,建立了一定的法律机制,力图解决或舒缓这些问题。迄今,除了《联合国海洋法公约》等一般性条约的原则性规定外,尚无全面的关于海洋生物资源养护和开发利用的国际法律体制,有的只是一些仅具有建议性质的国际文件和针对特定物种的养护和开发法律管制体制,主要有以下几个:

(一)《联合国海洋法公约关于养护和管理高度洄游鱼种的协定》和相关国际文件

1995 年的《联合国海洋法公约关于养护和管理高度洄游鱼种的协定》(简称《鱼类种群协定》,Agreement for the Conservation and Management of Straddling Fish Stocks and Highly migratory Fish Stocks)该协定的目的是为了有效执行《联合国海洋法公约》有关这类资源的管理和养护的规定,确保跨界鱼类种群和高度洄游鱼类种群的可持续利用。协定重申了《联合国海洋法公约》第 63—64 条养护跨界鱼类种群和高度洄游鱼类种群的原则,其中包括采取预防性措施,定期评估捕鱼、人类活动和环境因素对目标种群和鱼种的影响,采取措施保护目标鱼种,尽力减少污染、废弃物和流失、丢弃渔具,减少非目标鱼种的捕获量,消除过度捕捞,保护海洋环境的生物多样性等。

此外,粮农组织也通过了一系列的协定和国际文件推动渔业资源的养护和管理。例如,1993 年的《促进公海渔船遵守国际养护和管理措施的协定》和 1995 年《负责任渔业行为守则》。前者适用于所有公海上的捕鱼船舶。在公海上捕鱼,必须得到船旗国有关当局的批准,缔约方必须采取措施确保悬挂其旗帜的渔船不从事破坏国际养护和管理措施实效的任何活动。协定还规定缔约方要向粮农组织提供相关数据。后者是没有法律约束力的国际文件,但是其所覆盖的范围更广。2001 年粮农组织还通过了《关于海洋生态系统中负责任渔业的雷克雅未克声明》。2003 年还发表了《渔业生态系统办法准则》(2003 年补编)等。

(二)《国际捕鲸管制公约》

1946 年的《国际捕鲸管制公约》(International Convention for the Regulation of Whaling, ICRW)是国际上养护和利用鲸类资源的法律规范体系。该公约的宗旨是对鲸鱼资源进行有效的养护和对捕鲸进行有序的管制,也就是通过管制要防止过度捕捞。为了实现这个宗旨,首先要对海洋中的各种鲸鱼资源有一个清楚和准确的了解,因此除了直接对捕获进行管制外,该公约的另一个重要的职能就是收集、分析和发布有关鲸类资源和捕鲸业科学信息。该公约共有 11 条和一个附件(Schedule,实施计划,又译管理程序)及一个程序规则。公约主要是原则性规定,主要的管制措施规定在"实施计划"中。根据鲸鱼种类及其生存和种群现状的不同,"实施计划"规定了不同的保护措施。例如,对某些种类的鲸鱼提供完全的保护;划定鲸类捕获区和禁捕区;限定一个捕获季节的最高捕获限额;规定可以捕获的鲸鱼的最小尺寸;禁止捕杀哺乳期的小鲸和伴有小鲸的雌鲸;要求捕获方汇编捕鲸报告和有关统计学及生物学方面的记录。

(三)《养护大西洋金枪鱼国际公约》

1966年的《养护大西洋金枪鱼国际公约》(International Convention for the Conservation of Atlantic Tunas, ICCAT)是国际上保护特定海洋生物资源的区域性法律规范体系。该公约的宗旨是对大西洋和邻近海域的金枪鱼和金枪鱼类似的种群进行养护,实现最大限度的可持续捕捞。该公约是在联合国粮农组织的主持下缔结的。该公约主要规定,首先开展对金枪鱼和类似鱼种群及其区域内部或状况的调查。这些调查具体包括:有关鱼类的数量、生物统计学和生态统计学数据;有关鱼类的海洋生存环境状况;自然与人为因素对鱼类数量的影响等。其次,如果委员会在调查中发现有必要,可以向缔约方提出限定鱼类捕获的最小/最大尺寸、对捕获量和捕获能力的限制等的管制建议。

三、特定物种的国际保护

生物及生物多样性的保护是从某些对人类具有巨大的经济价值但是处于某种不利境地(如减少或濒危)的物种开始的。随着人类认识水平的提高,国际法律保护措施才从特定物种的保护发展到对生物多样性的保护,特别是对各种重要的栖息地的保护。尽管如此,对特定物种保护的国际法律体制依然是生物保护的重要组成部分,存在大量的相关条约,其中主要的有以下两个:

(一)濒危物种的国际贸易

由于生物资源的使用消费价值,特别是流通价值,一些"含金量高"的野生动物和植物就成了非法、毁灭性捕猎、采集、挖掘和走私的对象,例如,非洲象、犀牛、鳄鱼、华南虎、藏羚羊、大熊猫和红豆杉等。尽管许多国家都制定了保护野生动植物的国内法律,但是巨额的利润使野生动植物的国际贸易成为军火和毒品之后第三大非法贸易。为了切实保护这些濒危动植物物种,切断获得巨额利润的渠道——国际贸易,1973年在华盛顿签订了《濒危野生动植物物种国际贸易公约》(简称《濒危物种贸易公约》,Convention on International Trade in Engdangered Species of Wild Fauna and Flora, CITES)。公约的宗旨是通过国际合作确保野生动植物物种的国际贸易不至于威胁相关物种的保护,避免对这些物种的过度的开发和利用。该公约对不同种类的野生动植物,根据其濒临灭绝的程度,采取了进出口许可证的制度,分类进行控制。公约在三个附录里对相关动植物分为三类。列入附录一的动植物属于受到灭绝威胁的物种,除有限的豁免外,禁止野外捕捉和国际贸易,其中包括虎、豹、鲸和多种鹦鹉;列入附录二的动植物属于如果不限制贸易就面临灭绝威胁的物种,缔约国可以通过许可证控制其贸易,其中包括多种鹦鹉和兰花;列入附录三的动植物属于已经列入缔约方国家保护名录的物种,缔约方要采取适当的保护措施。其中包括加拿大的海象和澳大利亚的考拉熊等。这三个附录里的动植物名录可以根据其濒危的状况进行适时的调整。如果某个缔约国不同意将某个物种列入附录中,可以在特定的期限内提出保留。缔约方有义务保留列入附录的物种贸易的记录。

(二) 迁徙物种

迁徙物种(又称:移栖物种)由于其迁徙的特性,其生存与繁衍的栖息地往往跨越很大空间范围。许多迁徙物种在它们的生活地和前往地都得到了很好的保护,但它们在迁徙途中往往因遭遇各种不利因素的影响和猎杀,因而导致其物种数量急剧下降。国际社会为了对这种具有迁徙特性的物种进行保护,经过几年的努力,终于缔结了1979年《养护野生动物迁徙物种公约》(简称《波恩公约》,Convention on the Conservation of Migratory Species of Wild Animals)。该公约的宗旨是通过国际合作,禁止捕捉濒危物种,保护其栖息地及控制其他不良影响,保护那些越境进行迁徙的动物物种。根据公约,迁徙物种是指某个野生动物物种的全部或地理上分开的一部分,其中相当数量的动物周期性地、也可以预见到地越过一个或几个国家的管辖范围。这里不仅包括鸟类,也包括陆地或海洋哺乳、爬行类动物和鱼类。公约规定,对濒危迁徙物种,凡处在迁徙范围内的缔约方,都应禁止捕捉这些物种,少数特例除外。迁徙范围内缔约方应当尽力保护和恢复这些物种的栖息地,清除、防止或尽量减少这些物种迁徙中的障碍,防止、减少和控制威胁这些物种生存的因素。对于那些处在不利养护状态下的迁徙物种,应该通过国际合作进行养护和管理。公约对迁徙动物实行分类保护。

四、栖息地的保护

栖息地是指生物个体、种群或群落生活地域的环境,包括必需的生存条件和其他对生物起作用的生态因素。保护生物多样性,仅仅就物种的多样性性采取保护措施,限制捕杀是不够的。基因、物种的锐减主要原因是栖息地遭到破坏。要真正保护生物多样性,必须首先保护栖息地。在这方面国际法律措施主要关注湿地和荒漠化。

(一) 湿地

湿地(wetland)是指"不问其为天然或人工、长久或暂时之沼泽地、湿原、泥炭地或水域地带,带有或静止或流动、或为淡水、半咸水或咸水水体者,包括地槽式水深不超过6米的水域"。湿地对于调节水循环、维持湿地特有的动植物(特别是水禽)的栖息地功能有重要意义。与此同时,湿地也具有巨大的经济、文化、科学和娱乐价值。由于湿地对生态系统的重要意义,所以被称为"地球的肾"。1971年签订的《关于特别是作为水禽栖息地的国际重要湿地公约》(简称《拉姆萨尔公约》,Convention on Wetlands of International Importance Especially as Waterfowl Habitat)的宗旨是制止目前和未来对湿地的逐渐侵占和损害,确认湿地的基本生态作用及其经济、文化、科学和娱乐的价值,通过国家行动和国际合作保护和合理地利用湿地,以此作为实现全世界可持续发展的一种途径。根据该公约,建立《国际重要湿地名录》,缔约国至少要指定一个国立湿地列入国际重要湿地的名单中;充分考虑他们在养护、管理和合理利用移栖野禽方面的国际责任;应该设立湿地的自然保留区,进行国际合作,交换有关资料,训练湿地的管理人员;在需要时应召开湿地和水禽养护大会;合作管理共有湿地和共有湿地的物种。

(二) 防止荒漠化

荒漠化(或沙漠化,desertification)是指由于气候变异和人类活动等因素造成的干旱、半干旱、亚湿润干旱地区的土地退化。荒漠化导致土地生产能力的丧失、土壤退化以及生物物种的灭亡和其居民的普遍贫困。由于荒漠化发生的规模及其影响,要解决这个问题,国际合作是必要的。为此1994年在巴黎通过了《联合国关于在发生严重干旱和/或荒漠化的国家特别是在非洲防治荒漠化的公约》(简称《联合国防治荒漠化公约》,United Nations Convention to Combat Desertification in Countries Experiencing Serious Drought and /or Desertification, Particularly in Africa, UNCCD)。公约的宗旨是在《21世纪议程》框架范围内,通过各种国际合作和伙伴关系,采取有效的行动,在遭受严重干旱和/荒漠化的国家,特别是非洲,减轻干旱的影响,防治荒漠化,帮助这些国家实现可持续发展。公约对不同的缔约方规定了不同的义务。对于受荒漠化影响的国家,公约规定,优先注意防治荒漠化和减轻干旱的影响,根据其自身的条件和能力采取适当的措施,配置足够的资源;确定防治荒漠化和减轻干旱的战略和优先顺序;找到并解决造成荒漠化和减轻干旱的根本原因;提高民众的意识,并鼓励他们积极参与努力之中;通过法律和政策手段是防治荒漠化和减轻干旱的目标得以实现。此外,这些缔约方还要制定相应的"国家行动计划",其中主要包括:制定相关长期战略、注意落实预防措施、加强国家在气候学和水文学方面的能力、促进改善政策和体制框架、鼓励公众有效参与、定期审查事实情况。

（三）森林问题

森林是地球重要的植被和生态系统,对防治荒漠化起着决定性的重要作用。1992年里约环境与发展大会通过了《关于所有类型森林的管理、保存和可持续开发的无法律约束力的全球协商一致意见权威性原则声明》(简称《关于森林问题的原则声明》,Non-Legally Binding Authoritative Statement of Principles for A Global Consensus on the Management, Conservation and Sustainable Development of all Types of Forests)。这是一项全球性的、综合性的规范森林管理的国际文件。声明提出了15项原则。其中主要包括:承认各国对于森林资源的全权权利;森林资源和森林土地应该以可持续的方式进行管理;国家要制定管理、保存和可持续开发森林和林区的框架;认识到森林在维持生态过程和平衡中的重要作用;国家的森林政策要确认和支持土著居民、地方社区和森林居民的权利和文化;国家政策和方案要考虑森林的保护、管理和可持续开发与生产、消费、再循环和最终处置之间的关系;应鼓励国家以持久和环境无害的方式发展森林;努力使全球绿化;国际社会应支持发展中国家加强管理、保存和可持续开发森林资源;向发展中国家提供额外的财政资源,使它们以可持续的方式管理、保存和开发森林资源;向发展中国家以优惠和减让的条件提供和转让相关的技术和技能;加强森林管理的研究及其交流;推动林产品的非歧视性和自由的国际贸易;撤销或避免限制、禁止林产品的国际贸易的单方面的国际措施;控制危害森林生态系统的污染物。

与森林相关的还有热带雨林问题。热带木材来自热带雨林,而热带雨林又是地球重要的生态系统,特别在吸收温室气体过程中起着重要的作用。但是开发热带雨林,获得外汇,发展经济,成了热带发展中国家优先考虑的问题。而结果是毁林开荒、土地退化,造成了热带雨林的减少和持续的萎缩。为了扭转这个趋势,1994年在日内瓦签订了《1994年国际热带木材协定》(International Tropical Timber Agreement, ITTA)。协定的宗旨是确认国家对自然资源的主权,为国际社会所有成员间关于世界木材经济一切有关的方面开展磋商、国际合作和制定政策提供框架;促进非歧视的木材贸易、为可持续的发展做出贡献、增进成员的能力、促进可持续的木材贸易的扩大和多样化,改进国际市场的结构条件等。协定将缔约方分为两类:生产成员和消费成员。巴西、印度尼西亚、秘鲁、扎伊尔是生产成员;中国、加拿大、欧洲共同体、日本、俄罗斯是消费成员。协定要求缔约方向协定设立的行政管理账户交纳年度捐款;提供相关数据使热带木材经济更加透明;遵守理事会作出的决定。协定决定设立一个国际热带木材理事会(ITTC)。

此外,自从气候变化问题成为国际环境法上的主要议题以来,与气候变化相关的森林退化问题也得到了进一步关注。例如,《哥本哈根协议》即规定应向发展中国家提供更多的、新的、额外的以及可预测的和充足的资金,并且令发展中国家更容易获取资金,以支持发展中国家采取延缓气候变化的举措,包括提供大量资金以减少滥砍滥伐和森林退化产生的碳排放(REDD+)、支持技术开发和转让、提高减排能力等,从而提高对《京都议定书》的执行力。

第六节 两极地区环境与世界遗产保护

一、南极保护的国际法律体制

南极大陆占地1,400万平方公里,海洋面积为3,600万平方公里,是世界荒野区域的26%,拥有90%的陆地冰川和70%的世界淡水资源。[①] 南极拥有丰富和独特生物和非生物资源,同时对整个地球维持气候平衡有举足轻重的影响。对于南极的国际法律管制体制主要以1959年《南极条约》。在《南极条约》的基础上,陆续通过了一系列的公约和议定书,统称为"南极条约体系"(Antarctic Treaty System,ATS),其中包括:1972年6月1日签订的《养护南极海豹公约》(1978年3月11日生效)、1980年5月20日签订的《养护南极海洋生物资源公约》(1982年4月7日生效)、1988年6月2日签订的《管制南极矿产资源活动的公约》(尚未生效)、1991年10月4日签订的《南极条约环境保护议定书》(又称《马德里议定书》)。

《南极条约》的宗旨是:(1)冻结和搁置所有的领土主权要求,在《南极条约》有效期内所发生的一切行为或活动不得构成主张、支持或否定对南极的领土主权要求的基础;(2)为了全人类的利益,南极永远专为和平的目的而使用,禁止建立任何军事性设施和从事军事性活动(包括核爆炸装置和处置核废料);(3)各国有权在南极自由地进行科学调查和科学研究,并为此要促进相互间的国际合作;(4)建立南极协商会议制度。

1991年的《关于环境保护的南极条约议定书》(Protocol on Environmental Protection)是在《南极条约》基础上制定的关于保护南极环境的法律文件。由于《南极条约》签订于上个世纪50年代末,南极的环境问题并没有引起缔约国的关注,所以《南极条约》并没有对环境保护问题进行明确和直接的规范。随着时间的推移,缔约国意识到应该加强对南极环境和其生态系统进行保护。为此,缔约方承诺全面保护南极环境及依附于它的和与其相关的生态系统,将南极指定为自然保护区,仅用于和平和科学的目的。

1980年的《关于养护南极海洋生物资源公约》(Convention on the Conservation of Antarctic Marine Living Resources,CCAMLR)是国际上关于养护和利用南极海洋生物资源的区域性法律规范体系,主要适用于南纬60°以南区域的南极海洋生物资源。南极周围的海洋有丰富的海洋生物资源,但是由于人类的过度捕捞,尤其是对南极磷虾(Krill)的过度捕捞,破坏了这一海域的生态平衡,因为磷虾是一些海鸟、海豹和鱼的主要食物。人类的过度的捕捞,不

---

① 参见 Philippe Sands, *Principles of International Environmental Law*, 2nd ed., Cambridge University Press, 2003, p.711.

仅威胁磷虾本身的生存,还威胁到其他生物的生存。为了保护南极海洋生物资源及该海域的生态平衡,缔约方希望通过该条约对南极海洋生物资源进行养护和有序的开发和利用。

二、北极保护的国际法律体制

北极地区大约有3,000万平方公里,横跨24个时区,占地球面积的1/6。北极地区物产丰富,主要有石油、天然气和矿产,特别是北极海拥有世界上最重要的海洋渔区。北极国家有加拿大、丹麦(包括格林兰和法罗群岛)、芬兰、冰岛、挪威、俄国、瑞典和美国8个国家。20世纪80年代末,苏联解体,冷战结束,北极国家间开始进行更紧密的合作,环境保护方面的合作被定为首选合作领域。1991年北极的8个国家通过了《北极环境保护战略》("Artic Environmental Protection Strategy", AEPS),决定在环境保护领域率先进行合作。1996年9月19日,经过5年的初步合作之后,北极国家在加拿大的渥太华签署并通过了《建立北极理事会宣言》(简称《渥太华宣言》,"Declaration on the Establishment of the Arctic Council"),正式设立北极理事会(Arctic Council),授权该理事会承担包括可持续发展各个领域在内的更为广泛的合作事宜。

根据《渥太华宣言》,北极理事会的宗旨包括:(1)在北极国家间提供一种促进相互间合作、协调和互动的机制,尤其是在可持续发展和环境保护领域。北极理事会在商讨事关北极共同关心的问题(军事除外)上,要有北极土著团体(communities)和其他北极居民的参与。(2)北极理事会要监督和协调《北极环境保护战略》框架内的各类项目,特别是北极监测与评价项目、北极动植物养护项目、北冰洋海洋环境保护项目和应急准备与反应项目。(3)北极理事会应该为一项可持续发展项目的监督和协调确立标准与条件。(4)北极理事会应就与北极相关的事项,发布信息、促进教育和增进兴趣。

三、世界文化和自然遗产保护的国际法律体制

地球经过漫长的地壳变迁创造了千变万化的地质奇观,人类社会在数千年的发展演变过程中留下了丰富、灿烂的文化遗产,这些不仅是所在国的遗产,也是全人类的遗产。但是,由于自然和人为的因素,这些珍贵的遗产遭到不断的损毁和灭失。为了有效保护这些自然和人类文明的遗产,除了国家的努力之外,国际社会的介入、合作与援助是不可缺少的。

保护世界文化与自然遗产首先是这些遗产所在国的责任。根据国际法上领土主权的原则,这些遗产的所在国享有这些遗产的所有、保护、使用、管理和处置的权利。但是,这些权利在国际法上并不是绝对的。由于这些遗产也是全人类的财产,国际社会在一定的情况下有权参与和介入这些财产的管理和使用。旨在建立国际保护机制的努力兴起于第一次世界大战结束之后,在20世纪50年代有了实质性的发展和结果。1954年在荷兰海牙签订的《保护在武装冲突情况下文化财产的公约》(简称1954年《海牙公约》,Hague Convention for the Protection of Cultural Property in the Event of Armed Conflict)在这方面迈出了重要的第一步。这个公约是在目睹了两次世界大战对人类文明遗产造成巨大损毁的情况下制定的,《公约》禁止在战时抢掠或破坏艺术物品,除非为了军事必要不得已而为之。《公约》在其前言中申明,"保护文化遗产对全世界人民都是十分重要的,同时这些遗产必须受到国际保护",并提出了"人类文化遗产"(cultural heritage of mankind)的概念。

20世纪50年代末,埃及政府决定在尼罗河上修建阿斯旺大坝(Aswan High Dam)。修建

这样前所未有的巨型水坝,尼罗河水将大幅度上升,威胁淹没河谷中包括 Abu Simbel 神庙和 Philae 神庙在内的 22 座古代寺庙和遗址。前者拥有高达 30 英尺的拉姆斯二世的雕像。在埃及政府的请求和协助下,联合国教科文组织发动了拯救这些寺庙和遗址的运动。一方面加快对这些寺庙和遗址的发掘和整理工作,另一方面将这两座寺庙整体拆除,移到其他地势较高的地方重新组装、复建。整个工程耗资逾 8,000 万美元,其中一半经费由世界上 50 多个国家捐赠。这个事例证明了国际社会集体援助的成功和重要。嗣后,类似的拯救运动还让意大利的威尼斯、巴基斯坦的 Moenjodaro 和印度尼西亚的 Borobodur 的文化遗址受益。

1970 年在联合国教科文组织的主持下签订了《禁止和防止非法进口、出口和转移文化财产所有权的公约》(UNESCO Convention on the Means Prohibiting and Preventing the Illicit Import, export and Transfer of Ownership of Cultural Property)。与 1954 年《海牙公约》不同,该《公约》的适用范围不是战时,而是和平时期。《公约》强调世界遗产的文化资源,旨在通过国家的政策和保有(retention)来保护文化财产,制止文化财产的非法国际贸易,在缔约国间建立相应的机制,相互承认并强制执行彼此国内的有关保护文化资源的法律。《公约》规定了宽泛的受保护的文化财产的范围,其中包括人类学、史前学、史学、文学和科学方面重要的文化物品,并要求缔约国政府指定哪些物品为所保护的文化财产。

20 世纪 90 年代,国际统一法律研究所(International Institute for the Unification of Law, UNIDROIT)试图进一步加强和发展这方面的国际法律管制,1995 年起草了《关于被偷盗和非法出口的文化物品的公约》(Convention on Stolen or Illegally Exported Cultural Objects)。该《公约》试图通过建立一个组织,统一各缔约国的相关法律保护文化财产。与 1970 年《联合国教科文组织公约》不同的是该《公约》把被盗和非法出口加以区别、要求对善意的购买者加以赔偿、承认国家和个人在外国提起诉讼的能力、规定对被偷盗和非法出口的文化财产提起诉讼的时效。

以上的这些国际条约都把注意力主要放在文化遗产的上面,而把保护文化遗址和保护自然、优美风景地的运动结合起来的设想来自美国。1965 年在美国华盛顿举行了白宫会议(White House Conference),呼吁建立世界遗产信托基金(World Heritage Trust),为了当代和后代人的利益,加快对世界性的自然、风景和历史遗址的国际合作。1968 年,世界自然保护联盟(IUCN)也向其成员发出类似的呼吁和建议。这些呼吁与建议在 1972 年的斯德哥尔摩人类环境会议上得到了积极反映和支持。1972 年 11 月 16 日在联合国教科文组织的主持下,一个将世界文化遗产和自然遗产合起来进行保护的国际条约问世——《保护世界文化和自然遗产公约》(Convention Concerning the Protection of the World Cultural and Natural Heritage, the World Heritage Convention)。该公约成了保护世界文化和自然遗产的国际法律框架的基础和核心。公约考虑到鉴于威胁这类遗产的新危险的规模和严重性,整个国际社会有责任通过提供集体性援助(collective assistance)的方式来参与保护具有突出(outstanding)的普遍(universal)价值的文化和自然遗产。尽管这种援助不能代替有关国家采取的行动,但将成为它的有效补充。因此,有必要通过国际条约的形式,建立一个有效的、根据现代科学方法制定的永久性的制度,集体保护具有突出的普遍价值的文化和自然遗产。该公约一个突出的特点是将文化与自然的保护结合在一个国际条约之中,因为一种特定的文化,其出现、发展与演变同它所处的自然环境是不可分割的。从某种意义上说,是自然环境创造了那种文化。但是以往的国际条约通常把这两者分别开来进行保护或管制。简单地讲,《公约》

对文化与自然的保护主要通过缔约国就本国应该得到保护的遗址向《公约》下设的世界遗产委员会(World Heritage Committee)提出申请,由委员会最终决定是否纳入《世界遗产目录》(World Heritage List)的方式进行。截至 2005 年 7 月,全世界共有 137 个国家的总共 812 处文化和自然遗产被列入《世界遗产目录》,其中文化遗产 628 处,自然遗产 160 处,文化与自然双重遗产 24 处。中国共有 31 处遗产被列入名录,其中文化遗产 23 处,自然遗产 4 处,文化和自然双重遗产 4 处。此外,对于那些继续保护的遗址,制定了《处于危险的世界遗产目录》(World Heritage List In Danger)。世界遗产委员会记载需要采取重大行动和援助措施加以保护的世界遗产的名单。世界遗产委员会依据《世界遗产公约》第 11 条第 4 款,将《世界遗产目录》中受到严重的特殊危险威胁的世界遗产列入该目录中,列入该目录的世界遗产将受到特别的关注并会得到国际援助。截至 2005 年 7 月,该目录中共记录有 35 处遗产。

在这个公约的基础上,2001 年又通过了《保护世界水下文化遗产的公约》(Convention on the Protection of the Underwater Cultural Heritage),将保护的范围扩大。《公约》主要针对那些对水下文化遗产进行未经批准的开发活动所产生的威胁,认为有必要采取更有力的措施阻止这些活动。同时《公约》也意识到合法开发水下文化遗产的活动也可能无意中对其造成不良后果,因而有必要对此做出相应的对策,对水下文化遗产日益频繁的商业开发,尤其是对某些以买卖、占有或交换水下文化遗产为目的的活动要进行管制。

此外,联合国教科文组织还于 2003 年 9 月 29 日至 10 月 17 日在巴黎举行的第三十二届会议上通过了《保护非物质文化遗产公约》(Convention For The Safeguarding Of The Intangible Cultural Heritage)。《公约》承认各群体,尤其是土著群体,各团体,有时是个人在非物质文化遗产的创作、保护、保养和创新方面发挥着重要作用,从而为丰富文化多样性和人类的创造性做出贡献。这里的"非物质文化遗产"主要指:被各群体、团体、有时为个人视为其文化遗产的各种实践、表演、表现形式、知识和技能及其有关的工具、实物、工艺品和文化场所。各个群体和团体随着其所处环境、与自然界的相互关系和历史条件的变化不断使这种代代相传的非物质文化遗产得到创新,同时使他们自己具有一种认同感和历史感,从而促进了文化多样性和人类的创造力。在本公约中,只考虑符合现有的国际人权文件,各群体、团体和个人之间相互尊重的需要和顺应可持续发展的非物质文化遗产。包括(1) 口头传说和表述,包括作为非物质文化遗产媒介的语言;(2) 表演艺术;(3) 社会风俗、礼仪、节庆;(4) 有关自然界和宇宙的知识和实践;(5) 传统的手工艺技能。